北京大学中国古文献研究中心集刊

第十七辑

编委会（以姓氏笔画为序）

王　岚　　刘玉才　　安平秋
杨　忠　　杨海峥　　吴国武
董洪利　　漆永祥　　廖可斌

图书在版编目(CIP)数据

北京大学中国古文献研究中心集刊.第十七辑/北京大学中国古文献研究中心编.—北京：北京大学出版社，2018.7
　ISBN 978-7-301-29636-3

Ⅰ.①北…　Ⅱ.①北…　Ⅲ.①古文献学—研究—中国—丛刊　Ⅳ.① G256.1-55

中国版本图书馆 CIP 数据核字(2018)第 128147 号

书　　名	北京大学中国古文献研究中心集刊·第十七辑 Beijingdaxue Zhongguo Guwenxian Yanjiu Zhongxin Jikan
著作责任者	北京大学中国古文献研究中心　编
责任编辑	王　应
标准书号	ISBN 978-7-301-29636-3
出版发行	北京大学出版社
地　　址	北京市海淀区成府路 205 号　100871
网　　址	http://www.pup.cn　新浪微博：@北京大学出版社
电子信箱	dianjiwenhua@163.com
电　　话	邮购部 62752015　发行部 62750672　编辑部 62756449
印刷者	北京虎彩文化传播有限公司
经销者	新华书店
	787 毫米 ×1092 毫米　16 开本　26.25 印张　440 千字 2018 年 7 月第 1 版　2018 年 7 月第 1 次印刷
定　　价	66.00 元

未经许可，不得以任何方式复制或抄袭本书之部分或全部内容。
版权所有，侵权必究
举报电话：010-62752024　电子信箱：fd@pup.pku.edu.cn
图书如有印装质量问题，请与出版部联系，电话：010-62756370

目　录

"河出图洛出书"之"洛" ………………………………………… 胡双宝（1）
说"衽" …………………………………………………………… 章莎菲（5）
论春秋初期赐谥与族制度
　　——以《左传》隐公八年为例 ………………………… 刘　瑛（34）
张九成"格物"诠释考论
　　——兼论与大慧宗杲"看话禅"之关系 ……………… 桂　枭（41）
山井鼎手校闽本诸经校勘日志辑证 …………………………… 顾永新（59）
朝鲜朝汉语官话"质正音"文献考 ……………………………… 张　辉（94）
黄侃序《联绵字典》考述 ………………………………………… 杨　亮（104）

贾执《姓氏英贤谱》辑考 ………………………………………… 陈　鹏（110）
从《郡斋读书志》《直斋书录解题》看宋代
　　蜀地书籍及蜀本的流通 ……………………… 刘学伦、潘美月（123）
《四库全书总目》订补 …………………………………………… 王　勇（133）
李文藻编年事辑续补 …………………………………………… 刘国宣（144）
朝鲜王朝学人研读《史记》情况考论 …………………………… 高　策（161）
吴闿生及其《文史甄微》 ………………………………………… 吴　鸥（183）

《朝野佥载》版本考述 …………………………………………… 赵庶洋（188）
《绀珠集·诸集拾遗》臆说 ……………………………………… 李　更（208）
《宣和博古图》的重新发现者为毕良史考 ……………………… 赵学艺（242）
杜绾《云林石谱》版本系统考 …………………………………… 董岑仕（251）
清人考证笔记引文校勘略议
　　——以《晓读书斋杂录》为例 …………………………… 李寒光（278）

唐诗误作宋诗考 ………………………………………………… 王　岚（289）
《全宋诗》刘攽诗补正 …………………………………………… 逯铭昕（298）
《全芳备祖》新见宋佚诗辑考
　　——以日本宫内厅书陵部藏本为中心 ………………… 赵　昱（307）

《全宋诗》杂考（五）……………………《〈全宋诗〉补正》项目组(333)
宋人吴儆文集的编刻及其主要版本考……………………石　瑊(353)
述古堂藏钞本《王常宗集》版本源流考
　　——兼释张蓉镜、黄裳有关题记……………李玉宝　刘永文(361)
论仕宦经历对冯惟讷《诗纪》编刻的影响………………高虹飞(370)
明末出版家周之标与"当代"女性声名传播及作品刊刻…………傅湘龙(381)
清内府《古文渊鉴》刊刻版本与套印技术新探……………王传龙(394)
《百家公案》万卷楼本和与畊堂本关系再探………………李远达(404)

征稿启事………………………………………………………………(415)

"河出图洛出书"之"洛"

胡双宝*

【内容提要】 洛河有二：源于今陕南之南洛河和源于陕北之北洛河。本文胪缕《书·禹贡》等典籍之论述，断"洛出书"之"洛"为北洛河。

【关键词】 洛出书 南洛河 北洛河

《周易·系辞》："河出图，洛出书，圣人则之。"汉代学者解说为，伏羲时龙马出现于黄河，龙马背上的旋毛如星点，称作龙图，伏羲据以画八卦。夏禹治水时，神龟出现于洛水，禹根据龟背上的裂纹，作《尚书·洪范》"九畴"。《汉书·五行志上》列出《洛书》六十五字（[ ]内为《洪范》篇用字）："初一曰五行，次二曰羞[敬]用五事，次三曰农用八政，次四曰叶[协]用五纪，次五曰建用皇极，次六曰艾[乂]用三德，次七曰明用稽疑，次八曰念用应征，次九曰向用五福，位用六极。"河图洛书，实为神话传说。古代认为是帝王圣人受命之祥瑞。清黄宗羲认为是图经、地志，近乎合理。唐孔颖达疏，按"天生神物"解释。"河"指黄河，向无歧解。"洛"则有北洛河和南洛河之别。未见典籍论及"洛出书"之"洛"的地理位置。

按照传说理解，"河"指黄河，"洛"释为洛水。通常称为洛水的河流，大者有两处，都发源于现在的陕西省，也先后注入黄河。注入黄河之前，却互不相干。北方不习惯称某河为某水，两处都叫洛河。地理学上把发源于陕北者叫北洛河，发源于陕南者叫南洛河。传说所指夏禹得书之"洛"，是北洛河抑或南洛河？

《尚书·禹贡》六次述及。今依次摘引，并酌引孔安国《传》和孔颖达《疏》。[ ]里酌列校勘书订正之字。

一、"浮于江、沱、潜、汉，逾于洛，至于南河。"《传》："逾，越也。河在冀州南，东流，故越洛而至南河。"《疏》："浮此四水，乃得至洛。"江、沱、潜、汉指长江流域诸水。南河，古代指今黄河自潼关以下由西向东的一段。先"逾于洛"而"至于南河"，此"洛"在黄河以南，是南洛河。

二、"伊、洛、瀍、涧，既入于河。"《传》："伊出陆浑山，洛出上洛山，涧出沔

---

* 本文作者为北京大学出版社编审。

池山,瀍出河南北山。四水合流而入河。"《疏》:"《地理志》云,伊水出弘农卢氏县冢[东]熊耳山,东北入洛。洛水出弘农郡冢领山,东北至巩县入河。瀍水出河南穀城县潜亭北,东南入洛。涧水出弘农新安县,东南入洛。《志》与《传》异者,熊耳山在陆浑县西,冢领山在上洛县境之内;渑池在新安县西,穀城潜亭北,此即是河南境内之北山也。《志》详而《传》略,所据小异耳。伊、瀍、涧三水入洛,合流而入河。"陆浑山在今河南省嵩县境。熊耳山是秦岭的东段,在今河南省西北部。上洛山在熊耳山西北,今陕西省商州市。入黄河的伊、洛等水出今陕南、豫西。此"洛"为南洛河。

三、"浮于洛,达于河,华阳、黑水惟梁州。"《传》:"东据华山之南,西距黑水。"《疏》:"《周礼·职方氏》:'豫州,其山镇曰华山。'(华山)在豫州界内,此梁州之境,东据华山之南,不得其山,故言'阳'也。此山之西,雍州之境也。"华阳即华山之南。先"浮于洛",而后"达于河"之"洛",是为北洛河。

四、"导河积石,至于龙门。南至于华阴,东至于厎柱。又东至于孟津。东过洛汭,至于大伾。"《传》:"河自龙门南流,至华山[阴],北至[而]东行。孟津,地名,在洛北,都道所凑,古今以为津。洛汭,洛入河处。山再成曰伾[岯]。至于大伾而北行。"《疏》:"孟是地名,津是渡处,在孟地致津,谓之孟津。《传》云地名,谓孟为地名耳。杜预云,孟津,河内河阳县南孟津也。在洛阳城北,都道所凑,古今常以为津。武王渡之,近世以来呼为武济。洛汭,洛入河处,河南巩县东也。……郑玄云,大伾在修武武德之界。张揖云,成皋县山也。《汉书音义》有臣瓒者以为修武武德无此山也。成皋县山又不一成,今黎阳县山临河,岂不是大伾乎?瓒言当然。"龙门指今山西西南部河津县与陕西韩城之间的黄河龙门口。华阴即华山之北。厎柱山,即今三门峡黄河中的砥柱山。孟津,古渡口,在今洛阳市北之孟津县东。洛汭,已见《疏》文。大伾,在今河南省北部浚县境。按,汉代至唐代,黄河在今郑州西北流往东北方向。此条先述与北洛河相关的位置,转而述南洛河。实为混说。

五、"东会于沣,又东会于泾。又东过漆沮,入于河。"《传》:"漆沮,二[一]水名,亦曰洛水,出冯翊北。"《疏》:"《地理志》云,漆水出扶风漆县。依(北魏阚骃)《十三州记》,漆水在岐山,东入渭。则与漆沮不同矣。此云'会于泾,又东过漆沮',是漆沮在泾水之东,故孔以为洛水一名漆沮,《水经》沮水出北池直路县,东入洛水。又云郑渠在太上皇陵东南,濯水入焉。俗谓之漆水,又谓之漆沮。其水东流,注于洛水。《志》云出冯翊怀德县,东南入渭。以水土验之,与《毛诗》古公'自土沮漆'者别也。彼漆即扶风漆水也。彼沮则未闻。"今按:沣河,在今西安市南入渭河。泾河,在今西安市东入渭河。《史记·夏本纪》"漆沮既从",唐张守节《正义》引《十三州志》:"万年县南有泾渭,北有小河,即沮水也。"漆、沮(或漆沮),为泾河以东的下河流,入渭河。是为北洛河。

六、"导洛至熊耳,东北会于涧瀍,又东会于伊。又东北入于河。"此述南洛河。

以上诸条,《汉书·地理志》所引,文字或异,不录。

陕西北部的洛河,发源于白于山之西麓,今定边县的新安边川为其上游,流至吴旗县与宁赛川汇合,而称洛河。汇合处今有洛源镇。以下流经今志丹县、甘泉县、富(鄜)县、洛川县、黄陵县、白水县、澄城县、蒲城县,在大荔县东南部三河口汇入渭河,尔后流入黄河。富县在洛河流经地之北有洛阳镇。

按此即《周礼·夏官·职方氏》所云:"正西曰雍州,其山镇曰岳山,其泽薮曰弦(《逸周书·职方解》作"彊")蒲,其川泾汭,其浸渭洛。"郑玄注:"岳,吴岳也。及弦蒲,在汧。泾出泾阳,汭在豳地。《诗·大雅·公刘》曰:'汭坰之即。'洛出怀德。郑司农曰,弦或为汧,蒲或为浦。"孔颖达《疏》:"云'岳,吴岳也。及弦蒲在汧'者,按《地理志》,吴山在汧,西有弦蒲之薮,汧水出焉。西北入渭。渭出鸟鼠山也。言'汭在豳地,《诗·大雅·公刘》汭坰之即',若然,汭为水名。按,彼毛传云,芮,水厓也。《笺》云,芮之言内也。水之内曰隩,水之外曰鞫。……云'洛出怀德'者,此'洛'即《诗》云'瞻彼洛矣'一也,与《禹贡》'导洛自熊耳'者别也。其'彼洛'出上洛,经王城至虎牢入河。"《淮南子·地形训》"洛出猎山",高诱注:"猎山,在北地,西北夷中。洛东南流入渭。"又《本经训》:"江河三川,绝而不流。"注:"三川,泾渭汧也。"以及《汉书·地理志》"左冯翊"条:"怀德,《禹贡》北条荆山在南,下有强梁原,洛水东南入渭,雍州浸。"所指并同。又《水经·渭水注》:"又东过华阴县北,洛水入焉。"补洛水注条,义同。

《书·顾命》述周成王、康王事,有"大玉、夷玉、天球、河图在东序"语。孔安国《传》:"三玉为三重,夷,常也。球,雍州所贡。河图,八卦。伏羲王天下,龙马出河,遂则其文,以画八卦,谓之河图。"孔颖达疏:"当孔(安国)之时,必有书为此说也。《汉书·五行志》,刘歆以为伏羲氏继天而王,受河图,则而画之,八卦是也。刘歆亦如孔说,是必有书明矣。"

南洛河,古多称洛水。发源于华山南麓,今陕西省洛南县西北部与蓝田县交界处,洛南县境有洛源镇。河水东南流经河南卢氏县、洛宁县、宜阳县及洛阳市境,在偃师县境与伊河汇合而称伊洛河,向东偏北流至巩义市东北而入黄河。入黄河口迤东有河洛镇。洛阳市位于南洛河之北,因以称洛阳。南洛河即洛水的"洛",古代文献中或写"雒"。

《周礼·夏官·职方氏》:"河南曰豫州,其山镇曰华山。其泽薮曰圃田。其川荥(荧)雒,其浸波(《逸周书》作"陂")溠,其利林漆丝枲。"郑玄注:"华山在华阴,圃田在中牟。荥,兖水也,出东垣,入于河,泆为荥。荥在荥阳。波读为播。《禹贡》曰'荥播既都'(《尚书》作'荥波既猪')。《春秋传》曰:'楚子除道梁溠营军临随。'则溠宜属荆州。在此,非也。"孔颖达疏:"云'荥,兖水也'者,《禹贡》济出王屋,始出兖,东流为济,南渡河,泆为荥。《春秋》'战于荥泽'是也。"

《说文解字》卷十一"洛"字条曰:"水出左冯翊归德北夷界中,东南入渭。"按,《汉书·地理志》:"归德,洛水出北蛮夷中。"是为北洛水。

《诗·小雅·瞻彼洛矣》,诗序云:"刺幽王也。"毛传:"洛,宗周溉浸水也。"周幽王时期,西周都镐京,地当今西安市东。所述之洛,为入渭前之北洛河。

"洛出书"之"洛"当为北洛河。先民活动在黄河中游,即今陕西中部至河南西部。所指出书之"洛",宜理解为洛河近渭水之处。

西汉的首都长安所在地区称司隶部,核心地区叫京兆,西部叫右扶风郡,东部以及北部叫左冯翊郡,现在河南省西部三门峡市一带称弘农郡,弘农郡以北、黄河以东,今山西省南部为河东郡,洛阳一带称河南郡。东汉首都在洛阳,但政区名称没有变,所辖地区大致仍西汉之旧。许慎用的"冯翊"是当时的名称。两汉的"归德"在今陕西北部吴旗县境,均属北地郡。"北夷"二字表明,两汉时期那一代尚未开发,也就是比较荒凉。许慎以为归德为冯翊郡。

说"衽"

章莎菲*

【内容提要】《仪礼·丧服记》曰:"衽二尺有五寸。"郑玄注:"衽,所以掩裳际也。"此"衽"言缀于衣两旁、下垂以遮掩裳旁际之服饰部分。《论语·宪问》曰:"微管仲,吾其被发左衽矣。"此"衽"言胸前衣襟。《说文》曰:"衽,衣裣也。""裣,交衽也。"段玉裁以衽、裣二字本义俱为"所以掩裳际者",因其上连于衣前襟,故引伸为衣襟之称。本文主要考辨此说之是非及"衽"字本义。从古代服制之考证出发,厘清裳际之衽与衣前之衽二者关系,进而探求"衽"之本义及其词义引申、推演之过程,判断段氏说解与许慎本旨是否出入,以期对"衽"字及相关服制、礼制的探索有所推进。

【关键词】 衽 裣 衿 襟 纴 《礼》书服制

引 言

《诗·郑风·子衿》曰:"青青子衿,悠悠我心。"毛《传》云:"青衿,青领也。"孔颖达《毛诗正义》引后汉李巡之语曰:"衣眥,①衣领之襟。"又引魏人孙炎之语曰:"襟,交领也。"复按云:"衿与襟音义同。衿是领之别名,故云'青衿,青领也'。衿、领一物。"②盖自汉而下,以"领"释"衿"鲜有异议。及至清人以小学通经,虽仍《传》义,然多不以衿、领为一物。马瑞辰《毛诗传笺通释》云:

> 衿,汉石经作裣,为正字。《释文》:"衿,本亦作襟。"衿、襟皆隶变字也。……《说文》:"衽,衣裣也。""裣,交衽也。"据《玉藻》"衽当旁",则许云"交衽"谓裳际之衽,与"交领"异义。盖"裣"本衣衽之称,古者斜领,下连于裣,如今小儿衣领,亦谓之"裣"耳。③

---

* 本文作者为北京大学中文系古典文献专业2016级博士研究生。

① "眥",[清]阮元校刻《十三经注疏·毛诗注疏》原作"皆"。按李巡此说本《尔雅·释器》"衣眥谓之襟"一语,则此处当作"衣眥"而非"衣皆",盖形近之讹。考南宋刊单疏本《毛诗正义》作"眥"不误(人民文学出版社2012年影印本),故据改。

② [清]阮元校刻:《毛诗注疏》,卷四之四,影印嘉庆二十年(1815)南昌府学本,台北:艺文印书馆,2007,第179页。

③ [清]马瑞辰:《毛诗传笺通释》,卷八,清道光十五年(1835)学古堂刻本。

胡承珙《毛诗后笺》说以"袊"称"领"之意更详：

> 衽本所以掩裳际者，"袊"为交衽，在领之下，而谓之"领"者，《颜氏家训·书证篇》云："古者斜领下连于衿，故谓领为'衿'是也。"……经文言"袊"者，以与心协韵；《传》以袊统于领，故举领以见袊。《说文》言字之本义，故但曰"交衽"；孙炎注《尔雅》用毛义，故曰"交领"，其实义相成耳。①

马、胡二氏并以"衽"释"袊"（"衿"之正字），然此"衽"则非通常所理解之胸前衣襟，而是在两旁"所以掩裳际"之物。二氏以古时服制衽连于领，故领遂得"袊"名。陈奂《诗毛氏传疏》说解与二氏略同，更进而云"盖自领及衽，皆统称为'袊'"。②

按三氏说"衽"之制本郑玄《礼》注。《丧服记》曰："衽二尺有五寸。"郑注云："衽，所以掩裳际也。"③又《深衣》曰："续衽钩边。"郑注云："衽，在裳旁者也。"④此即所谓"裳际之衽"。然《礼记·丧大记》亦曰："小敛、大敛，祭服不倒，皆左衽，结绞不纽。"郑注云："左衽，衽向左，反生时也。"孔疏云："衽，衣襟也。"⑤则此"衽"似不当裳际，而在胸前。又《论语·宪问》曰："微管仲，吾其被发左衽矣。"⑥皇侃《论语义疏》云："左衽，衣前从右来向左。"⑦明指"衽"为"衣前"，则亦是当胸之物。是"掩裳际者"与当胸之"衣襟"并可为"衽"之训，而其本义究为何邪？按上引三氏之说即俱以"衽"本义指位当下裳两侧以遮蔽裳际之服饰部位，因其与衣前布幅相连，遂得指称其处；而"袊""衽"异名同实，故"袊"之词义亦有此引申发展历程，又因胸前之布幅上连于领，"袊"更进而有"衣领"之义——此推演之法，似颇完备，段玉裁《说文解字注》早有所倡：

> 凡言"衽"者，皆谓裳之两旁。
>
> 《方言》曰："褛谓之衽。"注："衣襟也。或曰裳际也。"……按郭云"衣襟"者，谓正幅；云"裳际"者，谓旁幅。谓"衽"为正幅者，今义，非古义也。
>
> 若许云"袊，交衽也"，此则掩裳际之衽，当前幅、后幅相交之处，故曰

---

① 〔清〕胡承珙：《毛诗后笺》，卷七，《续修四库全书》影印清道光丁酉（1837）求是堂刻本，上海：上海古籍出版社，1995—2002，第 67 册，第 208 页。
② 〔清〕陈奂：《诗毛氏传疏》，卷七，清道光二十七年（1847）吴门南园扫叶山庄陈氏刻本。
③ 〔清〕阮元校刻：《仪礼注疏》，卷三四，影印嘉庆二十年（1815）南昌府学刻本，台北：艺文印书馆，2007，第 401—402 页。
④ 〔清〕阮元校刻：《礼记注疏》，卷五八，影印嘉庆二十年（1815）南昌府学刻本，台北：艺文印书馆，2007，第 964 页。
⑤ 《礼记注疏》，卷四五，第 779 页。
⑥ 〔清〕阮元校刻：《论语注疏》，卷十四，影印嘉庆二十年（1815）南昌府学刻本，台北：艺文印书馆，2007，第 127 页。
⑦ 〔梁〕皇侃：《论语义疏》，卷十四，日本大正十二年（1923）怀德堂刊本。

"交衽"。"裣"本衽之称,因以为正幅之称,正幅统于领,因以为领之称,此其推移之渐。许必原其本义为言。①

然段氏于"衽"字本义之判断及其对诸义项间关系之推演是否正确,并其所注解者是否许慎本旨,实皆有待结合古之服制详覈深考。

一、"裳际之衽"考论

欲探究"衽"字本义,首先应明了礼书中所述"裳际之衽"为何形制。按"裳际之衽"有二,一为丧服之衽,②一为深衣之衽,二者形制不同。江永《深衣考误》云:

> 衽有二。朝、祭服、丧服皆用帷裳,前三幅、后四幅,裳际不连,有衽掩之;用布交解,宽头在上,合缝之,狭头在下,如燕尾之形,即《丧服篇》"衽二尺有五寸"是也,此衽之"杀而下"者也。深衣之衽当裳旁,亦交解,而以狭头向上、宽头向下,此衽之"杀而上"者也。③

以下便分别考究二衽之制。

(一) 丧服之衽

《丧服经》"布总,箭笄,髽,衰,三年",郑注曰:"凡服,上曰衰,下曰裳。"贾疏云:"男子殊衣裳,是以衰缀于衣,衣统名为衰,故衰、裳并见。"④此言男子丧服上衣下裳,因上衣胸前缀有衰(丧饰),⑤故上衣亦名"衰"。又《丧服记》"凡衰,外削幅;裳,内削幅,幅三袧",郑注曰:"凡裳,前三幅,后四幅也。"⑥《礼记·深衣》孔疏云:"若其丧服,其裳前三幅、后四幅,各自为之,不相连也。"⑦此见裳之前后并不相连,则裳两旁留有缝隙。贾公彦云:"裳又前三幅、后四幅,开两边、露里衣,是以须衽属衣,两旁垂之,以掩交际之处。"⑧此即丧服之衽存在之

---

① 以上三条引文分见段玉裁《说文解字注》"衽""楼""裣"三字注(上海古籍出版社1981年版,第390页)。
② 《礼记·玉藻》孔疏以朝、祭服之衽与丧服之衽并同,后世学者亦多以此说为是。然于经有明文可征者实唯丧服之衽,故此仅言"丧服之衽",以示审慎。
③ 〔清〕江永:《深衣考误》,《丛书集成新编》影印《艺海珠尘》本,台北:新文丰出版公司,1984,第48册,第9页。
④ 《仪礼注疏》,卷二九,第348页。
⑤ 按《丧服记》曰:"衰,长六寸,博四寸。"贾疏云:"缀于外衿之上。"(《仪礼注疏》,卷三四,第401页。)
⑥ 《仪礼注疏》,卷三四,第401页。
⑦ 《礼记注疏》,卷五八,第964页。
⑧ 《仪礼注疏》,卷二九,第348页。

必要理由及其基本功用。

其形制则详于《丧服记》。按《记》云：

> 衽二尺有五寸。

郑注：

> 衽，所以掩裳际也。二尺五寸，与有司绅齐也。上正一尺，燕尾一尺五寸，①凡用布三尺五寸。

贾疏：

> 云"掩裳际也"者，对上腰而言。② 此掩裳两厢下际不合处也。云"二尺五寸，与有司绅齐也"者，《玉藻》文。案彼士已上大带垂之皆三尺，又云"有司二尺有五寸"，谓府史；"绅"即大带也，绅，重也，屈而重，故曰"绅"。此但垂之二尺五寸，故曰"与有司绅齐也"。云"上正一尺"者，取布三尺五寸，广一幅。留上一尺为正。"正"者，正方不破之言也。一尺之下，从一畔旁入六寸，乃向下，邪向下一畔一尺五寸，去下畔亦六寸，横断之，留下一尺为正。如是则用布三尺五寸，得两条衽。衽各二尺五寸，两条共享布三尺五寸也。然后两旁皆缀于衣，垂之向下掩裳际。③

胡培翚《仪礼正义》云：

---

① "一"，阮本原作"二"，明嘉靖中徐氏刊单注本《仪礼》及清黄丕烈覆宋严州刊单注本《仪礼》并同。然清代学者多以"二"当"一"之误。胡培翚《仪礼正义》引戴震校《集释》云："燕尾一尺五寸，各本讹作'二尺五寸'。据三尺五寸之布，裁成两衽，上下各留正一尺，中一尺五寸，交裁之，得正一尺，燕尾一尺五寸，通正与燕尾共二尺五寸为衽。今改正。"（〔清〕胡培翚：《仪礼正义》，卷二五，《续修四库全书》影印苏州汤晋苑局据木犀香馆藏板刊印本，第92册，第453页。）胡培翚亦然此说。卢文弨《仪礼注疏详校》从戴改字。（〔清〕卢文弨：《仪礼注疏详校》，卷十一，《丛书集成初编》据《抱经堂丛书》本排印本，上海：商务印书馆，1935，第268页。）又阮元《十三经注疏校勘记·仪礼注疏校勘记》云："'二'，敖氏（引者按：指敖继公。）作'一'，按敖氏是也。'用布三尺五寸'，两端各留正一尺，中间一尺五寸，邪裁之为燕尾也。但诸本皆误，惟敖氏不误，岂以意改之与？抑别有所据与？"（〔清〕阮元：《宋本十三经注疏校勘记》，卷十一，《续修四库全书》影印清嘉庆十一年〔1806〕文选楼刊本，第181册，第460页。）按丧服之衽总长二尺五寸，正幅既为一尺，燕尾则当一尺五寸，又，细绎贾疏所述裁衽之制，先言"留上一尺为正"，次言"邪向下一畔一尺五寸"，后复言"留下一尺为正"，是所用之布幅上、下各留正裁一尺，中段裹裁一尺五寸，合之"凡用布三尺五寸"，与郑意合；戴、阮之说是，今从其改字。

② 贾疏所云"腰"，是用以遮掩下裳上端与上衣不相连属之际的服饰部分。按《丧服记》上文曰："衣带下，尺。"郑注云："要也。广尺，足以掩裳上际也。"贾疏云："谓衣腰也。……云'带'者，此谓'带衣'之'带'，非大带、革带者也。云'衣带下，尺'者，据上、下阔一尺。若横而言之，不著尺寸者，人有粗细，取足为限也。云'足以掩裳上际也'者，若无腰，则衣与裳之交际之间露见表（阮元《仪礼注疏校勘记》云：'表，陈、闽俱误作表。《通解》作呈。'按上文引贾公彦疏有"开两边、露里衣"之语，此似亦当言'露见里衣'，《仪礼经传通解》或是。）衣，有腰则不露见，故云'掩裳上际'也。言'上际'者，对两旁有衽掩旁两厢下际也。"（《仪礼注疏》，卷三四，第401页。）

③ 以上经、注、疏文见《仪礼注疏》卷三四，第401—402页。

注云"衽所以掩裳际也"者,谓裳两旁之际本不连合,故制为此衽以掩之。①

由此可知,衽乃由一幅长三尺五寸、广二尺二寸之布裹裁而成;②每幅布可裁得两条衽,分别缀于衣之两旁,下垂而掩裳前后不合之际;其形上则矩方,下则似燕尾,总长二尺五寸;如图1所示。

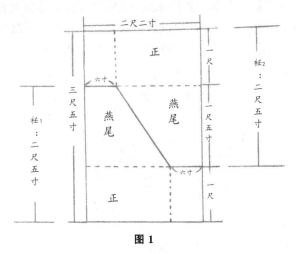

图1

上引贾疏言衽"属衣""缀于衣",考《礼记·玉藻》郑注云"衽属衣",③然俱未明言衽缀于衣何处。衽之功用既是"所以掩裳际"者,则似当缀于两旁衣裗之下。郑注言衽"二尺五寸,与有司绅齐",按《玉藻》曰:"绅长制,士三尺,有司二尺有五寸。"④则衽长与绅长同,二者下端若要平齐,则上端亦应平齐。郑玄曰:"绅,带之垂者也。"⑤是绅为大带之属结束后的下垂部分。而大带系于何处?按《玉藻》引子游之语曰:"参分带下,绅居二焉。"⑥孔疏云:"引子游之言以证绅之长短。人长八尺,大带之下四尺五寸,分为三分,绅居二分焉,绅长三尺也。"⑦此虽言士以上者绅长之制,然足见大带当系于衣腰上端。是绅之上端与衣腰上端约略平齐,衽之上端复与衣腰上端约略平齐。又衽"上正一尺",而"衣带下,尺",则衽上段矩方部分或正与衣腰叠合。如此则衽似有两种缀于衣

---

① 《仪礼正义》,卷二五,第453页。
② 上引贾疏云"广一幅",《说文·七下·巾部》曰:"幅,布帛广也。"(〔汉〕许慎:《说文解字》,北京:中华书局,1963,第158页)《汉书·食货志下》云:"布帛广二尺二寸为幅,长四丈为匹。"(〔汉〕班固:《汉书》,卷二十四下,北京:中华书局,1962,第4册,第1149页)则"广一幅"即"广二尺二寸"之谓也。
③ 《礼记注疏》,卷二九,第552页。
④ 《礼记注疏》,卷三十,第562页。
⑤ 同上。
⑥ 同上。
⑦ 同上书,卷三十,第560页。

的方式。一种同时适用于交襟与对襟，一种仅适用于交襟。前者即将二衽缀于衣腰两际内侧，使衽上段与衣腰重合；后者则需相交之两襟及其所连衣腰之长度皆足以围住人之腰际，然后将垂于右侧之衽缀于左襟下连之衣腰末端内侧，将垂于左侧之衽缀于右襟下连之衣腰末端内侧。前者因不与胸前衣襟相连，故于交襟、对襟皆适用；后者因间接上连于衣襟，故仅于交襟适用，若用于对襟，则对襟之衽不得在裳际。由于缺乏实物证据，暂时难以判定何种缀合方式为是。江永《乡党图考·衣裳图》以对襟为例（图2；①其图似以衽之燕尾长二尺五寸，误，辨见前），则当以衽之缀合方式为上述第一种。

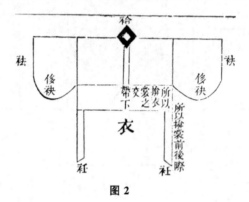

图 2

在上述衽的第一种缀合方式中，衽与胸前衣襟无涉，难以因为服制上的相连关系使"衽"成为衣襟之名；在第二种缀合方式中，衽虽与衣襟相连，但这种相连是间接的，衽实际上是由于缀于衣腰、而衣腰上连于衣襟遂得以与衣襟发生联系，即使将衽缀于衣腰外侧（如此自然不美观），其与衣襟之关联仍较疏远，且第二种缀合方式并不能适用对襟的情况，故同样难以得出由衽与衣襟相连而使"衽"引申具有"衣襟"义这种结论。马瑞辰等径云"古者斜领，下连于衿"，似有失考之嫌；段玉裁虽较谨慎，只言由"旁幅"及于"正幅"之词义推演，或即以上述第二种缀合方式为据，然经上文考辨，知此说实有未安之处。

（二）深衣之衽

1. 深衣衽制旧说考辨

丧服有衽，深衣亦有衽，《玉藻》言深衣之制"衽当旁"是也。② 然丧服与深衣制度不同。丧服者，上衣（衰）下裳，裳前后之际不相连属，故需衽以掩裳际；

---

① 〔清〕江永：《乡党图考》，卷一，清咸丰十年（1860）学海堂补刊《皇清经解》本。
② 《礼记注疏》，卷二九，第552页。

深衣者，"谓连衣裳而纯之以采也。有表则谓之中衣，以素纯则曰长衣也。"①孔颖达云："所以称'深衣'者，以余服则上衣下裳不相连，此深衣衣裳相连，被体深邃，故谓之'深衣'。"②如丧服等殊衣裳，衽可缀于衣而垂于裳；若深衣连衣裳，则衽当置于何处？

依郑玄之说，则上文所论上衣下裳式丧服为男子丧服，而妇人丧服"不殊裳。衰如男子衰，下如深衣。深衣则衰无带下，又无衽。"③"带下"者，前文已论及之衣要（腰），"掩裳上际"者："今此裳既缝著衣，不见里衣，故不须要以掩裳上际，故知'无要'也。"④按《玉藻》明言深衣"衽当旁"，而郑注《丧服》乃云深衣"无衽"，何故也？盖由深衣衣裳相连，衽遂亦连属于衣裳，不复有所谓属于衣而垂于裳者，故郑曰"无衽"，以与男子丧服殊衣裳而有下垂之衽相区分。可见，深衣之衽与丧服之衽形制有别。

《礼记·深衣》曰："制十有二幅，以应十有二月。"郑注云："裳六幅，幅分之以为上、下之杀。"孔疏云："深衣其幅有六，每幅交解为二，是十二幅也。"⑤此言深衣之裳剪裁之法。所谓"分之以为上、下之杀""交解"者，《玉藻》孔疏尝详言之：（解见图3）

按《深衣》云幅十有二，以计之，幅广二尺二寸，一幅破为二，四边各去一寸，余有一尺八寸，每幅交解之，阔头广尺二寸，狭头广六寸。⑥

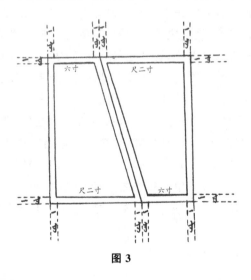

图 3

---

① 陆德明《经典释文》引郑玄《三礼目录》语。（〔唐〕陆德明撰，〔清〕卢文弨校：《经典释文》，卷一四，《丛书集成初编》影印《抱经堂丛书》本，上海：商务印书馆，1936，第 850 页。）
② 《礼记·深衣》篇题下《正义》文。《礼记注疏》，卷五八，第 963 页。
③ 《丧服经》郑注。《仪礼注疏》，卷二九，第 347～348 页。
④ 《丧服经》贾疏。同上書、卷次，第 348 页。
⑤ 《礼记注疏》，卷五八，第 963 页。
⑥ 同上书，卷二九，第 552 页。

"四边各去一寸"者,"削幅"也。按《丧服记》曰:"凡衰,外削幅;裳,内削幅。"郑注曰:"削犹杀也。"①胡培翚《仪礼正义》云:"《广雅·释诂》'削'与'杀'皆训'减',故郑以'杀'释之,谓减杀其幅之边也。"②江永《乡党图考·帷裳考》云:"'削'谓折倒一寸。"③是知"削幅"者,折倒幅边以便缝合之用也。每幅(幅广二尺二寸)破为二,非均分正裁,乃交解衺裁,使所得新幅上下边有阔狭之异。上狭下阔者,上杀者也;上阔下狭者,下杀者也;是之谓"分之以为上、下之杀"。然则深衣之裳何以作如此衺裁?

前文言朝、祭服之裳前三幅、后四幅,皆由正幅缀合而成;正幅者,上下同宽,然裳之形制必不能上下同宽,故郑玄云"祭服、朝服辟积无数"。"辟积"者,"辟蹙其要中",④使裳上际狭、下际阔,得以就腰之形而便人之行。故贾公彦云:"以其七幅,布幅二尺二寸,幅皆两畔各去一寸为削幅,则二七十四尺。若不辟积其腰中,则束身不得就,故须辟积其腰中也。"⑤然深衣衣裳相连,裳上际(腰间)遂不得有辟积。无辟积则裳上下同宽。若同于腰间之广则裳下畔甚窄狭,难以举步;若同于下畔之广则腰间及以上广大难着。是深衣之裳必衺裁,得上杀、下杀之幅,"比宽头向下,狭头向上",⑥而使腰间狭、下摆阔。其具体尺寸如《玉藻》所言:"深衣三袪。缝齐倍要。"郑注云:"'三袪'者,谓要中之数也。袪,尺二寸,围之为二尺四寸,三之七尺二寸。缝,紩也。紩下齐,倍要中,齐丈四尺四寸。"孔疏云:"'齐'谓裳之下畔,'要'谓裳之上畔。言缝下畔之广,倍于要中之广,谓齐广一丈四尺四寸,要广七尺二寸。"⑦故上引孔疏以每幅交解后,狭头广六寸,十二狭头并于腰间,得七尺二寸之数;阔头广尺二寸,十二阔头齐于下畔,得丈四尺四寸;正合"缝齐倍要"之文。

《玉藻》又曰:"衽当旁。"郑注云:"衽(引者按:同'袵'。)谓裳幅所交裂也。"孔疏云:"衽谓裳之交接之处,当身之畔。'衽谓裳幅所交裂也'者,裳幅下广尺二寸,上阔六寸,狭头向上,交裂一幅而为之。"⑧又《深衣》曰:"续衽钩边。"郑注云:"续犹属也。衽,在裳旁者也。属连之,不殊裳前后也。"孔疏云:"衽谓深衣之裳,以下阔上狭,谓之为衽。……,凡深衣之裳,十二幅皆宽头在下,⑨狭头在

---

① 《仪礼注疏》,卷三四,第401页。
② 《仪礼正义》,卷二五,第451页。
③ 《乡党图考》,卷五。
④ 《仪礼·士冠礼》郑注。《仪礼注疏》,卷二,第16页。
⑤ 《仪礼·丧服记》贾疏。同上书,卷三四,第401页。
⑥ 《礼记·玉藻》孔疏。《礼记注疏》,卷二九,第552页。
⑦ 同上。
⑧ 同上。
⑨ "十",阮本原误"上",宋绍熙三年(1192)两浙东路茶盐司刻宋元递修八行本作"十"不误,据改。

上,皆似小要之袺,是前后左右皆有袺也。今云'袺当旁'者,谓所续之袺当身之一旁,非为馀袺悉当旁也。"①孔氏之意,盖以凡交解裹裁之布幅俱可称"袺",因朝、祭、丧服之袺正为裹杀之形(见图1);今深衣之十二裳幅皆裹裁,本可并称为"袺";经云"袺当旁",乃言十二裳幅中在两旁以属连裳前后者。

孔氏此说并其所述深衣裳幅之裁剪方法,清人颇有疑议。按江永《深衣考误》云:

> 疏家不得其说,妄谓六幅皆用交解,狭头去边缝广六寸,阔头去边缝广一尺二寸,于是裳之前后惟中缝正直,其余皆成奇裹不正之缝,可谓"服之不衷",曾谓圣贤法服而有是哉?②

戴震《深衣解》亦曰:

> 如此缝合之,则布缕皆裹行错乱,不相整比。其幅之上六寸、下尺二寸者,悉裹角相倚,高下参差。且翦除而弃者必多。衣之不完,而费又弗善,莫过此矣。盖臆说也。③

江、戴之意,以深衣之十二裳幅不得俱为裹裁之形,否则以狭头在上、阔头在下之方式缀合后,必高下参差、奇裹相错而不成制度。二氏之说是也。然则如何方得"深衣三袺,缝齐倍要,袺当旁"?

江永云:(解见图4、图5)

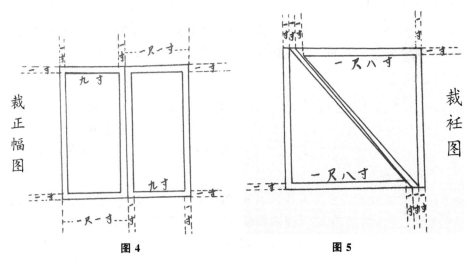

图4　　　　　　　　　图5

衣用正幅,裳之中幅亦以正裁,惟袺在裳旁,始用斜裁。古者布幅阔

---

① 《礼记注疏》,卷五八,第964页。
② 《深衣考误》,第9页。
③ 〔清〕戴震:《深衣解》,《续修四库全书》影印戴震手稿本,第107册,第178页。

二尺二寸,深衣裳用布六幅,裁为十二幅。其当裳之前后正处者,以布四幅正裁为八幅,上、下皆广一尺一寸,各边去一寸为缝,一幅上、下皆正得九寸,八幅七尺二寸,其在上者既足要中之数矣。下齐当倍于要。又以布二幅斜裁为四幅,狭头二寸,宽头二尺,各去一寸为缝,狭头成角,宽头得一尺八寸,皆以成角者向上,以广一尺八寸者向下,则四幅下广亦得七尺二寸,合于齐得一丈四尺四寸。此四幅连属于裳之两旁,别名为"衽",下文"衽当旁"是也。

"衽"者,斜杀以掩裳际之名。深衣裳前后当中者不名衽,唯当旁而斜杀者名衽,故经云"衽当旁",明其不当中也。当中则前襟而后裾是也。①

按江氏之意,以裳前后当中八幅者皆正裁,每幅去边缝则广九寸,八幅得七尺二寸,足"深衣三袪"之数;而在裳旁属连裳前后者方衺裁,狭头成角,故于腰中之数无增,阔头幅广尺八寸,四幅得七尺二寸,并正幅下际之七尺二寸,得丈四尺四寸,合"缝齐倍要"之文。

江永之说似更合于《玉藻》"衽当旁"及《深衣》"续衽钩边"郑注"衽,在裳旁者也。属连之,不殊裳前后也"之文。按《玉藻》郑注云:

凡衽者,或杀而下,或杀而上,是以小要取名焉。衽属衣则垂而放之,属裳则缝之以合前后。上、下相变。

孔疏引皇侃之说云:

言"凡衽",非一之辞,非独深衣也。"或杀而下",谓丧服之衽,广头在上,狭头在下;"或杀而上",谓深衣之衽,宽头在下,狭头在上。

又曰:

熊氏大意与皇氏同,"或杀而下"谓朝、祭之服耳。云"衽属衣则垂而放之"者,谓丧服及熊氏朝、祭之衽;云"属裳则缝之以合前后"者,谓深衣之衽。云"上、下相变"者,上体是阳,阳体舒散,故垂而下;下体是阴,阴主收敛,故缝而合之。②

总括言之,无论丧服之衽抑或深衣之衽,俱为衺裁之幅,故有削杀之形。丧服之衽盖缀于衣腰两际,下垂以掩裳两际;深衣之衽则直接缀合于裳两际,用以属连裳前后。是深衣之衽实为深衣裳之旁侧部分,更难与胸前衣襟发生联系。

2. 重论"曲裾"与"续衽钩边"

深衣之制历来聚讼纷纭。盖由《深衣》"续衽钩边"一语难明之故。"续衽"

---

① 《深衣考误》,第9页。
② 《礼记注疏》,卷二九,第552页。

者,郑意已详于上;"钩边"者,郑注云:

> 钩,读如"鸟喙必钩"之"钩","钩边"若今曲裾也。①

江永《深衣考误》云:

> "续衽"谓裳之左旁缝合其衽也,"钩边"谓裳之右旁,别用一幅布斜裁之,缀于右后衽之上,使钩而前也,汉时谓之"曲裾"。盖裳后为裾,缀于裾,曲而前,故名"曲裾"也。所以必用"钩边"者,裳之右畔前后衽不合,若无"钩边",则行步之际露其后衽之里,有钩边而后可以掩裳际也。……。郑氏不言"左续衽、右钩边"者,衣裳自左掩右,左可连、右不可连,其事易明,故不必言"左""右"也。②

江氏言"自左掩右"者,盖即通常理解之"右衽"。深衣衣裳相连,故江氏云"衣裳自左掩右"。如此一来,则"左可连、右不可连",否则便无法穿着。由上文考论可知,江氏以深衣之衽共四幅;则其意左侧裳际有两衽,即左前衽、左后衽,此二衽彼此缀合,又分别与裳前、后正幅缀合,是"裳之左旁缝合其衽";而右侧裳际两衽彼此不缀合,右前衽缀于裳前正幅右侧,右后衽缀于裳后正幅右侧。江氏又以在右后衽上缀合一幅裹裁布幅为"钩边",此布幅"其斜杀一边缀于右后衽,上头狭处缝著于衣之右内襟",③如此则其幅"钩而前","可以掩裳际",虽右前衽与右后衽不缝合,行步之际所露者亦仅为此钩曲之布幅而非里衣。江氏并详其意于"裁钩边""深衣前图""深衣后图"三图(图6、7、8,摘自江氏《乡党图考·衣服下·深衣考》)。

图 6

---

① 同上书,卷五八,第964页。
② 《深衣考误》,第10页。
③ 《深衣考误》,第11页。

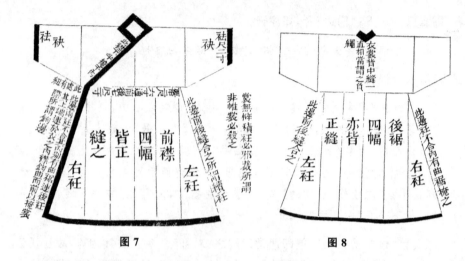

图7　　　　　　　图8

戴震《深衣解》所言"续衽钩边"之制与其师说略同。按戴氏曰：

> 裳左衽前后连属，故曰"续衽"；而"右衽"前后不得连属，以便开阖，因设曲裾于内，钩搩边际，故曰"钩边"，今俗呼"里裾"是也。以其藏右衽内，不与要围、齐围通计，是以不在十二幅之数。①

然孙机先生以出土实物为据，不以江说为然，其尝于《深衣与楚服》一文中云："江氏所理解的'续衽钩边'，只不过是在衣内掩一小襟而已，它和清代长衫中的小襟差不多，而与战国深衣的钩边却相去很远。"②其以清中叶学者任大椿《深衣释例》之说较有见地，按任氏解"续衽钩边"云：

> 在旁之衽前后属连曰"续衽"（原注：《说苑·正谏》"死者不可生也，断者不可属也"，故属、续通。）。右旁之衽不能属连，前后两开，必露里衣，恐近于亵。故别以一幅布裁为曲裾，而属于右后衽，反屈之向前，如鸟喙之句曲，以掩盖里衣，而右前衽即交乎其上，于覆体更为完密。其名"钩边"者，盖此幅属于右后衽之边，句向左前衽之边耳。③

细绎任氏之意，实与江永之说无别，其"右后衽""右前衽"之内涵与江氏并同，皆言郑注所谓"属裳则缝之以合前后"之衽。孙机先生之所以认为任氏说法有见地，乃因其误以任大椿所言"衽"指通常理解之"衣襟"意。

虽然，江、戴、任之说确有不当之处。郑注"钩边"云"若今曲裾也"，而汉时曲裾其制如何？

---

① 《深衣解》，第184页。
② 孙机：《中国古舆服论丛》（增订本），北京：文物出版社，2001，第139页。
③ 〔清〕任大椿：《深衣释例》，卷二，清光绪十四年（1888）南菁书院刻《皇清经解续编》本。

《说文·八上·衣部》曰："裾，衣袍也。"①段玉裁以"袍"为误字，改为"褎"，注云：

> "褎"，各本作"袍"，今依《韵会》正。上文云"褎，裹也"，裹物谓之褎，因之衣前袌（引者按：此段引文中"袌"指通常理解之"衣襟"。）谓之褎。《方言》："襌衣有褎者，赵魏之间谓之'袚衣'。郭云："前施褎囊也。房报切。"按"前施褎囊"，即谓右外袌。《方言》："无褎者谓之裎衣。"即今之对袌衣，无右外袌者也。亵衣无褎，礼服必有褎。上文之袥、衸谓无褎者，唐宋人所谓"衩衣"也。《公羊传》曰："反袂拭面，涕沾袍。"此"袍"当作"褎"。何注曰："衣前襟也。"《释器》："衣皆（引者按：此'皆'当'眥'之误。）谓之襟，极谓之裾。""极"同"袷"，谓交领。褎连于交领，故曰"极谓之裾"。郭景纯曰"衣后襟"，非也。《释名》"裾在后"之说，非是。②

段氏改"袍"为"褎"是也。按《说文》曰："袍，襺也。从衣，包声。《论语》：'衣弊缊袍。'""襺，袍衣也。从衣，繭声。以絮曰襺，以缊曰袍。《春秋传》曰：'盛夏重襺。'"③《玉藻》曰："纩为茧，缊为袍。"郑注云："衣有著之异名也。'纩'谓今之新绵也。'缊'谓今纩及旧絮也。"④段玉裁言"衣有著"之"著"同"褚"。⑤《广韵》曰："褚，装衣也。"⑥谓以丝绵等填充衣物也。是《说文》以"袍"字本义为内里填充新绵旧絮之衣，其与"襺"析言有别、浑言不别。《说文》又曰："褎，裹也。"⑦段注云："《论语》：'子生三年，然后免于父母之怀。'马融释以'怀抱'，即'褎褎'也。今字'抱'行而'褎'废矣。"⑧按大徐本"袍"字音切云"薄褎切"，"褎"字音切云"薄保切"；二字古音俱属幽部、并母，然声调不同。是二字义本有别，而古亦通用。故鲁哀公十四年《公羊传》曰："反袂拭面，涕沾袍。"何休注云："袍，衣前襟也。"徐彦疏云："'涕沾袍'者，'袍'亦有作'衿'字者。以'衣前襟'言之'袍'，似得之。"⑨据徐氏说，则《公羊传》有作"涕沾衿"之别本，是此"袍"确应作"衣前襟"解，而为"褎"之借字。《玉篇》又曰："袍，薄褎切。长襦也。""褎，

---

① 《说文解字》，第171页。
② 《说文解字注》，第392—393页。
③ 《说文解字》，第170页。
④ 《礼记注疏》，卷二九，第553页。
⑤ 《说文解字注》"袍"字注，第391页。
⑥ 周祖谟校：《广韵校本》，卷三，北京：中华书局，2011，上册，第259页。
⑦ 《说文解字》，第171页。
⑧ 《说文解字注》，第392页。
⑨ 〔清〕阮元校刻：《春秋公羊注疏》，卷二八，影印嘉庆二十年（1815）南昌府学刻本，台北：艺文印书馆，2007，第356页。

同上。又步报切，衣袌也。"①可见"袍""袤"通用，而"袤"本"衣袌"（即"衣前襟"）意。

今考宋刻《玉篇》作："裾，衣袤也。"②与段氏所改正同。而"裾"本义为"衣襟"亦可间接由其"衣领"意证明。按《尔雅·释器》曰："衱谓之裾。"③《方言》曰："衱谓之裺。"郭璞注云："即衣领也。"④《说文》曰："裺，褔领也。"⑤"裺"字本在"褐"字下，段玉裁将其移置"襡"字下，并改《说文》"褔领"为"裺领"，注云："'裺领'各本讹'褔领'，字之误也，今正。……《尔雅》'黼领谓之襡'，孙炎曰：'绣刺黼文以裺领也。'《士昏礼》注：'卿大夫之妻刺黼以为领，如今偃领矣。'偃即裺字，'裺领'古有此语。《广韵》曰：'裺，衣领也。'"⑥段氏说是也。且无论"褔领"或"裺领"，"裺"并有"衣领"之意。则"衱"亦为"衣领"义。而"衱谓之裾"，是"裾"有"衣领"义。郝懿行《尔雅义疏》云：

> 衱者，《玉篇》云"裾也"，"裾，衣袤也"（原注：袤，步报切，《说文》作袍，误。），"袤，衣前襟也"，《说文》"袤，裹也"，衣之前袌可怀抱物，故谓之"裾"，"裾"言物可居也。"裾"名"衱"者，……领属于袌，袌、裾同物，广异名耳。裾、袌、袷、衱，俱声相转也。⑦

郝意与段同，并以"裾"为"衣襟"义，而衣襟上连于领，故"裾"引申有"衣领"意，是以《释器》曰"衱谓之裾"。然则实可据《释器》之文反推"裾"义。且《释器》一篇于诸名物之顺序编排似亦有规律可循。按其文曰：

> 衣眥谓之襟。（郭璞注：交领。）衱谓之裾。（郭注：衣后裾也。）衿谓之袸。（郭注：衣小带。）佩衿谓之褑。（郭注：佩玉之带上属。）执衽谓之袺。（郭注：持衣上衽。）扱衽谓之襭。（郭注：扱衣上衽于带。）⑧

以上六句，似两两相配，为意近者。"衿谓之袸""佩衿谓之褑"言带之属，"执衽谓之袺""扱衽谓之襭"述衽之事。"衣眥"者，《说文·四上·目部》曰："眥，目

---

① 〔南朝梁〕顾野王撰，〔唐〕孙强增字，〔宋〕陈彭年等重修：《大广益会玉篇》，卷二八，日本国立公文书馆藏宋刊本。

② 同上。

③ 〔晋〕郭璞注：《尔雅》，卷中，《中华再造善本》影印中国国家图书馆藏宋刻本，北京：北京图书馆出版社，2002。

④ 〔汉〕扬雄撰，〔晋〕郭璞注：《輶轩使者绝代语释别国方言》，卷四，《中华再造善本》影印中国国家图书馆藏宋庆元六年（1200）浔阳郡斋刻本，北京：北京图书馆出版社，2002。

⑤ 《说文解字》，第173页。

⑥ 《说文解字注》，第390页。

⑦ 〔清〕郝懿行：《尔雅义疏》，中之二，《续修四库全书》影印同治四年（1865）重刊本，第187册，第526页。

⑧ 《尔雅》，卷中。

匡也。"①段注引《字林》作"目匡"。② 郝懿行《尔雅义疏》云："衣有'眥'者，《淮南·齐俗篇》云'隅眥之削'，盖削杀衣领以为斜形，下属于襟，若目眥然也。"③是"衣眥"言衣领相交若目眥之貌，故郭璞注曰"交领"；"以领属于襟，因言襟矣。"④

又"衼"者，戴震《方言疏证》云："案衼、袷古通用。《礼记·玉藻》'袷二寸'郑注云'曲领也'，《深衣篇》'曲袷如矩以应方'注云'袷，交领也。古者方领，如今小儿衣领'。"⑤按衼古音属缉部、群母，袷古音属缉部、见母，二者音近，故得通用。任大椿《深衣释例》详说"袷"制云：

  曲袷属于内外襟，两襟交则袷交而形自方。

  案经云"曲袷如矩以应方"，注云"交领也"，则郑明以方领为交领，下即接云"古者方领"，犹云"古者交领"也。（原注：朱子谓两襟交会处，其方如矩。本郑义也。）……"交领"之制，以外右襟交内左襟，以内左襟交外右襟，交处象矩，故曰"方领"；句曲颈下，故曰"曲袷"。"曲袷"古多称"交领"。《曲礼》"天子视不上于袷"注"袷，交领也"，《玉藻》"视带以及袷"注"袷，交领也"，盖古者衣皆交领。……。袷属于襟，即与襟同体，襟交则袷交，故袷谓之"交领"与襟谓之"交领"一也。⑥

是"袷"有交领义，⑦故"衼"亦谓"交领"，与"衣眥"同。然则"衼谓之裾""衣眦谓之襟"二语义同，是"裾"有"襟"义，而二字引申有"衣领"义之路径亦同。

"裾"本义指"衣前襟"部分，而深衣衣裳相连，则"裾"之范围盖随之扩大。郑注《深衣》"钩边"云"若今曲裾"，按《汉书·江充传》载：

  充衣纱縠襌衣，曲裾后垂交输。

颜师古注：

  张晏曰："曲裾者，如妇人衣也。"如淳曰："'交输'，割正幅，使一头狭若燕尾，垂之两旁，见于后，是《礼·深衣》'续衽钩边'。"⑧贾逵谓之'衣圭'。"苏林曰："'交输'，如今新妇袍上挂全幅缯角割，名曰'交输裁'也。"

---

① 《说文解字》，第71页。
② 《说文解字注》，第130页。
③ 《尔雅义疏》，中之二，第526页。
④ 同上。
⑤ 〔清〕戴震：《方言疏证》，卷四，《续修四库全书》影印清乾隆孔继涵刻《微波榭丛书》本，第193册，第439页。
⑥ 《深衣释例》，卷二。
⑦ 《说文》："袷，衣无絮。"（第172页）段《注》云："《小戴记》以为'交领'之字。"（第394页）
⑧ 《深衣》言"续衽钩边"，而此颜注引如淳说则作"续衽钩边"，考北宋刻递修本《汉书》亦作"续"，未知何故。或《深衣》有别本之文？或传写之讹？存疑待考。

师古曰："如、苏二说是也。"①

沈钦韩《汉书疏证》云：

"后垂"者，《释名》云："妇人上服曰袿，其下垂者上广下狭，如刀圭也。""交输"者，《玉藻》"衽当旁"注："衽谓裳幅所交裂也。凡衽者，或杀而下，或杀而上，是以小要取名焉。"……。按此则一幅斜剪若燕尾，《丧服》注所云"燕尾二尺五寸"，即"交输裁"者也。②

"裾"本指衣前，而江充之衣乃"曲裾后垂交输"，则所谓"曲裾"者，其幅盖已由前向后拥掩，方得"后垂"。且其幅下际必曲裁（上际连领，本已衺裁），因"曲裾"即"钩边"，《说文·三上·白部》曰："钩，曲也。"③

"曲裾"之形制，今可以出土实物印证之。长沙马王堆一号汉墓出土之"信期绣"褐罗绮绵袍即为曲裾深衣形制。（图9、10、11、12，并采自《长沙马王堆一号汉墓》图版九五～九八）

由实物图片可知，《深衣》所谓"钩边"者，钩曲衣外襟之下畔也；外襟向后拥掩，绕过右腋，折于背后，然则其背后之衺馀布幅即衽耶？

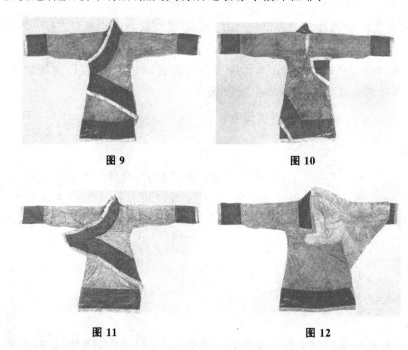

图9　　　图10

图11　　　图12

---

① 《汉书》，卷四五，第7册，第2176页。
② 〔清〕沈钦韩：《汉书疏证》，卷二七，《续修四库全书》影印光绪二十六年（1900）孟冬浙江官书局刊本，第266册，第782页。
③ 《说文解字》，第50页。

马王堆一号汉墓出土之曲裾深衣,其裾之长度有限,故未能达到如《汉书》所云"曲裾后垂交输"者。出土实物中尝有穿着深衣之战国彩绘木雕女俑,其曲裾较长,可垂于身后(图 13,采自《中国美术全集·雕塑编·原始社会至战国雕塑》);然尚仅有一边之垂,而非"交输"。江苏徐州米山西汉墓则出土有确能体现深衣"后垂交输"形制之女俑(图 14,见《江苏徐州市米山汉墓》报告)。按有关出土实物深衣制度的情况,孙机先生《深衣与楚服》一文已有详细且深入的讨论;因本文此节仅讨论深衣之衽之具体所指,恕不得详引其说以全面考论深衣制度。

按如淳、苏林所述"交输(裁)"之形制似即图 14 女俑服所示者。如淳言"交输"即《深衣》所记"续衽钩边"之制,盖以"交输"之形似前文所论袤裁之衽也,然则其解"续衽"为"以衽连属曲裾"乎?沈钦韩亦引郑注衽之剪裁方法左证"交输"之意,似与如淳意同。而任大椿虽尊郑说而以深衣之衽连属于裳,然亦以"交输"与衽制相似:"'交输'在裳之两旁,如深衣之衽,可知深衣裳衽本在旁也。"①若此,《深衣》之"续衽钩边"似当理解为:深衣者,衣裳相连,故将原属于衣之衽连属于衣襟而钩曲衣襟之边,使之向后拥掩而垂衽于下,或在一旁,或在两旁;是《玉藻》所云"衽当旁"者。

   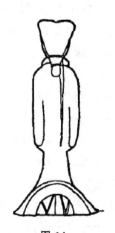

图 13　　　　　图 14

然汉代人并不称呼深衣"后垂交输"者为"衽"。按《方言》曰:"袿谓之裾。"郭璞注云:"衣后裾也。"②上引《释器》"袯谓之裾"郭注亦云"衣后裾也",彼则不当,此则是也,何故?盖"裾"本为衣前襟之称,而深衣之衣前襟长大,向后拥掩,垂于后,故衣后下垂之布幅遂亦称"裾"。上引《汉书》颜注转引如淳之语

---

① 《深衣释例》,卷二。
② 《輶轩使者绝代语释别国方言》,卷四。

曰:"贾逵谓之'衣圭'。"《释名》曰:"妇人上服曰袿,其下垂者上广下狭,如刀圭也。"① 盖"圭(后作'袿')"亦"后垂交输"者之名(因下垂之布幅其形似刀圭),与"裾"引申之义同,故《方言》曰"袿谓之裾"。《释器》云"裾"之本义,《方言》云"裾"之引申义,郭璞并以"衣后裾"释之,遂有得失。由此亦可见,汉人称深衣垂于身后之布幅或为"裾"、或为"袿",似无称"衽"者。

然则"续衽钩边"之"衽"可否即指"衣前襟"呢?由出土实物可见,深衣之最大特色实为由一幅曲裾向后拥掩;而"裾"者,衣前襟也,亦即"被发左衽"之"衽","续衽钩边"是否即"以布幅接续衣襟而钩曲衣襟之边(使之向后拥掩)"呢?按《尔雅·释诂》曰:"续,继也。"② 是"续衽"似亦可解为"继衽",即延续衣襟布幅之意。而若由马王堆出土深衣(图 9～12)看来,恰似"继衽"之制,且言其"衣襟在旁"亦无不合理处(因其曲裾之长度较短,刚够掩于右腋之后),是又合于《玉藻》"衽当旁"之文(如此则《玉藻》之"衽"亦当作"衣襟"解)。

3. 小结

礼书中言及深衣之衽者,唯《玉藻》"衽当旁"、《深衣》"续衽钩边"二语;而上文所考论之三种说解,并皆"言之成理"。第一种说解,以衽有下杀、上杀之别;下杀者,阔头在上、狭头在下,属于衣,垂而放之以掩裳际,是为朝、祭、丧服之衽;上杀者,狭头在上、阔头在下,连缀于裳两际,以属裳之前后,是为深衣之衽;此说可合"衽当旁""续衽"之意,郑玄以至江永并持之。第二种说解,以《汉书·江充传》所云"后垂交输"者为衽,"割正幅,使一头狭若燕尾,垂之两旁,见于后","续衽"即以此衽连属于曲裾之意,同样合于"衽当旁"之文;如淳、沈钦韩持之。第三种说解,以衽为"被发左衽"之衽(衣前襟),"续衽"即"接续其衽"之谓,深衣曲裾,衣前襟经由旁际而掩于身后,亦可谓"衽当旁",孙机等现代学者似持此说。③ 众说纷纭,是非难断,盖由文献证据极缺乏之故;而众多出土实物似亦仅能解释"钩边""曲裾""交输"之惑,于"衽"之所指则终难明了。虽然,三种说解却俱能说明:"衽"之"衣襟"义非因掩裳际之衽与衣前襟相连而引申得来。第一种说解,衽与裳连属,与衣襟无涉。第二种说解,衽虽与衣襟相连,然交垂身后,形制较小,与前襟关系终属疏远;且深衣晚至春秋、战国之交方出现,④ "衽"不得于此后方逐渐引申为衣前襟之称。第三种说解直以"衽"即"衣襟"义,更未有引申之说。故综上所述,深衣衽制与丧服衽制皆难以证明"衽"本义为掩裳际者、因其与衣襟相连而遂为衣襟之称这一观点。

---

① 〔汉〕刘熙:《释名》,卷五,《四部丛刊》影印明嘉靖翻宋本。
② 《尔雅》,卷中。
③ 孙机先生未明言,由其《深衣与楚服》一文或可见其意。
④ 孙机先生《深衣与楚服》一文观点,见《中国古舆服论丛》第 139 页。

二、"衽"之本义、引申义与别义

(一)"衽"之本义

"衽"之本义盖即"衣前襟",此亦当为许慎本意。《论语》"被发左衽"之"衽"是也。按"右衽""左衽"之"衽"为"衣襟"义,向来鲜有异议。清初毛奇龄《四书改错》乃有新说,以"右衽""左衽"之"衽"为所以掩裳际者:

> 衽在衿、袷、袪、袂、带、韠之外别一衣名。……,大抵衣裳之制,合用布五尺,而各以二尺五寸分衣裳上下,然两不联属。其裳之上际,不过以衣之下际稍为盖掩,所谓"当身之半"者;而披下两旁则裳际尽露,于是造一衣式,用布二尺五寸,缀于衣而垂之两披之旁,名之曰"衽"。"衽"者,掩缝之谓也。然犹不分左右也。自深衣之制起,天子与士庶均用之。衣与裳联属无际,即裳十二幅亦联其左旁,而右旁则钩其合处,所谓"续衽钩边"者。乃以此二尺五寸之衽,缀之右披之裳端,以垂于下,所谓"右衽"也。①

毛氏此说盖有心立异。依其言,则唯深衣之制可有右衽、左衽之别;而朝、祭、丧服两旁既皆有衽,又何左衽、右衽之分乎?且其说深衣之制与文献记载并出土实物皆不符,上文已详考之,是此说颇为无据。

江永亦不以《论语》"被发左衽"之"衽"为"衣前襟"义,而以其为"续衽钩边"之衽,故其言曰:"《论语》云'左衽',谓夷俗衽掩于左,其缝合者在右也。"②即立足于其所定深衣之制,衽属裳;"右衽"则不缝合之衽在右,裁"钩边"以相掩,"左衽"则不缝合之衽在左,亦裁"钩边"以相掩。此说看似大异旧说,然细思之下即发现:依江永所论深衣制度,若不缝合之衽在右,则胸前衣襟亦掩向右(见图8),与通常理解之"右衽"无异;而若不缝合之衽在左,则胸前衣襟亦掩向左,也与通常理解之"左衽"无异;是其说实无改于旧。

按"左衽"一语,刘宝楠《论语正义》说解最确:

> "左衽"者,《说文》:"衽,衣裣也。""裣,交衽也。"《苍颉解诂》:"衽,衣襟也。"裣、襟一字。《声类》:"襟,交领也。""交领"即"交衽"。盖衣领下属于衣前右幅,通称为"衽"、为"裣"、为"襟"。必言"交"者,谓领两头相交。周人颈也,领右则衣前幅掩向右,领左则衣前幅掩向左。中夏礼服皆右衽,

---

① 〔清〕毛奇龄:《四书改错》,卷六,《续修四库全书》影印清嘉庆辛未(1811)学圃重刊本,第165册,第55页。
② 《深衣考误》,第9页。

……。是知《玉藻》之"衽当旁"与《论语》"左衽"名同实异,《论语》当用《说文》。①

刘氏以"衽"有二,一为《玉藻》所云在裳际裹杀之"衽",一为《论语》所云衣襟之"衽",二者同名异实。且刘氏以《说文》所云"衽,衣裣也"之"衽"为"左衽"之"衽",并"裣"字亦本衣襟之称;与段玉裁之说不同。

礼书中虽屡屡言及"裳际之衽",然亦有言"衽"而当解为"衣襟"者。按《仪礼·士丧礼》曰:

> 夏祝鬻余饭,用二鬲于西墙下。幂用疏布,久之,系用靲,县于重。幂用苇席,北面,左衽,带用靲,贺之,结于后。

郑注云:

> 以席覆重,辟屈而反两端交于后;左衽,西端在上。贺,加也。②

胡培翚《仪礼正义》云:

> 盖席本是南转而北,又以两端之余者反向后转之,故云"反两端交于后"。重北面,以西为左,则左衽自当以西为上。注盖谓转而向东者在下,转而向西者在上耳。③

此言丧礼期间树重(用以悬物之木)于中庭之事。重木须以苇席掩覆,席由木南转而北,左端由左向右掩袭在内,右端由右向左掩袭在外,故两端又得反于后而交之,如人覆衣之制,故经文以"左衽"况之。是此处之"衽"即指衣前襟也,郑注、胡氏《正义》并如此说。

又《礼记·丧大记》曰:

> 小敛、大敛,祭服不倒,皆左衽,结绞不纽。

郑注云:

> "左衽",衽向左,反生时也。

孔疏云:

> 衽,衣襟也。生向右,左手解,抽带便也。死则襟向左,示不复解也。"结绞不纽"者,生时带并为屈纽,使易抽解;若死则无复解义,故绞束毕结

---

① 〔清〕刘宝楠:《论语正义》,卷十七,《续修四库全书》影印清同治刻本,第156册,第208、209页。
② 《仪礼注疏》,卷三六,第423页。
③ 《仪礼正义》,卷二六,第92册,第487页。

之,①不为纽也。②

此"衽"亦明为"衣襟"义,无须赘解;生时右衽、死时左衽,凶礼变于吉也。

然则胸前衣襟何以称"衽"? 上文尝引段玉裁注"褱"字云:"褱物谓之褱,因之衣前袌谓之褱。"而"衽"之得名或亦类此。按《诗·大雅·生民》曰:"是任是负。"郑玄笺云:"任犹抱也。"③又《国语·齐语》曰:"以知其市之贾负任儋何。"韦昭注云:"任,抱也。"④是"任"字有"怀抱"义。《说文·八上·人部》曰:"任,符也。"⑤段玉裁改为"任,保也",注云:

> 按上文云"保,养也",此云"任,保也",二篆不相属者,"保"之本义,《尚书》所谓"保抱","任"之训"保",则"保"引伸之义,如今言"保举"是也。《周礼》"五家为比,使之相保"注云:"保犹任也。"又"孝、友、睦、姻、任、恤"注云:"任,信于友道也。"引伸之凡儋何曰任。《小雅》"我任我辇,我车我牛",《传》云:"任者,辇者,车者,牛者。"四云"者"者,皆谓人也。⑥

按《说文》曰:"保,养也。从人,从采省。采,古文孚。㑵,古文保。㑵,古文保不省。"⑦甲骨文中"㑵""㑵"等字形,唐兰先生释为"仔",云:

> 即"保"字。前一形作㑵者,习见古金文,前人未识,余谓即保字古文。《召诰》曰"夫知保抱携持厥妇子",抱者褱于前,保者负于背,故㑵象人反手负子于背也。

> 㑵字书之不便,因省而为㑵,更省则为㑵。卜辞作㑵形者习见,……。

(引《说文》"保"字说解云云。)按孚又从古文㑵,是互相从矣,失之。《礼记·内则》"保受,乃负之",注:"保,保母也。"负子于背谓之保,引申之则负之者为保,更引申之则有保养之义。然则保本象负子于背之义,许君误以为形声,遂取"养也"义当之耳。⑧

由此可见,"保"本象背负人子之形,其本义当为"负子于背",引申而有"保养"义。按《诗·周颂·敬之》"佛时仔肩"郑《笺》云"'仔肩',任也",⑨唐兰先生以

---

① "束",阮本原误"末",据八行本正。
② 《礼记注疏》,卷四五,第779页。
③ 《毛诗注疏》,卷十七之一,第594页。
④ 〔三国吴〕韦昭注:《国语》,卷六,《中华再造善本》影印中国国家图书馆藏宋刻宋元递修本,北京:北京图书馆出版社,2006。
⑤ 《说文解字》,第165页。
⑥ 《说文解字注》,第375页。
⑦ 《说文解字》,第161页。
⑧ 唐兰:《殷虚文字记·释保》,北京:中华书局,1981,第58、59页。
⑨ 《毛诗注疏》,卷十九之三,第740页。

此"仔"亦当"保"字也。① 是保、任义近。段玉裁改《说文》正文作"任,保也"或是。然其以"任"之本义为"保举""信任"则误。"任""保"义近,"保"本训"负子于背",②而《生民》"是任是负"、《齐语》"负任儋何"皆以"负""任"对举,是即以"保""任"对举,足证"任"本义为"抱也"。与"衺"因"怀抱"之本义引申为"衣前裣"之称理同,"任"盖亦因"怀抱"之本义引申为"衣襟"之称,而其字作"衽"也。

按《广雅·释器》曰:

　　衽、袘、袾、衧,裨也。

王念孙《广雅疏证》云:

　　"裨"谓衣中也,字通作"身"。《丧服记》"衣二尺有二寸",郑注云:"此谓袂中也。言'衣'者,明与身参齐。"《疏》云"衣即身也"。"衧"通作"躬",《续汉书·五行志》云:"献帝建安中,男子之衣好为长躬,而下甚短。"③

依王氏之说,"身""躬"二者因本义指"身中"部位引申为覆盖身中部位之服饰部位(即衣襟)之名称,而其字作"裨""衧"。是"任""衽"关系亦当类此。

又,"任"与"妊"为同源字。《广雅·释诂》曰:"孕、重、妊、娠、身、傿、偯也。"王念孙《疏证》云:"《汉书·律历志》云:'怀任于壬。''任'与'妊'通。……。身亦偯也。"④是任、妊、衽与身、偯、裨为两个义近同源关系组,皆与"怀抱"义有关,复可证"衽"之本义为"衣前襟"。

《说文》"衽"字次"襋""襮"二字后。许书云:"襋,衣领也。""襮,黼领也。""衽,衣裣也。"⑤"襋""襮"二字既指"衣领"这一服饰部位,则紧继二字后之"衽"所指服饰部位亦当在衣领附近。是许慎原以"衽"之本义为"衣前襟",而段玉裁、王筠、朱骏声皆误会为"所以掩裳际"者。⑥

(二)"衽"与"裣"

《说文》曰:"裣,交衽也。"⑦是"裣"之本义亦为"衣前襟"。《释名·释衣服》

---

① 《殷虚文字记·释保》,第59页。
② 按"保"古音属幽部、帮母,"负"古音属之部、并母,二者盖一声之转。
③ 〔清〕王念孙:《广雅疏证》,卷七下,《丛书集成初编》影印《畿辅丛书》本,长沙:商务印书馆,1939,第880页。
④ 〔清〕王念孙:《广雅疏证》,卷四下,第471、472页。
⑤ 《说文解字》,第170页。
⑥ 段说详前文所引。王筠《说文解字句读》曰:"《丧服记》:'衽二尺有五寸。'注:'衽,所以掩裳际也。上正一尺,燕尾二尺五寸,凡用布三尺五寸。'案此乃许说之所主也。"(卷十五,《续修四库全书》影印清同治间安丘王氏刻《王氏〈说文〉四种》本,第218册,第68页。)朱骏声《说文通训定声》曰:"(衽,)谓衣之两傍掩裳际处。"(卷三,《续修四库全书》影印同治九年(1870)补刊本,第220册,第175页。)
⑦ 《说文解字》,第170页。

言胸前衣襟何以称"襟"云："襟,禁也。交于前,所以禁御风寒也。"①"衿(衿/襟)"之"衣襟"义于古书习见。《战国策·齐策》曰："訾天下之主,有侵君者,臣请以臣之血湔其衽。"又,"辄以颈血湔足下衿"。鲍彪注云："(衿,)交衽也。"②此"衽""衿"对举,二者并为"衣前襟"义。又刘向《新序·节士》曰："正冠则缨绝,衽襟则肘见,纳屦则踵决。"③此"衽襟"盖同义并举,皆指胸前衣襟,而"衽"为动词用法,即"整理衣襟"之义。任大椿《深衣释例》亦引此语而解之云："襟,衣前幅也。""'衽襟'与'正冠''纳屦'对,则'衽襟'犹云'正襟'也。"④

衣襟上连于领,"衿(衿/襟)"遂引申有"交领"之义。前引《郑风·子衿》之"衿"、《尔雅·释器》"衣眦谓之襟"之"襟"并指衣领。⑤ 又《方言》曰："衿谓之交。"郭璞注云："衣交领也。"⑥左思《魏都赋》"正位居体者,以中夏为喉舌,不以边陲为襟带也"句李善注引魏李登《声类》亦云："衿,衣交领也。"⑦《玉篇》曰："衿,居吟切。交衿。衣领也。""襟,同上。(引者按:其上字即'衿'。)"⑧又,北齐颜之推《颜氏家训·书证》云："《诗》言'青青子衿',《传》曰:'青衿,青领也,学子之服。'按古者斜领,下连于衿,故谓领为'衿'。孙炎、郭璞注《尔雅》,曹大家注《列女传》并云'衿,交领也'。邺下《诗》本既无'也'字,群儒因谬说云'"青衿""青领"是衣两处之名,皆以青为饰',用释'青青'二字,其失大矣。"⑨按颜氏所云"古者斜领,下连于衿"之"衿"明为"衣前襟"义,此由以上所引诸文例可知;陈奂乃以此"衿(衿)"同"衽",本为掩裳际物之称,因其上与衣襟、衣领相连,遂引申为襟领之名;此则臆说,不可从。

---

① 《释名》,卷五。
② 〔宋〕鲍彪校注:《战国策》,卷四,《中华再造善本》影印中国国家图书馆藏宋绍熙二年(1191)会稽郡斋刻本,北京:北京图书馆出版社,2002。
③ 〔汉〕刘向撰,〔宋〕曾巩校订:《新序》,卷七,《中华再造善本》影印中国国家图书馆藏宋刻本,北京:北京图书馆出版社,2003。
④ 《深衣释例》,卷二。
⑤ 清人洪颐煊以此"襟"非"交领"义,其说云:"'眥'当是'前'字之讹。'前',《说文》作'歬',与'眥'字形相近。《释名·释衣服》:'襟,禁也。交于前,所以禁御风寒也。'《公羊》哀十四年《传》'反袂拭面,涕沾袍',何注'袍,衣前襟也',疏'"袍"亦有作"衿"字者','衿'与'襟'同,皆是衣前之证。"(〔清〕洪颐煊:《读书丛录》,卷八,《续修四库全书》影印道光二年正月初吉广东省城西湖街富文斋刊行本,第1157册,第626页。)以《尔雅》"衣眥"为"衣前"之误,"襟"乃指胸前衣襟,虽异旧说,实则仅为本义与引申义之微别。
⑥ 《輶轩使者绝代语释别国方言》,卷四。
⑦ 〔梁〕萧统编,〔唐〕李善、吕延济、刘良、张铣、吕向、李周翰注:《六臣注文选》,卷六,中华书局影印南宋建刻本,1987,第119页。
⑧ 《大广益会玉篇》,卷二八。
⑨ 〔北齐〕颜之推:《颜氏家训》,卷六,《中华再造善本》影印上海图书馆藏元刻本,北京:北京图书馆出版社,2005。

（三）衣衽？裳衽？

《诗·周南·芣苢》曰："采采芣苢，薄言袺之。采采芣苢，薄言襭之。"毛《传》云："袺，执衽也。扱衽曰襭。"孔疏引孙炎云："持衣上衽。扱衽谓之襭。"又引李巡云："扱衣上衽于带。衽者，裳之下也。置'袺'，谓手执之而不扱，'襭'则扱于带中矣。"①此"袺""襭"之释盖本《尔雅》。按《尔雅·释器》曰："执衽谓之袺。（郭注：持衣上衽。）扱衽谓之襭。（郭注：扱衣上衽于带。）"此以"扱"通"插"（按"扱""插"古音俱属叶部、初母，音近可通），所谓"扱衽"者，反插衣前襟带下部分于衣带中也。然既云"衣衽""衣上衽"，李巡又何以言"衽者，裳之下也"？

《礼记·曲礼》曰："苞屦、扱衽、厌冠，不入公门。"②《礼记·丧大记》曰："凡主人之出也，徒跣，扱衽，拊心，降自西阶。"③《礼记·问丧》曰："亲始死，鸡斯，徒跣，扱上衽。"郑注云："'上衽'，深衣之裳前。"孔疏云："'扱上衽'者，'上衽'谓深衣前衽，扱之于带，以号踊履践为防，故扱之。"④深衣衣裳相连，衣前襟范围遂扩大至下裳前，故郑注"扱衽"之"衽"为"深衣之裳前"。《尔雅》"扱衽谓之襭"盖亦此义，毛《传》用《尔雅》，是以李巡云"衽者，裳之下也"。

以"衽"指称"裳下"，古书中不乏其例。《考工记·鞄人》"终岁御，衣衽不敝"郑注曰："衽谓裳也。"⑤鲁昭公二十五年《公羊传》曰："高子执箪食，与四脡脯。国子执壶浆，曰：'吾寡君闻君在外，餕饔未就，敢致糗于从者。'昭公曰：'君不忘吾先君，延及丧人，锡之以大礼。'再拜稽首，以衽受。"何休注云："衽，衣下裳当前者。乏器，谦不敢求索。"⑥又《楚辞·离骚》曰："跪敷衽以陈辞兮，耿吾既得此中正。"王逸注："敷，布也。衽，衣前也。"⑦按跪而布之，则此"衽"当指裳前，王逸注云"衣前"，或"深衣前"之省也。⑧

然《芣苢》"薄言襭之"历来另有一种解释。王先谦辑《鲁诗说》曰"襭谓之袌"，⑨与《广雅·释器》所言同，故王念孙《广雅疏证》云："《周南·芣苢篇》'薄

---

① 《毛诗注疏》，卷一之三，第41页。
② 《礼记注疏》，卷四，第74页。
③ 同上书，卷四四，第764页。
④ 同上书，卷五六，第946、948页。
⑤ 〔清〕阮元校刻：《周礼注疏》，卷四十，影印嘉庆二十年（1815）南昌府学刻本，台北：艺文印书馆，2007，第613页。
⑥ 《春秋公羊注疏》，卷二四，第302、303页。
⑦ 〔汉〕王逸注，〔宋〕洪兴祖补注：《楚辞》，卷一，《四部丛刊》景印明翻宋本。
⑧ 孙机先生《深衣与楚服》一文曰："到了战国时，从各地楚墓出土木俑的服饰来看，楚人已普遍着深衣。"（《中国古舆服论丛》，第142页。）
⑨ 〔清〕王先谦：《诗三家义集疏》，卷一，民国四年（1915）虚受堂刻后印本。

言袺之''薄言襭之',毛《传》与《尔雅》同,此云'袺谓之襭,襭谓之襄',与《尔雅》《毛传》异义,盖本于三家也。《列女传·蔡人之妻》云:'"采采芣苢"之草虽甚臭恶,犹始于将采之,终于怀襭之。'说与《广雅》同。"①按《说文》曰:"襭,以衣衽扱物谓之襭。擷,襭或从手。""扱,收也。"②故郝懿行以"扱衽谓之襭"非"插上衽于带"之谓,其言曰:"'扱衽'者,谓以衽收取物,故《龙龛手鉴》一云'襭,以衣衽盛物'是也。'扱'训'收',《曲礼》云'以箕自乡而扱之',郑注以'扱'为'收',云'扱读曰吸',此音是也。《尔雅释文》'扱,楚洽反',失之矣。'扱'从'及'声,'扱''襭'声转,'楚洽'音非。"③此说于《尔雅》原意或不符,然合于《说文》之意。许慎盖取《三家诗》,以"扱衽"之"衽"仅指胸前衣襟部分,而又弥合"襭谓之襄""扱衽谓之襭"二说。《玉篇》从《说文》,云:"襭,下结切。袺也。以衣衽扱物也。或作擷。"④直言"襭,袺也",其以"襭"为"裹任"义甚明。

不过,综合上引《礼记》相关记载看来,"扱衽"当非"襄"义,而乃"插裳前于带"之谓,"扱衽"之"衽"指称裳下。虽然,裳衽亦为衣衽范围扩大之结果,"衽"始终为衣前襟之称。

(四)"衽"者,衣袂也

《楚辞·招魂》曰:"二八齐容,起郑舞些。衽若交竿,抚案下些。"王逸注云:"竿,竹竿也。衽,一作'袵'。抚,抑也。言舞者回旋,衣衽掉摇,回转相钩,状若交竹竿,以手抑案而徐来下也。一云:抚,抵也,以手抵案而徐下行也。"⑤朱熹《楚辞集注》云:"衽,衣襟也。言舞人回转,衣襟相交如竿也。"⑥按王注以"衣衽掉摇,回转相钩,状若交竹竿"解"衽若交竿"一语,实未说清"衽"为何物;而《集注》以此"衽"指"衣襟"甚不妥,衣襟何得"相交如竿"?愚以"衽若交竿"之"衽"盖"衣袖"之谓。王夫之《楚辞通释》云:"'衽若交竿',连袂一直貌。'案',抑也。皆舞态。"⑦此说甚是。

《管子·弟子职》曰:"至于食时,先生将食,弟子馔馈。摄衽盥漱,跪坐而

---

① 《广雅疏证》,卷七下,第884—885页。
② 《说文解字》,第172、256页。
③ 《尔雅义疏》,中之二,第187册,第526页。
④ 《大广益会玉篇》,卷二八。
⑤ 《楚辞》,卷九。
⑥ 〔宋〕朱熹:《楚辞集注》,卷七,人民文学出版社景印宋端平刻本,1953,第131页。
⑦ 〔清〕王夫之:《楚辞通释》,卷九,《续修四库全书》影印同治四年(1865)湘乡曾氏金陵节署刊本,第1302册,第266页。

馈。……。振衽扫席。"①"摄衽盥漱"者,《说文》曰:"摄,引持也。""盥,澡手也。"②按,需引之而便盥手者,唯袖也,是"摄衽"之"衽"当为"衣袖"义。而"振衽扫席"之"衽"义同,盖云以衣袖拂扫席上之尘土也。

又,《史记·留侯世家》云:"陛下南向称霸,楚必敛衽而朝。"③《汉书·张良传》亦曰:"南面称伯,楚必敛衽而朝。"颜师古注曰:"衽,衣襟也。"④"衽"本义虽为"衣襟",然"敛衽"之"衽"若如颜注所说为"衣襟"义,则"敛衽"者何谓也？王念孙《读书杂志·汉书第八》云:

> 衽谓袂也。《广雅》曰:"袂、衽,袖也。""衽,袂也。"此云"敛衽而朝",《货殖传》云"海岱之间,敛袂而往朝焉",是衽即袂也。《管子·弟子职篇》曰"摄衽盥漱",又曰"振衽埽席",《赵策》曰"摄衽抱几",《列女传·母仪传》曰"文伯引衽攘卷而亲馈之",皆谓袂也。⑤

王说是也。"敛衽"盖收敛、整理衣袖,使之不放恣松垮,言敬谨之貌。

按《广雅·释器》曰:"衽,袖也。"⑥"衽"何以有"袖"义？此盖因古时服制袖连于襟,且相连部分袖、襟同宽,展开后二者仿佛连成一片,故"衽"引申有"衣袖"之义。

《仪礼·丧服记》曰:"衣二尺有二寸。"郑注云:"此谓袂中也。言'衣'者,明与身参齐。二尺二寸,其袖足以容中人之肱也。衣自领至要二尺二寸。"贾疏云:"此'衣'据从上向掖下而言。……,袂所以连衣为之,'衣'即'身'也。两旁袂与中央身总三事,下与畔皆等,故变'袂'言'衣',欲见袂与衣齐参也。"⑦郑注以《丧服记》"衣二尺有二寸"所述实为袂宽,然因袂与身中同宽,故舍"袂"而言"衣";贾疏意同,更详述袂、衣相连之制;而此"衣"、此"身",由领及要,正为衣襟部分,可见袖衽相连、袖衽同宽,⑧故"衽"极有可能因其与袖之密切关联而引申为衣袂之称。

(五)"衽"之别义

"衽"尚有"席"义。《仪礼·士昏礼》曰:"御衽于奥,媵衽良席在东,皆有

---

① 〔清〕戴望校正:《管子校正》,卷十九,中华书局重印原世界书局《诸子集成》本,1954,第315、316页。
② 《说文解字》,第251、104页。
③ 《史记》,卷五五,《四部丛刊》影印南宋黄善夫刻本。
④ 《汉书》,卷四十,第7册,第2029页。
⑤ 〔清〕王念孙:《读书杂志》,《读书札记丛刊》第二集影印同治庚午(1870)十一月金陵书局重刊本,台北:世界书局,1988,第291页。
⑥ 《广雅疏证》,卷七下,第879页。
⑦ 《仪礼注疏》,卷三四,第402页。
⑧ 由上引清人所作"衣裳图""深衣图"及出土实物亦可证。

枕,北止。"郑注云:"衽,卧席也。"《士丧礼》曰:"设床第于两楹之间,衽如初,有枕。"郑注云:"衽,寝卧之席也,亦下莞上簟。"《既夕记》曰:"衽,下莞上簟。"①又《礼记·中庸》曰:"衽金革。"郑注云:"衽犹席也。"②

"衽"本义为"衣襟",似难以引申出"衽席"义。段玉裁以"衽"之本义为掩裳际之物,而言其"衽席"义与本义之关系云:"假借为'衽席'。'衽席'者,今人所谓'褥'也,语之转。"③则段氏以今所谓"褥"者由"衽"音转而来。然朱骏声《说文通训定声》引"或曰"云:"此'蓐'字之借,衽、蓐双声。"则是以"衽"为"蓐"之借字,朱氏以此说"存参",列"衽"此义为"别义"。④

按《说文》曰:"蓐,陈艸复生也。一曰蔟也。""蔟,行蚕蓐。"⑤段《注》云:"蓐训'陈艸复生',引伸为荐席之蓐,故蚕蔟亦呼'蓐'。"⑥王筠《句读》曰:"《三苍》《声类》皆曰'蓐,薦也',案'薦'与'荐'通,'荐',席也。席,广多也。即《左传》之'左追蓐'矣,乃引伸之义。……此皆人之蓐也,'蔟'则蚕之蓐也。俗作'褥'字,盖即'蓐'之分别文。"⑦段、王皆以"蓐"引申而有"荐席"义,王氏复言"褥"为"蓐"之分化字。按鲁宣公十二年《左传》曰:"军行,右辕,左追蓐。"杜预注云:"在左者,追求草蓐为宿备。"⑧又《尔雅·释器》曰:"蓐谓之兹。"郭璞注云:"《公羊传》曰'属负兹','兹'者,蓐席也。"⑨由此可见,"蓐"者,草席之谓也,段、王之说是。蓐、褥盖古今字。

"蓐"与《仪礼》《礼记》所言"衽席"之"衽"义极近,且二者古音并属日母;然"蓐"在屋部,"衽"在侵部,韵部又相去甚远,似不得以"衽"为"蓐"之借字。或二者为草席于异地殊方之别称乎?又或是,"衽席"义乃由"负任"义引申而来;则从初始的"怀抱"义引申出的两条词义路线如下:

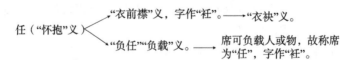

上述词义引申路线亦仅为一种推测。"衽"之"荐席"义终未能确知所从来,故暂视为"衽"之别义。

---

① 以上三处引文分见《仪礼注疏》卷五、三六、四十,第52、426、474页。
② 《礼记注疏》,卷五二,第881页。
③ 《说文解字注》,第390页。
④ 《说文通训定声·临部》,卷三,第220册,第175页。
⑤ 《说文解字》,第27、25页。
⑥ 《说文解字注》,第47页。
⑦ 《说文解字句读》,卷二,第216册,第499、500页。
⑧ 〔清〕阮元校刻:《春秋左传注疏》,卷二三,影印嘉庆二十年(1815)南昌府学刻本,台北:艺文印书馆,2007,第390页。
⑨ 《尔雅》,卷中。

以上对"衽"之本义、引申义及别义进行了简单考证。由此可知,"衽"本义指"衣前襟",《论语》"被发左衽"即用其本义,盖因"任"为"怀抱"义,遂为胸前衣襟之称,而其字则作"衽";"裣"与"衽"义同,因衣襟上连于领,"裣"又引申为衣领之称,字或作"衿""襟";深衣衣裳相连,其衣襟之范围遂扩大至裳下,古训以此有直言"衽"为"裳下""裳"者,然终不离其"衣前襟"本义;古者袂连于衽,且其连合处与衽同宽(袖口则未必),二者关系密切,是"衽"引申为衣袖之称;"衽席"之义则为"衽"之别义,或与"蓐席"之"蓐"有一定关联,或由"怀抱"义之别一引申途径而来。

三、馀论:裳际之"衽"或源出"纴"

经前文考辨,可知礼书中所提及之属于衣、所以掩裳际之衽与衣前襟关系并不大,段玉裁等以"衽/裣"为旁幅、因其连于正幅遂使"衽"有"衣前襟"义之推演非是,"衽"之本义当为胸前衣襟,而"裳际之衽"又不似"衣襟之衽"之引申义。然则掩裳际者何以称"衽"?

《方言》曰:"褛谓之衽。"郭注云:"褴褛缀结也。"又曰:"褛裂、须捷、挟斯,败也。南楚凡人贫衣被丑弊谓之'须捷'。或谓之'褛裂'。或谓之'褴褛',故《左传》曰'筚路褴褛,以启山林',殆谓此也。"①戴震《方言疏证》云:"案褛、缕古通用。《玉篇》云:'缕,贫无衣丑敝也。''衽,缝补敝衣也。'"②是"褛"为衣着破败之义,而"褛""缕"通用,《方言》所引《左传》之文,《左传》原作"蓝缕"是也。③按《说文·一三上·系部》曰:"缕,线也。"④或引申指裂幅线缕之貌,进而引申有"衣被丑弊"义,字或作"褛"。

《说文》又曰:"纴,机缕也。"段《注》云:

蚕曰丝,麻曰缕。缕者,线也;线者,缕也。《丧服》言缕若干升,《孟子》以麻缕丝絮并言,皆谓麻也。然亦有麻、丝并言"缕"者,"机缕"是也。"机缕",今之机头。《内则》曰:"执麻枲,治丝茧,织纴组䌷。""纴"合麻枲丝茧言之。《左传》"鲁赂楚以执斲、执针、织纴皆百人",杜曰:"织纴,织缯布者。"⑤

---

① 《輶轩使者绝代语释别国方言》,卷四、三。
② 《方言疏证》,卷四,第193册,第440页。
③ 见《左传》宣公十二年。([晋]杜预撰,[唐]陆德明音释:《春秋经传集解》,卷十一,《中华再造善本》据上海图书馆藏宋刻本影印本,北京:北京图书馆出版社,2004。)
④ 《说文解字》,第275页。
⑤ 《说文解字注》,第644页。

以此知缕、纴同义,并为线缕之称;而线缕者,皆长条之形也。

《尔雅·释器》曰:"衣梳谓之祝。"郭注云:"衣缕也。齐人谓之挛。或曰袿衣之饰。"①《释文》曰:"梳,本又作流。""缕,又作楼。"②是梳、祝、缕/楼三者,并为长条下垂之形;又"袿衣之饰"者,或即前文引如淳、苏林、颜师古所云裛杀下垂、作燕尾形者,是则如淳、沈钦韩等所说之"衭"也。按邵晋涵《尔雅正义》云:

"梳"一名"祝",即衣之衭也。《释名》云:"衭,襜也,在旁襜襜然也。"案梳为下垂之象,衭之属于衣者,则垂而放之,故谓之"梳",亦谓之"衣楼",皆因其下垂之象以为名也。③

郝懿行《尔雅义疏》亦云:

"梳"者,"流"之或体也。《释文》"梳,本又作流",《玉藻》云"齐如流",郑注"衣之齐如水之流"是也。"祝"者,郭云"衣缕",《释文》"缕,又作楼",《方言》云"楼谓之衭","衭"即衣襟,《释名》云"衭,襜也,在旁襜襜然也"。然则"梳""祝"犹言"流""曳",皆谓衣衭下垂流移摇曳之貌,故云"在旁襜襜然也"。④

邵氏、郝氏并以"梳""祝""缕/楼""衭"四者同义,以四者皆长条下垂之形也。然"衭"之本义为"衣襟",指长条下垂形之织品者当为"纴"也。《广雅》曰:"衭谓之楼。"王念孙《疏证》云:

《尔雅》"衣梳谓之祝",郭注云:"衣缕也。齐人谓之挛。"《释文》:"缕,又作楼。"衣楼谓之衭,犹机缕谓之纴。《说文》:"纴,机缕也。"⑤

可见"纴"与"衭"(裳际之衭)之关系近似"缕"与"楼"之关系。"纴"为"机缕",类"梳"、类"祝",为下垂狭长之形,与礼书所言掩裳际之"衭"形制相似,而与衣襟之"衭"不同,故愚以掩裳际者称"衭"或源出"纴",而与"衭"本义"衣前襟"无涉。

---

① 《尔雅》,卷中。
② 《经典释文》,卷二九,第1642页。
③ 〔清〕邵晋涵:《尔雅正义》,卷七,《续修四库全书》影印乾隆五十二年(1787)面水层轩刻本,第187册,第142页。
④ 《尔雅义疏》,中之二,第187册,第525页。
⑤ 《广雅疏证》,卷七下,第881页。

论春秋初期赐谥与族制度

——以《左传》隐公八年为例

刘 瑛*

【内容提要】《左传》隐公八年通过鲁大夫众仲与鲁隐公的问答,记述了春秋初期大夫赐姓命氏与制谥的几种方式,是与宗法制度有关的重要记载。因历代注释众说纷纭,相互抵牾,使我们对此时期宗族称号规则的理解仍然不尽透彻。

本文对历代注释加以梳理,总结春秋初期诸侯国大夫的命氏及制谥规则,指出以其本人之字为氏族称号应当是春秋时的惯例。文章特别对制谥的因由和方式进行分析,指出谥通为卒后称号,当亦有所别,一为按生前行迹所制之谥,一为卒后不直称其名而以字易名的称谓。注者常以二者混淆,故解说不达文义。以字为谥之法,虽无早期的明确证据,但从殷周时大夫卒后不直称其名,而另有代替名字的称号的旧例来看,以字为谥应属其例的晚期变形。

【关键词】 《左传》 春秋初期 宗法制度 命氏 制谥

《左传》隐公八年记载,鲁大夫无骇卒,盖无骇有贤才,为鲁惠公、鲁隐公所任用,应赐族氏而未赐,今遽然而卒,因此羽父为他向鲁隐公请求谥与族氏的称号,隐公为此向众仲询问:

> 无骇卒,羽父请谥与族。公问族于众仲。众仲对曰:"天子建德,因生以赐姓,胙之土而命之氏。诸侯以字为谥,因以为族。官有世功,则有官族。邑亦如之。"公命以字为展氏。

众仲为隐公解释了赐姓、命氏与谥的几种方式,以诸侯而言,以所封国名为氏族称号;以诸侯之卿大夫而言,有以字为族,有以官为族,有以邑为族。族名亦即氏,有族则有氏。隐公随后按众仲所述"诸侯以字为谥,因以为族"的原则,以无骇的字"展"作为无骇的谥号,同时无骇后人的氏族称号也命名为展氏。《左传》僖公二十六年所载无骇之子展禽、展喜则以展为氏。

---

* 本文作者为北京大学中文系、北京大学中国古文献研究中心副教授。

此《传》所载"羽父请谥与族",涉及春秋初期诸侯以大夫之字命氏及命谥的规则问题。我们分别进行分析,先来看命氏的原则。

上文"公问族于众仲",众仲回答"胙之土而命之氏",以族与氏对而言之,可见族与氏义可相通。氏与族之义同而有别,隐公八年《正义》引《释例》曰:"别而称之谓之氏,合而言之谓之族。子孙繁衍,枝布叶分,始承其本,末取其别,故其流至于百姓万姓。"

刘文淇《疏证》引旧注云:"无骇始为卿,未赐族也。"《疏证》又云《禹本纪》(按,出《五帝本纪》)集解引郑《驳异义》:"天子命氏,诸侯命族。族者,氏之别也。顾炎武《日知录》云氏、族对文为别,散则通也。故《左传》云问族于众仲,下云公命以字为展氏是也。"①

此以字为氏,则展作为无骇之族的氏族称号无有疑义。然而展究竟是无骇之字,还是其祖父之字,无骇的字是否又作为谥号,历代注释有所不同。杜预注"公命以字为展氏"云:"诸侯之子称公子,公子之子称公孙,公孙之子以王父字为氏。无骇,公子展之孙,故为展氏。"则杜预认为公子展是无骇祖父,展为其字,无骇以其祖父之字为氏,称展无骇,并作为后代的族称。展并非无骇自己的字。杜注所云公子展事迹不见史传,杜注未知所本。《公羊传》成公十五年云:"孙以王父字为氏",故杨伯峻《春秋左传注》以为:"杜云以王父字为氏,盖本《公羊传》之说。"

而《仪礼·少牢馈食礼》云:"孝孙某,来日丁亥,用荐岁事于皇祖伯某",郑玄注云:"伯某,且字也。大夫或因字为谥。《春秋传》曰:'鲁无骇卒,请谥与族,公命之以字为展氏,是也。'"郑注不同于杜注,谓展为无骇本人之字,隐公以其字展为氏,并为其后人之族称,亦作为无骇的谥称。

亦有以为谥字乃氏字之误,顾炎武《左传杜解补正》云:"陆氏按:郑康成驳许叔重《五经异义》引此《传》文云:诸侯以字为氏,今作谥者,传写误也。"②因此顾炎武认为众仲只回答了赐氏的问题,与命谥无涉。

如此,则以字为氏有不同的解释,一种是以本人的字命名氏,另一种是以祖父之字命名氏。究竟哪一种解释符合实际情况,且隐公是否以字为无骇命谥,值得我们注意。

无骇,鲁大夫。《春秋经》隐公二年记载:"司空无骇入极",则其曾任司空之职,位至卿。③ 此年《左传》云:"司空无骇入极,费庈父胜之。"《传》承《经》亦称其名,不称氏,详按《传》隐公八年羽父为其请氏一节,此当因无骇尚未命氏。

---

① 〔清〕刘文淇《春秋左氏传旧注疏证》,第48页,北京:科学出版社,1959年。
② 〔清〕顾炎武《左传杜解补正》,第12页,上海:上海古籍出版社,2012年。
③ 据《左传》隐公八年杜预注,鲁司徒、司马、司空皆为卿。

而《公羊传》则认为《春秋经》不称氏,是因为《经》对无骇持贬斥态度,《公羊传》隐公二年云:

> 无骇者何?展无骇也。何以不氏?贬。曷为贬?疾始灭也。始灭昉于此乎?前此矣。前此则曷为始乎此?讬始焉尔。曷为讬始焉尔?《春秋》之始也。此灭也,其言入何?内大恶,讳也。

《公羊传》称无骇为展无骇,则无骇已有氏称。不氏,指《春秋经》依例大夫当称氏,当称而未称,实为贬抑。《春秋经》之所以直呼其名,是因为痛恨无骇灭极乃灭人之国。灭他人之国虽非始自无骇,但灭极却是《春秋经》记载的第一次灭国,要假借这件事表明贬责的态度;把灭国称为"入"是要为鲁国的大恶之事予以避讳,而归其咎于无骇。

由上引《左传》隐公八年可知,无骇此时尚未有氏,则《公羊传》称《春秋》直称其名而不称氏以贬斥其灭人之国为凿空之说。

至于无骇所灭之极,据杜预注为鲁国附庸小国,姬姓国,地在山东鱼台县西极亭,隐公二年为无骇所灭,故《公羊传》主贬斥。然而孔疏引贾逵云极为戎邑,并非鲁同姓之国,灭极不过是抵御戎国。刘文淇亦申贾逵之说,驳杜注,力主极为戎邑,《春秋左氏传旧注疏证》隐公二年云:"杜注庈父,费伯也。前年城郎。今因得以胜极。文淇案,郎,鲁地,在鱼台县西南。极,戎邑,在鱼台县西,相去甚近。城郎,亦所以御戎。传所以归功于庈父也。"①城郎指的是隐公元年费伯在郎地筑城,《左传》隐公元年:"夏四月,费伯帅师城郎。"刘文淇又云:"追入极之后,戎已受创,秋复请盟,其诚乃见,故公遂与之盟。贾氏寻检上下,故为此说。……《方舆纪要》在兖州府鱼台县西,戎城在菏泽西南,去鱼台亦不甚远,况所盟之唐亦在鱼台。又何疑极之为戎邑耶?《正义》驳之,非也。"②公与戎盟于唐,即此年《经》所记"秋八月庚辰,公及戎盟于唐"一事,唐即鲁国之唐,今山东鱼台县旧治东北十二里有武唐亭,当即此地,与极相近。则极为戎邑之说当为可信。

如上所述,极当为戎邑,灭之为正当防御,不会招致时人贬责,如此则《公羊传》疾无骇灭国之说无所据,《经》称无骇之名非主指斥。详审《左传》,展即无骇之字,无骇于其生时并无命氏,卒后因羽父之请,于是"公命以字为展氏",这里的字,即无骇本人之字。

再来看"羽父请谥与族"中的谥,众仲所云"诸侯以字为谥",此句历代有不同注释。杜预断句为:"诸侯以字,为谥,因以为族",注云:"诸侯位卑不得赐

---

① 〔清〕刘文淇《春秋左氏传旧注疏证》,第16页。
② 同上书,第15页。

姓,故其臣因氏其王父字,或便即先人之谥称以为族。"杜注指诸侯之于大夫,赐其先人字为氏,亦因先人之谥为族称。孔疏亦云:"谓赐族虽以先人之字,或用先人所为之谥,因将为族。"

对于杜注所言展为无骇祖父之字,侯康《穀梁礼证》卷二驳之云:"如其说则展是名非字,且是王父之名,《传》当显言之,今但云公命以字为展氏,则是无骇字可知。无骇字展,即谥展,因以为族,不然羽父请谥与族,曷为但赐族乎?"①此说以展为无骇本人之字,故命名为展氏。详按《传》言"公命以字为展氏",明言展非无骇先人之字,乃无骇本人之字,且其字亦作为卒后的谥称。

这里即涉及到字是否可以作为谥称的问题。以字为谥,除隐公八年的记载外,《礼记》也记载了类似的例证。《礼记·檀弓》上云:"鲁哀公诔孔丘曰:'天不遗耆老,莫相予位焉。呜呼哀哉,尼父。'"郑玄注云:"诔其行以为谥也。尼父,因其字以为之谥也。"据郑注,则此谥者别于依生前行为立谥之义,乃以本人之字为谥。孔子,字仲尼,鲁哀公诔文所称"尼父",即以其字为谥号,与《左传》所云"以字为谥"用法相同。此为人卒后,以字易名,隐公元年《正义》引《春秋释例》:"《传》曰:'周人以讳事神,名,终将讳之。'故易之以谥。"人卒后生者不直称其名,而易为以字为谥作为称号,与依人生前行为立谥不同。

《左传》哀公十六年记哀公诔孔子之卒,曰:"夏四月己丑,孔丘卒。公诔之曰:'旻天不吊,不慭遗一老,俾屏余一人以在位,茕茕余在疚。呜呼哀哉尼父!无自律。'"孔疏云:"此《传》惟说诔辞,不言作谥。传记群书皆不载孔子之谥。盖惟累其美行,示己伤悼之情而赐之命耳。"孔疏继而驳郑玄《礼记》注云:"郑玄《礼》注云尼父,因且字以为之谥,谓谥孔子为尼父,郑玄错读《左传》云以字为谥,遂复妄为此解。"然而《礼记·檀弓》哀公诔孔子之辞孔疏又云:"尼父,则谥也。"孔疏于《左传》《礼记》自相矛盾,这是孔疏囿于疏不破注的成例造成的,由此可知《礼记》孔疏对郑说所持的肯定态度,自不能径以《礼记》郑注以尼父为谥为非。

按《说文》云:"诔,谥也。"《礼记·曾子问》注引《春秋公羊说》"读诔制谥于南郊",故有诔必有谥。《穀梁礼证》卷二:"诔之训谥,见于《说文》。《论衡·道虚篇》:诔生时所行为之谥,是诔必有谥甚明,孔子固以字为谥者也。"哀公诔辞称尼父,尼父为谥,故汉平帝元始元年追谥孔子为褒成宣尼公,后魏孝文帝太和十六年改谥曰文圣尼父,皆不舍尼为谥。②证明尼父初为哀公诔孔子时所称之谥,后世为孔子加封谥号时,都对其加以认可并始终沿用。

以春秋经传言之,大夫有功于国,卒后国君以字代谥,避免直称其名。《春

---

① 〔清〕侯康《穀梁礼证》卷二,《清经解续编》第四册,第408页,上海:上海书店,1988年。
② 同上。

秋经》桓公二年:"二年春王正月戊申,宋督弑其君与夷及其大夫孔父。"《穀梁传》解释经文称"孔父"是因为:"子既死,父不忍称其名;臣既死,君不忍称其名。……孔氏,父字谥也。"范宁注云:"孔父有死难之勋,故其君以字为谥。"按孔父,名嘉,字孔父,宋国司马,孔子六世祖,为华父督所杀,卒后宋国国君以其字谥曰孔,父为美称。这是因为孔父既死,臣死后君"不忍称其名",故以谥易其名称之。可知于鲁有功的无骇以字为谥,例同孔父。字的作用是"冠而字之,敬其名也"(《礼记·郊特牲》),称字即是尊敬其名,故卒后以字为谥也是尊敬其名。

惠栋《春秋左传补注》亦以孔父之称为证驳孔颖达疏云:"郑玄曰:尼父因其字以为之谥,孔氏驳之。案字谥见《穀梁》,非康成臆说。以字为谥,《左传》有明文,孔氏之驳未为得也。"①

如此,则谥统而言之为卒后称谓,然又别为二义,其一为依人生前行迹所拟之谥。《礼记·乐记》云:"观其舞知其德,闻其谥知其行也。"郑玄注:"谥者,行之迹也。"即是其义。其二为人卒后不直称其名,而以其字所代之谥,这里谥可训为号,并非第一种谥号的涵义。《文选·洞箫赋》"幸得谥为洞箫兮",李善注:"谥,号也。旁证云秦汉人语多以谥为号,不作谥法解。《史记》谓田婴谥靖郭君,田文谥孟尝君。"按《史记·孟尝君列传》:"婴卒,谥为靖郭君。……文卒,谥为孟尝君",《索隐》曰:"谓死后别号之曰靖郭耳。……孟尝君袭父封薛,而号曰孟尝君。"李善注及《索隐》皆释谥为号,并非表行迹之谥法之义。《史记·吕不韦传》云"始皇十九年,太后薨,谥为帝太后",亦是以谥作号字用。

关于以字为谥的来历,孔广森《经学卮言》云:"古人训谥字与号同义。殷制,生有名,死则以其字为号,若汤名履,没,号帝乙;文王之父名历,没,号公季。凡商之诸王,以甲、乙、丙、丁称者,皆其字也。揩之庙,立之主,而配帝言之,即其谥。周人始有大名、细名之制,然此亦彰瘅之大柄,惟天子而得司之。若侯国之卿大夫既卑,不得请谥于王,其君又未敢自为论定,则仍殷之旧,以字易名而已。故隐公八年《传》众仲曰诸侯以字为谥,谓诸侯赐其臣谥之礼然也。春秋以来,列国逾制,大夫亦以行制谥,其始犹配字为号,若鲁成季、共仲,齐高敬仲、国懿仲之类,又降而率以谥冠子矣。"②

由孔广森所言,谥在这里是卒后作为号来代替名字的称呼,殷王卒后,要用名以外的称号来代替,若汤名履,卒后称帝乙;周文王之父名历,排行季,故又称季历,卒后称为公季。孔广森所言商王、周王以字为号制度,是否真实存在不可详考。孔氏应是宽泛地把组成日名的天干、表示行次的季当成广义的

---

① 〔清〕惠栋《春秋左传补注》卷六,《清经解》第二册,第742页,上海:上海书店,1988年。
② 〔清〕孔广森《经学卮言》卷六,第125页,北京:中华书局,2017年。

字来看待,即是一种死后所称的号来看待。这一代替名字的称号,在宗庙立主时使用,亦即谥。由此可知,卒后不称其名而称其号的做法,自商周既已存在。

周人更加重视卒后名称,死后有大名、细名之分,大名是尊崇的称号,细名是小的不显著的称号。《逸周书·谥法》云:"是以大行受大名,细行受小名。行出於己,名生于人",集注引孔晁云:"名谓号谥。"① 正因如此,谥代表了其生前行迹的评定,是彰显善恶的重要标识,由周王掌握命谥权。而诸侯之卿大夫地位卑下,没有资格获得周王命谥,诸侯未敢擅自论定,所以沿用旧制,以字代替名而称,以至春秋初时,诸侯有以大夫之字赐为其谥称之礼。其后至春秋庄、闵之后,列国不尊周制,卿大夫亦自行制谥,仍保留了配字为号的称法,如鲁大夫成季,成即其谥,季为行次;共仲即庆父,共为其谥,仲为排行;齐大夫高敬仲,敬为其谥,仲为其行次;国懿仲,懿为其谥,仲为行次。其后又有以谥冠子而称者,如卫国的孔成子、宁惠子等。孔广森仍以表示行次的季、仲为广义的字。

至春秋后期,惟独殷之后裔宋国,仍尊殷旧礼,称"尼父"者,即依以字为谥之旧例,《经学卮言》云:"唯宋大夫孔父,《榖梁》说字谥也。而《檀弓》载哀公之诔先圣,郑康成亦云:'尼父,因②字以为之谥',于此而见哀公之尊先圣至也。一则以先圣勋不越礼,不敢以末世非礼之谥谥之;一则以先圣每自称殷人,故仍以宋谥孔父之法谥之。……足征宋君虽请谥于周,而于其国中自秉殷礼。《榖梁》、后郑之言,益可信矣。"其自注又云:"他国大夫如卫石骀仲,骀字不见谥法,盖亦东周之初犹守礼典,以字为谥者。"③ 考之《左传》,如晋、鲁、郑,除鲁隐公赐羽父谥以外,大夫初皆无谥,庄、闵之后,下大夫亦无不谥者。惟宋国大夫始终无谥,④ 证明宋国一直保守大夫无谥的旧制。

由上所述,春秋初期,诸侯国大夫不得自行命氏制谥,须由其国君赐予。国君以大夫本人之字赐作其氏族称号,亦可作为大夫的谥号。大夫并无赐名之谥,故众仲云以字为谥。⑤ 谥通为卒后称号,当亦有所别,一为按生前行迹所得之谥,一为卒后不直称其名,以字所易的谥称。无骇之字即展,非其祖父字展。羽父所请,明为谥与族两项,隐公按众仲所说以字为谥之法,赐无骇之谥为展,而无骇后人之氏称亦为展。若以传文"诸侯以字为谥"中的谥为氏字之误,则羽父请谥与族的谥无所交待。无骇之子称展禽、展喜,由是观之,则是以父字为氏。以其本人之字为氏族称号应当是春秋时的惯例。若子产称国氏,

---

① 《逸周书汇校集注》(修订本)下册,第627页,上海:上海古籍出版社,2007年。
② 《经学卮言》校勘记云:"《皇清经解》本、《指海》本同,疑且当作其。"《经学卮言》,第126页。
③ 《经学卮言》,第126—127页。
④ 杨伯峻《春秋左传注》第一册,第62页,北京:中华书局,2000年。
⑤ 同上。

是因其父之字子国而称。注者常以二者混淆，故解说不达文义，应对其义加以厘清。

　　以字为谥之法，当是人卒后以字易名，而非以生前行迹所命之谥，此法虽无早期的明确证据，但从当殷周死后不直称其名，而另有代替名字的称号的旧例来看，以字为谥应属晚期的变形。《左传》这一记载也丰富了我们对春秋初期谥法的认识。

张九成"格物"诠释考论
——兼论与大慧宗杲"看话禅"之关系

桂 枭[*]

【内容提要】 张九成是两宋之际重要的道学传人与经学家,由于文献散佚与宋人评价不一,学界对张九成学术的认识不够清晰。本文通过分析张九成对"格物"的解释,证明虽然张氏继承了二程"格物穷理"之说,但无论从学术交往、义理内核还是论述结构上,张九成的"格物"诠释都受到了禅僧大慧宗杲的"看话禅"影响。进而由此略窥南北宋之间理学、经学发展情况及与禅宗间的复杂互动。

【关键词】 张九成 格物物格 大慧宗杲 看话禅

张九成是两宋之际学术转型的重要人物。从学术渊源上看,张九成曾师事杨时,是二程性理之学在南宋初期的继承者与宣传者,又与禅僧大慧宗杲交往密切,朱熹、陈亮等学者都激烈批评其学术带有较强的禅宗色彩。从学术影响上看,张九成是南宋初定后的第一个状元,张氏经解、文章都风靡一时,又曾身任经筵,受到高宗赏识。后因反对秦桧而遭贬谪,反而声誉更隆。其弟子汪应辰等也是当时学术界中的领袖人物。近年来,学术界逐渐重视起张九成在学术思想史上的重要性,但仍然存在一些不足。其中有待解决的一个重要问题是张九成到底受禅宗影响多大,这些彼此矛盾的学术风格是如何集于张九成一身之上的。

为了解决这一问题,更为清晰地了解张九成学术,就有必要对张九成的经解,及其中体现的基本观念与解经方法进行考察。张九成无论在经解,还是文集中都反复提及"格物",并认为"格物"是儒家学问的起点。故而了解张九成学术中"格物"的实意及其在宋代经学史、理学史中的地位,对研究张九成的学术面貌有着整体性的意义。

---

[*] 本文作者为北京大学中文系古典文献专业2013级博士研究生。

一、张九成生平著述与宋人眼中的张九成学术

张九成(1092—1159),字子韶,号无垢,又号横浦居士。其先开封人,后移居钱塘。张九成曾从杨时问学,绍兴二年(1132年)中进士第一人,其廷对称:"金人有必亡之势,中国有必兴之理",一时广为流传。张九成后曾侍讲经筵,讲《春秋》《孟子》诸书,甚称高宗之意,高宗称:"朕于张九成所得甚多。"《横浦集》中存其讲义。① 张九成又与禅僧大慧宗杲交往颇密,后张氏因忤秦桧,贬谪南安军十四年,宗杲亦受其牵连,"毁衣牒,屏居衡阳"。② 桧死,张九成起知温州。宝庆初,赠太师、崇国公,谥文忠。

张九成之学术重在经学,《宋史》称其"研思经学,多有训解"③,主要经学著作有《尚书详说》《孟子传》《中庸解》《大学解》等。其著述风靡一时,在当时就屡被翻刻,有多个版本行世。例如,据著录,在宋代,《中庸解》有一卷本、六卷本两种版本,《孟子解》亦有三十六卷、二十九卷、十四卷本三种版本。朱熹曾记录"洪适在会稽尽取张子韶经解板行,此祸甚酷,不在洪水、夷狄、猛兽之下,令人寒心"。④ 陈亮也称:"近世张给事学佛有见,晚从杨龟山学,自谓能悟其非。驾其说以鼓天下之学者靡然从之。家置其书,人习其法,几缠缚胶固,虽世之所谓高明之士,往往溺于其中而不能以自出,其为人心之害何止于战国之杨墨也。"⑤一方面,朱熹、陈亮的批评都说明了张九成对当时学术界影响之大。另一方面,因其影响重大,引起了朱、陈两位论学主张迥异的学者同时批评。故又是南宋新的经学、儒学典范建立时所不得不面对的学术遗产。⑥ 相比于朱熹、陈亮等对张九成的激烈批评,陈振孙笔下的张九成则呈现出另一种面貌。他说:"无垢诸经解,大抵援引详博,文意澜翻,似乎不简严,而务欲开广学者之见闻,使不堕于浅狭,故读之者亦往往有得焉。"⑦张九成一转"洪水猛兽"之形象,成了一位循循善诱的博学儒者。

---

① 〔宋〕李心传:《建炎以来系年要录》卷一二一,胡坤点校,北京:中华书局2013年版,2263页。
② 〔宋〕普济:《五灯会元》卷十九,苏渊雷点校,北京:中华书局1984年版,1274页。
③ 〔元〕脱脱等:《宋史》列传第一百三十三,北京:中华书局1977年版,11579页。
④ 〔宋〕朱熹:《答石子重》,《晦庵先生朱文公文集》卷四十二,《朱子全书》第22册,上海:上海古籍出版社,合肥:安徽教育出版社2002年版,1924页。
⑤ 〔宋〕陈亮:《陈亮集》(增订点校本),《邓广铭全集》第五卷,石家庄:河北教育出版社2005年版,253页。
⑥ 参考何俊:《南宋儒学建构》,上海:上海人民出版社2004年版;(美)田浩(Hoyt Tillman):《朱熹的思维世界》(增订版),南京:江苏人民出版社2009年版。
⑦ 〔宋〕陈振孙:《直斋书录解题》卷二,徐小蛮、顾美华点校,上海:上海古籍出版社1987年版,31页。

面对宋人矛盾的论述,后人在评价张九成学术时也产生了困惑,其中马宗霍颇有代表性,他说:"禅者之经,朱子举张子韶辈为例。子韶学本出伊川,书不尽传,据陈振孙《书录解题》……又非尽禅学者。然禅者之经,其将属之金谿一派乎?"①引述朱熹、陈振孙等学者对张九成的评价,面对两说之矛盾,终出以疑似之辞,将禅者之经与以陆九渊为代表的"金谿之学"相比附,但陆九渊年辈晚于张九成,这样做显然并不适合。

朱熹在《杂学辨》中对张九成严阵以待,逐条批驳,似非无的放矢。如果是禅者说经,张九成的经学就应该是"明心见性""一超直入"的顿悟功夫,但从现存张九成之经解看,陈振孙的描述也言之有据。其说经风格"援引详博","似少简严",颇能增广学者见闻,又怎么可能是禅门宗风?为了避免盲目地在朱熹与陈振孙之间做出选择,我们只有回到张九成著作中,抓住其核心观念,细析义理内涵,才可能对张九成学术做出正确的判断。

二、宋明理学脉络中的张九成"格物"之学

"格物"是张九成经学中的核心概念,贯穿于其著作之中:

> 夫圣王之学,自致知、**格物**以至为天下国家,其本在于民而已矣。②

> 余窃谓士大夫之学当为有用之学,必祖圣王而宗颜孟。帝王之学,何学也?以民为心也。夫自致知**格物**以至平天下、家国,曷尝不以民为心哉?苟学之不精,不先于致知,使天下之物足以乱吾之知,则理不穷;理不穷,则物不格;物不格,则知不至,意不诚,心不正,身不修,出而为天下、国家则为商鞅、苏、张之徒,以血肉视人,而天下不得安其生矣。③

> 审知此理,当先致知**格物**,使俗情皆尽,天理昭然。④

> 吾知格物以知至,知至以诚意,诚意以正心,正心以修身,修身以齐家而已。⑤

可见,在张九成看来,格物是一切学术的基础。张九成将士大夫之学提升成为"圣王之学"。沿着《大学》八条目的次序,从"格物致知"一路推衍到"修、齐、治、平"的圣王之学,是士大夫取法之榜样。而"物有本末,事有始终",整个"学"的基础也就建立于"格物"之上。故而在张九成的一些论述中,还将其所

---

① 马宗霍:《中国经学史》,上海:上海书店1984年版,122页。
② 〔宋〕张九成:《孟子传》卷一,《张九成集》,杭州:浙江古籍出版社2013年版,681页。
③ 《孟子传》卷二,692页。
④ 《孟子传》卷八,798页。
⑤ 《孟子传》卷十三,863页。

推崇的"圣王之学""大人之学"径称为"格物之学"。如《孟子传》中：

> 惟大人有**格物**之学,充而至为天下、国家。其几甚明,其候甚熟。①

《春秋讲义》中：

> 学者傥未遽得圣人之心,莫若先明大学之道。夫大学之道,何道也？王道也。王道何在？在致知**格物**也。**格物**者,穷理之谓也。天下之理无一之不穷,则几微之生无不极其所至矣。故曰**格物**而后知至,知至而后意诚,意诚而后心正,心正而后身修,身修而后家齐,家齐而后国治,国治而后天下平,傥知**格物**之学,则可以知圣人之心。②

"格物"一词,是宋代理家学聚讼不休的重要概念,同时,儒家各个学派间的巨大分歧,也建立在对这一概念的不同解释之上。明代刘宗周就总结说:"格物之说,古今聚讼有七十二家。"③在张九成时代影响较大的"格物"解释,大致有以下几家。郑玄《礼记注》中认为:"格,来也。物,犹事也。其知于善深则来善物,其知于恶深则来恶物。言事缘人所好而来也。此'致'或为'至'。"④司马光则认为,"格"为扞格之义,"格物"则为格去物欲。二程兄弟则将"格物"解释为"穷理",他们说:"致知在格物,格,至也。穷理而至于物,则物理尽。"⑤"格犹穷也,物犹理也,若曰穷其云尔。穷理然后足以致知,不穷则不能致也。"⑥从"格物"即"穷理"的定义看,张九成确实继承了程颐之说,他说：

> 齐家、治国、平天下,特移修身之道以用之耳,非有加损于其间也。自修身以先,皆大学之事也。夫学莫先乎致知,致知莫先乎**格物**。**格物**者,穷理之谓也。使天下之理一物不穷,则理有所蔽。理有所蔽,则足以乱吾之智。思惟无物不格则无理不穷。无理不穷,则内而一念,外而万事,知其始,知其终,知其利害,知其久近,是以念动乎中,事形于外,微而未著,兆而未章,吾已知之矣。⑦

> 学当格物。**格物**能穷天下之理,穷天下之理,则人情物态,喜怒逆顺,形势纵横,皆不逃于所揲之理。优而柔之,使自得之；餍而饫之,使自趋

---

① 《孟子传》卷十六,901页。
② 《春秋讲义》,《横浦居士集》卷十四,《张九成集》,154—155页。
③ 〔明〕刘宗周:《大学杂言》,《刘宗周全集》第一册,杭州:浙江古籍出版社2007年版,657页。
④ 〔汉〕郑玄注,〔唐〕孔颖达疏《礼记正义》卷六十,北京:北京大学出版社1999年版,1592页。
⑤ 〔宋〕程颢、程颐:《二程遗书》卷二上,《二程集》,北京:中华书局2004年版,21页。
⑥ 〔宋〕程颢、程颐:《二程粹言》卷一,《二程集》,1197页。
⑦ 《孟子传》卷十四,882—883页。

之。一旦释然理顺,怡然冰解,皆**格物**之效也。①

表面上看,张九成继承了二程兄弟"格物"即穷理的解释,这也是很多学者不同意朱熹批评张九成之学术掺入禅学的原因。②但如果仅从这一点看,忽略张九成立说背后的深层结构,往往有失片面。

张九成关于"格物"最直接的解释出自其《大学解》中,卫湜《礼记集说》中存有其佚文。他说:

> 格物者,何也?格言穷,物言理也,内而一念,外而万事,微而万物,理皆在焉。吾能一念之间,一事之上,一物之微皆穷其始,穷其终,穷其所由起,又穷其所由归。自一念而穷之,以通天下之念;自一事而穷之,以通天下之事;自一物而穷之,以通天下之物。往来阖辟、显晦幽明,其理森然炳然,可烛照而数计者,此所谓格物而物格也。格物则一念之微、一事之微、一物之微、有兆于象,有发于萌者,无不默而识之,此之谓知至。知至则恶念不生、恶事不积、恶物不滋,而吾所趣乡者,所愿欲者,所思虑者,无非在天理中矣。此之谓意诚。

另外,朱熹在《杂学辨》中曾摘取《中庸传》:

> 张云:格物知至之学,内而一念,外而万事,无不穷其始终。穷而又穷,以至于极尽之地,一旦廓然,则性善昭昭无可疑矣。③

结合上引《孟子传》中的注释,可见张九成的"格物"之学往往与"物格""知至"等词连用。回到《大学》原文,可见张九成最为关心的是全文中"致知在格物,物格而后知至"这一转折点。对此,程颐的解释是:"须是今日格一件,明日又格一件,积习既多,然后脱然有贯通处。"④朱熹在"格物补传"中更进一步发挥,说:"所谓致知在格物者,言欲致吾之知,在即物而穷其理也。盖人心之灵莫不有知,而天下之物莫不有理,惟于理有未穷,故其知有不尽也。是以大学始教,必使学者即天下之物,莫不因其已知之理而益穷之,以求至乎其极。至于用力之久,而一旦豁然贯通,则众物之表里精粗无不到,而吾心之全体大用

---

① 《孟子传》卷八,800 页。
② 如邓克铭:《张九成思想之研究》,台北:东初出版社 1990 年版;Ari Borrell: Ko-wu *or* Kung-an? *Practice, Realization, and the Competition for Lay Patronage in Sung*, 收入 *Buddhism in the Sung*, edited by *Peter N. Gregory and Daniel A Getz, Jr*, Honolulu: University of Hawaii Press, 2000;李承贵:《张九成佛教观论析——兼论佛教中国化的路径及特点》,《中山大学学报(社会科学版)》,2005 年第 5 期。
③ 〔宋〕朱熹:《杂学辨》,《晦庵先生朱文公文集》卷七十二,《朱子全书》,3486 页。
④ 〔宋〕程颢、程颐:《二程遗书》卷十八,《二程集》,188 页。

无不明矣。此谓物格,此谓知之至也。"①程颐与朱熹关注的都是"今日格一件,明日格一件"的渐进功夫,通过这种积累,最终达成"贯通",而"表里精粗无不到"的"物格"状态。整个过程可以表述为"一(格物)——多(又格一物)——贯通(物格,知至)"的形式。而在张九成那里,更为强调的则是在格一物的基础上,直接达到穷万理的结果,即"往来阖辟、显晦幽明,其理森然炳然,可烛照而数计",其间并没有"今日格一物,明日格一物"的渐进过程。张九成的过程可以表述为"一(格物、物格)——知至"。在他看来,"格物而物格"是浑然一体,不可拆分的,是一旦主体在一具体事物之上穷极始终,就能在瞬间实现超越,掌握真理。也就是说,在张九成看来,如果真正做到了"格物",那么"物格"也必然同时到来。此后的"知至",则是指对未来发生的事物的体察能力。三者从逻辑层次上看层层递进,在时间上却是同时显现的。相比之下,在程朱那里,"格物"显然是一个漫长的过程,而这一过程的终点上,"物格"与"知至"何时到来,难以逆料。张九成的"格物物格"或者"格物知至"之学,后来学者往往不能窥见实情,故而往往窜易本文。四库馆臣即多将宋本《孟子传》中"格物知至"改为"格物致知",南宋人卫湜在其《礼记集说》中转引《中庸说》时,也将"格物知至",改为"格物致知"。反倒在其激烈的批评者朱熹的引文中,能见其原貌。

朱熹在《杂学辨》中,认为吕本中有关"格物"的看法与张九成相同,并作出了严肃的批评。②

> 吕氏曰:草木之微,器用之别,皆物之理也。求其所以为草木器用之理,则为格物。草木器用之理,吾心存焉,忽然识之,此为物格。
> 愚按伊川先生尝言:"凡一物之上有一理,物之微者亦有理。"又曰:"大而天地之所以高厚,小而一物之所以然,学者皆当理会。"吕氏盖推此以为说而失之者。程子之为言也,特以明夫理之所在,无间于大小精粗而已。若夫学者之所以用功,则必有先后缓急之序、区别体验之方。然后积习贯通,驯至其极,岂以为直存心于一草木器用之间,而与尧舜同者无故忽然自识之哉?此又释氏闻声悟道、见色明心之说,殊非孔氏遗经,程氏发明之本意也。③

在张九成、吕本中看来,既然万事万物之上均有理,那么无论是"草木之微""器

---

① 〔宋〕朱熹:《四书章句集注》,北京:中华书局1981年版,6—7页。
② 案:因为吕氏家学在当时影响至钜,朱熹又与吕祖谦为挚友,故其批评吕本中时有所回护,如将吕氏之"格物"说为对程颐一些说法的误解。其实,吕本中与大慧宗杲亦交往甚密,且深受其禅法影响。事见《大慧普觉禅师语录》。
③ 〔宋〕朱熹:《杂学辨》,《晦庵先生朱文公文集》卷七十二,《朱子全书》,3493—3494页。

用之别",只要对此格物,就有可能获得对"所以然"之理的完全体悟。这也就取消了"今日格一物""明日格一物"的必要性。朱熹认为这是吕本中对程颐的一些片段说法有所误读所致。但回到程颐的原文之中:"格物穷理,非是要尽穷天下之物,但于一事上穷尽,其他可以类推。至如言孝,其所以为孝者如何,穷理如一事上穷不得,且别穷一事,或先其易者,或先其难者,各随人深浅,如千蹊万径,皆可适国,但得一道入得便可。所以能穷者,只为万物皆是一理,至如一物一事,虽小,皆有是理。"①朱熹的辩解其实已经隐晦地承认,程颐的对"格物"的论述中确实暗含着发展为张九成式解释的可能。

至此,虽然张九成有关"格物物格"的解释是顿悟式的,与禅宗的某些表述有相似性。②但如果仅仅从这个角度说,仍不能说张九成的思想完全来自于佛教,如前所述,这一理解完全可能基于对程颐的某些说法的片面性的理解。故而张九成对"格物"的解释是否是有意创论就成了问题的关键。

三、大慧宗杲与张九成"格物物格"的提出

朱熹在《杂学辨》中指出张九成是"释氏看话之法,非圣贤之遗旨也"。③ 为我们研究张九成思想的深层结构提供了线索。大慧宗杲师从圆悟克勤,是南北宋之间著名的禅师,以他为代表的"看话禅"是当时禅宗内部兴起的新思潮。早在禅宗兴起之初,就存在着南北二宗"顿悟"与"渐悟"的对立。如高雄义坚所说:"这种分派不是教理上的差异,而多是由于化风上的相违。……神秀是依据缘起系的《楞伽经》,立于自性清净心之上,以定为本位。相对的,慧能是以实相系的《般若经》为本,采取洞彻空观,以慧为主的立场。"④南宋时期,这种区别,就表现为曹洞派的"默照禅"与临济派的"看话禅"的对立。"默照禅"主张以静坐为主要修行方法,追求"真实做处,唯静坐默究。深有所诣,外不被因缘流转"。⑤ 大慧宗杲认为这种修行方法不过是追求自身暂时的安定,而放弃了日常生活的灵活运用。由于人生世间,世事纷扰不定,因缘流转,本不可避免。刻意追求"默然常照",就陷入了"黑山下鬼窟"⑥,有沦为枯寂的危险。他说:"近世丛林有一种邪禅,执病为药。自不曾有证悟处。而以悟为建立以悟

---

① 〔宋〕程颢、程颐:《二程遗书》卷十五,《二程集》,157 页。
② 如侯外庐等:《宋明理学史》。
③ 〔宋〕朱熹:《杂学辨》,《晦庵先生朱文公文集》卷七十二,《朱子全书》,3486 页。
④ (日)高雄义雄坚:《宋代佛教史研究》,台北:华宇出版社 1988 年版,104 页。
⑤ 《宏智禅师广录》卷六,《大正藏》,第 48 册,73c 页。
⑥ 〔宋〕宗杲:《答吕机宜》,《大慧普觉禅师语录》卷二十一,《禅宗语录辑要》,上海:上海古籍出版社 1992 年版,407 页。

为接引之词。以悟为落第二头。以悟为枝叶边事。自己既不曾有证悟之处。亦不信他人有证悟者。一味以空寂顽然无知,换作威音那畔空劫以前事。逐日噇却两顿饭事。事不理会,一向嘴庐都地打坐,谓之儿孙边事。将这黑山下鬼窟里唤为极则。"①"默照禅"的问题不仅在于以静坐为修行方法,还在于安于这种修行方法的同时,实际上放弃了对觉悟的追求。因此,大慧宗杲的看话禅主张以"悟"为第一要义,对当时流行的"默照禅"展开了激烈的批评。并主张以"看话",即参看公案中的话头为主要修行方法。学者在阅读祖师公案时,将集中全部力量、种种疑惑、苦闷凝于话头之上,不离日用,时时提撕,一旦堪破疑情,便能彻底顿悟。

　　大慧宗杲在当时还以与士大夫交往密切而知名。张九成与大慧宗杲间的相契,即始于两人关于"格物物格"的讨论。事见《五灯会元》:

> 丁巳秋,大慧禅师董径山,学者仰如星斗。公阅其《语要》叹曰:"是知宗门有人。"持以语尚,恨未一见。及为礼部侍郎,偶参政刘公请慧说法于天竺,公三往不值。暨慧报谒,公见但寒暄而已。慧亦默识之。寻奉祠还里,至径山,与冯给事诸公议"格物"。慧曰:"公只知有'格物',而不知有'物格'。"公茫然,慧大笑。公曰:"师能开谕乎?"慧曰:"不见小说载,唐人有与安禄山谋叛者,其人先为阃守,有画像在焉。明皇幸蜀,见之怒,令侍臣以剑击其像首。时阃守居陕西,首忽堕地。"公闻顿领深旨。题不动轩壁曰:"子韶格物,妙喜物格,欲识一贯,两个五百。"慧始许可。②

有的学者从大慧宗杲多与主战派士大夫交往的角度认为,大慧与张九成的共同点建立在对金人的共同仇恨之上,大慧宗杲举小说中唐玄宗诛杀叛臣的故事旨在将士人从对玄谈的讨论中唤醒,激起对北方异族侵略者的共同仇恨。③从现实层面看,这种说法不无合理之处,但忽略了对唐玄宗故事与张九成之偈语意涵的细致分析,从而放弃了从思想深层对二者间关系进行追索。张九成之偈语"子韶格物,妙喜物格,欲识一贯,两个五百"中"一贯"二字有多重意义,从字面上看,指的是一贯钱,一贯钱一刀两断,正好是两个五百钱。而从大慧宗杲所举唐玄宗故事来看,叛臣的画像仅是图影,如果只是因为嫌恶而斩断,这样的行为不过是泄愤而已,故而重要的是千里之外,叛臣首级的当场落地。

---

① 《大慧普觉禅师语录》卷二十一,407页。
② 〔宋〕普济:《五灯会元》卷二十,北京:中华书局1984年版,1350—1351页。
③ 如 Ari Borrell: Ko-wu or Kung-an? Practice, Realization, and the Competition for Lay Patronage in Sung,收入 Buddhism in the Sung,edited by Peter N. Gregory and Daniel A Getz, Jr, Honolulu: University of Hawaii Press,2000 即持此见。杨惠南也认为大慧宗杲之"看话禅"不过是为了吸引主战派士大夫,调和儒释的一种手段,见氏著:《看话禅与南宋主战派之间的交涉》,载《中华佛学学报》第7期,台北:中华佛学研究所,1994年,191—212页。

唐玄宗挥出的一剑,实现了决绝的翻转与超越。二人的故事中,都通过一刀两断的决定性时刻使"捕风捉影"成为了"寸铁杀人"。这暗示着,格物物格,一时俱了。"物格",使得"格物"成为"格物",如果没有"物格","格物"并无意义。同时,"一贯"也有"一以贯之"之意。故事中,张九成与冯给事等人起初所议之"格物",很有可能就是程颐所言之"今日格一物,明日格一物,一旦豁然贯通"式的"格物"。在大慧宗杲看来,和"默照禅"一样,这种"格物"的危险在于,在主体漫长的"格物"过程中,将难以预期的"物格",悬置在某个未来的时刻,从践履上有放弃"物格"的危险。所以,"一贯"二字也在提醒读者,"格物"与"物格"既内在的包含着一个断裂性的时刻,本身又是一以贯之的。如果缺少了"物格"的关键性转化,儒家的功夫不能成为"一以贯之"的整体。最后,回到《论语》的本文中,孔子说:"吾道一以贯之"。故而"一贯"也可视为孔子之道。那么偈子的最后两句又可以理解为,"格物物格"这一转变性的时刻,为我们真正打开了认识孔子之道的门径。

为了验证上述解释是否合理,有必要回到大慧宗杲的禅学内部进行验证。如上所述,大慧宗杲与士大夫交往密切,故而,张九成与学者论"格物",大慧宗杲以"物格"棒喝,也应从宗杲与士大夫的交往角度进行考察。宗杲曾如此评论当时的士人:

> 今时不但禅和子,便是士大夫聪明灵利博极群书底人,个个有两般病。若不着意,便是忘怀。忘怀则堕在黑山下鬼窟里,教中谓之昏沉。着意则心识纷飞。一念续一念,前念未止后念相续,教中谓之掉举。不知有人人脚跟下不沉、不掉底下一段大事因缘,如天普盖,似地普擎。未有世界,早有此段大事因缘。世界坏时,此段大事因缘,不曾动着一丝毫头。往往士大夫,多是掉举。①

> 士大夫学先王之道,只是正心术而已。心术既正,则邪非自不相干。邪非既不相干,则日用应缘处自然头头上明,物物上显。心术是本,文章学问是末。近代学者多弃本逐末、寻章摘句,学花言巧语以相胜,而以圣人经术为无用之言,可不悲夫?《孟子》(告子)所谓不揣本而欲齐其末,方寸之木可使高于岑楼,是也。②

> 士大夫学此道,多求速效。宗师未开口时,早将心意识领解了也。及乎缓缓地根著一似落汤螃蟹手忙脚乱无讨头处。殊不知阇家老子面前受铁棒吞热铁圆者便是这领解。求速效者更不是别人,所谓希得返失,务精

---

① 〔宋〕宗杲:《大慧普觉禅师语录》卷十七,《禅宗语录辑要》,390页。
② 《大慧普觉禅师语录》卷二十,《禅宗语录辑要》,403页。

益粗。如来说为可怜愍者。①

可见，在大慧宗杲看来，当时士大夫沉迷于寻章摘句之中，虽然口道圣人之言，夸饰聪明，却陷入了麻木无知的精神状态，放弃了对一段"大事因缘"的追究。有追求大道者，往往也因心术不正，以私心领会圣人经术。圣人的经术、宗师的教诲都变成了无用之言，只是夸耀自家聪明的工具。面对这一情况，宗杲指出：

> 聪明灵利人多被聪明所障。以故道眼不开，触涂成滞。众生无始时来，为心意识所使，流浪生死，不得自在。果欲出生死，做快活汉，须是一刀两断，绝却心意识路头，方有少分相应。②

如荒木见悟所言，"为了揭示这种虚伪幻妄的世俗文化、学问的实态，清除这些弊端，必须抛弃那种寄托于自主性调整力、对眼前的事物敷衍了事的不彻底的方法，直接回归到人类存在的'原初性—本来性'根基上，只有在这里纵横自在地搏击一番，才能真正脱离历史的束缚和社会的因袭，获得创造的生命。"③只有彻底将这种夸饰自家聪明的虚伪学识与经验一刀两断，才能真正回到本来的生命状态。可见，在大慧宗杲看来，与张九成相见时，士大夫所争论的"格物"，不过是自矜学问，卖弄聪明而已。不断地沉迷于格物，最终将"物格"搁置在不可期许的将来，更是根本放弃了觉悟，以及建立在此基础上的所有的修齐治平的功夫。而唯有一刀两断，真正顿悟之后，学问才能够落在实处。这一时刻，如大慧宗杲所说：

> 要得真正寂灭现前，必须于炽然生灭之中，蓦地一跳跳出。不动一丝毫，便搅长河为酥酪，变大地作黄金，临机纵夺，杀活自由，利他自利，无施不可。④

这里，大慧宗杲更极端地用生死抉择比喻消灭夸饰聪明的虚假学问的重要性。只有真正斩断世俗生命的心意识流转，超然的顿悟才可能到来，达到"死后复苏"的境界。这个意义上说，大慧宗杲所举故事中，被一刀斩断的不仅是叛将的首级，也是张九成自己流转生死的无明生命。

在张九成通过"格物物格"之辩得到大慧宗杲之许可之前，其实两人还有一次交往。这则公案中，张九成虽未正面出现。但却可以间接反映出张九成与大慧宗杲交往之初的情状。见于《大慧普觉禅师语录》：

---

① 《示鄂守熊祠部》，《大慧普觉禅师法说》卷二十一，《禅宗语录辑要》，404页。
② 《答王教授》，《大慧普觉禅师书》卷二十九，《禅宗语录辑要》，440页。
③ （日）荒木见悟：《佛教与儒教》，杜勤、舒志田等译，郑州：中州古籍出版社2005年版，142页。
④ 《答富枢密第二书》，《大慧普觉禅师书》卷二十六，《禅宗语录辑要》，427—428页。

张侍郎请升座。僧问:"'十方同聚会,个个学无为。此是选佛场,心空及第归'时如何?"师云:"题目道甚么?"进云:"分明在目前。"师云:"杜①撰禅和,如麻似粟。"进云:"争奈一等共攀仙桂树,要折蟾宫第一枝。"师云:"这汉今日他白。"进云:"虽然如是,今夏定做禅状元。"便礼拜。问侍郎见处何似去年。师云:"今年去年只隔三百六十日。"进云:"莫谤侍郎好,侍郎无这个消息。"师云:"既无这个消息了,因又乱道作甚么。"进云:"借人口说一两句,又且何妨?"便礼拜。师乃云:"借人口说得底,不干自己事。自己胸襟流出底,傍观者有眼如盲,有口如哑。便怎么领略得,作禅状元也不难。直饶如是,始入得径山门,未入得径山室。若入得径山室,禅状元始用得着。禅状元始用得着,儒状元便用不着。敢问大众,前面为甚么用得着,后面为甚么用不着?"乃顾视左右云:"还知径山落处么?若知径山落处。禅状元即是儒状元,儒状元即是禅状元。即今拈却禅与儒,且道,当面一句作甚麽生道。要知死底张宣教,便是活底状元爷。"②

僧人以张九成之状元身份借题发挥,有了取"心空及第"的自负,大慧宗杲先是佯作不知僧人所指,又回以"他白",指出僧人不过是私意发作,借他人说话。僧人并未认识到此事之严重,又起好胜之心,坚决今夏要做大慧宗杲门下的禅状元。至此,大慧宗杲仍未正面回应。僧人又问张九成之禅学较诸去年是否有所进益,言下之意不过是张九成于禅学毫无寸进,仍是懵然无知,由此以显示自己已有所觉悟。宗杲以"今年去年只隔三百六十日"回应,一方面,在现实性的立场上,客观承认了张九成于禅学尚未悟入的事实。但另一方面,若站在本来性的立场上,去年今年也只在时间上有三百六十日的区别,故而刻意以此评价张九成的禅学见解也毫无意义。宗杲希图借此点醒轻慢、好胜的僧人。僧人对答语中蕴藏禅机虽然有所体会,但仍是虚矫好胜之心占了上风,又以"侍郎无此消息"相答,即说张九成对禅理无所解悟,大慧宗杲不必如此为张九成回护。大慧宗杲再次指出僧人不过是因他人而起轻慢之心,评头论足毫无意义。僧人虽以"借人口说一两句话"自我辩解,但已有反省之意。此时,禅机已经成熟,大慧宗杲正式指明:"借人口说得底,不干自己事。自己胸襟流出底,傍观者有眼如盲,有口如哑。"以此提撕僧人,他的自信不过是虚妄。因他人不足而产生的虚浮的自我肯定,及在此基础上产生的好胜之心,都是纷飞的心意识流转。本分田地上的觉悟绝不建立在花言巧语的争强好胜之上,而是"如人饮水,冷暖自知",旁观者无从观察,亦无法评说。此处僧人之言行,恰如大慧宗杲所批评的卖弄聪明的士大夫一样,不过是以心意识识领三味的舍本

---

① 案,原作"柱",据文义改。
② 《大慧普觉禅师语录》卷四,《禅宗语录辑要》,334页。

逐末。同时,既然僧人能对张九成的禅学见解做出较低的评价,并得到了大慧宗杲认可。也暗示我们,此时参禅的张九成也与僧人无异,不过是"借人口说一两句话",远未明悟禅理。后文中,大慧宗杲关于径山落处的开示,则为后来对张九成的认可定下基调。径山落处便是回到本来面目,站在这一立场上,凡圣俱消,不论是儒状元还是禅状元,都不过是虚幻的影子而已,故而"禅状元即是儒状元,儒状元即是禅状元"。那么,下一次要如何与张九成对话呢?大慧宗杲说:"要知死底张宣教,便是活底状元爷。"即是要一刀两断之下,截断心意识的流转,跳出世俗生命的羁绊,从重生中获得真正顿悟。因此,后来张九成之偈语能得到大慧宗杲的许可,必然建立在这样的共识之上。在大慧宗杲写给汪藻的书信中,将这一点说的更为透彻。他说:

> 能知根性陋劣底又是阿谁?求入头处底又是阿谁?妙喜不避口业,分明为居士说破。只是个汪彦章,更无两个。只有一个汪彦章,更那里得个提撕底、知根性陋劣底、求入头处底来?当知皆是汪彦章影子,并不干他汪彦章事。若是真个汪彦章,根性必不陋劣,并不求入头处,但只信得自家主人公及,并不消得许多劳攘。……人位即是汪彦章,知位即是知根性陋劣、求入头处底。若于正提撕话头时,返思能提撕底,还是汪彦章否?到这里,间不容发,若伫思停机,则被影子惑矣。请快著精彩,不可忽,不可忽。……已过去底事,或善或恶,若逆或顺,都莫理会。现在事,能省则省,一刀两段,不要迟疑。未来事自然不相续矣。①

不论是知晓根性陋劣的汪彦章,还是求入头处的汪彦章,都是心意识纷飞的无明自我幻化出的影子。只有在提撕话头,苦苦不得解脱,回身返照之时,间不容发,一刀两断,杀死影子汪彦章,才能看见真实的自我,明心见性。

通过以上的对比,可见张九成的"格物物格"之学与大慧宗杲的禅法有着相似的思想倾向,都反对主体沉迷于漫长摸索之中,放弃对最终觉悟的追求,而倡导电光火石间的决然顿悟。也有直接的证据说明,张九成对"格物物格"的认识确实受到了大慧宗杲禅法的启发,是结合了"看话禅"法与程颐"格物穷理"之说的有意创论。

四、张九成"格物物格"与大慧宗杲"看话禅"的整体比较

张九成不仅在具体概念上受到宗杲禅法的影响,从整体思想结构上看,二人也有近似之处。

---

① 《答汪内翰彦章》第二书,《大慧普觉禅师语录》卷二十七,《禅宗语录辑要》,435页。

如前所述，在张九成的思想结构中，对所格之物的选择是随机的，只要抓住任何一物穷理，即可以达到彻底的"物格"。与此相似，在大慧宗杲那里，具体所参的话头也是随机的。他说："灭却法界量，种种殊胜一时荡尽了，方始好看'庭前柏树子'、'麻三斤'、'干屎橛'、'狗子无佛性'、'一口吸尽西江水'、'东山水上行'之类。忽然一句下透得，方始谓之法界。"①在他看来，"如果一切都能成为'语中无语'的所谓'活句'，无论举多少公案，也都一样。举哪一个公案并不是问题，问题只是通过任何一个公案如何能够激发大悟的实际体验。"②

不仅如此，张九成所言物格与大慧宗杲对顿悟后境界的描述也有相近之处。张九成说：

> 观圣贤者，当先致知格物，使俗情皆尽，天理昭然，则夫圣贤或出或处，或默或语，或辞或受，皆自□□□□□王而不谬，建诸天地而不悖，质诸鬼神而无疑，百世以俟圣人而不惑。③

> 千圣秘奥传心之法。孟子一旦剖决发露，使人知圣人有如此事。呜呼！迥出凡情俗虑之外，超然如云龙之变化、六子之回旋，岂可以私智窥测议论其万一乎？……士大夫不学则已，学则当学孟子用先王之道以御当世之变，惟见识超绝于凡俗之外，然后能运动枢极，斡旋造化，转桀纣为尧舜，变盗跖为伯夷，而使人人有士君子之行矣。④

> "思诚者，人之道"，此《大学》所谓"致知格物"也，非认专为诚也。至诚则无往不动，以修身则身动而成，以事亲则亲动而悦，以交友则友动而信，以事上则上动而获，以治民则民动而信。诚之所在，击触转移，使天下不知其然者。故干羽武戚而有苗格，《箫韶》奏而凤皇来，高宗思而傅说梦，成王悔而雨反风。其几迅速，间不容慸。学而不至于此，其何以尧、舜其君、士君子其民乎？⑤

> 夫《春秋》将以明王道，岂止褒贬而已矣？其（孔子）抑扬、进退、予夺、纵舍，若乾坤之运六子，沧海之转百川，与禹排淮泗、决汝汉，周公兼夷狄、驱猛兽同功。欲知王道者，当观《春秋》之用，是续王道之迹于《诗》亡者，《春秋》也，其义深矣，岂口舌所能尽哉？惟深格物之学者，乃可以观《春秋》；惟明《春秋》，然后可以明王道，惟明王道，然后尽臣子之职。⑥

---

① 〔宋〕宗杲：《答张提刑旸叔》，《大慧书》卷三，75页。
② （日）小川隆：《语录的思想史——解析中国禅》，何燕生译，上海：复旦大学出版社2015年版，220页。
③ 〔宋〕张九成：《孟子传》卷八，《张九成集》，798页。
④ 〔宋〕张九成：《孟子传》卷九，《张九成集》，815页。
⑤ 〔宋〕张九成：《孟子传》卷十五，《张九成集》，895页。
⑥ 〔宋〕张九成：《孟子传》卷二十，《张九成集》，955页。

张九成不仅将物格后的境界描述得神妙莫测,变化无端,而且将《大学》中的"格物物格"与《中庸》中的"诚"相结合。孔子、孟子均是彻底领悟了"物格知至"之后,进入了圣人境界。所以开合变化,纵横予夺,无施不可,虽然有种种看似出格的议论,但不过是随机、随人说法而已。通过这种手段,张九成将《大学》《中庸》《论语》《孟子》《春秋》等经典的解释都建立在了其"格物物格"之学上。

大慧宗杲在论述顿悟后境界时,也说:

> 古来得道之士,自己既充足,推己之馀,应机接物,如明镜当台,明珠在掌,胡来胡现,汉来汉现,非著意也。若著意,则有实法与人矣。①

> 忽然一句下透得,方始谓之法界。无量回向,如实而见,如实而行,如实而用,便能于一毛端现宝王刹,坐微尘里转大法轮,成就种种法,破坏种种法,一切由我。如壮士展臂,不借他力。师子游行,不求伴侣。种种胜妙境界现前,心不惊异。种种恶业境界现前,心不怕怖。日用四威仪中,随缘放旷,任性逍遥。②

如很多学者所指出的,这种境界不仅仅是禅宗"明心见性"的境界,也是《华严经》中"事事无碍"的境界。③ 二人所描述的顿悟后境界并非偶然相似,大慧宗杲在给张九成弟子汪应辰的书信中写道:

> 若得因地一下了,儒即释,释即儒;僧即俗,俗即僧;凡即圣,圣即凡;我即你,你即我;天即地,地即天;波即水,水即波。酥酪醍醐搅成一味,瓶盘钗钏镕成一金,在我不在人。得到这个田地,由我指挥。所谓我为法王,于法自在,得失是非,焉有罣碍。不是强为,法如是故也。此个境界,除无垢老子,他人如何信得及。纵信得及,如何得入手。

这里的无垢老子,指的就是张九成。可以清楚地看见,大慧宗杲认为张九成所标举的"格物物格"就是其"一句下透得"的"境界"。明乎此,始能读懂朱熹《杂学辨》中所引大慧宗杲给张九成的书信:

> 左右既得欛柄入手,开导之际,当改头换面,随宜说法,使殊途同归,则世出、世间两无遗恨矣。然此语亦不可使俗辈知。将谓实有恁么事也。④

---

① 《答李参政汉老》,《大慧书》卷一,38页。
② 《大慧书》卷三,75页。
③ 参考开济:《华严禅:大慧宗杲的思想特色》,台北:文津出版社,1996年版;(日)荒木见悟:《佛教与儒教》。
④ 《杂学辨》,《晦庵先生朱文公文集》卷七十二,《朱子全书》,3473页。

此书乍读之下,会接受朱熹的评论,认为"张氏所论著,皆阳儒而阴释。其离合出入之际,务在愚一世之耳目,而使之恬不觉悟,以入乎释氏之门,虽欲复出而不可得。"张九成似乎是在说经的幌子下,暗地传授佛法。但结合宗杲的上述言论,可见这种"改头换面、随宜说法"指的是随着对象的根性、讲授的场合而随机变换,对经典做出适宜的解释,最终将学习者引向顿悟的结果。站在顿悟境界中,以本来性的立场看,儒佛的对立也不过权立的假名而已,故而禅状元即是儒状元,释即儒,儒即释,出世、世间法也就自然两无遗恨。至于"此语不可使俗辈知"亦不是在算计什么阴谋,不过是怕追随学习的弟子拘泥于解释的具体文字,而陷入"认指为月"的境地。

基于这样的立场,张九成对于注疏训诂之学,也有与大慧宗杲相似的鄙薄。他说:

> 士大夫不学则已,学则当知君民之说,然后为有用之学。咏月嘲风,锦心绣口,此犹妇人女子矜组绣之功,论装饰之巧,于时用何济哉?此余之所以深戒也。……夫读《诗》、《书》贵于能用。……其用《诗》、《书》乃至于此,其与夫讲大礼而至于不法,明五经而至于附梁冀者,岂可同年而语乎?彼二子之死于语下,而孟子之学乃见于有为。①

> 学者之引六经,当先得六经之道,明于心,美于身,充于家,布于一国,行于天下。凡吾所以唯诺可否,进退抑扬,遇事接物,立政鼓众,皆六经也,故得六经之道矣。意欲其为,皆成六经,……求之于古,证吾所见耳。非如后世别章摘句,分文析字,终日于传注之间,谈说之际,使一置书策,则胸中茫茫,略无所见;施之行事,无一合于古人之意者。明六经之道,果如是乎?……俗儒不解,动引《诗》、《书》,施之行事,乃大缪不然,此六经之罪人也。②

> 呜呼!人不自重久矣!公孙弘③学《春秋》,樊并明《尚书》、戴圣精《礼经》、马融通《五经》,是犹西子之资禀也。而乃蒙阿谀盗贼不法,依附不絜之物,为千古罪人,可胜惜哉!人能改过,卒归于君子也,亦已久矣。周勃吹箫,樊哙屠狗,陈俊为下江之盗,黄宪乃牛医之子,是犹恶人之资禀也。然或忠冠社稷,或气夺鸿门,或功列云台,或器量千顷,名垂简编,芳袭古今,斋戒沐浴,以事上帝,复何疑哉?呜呼!士君子处心其可不慎乎?一念之失,蒙不絜也;一念反正,斋戒沐浴也。臭至掩鼻,馨闻上天,利害贤

---

① 〔宋〕张九成:《孟子传》卷三,《张九成集》,719页。
② 〔宋〕张九成:《孟子传》卷七,《张九成集》,777页。
③ 原作"洪",盖避宋讳,今回改。

否,宜知所择矣!①

　　张九成看来,这些学者犯了两种错误:一者是埋首传注训诂之间,"死于语下",成为立地书橱,一旦面对真实的世界就会手足无措;一者是以经典为炫耀博学的工具,依仗自身过人的禀赋学习经典,沉迷于追逐知识所带来的虚幻自我满足之中。这两种错误,都导致学者不能经由学习经典建立内在的道德自我,在义利之间、生死路头往往做出错误的选择。反而不如很多资质平庸之人,一念之间见得义理分明,得以名垂青史。这种批评与大慧宗杲指出士大夫多有"忘怀""掉举"二病,几乎一致。在此基础上,张九成认为,学习经典首要的任务是"先得六经之道",而一旦得道之后,就可以依照自己的需求对六经文本进行各种创造性的徵引与运用。但如果不通过训诂章句之学,如何理解六经之意呢?张九成的解决办法就是通过"格物物格",达到与圣贤一致的认识,完成道统的"心传"。从这个意义上看,张九成对经典的"多所训解",亦是在自命已得六经之道的基础上做出的创造性阐释,其目的在于通过对经典的解释指引读者走向进退抑扬、取舍予夺、无所不可的物格境界。而一旦达成目的,其经解文本自然可以视作指月之指,登岸之筏,弃之可矣。至此,也就不难解为什么陈振孙会对张九成的经学有"援引详博,文意澜翻,似乎少简严,而务欲开广学者之见闻,使不堕于浅狭,故读之者亦往往有得焉"的印象了。张九成的这种经典解释观,自然为朱熹深恶痛绝,批评他"观其自处,傲然已在诚明之域矣"。②

　　张九成对于顿悟的追求甚至较之大慧宗杲更为激进,大慧在给他的书信中曾写道:

　　　　左右以自所得瞥脱处为极则。才见涉理路入泥入水为人底,便欲扫除使灭踪迹。见宗杲所集《正法眼藏》,便云:"临济下有数个庵主好机锋,何不收入?如忠国师说义理禅,教坏人家男女,决定可删。"左右见道如此谛当,而不喜忠国师说老婆禅。坐在净净洁洁处,只爱击石火、闪电光一著子。此外不容一星儿别道理,真可惜耳。故宗杲尽力主张,若法性不宽,波澜不阔,佛法知见不亡,生死命根不断,则不敢如此四楞著地,入泥入水为人。

　　　　盖众生根器不同故,从上诸祖各立门户施设,备众生机,随机摄化。故长沙岑大虫有言:"我若一向举扬宗教,法堂前须草深一丈,倩人看院始得。"既落在这行户里,被人换作宗师,须备众生机说法。如击石火、闪电

---

① 《孟子传》卷二十,《张九成集》,960页。
② 《杂学辨》,《晦庵先生朱文公文集》卷七十二,《朱子全书》,3478页。

> 光一著子,是这般根器,方承当得。根器不是处,用之,则揠苗矣。宗杲岂不晓瞥脱一椎,便七穿八穴是性躁?所以集《正法眼藏》,不分门类,不问云门、临济、曹洞、沩仰、法眼宗,但有正知正见,可以令人悟入者,皆收之。见忠国师、大珠二老宿,禅备众体,故收以救此一类根器者。……然妙喜主张国师,无垢破除,初不相妨也。①

张九成对大慧宗杲所编《正法眼藏》收入许多"义理禅""老婆禅"颇感不满,而主张多收入机锋公案。大慧宗杲虽然承认"初不相妨",却表示众生根器不同,要根据具体的情况选择不同的说法方式。宗杲主张之"看话禅",所面对的对象一者是教门内部沉迷于"默照禅"的僧侣,一者是其所交游的士大夫。两类人都有较高的理解能力与基本的佛教知识,属于利根之人,可以"看话禅"接引。而在面对钝根的大众时,基本的佛教信仰尚未建立,如果径以"看话禅"接引,无异揠苗助长。故而在编辑《正法眼藏》时,宗杲收录了禅宗各家说法,借以吸引更为广泛的读者。遍览大慧宗杲与士大夫的书信,多以"看话禅"法劝诫对方电光火石间一刀两断,以瞥脱顿悟为极则,而此书竟为"老婆禅"辩护。可以想见张九成追求顿悟态度之激进。

五、结 论

综上所述,通过对张九成的"格物物格"之学的分析,可以发现张九成在继承了程颐"格物穷理"的基础上,有意借用了"看话禅"法进行改造。将"今日格一物,明日格一物"的渐进功夫变成了电光火石间顿悟式的"格物物格"。学者一旦穷极义理,就与孔子、孟子等站在了同一境界,在此立场上,六经的具体训诂、传注都不再重要,故而可以根据时、地的不同,因对象的区别,对六经取舍予夺,随机阐发而处处得当。张九成自己的经解也是在这样的指导思想下写成的。故而张九成在很多著作中,皆对佛教有所批评。我们也相信,张九成在写作各种经解时,真诚地坚信自己是以儒家立场进行写作。但必须清醒地认识到,作为张九成思想基础的"格物物格"之学与大慧宗杲的看话禅法确实有着极强的相似性。张九成亦不讳言:"佛氏一法,阴有以助吾教甚深,特未可遽薄。吾与杲和尚游,以其议论超卓可喜故也。"在张九成看来,宗杲之"看话禅"法可能只是其解释儒家经典的工具。但从解经的态度上,朱熹批评他"阳儒阴释"亦并非毫无道理。

张九成作为南北宋之际重要的儒家学者,其学术中儒佛杂糅的情况,并非

---

① 《大慧普觉禅师语录》卷二十九,443页。

特例，杨时、谢良佐、晁说之、吕本中等一批学者也不同程度地存在这一情况。文献的散佚与朱子学地位的上升后对道学谱系的整合，一定程度上遮蔽了丰富的历史细节。本文之写作或许能对更为细腻地考察南北宋之间理学、经学发展状况及其与禅宗间的复杂互动提供一些参考。

山井鼎手校闽本诸经校勘日志辑证[*]

顾永新[**]

【内容提要】 京都大学人文科学研究所藏山井鼎手校闽本诸经保存了山井本人所做的句读、校语及日志、题识,具有重要的文献价值和学术价值。吉川幸次郎先生对其进行初步研究,认定为《七经孟子考文》之底本。本文完整迻录诸经勘日志,并对校语进行分析归纳,从而厘清山井校勘诸经的先后次序和起讫时间,得出山井手校闽本并非《考文》之底本的结论。闽本校语汇集了山井前期校勘工作的成果,在《考文》成书过程中无疑起到了十分重要的作用,虽然不是直接的底本,但在校勘学上可以视为工作底本,在《考文》成书之前应该存在一个将闽本校语过录到底本(汲古阁本)上的环节。

【关键词】 山井鼎 《七经孟子考文》 闽本 校勘日志

日本江户时代古学派学者山井鼎遍校群经,精心结撰《七经孟子考文》(以下简称《考文》)一书,对清代学界产生了重要影响,在中日学术交流史上具有重要意义。京都大学人文科学研究所藏山井鼎手校明嘉靖中李元阳刻本"十三经注疏"(闽本),其中《周易》《尚书》《毛诗》《礼记》《左传》《论语》《孟子》有山井朱笔、绿笔、蓝笔或墨笔句读、校语及日志、题识,他经间亦有之。《孟子注疏解经》书衣外夹板有狩野直喜先生昭和九年(1934)题识:

> 《周易》《尚书》《毛诗》《礼记》《左传》《论语》《孟子》,/以上有西条儒臣山井鼎校语,疑《考文》所本。/《周礼》《仪礼》《穀梁传》,/以上有山井璞助校语。璞助,本姓渡边氏,鼎没七十年,/以侯命承鼎家者。/昭和九年十月八日狩野直喜记。

狩野先生注意到山井手校闽本诸经,并且推测其校语可能为《考文》所本。昭

---

[*] 本文系教育部人文社会科学重点研究基地北京大学中国古文献研究中心重大项目"经学文献学研究"和"儒家经典整理与研究"("《周易》经传注疏定本(附校勘记)")的阶段性成果。关于山井鼎手校闽本诸经的递藏经过,详参松云堂主野田文之助《山井昆仑と七经孟子考文の稿本について》(《东京支那学报》第一号,1955年6月,第207—208页)。

[**] 本文作者为北京大学中文系、北京大学中国古文献研究中心研究员。

和十三年，吉川幸次郎先生撰写了详尽的提要，其文有曰：

> 此《七经孟子考文》底本也。《周易》《尚书》《毛诗》《礼记》《左传》《论语》《孟子》，昆仑先生用足利学古本、宋板校，其所校悉与《考文》合。又于上方备录用功起讫，其体略如日记。案日志晴阴，间及盍簪腊展之事，唯《孝经》无一识语，当别有手校之本也。七经、《孟子》以外，《周礼》《仪礼》《公羊》《尔雅》略有校语，又《穀梁》校以唐石经。其《周易》、三礼、《左传》《穀梁》有璞云者，则先生养子璞助笔也。璞助所校，多采自阮氏《校勘记》，唯《周易正义序》用单疏校。图记有七：曰"山鼎之印"，曰"山重鼎印"，曰"重鼎之印"，曰"君彝"，曰"鼎君"，曰"昆仑"，曰"山井氏图书记"，后归纪伊德川侯府，故又有"南葵文库"印。谨案：昆仑先生为近代校疏之祖，惠延后学，名播异域，盖皇朝儒者之业能衣被海内外者，殆莫先生若也。此册手泽具在，足称本所校本之冠。惜《毛诗》卷第十六已阙，饮水思源，犹有憾耳。其书眉所记，备见当日校疏始末，向来考先生行履者，皆所未及，谨择其要录于左方。①

吉川先生纵论其书内容、性质、形态、价值，并择要迻录部分日志，有筚路蓝缕之功。山井校语主要分布在闽本《周易》《尚书》《毛诗》《礼记》《春秋左传》《论语》及《孟子》，其他六经甚少，或近于无。上述诸经天头、地角及版框内外皆有校语，唯天头最为普遍，数量亦最多，且日志几乎也都出现在天头。值得注意的是，吉川先生将其认定为《考文》之底本，这和前此野田文之助先生的判断是一致的，"作为昆仑校勘的底本是李元阳本《十三经注疏》"，"三年间，在学校刻苦校勘古书，成果都记录在李元阳本注疏上，这就成为《考文》的初稿"②。而这种说法与前引狩野先生说是不一致的。那么，山井手校闽本到底是不是《考文》的底本呢？更具体地说山井校语与《考文》之间的关系如何呢？是否可以通过对日志的分析归纳进而厘清山井校勘诸经的确切时间呢？职此之故，我们悉数辑录山井校勘日志，并略作考证云。

《礼记注疏》

据《考文·凡例》，《礼记》参校本有古本《礼记》一通、足利本《礼记》一通、

---

① 昭和十三年，吉川先生以《本所善本提要》为题发表在《东方学报·京都》第九册，后收入《吉川幸次郎全集》第十七卷（筑摩书房，1985年），更名为《东方文化研究所善本提要·经部·十三经注疏》（第565页）。承廖明飞先生赐示相关研究资料，助我完成研究山井鼎校勘学之宿心素志，谨志谢忱。

② 《山井昆仑と七经孟子考文の稿本について》，第206页。

宋板《礼记正义》，此外还有正德本、嘉靖本（亦即闽本）、万历本、永怀堂本①。闽本《礼记注疏》校语，凡出以朱、墨、绿、蓝四种颜色笔体，宋板异文均出以朱笔，并无例外；正德本、汲古阁本（山井或称之为崇祯本）异文均出以墨笔；万历本异文则兼有朱笔和墨笔，而以后者居多（万历本与宋板合校者，一般同以朱笔出之）；单独出校《释文》用墨笔；永怀堂本用墨笔；又有所谓九华本，实即古本，或单列，或连同足利本共称"二本"（两本互异，足利本则称"〔足利〕一本"，大多出以墨笔），卷十六至三十五出以蓝色笔体（间有墨笔）或兼有蓝、绿两色笔体，馀者均出以绿色笔体（其中有完成时间较晚，总结各本异文者，如 V51－11b② 以绿色笔体出校语："九华同，宋板作'为'，一本同，此本作'作'。"）。根据笔体辨识，除个别墨笔出自山井璞助（如 V1－17b 校语，字体非常特殊，棱角分明，古拙滞涩，极易识别），绝大多数校语审系山井所书；但绿色、蓝色笔体及迻录经注本（古本、足利本）异文的墨笔，又见于《春秋左传注疏》，疑出他人之手（或即根本逊志）。V52 卷首题识云："此岁壬寅冬再校此篇。《中庸》一篇，往年校雠者，黑书；今不殊别，从其旧也。"由此推断，各种不同颜色笔体不唯区分不同版本，而且还是不同时段校勘的标志。

享保五年庚子（1720），山井鼎与同门好友根本逊志第一次前往足利学校，③九月廿四日抵达，至十月间，④校勘宋板《礼记注疏》，不过只是涉及卷五十至五十二，而且重点是抄补闽本漫漶、缺脱之处。如 V52－8a 注"塞，犹实也"，抄补"实"字，题识云："以足利学校所藏宋板本补之。"卷五十二首大题下大字题识"享保庚子秋以足利学校本校雠"，小字题识云：

享保庚子秋九月廿四日，与友生伯修来于足利，以学校所藏"五经正义"校雠，《中庸篇》补磨灭。学校本，金泽文库之本也，其后上杉宪实寄附当学云，盖宋板也。中华所希有之物，而于我邦得见之，恨不离羁绊⑤，终其功也。得再就当学补其阙，斯余之志也。君彝父记于足利学校。

---

① 文中所引《七经孟子考文补遗》的内容，均出自日本国立公文书馆藏享保十六年初刻本，恕不一一出注。
② 刻本每叶又分正反两半叶，本文分别以 a、b 表示。卷次则以 V 表示。
③ 末木恭彦先生指出，山井鼎足利之行实有前后两次，第一次是享保五年九月至十月，停留时间较短；第二次是七年八月至九年春近三年的时间（《〈七经孟子考文〉考》，《徂徠と昆仑》，春风社，2016年，第93－94页）。新按：吉川先生和末木先生都是选择性地摘录校勘日志、题识，据此进行研究，而本文采用穷尽式的辑录方法，所以在具体细节的研究上有所推进。
④ 初次足利之行停留的时间不可考。末木先生认为，六年二月、三月山井已在江户青山校勘万历本《左传》，而校勘诸经万历本始于五年十月，所以他推断山井是在五年十月回到江户的（《〈七经孟子考文〉考》，第93页）。
⑤ 吉川先生和末木先生释文皆无"不"字，实际上"恨"字右下旁注"不"字。吉川先生提要曰："案：此句似有讹脱。"（第566页）末木先生以为"恨"以下八字意思不通（《〈七经孟子考文〉考》，第100页）。新按：原文不误，"恨不"实为希望之义，并无否定之义。

这条识语十分重要,因为它明确揭示了二人初到足利的确切时间①。据古胜隆一先生所作《人文研の"たからもの"》,东京大学总合图书馆藏根本手校汲古阁本《礼记注疏》卷五十三末有根本题识云:"享保庚子秋九月廿四日,与友人纪州山君彝/来于野州足利之学,以上杉宪实所寄附之/宋板《正义》挍雠《中庸》一篇。/今岁壬寅冬,再校此篇。/根逊志。"②正好可以和山井题识相互印证,确认初到足利学的时间,以及校补《中庸》的经过。上述山井和根本题识皆未提及参校万历本,实际上在山井未到足利之前,以及在足利和根本合作校勘宋板《中庸》同时,山井还用万历本校补闽本,③并且旁及其他篇卷。V16—22b题识云:"予初以万历板补其后,来于足利,以宋板相校,今此本墨书皆万历板所补,朱书宋板所补。"可以为证。同年十月日志尚有:

V50 卷首"享保庚子冬十月以万历板校雠。君彝。"

V50—20b 注"子产尝以其乘车济冬涉者",抄补"尝"字;21a《释文》"食音嗣",抄补"食"字。日志:"享保庚子冬十月十七日校雠,补磨灭。此日过赤城,遇暴雨,沾衣而归。"

V51 卷首"庚子冬纪州山井善六重鼎校。"

在享保七年壬寅(1722)八月山井和根本第二次足利之行之先(三月至五月间),山井除了焦急地等待着西条侯下达命令,④还在东都(江户)青山白莲精舍用万历本继续校勘并抄补闽本《礼记注疏》部分缺叶、缺字的内容。日志如下:

V9 卷末"壬寅春三月朔补完。昆仑山人。"

V12—26a"壬寅三月十二日青山白莲社补完。"

V12—30b"壬寅三月念六日补。时南海教上人在座。"

V13—22b"壬寅夏四月十三日补。足利行未决。"

---

① 吉川先生首先注意到这条识语,以为"据九月所记,知先生此年始游足利,而校疏之志亦定于此日矣"(第566页)。

② 京都大学人文科学研究所所报《人文》第四七号,2000年3月31日发行,京文研网站"出版物"子目http://oldwww.zinbun.kyoto-u.ac.jp/shoho/sh47/takara.html。题识逯录自东京大学总合图书馆藏根本逊志手校汲古阁本《礼记注疏》。是书有"岛田氏双桂楼收藏""敬甫""岛田重礼""篁邨岛田氏家藏图书""南葵文库"等印记,可知其书递藏源流。全书有朱、墨、蓝、绿四色笔体校语,皆出自根本之手。卷五、十三、二十四、三十六、三十八至四十、五十、五十五、五十八至五十九末有岛田翰明治三十一年识语,书后有岛田钧一明治三十二年识语,并"双桂后(新按:后不作後)人"朱印。承佐藤浩一教授代为查询、联络,得以目验根本手校本,谨志谢忱。

③ V2—16a日志"予初得武夷藏万历本校之,与赤城藏本间有异同"云云,知山井未到足利之前所用万历本乃根本藏本,在足利之时所用乃赤城藏本,二者间有异同。

④ 吉川先生曰:"据此数条,则壬寅五月先生犹在江户,所谓'公命',未知是霸府命抑藩主西条侯命?"(第567页)新按:由荻生徂徕《考文序》来看,"公命"当指西条侯命。

V13 卷末"壬寅四月十五日补。余有足利行志,公命/未下,豫补其漫灭,为宋板校雠之助。"

V14 卷首"壬寅四月十七日始功。足利行未决。"

V15 卷末"壬寅四月廿三日补完。足利行犹未决。"

V61 卷末"享保七年壬寅夏五月十日补完。昆仑山人。"

V62 卷末"壬寅五月十三日补完。"

V63 卷末"壬寅五月十三日补完。"

第二次抵达足利学校之后,从八月十三日到十二月十三日,前后长达四个月,山井和根本集中校勘《礼记注疏》。日志如下:

卷首《礼记正义序》1a"享保七年壬寅秋八月十三日以足利本校雠。"

V1—27a"八月十四日校。终日雨甚。"

V2—5b"此一节《正义》约《大行人/司仪·聘义》文,毕竟未了,俟再考已。壬寅八月十六日。"

V2—9a"八月十五日校。晴。"

V2—21a"八月十六日校。晴。"

V2—35b"八月十七日校。晴。"

V3—15b"八月十八日校。天晴。"

V4 卷首"八月十九日校。晴。"

V4—11a"八月廿日校。阴。"

V4—31a"廿一日校。阴。"

V5—15b"八月廿二日校。雨,乍晴。"

V5—30b"壬寅八月廿三日足利学里校。雨。"

V6—14a"壬寅八月廿四日校。昨夜甚雨,夙晴。"

V7 卷首"壬寅八月廿五日校。晴。"

V7—20a"壬寅八月廿六日校。晴。"

V8—8a"八月廿七日校。晴。"

V8—27a"廿八日校。雨。"

V9—24b"九月朔校。此日学中有故,私塾校。晴。"

V10—6a"九月二日私塾校。"

V10—28b"九月四日校。昨不校。"

V11 卷首"壬寅九月五日校。雨。"

V11—21a"九月六日校。雨。"

V11—30b"九月七日校。晴。"

V12 卷首"九月八日校。晴。"

V7—26a"有'束束棺于柩车'之语,此则约此文也。然则读者可恣意求也。是时予亦骚扰,不能详悉,姑俟再考。壬寅重九足利学校书。"

V12—17b"重九校。晴。"

V13卷首"九月十三日校。十日游于岩船,十二日反归,三日不校。"

V13—20b"九月十四日校。晴。"

V13卷末"壬寅九月十四日已来于足利,校此篇(新按:指《王制》)云。"

V14卷首"九月十五校。晴。"

V14—15b"九月十六日校。晴。"

V15卷首"十七日校。晴。"

V15—22a"九月十七日校。晴。"

V16—4a"九月十九日校。阴。"

V16—22a"九月廿日校。阴晴。"

V17—5b"廿一日校。雨。"

V17—20b"壬寅九月廿四日校。晴。前日、大前日有事,不校。"

V18卷首"廿五日校。晴。"

V18—24a"廿六日校。晴。"

V19—13b"九月廿七日校。"

V20—18a"廿九日校。"

V21卷首"九月晦校。"

V21—24a"十月朔校。阴。"

V22—14a"十月二日校。晴。"

V23卷首"壬寅十月三日校。晴。"

V23—23b"十月四日校。阴。"

V24—12a"五日校。晴。"

V25—11b"六日校。晴风。"

V26卷首"良月初七校。晴。"

V26—25a"八日校。"

V27—6b"九日校。阴。"

V28—6b"十日校。晴。"

V29卷首"十月十一日,昨夜游猿田。晴。"

V29—21a"十二日校。晴。"

V30—12a"十三日校。雨。"

V30—28a"十四日校。晴。"

V31—9a"望日校。晴。"

V32 卷首"十月既望校。晴。"
V33 卷首"十七日校。阴。"
V33—21a"十八日校。晴。"
V34—12b"廿日校,晴。昨不校。"
V35—10a"廿一日校。晴。"
V35—17a"廿二日校。晴。"
V36—13b"廿三日校。阴。"
V37—13a"廿四日校。阴。"
V38—4b"廿五日。晴。"
V39 卷首"廿六日校。晴。"
V39—26a"廿七日校。阴。"
V40—17b"廿八日校。晴。"
V41—16b"廿九日校。晴。"
V41—12a"十一月朔校。雨雪。"
V43—10a"二日校。晴。"
V44—6b"三日校。晴。"
V44—29a"四日校。雨。"
V44 卷末"壬寅十月廿二日读了。"
V45—20a"五日校,晴。迟政来。"
V45—33b"壬寅十一月三日。"
V46 卷首"六日校。晴。"
V47 卷首"十一月七日校。晴。"
V47—7ab"仲尼尝"下日志:"十日校,晴。七日游植木野,信宿而归,与政俱来,佳会有趣。"[1]
V48 卷首"十一日校。晴。"
V49 卷首"十二日校。晴。"
V49 卷末"享保七年壬寅冬十一月十二日,足利学校,校雠功成。/南海道纪州和歌山学生山重鼎志。"
V50 卷首"壬寅十一月十三日校。晴。"
V51 卷首"十四日校。晴。"
V51—22a"十一月望校。"
V52—15a"十六日校。晴。"
V53—11a"十七日校。晴。"

---

[1] 据吉川先生提要迻录。京文研网站公布的是书 PDF 版此条未见。

V54—10b"十八日校。晴。"

V55 卷首"十一月十九日校。晴。"

V56 卷首"十一月廿日校，晴。国书到。"

V56—18b"廿一日校。"

V57—12a"廿二日校。"

V57 卷末"享保壬寅十一月廿日，补完。/下野国足利学校东塾而识。昆仑山人重鼎（花押）。"

V58—6b"十一月廿四日夜讲校。"

V59 卷首"廿五日夜校。"

V60 卷首"廿六日校。"

V61 卷首"壬寅十二月十二日校。大神（重鼎花押）。"

V62—15a"十三日校。"

V63 卷末"享保七年壬寅十二月十三日，足利学宋板校雠功成。重鼎。"①

从日志来看，校勘工作进度基本上是与卷次同步的，但也有校勘完成之后，部分重校的现象，如 V7—26a 校勘工作实际上完成于七年（1722）八月二十六日，九月九日又回头重校。而且，九年山井回到江户后亦有考订，如 V2—16a 日志："'远'，万历作'迫'，正德本同此本，汲古阁作'近'，赤城藏万历本同汲古阁。予初得武夷藏万历本校之，与赤城藏本间有异同，不知果作迫否？姑俟再考耳。甲辰九月朔。"

山井在和根本正式校勘宋板的同时，也还在延续之前抄补闽本缺脱的工作，但不限于万历板（V15—5ab、6ab 和 V18—28ab），主要是以宋板（V19—27b、28ab 和 V19—29ab）抄补。由于时间仓促，急于校勘，所以未必尽皆书以正楷。V30—35、36、37 抄补，日志："予藏书十三经，微有脱落，字多荡灭。当其来于此而校也，时是日短，课功稍迫。会遭脱叶，匆卒补完，急于校雠，而不敢遑正书。于是乎予之心印足矣，徒恐与他人心印更相乖午，见者谨诸。壬寅十月十三日书。"其他相关日志如下：

V5—34ab 抄补，日志："壬寅八月廿三日，补写于野州足利学中。"

V15—5ab、6ab 抄补，日志："壬寅九月十七日以万历板补。"

V18—28ab 抄补，日志："以万历板补写，至终馀八字空位，何故生字盈缩？他日得嘉靖板全者可校耳。壬寅九月廿六日。"

---

① 另叶附录八行本《礼记正义》黄唐跋，所署题写时间作绍熙，不误。

V19—27b、28ab 抄补，日志："壬寅九月廿五日，足利学宋板补之。"

V19—29ab 抄补，日志："壬寅九月廿四日补写。"

对于足利学校旧藏八行本（山井所谓"宋板"）《礼记正义》而言，还涉及一个问题，那就是卷三十三至四十缺，室町时代足利学补写，包括《礼器》第十下、《郊特牲》第十一、《内则》第十二、《玉藻》第十三上下。内封题识："足利本三十五册，缺四本，今存者三十一册。/上杉宪实时为然也。可惜！可惜！"又曰："足利本所记/《郊特牲》《内则》《玉藻·正义》此三篇缺。本经自八至/九，《正义》三十三至四十缺。"此处"足利本"实指宋板《正义》，没有计入《礼器》，盖以其上半部犹存，故止称三篇。宋板、闽本和经注本（古本和足利本）卷次、卷数不同，故宋板所缺三篇半（《郊特牲》《内则》《玉藻》加上《礼器》半篇）相当于经注本卷八至卷九上半部（卷七下半部为《礼器》），相当于闽本卷二十四至三十，故卷二十四首题识：

此卷以下至四十卷，足利宋板阙，以书写本补之。/

自三十三《礼器》至四十《明堂位》，合五篇，/紫府豊后僧一华学士于武州胜沼以印/本，令书写寄进，一度校合毕。/

重鼎曰：《明堂位》宋板存矣，所阙从此卷至《玉藻》篇末，至《明堂》补，则为重复也。

以上三段分别为三种笔体，盖书写于不同时期。所谓"此卷以下至四十卷"之四十当作三十，因为是指闽本而言，下文自三十三至四十乃指宋板。"合五篇"，如上所述，实为三篇半，《明堂位》不缺，只是室町抄补时重复抄配此篇。这一点，山井是清楚的，故有"《明堂位》宋板存矣"云云。观卷三十一首识语则更为明晰，其文有曰：

自是以后，复得宋板，此以下朱书，皆宋板也。称'二本共'者，宋板、万历也。青书二本，九华及一本也。《明堂位》内称'一本或'者，足利补写本也。《明堂位》重复补写耳。

可知宋板所缺部分恰好截至闽本卷三十，故卷三十一首云"复得宋板"。至于《明堂位》一篇则校以宋板和室町抄补本两本。

为了具体说明山井手校闽本校语与《考文》的关系，我们分别胪列闽本卷一《曲礼上》校语与《考文》的相关内容，辨析同异，揭橥因由，希望能够通过比较研究厘析二者之间的关系。

山井手校闽本校语	《考文》	备注
V1－5b："鼎按：疏说如此，则古本当作'曲礼上第一　礼记　郑氏注'。今按《周礼》《仪礼》为然，独《礼记》题名为误，故于疏意塞矣。再考足利书本题目如左（新按：左侧分别迻录古本、足利本题目：古本：曲礼上第一　礼记一　郑氏注。足利本：礼记卷第一／曲礼上第一　礼记　郑氏注），为是。"	[谨按]先列宋板卷端题目，次列古本、足利本题目，按曰："此二本以足利本为是也。古本《礼记》下加数目字，恐非旧文矣。其余注疏本合刻《正义》时，胡乱修整，全失旧本之体矣。今惟《周礼》《仪礼》卷端稍存其旧，而《礼记》全失，可谓妄作也，不如古本、足利本。则何以解疏中所谓'《礼记》者，一部之大名；曲礼者，当篇之小目。既题曲礼于上，故著"礼记"于下以配注耳'之语？卷首必存'曲礼上第一　礼记　郑氏注'十字，而后疏意得通，而可谓郑氏之旧矣。今注疏诸本倒置'礼记曲礼上第一'者，亦非也。"	从文本内容和文字表达上，可以明显看出二者之间的因循关系，《考文》基本上贯彻了校语的意思，不过更结合注疏诸本，进行总合考察。当然，古本小题在上，大题在下，实际上保留了先秦、汉魏古书的旧式，而足利本作了变更，大题在上，小题在下，非是。山井不明此意，反以足利本为是。
V1－6a："九华本'于敬'下、'庄貌'下、'俨然'下、'枢机'下，共有'也'字。"（各句下绿笔旁注"也"字）	[考异]："古本注'于敬'下、'庄貌'下、'俨然'下、'枢机'下，共有'也'字。"	《考文》对于古本注文的考异与闽本校语同。
V1－6a：注"此上三句，可以安民，说曲礼者，美之云耳"，"句"字下、"云"字下分别绿笔旁注"者"字、"尔"字，墨笔旁注"足利一本无'上'字"；"一本'者'作'耆'，非"。天头校语："'三句'下有'者'字，'云'下有'尔'字。""足利一本无'上'字，'者'作'耆'，恐非。"	[考异]："'此上三句'下（古本）有'者'字，'云耳'作'云尔耳'。足利本'此上三句'无'上'字；'说曲礼者'，'者'作'耆'，恐非。"	《考文》对于古本注文的考异与闽本校语同。

续表

山井手校闽本校语	《考文》	备注
V1－6a：《释文》："儼，鱼检反，本亦作严。同矜庄貌。思如字，徐息嗣反。矜，居水反。"校语："《释文》上'儼'作'严'，'水'作'冰'。"	[考异]："《释文》：'儼，鱼检反，本亦作严。'元文上作'严'，下作'儼'。[谨按]：'凡此类与元文不同者，皆后纂修十三经者依文改换之也，以下当以意求之。'"	《考文》所引《释文》上作"儼"，下作"严"，迻录自其底本汲古阁本；闽本上、下二字皆作"儼"。山井所谓"元文"指《释文》原文，①确係上作"严"，下作"儼"。尤其难能可贵的是，他不但校出闽本所附《释文》与原本之不同，还归纳出义例，指出类似情况皆为编刻附释音注合刻本时依据经、注改换而成。这是具有普遍意义的。闽本'冰'误'水'，汲古阁本不误，所以闽本校语出校，而《考文》阙如。
V1－7a：疏"故变文为语也"，"宋、万、□又作文"。	无	闽本、汲古阁本"文"字实则皆不误，只是山井藏本残泐，故而看似"又"字，盖山井编纂《考文》时已注意到这个问题，故而不再出校。当然，也有可能是因为汲古阁本不误，所以不出校。
V1－7a："敖不可长……"，"宋不别起"。	无	山井有关行款和体例的校语多未反映到《考文》中。较之宋本，明刻诸本行款多有变化，如宋本不分小节，经、注、疏文连排，而明刻诸本划分小节，分别提行另起。经文"敖不可长"一段，宋板直接上句疏文之下，不提行，闽本则提行另起。

---

① 《考文·凡例》："古本、宋板不载陆德明《释文》，今复别校《经典释文》，而其有讹谬脱落者，改正补写而称以元文也。"

续表

山井手校闽本校语	《考文》	备注
V1—7a："九华本'敖'作'傲'，'从'作'纵'。"/"《释文》无'一音喻'三字。"	[考异]："古本经'敖'作'傲'，'从'作'纵'。"/"《释文》：'欲如字，一音喻。'元文无下三字。"	《考文》对于古本经文和《释文》原文的考异与闽本校语同。
V1—7b："宋无下五字（'敖不至可极'），后朱批同之。"	无	八行本（宋板）和十行本（闽本与之相同）疏文所出位置及其解释经、注文的次序和标示起止的具体用字皆有所不同，由山井校语可知，他已经注意到这一现象，并且做了标记，盖以数量众多，未尝采入《考文》。
V1—8a：经"憎而知其善"，"而"字绿笔旁注，字迹不可辨。	[考异]："古本经'憎而知其善'，无'而'字。"	《考文》对于古本经文的考异当与闽本校语同。
V1—8a：注"月令曰"，"曰"字绿笔旁注"云"字。	[考异]："注'月令曰'，（古本）'曰'作'云'。"	《考文》对于古本注文的考异与闽本校语同。
V1—8a：注"吾先子之所畏"，"之"字画圈，绿笔旁注，字迹不可辨。	[考异]："注'吾先子之所畏'，（古本）无'之'字。"	《考文》对于古本注文的考异当与闽本校语同。
V1—8a："九华'诬人之以善善（新按：当衍一善字）恶也'。之，（足利）一本作'以'。"	[考异]："注'诬人之善恶'，'之'下（古本）有'以'字。足利本之作'以'。"	《考文》对于古本和足利本注文的考异与闽本校语同。
V1—8a："九华'则当能迁也，昔晋咎犯与姜氏醉重耳而行之近也'。"	[考异]："注'晋咎犯'上，（古本）有'昔'字。'醉重耳而行近之'，行下有'之'字，'近之'作'近也'。"	《考文》对于古本注文的考异与闽本校语同。校语或迻录原文，而《考文》则改为正规校记的形式
V1—8a："九华本多有'也'字（分别于各句下绿笔旁注'也'字），不□一一提出之云。"	[考异]："注'近习'下、'所畏'下、'凡与人交'下、'善恶'下、'乐氏'下、'则当能迁'下、'于墙'下、'伤知'下（古本）共有'也'字。"	《考文》对于古本注文的考异与闽本校语同。

续表

山井手校闽本校语	《考文》	备注
V1－8a:"'户甲反'下《释文》有'习也,近也'四字。"	无	因为附释音注疏合刻本的音义是摘编《释文》各经音义而成的,所以或有删节,或有改写。此处《释文》释"狎"字,只录反切,未及释义,闽本校以原文,但未采入《考文》。
V1－8a:"正德板作'俄音戚,本亦作俄',万历、汲古阁作'戚音俄,本亦作俄',二本强合经文者耳,当以正德本为正也。"	[考异]:"《释文》:'俄音戚,本亦作俄。'元文作:'俄音戚,本亦作戚。'"	限于体例,《考文》只是校以《释文》原文,并未反映明刻诸本的差异,较之闽本校语,内容有所减省。闽本校语不仅列出诸本异文,且分析致误之由,明确按断,可补《考文》之不足。
V1－8b:疏"故戒令相敬也","宋板无'故'字"。	无	山井盖以宋板脱文而未采入《考文》。对于底本是而参校本非的异文,悉所不取,这应该是《考文》去取异文的一条通则。
V1－9a 疏"憎谓己所嫌慢","'慢',宋板作'恨'"。	[考异]:"疏'憎谓己所嫌慢',宋板'慢'作'恨'。"	《考文》对于宋板疏文的考异与闽本校语同。
V1－9a 疏"若祁奚知其仇解狐是也","宋板无'仇'字"。	无	山井盖以宋板脱文而未采入《考文》。
V1－9b 疏"二家彼非也","'彼',汲古阁作'皆'"。	无	对于汲古阁本是而闽本非的异文,闽本出校;而《考文》以汲古阁本为底本,故不必采入。
V1－9b 疏"不欲归晋","宋板无'欲'字"。	无	山井盖以宋板脱文而未采入《考文》。

续表

山井手校闽本校语	《考文》	备注
V1－10a：疏"而有小小闚覷"，"'而'，万历、汲古阁作'如'，宋及正德本同此本"。	无	闽本与宋板、正德本同，而不同于万历本、汲古阁本，《考文》失校。由是知《考文》并非以山井手校闽本为底本。
V1－10b"故孔子戒子路云不知为不知也"，"宋板'不知也'下有'是知也'三字"。	［考异］："'故孔子戒子路云不知为不知也'，（宋板）'不知也'下有'是知也'三字。"	《考文》对于宋板疏文的考异与闽本校语同。
V1－10b、11a：注"是谓我非夫"下、"视貌正"下、"齐谓祭祀时"下、"鬼神不飨"下皆有绿笔旁注"也"字。	［考异］："古本注'谓我非夫'下、'视貌正'下、'祭祀时'下、'鬼神不飨'下共有'也'字。"	《考文》对于古本注文的考异与闽本校语同。
V1－11a：疏"退而搜集二传之言"，"'集'，宋板及万历、汲古阁作'乘'。正德板与此本同"。	无	汲古阁本和宋板、万历本皆误，而正德本和闽本不误，《考文》失校。由是知《考文》并非以山井手校闽本为底本。
V1－11a：疏"坐如尸者"，"无'者'字，阙字"（朱笔）。	无	山井盖以宋板脱文而未采入《考文》。
V1－11b：疏标示注文起止"注磬且至祀时"，"作'磬且听也，齐谓祭祀时'"（朱笔）。	无	如前所述，宋板和闽本标示经、注文起止的文字内容有不同，而此类校语不反映在《考文》中。
V1－11b：疏"则齐者是先后通称"，"宋板作'先后后'，恐衍字"。	无	山井盖以宋板衍文而未采入《考文》。
V1－11b：疏"礼从宜者"，"无'者'字，阙字"。	无	山井盖以宋板脱文而未采入《考文》。

续表

山井手校闽本校语	《考文》	备注
V1－11b：疏"齐侯还卒"，"宋板、万历等'还'作'环'"。	无	山井盖以宋板显误而未采入《考文》。
V1－12a：疏"则何大其不伐丧也，大夫以君命出使，进退在大夫也"，"《公羊》元文无'也'字、'使'字"。	无	山井复核原文，故未采入《考文》。
V1－12a：疏"故云不可常"，"'云'，宋板作'也'，恐非"。	无	山井盖以宋板显误而未采入《考文》。
V1－12a：注"为近佞媚也，君子说之不以其道，则不说也"，"为"字下、下"说"字下有绿笔旁注，字迹不可辨。	[考异]："古本注'为近佞媚也'，'为'下有'其'字；'则不说也'，'也'上有'之'字。"	《考文》对于古本注文的考异当与闽本校语同。
V1－12b：注"言履而行之"，有绿笔标识，地角墨笔校语："言而履行也。"	[考异]："古本注'言履而行之'作'言而履行也'。"	《考文》对于古本注文的考异与闽本校语同。
V1－12b：注"取人"有绿笔旁注，字迹不可辨。	[考异]："古本注'取人'下有'者'字。"	《考文》对于古本注文的考异与闽本校语同。
V1－12b、13a："为伤信""为好狎""文饰耳""谓君人者""高尚其道""尊道艺"下皆有绿笔旁注"也"字。	[考异]："古本注'为伤信'下、'为好狎'下、'文饰耳'下、'谓君人者'下、'高尚其道'下、'尊道艺'下共有'也'字。"	《考文》对于古本注文的考异与闽本校语同。

续表

山井手校闽本校语	《考文》	备注
V1—13a：疏"若服之则太重"，"'服'，宋板作'报'"。	［考异］："疏'若服之则太重'，宋板'服'作'报'，正德本同。"	《考文》对于宋板疏文的考异与闽本校语同，但补充了正德本的异文信息，由是知《考文》绝非以闽本为底本，因为有未尝记入闽本校语的其他版本信息的存在。
V1—13a：疏"是决嫌疑者"，"鼎按：'疑'字可删"。	无	山井理校，故而未采入《考文》。
V1—13a：疏"若主人未敛"，"'未敛'，宋板作'未小敛'"。	［考异］："疏'若主人未敛'，（宋板）'敛'上有'小'字。"	《考文》对于宋板疏文的考异与闽本校语同。
V1—13b：疏"礼以文饰"，"'以'字下宋板有'为'字"。	［考异］："疏'礼以文饰'，（宋板）'以'下有'为'字。"	《考文》对于宋板疏文的考异与闽本校语同。
V1—13a：疏文"故郑云尊道艺也"下标注"礼记正义卷第一，宋板"；经文"道德仁义"上标注"礼记正义卷第二"。	［存旧］："'礼记正义卷第二'（宋板）" ［谨按］："宋板'道德仁义'以下为第二卷，'国子祭酒'云云，与篇首所记同，下皆放此。"	这实际上记录了宋板（八行本）和元明诸本（十行本系统）分卷之不同。

　　分析上述异文，不难看出，闽本校语与《考文》符同或有直接关联者不及一半，由此可证山井手校闽本并非《考文》之底本。此外，还有一些异文也可以说明《考文》对于闽本校语之取舍及其相互关系。如闽本卷首《礼记正义序》后次"礼记正义"，校语云："宋板及万历本此文细书在下，今此本再出下'礼记'二字疏，却是似重复，可删。"《考文》[谨按]："正德、嘉靖二本以此一段疏别题'礼记正义'四字，以在《正义序》后，亦为重复也。"汲古阁本与宋板、万历本同，这段疏文作为卷一首大字题解"礼记"下双行小字《正义》，正德本、闽本《正义序》后另叶首行顶格题"礼记正义"，次行平书大字单行疏文起，与卷一首题解"礼记"下《正义》重出。《考文》在闽本校语的基础上补充了正德本、汲古阁本的异文信息，可知二者之间尽管有所因袭，但并非底本与校定本的关系。又如卷五十三疏"由此诚彰露"，《考文》[正误]："此当作次。"不见于闽本校语。闽本、万历

本作"次",汲古阁本作"此",宋板与闽本同,故闽本不出校;但《考文》以汲古阁本为底本,故有[正误]以正底本之误。这也说明《考文》并非以闽本为底本。我们分析,《考文》之所以未能显示宋板异文,是因为成书之时山井已不在足利,无从复核宋板异文,故而存疑。后来《补遗》揭示了宋板异文([补遗]:"宋板疏'由此诚彰露',此作次。")。类似的情形又如同卷注"有造艺",《考文》[正误]:"造当作道。"不见于闽本校语。闽本作"道",与宋板同,汲古阁本作"造",盖以宋板、闽本皆不误而汲古阁本误,故而未尝出校;但作为《考文》底本的汲古阁本误,出以[正误],而不出以[考异],盖亦以无从复核宋板异文之故。由此推论,则闽本非《考文》之底本亦可知矣。又如V53－9a"言天地山川积小致大为至诚者以如此乎",旁注:"宋本作'皆合少成多自小致大为至诚者亦如此乎'。"(墨笔)"亦,九华作以。"(绿笔)校语:"二本同宋板,但九华亦如作以如。"《考文》[考异]:"(古本)作'皆合少成多自小致大为至诚者以如此乎'。宋板、足利本同,但二本以作亦。"就作"以"还是作"亦"的异文来看,闽本校语意谓宋板与足利本同,古本却不相同。但《考文》的表述略有牴牾,已称宋板、足利本与古本同,又云二本(古本和足利本)作亦。由此可知闽本校语有足以是正《考文》之误者。再如V53－13b注"徵或为登",旁注:"证,一本。"校语:"登,万历作证。宋板、九华同此本。一本作证。"《考文》[考异]:"(古本)证作登,宋板、正德、嘉靖本同。下注放此。"古本(九华)、宋板、正德、嘉靖(闽本)作登,足利本、万历本、汲古阁本作证。闽本校语未及汲古阁本,《考文》未及足利本、万历本,二者互有参商,当非底本与校定本之关系。14a注文重出"徵或为登",校语:"登,万历作证,诸本皆作登。"前引《考文》所谓"下注放此"与此处校语有牴牾,由是益知《考文》并非径以闽本校语为底本。他如见诸闽本的读书札记或理校、他校成果亦未采入《考文》,文繁不录。还有一种情况,异文虽采入《考文》,盖以其是非并无确证,故而未下按断。如V53－15b疏"亦堪俟待后世世之圣人",校语:"考宋板,衍一'世'字。"《考文》[考异]:"(宋板)无一'世'字。"以"无"字代"衍"字,知其有意模糊处理。总之,山井手校闽本只是他校勘群经、纂集《考文》的阶段性校本,并非底本。

《尚书注疏》

享保六年辛丑(1721)十一月山井曾阅读《尚书注疏》,此时尚在东都白莲精舍。日志如下:

> V4－16a"十一月十七日夜。"
> V4卷末"享保辛丑冬十一月十七日过读大凡山房,一宿,而翌日归家。"

V5卷首"享保辛丑冬十一月十八日石叔潭、根伯修来会白莲精舍。"①

七年壬寅又抄补了部分缺叶,如 V8－42ab 抄补,日志:"壬寅四月廿八日补写。"

正式校勘《尚书注疏》则是在享保八年癸卯第二次赴足利之时,始于正月廿五日,三月初一告竣,历时约一个半月。日志如下:

《尚书正义序》1a"癸卯正月廿五日校。雪。"(重鼎花押)
V2卷首"廿六日校。晴。"(重鼎花押)
V2－25ab"廿九日校。雨。廿七日游植木野小林,一宿归。"②
V3－13b"晦日校。雪。"
V3－34b"二月朔校。晴。"
V4卷首"二月二日校。晴,晚雪。"
V4－23a"三日校。晴。"
V5－13b"四日校。阴。"
V6－15b"五日校。晴。"
V6－36a"六日校。晴。"
V8卷首"二月七日校。阴。"
V8－28a"八日校 晴。将游菅田,未决。"③
V8－31a"九日校。晴。"
V9－8a"十日校。晴。"
V10－5a"十一日校。晚雨。"
V11卷首"十二日校。雨霁。"
V11－26a"十三日校。阴。"
V12卷首"十四日校。晴。"
V12－31b"十五日校。晴。"
V13－19a"十六日校。晴。"
V14－6a"十七日校。晴。"
V14－18b"廿日校。阴。"
V15卷首"廿二日校。晴。"
V15－27a"廿三日校。阴。"
V16－12a"廿四日校。晴。"
V17卷首"廿五日校。晴。"

---

① 吉川先生注:"石川之清,字叔潭,号大凡,江户人,幕府儒官也。"(第567页)
② 吉川先生迻录此条日志,下有"两日清游也"五字(第567页),不见于山井手校闽本,姑俟再考。
③ 吉川先生注:"案《太甲下》下云:'九日校。晴。'则此游不果。"(第567页)

V17－28a"廿六日校。晴。"

V18－19a"廿七日。晴。"

V19 卷首"廿八日校。晴。"

V19－24a"廿九日校。晴。"

V20 卷首"三月朔校。阴。"

V20 卷末"享保八年癸卯正月廿五日始功,三月朔终。南海学生山重鼎识。"(重鼎花押)

除了宋板和明刻诸本外,《尚书注疏》参校本仅有古本一通三本,并无足利本。宋板出以朱笔,他本皆用墨笔,但笔体微有不同。核之《考文》,多出闽本校语,但闽本校语确有为《考文》所不取者,可知《考文》对于异文是有所取舍、选择性的。如 V1－9a 校语:"足利学所藏书本后人旁记云:异本'九丘'在'八索'上。"右上划线拉出,墨笔行草注"不取"二字,当系编纂《考文》时归总校语所记,也说明闽本校语确是《考文》的直接依据和基本参照。12a 校语:"足利本记云:'其义'下异本有'也'字。"16a 校语:"足利记云:异本摩作磨。"19b 校语:"代,足利作世。"《考文》[考异]:古本序"并受其义",[谨按]:"后人旁记云:异本'义'下有'也'字。""错乱摩灭",[谨按]:"古本后人旁记云:异本摩作磨。""以贻后代","代作世"。不难看出,后三者未注明"不取",故皆纳入《考文》,而首条古本后人旁注确实不见于《考文》。其他为《考文》所不取的异文,如 15b"安国亦以此知尚字是伏生所加",校语:"书本无'尚'字,明矣。"相当于本校,故不见于《考文》。或宋板有明显误字,11a"举大纲则众目随之","纲,宋板作网(朱笔)。非(墨笔)"。或底本(汲古阁本)有明显误字,如 16a"非帝如何","汲古阁脱'何'字"。或底本与宋板同,如 19b"宜各与其本篇相从附近","'宜'字上宋板有'此序'二字。汲同"。凡此皆不为《考文》所取用。

又有表述方式或按断不同者,如 5b"则五帝当五典,为五帝之书",校语:"'当五典'下,宋板有'是五典'三字。汲古阁无'五典'二字,有'是'字。"《考文》[考异]:"'是为五帝之书','是'下(宋板)有'五典'二字。"可见其出文确以汲古阁本为据,所以导致校记表述方式做出调整。又如 12a 校语:"'学士'上宋板有'天下'二字(朱笔)。足利本同(瘦削笔体)。汲同(墨笔)。"《考文》[考异]:"天下学士逃难解散","永怀、嘉、万三本脱'天下'字"。由此例更可证明山井手校闽本绝非《考文》之底本,一则永怀堂本异文并未反映在闽本校语中,二则其义虽同,而文字表述有反正之别。相较于《考文》,闽本校语或只揭示异文,而无按断。如 19a"令得申尽其义",校语:"义,宋板作美。"《考文》[考异]:"(宋板)义作美。"[谨按]:"似非。"又如 20a"奔湖遂自杀",校语:"万历板关作遂。宋板同此本。"《考文》[考异]:"(宋板)遂作关,正、嘉二本同。"[谨按]:"作遂似是。"二者不同点有二:一是闽本校语指出宋板与闽本同作"关",而万历本作"遂",并没有反映正德本的异文情况,一是《考文》有按断,为闽本校语所无。更重要的是,闽本校语有足以订正《考文》之误者,如 3b:"疏仡十也","疏仡,(宋板)作流讫。/下同。"《考文》[考异]误作"疏仡作流讫下。同。正德本同"。《考文》补入正德本异文,但"下"字误属上。

总之,山井手校闽本是《考文》的直接依据和基本参照,在《考文》成书过程中确实起到了重要的作用。但它还不是《考文》的直接底本,作用只是相当于校勘学上所谓工作底本,从闽本校语到《考文》成书应该有一个将闽本校勘成果过录到底本(汲古阁本)上的过程。

《周易兼义》

享保七年壬寅五月八日,山井在东都据根本逊志所藏万历本抄补完成闽本《周易兼义》卷五之 51ab、52ab,卷末日志:"壬寅五月初八补修毕。/梅雨未晴,四邻萧条,/独迟足利行之/命下耳。重鼎记。"①知此时正在东都等候西条侯下达足利之行的命令。享保八年癸卯二月,山井已到足利,以赤城所藏万历本校《周易略例》及《释文》。《略例》末日志:"享保八年春二月初七,南海纪府学生山重鼎寓乎东海/野州足利学,以所藏《周易》校辅嗣所著《略/例》上下篇云。时俗客满座,厌倦不知所言。"《释文》后亦有"君彝"印记,当亦校于此时。

闽本《周易兼义》最能确切地反映出山井与根本合作校勘的情形②。享保八年春三月间二人同校。V1卷首日志:"癸卯三月十八日校。雨。"翌日(三月十九日)根本返回东都。卷首"八论"末日志:

> 以上诸文,足利学校所藏宋板阙而不备③。/享保癸卯春三月十九日足利学校东塾/南海纪府学生山重鼎君彝校。(花押)/此日同舍伯修之东都,独居太闲,以朱墨点此/序讫云。小林村青木治辅,④亦来雅谈,有趣。

嗣后,山井一人亦曾独立校勘卷首至卷五,日志如下:

> V2卷末"享保癸卯季春廿八日,微雨萧条,独在足利之塾,校谦、豫二卦。时伯修归乡,独校宋板,姑俟对校云。"

---

① 吉川先生曰:"此当在江户时所记。"(第 567 页)
② 末木先生以为,山井在足利的工作,是与根本共同完成的,通常是以二人组合对校的方式进行。但《考文》中并未记录根本的姓名,因为《考文》是昆仑给西条藩的复命书,相当于提供给藩主的成果报告。根本与西条藩无涉,只有昆仑一人承担报告的义务,所以最终的成果报告就没有署根本的名字(《〈七经孟子考文〉考》,第 96 页)。
③ 备,吉川先生释作传(第 567 页)。
④ 从吉川先生释(第 567 页)。《尚书注疏》V2—25ab 日志自称"廿七日游植木野小林,一宿归",植木野位于今群马县太田市,距离足利约十里,小林或为其下辖村落地名欤?

V3 卷末"癸卯夏四月初五日校阅毕。"

V5—42b"艮卦为难读也,姑俟再读。癸卯六月八日。"

六月十六日根本回到足利学,翌日二人又共同进行对校,而且是回过头来从卷首重校,进度很快,至二十八日校毕全部九卷。日志如下:

V1 卷首"癸卯三月十九日同校。伯修归省,寻遭姊之丧。六月十六日归学,翌日十七日再从卷首始校云。"

V1—38b"六月十八日。"

V2—45a"六月十九日。"

V3—30a"六月廿日。雨。"

V4 卷首"六月廿一日。雨。"

V4—42a"六月廿二日。晴。"

V5—33a"六月廿三日校。雨。"

V6—21a"六月廿四日校。晴。"

V7—22a"六月廿五日校。阴。"

V7—35b"六月廿七日校。/晴。昨日、一昨/日因有祭礼,乡/人演戏,校书/有阙。"

V9 卷首"六月廿八日校。阴。"

V9—6a"前'民用'与《系辞》说不同,姑俟再考。癸卯六月廿八日。"

V9 卷末"享保癸卯夏六月廿八日对校功毕。"

据《考文·凡例》,《周易兼义》参校本除宋板和明刻诸本外,还有古本《周易》三通,各三本,《略例》一通;活字本《周易》一通(山井认为是足利学印行的),"臣又别得之于友人之手云"。《考文·周易》卷首[谨按]:

足利学所藏《周易》四通,一通《正义》,即宋板也;三通皆写本也,二通上下经、《象》《象》《文言》耳,一通逸夬至未济,又别有《略例》一本,孔颖达《正义序》及"八论"共一本。其所存者,展转书写,残阙之馀,甚劳于比校矣。今《考文》所引,别有曰"足利本"者,本足利学所刊活字板,而今所藏诸本是其元本也。但此本前后校雠去非从是,与三通写本稍有同异,为可据耳。臣东归之后,获诸同学。其写本三通,各有出入,故三通同者,作三本同;二通同者,作二本同;共称曰古本,本是一种类本,展转致有异也。臣未识其孰为元本,为不可择焉尔。

值得注意的是,除了《凡例》所开示的古本三通、《略例》一通外,用以参校的古本还有《孔序》、"八论"独立构成的一本。而活字本是山井"东归之后"才获诸同学的,这一点很重要,因为牵涉到校勘的时间问题。卷一首墨笔迻录经注本行款,注云"足利书本",绿色笔体题识:"足利写本有三通,间有异同,予一以青笔记之,不一一识别也。"以下每卷首、末皆有绿色笔体迻录经注本行款。卷九末题识:"右青笔以足利三通写本校,三本同者,不以识别,旁加其字,但《系辞》以下传一本具焉。尔时享保甲辰(九年,1724)三月十日赤城校。"①可以印证前引卷一首有关三通古本的识语,亦可证明此时山井尚未离开足利。吉川先生以为"赤城未详",失考。享保五年山井第一次到足利之时,校补《礼记注疏》,十月十七日"此日过赤城,遇暴雨,沾衣而归"(V51—21a 日志),由此可以推知,赤城距离足利当不甚远,可以当日往返。群马县有赤城山,赤城温泉乡闻名遐迩,距足利40公里。之所以选择在此地校书,是因为那里藏有万历本诸经注疏(《礼记注疏》V2—16a 日志),当然也可能还有山井臀生湿疮,需要做温泉浴治疗的原因。

《略例》为宋板、汲古阁本所无,山井校以古本和活字本(足利本),以及正德本、闽本、万历本等元明刻本。卷首题识:"足利书本无'魏''撰'二字。按活字本有邢璹注,即今本所有也。最后得之校云。足利书本无□。"也就是说,活字本和万历本一样有邢璹注,但古本是没有的,所以说古本和活字本还是存在着差异的。

卷首《孔序》和"八论"为宋板所无,所以参校本只有古本、活字本以及元明诸本。《孔序》1b"业资凡圣",校语:"'凡圣',足利书本作'九圣',解云:伏牺、神农、黄帝、尧、舜、禹、汤、文王、孔子。"《考文》[考异]:"业资九圣,注疏诸本九作凡,但崇祯本与足利写本同。彼后人旁注:九圣……"可见,闽本校语只揭示了古本的异文状况,而《考文》反映的是古本和元明诸本的总体异文状况。"八论"部分,《考文》[考异]凡出校四条:1、"写本'天以烂明',烂作焖。"2、"'崔觐、刘贞简等并用此义','简'上有'周'字。"3、"'皆是易义',下有'也'字。"(以上第一"论易之三名"。闽本校语同)4、"写本'东邻谓纣文武之时',武作王,正德、嘉靖二本同。"(第四"论卦辞爻辞谁作"。闽本校语:"文王,万历作文武,恐非。"知《考文》反映了元明诸本的异文状况,但删省了按断)。上述四条皆见于闽本校语,而闽本校语至少还有以下七条不见于《考文》:

  10b"一说所以卦辞、爻辞并是文王所作知者","'所以'二字恐衍"。
  10b"文王囚而演《易》","万历'囚'作'卦',恐非"。
  10b"并依此说也","'依'作'焉','此'字阙"。
  12b"郑学之从","'从',万历作'徒',正德、汲古皆同"。

---

① 小川环树先生以为校勘工作大致在享保九年春末完成(《论语徵》解题,《荻生徂徕全集》第四卷,みすず书房,1978年,第715页)。末木先生以为山井是"春到秋之间返回江户的"(《〈七经孟子考文〉考》,第94页)。

  12b"商瞿子木本受《易》于孔子,以授鲁桥庇子庸,子庸授江东馯臂子弓","《索隐》云:商,姓;瞿,名;字子木。《汉书》师古注:商瞿,姓也。又按师古注云:姓桥名庇字子庸。馯,姓。"

  13a"田何授东武王同子中","师古曰:王同字仲(朱笔改作中),读曰仲"。

  13a"孙授施雠",《汉书》'雠'作'雔'"。

分析这些校语可知,《考文》所不取者或为援引书证,或为理校,或为他校,或为元明诸本异文,盖以不合《考文》体例而失收。

《论语注疏解经》

  据《考文·凡例》,足利学并无宋板《论语注疏解经》,"无疏可校,故止校其经文与注",所以校勘的重点是经、注文,计有古本《论语》二通各二本,皇侃《义疏》一通十本;"其《论语集解》与《义疏》中者全同"。又有足利本(活字本)《论语》一通,"又别得之于友人之手云"。疏文则校以元明诸本。《考文·论语》卷首[谨按]:

    足利学所藏《论语》写本二通,其一通与皇侃《义疏》本同,今不复识别焉。又一通,其有一二不同者,名以一本。足利本者,原隰梏古本而所印行也,校之古本、注疏本,文多详略,字有异同,其与古本同者,称足利本同,其馀与注疏本同可知也。

古本和足利本《论语》皆为经注本,即何晏《集解》本,古本之中有一本与皇侃《义疏》全同,另一本则有异文。山井处理各本的方式又见于闽本卷首《论语注疏解经序》日志:"凡青笔,从皇侃《义疏》本;所引一本,足利学所藏何晏《集解》本也,与皇疏本合其所同异,别记一本作某,以备参考云。享保甲辰春二月四日记。"①内封题识:"足利藏有《论语义疏》十卷,梁皇侃所撰,未暇誊写取之,为可恨也。"两处笔体不一,疑前者为九年甲辰(1724)二月所记,后者记于享保八年癸卯。V5卷首日志:"癸卯五月十二日以皇侃《义疏》校。"V20卷末日志:"享保癸卯秋七月念一日浴于上州忍山温泉。赍皇侃《义疏》十本校雠,廿三日功竣。重鼎志。"由是知享保八年五月至七月间山井在足利校勘古本《皇疏》,七月二十三日全部完成。九年二月初一再校,应该是校勘另一通与《义疏》有异文的《集解》古本。V4卷末日志:"甲辰二月朔再校了。此日乡书至,知堂亲

---

  ① 闽本V1-1b题识:"《皇疏》此以下,或青或黑不一例,似与一本不辨,须以意求之也。"可见,皇侃《义疏》也并非尽出以青书。

无恙,告有马行来。"具体例证如 V3—6b 题识:"此注皇侃本《义疏》混入,今校一本与此本同,故不取皇本。"

《论语注疏解经序》3a"王吉皆以教授","皇侃《义疏》本'教授'下有'之'字"。《考文》[考异]:"古本'王吉皆以教授'下有'之'字。足利本作'教之'。"5a"孔安国为之训解","解"字旁注"说"字,"《义疏》本"。《考文》[考异]:"(古本)解作说。"5b"考之齐、古为之注","为"字上旁注蓝色笔体"以"字。《考文》[考异]:"'为'上有'以'字。足利本同。"6a"前世传授师说虽有异同不为训解","《义疏》授作受"。《考文》[考异]:"(古本)授作受。足利本同,'为'下有'之'字。"以上古本(《义疏》)异文见于闽本校语,但足利本异文阙如。《考文》[考异]:"'今集诸家之善',(古本)'善'下有'说'字。足利本同。"不但足利本异文为闽本校语所无,古本(《义疏》)异文亦不见于闽本校语(6b)。《考文》[考异]所揭示的古本其他异文如"'鲁共王',共作恭""'包氏',包作苞"亦不见于闽本校语,可见闽本校语明确注明皇侃《义疏》,而《考文》则笼统地称之为古本;闽本校语不仅没有反映足利本的校勘成果(如《考文》所示异文"'马融亦为之训说',足利本无'之'字",为闽本校语所无),而且对于古本校勘的成果也未能全部反映,由此更可知其绝非《考文》之底本。另外,还有一种情况值得注意,那就是尽管闽本校语反映到《考文》中来,但所处位置并非其原属经文、注文、疏文之下。如 5a 校语:"皇侃《义疏》:'何《集注》皆呼人名,唯苞独云氏者,苞名咸,何家讳咸,故不言也。'"《考文·论语序》失收,但相关内容记入卷一注[考异]"包曰作苞氏曰"下[谨按]。

通过比对闽本校语和《考文》,还可以探究《考文》改造闽本校语的方式。V1—3a 注"孔子弟子有若","皇侃《义疏》本作'孔安国曰弟子有若也'。按此注'孔子'当作'孔曰'"。《考文》[考异]:"'孔子弟子有若'(古本)作'孔安国曰弟子有若也'。足利本同,但无'也'字。下皆放此。[谨按]:今本作'孔子'者'孔曰'之误。"V1—3a 注"然后仁道可大成","苞氏曰:先能事父兄,然后仁可成也。'(绿色笔体)一本'仁'下有'道'字,同此本(墨笔)"。旁注:"一本有'道'字。"(墨笔)正文"道""大"二字用绿色笔体圈画。《考文》:"'然后仁道可大成',(古本)作'然后仁可成也',一本作'然后仁道可成也'。足利本作'然后可仁成',似非。"分析以上二例,可以推知《考文》改造闽本校语的方式:例一校语内容悉数保留,一入[考异],一入[谨按],校异同兼校是非;例二校语较为含混,甚至牴牾(所谓"同此本"只能理解为与底本文字全同,实际上一本亦无"大"字),而《考文》备列各本全文,这样就避免了闽本校语表述上的歧义。

《孟子注疏解经》

  闽本《孟子注疏解经》全书只有校语，并无一条日志或题识，与五经和《论语》不同，或以其书最后完成而不及题记，不得其详。从笔体上判断，是书与《论语注疏解经》最为接近，或可推知其完成时间当相同或相近。据《考文·凡例》，《孟子注疏解经》参校本除元明诸本外，还有古本《孟子》一通七本和足利本（活字本）一通。《考文·孟子》[谨按]："十三经本不载赵岐《题辞》，惟崇祯本载《题辞》并解，今校以古本、足利本云。"元明诸本中仅汲古阁本卷首有《孟子正义序》，次《孟子注疏题辞解》，他本止有《正义序》，并无《题辞》并解，故山井作如是说。《考文》首列《题辞解》（解误作序）的异文自然是闽本所无，至于卷一迻录古本和足利本篇题，以为存旧，亦不见于闽本校语，更可知闽本绝非《考文》之底本。不过，多数情况还是《考文》全部或部分采用闽本校语。V1-1a注"皆僭号者"，"者"下旁注："'也'，二本。"《考文》[考异]："'皆僭号者'，（古本）下有'也'字。足利本同。"[谨按]："古本、足利本多相同矣。二本同者，不复识别，以下放此。"V1-7b"汤临士众誓"，下旁注："'之'，古本。'往'，足利本。"校语："鼎按：足利本'誓'下有'往'字，往作之，恐活字误。彼本而'誓往言是'，'女俱之亡之'，'往'字、'之'字，相比邻矣，故字自左右耳。"《考文》[考异]："'汤临士众誓'，（古本）下有'之'字。足利本作'往'字。下文'俱往亡之'，足利本往作之。"[谨按]："是活字板误也。'往'字、'之'字，自相左右耳。"可见，《考文》基本上采取了闽本校语的意思，只是表达方式微有异同。这种情况在《考文》中最为普遍。

  值得一提的是，山井在校勘过程中还对《孟子》其书的内容构成有了相当确切、明晰的认识，如论及《章指》云：

    古本、足利本每章注末有《章指》，即《题辞》所谓"章别其指"者是也。今注疏本裁之不载，惟疏初摘其数句，以明一章大意，于文亦甚略矣。盖孙奭作疏时，除其全文，引为疏也，何以知其然？则十三卷上七叶左疏录隰朋、颜渊之事云"凡于赵注有所要者，虽于文段不录，然于事未尝敢弃之而不明"云云。隰朋、颜渊之事，于注无所见矣，惟《章指》引二人事论之。据此观之，则孙奭去之明矣，可谓妄作也。今更据古本载全文于每章[考异]下，以圈别之。元文注末亦有圈，录之云尔。（卷一"孟子见梁惠王至何必曰利"[谨按]）

  山井尽管还是沿袭明人的认识，并未意识到所谓孙奭疏之伪，但他很敏锐地觉察到疏文改造《章指》的事实，这是他在经书校勘过程中的新发现，也进一步说明校勘对于文本研究的重要意义。尽管此前二三十年清朝学界已有人注意到《章指》问题，但他通过独立研究而取得的原创性成果仍然是令人震撼的。

《春秋左传注疏》

山井校读《春秋左传注疏》，前后历经两个阶段，前一阶段是享保六年辛丑二月至五月，在东都白莲精舍，主要是句读和校勘，校以己藏万历本和永怀堂本，或援引其他注解、书证，其中多宋人林尧叟说；或有明确按断，不乏理校；多数条目类似于读书札记。不过当时只完成了前二十四卷，其后间有抄补，如抄补 V27—28ab 至 32ab 缺叶，末有"享保壬寅五月六日青山白莲精舍补写"日志。前一阶段日志如下：

V1 卷末"辛丑二月读。"

V6 卷末"日东享保辛丑二月廿八日重鼎句读。"

V7—13a"按注郑国当作鄎国，检万历板与此本同。享保辛丑春三月九日快晴青山白莲精舍东窗校。"

V9 卷末"辛丑三月十五日句读。"

V10 卷末"辛丑三月廿日青山白莲精舍校。"

V12 卷末"辛丑三月廿二日句。昆仑山人。"

V13 卷末"辛丑三月廿七日句读。"

V14 卷末"享保六年辛丑四月二日东都青山白莲精舍校。重鼎。"（重鼎花押）

V15 卷末"辛丑四月四日句读。"（重鼎花押）

V16 卷末"辛丑四月十二日纪府京兆家史臣山井善六句读。"

V17 卷末"辛丑四月十五日山重鼎君彝父句读。/予将欲之足利学校，校雠宋板'五经正义'，豫与万历板本参校。"

V18 卷末"辛丑四月十六日句读。"

V19 上卷末"辛丑四月十七日句读。"

V19 下卷末"辛丑四月廿日句读功成。重鼎。"

V20—5b"四月廿五日。""五月朔。"

V20 卷末"辛丑四月廿五日东都青山书院东窗下句读。大神重鼎。"

V21 卷末"辛丑五月十一日句读终。俗纷旷日，可以恨也。重鼎。"

V22 卷末"辛丑五月十二日校雠。匪夷阁主人。"

V23 卷末"辛丑五月十四日句读终。君彝甫。"

V24 卷末"辛丑五月十三日功就。重鼎。"

后一阶段是在足利学校进行的，始于享保八年癸卯六月三十日，完成于九月二十六日。当然，其间也曾补校之前在东都校过的二十四卷，如前引 V7－13a 辛丑春三月九日东都日志下又有题识云："其后与家藏永怀堂板本并校，果然。足利一本亦与永怀堂本同，足利本同此本。"V20 卷末辛丑四月廿五日东都日志下又有题识云："辛卯八月二日来足利校毕。"后一阶段日志如下：

《春秋正义序》首："六月晦日校。时享保癸卯，寓足利学。"
V1－7b"七月朔校。"
V3－15a"七月六日校。晴。"
V4－9a"七月七日校。昨游莲台精舍纳凉。"
V4－20b"（九年）君为三覆以待之"下云："永怀堂板：覆，扶又反，下同。今校诸本，无此音义，据彼补之。癸卯七月七日足利学校寓居重鼎志。"
V5－18b"七月八日校。雨。雷。"
V6－15b"七月十日校。"
V8 卷首"七月十一日校。"
V9－18b"七月十二日校。"
V11 卷首"七月十三日校。"
V13 卷首"七月十五日校。"
V14－25b"十六日校。"
V15 卷首"七月十八日校。"
V16－23b"七月廿日校。"
V17 卷首"十六日，间十五卷、十六卷校此卷。"
V18 卷首"十七日校。日东山重鼎校。"
V20 卷首"鼎也春来患湿臀生疮，偷一旬间，遂浴于上州忍山之温泉，① 距足利三十里。七月廿一日发此，而晦日归学云。""八月二日校"
V22 卷首"八月三日校。"
V24 卷首"八月五日校。"
V25－24b"八月六日校。"
V27 卷首"八月七日校。"
V28 卷首"八月十日校。"
V28－12a"八月十二日校。"
V20－20b"十四日校。"

---

① 吉川先生释"浴"作"治"，恐非是。山井书法近魏碑，故形近"治"字。下同。

V30—25a"十五日校。"
V32—9a"十七日校。"
V34 卷首"八月十八日校。"
V35—14a"廿日校。"
V36—14b"廿一日校。"
V36 卷末"八月廿一日午前校毕。此日快晴，塾中微凉，大有趣矣。野州足利学校学生山重鼎。"（重鼎花押）
V37 卷末有重鼎花押。
V38 卷首"八月廿二日校。"
V39 卷首"廿三日校。"
V40—12a"廿四日校。"
V40 卷末"八月廿四日校。"（重鼎花押）
V41 卷首"八月廿五日校。"
V43 卷首"八月廿八日校。"
V43 卷末有重鼎花押。
V45—13b"九月三日校。"
V45—33b"四日校。"
V47 卷末"享保癸卯九月十二日校雠毕功。此月天气快晴，游行于近郊，校书旷日云。"
V48 卷首"九月十三日校。"
V49 卷首"十四日校。"
V50—3b"望日校。"
V51 卷首"九月既望。"
V57 卷末"享保癸卯九月廿六日野州足利学校中校。"
V59 卷末有重鼎花押。
V60 抄补 35ab—37ab，日志云："此下三叶，别以足利本补完。嘉、万二本漫漶不可读也，于是乎据足利学宋板补写。时予臀生湿疮，来浴于上州忍山之温泉，赍《礼记》《论语》《左氏春秋》校云。享保癸卯秋七月廿九日南海学生山重鼎志。"
V60 卷末"享保八年癸卯九月晦日，对校功竣，凡用日子九旬。寻校《毛诗》，欲收功三冬，彼疏太衍长，比于左氏为字密也，或其难乎？野州足利学校塾中记焉。"

校勘《春秋左传注疏》期间，山井积劳成疾，臀生湿疮，所以七月二十一至八月一日和九月下旬至少两次赴距离足利三十里的忍山温泉（今属群马县桐生市）浴疗，其中后一次还携带《礼记》《论语》《左氏春秋》三经，带病坚持校勘。这说明山井校勘群经，并非校一经毕始校另一经，而是有交叉的，大约是以一经为主，兼及他经。《释文·春秋左传音义》的校勘当完成于九年在东都青山白莲精舍之时，与校勘其他诸经《释文》同时，如前引 V4－20b 日志："按《经典释文》：'覆，扶又反，注及下同，伏兵也。'今本脱，当补入。甲辰十一月十七日东都青山旅次校。"①

除了宋板、元明诸本外，《春秋左传注疏》参校本中并无古本和足利本，《考文·凡例》注云："《左传·考文》称'足利本'者，宋板《经传集解》本也。今以活字板验之，是为其原本也。但以本名相混，并称'足利本'，亦与活字板无异。"对于参校各本简称及笔体颜色，闽本《春秋左传注疏》卷端题识云：

> 凡朱笔"足利本"者，足利学所藏"五经正义"，或朱称"宋板"，皆一本也。凡朱笔称"二本"作某者，指足利、万历也。凡称"足利一本"，足利学所藏《经传集解》，三要佶长老所阅本。其板行亦宋板也，验避讳字，知之耳。凡永怀堂者，予之所藏十三经注本也，多与足利一本合。故墨称"二本"者，指足利一本、永怀堂本也。凡本国所行活字板与足利一本合，故不别称也。此本其源，据足利一本行之，明可知也。

这一体例适用于《春秋左传注疏》全书，颇为重要。足利学旧藏宋刻十行本《附释音春秋左传注疏》或称"足利本"，或称"宋板"，与他经止称"宋板"不同。宋刻经注本《春秋经传集解》称作"足利一本"，山井注意到它多与永怀堂本合，这是版本类型相同、渊源有自之故；盖以活字本出自宋板，所以并未列为参校本。尤其值得注意的是，山井尽管没有版本学（书志学）的概念，但通过目验众本，手校群经，从而对经书版本有了较为科学的认知。《考文·左传》卷首[谨按]：

> 足利所藏"五经正义"者，上杉安房守藤原宪实所捐也。今阅《周易》《尚书》《礼记》文字甚佳，宋板无疑；其《毛诗》《左传》刻劣三书，二部共题曰"附释音"《毛诗》《春秋》，编入陆德明《经典释文》，盖与正德刊本略似矣。其分卷数与今之注疏诸本同，而不合于孔颖达《正义序》《文献通考》所记者，盖取他本以足之也。……则二书之为宋板，亦不为强也。其经传及注所证曰"足利本"者，亦足利学所藏宋板杜预《经传集解》本也。世有活字本，本学所刊，是为其元本，题曰《春秋经传集解》，分为三十卷。按《汉书·艺文志》，《左氏传》三十卷，左氏旧文为然。又与和板杜预注本略同，其分卷、标题应以此为正也。永怀堂本者，臣之所藏，与足利本稍同，引以为证，其二本同者，必从之为是矣。惟其标题妄意改易，不如足利本

---

① 吉川先生注意到这条日志，以为"据此知时先生已自足利返江户，又知时校《经典释文》"（第569页）。

之为正云尔。

这段按语虽然重在讲解《春秋左传注疏》参校各本,但实际上反映了山井有关经书版本的认识,择其要者有二:其一,山井来到足利学校勘群经的直接动因就是所谓"宋板'五经正义'"的存在,实际上足利学所藏"五经正义"并非同一版本,《周易》《尚书》《礼记》是南宋两浙东路茶盐司刻本,所谓八行本;《毛诗》《左传》则是南宋建安刘叔刚一经堂刻本,所谓宋十行本。山井敏锐地注意到八行本和十行本的版本差异,正可与闽本《春秋左传注疏》卷首享保壬寅(1722)九月题识相印证:"足利所藏《春秋传》,亦上杉宪实所寄置,合于五经之数。其板与他经不同,盖此时未有《春秋》之刻,故以他板足之也。观《礼记正义》卷末跋可见也。"①《考文·毛诗》卷一之一[谨按]:"足利宋板《毛诗》《春秋》二经,篇题共有'附释音'三字,与正德板十三经本稍中,二经卷数全与今本同。其说详见于《左氏·考文》卷首也。"两种版本类型有别的主要标志就是是否附载《释文》,前者不附《释文》,而后者附《释文》;而且,山井还注意到《毛诗》《春秋左传》与正德本(实乃元刻明修补本,即元十行本,出自宋十行本)的密切关系,分卷、体式相同,文本形态相近。他虽然不能解释为什么"今之注疏诸本"(与宋元十行本相同)分卷与《正义序》所记不同(这实际上是单疏本和十行注疏合刻本的差异),但他的模糊认识和初步考察在一定程度上开启了后世对于经书版本类型的研究。而且,他实际上已经认识到疏(《正义》)原本别行之义,《考文·毛诗》[存旧·谨按]:

> 古人解书,各自别行。……后世尚简,就经为注,省学者两读者或有之矣。今按孔颖达作"五经正义",陆德明作《经典释文》,自是一部书,而疏义不混于经传。后世梓者图其利便,萃见一处,嵌入各经传下,稍以己意改换、增损。自是而后,本书终废,不可复见,大失本来之面目矣。可不叹乎?今阅"五经正义"本,宋板以下,经传错杂,标题不一,而其中稍有同异,后世学者卤莽灭裂,而不问可否,不知古式。甚则至有音义却混于注者,而不省矣。

知其已洞悉经传原本各自别行,疏原本别行,注意到注疏合刻本割裂疏文,改窜损益,颇失古式。

其二,山井用以参校的经注本是足利学所藏宋刻本《春秋经传集解》,如上所述,山井明确地认定宋刻本是活字本的祖本,这和他对他经活字本的认定是有出入的,《考文·凡例》:"有曰足利本者,亦本学所印行活字板也。细翫其本,后人檃栝古本者。"而古本"亦足利学所藏书写本也。……皆此方古博士家

---

① 其下迻录黄唐跋,题写时间误作绍兴,与前引《礼记注疏》书后所迻录者不同。

所传也"。这说明《春秋经传集解》与他经有所不同，活字本出自宋刻本，属于刻本系统，并不出自所谓古本，不属于写本系统。

《毛诗注疏》

据前引闽本《春秋左传注疏》卷六十末享保八年九月初一日志，是日完成了《左传》的校勘工作，历时"九旬"，"寻校《毛诗》，欲收功三冬，彼疏太衍长，比于左氏为字密也，或其难乎"？从《毛诗注疏》来看，日志明确记载始于享保八年癸卯十月初一，完成于十一月二十二日。后来山井回到东都，也曾补校《释文》，如 V8 八之一尾题后日志"甲辰十一月十四日校《经典释文》"①。

《毛诗正义序》首"享保八年癸卯十月朔校始。"
V1 一之三卷末"十月四日午中刻校毕。"
V2 二之一卷首"十月五日校。"
V6 六之四卷末"癸卯冬十月既望功毕。"
V8 八之一"十月十九日毕功。"
V9 九之三卷末"享保癸卯十月廿日夜二本校成，/足利学校东南邻/塾书生重鼎志。"
V12 十二之三卷末"癸卯十月廿七日卒业，困日子短。"
V15 十五之二卷末"享保昭阳单阏之岁十一月朔校。"
V19 十九之一卷末"昭阳单阏十一月既望校。"
V19 十九之三卷末"昭阳单阏畼月十八日校。"
V20 二十之四卷末"'五经正义'，总八十八本，对校所输一再或三，始事于往/岁八月十三日，终功于今兹畼月廿二日。中间微恙，药/饵之给，未尝遑暇。魔魅不殄，偝功瑜幕，为达者嗤耳。/时享保八年昭阳单阏十一月廿五日。足利学中志。/南海学生山井重鼎君彝父。"

最后一条日志可与前引《礼记注疏》七年八月十三日日志相互印证，亦可知截至八年畼（畼）月（十一月）廿二日已全部完成了宋板"五经正义"的校勘，前后历时一年零三个月有馀。而且，"中间微恙"也可与《春秋左传注疏》日志中有关臀生湿疮的记载相证验。

据《考文·凡例》，除了宋板、元明诸本外，《毛诗注疏》参校本有古本《毛诗》二通各十本。二通古本本身容有异同，《考文·毛诗》卷首［谨按］：

---

① 末木先生据此认为，山井享保九年在江户的主要工作就是校各经《释文》(《〈七经孟子考文〉考》，第94页)。

　　　　足利所传《毛诗》写本二通，以一通称古本，一通亦虽稍有同异，然多展转书写所致也。今其有异者，号以一本云。

　　可与闽本 V1 一之二卷末题识相互印证，其文有曰："凡所引证足利本，与足利一本不异，其异者，别记本作某；其经传中与诸本怪异者，记云一本同，足利本作某。"此处所谓"足利本"指二通古本之一，另外一通称作"足利一本"或"一本"。V1 一之一 15b"宫商上下相应"，"足利本'宫'上有'谓'字，'应'下有'也'字"。V1 一之一 23b"闻之者足以戒"，"足利本'足以'下有'自'字，戒作诫"。《考文》皆列入古本异文，知"足利本"实指二通古本相同之异文。V1 一之三 17b《鹊巢》"德亦然，室燕寝也"，"'德亦'下有'宜'字，'室'下有'者'字。足利又一本作'德亦宜然也，室谓燕寝也'"。V1 一之三 21a 和 V1 一之四 6b 校语又称作"足利或一本"，这些都是二通古本本身存在异文的情况，分别予以注明。

　　此外，比勘闽本校语和《考文》可知，山井理校的内容并未收入《考文》，如卷首序 1b"秦正燎其书"，"正当作政"；6b"据今者及亡诗六篇"，"者恐存字"。这两处皆无版本依据，故而未为《考文》所采信。还有一点也值得注意，或有异文系山井已校出但《考文》失收者，如序 8a"鲁贞公十四年"，"贞，宋板作真。万历作贞"。《补遗》补充异文，"宋板贞作真"。

　　山井还注意到《释文》混入注中的情况，亦即前引《考文·毛诗》[存旧·谨按]所谓"甚则至有音义却混于注者，而不省矣"。一个典型的例子就是闽本《关雎》小序、大序下注文。根据闽本体例，经文大字单行，《毛传》《郑笺》中字单行，《释文》《正义》则出以小字双行。V1 一之一 12b、13a 小序"《关雎》，后妃之德也"下《释文》"《关雎》旧解云"至"以无所疑乱故也"，闽本误认作《郑笺》，冠以黑地白文"笺"字，出以单行中字。山井朱笔勾画出，旁注："此以下当两行细书也。"校语云："此下笺，悉皆陆氏《释文》，非郑氏笺氏（新按：下'氏'字疑衍）。故足利宋板从头如左，无差别也，且足利所藏《毛诗》书本，曾所无也。"（左侧迻录宋板行款）13 b"风之始也"至"用之邦国焉"下《释文》"风之始也"至"并是此义"，亦同上例，山井校语云："如上。"《考文·毛诗》[谨按]："此二注《释文》混于注，当细书也。"

《孝经注疏》

　　据《考文·凡例》，《孝经注疏》参校本除元明诸本外，只有古本《古文孝经》一通。《考文·古文孝经》卷首[谨按]："《古文孝经》一卷，……由是观之，则《古文孔传》唐宋以来中华所不传，而吾邦独存焉。今以世所梓行本校之，足利古本是为其元本也，但展转书写，致有少异耳。乃此本所得于隋而唐以前所传者,亦明矣。至于其真伪不可辨,则臣之末学微贱,所不敢辄议也。"可见,除了古本,山井还校过当时的和刻本《古文孝经孔氏传》,实际上和刻本是以古本为祖本的。至于其真伪问题,山井态度审慎,并未遽下断语。闽本全无校语和日志,知山井校勘另有所本,具体缘由不可考,暂付阙疑。

结　语

山井鼎之所以选择上述七经和《孟子》进行校勘,是因为"世称十三经,而今曰七经者,据足利学所有也。臣鼎赐告:三年校书,其中所藏经书古本五经之外,《论语》《孝经》《孟子》耳"①。除七经和《孟子》之外,其馀闽本五经亦有"山井氏图书记"和"南葵文库"印记,知亦山井旧藏,只是未曾校勘。《周礼注疏》校语有朱、墨两色,墨笔出自山井璞助,校以唐石经和阮刻南昌府学本,笔体极易识别;朱笔作者不可考,未及校勘,主要是辑录诸家说(多引《辑注》和乾隆御案)以为文义之左证。不过,山井鼎享保五年十月在足利,直至后来回到东都也曾阅读是书。V9卷首:"享保庚子冬十月读。君彝。"V39卷首:"腊月廿五日读。"个别文字还曾参校足利学所藏宋刊巾箱本,如V1—10a"宫正"注"曰宫正","足利藏小本无'曰'字,'宫正'二字加围"。《仪礼注疏》校语亦有朱、墨两色,墨笔出自山井璞助,校以唐石经(亦有个别朱笔);朱笔校语当不出自山井鼎,亦非璞助所作,主要是校以单疏本(如V2—42a"'曰'下单疏本有……十八字")和明刻本(如V2—27a"此注无嘉本")。《春秋公羊传注疏》无璞助校记,间有零星批校,从笔体推断似出自山井鼎;《春秋穀梁传注疏》间有璞助校记,未及参校本,皆为理校,又有另一笔体零星校语(出以朱笔或墨笔,多称一作某或一本作某),非璞助所做,从笔体推断似出自山井鼎。《尔雅注疏》无璞助校记,间有山井鼎校语(如V3上—12a"鼎按"云云),未及参校本,多为他校或读书札记。

我们悉数辑录山井手校闽本七经及《孟子》的全部校勘日志(《孝经》《孟子》除外),通过分析归纳,从而清晰地排定山井鼎校勘诸经的先后次序。享保五年山井和根本第一次来到足利学校,校勘宋板《礼记注疏》,不过只是涉及卷五十至五十二,而且重点是抄补闽本漫漶、缺脱之处;同时,山井还独立校勘万历本,旁及其他篇章。六年,山井在东都青山白莲精舍阅读《尚书注疏》,主要做的是句读。七年二月至五月间,山井在白莲精舍以万历本校勘并抄补闽本《春秋左传注疏》《礼记注疏》《周易兼义》部分缺叶、缺字的内容。八月,他和根本第二次赶赴足利学校。从八月十三日到十二月十三日,前后历时四个月,集

---

① 《考文》卷首《凡例》。

中校勘《礼记注疏》。接下来，八年正月廿五日至三月初一大约一个半月的时间，校勘《尚书注疏》。在此期间（二月间），山井还以万历本校《周易略例》及《周易·释文》。进入三月，校勘《周易兼义》，方式是二人对校，十九日根本返回东都。此后，山井一人亦曾独立校勘卷首至卷五部分，但六月十六日根本回到足利学后，二人又从头重校，至二十八日校毕全部九卷。其间（五月至七月），又与校勘《论语》古本的工作重合。校勘《春秋左传注疏》，正式开始于七月初一，完成于九月二十六日。《毛诗注疏》最后完成，始于十月初一，十一月二十二日告竣。至此，以宋板"五经正义"为主的校勘工作全部完成，前后历时一年零三个月有馀。当然，大体的先后次序如上所述，实际上诸经的校勘工作或有交叉，而且还有校勘过程中或完成之后部分重校的现象。九年，山井回到东都后，对先前的校勘成果亦有考订，并集中校勘《释文》。《孝经注疏》《孟子注疏解经》因无日志，其校勘时间不可考。尤其是《孝经注疏》全无校语，这也说明山井手校闽本绝非《考文》之底本。

同时，我们也对山井手校闽本诸经的校语进行了总合研究，由此可以具体地、确切地考知闽本校语与《考文》的关系，约有以下数端：

1. 闽本校语大体上为《考文》所采信，二者有明确的因循关系。当然，比对《考文》，知闽本校语多有失校或失载其他版本的异文信息的现象存在。

2. 一般而言，闽本经、注文校语基本上都迻录到《考文》之中，疏文校语则有所选择，存在着不见于闽本校语的《考文》异文信息和不见于《考文》的闽本校语异文信息的两种情况。

3. 《考文》对于闽本所出校之异文的取舍是有明确义例的，有关行款和体例的校语以及底本是而参校本非的异文，悉所不取；其他所不取者，或为援引书证，或为理校，或为他校。

4. 《考文》出校者以宋本、古本异文为主，如二者无异文，则正德本与闽本、万历本、汲古阁本异文一般不录；元明诸本是而宋板非者，亦所不取。

5. 从校勘记的文字表达来看，大多数情况下《考文》对于闽本校语的因袭关系还是比较明显的，大体上依循其内容，贯彻其旨意，或入［考异］，或入［谨按］。少数情况下《考文》与闽本校语内容略同而表达方式微异，或有反正之别，乃至按断不同者；或闽本校语所揭示的较为含混，甚至牴牾，而《考文》略作调整，以纠其弊；或闽本校语所揭示的异文出现在《考文》中，但按断阙如，当出自山井审慎的考量。

6. 有关《释文》校勘的内容，《考文》多照录闽本校语。

7. 通过核验闽本校语可以订正《考文》的个别错误。

综上所述，山井手校闽本诸经是以宋板、古本、足利本及元明诸本（含汲古阁本）校闽本，而《考文》出校异文的底本是汲古阁本，闽本等他本为其参校本，所以尽管《考文》大体上采纳了闽本校语，但表达方式或有异同，且存在着闽本校语未尝记入的其他版本的异文信息，这无疑都说明山井手校闽本绝非《考文》之底本。当然，闽本校语汇集了山井前期校勘工作的成果，在《考文》成书过程中无疑起到了十分重要的作用，虽然不是直接的底本，但在校勘学上可以视作工作底本，在《考文》成书之前应该存在一个将闽本校语过录到底本（汲古阁本）上的环节。总之，我们可以明确地断定山井手校闽本并非《考文》之底本。

附记：笔者致力于山井鼎和《七经孟子考文（补遗）》研究有年，近年来主要关注《考文》写本及相关资料，并于 2016 年暑假利用近一个月的时间将日本京都大学人文科学研究所藏山井鼎手校闽本诸经的校勘日志悉数录出，嗣后进行研究，草成此文。需要说明的是，2017 年 5 月笔者获知京都大学文学研究科东洋史学博士生瞿艳丹女史和我有相同的研究志趣，不仅研究《考文》写本与我不谋而合，多有会心，而且对于闽本诸经校勘日志的研究我们也是不约而同地分别进行着，各自独立成文。艳丹大作题为《从〈十三经注疏〉校语到〈考文〉：有关山井鼎的工作过程》，充分利用日志，并详尽解析从闽本校语到《考文》成书的过程。后艳丹告知山东大学王晓静女史著有《闽刻〈十三经注疏〉山井鼎手校本价值考论》(《文献》2017 年第 2 期)一文，笔者拜读后意识到我们三人的研究虽有部分重合，但各有所长，本人完整迻录全部日志，对于诸经校语的研究亦加详焉，而且注意到日本学者的研究成果，遂不揣谫陋，忝列本中心《集刊》一隅，就教于海内方家。

朝鲜朝汉语官话"质正音"文献考*

张　辉**

【内容提要】 汉语官话语音"质正"制度研究,对解释朝鲜朝(1393—1911)时期历时大规模韵书及工具书"质正音"体系、体例、术语等差异问题提供了重要参考。可以解释明清域外(朝鲜)汉语标音文献的一些问题,比如长期讨论的"左右""今俗"音问题等,为利用朝鲜韵书进行近代汉语语音史研究提供新的思路。

【关键词】 朝鲜朝　汉语制度　汉语官话

一、"质正"的含义

金基石曾指出:李氏王朝中期(15—16世纪)出现汉语教育的鼎盛期,涌现出申叔舟、崔世珍等著名汉学家和《洪武正韵译训》《四声通解》《翻译老乞大·朴通事》等语言学著作及汉语教材。[①] 但关于这些著作及汉语教材蜂出之原因,学界一直没有进行深入的探讨。从新发掘之文献来看,皆可能与朝鲜朝汉语官话语音"质正"制度密切相关。有关语音"质正"问题的研究,张辉依据朝鲜朝汉语官话语音质正制度研究中发现的新材料指出,许多朝鲜朝官员、学者关于汉语官话"正音"及音韵学术语、理论的论著中体现出浓厚的汉语官话"质正"意识,也有对朝鲜汉字音和中国字音关系及差异问题的讨论,认为这些新资料对近代汉语语音史和汉语音韵学在朝鲜的发展研究具有独特意义和价值。[②] 此外,李无未则对日本学者研究朝鲜汉字音和"朝鲜汉字音学"进行过简

---

* 国家社科基金重大项目《东亚珍藏明清汉语文献挖掘与研究》(项目编号:12&ZD178),国家社科基金项目《朝鲜朝汉语官话语音"质正"制度研究》(项目编号:14XYY023),韩国学中央研究院海外韩国学研究资助项目《朝鲜朝汉语质正官研究》(项目编号:AKS-2018-R88)。

** 本文作者为延边大学汉语言文化学院副教授,中国社会科学院博士后。

① 参见金基石,《韩国李朝时期的汉语教育及其特点》,《汉语学习》,2005年第5期,第73-80页。

② 参见张辉,《朝鲜朝汉语音韵"质正"辑略》,《语言研究》,2017年第3期,第115-120页。

介①,叙述了18世纪至20世纪期间日本学者朝鲜语汉字音研究的主要作品和观点,如小仓进平的《朝鲜语学史》和《增订朝鲜语学史》,河野六郎的《朝鲜汉字音的研究》等。但从"质正"制度及"质正音"文献角度进行的相关研究十分少见。需要特别说明的是,朝鲜朝质正制度运行下遣往中国之"质正官"除质正汉语音义外,尚有其他职责,比如"质正"礼制、军制、法律、民俗、医书、避讳等等。其目的张辉曾有所言及,即朝鲜朝在实施对华朝聘的同时,以"质正"制度模仿中国各项制度。在政治、礼仪、法律、文化制度上积极效仿中国,对明清中国社会生活各个方面"质正",以期准确掌握中国情报,建立小中华体系。② 本文在先前研究基础上,重点讨论"质正音"及相关文献之问题。

"质正"含有质询、辨明、就正之义。朝鲜朝奉行事大朝聘国策,曾以"质正"制度运行模仿中国各项制度。(李无未、张辉2014)"质正音"是朝鲜朝汉语官话语音标记文献中所特有的,在朝鲜朝汉语官话语音质正制度长期运行过程中,实施的针对朝鲜汉语官话教科书及韵书、工具书等语音与中国实际语音差异的问题,根据中国官话语音实际进行的历时语音标注而形成的语音标记及其音系。③ 据《朝鲜王朝实录》卷200,成宗十八年(明成化二十三年1487)2月2日(壬申)条:

> 壬申,御经筵。讲讫,侍讲官李昌臣启曰:"臣曾以圣节使质正官赴京,闻前进士邵奎以亲老居辽东,回来时寻问之,该通经史,精审字训矣。世宗朝遣申叔舟、成三问到辽东,就黄瓒质正语音字训,成《洪武正韵》及《四声通考》书。故我国之人,赖之粗知汉训矣。今须择年少能文如申从濩辈,往就邵奎质正字训书籍,则似有利益。正朝节日之行,人马数多,不可久留;如唐人解送时入送,则可以久留质正矣。"上问左右,金启曰:"遣文臣质正,祖宗朝古事,今可行也。"

据此,我们认为朝鲜朝时期形成的与"质正"活动相关的汉语标音文献皆可称为"质正音"文献,如此材料中的《洪武正韵》及《四声通考》等。并且在张辉(2017)基础上,我们进一步认识到,此类"质正音"标注的汉语文献并非是混乱杂糅存在的,而是较为规范和系统化的,大体上可以区分为汉语教科书、工具书和汉文教科书(谚解书)。上述三类文献都是有语音标记的,并且有历时更新的现象,其中的汉文教科书应该是用于朝鲜朝时期蒙童教育及科举考试的用书,如《论语谚解》《孟子谚解》《论语正音》《童蒙先习谚解》等等。长期以

---

① 参见李无未,《日本学者对朝鲜汉字音研究》,《民族语文》,2004年第3期。
② 参见张辉,《朝鲜朝汉字"质正"——以〈朝鲜王朝实录〉为依据》,《中国文字研究》,2017年第1期,第177—183页。
③ 参见张辉,《朝鲜朝汉语官话语音"质正"制度研究》,厦门:厦门大学出版社,2017。

来，中国国内对这类文献中的语音标记关注得很少，这可能与传统认知中，认为此类标音与汉语音韵史研究关系不大，也可能是与文献发掘的受限有关。但是这类文献实质上也与"质正"有关，如果说在前期的研究中，我们只是认识到了受朝鲜朝官方对中国"正音"的追求驱动，而进行"质正"，形成了大量的"质正音"文献，只能说我们的视野还是受到了材料的局限。而实际上，从前期"赴华""质正"语音形成"正音"范本后，为了推广"正音"，又刊行大量的"谚解"类文献应用于教学中，这才是汉语"质正"制度的基本模型。这些文献与世宗朝李边、金何，世祖朝申叔舟、成三问，成宗朝张有诚、黄中、金自贞、李昌臣，中宗朝崔世珍等人（兼通朝鲜语和汉语，多有质正官经历。）所编纂的《训蒙字会》《韵会玉篇》《小学便蒙》《吏文辑览》《吏文续集辑览》，用谚文翻译的汉语会话读本《老乞大》和《朴通事》《老朴集览》《四声通解》等都被纳入"质正音"文献范畴。

二、"质正音"工具书

朝鲜朝"质正音"工具书文献十分丰富，如《洪武正韵译训》，申叔舟、成三问编（1455）。《东国正韵》，崔恒、朴彭年、申叔舟编（1447）。《华东正韵通释韵考》（二卷），朴性源编（1747）。《三韵声汇》，洪启禧编（1751）。《奎章全韵》（二卷），李德懋、徐明膺编。《四声通考》，申叔舟编（1455），今佚，只存凡例附在崔世珍《四声通解》卷末。《四声通解》，崔世珍编（1517）。《韵会玉篇》，崔世珍编（1531）。

朝鲜朝奉行"事大主义"政策，其影响深入到向华学习语言文字等各方面，尤其重视音韵之学。朝鲜朝时期在积极引进和刊行中国韵书类官话语音学习工具书的同时，也十分重视本国汉语韵书及音韵书的编纂。造成这种局面的原因是多方面的，既有内因也有外因。朝鲜朝洪启禧对这一问题的认识比较清楚，其《三韵声汇》（1746）跋曰：

> 崔世珍之《四声通解》作，正音明，然书只详于正音，而不及乎方音，则正音未行之前仅为象鞮所习，而方音之讹自如也。经书谚解即肯读之所本，而亦袭其谬，莫能正，识者恨之，不佞尝取《三韵通考》，逐韵汇声，正其谲而补其阙，经方音而纬正音。

可见洪启禧认为，因中国官话语音标准的"方音""正音"的不同及变化，前代汉语语音工具书《四声通解》存在"只详于正音，而不及乎方音"的缺陷，导致出现"经书谚解即肯读之所本，而亦袭其谬"的局面，已经不能反映"时音"。所以，洪氏取《三韵通考》"逐韵汇声，正其谲而补其阙，经方音而纬正音"，来"质正"汉语官话语音。即以《三韵通考》为底本,"质正"汉语而成《三韵声汇》。从表述的内容来看,其主要目标是"质正""方音"。《三韵声汇》之后,有朴胜源的《华东正音通释韵考》(1747),是在《三韵声汇》基础上,将每个汉字分左右用谚文注音,右为中国汉字音,左方为朝鲜汉字音。

值得注意的是,蔡梦麒、皮华林在《论〈三韵声汇〉"谬读"音产生之因及其性质》一文讨论了"谬读"之音的问题,并提出应当注意的三点:一、有正误之辨,当有判定正误的参照标准。金在鲁①判定一个音为"谬读"时,当有一个参照音系。根据这个参照音系,金氏的"谬读"说才能成立。二、表意文字在准确反映读音上有欠缺。汉字为表意文字,在标注读音时自然不如表音文字更加明晰了。三、"谬读"之音有没有约定俗成是判定读音性质的重要标尺。该文在以上三点认识的基础上,系统详尽的讨论了金氏之"谬读"音问题。② 我们认为,这一问题的讨论,实际上也解释了"质正音"文献不断更新出现的一个直接原因,即在朝鲜朝汉语音韵学家眼中前代汉语标音教科书及工具书之字音存在"谬读"的情况,所以需要不断"质正"。当然,这里的"标准汉语官话语音体系"的标准是由朝鲜朝"质正官"或朝鲜朝官方来判定的,虽然未必可信,却仍可作为相关研究中的一些参考。

朝鲜朝汉语官话"质正"制度的运行与实施,使得朝鲜朝的汉语官话"质正音"工具书文献体系不断完善,但也存在诸多的问题。数量巨大,种类繁多的汉语语音标记及其体系,导致不小的混乱。比如大量新汉语工具书刊行后,为了进行音系区分,朝鲜朝官方确立了包括"左音""右音""正音""华音"等在内的多种新汉语官话语音标记体系及相应音系。这成为后世学者对此类标音文献音系进行研究时比较棘手的一件事,因为标记和音系既复杂又混乱,几乎无规律可寻。

虽然有争议,但目的还是求"正音"。朝鲜朝官方对语音"质正"一直持支持的态度,孜孜不倦以求"正音"。如果将洪检的论点与上文洪启禧所批判《四声通解》而重视"方音"的观点对比来看,就会发现另外一个问题。洪检发现中朝语音不通的地点是"留馆",接触者若非官员,也是学士;而洪启禧则是强调路途"俗语方音"。二者汉语语音有何区别呢?实际有以下可能:读书音与方言差异,官话音与方言的差异,南方官话与北方官话的差异,南北方言的差异。当然这些差异的具体分析尚需材料佐证,此不赘述。

通过上文材料,我们可以肯定的是朝鲜朝官方内部对"正音"的理解同样

---

① 金在鲁:朝鲜王朝英祖(1724—1776 在位)朝"领议政"之一。
② 原文中的三点后还有讨论的内容,限于篇幅文中有删减。详见蔡梦麒、皮华林《论〈三韵声汇〉"谬读"音产生之因及其性质》,《(韩国)汉字研究》,2017 年第三期。)

存在巨大差异。虽然如此,朝鲜朝君臣追求的"正音"应是当时汉语实际语音无疑。这样一来就为我们利用朝鲜"质正音"进行汉语近代音研究提供了可信性佐证。

从朝鲜朝汉语"质正官"的实践角度而言[①],一整套汉语官话语音标记体系和音系的构建从语音考察、术语确定、著作刊行到应用再到被否定重来,这一过程十分复杂,需要团队和官方人力物力的保障才可能完成。从目前发掘的材料来看,也证实了这一点,朝鲜朝不同时期、甚至同一时期的质正官对"正音""俗语""华音""方音"的认知都不尽相同,这就导致在不断的"正音"追求下,质正官编撰出规模庞大的汉语语音工具书体系,并建立起相应的标记和音系。

总体来说,这些语音来源于两方面,一是拷贝自其他中国或朝鲜的汉语工具书语音和标记体系,二是"质正官"赴华考证以后,依据汉语官话"时音",重新构建的语音和标记体系。比较典型的如《东国正韵》《奎章全韵》等。

需要指出的是,《东国正韵》由申叔舟、成三问等人在朝鲜世宗二十九年(1447)编纂完成。该书的特点在于,汉字皆以朝鲜谚文注音,根据中国《古今韵会》来"质正"当时朝鲜的汉字音,这一现象是十分奇怪的,学习汉语"质正"语音,但不依据中国的官话实际进行修订,而是依据所谓的古时的汉语官韵进行修订,让人有些匪夷所思。不过,对于这一现象也可找到一些合理解释的线索,其中比较可信的一个原因是,朝鲜朝官方认定朝鲜传承下来的传统汉字通用音不符合中国"正音"韵书(《韵会》),因此需要根据中国韵书来"质正"朝鲜汉字音。

需要注意的是,这样的"质正"同样属于追求"正音"目标的结果。与以往不同的是,此却造成新刊韵书《东国正韵》所标注音系与实际汉语官话音系产生相当距离。这让我们认识到,朝鲜朝的汉语语音"质正"并非皆以汉语官话实际语音为准,实际上受朝鲜朝官方的主体思想影响颇大。由此,我们认为这种影响不可能仅存在于《东国正韵》一书,其他韵书在不同时期多少应该都会受到这种本土化思想的影响。这也让我们意识到,在利用域外语音文献研究汉语语音史时,仍需考虑官方和本土因素的影响。因为,他们也是深受自有语言学思想体系传承和时代因素影响的。这个问题比较复杂,拟另文专述,此不赘述。

但是如果转换一下视角,这种情况从"质正"制度视角也是可以解释清楚的,朝鲜朝一直以来追求"正音",但在屡次受挫以后,无法否定自身长期以来坚持的语音"质正"道路,再受到当时政局和中国民族融合的影响,朝鲜朝也由此开始出现了否定中华时音为"正音"的思想,所以为了寻求"正音",只能通过

---

① 参见李无未、张辉,《朝鲜朝汉语官话质正制度考论》,《古汉语研究》,2014年第1期。

溯源的手段解决这一问题,在这一过程中又发现《韵会》应为"正音",因为当时正是宋明理学在朝鲜大行其道的时期。这样一来就既解释了朝鲜汉字音的正统身份,也省去了中华"正音"屡"正"而不"正"的烦恼。

《全韵玉篇》的汉字语音标注形式同样是相互区别的两套语音体系。值得注意的是,李德懋、徐明膺1796年编《奎章全韵》中的语音标注没有进行区分,只标记了一套语音体系。后经奎章阁刊,正宗钦定(世称《御制奎章全韵》),被认为是朝鲜所编撰韵书中的经典之一,原因在于该书是汉诗写作用韵的重要参考,一百年之后黄泌秀1898年新编《全韵玉篇》等对其中的语音再次进行"质正"。这些都是朝鲜朝质正官,力图通过编写新的汉语工具书,进而建立新的汉语官话语音体系的努力和尝试。需要说明的是,这一类韵书所追求的"正音"可能并非汉语官话时音,而是以仿古的诗词用韵为"质正"目标。这一点是十分值得注意的。也说明对朝鲜的韵书的语音研究需要先分类。

刊行新汉语工具书而确立新的汉语官话语音体系。民族融合、语言接触导致音随时变的急剧发生,是汉语近代音的一个重要特点。在中国汉语官话语音发生演变之后,朝鲜朝随即以朝鲜字母依据中国时音或经典韵书,对本国汉字音进行"质正"标注。对朝鲜汉语工具书的语音重新校勘、修订、新编形成新汉语工具书语音体系。实质上,这是对汉语官话语音的真实记录、整理和综合研究"质正"的结果,从中亦可见朝鲜朝努力构建符合语音实际的新汉语语音体系的实践。

朝鲜朝新刊汉语官话语音工具书,参见张辉(2017):

字书类:(1)崔世珍《韵会玉篇》(嘉靖十五年,1536)。(2)洪纯甫《三韵声汇补玉篇》一卷(乾隆十六年,1751)。(3)《校订玉篇》。(4)池锡永《字典释要》一卷(隆熙三年)。(5)郑益鲁《国汉文新玉篇》(明治四十四年,1911)。韵书类:(1)朝鲜科举考试用书《三韵通考》《增补三韵通考》。(2)《御定奎章全韵》一卷(嘉庆元年,1796)。

三、"质正音"教科书

朝鲜朝"质正音"教科书文献同样十分丰富,如《老乞大新释》和《朴通事新释》,金昌祚编,英祖四十一年(1765)。《重刊老乞大》,卷末有检教官李洙、张濂人名,刊记上有"乙卯仲秋,本院重刊"字样,本院指司译院,乙卯即正祖十九年(1795)。《重刊老乞大》《重刊老乞大谚解》《五伦全备谚解》(八卷五册)。李应宪(1883)《华音启蒙谚解》(二卷一册)。《中华正音》,等等。

李得春、金基石、河野六郎(日本)、小仓进平(日本)、满田新造(日本)、郑光(韩国)等国内外学者对朝鲜汉语官话教科书和工具书语音早有关注,并有多角度的挖掘和研究①。

仅谚文注音《老乞大》《朴通事》就"质正"重刊了四个系列,《老乞大谚解》(上下卷),显宗十一年(1670)。《朴通事谚解》(上中下卷),边暹、朴世华编,肃宗三年(1677)。《朴通事谚解》(三卷),边暹译(1677)。《朴通事新释谚解》(三卷),金昌祚编,英祖四十一年(1765),为《朴通事》系列"质正"注音版本,有旁点。

朝鲜朝新刊汉语官话"质正音"教科书书举例,参见张辉(2017):

(1)李克培等《译语指南》(成化十四年)。(2)《语录解》(3)慎以行《译语类解》(康熙二十九年,1690)。(4)洪命福《方言集释入》(乾隆四十三年,1778)。(5)李义凤《古今释林》(乾隆五十四年,1789),写本40卷。(6)《华语类抄》。(7)崔世珍《老朴集览》。

(1)《华音方言字易解》(见黄胤锡《颐斋遗稿》)。(2)申景浚《训民正音韵解》(乾隆十五年,1750)。(3)柳僖《谚文志》(道光四年,1824)。(4)行智《丽本》(天保五年,1834)。(5)崔世珍《训蒙字会》《重刊老乞大》,没有序和跋,卷末有检教官李洙、张濂人名,刊记上有"乙卯仲秋,本院重刊"字样,正祖十九年(1795)。《重刊老乞大谚解》,没有序、跋和刊记,为《老乞大》系列中的"质正"注音版本。《重刊老乞大》分上下两卷,刊行于正祖十九(1795),李洙等编纂。《重刊老乞大谚解》刊行时间未确定,分上下两卷,正文部分每个汉字下方左右各一个谚文注音。

可见,朝鲜朝汉语官话语音"质正"制度的运行,使得汉语官话教科书不断根据汉语语言实际"质正"修订前朝汉语官话语音体系,确立新的官话语音"质正音"教科书体系。所以,形成了系列的汉语教科书标音文献,保留了大量珍贵的汉语官话语音资料。在"质正"前朝汉语教科书的同时,质正官也不断编写新的教科书,以确立新汉语官话语音体系。特别是在十八世纪以后,这一情况尤为明显。如《五伦全备谚解》《训世评话》《经书正音》《华音启蒙》《华音启蒙谚解》《你呢贵姓》《骑著一匹》等系列新汉语教科书的刊行。《五伦全备谚解》(八卷五册)(1721年),谚文注音,分左音和右音。《华音启蒙谚解》(二卷一册),李应宪(1883),谚文注音。这就说明,质正官曾通过编写新教科书,确立过不同的汉语官话"质正音"体系。

四、研究概况

前辈学者的朝鲜汉语音系研究视点,主要集中于朝鲜汉语教科书和工具

---

① 参见李无未主编,《音韵学论著指要与总目》(上下),北京:作家出版社,2007年。

书语音与明清汉语官话语音关系的对音、声调以及中国官话的方言基础等问题。其中,对于"左右"音问题,远藤光晓、孙建元、蔡瑛纯、尉迟治平等学者皆有关注。① 张玉来也有对各家学者朝鲜标音文献音系性质的分析。② 综合来看,这些音系性质的分析,可能都可以从"质正音"的视角重新进行剖析,当然可能也并非恰当,仍需论证。例如胡明扬先生认为《老乞大谚解》所反映的是16世纪的北京语音,是汉语官话语音质正官对前朝教科书修订过程中,"质正"汉语语音变化,并依据新的时音形成新官话语音体系。③ 金基石先生对汉语教科书语音表现出的腭化现象有过比较,显示了质正官对汉语语音腭化的"质正"和记录④,这就为我们提供了一个新的域外汉语文献音韵研究视野。

可以作为解释近代汉语研究利用域外朝鲜汉语语言文献研究中存在的可信度的新佐证。比如鲁国尧先生对明末清初官话基础方言的廿三年历程的研究。⑤ 蔡瑛纯对李朝朝汉对音的研究。耿永坤对《骑着一匹》《中华正音》《华音启蒙谚解》《你呢贵姓》等国外汉语文献的研究。⑥ 刘春兰对近几十年来国内学术界研究朝鲜时代汉语教科书所取得的成果进行了回顾和总结。岳辉、李无未发现:19世纪朝鲜中国语教科书《华音启蒙谚解》和《你呢贵姓》存在着一些"非常规汉语"现象,是母语负迁移和目的语规则泛化的影响,有的与东北官话的影响有关。⑦ 岳辉对《华音启蒙谚解》和《你呢贵姓》的语言基础的研究等等。⑧

此外,上述关于明清汉语官话语音性质、标准及基础方言等问题,皆可以通过考察朝鲜朝汉语官话"质正音"文献来分析研究14世纪以来中国汉语官话语音的基本状况,以及汉语官话语音性质特点,但要注意从系统和全面的大数据角度入手。从北京官话和南京官话的争论来看,汉语官话语音质正制度

---

① 参见孙建元,《〈四声通解〉今俗音研究》,北京:中华书局,2010年。〔韩〕蔡瑛纯,《李朝朝汉对音研究》,北京:北京大学出版社,2002年。尉迟治平,《〈老乞大〉〈朴通事谚解〉汉字音的语音基础》,《语言研究》,1990年第1期,第11—24页。

② 参见张玉来,《朝鲜时期所传习的明代汉语官话的语音性质》,《语言研究》2005年第2期,第45—50页。

③ 参见胡明扬,《胡明扬语言学论文集》,北京:商务印书馆,2003年。

④ 参见金基石,《明清时期朝鲜韵书中的见晓精组字》,《民族语文》,1998年第2期,第68—72页。

⑤ 参见鲁国尧,《研究明末清初官话基础方言的廿三年历程——"从字缝里看"到"从字面上看"》,《语言科学》2007年第2期,第3—22页。

⑥ 参见耿永坤,《朝鲜后期汉语教材中连字句研究》,辽宁师范大学,2012年。

⑦ 参见岳辉、李无未,《19世纪朝鲜汉语教科书语言的干扰》,《民族语文》,2007年第5期第30—33页。

⑧ 参见岳辉,《〈华音启蒙谚解〉和〈你呢贵姓〉的语言基础》,《吉林大学社会科学学报》,2006年第4期第149—154页。

研究给出了另一个新发现,"官话音"可能不是一个标准。

在新近的研究中我们还注意到朝鲜朝的华人可能也曾参与过"质正音"文献的编订。考察发现,历史上偰长寿等朝鲜朝华人"质正官"不仅是汉语教育的实践者,也是汉语教育理论的探索者,作为朝鲜朝历代质正官群体中的一员,其对中华文字音韵的"质正"使朝鲜半岛的汉学研究一直延续不断,成为古代朝鲜对中华文物、礼仪、文化甚至医学等等传承学习的重要桥梁。对"质正"的研究,丰富了朝鲜朝汉语官话语音文献、语音来源以及朝鲜朝汉语官话语音"质正"制度的研究内容。①

结合张辉(2016、2017)的研究,我们进一步认识到前期研究的不足。还有一点需要说明,朝鲜朝各类汉语"质正"成果文献及其标注音系也各不相同,原因解释仍需深入。这也说明确实需要创新的研究模式和思路,要认识到明清官话语音的多样性和弹性,以及域外汉语文献的多样性、复杂性。从近代汉语音韵史的发展角度来看,近代汉语标准音问题中关于标准音的争论主要有,北京音、老国音、南方音、读书音等等。从一定程度上来说,朝鲜汉语质正制度中的语音"正音"质正标准对中国的语音标准研究有参考价值,朝鲜的"质正"标准一般是讲求实用的,以官方为主,交流为主,而且明显具有弹性。且质正官对中国官话语音的质正是动态的,他接近实时地记录了汉语官话语音的不同特点,不断地根据汉语的语言实际修订,其质正关涉汉语语音、词汇,语法和汉字的历时变化。这些变化也是质正制度运行对汉语官话标准的真实记录由此可以建立域外(朝鲜)对近代汉语基本信息进行存储的大型语言文献"数据库"。如新发掘的一些文献《三韵声汇(及)补》《三韵通考》《新增说文韵府群玉》《新集古文四声韵》《礼部新降通并韵略》《韵略》《增补三韵通考》《增续会通韵府群玉》《(图像注解)千字文》《(新订)寻常小学》《童蒙先习》《童蒙先习谚解》《新释汉日鲜文注解千字》《谚解图像童文先习》《(汉文)水浒志语录谚解》《鸡林类事丽言考》《你呢贵姓》《吏文续辑览》《译语类解》《华语类抄》《训民正音图解》《(汉鲜文)新玉篇》《官板海篇心镜》《校订全韵玉篇》《金石韵府》《玉堂厘正字义韵律海篇心镜》等等。仍有待进一步的考察、研究。

我们还进一步认识到,如果仅从"质正音"文献的视角来看,则将此类"质正"文献的研究价值和功能降低了。因为相应的在语音质正的同时,汉语的词汇、语法和文字应该也同时进行着"质正",也就相应的存在"质正词(汇)""质正字""质正语法"类文献。这样一来在张辉(2016、2017、2018)研究基础上,还需要进一步提出"汉语质正"文献的概念,才有可能初步涵盖这类文献,阐释其基本特征。

---

① 参见张辉,《朝鲜朝汉语官话华人"质正官"考》,《国际汉学》,2018年第1期。

目前学界研究比较多的"质正字"类文献,是朝鲜朝《玉篇》系列和《说文》系列(如《说文解字翼征》《第五游》《说文新义》《说文辨证说》《说文解字翼征》《说文考异》)的字书文献。① 这类文献王平等学者近年来有比较系统的整理与研究,通过选取韩国朝鲜时代(1392—1910)具有代表性的汉字字典四种、韵书一种、蒙求课本三种,整理出总字量近300万。包含导读研究、文本整理、检字索引、文献书影四部分。该书系已经成为域外汉字研究的重要参考。② 除了该书提及的朝鲜时代文献,或也是"质正"活动的产物,所以应可以列入"质正"文献的范畴中来考察。并且其对文献研究整理的思路和范式具有借鉴意义。

值得注意的是,有些朝鲜朝汉语文献中存在词、字甚至音兼具的情况。其中"质正词(汇)"类的文献主要为《老乞大》及其历时更替的各版本所体现出的汉语词汇的变化,还有一些专门解释汉语词汇的文献比如《雅言觉非》等,也都是对汉语词汇进行历史考察、研究词汇语义演变的文献,似乎也可以归入此类。"质正语法"类文献目前一般仍以《老乞大》《朴通事》个别版本更替为考察重点,暂时未发现朝鲜朝时期相关汉语语法"质正"文献。这是很遗憾的,也是有待进一步深入发掘的内容。

再进一步来看,实际上"质正文献"除了涉及语言范畴以外,应该还涉及文化、礼仪等,如果以"质正"的视角看待中朝(韩)间的语言文化源流关系,或可以为一些存在争议的问题提供解释的空间和理据。总体来看,虽然目前对朝鲜朝"质正音"文献的范围、规模和价值有了一定的了解,但仍缺乏系统的对断代、分类和音系性质的来源与判定等问题的深入阐释。对此类文献对中朝(韩)语言文字关系的影响与价值研究也略显不足,有待形成集成式的数据检索平台,以便进行后续的系统性研究。

---

① 参见黄卓明,《朝鲜时代汉字学文献研究》,上海:上海古籍出版社,2013年。
② 王平,(韩)河永三主编《域外汉字传播书系 韩国卷》,上海:上海人民出版社,2012年。

黄侃序《联绵字典》考述*

杨 亮**

【内容提要】 黄侃于学至为审慎，不肯轻易著述为文，却为被章太炎、杨树达视为"下劣"之作的符定一《联绵字典》作序，当时学人至为不解。随着《黄侃日记》的刊行，通过黄侃日记的相关条目，明确此序实为其师章太炎所命而作，杨树达未悉其中缘故而对黄侃多所误解。学有所尚，序有增饰，未必尽合事实，不可一概而论，径言是非。

【关键词】 黄侃 符定一 《黄侃日记》《联绵字典》

著述立说，邀耆老硕儒为序以推介己作，体例既明，鸿旨已显，惠及学林。然知名学者符定一编撰《联绵字典》，篇首附有黄侃序文，文辞雅丽，不负其师章太炎"幼眇安雅之辞，并世固难其比"之誉。然细读文辞，言泛而无实，似为应付之作。而为应付之文，实又与其"惟生人谀颂，劣书题跋断不肯为"之理念相悖。此序文究竟缘何而来，我们又当如何来看待这篇序文，不仅关乎着对黄侃学识、学行的评价，也影响着我们对《联绵字典》的认知，不可不究。

一

符定一(1877—1958)，字宇澄，湖南衡山人，"少习庭训"[①]，谙熟九经、《文选》，后从今文经学大师皮锡瑞问学，然心向经古文学，治学犹承乾嘉学风。1910年开始搜集联绵字，以一人之力，历时三十年(实际27年)，至1940年编成此书，1943年出版面世，1946年中华书局重印，全书400万字，为符氏一生学问之总结。

符氏自述"民国二十一年(1932)夏，黄侃避乱居平，时相过从"[②]，故亦于是时，携《联绵字典》稿本拜谒黄侃，求为序。黄侃于1932年2月4日抵达北京，

---

* 本文为2013年国家社科基金青年项目(13CZW040)阶段性成果之一，河南省高校科技创新人才支持计划(人文社科类)。

** 本文作者为厦门工学院国学院兼职教授，河南大学文学院国学所副教授。

① 符定一著：《联绵字典·自序》，北京：中华书局，1954年，第7页。

② 同上书，第31页。

在北京居留三个多月。是年 3 月 6 日,黄侃日记记述:"午赴符宇澄、陈仲骧、林公铎三处招。"①符氏遂于次日拜谒黄侃,《黄侃日记》:"二月丁卯朔(三月七日 礼拜一),宇澄来久谈,留其《联绵字典》稿于此,索《古今声类表》稿去,约后日九时诣之。"符氏此时《联绵字典》尚未完成,所留者当为不全稿,故黄侃于3 月 9 号记:"诣符宇澄饭,还其《联绵字典》样稿,留其序例。"②前后相距仅一天。符氏此书彼时虽未完成,但当以完成大半,不然何以邀人为序?而黄侃如此匆忙还其样稿,只留其序例,其态度不难看出,留其情面而已。据符氏《联绵字典·凡例》交代,"久谈"的最终结果,黄侃也仅仅是提出两条《凡例》的修改意见而已。

"九日"之期已过,是年 3 月 20 日,"晨,宇澄来云,汤芗茗将军见访,顷之至,久谈"。③汤芗茗为湖北籍北洋军阀,与黄侃为同乡,曾官湖南都督,而符氏曾在北洋政府任职。汤氏之访黄侃,当为符氏邀以自重,试图进一步密切与黄侃的关系。后符氏又分别于 3 月 28 日"催作序书"④、4 月 5 日"趣作其书序"⑤两次来函催促,4 月 7 日《黄侃日记》言:"晨起作书,觅人送宇澄,辞今日园游之会。"⑥在符氏反复催促之前,黄侃本是好酒之人,多赴符氏之约,然此日却辞"园游之会"。所复符氏内容不得而知,盖以种种理由推脱而已。符氏于 4 月12 日"又趣作序"⑦,并于 4 月 18 日"坚今日公园之约",符氏之焦急与黄侃之不情愿可见一斑。4 月 21 号符氏再次催序,黄侃在 4 月 26 日的日记中言:"宇澄、衮甫来书,予未以行告"⑧,直至 5 月 27 日黄侃乘车由北京南下返宁。在符定一四次催作书序的情形下,黄侃仍然不为所动,迟迟没有答允给《联绵字典》作序。

客观而言,"皖派有解放精神,故能发展;吴派主墨守,则反之。戴弟子有王、段、孔三家,各有创见。惠弟子为江声、余萧客辈,抱残守缺而已。俞荫甫私淑高邮,太炎师荫甫,实承皖派之流而光大之。季刚受学太炎,应主实事求是;而乃治学力主保守,逆转为东吴惠氏之信而好古。"⑨黄侃与符氏学术风尚相近,皆服膺乾嘉学风,联绵字不仅为乾嘉训诂学者所重,即民国学界联绵字的研究也属热点,王国维在北大国学门即建议开设此课,并编撰《联绵字谱》,

---

① 黄侃:《黄侃日记》(黄延祖重辑),北京:中华书局,2007 年,第 781 页。
② 同上,第 782 页。
③ 同上,第 794 页。
④ 同上,第 786 页。
⑤ 同上,第 798 页。
⑥ 同上,第 800 页。
⑦ 同上,第 801 页。
⑧ 同上,第 809 页。
⑨ 杨树达:《积微翁回忆录》,上海:上海古籍出版社,2013 年,第 106 页。

惜未竟而自沉，黄侃似不当屡拒符氏。细读《黄侃日记》，黄侃自己曾确立了一个原则："惟生人谀颂，劣书题跋断不肯为。"①如1928年6月，与黄侃有过两度同事之谊（一在北大，一在金陵大学）的陈中凡（号斠玄）恳请黄侃为其书写近代著名诗人陈衍赠给他的诗，黄侃在日记中记述了当时自己所持的态度："陈斠玄来，嘱书陈衍赠彼诗，殊不见通，予不肯书。"②黄侃本狷狂，自视甚高，生平佩服者仅章太炎与刘师培二人，于学术又极为审慎，不肯轻易著书，朋友尚且以"殊不见通"而拒绝，更何况与他没有什么交情的符定一呢？加之符氏《联绵字典》确也搜罗鸿富而创建甚少，其"古有舌上音说"等声韵学观点又多牵强，精通训诂、音韵学的黄侃视之为"下劣"之作而予以屡拒就不难理解了。

二

黄侃狷介而审慎是真，视符氏《联绵字典》为"下劣"之作亦当属实，然最终为符氏作序亦为真，这貌似矛盾的事实背后，实有不为人知的隐情。

黄侃虽颇遭时人非议，然事母至孝，其生母周孺人去世而大恸至吐血事广为人知。后因时局所迫，以思母不已，而请苏曼殊绘"梦谒母坟图"，自为之记，并请其师题跋，一刻不离。故而章太炎视其为纯孝之人，而谅其出格之行。亦因黄侃为纯孝之人，故而能以侍母之心侍章太炎。章太炎被软禁，旁人避之不及，黄侃能侍之弥笃，每天前往其师软禁之地看望其师，问学不辍，这亦广为人知。明此两点，矛盾当可确解。

杨树达在其《积微翁日记》中曾记载这样一段信息："某曾以其书求序于章先生，先生以其太劣，拒之。此吴检斋亲闻之先生以告余者。"③"某"即符定一。吴检斋即吴承仕，与黄侃同为章太炎门下。那么我们不难推知，黄侃"未以行告"而离京返宁之前或期间，符氏当亦携书稿拜谒同样避难北京的章太炎，求书序于章太炎。而此时吴承仕亦供职于北京师范大学，随侍章太炎师左右，符氏拜谒求序事，或亲见，或闻于其师，其言当可信。

对于此事，《黄侃日记》于是年6月11日条又作了明确交代："奉太炎师十号发书，知以二号还于上海，先我行而后至也。令侃代作符宇澄书序，容审思之。"④章太炎既"以其太劣，拒之"，而又有"令侃代作"之言，但以《黄侃日记》所记符氏请黄侃为序时的所作所为，符氏求章太炎必当有过之而无不及，致使章太炎拒而不能至于绝。"令侃代作"者，代其师章太炎而为书序，婉辞也；"容审思

---

① 黄侃：《黄侃日记》（黄延祖重辑），第646页。
② 同上书，第305页。
③ 杨树达：《积微翁回忆录》，第105页。
④ 黄侃：《黄侃日记》（黄延祖重辑），第811页。

思之",则明符氏求章太炎序在求黄侃序而不得之后。

　　两天之后,即是年6月13日,符定一又致函给黄侃,《黄侃日记》有述:"得符宇澄书,示以新增其书凡例一条。又催作序。"①符定一对《联绵字典》凡例的不断增补,其实亦是对黄侃的学术要求的不断迁就。事已至此,如果再不给符氏的《联绵字典》作序,则未免太不近情理了。更何况,纯孝之人,亦不忍违师之命。故而四天之后,黄侃"与宇澄快书(内附润格)"②,应当是决意为《联绵字典》作序了。又两天之后,黄侃又"与宇澄书,寄以《联绵字典序》"③。至此,黄侃为《联绵字典》作序一事得到合理的解释。

三

　　黄侃为符定一《联绵字典》作序一事多所波折前述已明,当事双方之外,章太炎、吴承仕被直接卷入这一行为之中,杨树达即以此事对黄侃颇多微词,而引发了一场学术公案。

　　杨树达在其《积微翁回忆录》中记载此事道:"余乡人某著一《联绵字典》,手稿百数十册。季刚见之,惊其夥颐,赞许不容口。而竟不知其书之芜秽凌杂,绝无可取也。某曾以其书求序于章先生,先生以其太劣,拒之。此吴检斋亲闻之先生以告余者。先生之识力,季刚愧之远矣。"④杨树达所指符氏是书"芜秽凌杂"确也属实,黄侃自视甚高而为序,并誉之:"世之览者,执符氏之书以穷丽名之数,进窥《苍》、《雅》、扬、许之学,以撢单语之原,则本末贯通,用丽俱得。以解往诂,斯疑滞悉消;发为文章,而雅奥可诵"⑤,引起杨树达误解在所难免。杨树达据以论之:"世人皆以季刚不寿未及著述为惜,余谓季刚主旨既差,虽享伏生之年,于学术恐无多增益也。"⑥杨树达的误解,恐怕亦是学人的困惑。但随着《黄侃日记》的整理问世,我们方能释此疑,亦是释了杨树达的疑惑。

　　据此我们再来细读黄侃这篇序文:

　　　　荀子曰:名闻而实喻,名之用也;累而成文,名之丽也。用丽俱得,谓之知名。又曰:单足以喻则单,单不足以喻则兼。是知华夏之语,单复兼行。单以立其本,复以广其用。故文字虽约少,可以达情,可以极物也。

---

① 黄侃:《黄侃日记》(黄延祖重辑),第812页。
② 同上。
③ 同上。
④ 杨树达:《积微翁回忆录》,第104—105页。
⑤ 符定一著:《联绵字典》,第2页。
⑥ 杨树达:《积微翁回忆录》,第106页。

粤昔周公始作释诂,单复之训,粗杂同编,始曰权舆,寿曰黄发。元、良为首,徂、落为终。乃至关关、雍雍,叠字成义,毗刘、暴乐,声转可求。自馀飖没、缉熙,左右、劳来之类,莫非缀合二字以为一言。后世训故之书,虑皆仰遵其法,兼胪单复。从未有专采复名,依《说文》、《字林》之法,排比整齐,以便寻览者。有之,自吾友衡山符宇澄氏之《联绵字典》始。符氏少承家学,长事通人善化皮君。其于小学,好之尤笃,钻研蒐讨,仅三十年。既誓为此书,曾无辍业。涉历屯夷,不离铅椠。检书属草,迄未假手于人。精力之强,抑亦成功之由也。爰以玄默之岁,一编告成,将锓版以行于世。侃惟九州殊语,同本炎黄,为变虽多,寻原则简。盖声以统义,字以定形。凡在诸华,无能逾越。世之览者,执符氏之书以穷丽名之数,进窥《苍》、《雅》、扬、许之学,以揵单语之原,则本末贯通,用丽俱得。以解往诂,斯疑滞悉消;发为文章,而雅奥可诵。实五稼,饱邦民。吾于符氏此书之行,有不胜其欣忭者已。蕲春黄侃。①

通篇语言雅丽,得其师太炎先生真传。然所引《荀子》之言,所述联绵字之研究史,自张有《复古编》以下,清儒方以智、钱坫、朱骏声、王念孙、段玉裁、吴玉搢、史梦兰多所论及,相较于《联绵字典》今书所载王树枏《叙》及叶德辉《郋园北游文存》所载《联绵字典序》②,黄侃所论实在过于空泛,除了溢美之辞,我们实在找不出有何实质内容,"殊为可怪"。而"盖声以统义,字以定形"一语,既是言联绵字之本质,更深层则是言全书编排体系当以音韵统摄词条。符氏自序其书为"择撢群书,专陈故训。用集联字,稽撰其旨"③之"字书"④,故而一依《康熙字典》编排体系,全书分十二编,部首编排,"以字统义"⑤。符定一几次按照黄侃意见修改《联绵字典·凡例》,黄侃不可能不清楚是书体例,却在"述其意旨"以为读者之向导的序文中言"声以统义,字以定形",名不副实。这只能理解为,黄侃是有意为之,既不违背章太炎之托,亦不废自己著述为文审慎的原则。

符氏不明黄侃之意。更令人啼笑皆非的是,符氏在凡例后作补记以及后叙,借黄侃之口来推重自己,特别是后序:"阅十馀日,黄君驱车造庐,入室后,正立向余打躬三,从容曰:'今日论学,君为吾兄。即本师章氏,著作未若君之钜也。吾初以湘人著书,不过尔耳。今君书体例精详,六经皆注脚。邹汉勋

---

① 符定一著:《联绵字典·自叙》,第7页。
② 叶德辉:《叶德辉诗文集》,长沙:岳麓书社,2010年,第319—321页。
③ 符定一著:《联绵字典·自叙》,第8页。
④ 叶德辉:《叶德辉诗文集》,第320页。
⑤ 符定一著:《联绵字典·凡例》,第11页。

后,突出此作。魏、王、皮、叶,瞠乎后矣!'翌日,黄君偕余游稷园,登坛语曰:'冯桂芬死,下江无人。吾两人勿庸客气,下江学术,溯江而上,往两湖去矣!'"①极尽吹嘘之能事。明清以来,江南(不限江浙,包括安徽等)为学术渊薮。即使黄侃再狂妄,大概也不会说出"下江学术,溯江而上,往两湖去矣"的话。

"声以统义"与"以字统义"当是黄侃与符定一对此一问题理念上的根本冲突,符定一屡次迁就黄侃而修改《凡例》,就修改的结果而论,仍是不可调和。故而最终黄侃为符氏作序,却名不副实,不去"下劣"之观。知此,符氏夸饰黄侃之言以自重,不至有杨树达如此深之误解。

四

《论语·卫灵公》言:"君子不以言举人,不以人废言。"言多增饰,学人需有勘破迷雾之识力。不以符定一之言否定黄侃学术上之审慎,亦不以杨树达之言否定黄侃之识见,方是学人读书之真功夫。学有所尚,未可一概而论。以此而言,相较于叶德辉《联绵字典序》与王树枏《叙》,黄、杨之言各有其学术立场,皆非客观之评价。欲客观评价符定一《联绵字典》,当由其《凡例》与内容入手,与叶、王之序相互印证,将是书作为《说文》《尔雅》《广雅》《故训汇纂》之流衍,符定一初创之功、搜罗之功亦应得到肯定,"芜秽凌杂"则实属难免。

---

① 符定一著:《联绵字典·后叙》,第36页。

贾执《姓氏英贤谱》辑考*

陈 鹏**

【内容提要】 贾氏谱学闻名于东晋南朝,贾执《姓氏英贤谱》是贾氏谱学著作中唯一一部尚有遗文传世者。该书各姓氏条下往往先述姓源,再列述历朝名人简要行迹、谱系。该书载各姓氏次序,存在按声韵或部首排列的可能。其佚文今可考者,单姓10条,复姓68条,存疑1条,合计79条。从佚文来看,《姓氏英贤谱》内容包括姓源、地望、历代名人官爵行迹、近世士族谱系等,展现出谱传结合、谱牒与姓书合流的特点。

【关键词】 贾执 姓氏英贤谱 谱学

东晋南朝谱学发达,唐代谱学家柳芳称当时"官有世胄,谱有世官,贾氏、王氏谱学出焉"[①]。其中贾氏谱学始自东晋贾弼撰《姓氏簿状》,贾弼子匪之、匪之子渊、渊子执、执孙冠,世传谱学,最为知名[②]。东晋南朝的贾氏谱学,清人顾炎武、赵翼等业已关注[③],现代学者论东晋南朝谱学也有涉及,特别是范子烨、张蓓蓓二人有专文论述[④]。

在贾氏诸人的谱学著作中,贾执的《姓氏英贤谱》是唯一一部尚有遗文可寻者,予以辑佚和研究无疑将对贾氏谱学乃至整个东晋南朝谱学的认识有所推进。检诸孙启治、陈建华编《古佚书辑本目录》,该书有清人王仁俊辑本,收于《玉函山房辑佚书补编》[⑤];但王氏辑书往往随见随辑,而未广检众书,仅据

---

* 本文为教育部人文社会科学重点研究基地重大项目"中国中古史籍与史料的整理与研究"(16JJD770004)和吉林大学基本科研业务费项目(2016ZZ021)的成果。

** 本文作者为吉林大学文学院中国史系讲师。

① 《新唐书》卷一九九《儒学传中·柳冲传》,北京:中华书局,1975年,第5677页。

② 《南齐书》卷五二《文学传·贾渊传》,北京:中华书局,1972年,第907页;《南史》卷七二《文学传·贾希镜传》,北京:中华书局,1975年,第1776页;《新唐书》卷一九九《儒学传中·柳冲传》,第5676页。

③ 〔清〕顾炎武著,黄汝成集释,栾保群、吕宗力校点:《日知录集释》卷二三"姓氏书"条,上海:上海古籍出版社,2006年,第1294页;〔清〕赵翼:《陔馀丛考》卷一七《谱学》,北京:中华书局,1963年,第320页。

④ 范子烨:《贾氏谱学与〈郭子注〉》,《学术交流》1997年第5期;张蓓蓓:《魏晋南北朝贾执谱学研究》,《图书馆理论与实践》2013年第10期。

⑤ 孙启治、陈建华编:《古佚书辑本目录》(附考证),北京:中华书局,1997年,第177页。

《姓解》辑得1条①,远非《姓氏英贤谱》本貌。近年,张蓓蓓对《姓氏英贤谱》进行辑录,辑得32条②,但录文、句读存在问题,且有遗漏之处。是故,本文拟重新做《姓氏英贤谱》的辑佚工作,并对这部著作的体例、内容进行考察。

一、贾执《姓氏英贤谱》体例

梁启超称辑佚时"原书篇第有可整理者,极力整理,求还其书本来面目"③。本文在辑录《姓氏英贤谱》之前,先谈谈该书的概况和体例。作者贾执为南朝梁人,系贾渊之子④,是东晋南朝贾氏谱学的第四代传人。贾执继承家传谱学,曾担任官方修谱职事"知谱事"⑤,先后撰有《百家谱》二十卷、《百家谱钞》五卷和《姓氏英贤谱》一百卷等谱学著作⑥。

贾执的谱学著作,均早已散佚,惟《姓氏英贤谱》因被《元和姓纂》《广韵》《通志》《古今姓氏书辩证》诸书征引,得有佚文传世,成为东晋南朝贾氏谱学著作中唯一尚存遗文者⑦。这部书在《隋书·经籍志》《旧唐书·经籍志》《新唐书·艺文志》《通志·艺文略》中均被记作《姓氏英贤谱》,本文亦遵从史志目录的著录。但就诸书征引情况来看,其存在不同名称,包括《姓氏英贤谱》《姓氏英贤传》《姓氏英贤录》《姓氏英贤》《英贤传》《姓氏谱》《英贤谱》等,其中以《英贤传》最为常见⑧。

就《姓氏英贤谱》一书的体例而言,存在两个问题:一是书中每个姓氏条目下的记述方式,二是书中各个姓氏的排列次序。清人姚振宗称南宋章定《名贤氏族言行类稿》、明凌迪知《万姓统谱》为《姓氏英贤谱》之流裔⑨。姚氏之说本自《四库全书总目提要》关于章定《名贤氏族言行类稿》的观点。这给我们考察

---

① 〔清〕王仁俊:《玉函山房辑佚书续编三种》,上海:上海古籍出版社,1989年,第312页。
② 张蓓蓓:《魏晋南北朝贾执谱学研究》,第37—38页。
③ 梁启超:《中国近三百年学术史》,北京:商务印书馆,2011年,第323页。
④ 柳芳《氏族论》与《元和姓纂》均称贾执为贾渊之子,但《新唐书·宰相世系表》载贾执为贾渊之孙、贾悦之子。《南齐书·贾渊传》提到贾渊子"栖长",范子烨指出"执"字意"种","栖长"当为贾执的字,故当从《氏族论》《姓纂》之说。见范子烨:《贾氏谱学与〈郭子注〉》,第104页。
⑤ 贾执"知谱事",见南朝梁刘潜(字孝仪)《弹贾执傅湛文》,〔宋〕李昉等编:《文苑英华》卷六四九《弹文》,北京:中华书局,1966年,第3339页。
⑥ 《隋书》卷三三《经籍志二》,北京:中华书局,1973年,第989页;《旧唐书》卷四六《经籍志上》,北京:中华书局,1975年,第2012页;《新唐书》卷五八《艺文志二》,第1489页;〔宋〕郑樵撰,王树民点校:《通志二十略·艺文略第四》,北京:中华书局,2009年,第1588页。
⑦ 就诸书征引情况来看,《姓氏英贤谱》南宋尚存,元以后亡佚,至于明人征引此书,系转引它书。
⑧ 张蓓蓓:《魏晋南北朝贾执谱学研究》,第37页。
⑨ 〔清〕姚振宗:《隋书经籍志考证》,《二十五史艺文经籍志考补萃编》第十五卷,北京:清华大学出版社,2014年,第988页。

《姓氏英贤谱》的体例提供了线索。

《四库总目》论《名贤氏族言行类稿》曰：

> 此书作于嘉定己巳，以姓氏分韵排纂，各序源流于前，而以历代名人之言行依姓分隶，盖以谱牒、传记合为一书者也。案《隋书·经籍志》有贾执《姓氏英贤谱》一百卷，其书久佚，据李善《文选注》所引前列爵里，后详事迹，其体例同于此书，定殆仿之而作欤？①

《名贤氏族言行类稿》各姓氏条的记述方式，确如四库馆臣所言，"各序源流于前，而以历代名人之言行依姓分隶"。兹姑举一例为证：《名贤氏族言行类稿》载第一个姓为"冯"，首先征引《姓纂》关于冯姓源流的记述，而后列先秦至宋的冯姓名人小传②。姚振宗提及凌迪知《万姓统谱》，《四库总目》称此书"仿章定《名贤氏族言行类稿》，名为姓谱，实则合谱牒、传记而共成一类事之书也"③，该书各姓氏条也是先述姓源，再列该姓历代名人小传。

贾执《姓氏英贤谱》仅有佚文传世，无从考其原貌；但就佚文来看，存在先述姓氏源流，再列述历代名人行迹的情况（详见下文辑本），的确与章定《名贤氏族言行类稿》、凌迪知《万姓统谱》的体例相近。王力平论述宋代姓氏谱牒著作，即谓章定《名贤氏族言行类稿》"体例模仿贾执《姓氏英贤谱》"④。但有必要指出的是，《名贤氏族言行类稿》标明引自《姓氏英贤传》或《英贤传》的文字仅两条，且皆转引自《姓纂》⑤；作者章定很可能未亲睹此书，只是据它书引文加以效法。

《姓氏英贤谱》载姓氏次序，文献阙载，佚文也不足以说明问题，本文只能稍作推论。宋代郑樵曾对姓氏谱系文献的种类做过归纳：

> 其书虽多，大概有三种：一种论地望，一种论声，一种论字。论字者则以偏旁为主，论声者则以四声为主，论地望者则以贵贱为主。然贵贱升沈，何常之有，安得专主地望？以偏旁为主者可以为字书，以四声为主者可以为韵书，此皆无与于姓氏。⑥

"论地望""论声"与"论字"，是姓氏谱系文献排列姓氏的三种方式。那么，《姓

---

① 《四库全书总目》卷一三五《子部·类书一》，北京：中华书局，1965年，第1149页。
② 〔宋〕章定：《名贤氏族言行类稿》卷一"冯"姓条，《景印文渊阁四库全书》第933册，台北：台湾商务印书馆，1986年，第23—29页。
③ 《四库全书总目》卷一三六《子部·类书二》，第1154页。
④ 〔宋〕邓名世撰，王力平点校：《古今姓氏书辩证》，南昌：江西人民出版社，2006年，前言第8—9页。
⑤ 〔宋〕章定：《名贤氏族言行类稿》卷一"崔"姓条，第139页；同书卷五六"诸葛"姓条，第782页。
⑥ 《通志二十略·氏族略第一·序》，第2—3页。

氏英贤谱》是按何种方式排列诸姓呢？

郑樵提到"论地望"的姓氏谱系文献，即其所言"郡谱"①，指系姓氏以郡望的形式。凌迪知在《万姓统谱》"凡例"中称姓书"旧不下数十种，有论地望者，有论国氏者，有论声者，有论字者，有仿姓书编者"，其中"论地望，如《世本王侯大夫谱》《姓氏英贤录》是也，乃以贵贱为主"②。凌氏把《姓氏英贤谱》归入"论地望"一类，没有任何直接依据——此书当时已亡佚。其说也不符合事实，因为从《姓氏英贤谱》佚文来看，不乏非士族的姓氏，甚至存在不常见的姓氏，郡望无从谈起，故不可能按"地望"排列。况且，郑樵称"旧氏族家皆以声类，或以字别"③，贾执《姓氏英贤谱》当亦属"旧氏族家"之列。

"论声"与"论字"，即按声韵排列或按部首排列。声韵学在南朝齐梁较发达，有周颙《四声切韵》、沈约《四声谱》等韵书、韵谱④；按部首排列，是字书常用的形式，例如南朝梁顾野王《玉篇》。贾执撰《姓氏英贤谱》，采用这两种形式均有可能；限于材料，今无法断言其究竟采取哪种方式，但现存材料令人倾向于"论声"。如上所论，《姓氏英贤谱》与《名贤氏族言行类稿》体例相近，而后者即"以姓氏分韵排纂"。这种形式在唐以降的姓氏书中最为常见，包括今日治中古史常用的《元和姓纂》《古今姓氏书辩证》等，或许《姓氏英贤谱》已开先例。

简言之，贾执《姓氏英贤谱》是一部谱传合流的著作，其书各姓氏条下往往先述姓源，再列述该姓历代名人行迹；书中各姓的先后次序，存在按声韵和部首两种可能，其中"以姓氏分韵排纂"的可能性较大。

二、贾执《姓氏英贤谱》辑佚

在辑录佚文之前，尚有六点说明，作为辑本"凡例"：

一、贾执《姓氏英贤谱》载姓氏次序，如上所论，存在按声韵或部首两种可能。清人和近人整理《元和姓纂》《古今姓氏书辩证》皆按《广韵》韵部为序；但今无法确证《姓氏英贤谱》是"以姓氏分韵排纂"，且"分韵排纂"不便于今人翻检。是故，本文按姓氏拼音为序，先排单姓，再列复姓，另附存疑条目。

二、《姓氏英贤谱》同一条，往往被不同书征引。梁启超提出辑佚时"数书同引，则举其最先者"⑤。本文遵循此例，诸书引文大体相同，举其最先者；文字

---

① 《通志二十略·艺文略第四》，第1589页。
② 〔明〕凌迪知：《万姓统谱·凡例》，《景印文渊阁四库全书》第956册，台北：台湾商务印书馆，1986年，第2页。
③ 《通志二十略·氏族略第五》，第186页。
④ 参见张世禄：《中国音韵学史》，上海：上海书店，1984年，第167—189页。
⑤ 梁启超：《中国近三百年学术史》，第323页。

有异，征引内容最全者，差异较大之处，于注释说明。

三、诸书征引贾执《姓氏英贤谱》，存在《姓氏英贤传》《姓氏英贤录》《英贤传》等不同名称，其中《英贤传》最常见。本文皆存其旧貌，对书名不做统一。

四、古人引书，因没有引号，引文始末不易确定，诸书引《姓氏英贤谱》同样如此。例如《通志·氏族略》"熊相氏"条曰：

> 熊相氏　芈姓。《英贤传》，楚熊相宜僚之后。怀王时将军熊相祁。①

"怀王时将军熊相祁"一句，是否出自《姓氏英贤谱》，颇难判断。然上文指出《姓氏英贤谱》各姓氏条下往往先述姓源，再述该姓历代名人行迹，上举"熊相"姓条正属这类情况。比照《古今姓氏书辩证》"熊相"姓条，恰可证实这点。《辩证》曰"贾执《英贤传》有楚怀王将军熊相沂"②，"祁""沂"之别，显为形近致讹；但《辩证》此条足可证明《通志》"怀王"以下亦出自《英贤传》。是故，对于类似情况，本文亦视作《姓氏英贤谱》佚文。

五、辑本佚文出处，于引文后以括号标注。部分征引文献予以简称，相关文献简称及版本情况如下：

（1）《姓纂》=〔唐〕林宝撰，岑仲勉校记：《元和姓纂》（附四校记），北京：中华书局，1994年；

（2）《氏族略》=〔宋〕郑樵撰，王树民点校：《通志二十略·氏族略》，北京：中华书局，2009年；

（3）《辩证》=〔宋〕邓名世撰，王力平点校：《古今姓氏书辩证》，南昌：江西人民出版社，2006年；

（4）《广韵》=周祖谟：《广韵校本》，北京：中华书局，2011年。

（5）《御览》=《太平御览》北京：中华书局，1960年。

六、标注佚文出处格式作"《某书》A/B"，A指卷次（或篇次），B指页数。例如"《姓纂》6/967"指"《元和姓纂》卷六，中华书局，1994年，第967页"；"《氏族略》4/141"指"《通志二十略·氏族略四》，中华书局，2009年，第141页"。

贾执《姓氏英贤谱》辑本

（一）单姓

1 采　黄帝封其子于右北平采亭，因氏焉。北平，汉渡辽将军采皓。见《英贤传》。（《姓纂》6/967）

---

① 《通志二十略·氏族略第五》，第170页。
② 《古今姓氏书辩证》卷二"熊相"姓条，第17页。

2 崔 齐太公生丁公伋，生叔乙，让国居崔邑，因氏焉。自穆伯至沃、杼、成、良，代为卿大夫。良十五代孙意如，秦东莱侯，生二子伯基、仲牟。伯基居清河东武城，仲牟居博陵安平，并为著姓。见《姓氏英贤传》。(《姓纂》3/231)①

3 郭 贾执《姓氏谱》定太原五姓。(《辩证》38/601)

4 坎 《英贤传》云：宋附庸有坎氏。(《姓纂》7/1147)②

5 山 贾执《姓氏谱》：河内五姓，其一山氏。(《辩证》8/126)

6 王 《姓氏英贤录》曰：王巾，字简栖，琅邪临沂人也。有学业。为《头陀寺碑》，文词巧丽，为世所重。起家郢州从事，征南记室。天监四年卒。碑在鄂州，题云：齐国录事参军琅邪王巾制。(《文选》李善注)③

7 熙 《英贤传》曰：帝喾使玄冥为水正，熙氏佐之，为氏焉。(《姓纂》2/124)④

8 修 《英贤传》曰：出自少昊子修，为帝喾玄冥师，掌水官，其后氏焉。汉有校尉修炳。晋梁硕迎修湛，领新昌太守事，王敦遣王谅诛之。(《辩证》18/262)

9 薛 贾执《姓氏谱》：刘、朱、周、武、薛为沛国五姓。(《辩证》38/591—592)

10 颜 《姓氏英贤录》曰：宋颜竣字士逊，少有令名，太祖问其父延之曰："诸子谁有卿风？"延之曰："竣得臣笔，测得臣文，䮕得臣义，跃得臣酒。"(《御览》518/2357)⑤

---

① 《姓纂》此条散佚，据《姓纂》岑仲勉校（下简称"岑校"），此条系孙星衍据谢枋得《秘籍新书》补。见〔宋〕谢枋得辑，〔明〕吴道南辑补：《新锲簪缨必用增补秘籍新书·别集》卷二《类姓》"崔"条，《四库全书存目丛书·子部》第200册，济南：齐鲁书社，1995年，第567页。

② 《姓纂》以"坎氏"为复姓，而《通志·氏族略三》"坎氏"条与《姓纂》略同，但视之为单姓，岑校认为当作单姓，今从之。

③ 《六臣注文选》卷五九《碑文下·头陀寺碑文》李善注，北京：中华书局，1987年，第1086页。按：同书同卷吕延济注引《姓氏英贤录》文字颇有不同："王巾，字简栖，琅邪临沂人也。齐朝起家郢州从事，后为辅国录事参军。"这是对同一文字的不同节引。

④ 《姓纂》以"熙氏"为复姓，岑校谓当依《通志》为单姓，今从之。

⑤ 明代焦竑《焦氏类林》、何良俊《语林》引《姓氏英贤录》，文字与此不同。《焦氏类林》卷六下《矜率》引《姓氏英贤录》曰："文帝问颜延之以其诸子才能。曰：'竣得臣笔，测得臣文，䮕得臣义，跃得臣酒。'何尚之嘲曰：'谁得卿狂？'曰：'其狂不可及。'"(《丛书集成初编》192册，北京：中华书局，1985年，第261页。)《何氏语林》卷四《言语》引《姓氏英贤录》曰："颜竣字士逊，延之长子也。少有令誉，为宋孝武抚军主簿，甚被知遇，竣尽心补益。孝武镇寻阳，迁南中郎记室。及文帝崩，问至，孝武举兵入讨，转咨议参军领军record事。"(《景印文渊阁四库全书》第1041册，台北：台湾商务印书馆，1986年，第500页。)《焦氏类林》和《语林》引文，均存在不见于《御览》者。然《姓氏英贤谱》在明代已亡，焦、何二人当未见原书。其引文不见于《御览》之处，《宋书·颜竣传》《南史·颜延之传》有类似记载，疑二者因《御览》引《姓氏英贤录》，遂认为《宋书》《南史》相关记载亦出自《姓氏英贤录》。

(二) 复姓

11 安国 汉武帝使安国少季使南越,见《姓氏英贤传》。(《氏族略》4/141)

12 安期 《英贤传》:安期生,古仙人。汉有安期先生,蒯通友也。今琅琊人。(《姓纂》4/508;《广韵》1/62)①

13 安是 《英贤传》:晋厉公大夫安是叔施。(《氏族略》5/206)②

14 北海 《英贤传》曰:古有刘河者,处于北海,其后以为氏。吴大夫有北海子高。(《氏族略》3/103)③

15 北唐 《英贤传》曰:晋有高人越者,隐于北唐,因氏焉。汉有北唐子真,治《京氏易》。(《姓纂》卷10/1619)

16 不更 《英贤传》:秦公子不更之后;或云,秦大夫爵为不更,因氏焉。秦简公时,不更苗为执法也。(《姓纂》卷10/1520)④

17 补禄 《英贤传》:晋惠帝时殿中中郎补禄彪。(《氏族略》5/206)⑤

18 大庭 《英贤传》曰:古帝号。一云炎帝诸侯也,后为氏。(《氏族略》4/121)

19 大心 《英贤传》:楚有大心,令尹得臣之子,因氏焉。楚怀王时,大心子成,为黄邑大夫。(《氏族略》4/135)⑥

20 东乡 汉有并州护军东乡子琴,高密人。见《英贤传》。(《氏族略》3/102)⑦

21 斗耆 《英贤传》云:斗伯比之孙斗耆仕晋,因氏焉。(《氏族略》5/169)

22 凡闾 贾执《英贤谱》云:今东莞有之。(《广韵》1/72)

23 逢孙 《英贤传》:秦大夫逢孙之后。汉有陇西北部都尉逢孙依。(《姓纂》1/61)⑧

---

① 此条系用《姓纂》与《广韵》拼合而成。
② 《辩证》卷八"安是"姓条引《英贤传》叙述方式有所不同:"晋有安是叔施,事晋厉公。"
③ 《辩证》卷四〇"北海"姓条曰:"《英贤传》曰:古有若刘河,处北海,因氏焉。北海无择,即其后也。"倘据《辩证》,"北海无择,即其后也"亦当出自《姓氏英贤谱》"北海"姓条;但"北海无择"实为"北人无择"之误,后者出自《庄子·让王篇》,故不采用《辩证》引文。
④ "秦简公",《姓纂》原作"齐简公",《通志·氏族略四》"以爵为氏·不更氏"引《英贤传》作"秦简公",《姓纂》岑校谓当依《通志》作"秦"。"不更"为秦爵,岑校是,今据《通志》改。
⑤ "殿中中郎",《辩证》卷二二"补禄"姓条引《英贤传》作"殿中中郎将";"补禄彪",《辩证》作"补禄芘"。
⑥ "楚有大心",《辩证》卷三一"大心"姓条引《英贤传》作"楚成大心";"因氏焉",《辩证》作"其孙以王父字为氏";"楚怀王",《辩证》作"楚襄王"。
⑦ 《广韵》卷一"上平声·一东·东"曰:贾执《英贤谱》云:今高密有东乡姓"(周祖谟《广韵校本》,第24页)
⑧ "汉"字,《姓纂》原无,此据《通志·氏族略三》"逢孙氏"条引《英贤传》补。

24 傅馀 《姓氏英贤传》云：傅说为相，子孙留傅岩者号傅馀氏。晋傅余颁撰《复姓录》。(《氏族略》4/145)

25 钩弋 《英贤传》：汉昭帝母钩弋夫人赵氏，居河间，又为钩弋氏。(《姓纂》5/733)

26 韩褐 《英贤传》云：晋韩厥之后。赵肃侯有大夫韩褐胥居。(《辩证》8/121)①

27 函冶 《英贤传》：后汉黄门侍郎函冶子觉。(《氏族略》5/206)

28 狐丘 《英贤传》：出自狐丘封人之裔。(《氏族略》3/98)②

29 滑伯 《英贤传》曰：姬姓，因氏焉。陈留，汉有滑伯堪，为齐悼王中尉。(《姓纂》10/1535)③

30 皇甫 贾执《姓氏谱》谓之"安定五姓"。(《辩证》15/226)

31 稷丘 《英贤传》曰：汉稷丘子得仙。(《姓纂》10/1614)

32 将具 《英贤传》：齐太公子将具之后，见《国语》。(《氏族略》4/133)④

33 京相 见《英贤传》，望出济南。晋京相璠作《春秋土地名》三卷。(《氏族略》5/205)

34 精纵 《英贤传》曰：周成王子精，别封纵邑，因以为氏。(《姓纂》5/625)

35 空桑 《姓氏英贤传》云：伊尹生于空桑，支孙氏焉。(《氏族略》4/161)

36 葵丘 《英贤传》：古有葵丘䜣。又石虎时有龙骧将军葵丘直。(《氏族略》3/90)

37 利作 《英贤传》：后汉安乐任叙，取同郡利作氏女。(《辩证》29/438)

38 梁其 《英贤传》云：鲁公伯禽庶子梁其之裔。(《姓纂》5/580)

39 廪丘 《英贤传》：齐有隐者廪丘充。(《辩证》28/423)

40 路中 贾执《英贤谱》云：路中大夫之后，以路中为氏。(《广韵》1/26)

41 吕管 《英贤传》：汉巨鹿都尉吕管次祖，中山人。(《氏族略》5/206)⑤

42 马适 《英贤传》：汉有毕梁侯马适育。汉功臣马适求，聚党讨王莽，见害。(《氏族略》5/205)

---

① "晋韩厥"，《辩证》原无"晋"字，《通志·氏族略五》"韩褐氏"条引《英贤传》有此字。《姓氏英贤谱》列述历代人物，例冠以朝代或政权名号，故今补"晋"字。又，《通志》于"赵肃侯"云云上有"韩子云"三字，但检《韩非子》一书，无"韩褐胥居"其人，疑《通志》传抄致误。

② "狐丘"，《姓纂》卷三作"孤丘"，岑校认为当从《通志》作"狐丘"，故今据《通志》录文。

③ 岑校谓此条语意不完，当有夺漏。清张澍《姓氏寻源》卷四一"滑伯"姓条曰《英贤传》云：周同姓国，为晋灭，子孙以国为氏"(张振兴校点，长沙：岳麓书社，1992年，第528页)，未知何据。

④ "将具"，《辩证》卷一四作"将其"，《通志·氏族略四》"将巨氏"条称"即将具氏之讹也。《汉艺文志》，六国时将具子彰，著书五篇"，考《汉书·艺文志》有"《将巨子》五篇"，六国时人撰，故今从《通志》作"将具"。此外，《通志》称该姓"见《国语》"，今检《国语》未见，"见国语"三字或系衍文。

⑤ "巨鹿都尉"，《姓纂》卷六"吕管"姓条引《英贤传》讹作"吕管都尉"，今据《通志》录文。

43 麦丘 《英贤传》：齐桓公时贤人麦丘老人。(《姓纂》10/1594)

44 祁夜 《英贤传》：祁大夫之后。后汉龙骧将军祁夜丰。(《氏族略》5/169)

45 钳耳 《姓氏英贤传》曰：本胡姓。天监初有钳耳期陵，自河南归化。父同，祖光，并仕房至三品。(《氏族略》5/182)①

46 青史 《英贤传》：晋太史董狐之子，受封青史之田，因氏焉。(《氏族略》4/148)

47 趣马 《英贤传》：楚趣马厥之后。后汉有南阳郡功曹趣马思。(《姓纂》8/1212)②

48 渠丘 《英贤传》云：彭城有渠丘氏焉。(《姓纂》2/222)

49 少师 《英贤传》：鲁有少师强，又有少师庆。(《氏族略》4/153)

50 蛇丘 见《英贤传》。济北，后汉河内太守蛇丘惑，生重，济北太守，女适羊续。(《姓纂》5/580)

51 士季 晋士氏之子士季，生渥浊，为士季氏。见《姓氏英贤传》。(《氏族略》5/169)

52 尸逐 《姓氏英贤传》云：南匈奴尸逐鞮裔孙降汉，以国为氏。(《氏族略》5/179)③

53 石作 《姓氏英贤传》：石作蜀，仲尼弟子，见《史记》。(《氏族略》5/205)④

54 叔带 《英贤传》：赵叔带之后。齐大夫有叔带子庄，为庄公卿。(《姓纂》10/1453)⑤

55 叔服 《英贤传》云：周太史叔服之后。晋武公大夫叔服之要。(《姓纂》10/1454)⑥

56 孙阳 《英贤传》曰：秦穆公子孙阳伯乐，善相马，其后氏焉。汉有侍御

---

① "仕房"，《姓纂》卷五"箝耳"姓条引《姓氏英贤传》作"仕魏"。《姓氏英贤谱》作者贾执为南朝人，称北魏为"房"可能性较大，故今据《通志》录文。

② "楚"，《通志·氏族略四》"趣马氏"条引《英贤传》作"周"；"趣马思"，《通志》作"趣马恩"。

③ "尸逐"，《姓纂》卷二引《姓氏英贤传》作"尸遂"，"尸逐"屡见于南匈奴单于名号，《姓纂》字误，今据《通志》录文。"尸逐鞮"，《通志》原作"尸逐鞬"，"尸逐鞮"见《后汉书·南匈奴列传》，此据《姓纂》改。又，《姓纂》于"降汉"前有"尸逐"二字。

④ 《辩证》卷三九"石作"姓条曰："孔子弟子石作蜀，字子明，《英贤传》曰'姓石作名蜀'。"文字有所不同。

⑤ "叔带子庄"，《姓纂》原阙"叔"字，《辩证》卷三四"叔带"姓条有"叔"字，岑校以为当有，今据《辩证》补。

⑥ "太史"，《辩证》卷三四"叔服"姓条引《英贤传》作"内史"；"叔服之要"，《通志·氏族略四》"叔服氏"条作"叔服子要"。

史孙阳放。(《氏族略》4/137)①

57 夙沙 《英贤传》:炎帝时侯国也,因氏焉。《左传》齐宦者夙沙卫。(《姓纂》10/1478)

58 桐里 见《英贤传》。后汉御史中谒者桐里斥,生儒,议郎;晋博昌令桐里夫,并河东人。(《氏族略》3/103)

59 屠住 《英贤传》:楚公子屠食采于住乡,因氏焉。(《氏族略》5/170)②

60 王史 《英贤传》:周共王生圉,圉曾孙满生简,简生业,业生宰,世传史职,因氏焉。汉清河太守王史篆,生音,新丰令。《艺文志》有王史氏。后汉侍中王史元庠。晋亦有王史氏。(《氏族略》4/148)③

61 五王 贾执《英贤录》:东莞有五王氏。《史记》云出齐威王至建王五王之后。(《广韵》2/179)

62 无庸 《姓氏英贤传》:楚熊渠生无庸,因氏焉。又无庸先生,学仙道。(《氏族略》4/135)

63 西鉏 《左传》宋大夫西鉏吾,汉有侍御史西鉏虚。见《英贤传》。(《氏族略》5/203)④

64 西郭 《姓氏英贤传》云:齐有贤者居西郭,因氏焉。汉有谒者仆射西郭嵩。晋有秘书郎西郭阳,北海人,何承天云西朝名士也。(《氏族略》3/101)

65 辛廖 《英贤传》:晋大夫辛廖之后。汉有河间相辛廖通。(《辩证》6/94)

66 熊相 《英贤传》:楚熊相宜僚之后。怀王时将军熊相祁。(《氏族略》5/170)⑤

67 夷鼓 《英贤传》:黄帝子夷鼓之后,见《国语》。秦大夫有夷鼓德宜。(《姓纂》2/104)⑥

---

① "其后氏焉",《通志》原无,《辩证》卷七"孙阳"姓条引《英贤传》有此四字,按文意当有,今据《辩证》补。
② 今本《元和姓纂》卷三"屠住"姓条略同,但岑校指出系后人据《通志》补,非《姓纂》原文,故今据《通志》录文。
③ "生音,新丰令",《辩证》卷一四"王史"姓条引《英贤传》作"生新丰令普"。"音"、"普"之别,显系字讹所致,今无从考。
④ "侍御史西鉏虚",《姓纂》卷三"西鉏"姓条作"御史西鉏吾",岑校称上文已有西鉏吾,当以"西鉏虚"是,故今据《通志》录文。
⑤ "熊相祁",《辩证》卷二"熊相"姓条引贾执《英贤传》作"熊相沂"。
⑥ 《通志·氏族略四》"夷鼓氏"条曰:"《英贤传》,黄帝之子夷鼓之后。《国语》,秦大夫有夷鼓德宜。"(第124页)罗泌《路史》卷一四《后纪五》曰:"《国语》秦有夷彭思宜氏。《姓英录》云:黄帝子夷彭之后。邓《姓辨》引《英贤传》作'夷鼓偲宜',误。"(《景印文渊阁四库全书》第383册,台北:台湾商务印书馆,1986年,第127页)倘据《通志》《路史》,则"黄帝之子夷鼓之后"出自《姓氏英贤谱》,"秦大夫"云云出自《国语》。考诸《国语》,夷鼓为黄帝子,见《晋语四》,而"秦大夫"云云《国语》无闻。是故,今从《姓纂》录文。

68 沂相 《英贤传》云：鲁沂大夫为相，因氏焉。汉侍御史沂相封。（《氏族略》5/171）

69 游棣 《英贤传》曰：游棣子，著书一篇，言法家事。（《氏族略》5/206）①

70 有扈 《姓氏英贤传》曰：有扈氏，今为弘农人。（《氏族略》2/71）

71 原伯 《英贤传》曰：《左传》周原伯绞之后氏焉。晋孝公时，有大夫原伯盖。（《辩证》7/60）

72 长孙 梁贾执《姓氏英贤传》云：北海长孙氏，左王鱼家后。（《姓纂》7/1082）

73 诸葛 《英贤传》云：有熊氏之后。旧居琅琊诸县，后徙阳都。先有詹葛，时人谓之诸葛氏，因氏焉。（《姓纂》2/219；《氏族略》5/205）②

74 中梁 《英贤传》云：古隐者中梁子之后。（《辩证》2/16）

75 子孟 姬姓，鲁公子子孟之后，见《英贤传》。又齐简王时有子孟卿，为大夫。（《姓纂》6/836）③

76 淄丘 《英贤传》：齐勇士淄丘䜣。（《氏族略》3/99）

77 子倪 《英贤传》云：子倪子，齐人，著书五篇，与穆直同。（《辩证》22/335）

78 子雅 齐惠公孙子雅之后。见《英贤传》。（《姓纂》6/834）

（三）存疑条目

79 蠱 蛊，或省作虫，人姓也。汉高帝功臣有蛊达，古蛊子之后。见《姓氏英贤录》。（杨慎《丹铅总录笺证》）④

以上共辑得贾执《姓氏英贤谱》佚文单姓10条，复姓68条，存疑条目1条，计79条。

---

① "游棣"，《通志》原作"游棣"，《辩证》卷一九"游梓"姓条引《英贤传》作"游梓"。字书无"棣"字，而《游棣子》一篇见《汉书·艺文志》，故今作"游棣"。

② 此条系用《姓纂》"诸葛"姓和《通志》"瞻葛氏"条拼合而成。从"詹葛"（瞻葛）与"诸葛"的关系来看，《姓氏英贤谱》记述"詹葛"姓，当属"诸葛"姓条，后世姓书分作二姓，今合为一条，置于"诸葛"姓下。

③ "鲁公子子孟"，《姓纂》原作"鲁公子孟"，《通志·氏族略三》"子孟氏"条作"鲁公子子孟"，岑校谓当依《通志》重"子"字，今据补。

④ 〔明〕杨慎撰，王大淳笺证：《丹铅总录笺证》卷一四《定讹类》"虫蛊通用"条，杭州：浙江古籍出版社，2013年，第588页。按：《辩证》《通志》诸书"虫"姓条，与此条大略相同，但均未言出自《姓氏英贤谱》。杨慎为明人，无从见《姓氏英贤谱》原书，故存疑。

三、贾执《姓氏英贤谱》内容

本文对《姓氏英贤谱》佚文的辑录整理,给认识这部著作带来一定直观感受。但必须指出的是,《姓氏英贤谱》辑本 79 条,仅占原书篇幅(100 卷)极小的一部分;而且辑佚的姓氏多为不常见者,诸多常见姓氏尤其是士族姓氏的条目多已亡佚——这些才应是此书最具价值之处。不过,鉴于东晋南朝谱牒文献少有传世,这部著作更是贾氏谱学唯一尚存遗文者,对辑本内容进行考察,仍有助于认识贾氏谱学乃至南朝谱学。

从佚文来看,《姓氏英贤谱》兼具谱牒和传记的功能。研究者将其内容归纳为如下三点:叙姓源、叙郡望、叙各姓历史名人及其轶事[①];笔者认为还可补充一点,即叙述家族谱系。以下就此四点,在既往研究基础上,结合辑本稍作论述。

1. 姓源:辑本 79 姓,其中 42 条涉及姓源,很可能每姓均记述姓源。姓氏起源或得姓缘由,在先秦秦汉已受关注,见于《世本·氏姓篇》《白虎通·姓名篇》《风俗通·姓氏篇》《潜夫论·志氏姓》,《左传》、《史记》等著作也常提及某姓起源。魏晋以降,曹魏管宁《氏姓论》、晋黄蓉《姓族》、宋何承天《姓苑》等著作,继承秦汉姓氏学观念,并发展了所谓"父系意识"[②]。东晋南朝谱牒也往往记载姓源,或者说谱牒吸收了姓氏学知识,故《隋志》将"谱系"文献也称作"氏姓之书"[③]。《姓氏英贤谱》记述姓源,正是南朝谱学与姓氏学合流的产物。

2. 地望:《姓氏英贤谱》载姓氏地望,考其佚文,有两种形式:一是记述"某地有某姓",例如"凡闾"姓条称"今东莞有之",是对该姓族实际居地的记述。二是"某郡五姓"的规定,见于薛、郭、山、皇甫四姓条,今归纳如下:

沛国五姓:刘、朱、周、武、薛
太原五姓:郭、(其余四姓)
河内五姓:山、(其余四姓)
安定五姓:皇甫、(其余四姓)

北朝定姓族有所谓"郡姓"[④],《古今姓氏书辩证》引北魏《太和姓族品》有云"荥

---

① 张蓓蓓:《魏晋南北朝贾执谱学研究》,第 38 页。
② 侯旭东:《汉魏六朝父系意识的成长与"宗族"》,《北朝村民的生活世界》,北京:商务印书馆,2005 年,第 93—95 页。
③ 《隋书》卷三三《经籍志二》,第 990 页。
④ 《隋书》卷三三《经籍志二》,第 990 页;《新唐书》卷一九九《儒学传中·柳冲传》,第 5678 页。

阳四姓：郑、皇甫、崔、毛"①，与《姓氏英贤谱》上述情况类似。换言之，《姓氏英贤谱》载"某郡五姓"很可能是南朝士族评定的结果。唐代柳芳《氏族论》曰："江左定氏族，凡郡上姓第一，则为右姓"②。倘将"郡上姓第一"理解为一郡中门第最高的几个家族，可与《姓氏英贤谱》载"某郡五姓"相合。

3. 历代名人官爵行迹：《姓氏英贤谱》于一姓之下，往往列举历代名人，简述官爵、行迹。这是六朝姓氏学的新特点，是门阀制度标榜人物、鼓吹阀阅的表现，何承天《姓苑》即已如此③。但《姓氏英贤谱》稍有不同的是，对南朝人物有较详细的记述，比如"颜"姓条对颜延之的记述。这是将传叙文体纳入谱学著作的表现，可能受到"先贤传"等文献的影响，故又被称作"姓氏英贤传"。

4. 谱系：这部著作以"谱"为名，当记述谱系。就佚文来看，"崔"姓条记述了崔氏先秦世系，但未见其它相关条目。唐林宝撰《元和姓纂》在当朝士族姓条下，往往先述姓源，次列述先秦汉晋名人，再记述士族谱系。《姓氏英贤谱》可能已采用类似形式，且在谱系记述附上重要人物的小传；只是该书散佚严重，目前无从证实此点。

四、结　语

本文对南朝梁贾执《姓氏英贤谱》进行了辑佚，辑得佚文单姓 10 条，复姓 68 条，存疑 1 条，计 79 条。尽管较诸原书一百卷的篇幅而言，佚文数目并不可观，但结合佚文与后世研究，对这部著作的体例与内容仍得窥一斑。这部著作在各姓条下往往先述姓源，次载历代名人官爵行迹，再记述近世（东晋南朝）地望；对士族姓氏，还记载家族谱系和重要人物小传。可惜《姓氏英贤谱》所载士族谱系少有遗文传世，无法据此考察南朝家谱格式；但该书所载士族地望，尤其"某郡五姓"条目，为考察"江左定氏族"提供了案例。

从内容来看，《姓氏英贤谱》是一部谱牒与传记相结合的著作，展现出南朝谱学和杂传（尤其是"先贤传"）发达的时代特色。同时，它也是一部兼具谱牒与姓书特点的著作，开启了唐《元和姓纂》、宋《古今姓氏书辩证》等姓书的先声。

---

① 《古今姓氏书辩证》卷三八"薛"姓条，第 592 页。
② 《新唐书》卷一九九《儒学传中·柳冲传》，第 5678 页。
③ 参见〔清〕王仁俊：《玉函山房辑佚书续编三种》，第 316—326 页。

从《郡斋读书志》《直斋书录解题》
看宋代蜀地书籍及蜀本的流通

刘学伦、潘美月^{*}

【内容提要】 四川是宋代三大刻书中心之一。蜀地是否因地处偏僻、交通不便,造成书籍流通不易,所以才需自行刻书以供自足,进而间接促使蜀地刻书兴盛?从晁公武《郡斋读书志》和陈振孙《直斋书录解题》书中所记的版本,《郡斋读书志》的"蜀本"未必较其他刻本多,《直斋书录解题》的"蜀本"也不比其他版本少。显见蜀地并未因地处偏僻、交通不便而需刻书以供自给,也未影响书籍的流通。蜀刻本也未因相同的原因而无法流通至他处。

【关键词】 蜀地 晁公武 陈振孙 《郡斋读书志》《直斋书录解题》

一、引 言

宋代是我国雕版印刷事业兴盛时期,就地区而言,以杭州、四川、福建三地为主要的刻书地区。蜀本不仅墨色好、纸质佳,容易保存,而且"字大如钱"方便阅读,受到版本学家和藏书家的肯定与推崇。

书籍的流通,就算是在交通发达的今日,有时也还受限于地域的限制,不易购得他处的图书。古代交通与今日相较更加不便,书籍的购得,更是受限于书人的活动之地。蜀地地处偏僻,宋初虽有雕印《开宝藏》,后运往汴京的实例,但这是官方力量投入的缘故,一般民间没有大量的人力、财力,是否会因此造成书籍流通不易?版本学上有一种论点,认为宋代蜀地之所以刻书兴盛,是因为地处偏僻、交通不便,所以刻书以供自用;同样地,蜀刻本也因为地处偏僻、交通不便的缘故,不易流通至他处。这个问题,值得我们去深思和探究。

笔者认为,我们可以从宋代的两部私家书目——晁公武《郡斋读书志》(以下简称《读书志》)和陈振孙《直斋书录解题》(以下简称《书录解题》)进行探讨。两人活动范围,晁公武在南渡之后多在四川,陈振孙多在浙江,二人各处一地,分占东西。借由两人藏书目录中所记版本之数据,可以反映出宋代时书籍流

---

^{*} 刘学伦,北京师范大学珠海分校文学院。潘美月,台湾大学中国文学系。

通的概况。

在探讨的内容范围上，因为《读书志》有袁、衢两种版本的分别，清代王先谦以衢本为底本，用袁本校之，为校订本，是《读书志》最通行的版本，故本文引用《读书志》时皆使用此本。袁本中的《附志》为袁州宜春人赵希弁所撰，王先谦校订本虽兼而著录，但此部分并非晁公武所著述，故舍而不用。《书录解题》则无此问题。

二、井度、晁公武的活动范围

（一）井度的活动范围

井度，字宪孟，从《读书志》之《自序》得知是南阳人，曾任四川转运使。衢本《读书志序》云："公武家自文元公来，以翰墨为业者七世，故家多书。……一日贻书曰：某老且死，有平生藏书甚秘惜之。……今举以付子，他日其间有好学者归焉，不然，则子自取之。公武惕然从其命，书凡五十箧。"①可知晁公武为书香子弟，原本家中藏书颇多，最终却因靖康之乱而尽毁于兵燹。之后避难入蜀，得四川转运使井度所赠五十箧的书籍。因此，在探讨《读书志》中有关版本资料的问题时，有必要对井度的生平先进行了解。如果井度活动及仕途的范围不拘于蜀地，那他所得之书的来源，也很可能不限于蜀地，这样，就无法依据《读书志》来判断蜀地书籍流通的情形。

《宋史》未有井度的传记，我们仅能从其他零星的文献来了解其生平梗概。《读书志》中的"宋书条"中，有关于井度刻书的资料："嘉祐中，以宋、齐、梁、陈、魏、北齐、周书，舛谬亡阙，始诏馆职雠校，曾巩等以秘阁所藏多误，不足凭以是正。请诏天下藏书之家悉上异本。……绍兴十四年（1144），井宪孟为四川漕，始檄诸州学官求当日所颁本，时四川五十余州皆不被兵，书颇有在者，然往往亡阙不全，收合补缀，独少《后魏书》十许卷，最后得宇文季蒙家本，偶有所少者，于是七史遂全，因命眉山刊行焉。"②

李心传《建炎以来系年要录》中也有数条井度的资料："建炎四年（1130）九月己未：宜徽猷阁刘民瞻、朝议大夫井度为利州路转运副使。"③"绍兴十年（1140）五月己亥：右朝请大夫权川陕宣抚司参议官井度兼权四川转运副

---

① 〔宋〕晁公武撰，王先谦校：《郡斋读书志》，长沙王先谦刊影印本，台北：广文书局，1979年，第8—9页。《读书志》有袁本和衢本二个版本。衢本序文比袁本序文多了书籍卷数和署时，而文字亦有稍许不同，今从衢本。

② 〔宋〕晁公武撰，王先谦校：《郡斋读书志》卷五，第455—456页。

③ 〔宋〕李心传：《建炎以来系年要录》卷三十七，丛书集成初编本，北京：中华书局，1985年，第710页。

使。……久仕于蜀,故胡世将奏用之。"①"同年闰六月癸酉:四川转运副使井度始受命。"②"绍兴十二年七月丙申:直秘阁四川转运副使井度兼川陕宣抚司参议官,令再任。"③

上述资料言及地名的有川陕、利州、成都、潼州。可知井度仕任、活动范围,均在蜀地。从"久仕于蜀"一语,更言明井度在四川活动了很长的时间。另外,从《读书志序》中,可知井度是在当上了四川转运使之后,俸禄较从前优渥,所以拿其一半来购书。从这点也可证《读书志》中著录井度所赠之书,其来源于蜀地。

(二) 晁公武的活动范围

《读书志》作者晁公武,字子止,世称昭德先生,生卒年不详。《读书志》中所著录的书籍,并非全部是井度所赠之书。衢本《读书志序》:"合吾家旧藏,除其复重,得二万四千五百卷。"④似乎晁公武仍有入蜀前的家藏旧书。如此,这些旧书的来源,很可能并非蜀地。

但衢本《读书志》"晁文元《道院别集》十五卷、《法藏碎金录》十卷、《耄智余书》三卷、《昭德新编》三卷、《理枢》一卷"条云:"自经兵乱,六世图书焚弃无孑遗。《法藏碎金》世传最广,先得之于赵郡苏府,《昭德新编》则得之于丹棱李焘,《道院别集》则得之于知阆州王辅,《耄智余书》则得之于眉山程敦厚,《理枢》则得之于《渑池集》中。"⑤这段文字不见于袁本。在袁本中,也仅有《法藏碎金录》和《道院别集》二种。袁本是"初稿本",衢本是"增订本"⑥,连先祖所著之书,都要等到初稿本完稿之后才能多方搜求得到,更遑论其他的书籍。所以笔者认为,在兵燹之后,晁公武家藏旧书果真"尺素不存"。而所谓的"合吾家旧藏",指的是晁公武入蜀之后所广求搜得的书籍。因此,这些书籍的来源之处,同样以蜀地的可能性为最大。

晁公武在《宋史》中亦无传,也只能零星地从其他人的著作、史料笔记等文献数据来了解他的生平事迹。近人陈祺寿发表在《国粹学报》的《宋目录学家晁公武陈振孙传》⑦,对于晁公武的生平事迹,搜罗详尽。传中提及的活动地

---

① 〔宋〕李心传:《建炎以来系年要录》卷一百三十五,第2173页。
② 〔宋〕李心传:《建炎以来系年要录》卷一百三十六,第2189页。
③ 〔宋〕李心传:《建炎以来系年要录》卷一百四十六,第2335页。
④ 〔宋〕晁公武撰,王先谦校:《郡斋读书志》,第9页。
⑤ 〔宋〕晁公武撰,王先谦校:《郡斋读书志》卷十九,第1120—1121页。
⑥ "袁本"是初稿本,"衢本"是增订本的说法,参见刘学伦:《郡斋读书志"蜀本"版本考》,(台湾)《东方人文学志》,2003年,第2卷第3期,第135—147页。
⑦ 陈祺寿:《宋目录学家晁公武陈振孙传》,《国粹学报》,1910年第6卷第6期总第68期,第3883—3887页。

方,有四川、潼川府（路）、恭州、荣州、合州、利州路。这些地方皆在蜀地。可证晁公武在入蜀之后,其活动、仕途的范围,均在四川一带。因此我们有充分的理由相信,他入蜀之后所购得的书籍,其来源地为四川。

三、《读书志》中的版本数据

《读书志》实为我国第一部著录有版本数据的解题书目。袁本《附志》的内容,为赵希弁根据家藏书籍,删除和《前志》重复的部分增补而成,所以不能够做为蜀地书籍流通的判断依据,故笔者舍而不用。其余书中的版本数据,笔者分类如下：

一、国子监及内府本

国子监本有《周易》《周易指略例》《周礼》《方言》《东汉刊误》《五代史记》,共六本。内府本有《淳化法帖》《艺文志见阙书目》《巢氏病源候论》《铜人针灸图》《太医局方》,共五种。

二、京本

有《归叟诗话》一种。

三、蜀本

有《周易》《周易指略例》《方言》《唐藏经音义》《李翰林集》,共五种。

四、两浙西路

有《龙龛手镜》一种。

五、闽本

有《山海经图》一种。

六、洪州本

有《阙里世系》一种。

七、襄阳本

有《注维摩诘所说经》一种。

八、江浙本

有《法华言句》一种。

九、光州本

有《司马文正公传家集》一种。

较可惜的是,这些记录刊刻之地的版本资料并不多,共计二十三种。其中,国子监本和内府本,一共有十一种。这是朝廷颁布刊行,可说是诏诰天下的标准本,所以流传较广泛是可以理解的。其刊行地点照理是在北宋的汴京或南宋的临安,但也有例外。例如《书录解题》"《通鉴纲目》五十九卷"条云：

"尝刻于温陵,别其纲谓之提要,今板在监中。"①版本学的认定,只要是版归于国子监,就称为国子监本,并非以刊刻地点做为判断的依据。同样地,内府本的认定也是相同。

《读书志》中购书之地多为蜀地,自然而然蜀本占多数,共有五本。而其他地区所刊刻的书籍,有京师汴京、浙西路、福建、洪州、襄阳、江浙、光州七处。就地区分布而言,京师汴京即今日的河南省开封,是北宋的政治经济文化中心,地理位置较偏北。光州在现今的安徽省(当时属于淮南西路);襄阳在当时即是襄阳府(当时属于京西南路),现今在湖北省。至于洪州,在北宋时有两处,一在西夏境内,一在江南西路,今属江西省。此处所言的洪州,应属于后者,三者地理位置居中。而浙西路、江浙、福建(当时属于福建路)则地处偏东。

照这样看来,四川境内书籍流通的情形,因蜀刻本占尽地利之便,确实是蜀本较多,但是其他地区的刻本,也并非完全没有,只是数量上较少。如果蜀地刻书完全是因为以供自用的缘故,那么《读书志》中蜀本的数量应占有绝对的优势,比其他地区的刻本要高出许多。但从《读书志》的著录并没有反映出这样的情况。因此笔者认为,蜀地刻书并非是因为地处偏僻、交通不便的原因,才刻书以供自用。也可证蜀地虽地理位置偏远,但并未因为交通不便,提高运输成本等因素阻碍了其他地区刻本的流入。各个地区的刻本都可以在蜀地流通。

四、陈振孙的活动范围

《书录解题》的作者陈振孙,字伯玉,湖州安吉人(今浙江安吉县),生卒年不详,《宋史》亦无传。据何广棪《陈振孙生卒年新考》的考证,陈氏生于宋孝宗淳熙六年(1179),卒于宋理宗景定三年(1262)。②

周密《齐东野语》:"近年惟直斋陈氏书最多,盖尝仕于莆,传录夹漈郑氏、方氏、林氏、吴氏旧书至五万一千一百八十余卷,且仿《读书志》作解题,极其精详。"③陈祺寿《宋目录学家晁公武陈振孙传》④亦对陈振孙的生平事迹详尽搜罗。在传文中,提及陈振孙到过的地方,有绍兴、台州、浙东、浙西、嘉兴府,均在浙江,兴化军则在福建。可证陈振孙的活动、仕途范围,均在浙江一带,其《书录解题》中所录的版本数据,其购书之处也应多在此地。

---

① 〔宋〕陈振孙:《直斋书录解题》卷四,清武英殿辑永乐大典影印本,台北:广文书局,1978年,第279页。
② 何广棪:《陈振孙生卒年新考》,《文献》,2001年第1期,第161页。
③ 〔宋〕周密:《齐东野语》卷十二,北京:中华书局,1997年,第217页。
④ 陈祺寿:《宋目录学家晁公武陈振孙传》,第3889—3893页。

五、《书录解题》中的版本数据

《书录解题》中的版本数据,内容十分丰富,其版本数据如下：

一、国子监及内府本

有《古礼》《春秋经》《九经字样》《唐书纠缪》《五代史纂误》《通鉴纲目》《国朝会要总类》《三朝训鉴图》《政和冠昏丧祭礼》《唐艺文志》《真宗御制颂石本目录》《龙图阁瑞物宝目六阁书籍图画目》《苏州图经》《荀子注》《法言注》《景祐天竺字源》《绍兴校定本草》《外台秘要方》《皇祐新乐图记》《算经》,共二十种。

二、两浙西路

有《新注周易》《古礼》《高氏小史》《稽古录》《通鉴纲目》《中兴百官题名》《江湖集》《罗江东集》《东坡七集》《东坡别集》《后山集》《清真集》(以上刊于临安府)、《吴郡志》《李翰林集》《杜工部集》《白氏长庆集》《笠泽丛书》四卷、《张司业集》(以上刊于平江府)、《汲冢周书》《孝经注》《京口诗集》《李卫公备全集》(以上刊于镇江府)、《重校添注柳文》(以上刊于嘉兴府)、《古礼》《尔雅新义》《世说新语》《徂徕集》《潘逍遥集》《剑南诗稿》(以上刊于建德府)、《山海经》《古文苑》(以上刊于常州)、《唐书纠缪》《五代史纂误》《大宋登科记》(以上刊于湖州)、《脍炙集》(以上刊于江阴军),共三十五种。

三、两浙东路

有《古易》《参同契分章通真义》《遁甲选时图》《兰亭考》《止斋集》(以上刊于绍兴府)、《周易疑难图解》《古礼》《周礼井田谱》《修校韵略》《韵略分毫补注字谱》《莫氏方》《颜鲁公集》《李卫公备全集》(以上刊于瑞安府)、《古文苑》(以上刊于婺州)、《晦庵语类》《海上方》《西溪集》《长兴集》《云巢集》《山谷编年诗集》(以上刊于处州)、《独断》《天台集》《崔国辅集》(以上刊于台州),共二十三种。

四、江东南路

有《刘忠肃公救荒录》《四家礼范》《中兴登科小录》《清真杂著》(以上刊于建康府)、《谢宣城集》(以上刊于宁国府)、《忘筌书》(以上刊于徽州)、《稼轩词》(以上刊于信州)、《正易心法》《刊误》《资暇集》《兼明书》《苏氏演义》《杨氏方》(以上刊于太平州)、《春秋经》《附索隐史记》《吕忠穆家传》《二十四箴》(以上刊于广德军)、《古礼经传通解》《周子通书遗文遗事》《晦庵语录》(以上刊于南康军),共二十种。

五、江西路

有《诗集传》《荀子注》《山谷集》,共三种。

六、江南西路

有《语孟集义》《累代历年》《元城语录》《刘先生谈录》《道护录》(以上刊于赣州)、《春秋繁露》(以上刊于袁州)、《钟鼎篆韵》《元次山集》(以上刊于江州)、《后山集》《欧阳修撰集》(以上刊于抚州)、《通鉴纲目》《六一居士集》《清江三孔集》《周益公集》(以上刊于吉州)、《宏辞总类》《王右丞集》《刘随州集》《元丰类稿》(以上刊于建昌军)、《昌黎军》《柳先生集》《秦隐君集》(以上刊于南安军),共二十一种。

七、淮南东路

有《水心集》《吴陵志》《高邮志》,共三种。

八、淮南西路

有《同安志》《信斋百中经》《传家集》,共三种。

九、荆湖北路

有《政和五礼撮要》《乖崖集》《竹隐畸士集》《巴东集》,共四种。

十、荆湖南路

有《三先生谥议》《稽古录》《幼幼新书》《笑笑词集》《衡州图经》《忠愍公集》,共六种。

十一、京西南路

有《襄阳志》《杜工部集》,共二种。

十二、蜀本及川本

有《补阙周易正义略例疏》《唐史论断》《元和姓纂》《地理指掌图》《书林韵会》《陶靖节年谱》《骆宾王集》《曲江集》《王右丞集》《李翰林集》《杜工部集》《元次山集》《昌黎集》《白氏长庆集》《李文公集》《李卫公备全集》《一鸣集》《笠泽丛书》十七卷、《东坡七集》《宛丘集》《后山集》《豫章集》《钱考功集》《张籍集》《卢仝集》《武元衡集》《姚少监集》《丁卯集》,共二十八种。

十三、成都府路①

有《微言》《咸平集》,共二种。

十四、夔州路②

有《白集年谱》,共一种。

十五、福建路

有《诗集传》《六经图》《本朝大诏命》《慎子》《诸家名方》《赵韩王遗稿》《东坡别集》《河南程氏文集》《橘林集》、《吟窗杂录》(以上刊于建宁府)、《蔡忠惠集》(以上刊于泉州)、《尊尧录》(以上刊于南剑州)、《古易》《春秋经》《西铭集解》《牡丹谱》《荔枝谱》《山谷别集》《方秘校集》(以上刊于兴化军),共十九本。

---

① 成都府路所刊刻之书籍,实际上仍属蜀本及川本,只是在名称上特指由成都府路所刊刻。
② 夔州路所刊刻之书籍,实际上仍属蜀本及川本,只是在名称上特指由夔州路所刊刻。

十六、广南东路

有《校定韩昌黎集》,共一种。

十七、广南西路

有《桂林志》《曲江集》,共二种。

除此之外,还有《释书品次录》和《晋阳事迹杂记》二种称"北方刊本"。从《书录解题》中所著录的版本数据来看,各地所刊刻的书籍,在浙江一带流通广泛,并不难以找寻,蜀地所刻的"蜀本及川本""成都府路""夔州路"共计三十一种,在数量上与"国子监及内府本""两浙西路""两浙东路"等相较并不逊色。由此点看来,蜀本也能流通至其他地方,并不只限于蜀地而已。如果蜀地刻书只是因为地处偏僻、交通不便,才刻书以供自给的话,蜀本应该主要只在四川一带流通,不会大量流通至他处。显见蜀地因地理位置偏远,交通不便,而导致蜀本不易流通到其他地区的说法,并不能成立。

六、宋代"蜀刻本"鼎盛与衰落

如上所述,既然蜀本的刊刻,并非由于地处偏僻,交通不便,刻书以供自给的关系,那为何在宋代,蜀地能成为重要的刻书中心之一呢?原因有以下几点:

一、四川一带多山,树木茂盛,而雕版所需要的刻版和纸张,在供应上不成问题。

二、蜀地模板刊印的历史悠久。

从文献资料观之,例如:唐文宗大和年间,冯宿任川东节度使时上《禁版印时宪疏奏》云:"准敕禁断历日版。剑南、两川及淮南道,皆以版印历日鬻于市,每岁司天台未奏颁下新历,其印历已满天下,有乖敬授之道。"①宋王谠《唐语林》:"僖宗入蜀,太史历本不及江东。市有印货者,每差互朔晦,货者各征节侯,因争执。"②宋薛居正《旧五代史》于"中书奏'请依石经文字刻《九经》印板。'从之。"之下引"柳玭《家训序》"云:"中和三年(883)癸卯夏,銮舆在蜀之三年也。余为中书舍人,旬休,阅书于重城之东南。其书多阴阳、杂记、占梦、相宅、九宫五纬之流,又有字书小学,率雕板,印纸浸染,不可尽晓。"③可见早在中唐,已有蜀地刊刻的明文记载。

从实物上看,《敦煌遗书》著录 S5534 号写于唐末的《金刚般若罗经》,卷末

---

① 〔清〕董诰编《全唐文》卷五,嘉庆十九年缩印本,北京:中华书局,1983年,第6300—6301页。
② 〔宋〕王谠撰,周勋初校证:《唐语林校证》卷七,北京:中华书局,1987年,第671页。
③ 〔宋〕薛居正:《旧五代史》卷四十三,北京:中华书局,1976年,第589页。

有"西川过家真印本"一行,说明此经抄录自西川过家雕印的《金刚经》刻本。①"西川"当是指四川西部。此即蜀地刻书之一证。

三、蜀地在南宋末年元兵尚未入蜀之前,不曾受到兵灾波及,人民生活比其他地区安定,书籍也未受兵灾损毁,保存许多异本。

四、宋代四川的学者,名家辈出,北宋有苏洵、苏轼、苏辙、范镇、范百禄、范祖禹、宇文之邵、吕陶……等,南宋有谯定、张栻、魏了翁、度正、阳枋、阳岊、史绳祖、李心传、牟子才……等,学术的兴盛,也间接影响其文化事业的发展。

五、归功前人的提倡。五代十国后蜀的宰相毋昭裔,提倡刻书。吴任臣《十国春秋·毋昭裔传》:"蜀土自唐末以来,学校废绝,昭裔出私财,营学宫,立黉舍,且请后主(后蜀孟昶)镂板,印《九经》,由是文学复盛,又令门人句中正、孙逢吉书《文选》、《初学记》、《白氏六帖》,刻板行之。"②毋昭裔可说是为蜀地的刻书开绪端业,终在宋代发扬光大。

六、"经济"因素。这是蜀刻本之所以兴盛最主要的原因。四川自古就有"天府之国"的美誉。蜀地土地肥沃,物产丰饶,能自给自足,自然条件不下于江南。如成都府:"成都、彭、汉,平原沃壤,桑麻满野。"③绵州:"处二蜀之会,人饶地腴,赋货繁茂。"④彭州:"惟天彭之古都,乃井络之名区,民俗淳和,壤土饶沃。"⑤这些优渥的自然环境,提供了刻书在经济上的条件,所以在北宋蜀刻能占有一席之地。但到了南宋,杭州已成为新的国都,官方刻书事业蒸蒸日上;福建建阳等地区的坊刻也发展迅速,再加上元兵入蜀,原先未遭兵燹的优势丧失了,人民生活在动乱之中,学者为了避难,纷纷迁徙至他处。例如:魏了翁移居苏州;李心传迁徙到湖州霅溪;牟子才迁居浙江安吉;史绳祖先寓居湖北公安,后又迁居于浙江衢州,使得四川本地的学术发展一落千丈,亦影响蜀地刻书的发展。但究其主要原因,仍归于"经济"的因素。元明清三朝,除了在明初曾短暂建都于南京之外,其余均建都于北京,政治、经济、文化的重心北移,再加上运河的开凿,连结了北方和江南的许多大城市,促进地方商业繁荣,使得原本就富庶的江南地区,更因为水运的交通便利,经济发展更为迅速,带来相当大的利益。而四川在这种不利的条件之下,确实是因为"地处偏远,交通不

---

① 关于唐末西川过家雕印的《金刚经》刻本的论述,请参见李致忠:《敦煌遗书中的装帧形式与书史研究中的装帧形制》,《文献》,2004年,第2期,第85—86页。

② 〔清〕吴任臣:《十国春秋》卷五十二,《摛藻堂四库全书荟要》影印本第204册,台北:世界书局,1988年,第473页。

③ 〔宋〕魏了翁:《鹤山先生大全文集》卷一百,《四部丛刊初编》缩印本,台北:台湾商务印书馆,1975年,第826页。

④ 〔宋〕文同:《丹渊集》卷二十三,《摛藻堂四库全书荟要》影印本第377册,台北:世界书局,1988年,第437页。

⑤ 〔宋〕文同:《丹渊集》卷三十五,第482页。

便"而竞争力下滑,经济力衰退,无法赶上其他地区的发展,才使得刻书逐渐衰落。

七、结　语

晁公武的《读书志》和陈振孙的《书录解题》,在目录学上是两部相当重要的私家目录,因为其中记有版本的数据,所以可称做"版本目录"。私家藏书较能反映出书籍流通的情形;国家藏书动用政府强大的力量,以致搜集完备,因此较无法准确反映出书籍流通的情况。从这两书中关于版本的资料,我们不难发现在宋代时,蜀刻本可以流通至其他地区,其他地区的刻本亦能流通到蜀地。蜀地并非因为地处偏僻,交通不便,阻绝了书籍的流通性,亦可证蜀地刻书并非以供自用。宋代蜀刻盛行,最主要是经济发达的缘故。另外,书商为了图利,往往不惜辛劳购得善本,再以高价求售,谋取暴利。既是如此,地处偏僻、交通不便,绝不是最主要的原因了。在宋代之后,蜀地经济发展赶不上其他地区,蜀刻也就逐渐退出刻书中心的舞台。

《四库全书总目》订补

王 勇*

【内容提要】《四库全书总目》号称"辨章学术,考镜源流",但本身亦存在不少错误。学术界既有订误专著,也有数量可观之考订文章。今在前人研究基础上,对《四库全书总目》所涉经部易类、史部地理类等类单书提要(特别是明人著作)考订二十二条。

【关键词】《四库全书总目》 订误

《四库全书总目》(以下简称"《总目》")辨章学术,考镜源流,历来为学者推重。但书成众家之手,错误亦在所不免。如版本著录方面,擅改书名、卷数、版本等。作者方面,人名、字号、时代、籍贯、生平等,著录多有失误。书籍内容方面,书籍之介绍、考据与评价,也有许多问题。自成书以来,王太岳、余嘉锡、胡玉缙、崔富章、李裕民、杜泽逊、杨武泉等学者,皆有辩证考订。近来亦有相当数量之考订文章。今依据中华书局 1965 年版永瑢等撰《四库全书总目》,参阅现有考订成果,将读书中所见《总目》之失而尚未见指出者若干则辨正如下。不当之处,还请方家指正。

1. 周易旁注图说二卷

《总目》:明朱升撰。升字允升,休宁人。元至正乙酉举于乡,……事迹具《明史》本传。

案:《总目》记朱升乡举时间有误。《总目》虽言本诸《明史》,实则《明史》仅载升"元末举乡荐",未尝言其举于乙酉年(1345)。休宁,明代属徽州府。徽州,古称新安,明程敏政《新安文献志》载有朱升之子朱同所撰《朱学士升传》:"朱升,字允升,休宁人。……至正癸未(1343),闻资中黄楚望讲道溢浦,偕赵汸子常往从游。明年(1344)春归,讲学郡城紫阳祠,始作《书旁注》。是年秋,登乡进士第。丁内艰。后四年戊子,省授池州路儒学正,庚寅始之官。"①"乡进士",乡试中式之人,通称举人,即《总目》之"举于乡"。乃知朱升中举在甲申年

---

* 本文作者为山东大学儒学高等研究院博士后。

① 〔明〕程敏政撰《新安文献志》卷七六,载《景印文渊阁四库全书》第 1376 册,台北:台湾商务印书馆,1986 年,第 268 页。

(1344)秋,即元顺帝至正四年。明弘治《徽州府志》"至正四年乡试"①、嘉靖《徽州府志》"(至正)四年乡试"②、康熙《徽州府志》"(至正)四年甲申乡试"③、康熙《休宁县志》"至正甲申科"④等等,其下俱列"朱升",皆可证。

2. 周易不我解二卷

《总目》:明徐体乾撰。体乾,字行健,长淮卫人。嘉靖癸未进士。……书中多引邵子及《左传》占法,而以青、陈、左、邵并称。

案:此书《四库存目丛书》经部第4册收有南京图书馆藏明万历刻本,仅存卷一。据卷一下题"明居鄹徐体乾行健父著",可知其人名"体乾"字"行健"。《总目》言"嘉靖癸未进士",检朱保炯、谢沛霖《明清进士题名碑录索引》,嘉靖二年癸未(1523)进士三甲中有徐行健⑤,中都长淮卫籍,乡贯江西南丰,而无徐体乾。《总目》盖谓其以字行,实误徐体乾、徐行健为一人。考《周易不我解》徐体乾自序落款时日为万历庚戌(1610),而徐行健为嘉靖二年癸未(1523)进士,以此人二十岁中进士推之,至作序时已将近110岁,明非此人。而徐体乾则为庐州府人,方志中所见,或就府治云合肥人,或就县云巢县人,故万历残卷下题"居鄹"。"鄹"即巢县。雍正《巢县志》:"徐体乾,……大埠乡人。精于天文易占。著有书并易解,焦漪园竑为之作序。"⑥嘉庆《庐州府志·方技》下:"徐体乾,巢县人。占易用左邵法,与《焦氏易林》相符契。其天文得之刘诚意。著有成书,所注《易解》,焦竑为之序。"⑦以上方志中所说之"左邵法",与《总目》论合。可见,此书作者里贯应该是巢县人。《总目》所言"长淮卫人。嘉靖癸未进士",乃长淮卫人徐行健之籍贯。明之"长淮卫",属中都留守司,凤阳八卫之一,职责为守卫皇陵等。故《明史·职官五》:"(洪武)十四年始置中都留守司,统凤阳等八卫(自注:凤阳卫、凤阳中卫、凤阳右卫、皇陵卫、留守左卫、留守中卫、长淮卫、怀远卫),防护皇陵。"⑧长淮卫设置地在凤阳府凤阳县。《明史·地

---

① 〔明〕彭泽修,汪舜民纂《(弘治)徽州府志》卷六,载《天一阁藏明代方志选刊》,上海:上海古籍书店,1982年,第763页。
② 〔明〕何东序修,汪尚宁等纂《(嘉靖)徽州府志》卷一三,载《北京图书馆古籍珍本丛刊29》,北京:书目文献出版社,1988年,第287页。
③ 〔清〕丁廷楗修,赵吉士等纂《(康熙)徽州府志》卷九,载《中国方志丛刊·华中地方·第二三七号》,台北:台湾成文出版社,1975年,第1260页。
④ 〔清〕廖腾煃修,汪晋徵纂《(康熙)休宁县志》卷五,载《中国方志丛刊·华中地方·第九〇号》,第548页。
⑤ 朱保炯、谢沛霖撰《明清进士题名碑录索引》,上海:上海古籍出版社,1980年,第959页。
⑥ 〔清〕邹理纂修《(雍正)巢县志》卷一四,《故宫珍本丛刊》第103册,海口:海南出版社,2000年,第450页。
⑦ 〔清〕张祥云修,孙星衍等纂《(嘉庆)庐州府志》卷三六,载《中国地方志集成·安徽府县志辑1》,南京:江苏古籍出版社,1998年,第501页。
⑧ 〔清〕张廷玉等撰《明史》卷七六,北京:中华书局,1974年,第1871页。

理一》凤阳府凤阳县下："洪武六年置长淮卫于此。"①而庐州府在凤阳府南,与之无涉。《总目》经部提要撰写多参朱彝尊《经义考》。考《经义考》"徐氏体乾《周易不我解》"条下引黄百家语"徐体乾,字行健,长淮卫人,嘉靖癸未进士"②,已误,则《总目》系引黄氏误说而来。

3. 胡子易演十八卷

《总目》:明胡经撰。……《明史·艺文志》载"胡经《易演义》十八卷"。此本但称《易演》,疑史衍文也。

案:《总目》以"义"字为史书衍文,甚是。清黄虞稷《千顷堂书目》亦作"胡经《胡子易演》十八卷"③。《总目》所见之《明史》系殿本《明史》。考国家图书馆藏 416 卷题名万斯同之《明史稿》,即《明史》所修诸稿本之一,是本《艺文志》中作"胡经《胡子易演》十八卷"④,尚未衍"义"字。其后王鸿绪复修《明史》,《艺文志》已讹作"胡经《易演义》十八卷"⑤,后殿本《明史》在王书上更修,乾隆时刻于武英殿,一仍其误。今中华书局整理本《明史》底本即殿本《明史》,亦作"胡经《易演义》十八卷"⑥,犹沿其误。

4. 易象会旨一卷

《总目》:旧本题曰"延伯生述",不著名氏。前有万历己酉熊惟学序,称为"同年临川文台吴君",亦不著其名。考惟学为隆庆辛未进士,是年榜有临川吴撝谦,或即其人与?

案:万历《遂安县志》有明人詹理《遂令吴侯去思记》一文,纪遂安所去任之吴氏县令。文末曰:"侯名撝谦,字汝亨,号文台,抚之临川人。隆庆辛未进士,先哲文正之学派也。以久任奏功,今始拜南工部云。"⑦与熊惟学序所称"同年临川文台吴君"合,则《易象会旨》确系吴撝谦所撰。《总目》著录是书为"浙江巡抚采进本",后检《浙江采集遗书总录》有"《易象会旨》二卷(刊本)"一条,云"右明陕西布政司理问临川吴撝谦撰"⑧。官衔罗列甚详。依理言之,《总录》提交在前,《总目》撰写在后,《总目》当见《总录》此条,不应著录有失。然考浙江

---

① 〔清〕张廷玉等撰《明史》卷四〇,第 912 页。
② 〔清〕朱彝尊撰《经义考》卷五四,载《景印文渊阁四库全书》第 677 册,第 596 页。
③ 〔清〕黄虞稷撰,瞿凤起、潘景郑整理《千顷堂书目》卷一,上海:上海古籍出版社,2001 年,第 18 页。
④ 〔清〕万斯同撰《明史稿》卷一三三《艺文一》,载《续修四库全书》第 326 册,上海:上海古籍出版社,2002 年,第 250 页。
⑤ 〔清〕王鸿绪撰《横云山人明史稿(二)》,台北:文海出版社,1962 年,第 394 页。
⑥ 〔清〕张廷玉等撰《明史》卷九六,第 2346 页。
⑦ 〔明〕韩晟修,毛一鹭纂《(万历)遂安县志》卷四,载刘兆祐主编《中国史学丛书》第三编第四辑,台北:台湾学生书局,1987 年,第 405 页。
⑧ 张升编《四库全书提要稿辑存》第 1 册,北京:北京图书馆出版社,2006 年,第 108 页。

所进本为二卷,而《总目》作"一卷",盖《总目》虽题"浙江巡抚采进本",而实别有所据。且所据之本盖有缺残,故馆臣不得见作者题名。此类问题,《总目》甚多,崔富章先生《四库提要补正》阐发尤力,可参。

5. 古易汇编十七卷

《总目》:明李本固撰。本固字维宁,临清州人。万历壬辰进士。官至太仆寺少卿。

案:《四库全书存目丛书》经部第16册收有北京大学图书馆藏明万历刻本一部,题名"周易古本全书汇编",系同书。明代有同姓名的两位"李本固",《总目》将二"李本固"误合一人。《千顷堂书目》"李本固《古易汇编》十七卷",小注"字维宁,临清州人。由进士出宰四邑,有异政。历工部郎中,出守归德,丁内艰,以毁卒。"①《四库全书存目丛书》所收是书前有李维桢序,称"起部李维宁","起部"即工部。此人即《千顷堂书目》所载之"李本固",山东临清人。其人未尝为太仆卿甚明。考此人为万历壬辰岁(1592)进士。明代别有一李本固,字叔茂,河南汝阳人,康熙《汝阳县志·人物志》载其宦迹特详,云"光宗初,召起太仆少卿,迁光禄卿。寻土忠判,既分彰讨,宜决一疏,与时相忤,量移南大理,乞身高卧,卒年八十"。②此即《总目》所言"官至太仆寺少卿"者,《总目》误将二人履历混淆。

6. 周易古文钞二卷

《总目》:明刘宗周撰。……乾隆乙未赐谥忠介。

案:清张廷玉《通鉴纲目三编》,顺治元年(1644)五月,"明福王以史可法、高宏图、姜曰广、王铎并为东阁大学士,入阁办事;马士英为东阁大学士,仍总督凤阳等处军务"条下注:"刘宗周初为左都御史,以奏姜采、熊开元不当,下锦衣卫狱。当付法司,帝怒其偏党,削职。至是,福王立,起用。后南都亡,杭州亦失守,宗周赴水不死,绝食卒。本朝乾隆四十一年,追谥忠介。"③嘉庆《大清一统志·绍兴府·人物》列《刘宗周传》,云:"本朝乾隆四十一年,以宗周望若清□,言多谠论,纯修无两,介节独持,特赐专谥'忠介'。"④则刘宗周赐谥在乾隆四十一年丙申(1776)甚明,乙未则为乾隆四十年(1775),《总目》误。

7. 易学五卷

《总目》:明吴极撰。极字元无,汉阳人。万历丙辰进士。尝官知县,而其

---

① 〔清〕黄虞稷撰,瞿凤起、潘景郑整理《千顷堂书目》卷一,第8页。
② 〔清〕邱天英修,张峻峰校注《(康熙)汝阳县志》卷九,郑州:中州古籍出版社,1994年,第287页。
③ 〔清〕张廷玉等撰《御定通鉴纲目三编》卷四〇,载《景印文渊阁四库全书》第340册,第767页。
④ 〔清〕穆彰阿等修《(嘉庆)大清一统志》卷二九五,载《续修四库全书》第619册,第142页。

所官之地则不可考。

案:《总目》言吴极所官之地不可考,今补之。清同治《续辑汉阳县志·文苑》载:"吴极,字元无,万历丙辰进士。就南武学教授,历南监助教、户部主事、员外。出知扬州府,未任,改广南,旋引归。性恬退,居官每辞剧差。林下二十年,刻意著述。所编《石经大学疏旨》等书,皆有功圣教者。"①可知吴氏由户部员外郎出任知府。考《明史》,明之户部员外郎从五品②,知府正四品③,知县为正七品④,吴氏由户部员外郎外放知府升职,合乎仕途常选,不可能降至正七品之县令,此与《续辑汉阳县志》记载相符。据此,则吴极何尝如《总目》言"官知县",当言"尝官知府"。

8. 周易爻物当名二卷

《总目》:明黎遂球撰。……从朱由榔起兵,后守赣州,城破,巷战死。

案:黎遂球非从朱由榔起兵。朱由榔为桂王,起事在福王朱由崧、唐王朱聿键后。据汤纲、南炳文《明史》,福王崇祯十七年五月三日监国,五月十五日即皇帝位,弘光元年五月政权覆灭。唐王弘光元年六月七日监国,二十七日即位,隆武二年(1646)八月底被俘,十一月其大臣郑芝龙降清。桂王隆武二年十月十四日监国,十一月十八日即位。⑤考穆彰阿嘉庆《大清一统志》:"黎遂球字美周,番禺人。博学工文章,举乡试。唐王称号,督广州兵赴援。赣州城破,与弟遂珙并死之。"⑥清陈田《明诗纪事》:"遂球字美周,番禺人。天启丁卯举人。唐王立,除兵部主事。守赣州。城陷,巷战死。桂王时赠太仆寺卿,谥忠愍,晋赠兵部尚书。"⑦死时均不言及桂王。清温睿临《南疆逸史》有其传,载:"黎遂球字美周,番禺人。天启丁卯举人,善古文词。……保举法行,侍郎陈子壮举遂球。以母老不行。闯贼陷京师,遂球上书巡按御史,言当练师复仇勤王。及闻福王立,遂球悉以家财治铁炮三百,送南都。甫及赣,而南京破,遂予江西总兵胡长荫。闽中立国,上中兴事宜凡数千言。大学士何吾驺荐,授兵部职方司主事,令以两广水师援赣州。"⑧再检《清史稿》,清军破赣州在顺治三年十月(1646),其后虽遭数寇,而清军未尝失守。⑨而桂王朱由榔之立在顺治三年十

---

① 〔清〕黄式度修、王柏心纂《(同治)续辑汉阳县志》卷二一,载《中国地方志集成·湖北府县志辑5》,南京:江苏古籍出版社,1998年,第2页。
② 〔清〕张廷玉等撰《明史》卷七二《职官一》,第1739页。
③ 同上书卷七五《职官四》,第1850页。
④ 同上书,第1850页。
⑤ 南炳文、汤纲撰《明史》,上海:上海人民出版社,2003年,第1202—1278页。
⑥ 〔清〕穆彰阿等修《(嘉庆)大清一统志》卷四四二,载《续修四库全书》第622册,第444页。
⑦ 〔清〕陈田撰《明诗纪事·辛签》卷七,载《续修四库全书》第1712册,第66页。
⑧ 〔清〕温睿临撰《南疆逸史》卷一九,载《续修四库全书》第332册,第277页。
⑨ 赵尔巽等撰《清史稿》卷四《世祖本纪一》,北京:中华书局,1977年,第204页。

一月,其时黎遂球已亡。据上则当是福王起兵,黎氏随之起,后又事立国闽中之唐王朱聿键,守赣州而亡,本不及桂王。故知"朱由榔"当为"朱由崧"之误。

9. 易鼎三然

《总目》:明朱天麟撰。天麟字震青,吴江人,寄籍昆山。

案:《总目》此条本朱彝尊《经义考》,朱氏云:"缪泳曰:朱天麟字震青,昆山籍,吴江人。崇祯戊辰进士。以兵部武选主事选授翰林编修。"朱天麟之字,传世文献多载为"震青"。如《文渊阁四库全书》所收之雍正《江西通志》卷六三、王夫之《永历实录》卷一,均如是记载。乃至黄宗羲《明儒学案》卷五七亦如此,但黄宗羲《南雷文定五集》有《文渊阁大学士文靖朱公墓志铭(自注:改本)》:"公讳天麟,字游初,别号震青。以沈天英举乡试,后始复姓世。"(案:朱氏乡试时名沈天英),载其生平详赡。文后备撰写始末,云:"(天麟)孙之铨……以墓铭为请。"①此铭既属"改本",又为其孙所请,撰之必经其家人认可,则"震青"为其号无疑。又据杜泽逊先生《四库存目标注》所载,台湾"中央图书馆"藏此书明崇祯三年刻本,题"淞野人震青子著"②,益可证其本号为"震青子",故号为"震青"。《总目》著录当失。

10. 毛诗指说一卷

《总目》:唐成伯玙撰。……然定《诗序》首句为子夏所传,其下为毛苌所续,实伯玙此书发其端。

案:《总目》云:"然定诗序首句为子夏所传,其下为毛苌所续,实伯玙此书发其端。"毛苌,小毛公。毛亨,大毛公。考本书云:"其余众篇之小序,子夏唯裁初句耳,至'也'字而止。《葛覃》,后妃之本也。《鸿雁》,美宣王也,如此之类是也。其下皆是大毛自以诗中之意而系其辞也",是首句以下成氏以为大毛公所传,《总目》误系小毛公下。其下苏辙《诗集传》提要,《总目》亦云:"唐成伯玙作《毛诗指说》,虽亦以《小序》为出子夏,然其言曰'众篇之《小序》,子夏惟裁初句耳。《葛覃》,后妃之本也。《鸿雁》,美宣王也。如此之类是也。其下皆大毛公自以《诗》中之意而系其词'云云,此论不误,亦可为证。

11. 诗疑问七卷附《诗辨说》一卷

《总目》:元朱倬撰。……国朝纳兰性德作是书序。……刘锦文序称……旧本先后无绪,……末有赵惠《诗辨说》一卷。惠,宋宗室,举进士,入元隐居豫章东湖。其书与倬书略相类,殆后人以倬忠烈,惠高隐,其人足以相配,故合而编之与?

---

① 〔清〕黄宗羲撰《南雷文定五集》卷二,载《续修四库全书》第1397册,第603页。
② 杜泽逊撰《四库存目标注(一)》,上海:上海古籍出版社,2007年,第56页。

案：此书本名《诗经疑问》，传世常见有元刘锦文至正七年(1347)刻本、清《通志堂经解》本等。元刻刘锦文序首叶有残，通志堂本残字处同之，知通志堂本由此转刻而来。通志堂本卷前又附纳兰性德之考证。《总目》引刘锦文序，称"旧本先后无绪"，考之元刻本与《通志堂经解》本，"绪"字皆当作"序"。《总目》此篇提要，本之纳兰容若考订，其实并未详观刘序。故其疑"殆后人以倬忠烈，惎高隐，其人足以相配，故合而编之与"。然考刘锦文序云："复以豫章赵氏所编，颇采以附于后"，则附《诗辨说》者即为元人刘锦文。

12. 明堂或问一卷

《总目》：嘉靖十七年，致仕同知丰坊疏请复古礼，建明堂，加兴献帝庙号，称宗以配上帝。

案："加兴"二字，语不可通。考《明史·礼二》："嘉靖十七年六月，致仕扬州府同知丰坊上疏言：'孝莫大于严父，严父莫大于配天。请复古礼，建明堂。加尊皇考献皇帝庙号，称宗以配上帝。'下礼部会议"[1]，即此事缘起。由上可知，"兴"字当作"尊"字之讹。

13. 日本东夷朝贡考一卷

《总目》：所辑日本朝贡事，颇多阙略。如永乐二年封其国山为寿安镇国之山、两遣使来贡等事，悉佚不载。

案：明封日本国山为"寿安镇国之山"，事在永乐四年(1406)，不在永乐二年(1404)。《明太宗实录》永乐四年正月，曰："朕惟继唐虞之治，举封山之典，特命日本之镇号为寿安镇国之山。锡以铭诗，勒之贞石，荣示于千万世。"[2]《明史·外国三·日本》亦系诸永乐四年正月，"以三年十一月献于朝，且修贡。帝益嘉之，遣鸿胪寺少卿潘赐偕中官王进赐其王九章冕服及钱钞、锦绮加等，而还其所献之人，令其国自治之。使者至宁波，尽置其人于甑烝杀之。明年正月，又遣侍郎俞士吉赍玺书褒嘉，赐赉优渥。封其国之山为寿安镇国之山，御制碑文，立其上。"[3]均可证事在永乐四年，不在二年。《总目》误。

14. 国朝谥法考一卷

《总目》：国朝王士祯撰。始于国初，下迄康熙三十四年，大臣之赐谥者咸录焉。……妃三人……民公九人……提督十一人。

案：《总目》统计有误。《四库全书存目丛书》史部第271册收录此书之清康熙刻本。细检是书，"妃三人"当为四人：顺治年间一人，康熙年间三人；"民

---

[1] 〔清〕张廷玉等撰《明史》卷四八，第1258页。
[2] 《明太宗实录》卷五〇，台湾史语所校勘本。
[3] 〔清〕张廷玉等撰《明史》卷三二二，第8345页。

公九人"当为十人,依次为何芍图、爱星阿、索尼、遏必隆、陈福、黄梧、黄芳世、图海、嘎布喇、佟国纲;"提督十一人"当作十人,为:田雄、马得功、梁化凤、王可臣、赵应奎、张勇、王进宝、赵国祚、陈世凯、杨捷。

15. 邦计汇编一卷

《总目》:旧本题宋李维撰。维字仲芳,肥乡人。雍熙二年进士。召试中书,知制诰,历翰林学士、工部尚书、柳州观察使,事迹具《宋史》本传。

案:《宋史·李沆传》附弟李维传,维升工部尚书后,"迁刑部尚书,辞不拜,引李士衡故事求换官,除相州观察使,为谏官刘随所诋,知亳州。请赴本镇,改河阳。久之还朝,复出知陈州,卒"。① 宋李焘《续资治通鉴长编》载李维:"引李士衡故事,求换官,故有是命。左正言刘随奏维以词臣求换武职,非所以励廉节。不报。寻命维知亳州。维言亳州事简,不欲尸重禄,请赴相州,从之。"② 二书均言李维任职在"相州",则《总目》"柳州"为"相州"之讹甚明。

16. 元海运志一卷

《总目》:旧本题明危素撰。……是编载曹溶《学海类编》中。验其文,乃丘濬《大学衍义补》之海运一条也,亦不善作伪矣。

案:考危素(1303—1372)亡时,丘濬(1421—1495)尚未生,知此书决非素所能撰。《总目》言是书为丘濬《大学衍义补》之海运一条,亦不确。据清道光十一年六安晁氏木活字印本《学海类编》(民国九年上海涵芬楼影印),此书每段引文下,均著其出处。分别引自《元史·食货志》《浩然斋视听钞》《柳待制集》《玩斋集》《广舆图》《大学衍义补》。核以首尾,曰出《食货志》者,确在《食货一》《食货五》。曰出《大学衍义补》者,在四库本《大学衍义补》卷三四《治平天下之要·制国用·漕輓之宜下》,他引可想而知。盖《总目》只看末条题出《大学衍义补》,遽认皆丘濬所作,其实非也。《总目》此类问题,尚有其他。如《青溪寇轨》提要,文分四段,前两段出方勺《泊宅编》,末段出庄绰《鸡肋编》,中间一段疑出洪迈《容斋续编》,已见学者指出。③ 其以偏概全、论定作者之思路,与本篇提要同。

17. 粤东盐政考二卷

《总目》:明李棨撰。棨字长儒,鄞县人。万历辛丑进士,官至兵部侍郎。事迹具《明史》本传。

案:《明史》:"李棨,字长孺,鄞人。"④ 字作"孺",《总目》作"儒"误。

---

① 〔元〕脱脱等撰《宋史》卷二八二,北京:中华书局,1977年,第9542页。
② 〔宋〕李焘撰《续资治通鉴长编》卷一○四,北京:中华书局,2014年,第2402—2403页。
③ 魏小虎编撰《四库全书总目汇订》第3册,上海:上海古籍出版社,2012年,第1706页。
④ 〔清〕张廷玉等撰《明史》卷二四九,第6450页。

18. 明律三十卷

《总目》：采用已颁旧律三十六条，因事制律三十一条，掇《唐律》以补遗者又一百二十二条，合六百有六条。

案：《总目》此条提要系删取《明史·刑法志》①而来。《总目》云"合六百有六条"，然与前述数字不能合。据《明史》可知，已颁旧律"三十六条"当作"二百八十八条"，掇《唐律》以补遗者又"一百二十二条"，当作"一百二十三条"，而《总目》又漏记"续律百二十八条，旧令改律三十六条"两条相关文字。今统计《明史》所载条目，正为六百有六条。

19. 吏部职掌无卷数

《总目》：明黄养蒙撰。方九功、王篆续修。……九功，南阳人。嘉靖丙辰进士。

案：检《明清进士题名碑录索引》，嘉靖四十四年（1565）乙丑科三甲有进士方九功②，明雷礼《国朝列卿纪》之《南京工部左右侍郎年表》："方九功，河南南阳人，嘉靖乙丑进士。"③则《总目》载方九功"嘉靖丙辰进士"误。

20. 重修毗陵志四十卷

《总目》：明朱昱撰。昱字懋易，武进人。初，成化己丑，常州知府卓天锡聘昱修郡志，书成未刻。越十有三年戊寅，新淦孙仁来知府事，仍属昱增修之。其书先图，次表，次志，凡十有七门。

案：《总目》此处凡三误。

其一，朱昱字懋阳（陽），《总目》误"阳"为"易"。昱、阳名字相关。万历《重修常州府志》："朱昱字懋阳，武进人。"④明毛宪《毗陵人品记》："朱昱字懋阳，武进人。"⑤字或作"易"，"陽"字之或体，朱昱曾修嘉靖《重修三原志》，卷一下题"毗陵后学朱昱悉易纂辑"，二字皆用别体。《总目》当本就俗体作"易"字，后传写遂讹"易"。

其二，"越十有三年戊寅，新淦孙仁来知府事"，"戊寅"当作"壬寅"。据卷前徐琼序，谓："成化十八年春，新淦孙公伟德守毗陵……志成，复属予序。""孙公伟德"即孙仁。成化十八年（1482）为壬寅年。此书成化五年（1469）己丑曾修，至成化十八年恰十三年。

---

① 〔清〕张廷玉等撰《明史》卷九三《刑法一》，第2280—2281页。
② 朱保炯、谢沛霖撰《明清进士题名碑录索引》，第2548页。
③ 〔明〕雷礼撰《国朝列卿纪》卷六六，载《四库全书存目丛书》史部第93册，济南：齐鲁书社，1996年，第762页。
④ 〔明〕刘广生修，唐鹤征纂《（万历）常州府志》卷一五，明万历四十六年刻本。
⑤ 〔明〕毛宪撰《毗陵人品记》卷七，载《四库全书存目丛书》史部第110册，第93页。

其三,"凡十有七门"误。按,此书图、表标置卷首,不在四十卷之列。故成化六年(1470)庚寅王偱序,"为卷四十,而图、表不与焉。"验诸目录、正文,实十八门,曰:地理、诏令、官寺、食货、职官、文事、武备、山川、人物、宫室、坛壝、祠庙、寺观、陵墓、古迹、祥异、词翰、碑碣。

21. 正德大同府志十八卷

《总目》:明张钦撰。钦字敬之,号心斋。正德辛未进士。官至工部左侍郎。太学题名碑作"通州卫人",而此书自署曰"潞郡"。盖通州为潞河所经也。事迹具《明史》本传。

案:张钦当官至工部右侍郎。《总目》本诸《明史》,检《明史》即作"工部左侍郎"①,中华书局本于此无校记,黄云眉先生《明史考证》亦无所出。② 似不误。然馆臣所见之《明史》系殿本,为《明史》最后一修,其底本来自康熙时所修《明史》诸稿。万斯同《明史稿》作"右侍郎"③,尚不误。考《明世宗实录》嘉靖十九年(1540)三月:"巡抚四川、都察院右副都御史李钦为工部右侍郎。"④又嘉靖十九年(1540)九月:"甲辰,吏科都给事中邢如默等,河南道监察御史沈越等,以风霾应诏,劾工部右侍郎李钦、原任延绥巡抚副都御史贾启、南京通政司右参议戴璟、太仆寺少卿费渊、张玩,顺天府府丞段麒,各衰鄙不职,得旨俱令致仕。"⑤此二"李钦"皆"张钦"。《明史·张钦传》:"钦初姓李。既通显,始复其姓。"⑥故《明实录》中改称"李钦"。其所任职及其被论罢,事迹皆一一与《明史》合。明过庭训《本朝分省人物考·北直隶顺天府》⑦,明刘效祖《四镇三关志·才贤考》⑧,清孙承泽《畿辅人物志》⑨,所载张钦传记,皆言其为"右侍郎",并可证。又张氏通州人,自题"潞郡",《总目》谓"盖通州为潞河所经",亦非。按《读史方舆纪要》述通州沿革,曰"北齐时分置潞郡"⑩,则可知张氏系采用古郡名,有所典故。

22. 随志二卷

《总目》:明颜木撰。木字维乔,应山人。……是志乃木罢归后,随州知州

---

① 〔清〕张廷玉等撰《明史》卷一八八,第 5000 页。
② 黄云眉撰《明史考证》第五册,北京:中华书局,1985 年,第 1530 页。
③ 〔清〕万斯同撰《明史稿》卷二五九,载《续修四库全书》第 328 册,第 459 页。
④ 《明世宗实录》卷二三五。
⑤ 《明世宗实录》卷二四一。
⑥ 〔清〕张廷玉等撰《明史》卷一八八,第 5000 页。
⑦ 〔明〕过庭训撰《本朝分省人物考》卷二,载《续修四库全书》第 533 册,第 52 页。
⑧ 〔明〕刘效祖撰《四镇三关志》卷九,载《四库禁毁书丛刊》史部第 10 册,北京:北京出版社,1997 年,第 504 页。
⑨ 〔清〕孙承泽撰《畿辅人物志》卷六,载《续修四库全书》第 540 册,第 648 页。
⑩ 〔清〕顾祖禹撰《读史方舆纪要》卷一一,北京:中华书局,2005 年,第 455 页。

蓬溪任德属木所作。……虽以《随志》为名,而木籍隶应山,与随接壤。志中所载,皆合二邑收之。

案:《总目》此处凡二误。其一,颜木字"惟乔",《总目》误"惟"为"维"。明焦竑《国朝献征录》许宗鲁《凤阳府亳州知州颜公木墓碑》:"明有颜大夫者,讳木,字惟乔。随之应山人。"①明过庭训《本朝分省人物考》:"颜木字惟乔,应山人"。② 清黄虞稷《千顷堂书目》:"颜木《烬馀稿》四卷",注"字惟乔,应山人,亳州知州。"③字均作"惟"不误。其二,《总目》云"虽以《随志》为名,而木籍隶应山,与随接壤,志中所载,皆合二邑收之",谓以应山与随接壤,故列入书中,其说亦非。不知此随州知州蓬溪任德令颜木所作,《随志》乃州志,明代应山县为随州属县,《明史·地理五》曰:"领县一:应山。"④颜木固随人,本非"接壤"之故。

---

① 〔明〕焦竑撰《国朝献徵录》卷八三,载《续修四库全书》第529册,第446页。
② 〔明〕过庭训撰《本朝分省人物考》卷七八,载《续修四库全书》第535册,第288页。
③ 〔清〕黄虞稷撰,瞿凤起、潘景郑整理《千顷堂书目》卷二二,第555页。
④ 〔清〕张廷玉等撰《明史》卷四四,第1079页。

李文藻编年事辑续补

刘国宣*

【内容提要】 李文藻为乾嘉朴学名家,为学从政,历历可观,然生平堙晦,行阙多实。曩披览群书,发覆文献,钩沉事迹,撰为《李文藻编年事辑》。顷复稽考旧籍,搜讨故实,兹就谫陋所及,缀次成篇,以补前文所未备。

【关键词】 李文藻 南涧 编年事辑 乾嘉学术

　　嗟乎,以南涧居家之孝友,当官之廉干,与友之诚信,固已加人一等,乃其所笃嗜者,文章也。文人之病恒在骄与吝,而南涧独否。使其得志,必能使古之文士有以永其传,今之文士不致失其所,而竟不遂,此吾所以为斯世惜也。悲夫!悲夫!(中略)伟哉李生,文中之雄兮。四部七略,罗心胸兮。名登甲科,官至五品,不为不庸兮。胡为不与石渠、兰台之选,以昌其文,乃以能吏终兮。①

　　清乾隆四十三年(1778),文献大家李文藻病殁桂林,座师钱大昕(1728—1804)痛撰《李南涧墓志铭》以应其濒死之嘱。上文所引,语语俱出胸臆,真挚可感,而李氏生平性情,已略可见矣。李文藻(1730—1778),字素伯、香草,号茝畹、南涧(一作"南磵")、南涧居士、大云山樵,山东益都(今青州)人。乾隆二十六年进士,四十三年因劳病卒于桂林府同知任上。文藻治学,浩博淹雅,精擅诗文,旁通丹青。翁方纲(1733—1818)称其"为学无所不赅",②而张之洞(1837—1909)独以"校勘学之家"相许,③于其经史、小学、金石、古文诸学恍若无睹,盖文藻虽湛思著述,然传世者尠,后人唯多见其手校藏书故耳。至王献唐(1896—1960)膺任山东省立图书馆馆长,上距张之洞撰《书目答问》不过六十年,已深叹"甚有即南涧一名,亦有不能举其姓氏者",是并文藻生平亦堙晦不彰矣。

---

* 本文作者为华东师范大学古籍研究所博士研究生。
① 〔清〕钱大昕撰,吕友仁校点《潜研堂集》卷四三《李南涧墓志铭》,上海:上海古籍出版社,2009年,第785页。
② 〔清〕翁方纲《复初斋文集》卷一四《李南磵墓表》,清李彦章校刻本。
③ 〔清〕张之洞,范希曾《书目答问补正》附录《国朝著述诸家姓名略》,上海:上海古籍出版社,2008年,第242页。

案钱氏《墓志铭》,文藻遗命不作行状,以自编年谱祈大昕撰写墓志,是文藻本有年谱,光绪时曾经昌乐阎湘蕙庋藏,今已不传。曩者余因辑校《南涧文集》,于文藻事迹,稍作钩沉,并就谫陋所及,撰次为《李文藻编年事辑》,发表于《中国典籍与文化论丛》第十八辑。① 比复披览群籍,间采墨迹,虽不无小获,究属竹头木屑,恆钉成篇,聊补前文所未逮耳。学人年谱,旨在因人而知其学,因学以论其世,非徒发覆文献,重构生平耳,拙文愧不能合斯旨于万一,敬祈博雅君子有以教我。

乾隆十一年(1746)丙寅　十七岁
是岁,钱大昕撰《南北史隽》。

《钱辛楣先生年谱》:"读李延寿《南北史钞》,撮故事为《南北史隽》一册。"钱庆曾云:"家藏公手书册子十馀幅,皆节录《南、北史》语,并记云:'舟中携有此书,录出数则,以备儿辈遗忘。'盖公少年笃好此书,大半能成诵,故取以为传家之学。"②

案:(光绪)《益都县图志》卷二十五《艺文志》著录李文藻佚著《南北史考略》,其旨要与著作年代均不可考,合观钱氏此事,岂文藻师其意而撰者耶？钱塘周嘉猷,与文藻为文友,所著《南北史表》有声于时,未知与文藻《南北史考略》有熏染授受之关系否。

乾隆十四年(1749)己巳　二十岁
文藻成年,长身,色黝而多髯,形状伟岸,而面容颇陋。

钱大昕《李南涧墓志铭》:"长身多髯,赳赳如千夫长。"③章学诚《周书昌别传》:"伟丈夫,黝泽而髯。"④赵希璜《哭桂林司马李南涧先生》之五:"前身终南人,诞生早足异。一梦证因缘,形与图中类。鬼眼炯碧绿,蟹面转妩媚。皤腹还于腮,阔口悬河似。"⑤

乾隆十五年(1750)庚午　二十一岁
文藻入读青州松林书院,与之同学者有益都张云会、朱廷基、张希贤。(《(咸丰)青州府志》,《(光绪)益都县图志》,杨滇《邑先辈纪略》)

---

① 拙文见《中国典籍与文化论丛》(第十八辑),南京:凤凰出版社,2017年,第244—265页。
② 〔清〕钱大昕《钱辛楣先生年谱》,南京:江苏古籍出版社,1997年,第8页。
③ 〔清〕钱大昕《潜研堂集》卷四三《李南涧墓志铭》,第785页。
④ 〔清〕章学诚《章学诚遗书》卷一八《周书昌别传》,北京:文物出版社,1985年,第181页。
⑤ 〔清〕赵希璜《四百三十二峰草堂诗钞》卷三,清乾隆五十八年(1793)安阳县署刻增修本。

云会字舆京,回族,终于岁贡,擅书法,著有《四书图考》五卷、《四书讲义集要》十九卷。朱廷基,字朴士,与文藻同补弟子员而预乡荐。文藻博学,工诗古文词,廷基专工制艺,著有《荆园文稿》,官江西、湖南知县。张希贤,字木斋,乾隆二十八年进士,官阳湖知县,曾与文藻选《唐人五言长诗》四卷。

杨滇《邑先辈纪略》录文藻佚诗《赠张希贤三章》云:

兔园册子重摘辞,忍典绨袍落叶时。今夜霜风寒彻骨,挑灯先读补之诗。

维摩披拣尽珠玑,僻好知君近日稀。争似少陵多酒债,朝回日日典春衣。

木斋先生一世豪,六经馀事列风骚。精研文选从今日,自有官家与锦袍。①

《益都先正诗丛钞补编》录张氏《赠李苣畹》一诗:

少小论交意,十年谁最亲?如君敦古道,使我爱今人。谈笑浑无忌,文章信有神。男儿遇知己,何处不为邻。②

乾隆十九年(1754)甲戌　二十五岁

秋,录尤西堂《虎丘竹枝词》二首于手校《尤西堂文集》。文曰:

尤西堂《虎丘竹枝词》二首,甲戌秋,大云山樵李文藻书。

传闻万木斩荆豁,血战寒山山鬼啼,寄予南飞绕枝鹊,吴王台畔□鸟栖。

歌条舞叶自年年,□作艨艟下巨川,此后半塘杨柳树,春风倒系木兰船。③

乾隆二十五年(1760)庚辰　三十一岁

《事辑》:"时王昶、翁方纲、宋弼等与纪昀近邻,交往密切。文藻盖于此时与王昶、翁方纲结识。"案:今山东省博物馆藏李文藻《长途备忘录》稿本一册,"乾隆辛巳会试"一节备载乾隆二十六年会试时结识之进士姓名、籍贯,如孙士毅、王杰、赵翼、曹仁虎等并在其列,时王昶、朱筠皆任同考官,文藻与之相识当系于明年。

---

① 〔清〕杨滇《邑先辈纪略》,清抄本。
② 〔清〕朱沅《益都先正诗丛钞补编》,清抄本。
③ 转引自《李明五日记》,青州丁氏藏民国抄本。

乾隆二十六年(1761)辛巳　三十二岁

《事辑》:"补行殿试,成进士。廷试对策博赡,为进士之最。"案:今存文藻对策两篇,其一《策问》所附考官批语云:"征引该洽。大主考钱批。洞悉源流。大主考叶批。于汉魏以来诗人,标举眉目,品骘处亦复荟萃众家,知其汲古深矣。本房加批。"其二《第三问》所附批语云:"体大思深。大主考钱批。考据明洽。大主考叶批。知古知今,斯为经世之学。本房加批。"①

乾隆二十七年(1762)壬午　三十三岁

是岁有书与周永年曰:

> 去冬从诸城寄有报函,颇言志事之详,想已达左右矣。弟于去年十二月初八日接到家信,以贱内病剧,匆匆即日归里。贱内入春后幸可支也,而舍三弟年底一得时病,至元夕后始稍愈,弟心绪之乱可知也。正月二十九日起身,二月初一日到诸,十日以来惟事应酬,尚未静坐。大约旧志大势已定,独新入者尚未动手,而已至数百人之多,'节孝'在外,奈何奈何,弟愁极矣。又病自去冬牙疼,近复破腹,精神甚亏也。《蒿庵集》即得其全者甚妙,倘可掷来,或但示其前本所未有者,则三月间当付梓矣。近繙明太祖、成组实录,所得山左故实甚多,《泰安志》遗者多矣。又得安邱马应龙所作《杞乘》,乃即河南杞县志也,其书更在《安邱志》上,即一人作其《安邱志》,偶署乃翁中丞名耳。《新安志》及一切赐借之书,但俟初夏奉还也。年底陈绳兄云今年高徒家有《图书集成》一书,果然否?即墨张先生尚未见其相好,王象里已上公车久矣。《周易说略》价钱四千奉上,祈查收,还已甚矣,无便故也。②

乾隆二十八年(1763)癸未　三十四岁

《事辑》:"五月(中略)《诸城县志》于是月完稿。"案:李林《知稼堂集》卷五

---

① 〔清〕李文藻《策问》,《南涧文集四种》,北京:中国书店影印清抄本,1953年。
② 辑录自李有经《昔吾杂抄》,山东省图书馆藏抄本。案李氏字习五,后改字昔吾,山东益都人,晚清诸生,后从事革命。醉心乡邦文献,蒐藏遗墨旧籍、金石碑版甚富,近人王献唐等皆游其门下。《杂抄》系李氏辑录杂纂之作,网罗鲁籍名士遗文佚诗甚夥。丁酉溽暑,余于山东省图书馆访得此书,获睹其中李文藻致周永年书二十馀通,颇足证成其生平,喜不自胜。承鲁图工作人员惠允,即事录副。是年初冬,又于严师佐之先生处得见《国学季刊》第六辑(山东人民出版社2017年),内有潘妍艳《李文藻与周永年书札二十八通考释(下)》一文,大抵以李有经所辑为本,句读考释,心细识精,殊堪爱佩。惜惟有下篇,未克见其全豹。适因修订小文,故将所录南涧遗札择要补入,句读偶与潘文小异,相关考释则一概从简,盖彼文考证精审,自不必他人饶舌矣。下文凡引录《杂抄》之条目,但具出处,不复详注。

《青州过茝畹兄值其在濮州赋寄二首》其二颇涉当日修志事,迻录于此,诗云:"幻影浮云首重回,许多郁抱待君开。从容止谤三缄口,辛苦怀人百尺台。吾邑修志局在超然台下。直以莲花看箭簇,不妨羽化失银杯。濮州雷泽知无恙,未必愚公从得来。潍水北雷家岭,有必欲作雷泽人志者。"①

是岁有书与周永年云:

> 昨接手书,诸承训诲,感甚。所事已完竣,因须查核处尚多,难在主人认真,而列传中仕宦者多也。所赐书籍另日奉还。拙作批示甚妙。'援例'不得不做者,然亦尚无头绪。此来尚未见啸公,昨接其一札,闻大箸即将寄下,然犹未见,况其郡近将岁考,不久即归矣。近接苏州彭允初札,其意欲搜罗我朝百馀年来名公状志为国史底本,不知可为留神否?《朝邑志》抄成一部,然无暇校对,恐有错字。老伯大人大事似不可再缓,不知近有期否?服除后益难举行,况亦未有不葬而即除服者,以为如何?敢妄陈所见,幸采择之。(辑录自李有经《昔吾杂抄》)

约是岁秋再与周永年书,讨论纂修《历城县志》事,略谓:

> 到德来,生徒纷纷赴试,空斋岑寂,正好藉此馀闲,稍理诸乘之未惬意者。《总记》须大加删削,其中求教者数条:《星变》欲尽行删却,不识可否?一也。各史灾异连州郡言也,如"密州蝗""密州献灵芝"之类,今宜去"密州"字否乎?二也。其从各史及旧志、府志等书抄来者,宜变双行注原书于其下否?三也。本地人官至三品以上,例见于《总记》,应仅书其卒乎,抑历书其升迁乎?弟欲仅书其最后大官一层及卒后恤典,可乎,不可乎?四也。旧志灾异等事有日而无子,今借得万年书,国朝日之干支俱可推而得,其前朝更有何书可考?弟家有太祖、成祖、孝宗三朝实录,此三朝之外,《明史》本纪月朔不著干支者,则无可查矣,何以教之?五也。其志四十六卷,图一、总记二、考十二、表十一、录二、列传十八,体制稍觉妄诞,然《安邱志》先我为之,或不时也。"援例"自为一表,实因援例者俱无年头,不能合于选举,且以后志书安得无此表乎?虽有不悦者,不卹也。《艺文考》仅载目录,一切诗文尽删之。其有石刻者,另为《金石考》一门,或如《金石文字记》,颇有跋语。艺文目录无甚可发明,故未能遵教如《经义考》之例,节录各序耳。列传人物过多,然亦不肯极赞此事,主人大通,故得从简。大约字数、本数尚少于旧志,不过六本,而表其居其二也。其中千头万绪,皆欲求教,然非笔札所能尽,奈何。(后略)(出处同上)

---

① 〔清〕李林《知稼堂集》卷五,青岛市图书馆藏清道光十七年(1837)刻本。

卢见曾欲延周永年馆其家,倩文藻布达其意,故又作书予林汲谓:

> 今雅雨先生特欲奉屈,须至敝寓,俾为作札,且为道景慕之诚。盖吾兄鸿学硕望,渠久闻于贵老师沈光禄矣。束脩一百二十两,学生三人,皆习举业,且云倘能今年十一月到馆,则更妙矣。卢公宿学,年老而体健,亦颇好道,又多藏书,与吾兄必有针磁之投。如肯就此席,即示回音,省彼京中另延。(出处同上)

乾隆三十一年(1766)丙戌　三十七岁

是岁,钱大昕有《答李南涧书》,略云:

> 尊使至,知年兄于六月内奉太夫人之讳,悲哀切至,而仆远在千里外,无从具生刍絮酒之敬,仆之抱愧甚矣。来教欲仆为表志志文,及读年兄所撰行状,文笔古雅,至性肫挚,流露行墨间,洵为必传之作。(中略)若仆之文平浅,恐未能传世,而有虚年兄之盛意也。但交好有年,不敢固辞,谨撰尊甫太翁墓表、太夫人墓志各一道,皆撷取行状中语,掠美之诮,谅所不免。(中略)天寒读《礼》,惟以道自爱。不宣。①

岁末,周永年贻书云:

> 历下同学愚弟周永年谨顿首奉书茝畹大兄先生玺室:初七日得接手示,备悉一切。伯母大人大故,弟不能亲赴吊唁,至今耿仄,来札云云,益增罪疚矣。三兄病幸而更生,然亦危矣。大寒之剂,恐不可多服,积热发作,大抵系参附之毒,但以解毒之药与之,如甘豆汤之类,当自愈,寒剂久服,恐又变他症。语云"不药得中医",不可不慎也。大兄左体不仁,或苦次受湿所致,亦宜善为调理。《历乘》一事,过蒙奖借,但谫陋愧不足以任之,吾兄若能来,弟当尽出所有之书,以供采择耳。《仪礼》一经,数年来粗涉数过,苦不能记忆其辞,何云深乎。然覆读他经,似略见端绪。窃意此书乃《周礼》之传,而《戴记》之经也,惜向来无诵读之功,致力为难耳。敖氏《集说》,雅雨先生有藏本,然初读但以郑注为主,而参以贾疏,再佐以杨氏之图足以。近顷发本图更详明。诸家纷拏之说,且勿及之可也。三兄病如大愈,更祈示知为慰。尊著《诸城志》祈见惠一刻本,近中想无暇及此,不必改本也。匆匆不尽,统惟原鉴。冬至前二日,永年载顿首具。②

案:文藻丧母及文渊病危,详《事辑》乾隆三十一年。王献唐先生据此书中

---

① 〔清〕钱大昕《潜研堂集》卷三三,第602页。
② 〔清〕陈介锡编《桑梓之遗录文》卷六,山东省博物馆藏清抄本。

"《历乘》一事,过蒙奖借,但謭陋愧不足以任之,吾兄若能来,弟当尽出所有之书,以供采择耳"一语,谓"《历城县志》则周书昌为主体";①王绍曾先生更云"周永年主持在前,并且以周为主体,李文藻是后来才参加的",②其说大致为是。书谓"过蒙奖借",似胡氏初请李文藻修志,文藻转以永年相荐,其后以永年之敦请,文藻方始参与。

乾隆三十二年(1767)丁亥　三十八岁

《事辑》:"文渊自是不食,亦不语,二月廿八日卒。"案:李文渊卒年廿六岁。纪昀曾述及与文渊论礼一事,称文渊"嗜古如南涧,而博辨则过之"。③罗有高《书历城周君私谥益都李静叔议后》:"(文藻)其人志恢业广,绍先正遗风,缀缉微绪,使承学者有所统。其弟静叔足羽翼之,其成可要也。"④

李文渊行世著述计有三种:一、《左传评》三卷,乾隆四十年文藻刊于潮阳,收入《四库存目》。卷首冠钱大昕序,谓"益都李静叔好学嗜古,手评《左氏传》,议论颇有出魏(禧)、方(苞)两君之上者。点次未竟,不幸夭折,其兄素伯哭之逾时而恸,因录其本,刻而藏之家塾,起隐公元年,尽僖公廿有四年。"《四库提要》更云:"其兄文藻哀次遗稿,编为三卷,刊版于潮阳。末有文藻跋,称其潜心《易》《礼》两经,取古人图像、传注罗而绎之者数年,以至于病且死。故所评阅,多未终卷云。"⑤二、《得心录》一卷,《四库》入子部医家类,《提要》曰:"是编皆所制新方。前有自题云:'古方不能尽中后人之病,后人不得尽泥古人之法,故名曰《得心录》。'凡十九方。其敌参膏四方,按应补之证,委曲调剂,以他药代之,为贫不能具参者计。虽未必果能相代,然其用志可尚也。"⑥三、《李静叔遗文》不分卷,乾隆三十六年刻本,由文藻辑刻、罗有高校勘,收文十六篇,附录钱大昕、周永年、罗有高、汪缙、梁鸿翥、邓汝勤、李林等所撰序跋、传记、哀辞。《病祷文》一首最足以表见其学行,节录于下:

> 自其童即不敢以众人自待,而窃深草木禽兽同其腐烂之耻。每以世人习尚脆靡、轻气节,期于仙日,力矫其弊。读古圣贤之书,熟诵殚思,有所开解,亦欲作为文章,与天下后世之人,告语不衰。自知识未定,词未达,未尝著于篇。(中略)以文渊自揣其质,假之以年,其庶几异于众人、庶

---

① 王献唐《李南涧之藏书及其他》,《山东省立图书馆季刊》1931年第1期第1集。
② 王绍曾《十八世纪我国著名目录学家周永年的生平及其主要成就》,《目录版本校勘学论集》,上海:上海古籍出版社,2005年,第204页。
③ 〔清〕纪昀《阅微草堂笔记》卷一一《槐西杂志》,清嘉庆五年(1800)北平盛氏望益书屋刻本。
④ 〔清〕罗有高《尊闻居士集》卷一,上海图书馆藏清光绪七年(1881)刻本。
⑤ 〔清〕永瑢《四库全书总目》卷三一《经部·春秋类存目二》,北京:中华书局,2003年,第262页。
⑥ 〔清〕永瑢《四库全书总目》卷一〇五《子部·医家类存目》,第890页。

几不与草木禽兽同腐也？不完于德当以功，不得于功当以言，三者庶几其一焉？若竟从此休，则欲与古人争尺寸，而未来之岁月不为我有，岂不恨哉？

乾隆三十四年（1769）己丑 四十岁
有札与周永年：

　　七月抄接到中元日手教，甚蒙存注。所需看之书，《寓简》及《古文尚书考》《经考》《古韵标准》等书，弟已有抄本，惟《斜川集》是赝作，而姚文公、欧阳圭斋二集未及录副也。弟所抄皆卷帙之小者，如《石刻铺叙》，欧阳彻、高东溪、王元之、洪盘洲等集，及《文渊书目》《牧斋书目》《新唐书纠谬》数书，皆不过数本耳。所见好书而不能购者甚多，近内城两处卖出四五千套，皆好者，盖果亲王、昌董斋、曹栋亭之书尽在肆中矣，可叹也。吴文正《三礼考注》、应㧑谦《礼学汇编》底本，不识吾兄用此二种否？《吴郡志》竟不及抄，而新买得宋龙图《长安志》二十卷，又元人《长安志图》三卷，如得拱璧。（中略）近交江西罗，名有高，字台山。浙邵、名晋涵。高邮王名念孙。三孝廉。罗文行兼优，古文取法甚高。经学甚深；邵深于史，工诗，现注《仪礼》，闻吾兄讲"无以立"一语，恨不相见；王乃东原之弟子，现注《说文》。三人者，皆奇人也。罗、王已出京，而邵仍馆此。邵曾见宁波范氏、义门郑氏之书，闻见甚广，于古人极底（案：当系"诋"之手讹）郑渔仲、杨升菴、万充宗、毛西河，闻东原亦诋《经学五书》之非也。（辑录自李有经《昔吾杂抄》）

　　案：札首所述抄书购书事，宜与《琉璃厂书肆记》参阅。与邵晋涵、[①]王念孙交游事，余更引周永年《张文忠公归田类稿序》及文藻《复古编》跋语以相印证。周《序》云："己丑夏，南涧谒选京师，寓书于余曰：'近交余姚邵二云，曾见天一阁范氏、二老阁郑氏之书，《云庄集》尚存未亡也。'因亟托其购之，迟数年未得。南涧曰：'二云其斑余哉。'"[②]李氏跋云："高邮王孝廉念孙著《字学辨误》，（中略）予于房师纪先生所借此书示之，爱玩殊甚，然先生方成西域，不便携之以去，而念孙又将出京，不及录副，恨恋之意形于颜色，可谓好学之士也。此乾隆己丑七月事。"[③]

---

① 检《钱辛楣先生年谱》乾隆二十四年七月条下钱庆曾按语曰："李公以进士令广东，迁司马。（中略）公选掌文衡，历主书院讲席，门下士殆几千人，皆以经史金石诗古文词相祖述。其升堂入室者，尤推李司马、邵学士晋涵，及先外祖工部陈稽亭先生鹤也。"《钱辛楣先生年谱》，第15—16页。
② 〔元〕张养浩《張文忠公歸田類稿》卷首，清乾隆五十五年歷城毛氏刻本。
③ 引自〔清〕葛鸣阳《复古编附录》，清乾隆四十六年刻本。

周永年贻书文藻,专论儒藏之说:

> 曹能始儒藏之议,自古藏书家所未及,当亦天下万世有心目者之公愿。今且广搜秘籍,以订例目,逢人说向,以俟机缘。世不乏毛子晋、徐健庵、曹楝亭,得三数人则事可集矣。昔黄俞邰、周雪客徵刻之书,自当时视之岂不甚难?今皆次第流布。语云:"人之好善,谁不如我。"勿畏其难,而先自扪其舌也。儒藏果成,则有大力而好事者,欲刻,必先刻此一藏;欲藏,必先藏此一藏。古人佳书幸存于今者,从此日便永不湮没。二氏得此法以藏书,故历代以来,亡佚甚少。吾儒斯役,又乌可缓?不然,如嘉定钱先生所致叹于惠氏之书者,宁非后死之责乎?白香山自藏其集于匡庐,阎百诗亦欲藏《古文尚书疏证》于太华,此皆由儒藏不立,反思借二氏之藏以传,用心亦良苦矣。惠氏诸书,过苏,如若晤其子孙,可令多置于名山僧寺、道观。凡有藏之处,庶几古来之绝学,前辈之心血,犹不至湮没于奕世也。①

案:文藻履迹苏州仅一次,即乾隆三十五年正月南下赴任恩平县途中,末节"惠氏诸书,过苏,如若晤其子孙"云云,可证此札撰写时间在此以前,故系于今年。周永年《复俞潜山》引文藻语云"此事聚之既难,刻之尤难,恐不能成",盖文藻于儒藏极知其难。虽然,其对永年创辟"借书园",操办儒藏,仍鼎力相助,不失知己之谊,兹拈数例。《岭南诗集》卷五《别肃斋四首》之三:"君家周林汲,于我意甚厚。力筑借书园,抄副雇百手。罄产不能继,待我应已久。"②临终遗嘱有曰:"所藏书不必分,(中略)或书昌儒藏成,即尽归于书昌可也。"又云:"予有手抄《所见书目》十来本,皆录底跋,略仿《经义考》之式,然不能成书,周书昌做儒藏者,尽予之,其中有冷僻书也。"③

胡德琳赴任济宁,开局延请周永年、盛百二修《济宁直隶州志》,未三月而调任东昌府。今上海图书馆藏有文藻《济宁州金石录》残本,疑即撰于此时。

案:此书系抄本,一册,计五十四叶,其行款每半叶十行,行十八字,无框格,无序跋。惟馀原书第十二、十三两卷。其书仿田槩《京兆金石录》,以地著录,专记济宁一州之金石碑刻,系清代最为常见之金石著述体裁。又摹画石刻形制,后附跋尾,在清代较为罕觏,然其体制实仿洪适《隶释》。就其考证内容论之,则似有意订补翁方纲《两汉金石记》之阙谬,识力在彼之上。全书字迹遒劲秀美,当出文藻亲笔。余更取阮文达《山左金石志》对勘,差相仿佛,疑《山左金石志》之纂有取于此书也。

---

① 〔清〕周永年《儒藏说》附录,仁和吴氏双照楼刊本。
② 〔清〕李文藻《岭南诗集》,清乾隆李氏家刻本。
③ 〔清〕李文藻《南涧先生易簀记》,《山左先喆遗书甲编》,民国二十四年(1935),第3页。

是岁,益都崔振宗有诗相赠。(崔氏《午树堂诗集》卷三《送李芭畹宰恩平》)

乾隆三十五年(1770)庚寅　四十一岁
文藻酷嗜金石文字,赴任恩平道中,手拓南海神庙碑刻数十种,翁方纲《粤东金石记》悉予采录。

> 《游南海庙记》:"予于庙中之碑,无古今皆搜剔。翁学士因予言而著录者几十种。"①

令恩平时,尝乘舟出迎总督,小憩南海庙,命仆拓碑,秉烛竟夜。比晓,督舟过矣。(钱大昕《墓志铭》;徐珂《清稗类钞·鉴赏类》"李南涧风雅好事"条)

是年始患疮疡,憔悴委顿,而四弟文浚尤甚。

> 《恩平集·郡馆示季弟》:"南服湿且燠,举家生疮疡。惟汝尤屡发,肤色渐萎黄。(中略)我体素健者,卒苦成秕糠。痔漏久不平,解血流蜂房。已知元气泄,岂宜恋铜章!"《潮阳集》卷一《病》:"吾病缘何作?三年困沸炎。折腰仍墨绶,拭吻已霜髭。"②

女溪娥卒。(《李室孺人周是墓志》)

乾隆三十六年(1771)辛卯　四十二岁
清廷貤赠祖李元盛、父李远为文林郎、恩平知县。(青州市博物馆藏乾隆三十六年诏书)

> 钱大昕《益都李氏宗祠记》:"元盛子远,(中略)两世皆以文藻贵,赠文林郎。"《李南涧墓志铭》:"祖元盛,父远,皆以南涧贵,赠如其官。"③

乾隆三十九年(1774)甲午　四十五岁
是岁,梁鸿翥致书文藻云:

> 门生梁鸿翥敬请芭畹夫子大人鸿禧钧安。生前两接来示,得蒙夫子不弃蠢愚,更念及所著解各经,生读毕不胜欢跃。生在前十馀年讲习各经之业,俱于去年补缀删改,岁终而竣。其目为《易经》《诗经》《春秋》《周礼》《礼记》五全部,其摘条立辨者,为《论孟》《书经》《易》《礼》四种。其誊写清

---

① 〔清〕李文藻《南涧文集》卷上,清光绪《功顺堂丛书》本。
② 〔清〕李文藻《岭南诗集》卷一,卷二。
③ 〔清〕钱大昕《潜研堂集》,第341,783页。

本俱在都林汲先生处，数种之中唯《易经》《周官》《论孟》尤为人所乐道，借去缮写者不下数家，无奈俱无副本。今因同里李右居先生名国弼，亦生所师事者学文者也。将赴广选盐大使任，乘此羽便，搜篋中，仅得《易经》删改旧本并《春秋》抄写清本，奉此二种，伏乞夫子于广省中更示高明先生，鉴别其得失，倘有可采，则吾夫子所以成就生之学业者，更不在目前之事矣。并候二位世叔世兄暨合署纳福。临禀不胜瞻依之至。甲午正月初七日。①

乾隆四十年(1775)乙未　四十六岁
四月十七日，录李方膺题画诗于手校《李方膺文集》。

　　《李复堂题画诗》　乾隆四十年四月十七日，益都李文藻偶录于羊城大佛寺东廊，是日大雨。
　　五月五日热太烘，手持纨扇不能攻。急呼小艇聊复去，荷叶荷花十里风。②

乾隆四十一年(1776)丙申　四十七岁
有札与周永年，略谓：

　　丙申正月二十二日，弟归自郡城，而去年十一月二十一日并二十二日，尊札已先到署，开读，欣快如对芝宇。(中略)弟去冬景况逼臆，舟中曾作札言之，至今无便可寄。今日奉上官委，往嘉应县鞠狱，将来往返十数日，适二日前接手札，是以再布近状。自入新年，无日不奔走，已验死尸数次矣。(中略)弟病瘥，而心绪不佳，常患头眩，时时怕死。若竟死，则年来欲言之事甚多，终不得见吾兄而吐之，真恨事矣。舍下信重费清神，谢谢。作官至于罄产，想抄书之费过多耳。(中略)弟向在京作《琉璃厂书肆记》一篇，多至数千言，虽不成文理，亦足备掌故。(中略)《蒿庵闲话》虽经刷印，而弟跋中曾引亭林顾氏一语，近闻顾集奉禁，而弟引之语得之《山左诗抄》，不识妨碍否？幸弗播也，或去其跋为妙。运板至苏州，亦非难事。凡书板，莫如送在苏州坊间，方可刷印。其北人藏诸家者，除《渔洋集》外，惟作子孙烧柴而已，然耶，否耶？(辑录自李有经《昔吾杂抄》)

约四月中，复函周永年：

　　舟中无聊极矣，偶得二书，一为宋人吴自牧《梦梁录》，一为明季人张丑《真迹目录》，皆写本，不识局中有之否？前吾兄抄副德庆公之书必多，

---

① 〔清〕陈介锡编《桑梓之遗录文》卷六。
② 转引自《李明五日记》，青州丁氏藏民国抄本。

近见示一二种俱佳。程廷祚者何人也？考据之学施于《论语》，宜早刊行之。蒙泉师诗集已刻其半矣。亡弟《左传评》，辛楣先生以为可取，因将原本刻之，尚多错字及漏圈点处，乞正而教之。所刻书，其版势难携归，又不忍弃之，奈何。或携至广西，置之书院如何？桂林同知乃专管书院者也。住省月馀，不及见肃斋一面，已定于八月相晤，"鸳桥"须当全交之。江氏韵书，东原先生果肯校勘否？岁前曾求辛楣先生请惠定宇高弟江鲸涛来粤，不识其果来否？粤中颇多好学之士，虽潮阳亦有读《说文》、三《礼》者，惜无经师耳。（出处同上）

八月，又函周永年：

弟四月在省，闻知推升桂林同知之信，数作札，不识收到否？是月二十四日回县，赶办案件，五六月中辛苦殊甚。（中略）已于六月二十九日到任，弟于是日卸事，欲奉闻而无便也。出署，寓西门内，民情颇爱戴，诸生以文字是正者，日填其门。七月十九日，自县赴郡，士民祖钱，而弟汗颜殊甚。在潮四载馀，无一佳政，至此乃愧悔无地矣。二十四日自郡由水路赴省，过嘉应县，度军门岭，历龙川、河源诸县，仍自惠到广，此路向来所未经也。舟中携一病人，危笃，幸未死。八月初八日到省城，寓一极卑湿之地，而是日周肃斋亦自至。（中略）弟交代事，尚费周章，例限在九月杪，到京即明年正月也。原拟眷属留粤东，而病者死在旦夕，将来一群小孩子无所归著，不得不挈之以行，再来则不携眷矣。（出处同上）

案：所谓"舟中携一病人"者，文藻继室周氏也。

乾隆四十二年（1777）丁酉　四十八岁

六月十日，孔继涵持文藻《南汉二铁塔考》过翁方纲，方纲摹其图并题识语：

乾隆丁酉六月十日，荭谷携此册过小斋，因摹其图。南涧时以张生药房所拓西塔字见赠，荭谷又辍所得西塔字见赠，以补余所未获。羊城禅榻看古画、啜橄榄之旧梦，宛然在目也。方纲。

自六月十五日出京归里，至南下桂林赴任，文藻屡作札与周永年，其一略云：

自归家，三接手教。（中略）弟刻下定于秋后起身，而盘费不足，又家中积欠竟至二千金，不能偿还，大有不能动身之势。碑石虽定而刻不及，又无工书者。兹翁学士书内有求书先君墓表，务祈三两日讨来，寄交舍弟，不必写作弟在家称呼矣。尚有先祖墓表，另求冯鱼山书，尚未有纸样也。先曾祖墓表亦书就，现刻祠堂已成，到家两月，仅办此两事耳。刷印《水经注》如此之多，必难脱手。今使刘晋送到《九经古义》《左传补注》版二付，乞查收。（中略）桂未谷先生日日望之，而竟未来。（中略）对亭大略已入弟《师友记》，似不必更作圹志，惟邓谦持则必为作志耳。（中略）《山左人述作目》到路上方能抄之。所示《山左文抄》之目，可极大观。若太多，则但曰《山左文钞》而不入家数，如何？（中略）连日困于酒食，书目碑目都有七八分工夫，而未成也。乃有目无书，亦有向有之书而不知所在者，大约八架可满也，无人料理，奈何。河间师处有奇书数种，如《海岱集》之类，皆求人提要者，而《五冯集》则仍求吾兄送之也。

案：文藻父李远墓表由钱大昕撰写，见《潜研堂文集》卷四十九，原碑今已不传。文藻著有《师友记》，著录于（光绪）《益都县图志》本传，今亦亡佚不存。

第二札有云：

> 书板仅满两小箱，《九经古义》板百块、《左传补注》板八十一块，并封面、书签，乞查收。刻下光景不惟不能图藉书园，并舍弟积欠不能还，而千金之盘费又无可假处，行期非月底不可。奇哉，怪哉！大有卷席而卧之势。恐书版亦难得利，脚价已全支。（后略）

第三札更就周氏《山左文抄》略云：

> 《山左文抄》可谓懿举，惟选甚难。弟所有出尊目之外者，如葛端肃、苏尚书、宋词部、赵琪山、毕白阳、叶谦斋、李文襄、孙仲愚、周方山、郭华野、李监庵辈，欲选之而无暇，且无抄手以属，同县杨孝廉峒亦不能也。愚意多者数卷，少者不妨一二篇，且尊目中如谢茂秦、张伯绅辈实无文可采。愚意但选文，不选诗，如何？亦不宜太多，文字实非山东人所长，不过存掌故而已。一单奉览，祈教之。弟书有十一架，已尽完，碑刻则不能完。近又登云门山，搨甚多，可抄为一集。此去广西，大有不归之势，至今滞不能行。云山、竹西书屋皆与我有永诀之势，而况于人乎，况兄乎？大约九月初三日必行矣。（中略）奉到大颠《正弘集》一本，乞送纪老师。著录此书，北宋已有之也。《石仓集》中无儒藏之说，是何故也？"

案：文藻著有《云门金石刻记》，见（光绪）《益都县图志》本传，已佚。

第四札云：

> 三日前接到八月十七日尊札并纪老师所示《宝刻类编》四本，未及答也。昨晚又收到尊札，乃收到书板之后所寄，并丁小山先生札。书甚精，得此及《宝刻类编》，皆金石文中之宝也。刻下匆匆束装，定于初三日行矣，拟由明水一路，可以济南度重阳。（中略）数日前寄《山左文抄》之目，

妄增四十种,不识有当否?

案:以上四札皆辑录自李有经《昔吾杂抄》。曹学佺儒藏之议见其《与徐兴公书》:"释、道有藏,独吾儒无藏,可乎?仆欲合古今经、史、子、集大部,刻为儒藏。"见录于《尺牍新钞》卷一,实不在《石仓集》中。

桂林道中,有书与周永年:

顷有一札未缄,适因剃头,问知黄陵庙及屈大夫祠前日已过而不知也。弟此次出门,不带地志、程志诸书,意在随处创获,以快闻见,乃一路茫茫,无所考证,作诗亦不知典故,真大错也。右臂自去年七月作痛,在家时稍可忍,而今忽大痛,将断作书之缘,抑或半身不随,亦未可知。《水经注》务赐寄一部,《九经》《左传》亦要一二。(中略)《山左文抄目》曾收到否,此事安能速成?弟所携《明堂大道录》《易汉学》不识能可否耶?身边无能写字之人,甚苦之。(辑录自李有经《昔吾杂抄》)

行抵桂林,复有与周永年札云:

长沙二札、衡阳一札,想收到耶?自入永州,山水奇秀,不复在意料之中。所见石之多,若拳大之字,刻十三经、二十三史尽足用也,且光滑不用磨礲。日内至全州亦然。桂、永二郡山水实甲天下,一丘一壑,亦中原所无。连日如痴如狂,舟行愈迟愈妙。明日到全州起旱,二十四日可以到任。长沙以后又作诗七八十首,欲寄正而不及写也。瘟疫之说已平,弟眷属平安,惟仆从多病者。鱼山信收到否?(中略)有浯溪碑刻数种寄翁覃溪学士,亦难得之物。人生不游永、桂,所谓不见势面也。多石少人,何必有人哉?(出处同上)

乾隆四十三年(1778)戊戌　文藻卒

约六月间,寄书周永年,略谓:

弟自到桂林,未曾接吾兄一信,不解何故。三月中奉委,有事南宁,往返三千里,其苦殊甚。四月回省,乃从肃斋兄函中接到去年九月手示,内有谕梁志兄弃世一节,读之悼叹累日。此时所急,惟刻其所著之书也,高见以为何如?梁与戴公之死,似为著述赶入《四库》而起,其中殆有天焉。然亦要人事,戴之人多,梁之人少,非先生之责而谁责欤?如罗二兄肯为动手,甚善,但不识落第后仍在都中否?(中略)腊、二两月都在陡河,正月卧病,三月走南宁,所见岂忍言哉?四月又赴陡河,兼接新制台。至五月初,始生一上马痈,几乎送命,幸借得《医宗金鉴》之外科,按法调治,刻下可以不死,而收口尚无期也。不下床者月余矣,其苦万状,惟课儿辈、延读书以为乐。(中略)茌谷寄《戴氏遗书》二种,亦去年九月所寄,近始接到,何其迟也。(中略)精力甚短,而天热异常,匆匆不及多云。(辑录自李有经《昔吾杂抄》)

七月初七日,临终致书永年:

> 弟病于旱而死于旱,七夕无雨则无望矣。以天之酷蒸,益身之潮热,不过数日阴绝矣。邵二云久不相闻,求其一诗一文,非兄不可。梁志南挽词求正,哀哉。孰通经义孰文章,历下追随似雁行。三岁摧残梁邓李,岿然君是鲁灵光。戊戌七月七日辰刻,愚弟文藻顿首林汲老大人。(辑录自《桑梓之遗录文》卷六)

案:此书后附桂馥(1736—1835)识语曰:"此札为先生绝笔,寄到时,余适在坐,林汲使余读之,苦不能识。阅三日,林汲识之'三岁摧残梁邓李,岿然君是鲁灵光',梁谓志南,邓谓谦持,李乃自谓也。此诗林汲为刻于集末。癸丑四月,东木出示此卷,酒间展阅,为之泫然。曲阜桂复。"文藻诗刻入《岭南诗集》卷八,题作"《寄周书昌》","三岁摧残梁邓李"作"连岁摧残梁邓李",盖已经永年润色矣。

卒后,妹窦氏、继妻何氏携诸孤,水陆七千里归葬益都。(光绪《益都县图志》卷四十二)仲弟李文涛以文藻自撰年谱及诗稿呈示钱大昕,钱氏既据年谱撰写墓志,复为之序。

> 钱大昕《李南涧诗集序》:"殁后,其仲弟以遗稿示予。官为一集,盖仿王筠之例。读之似近而远,似质而雅,似浅而深。中有所得,而不徇乎流俗之嗜好。此非有不平而鸣者也,此不言穷而工者也,此真合乎古诗人之性情而必传之诗也。"[1]王昶《蒲褐山房诗话》:"诗不多作,亦颇工稳,如《观音崖》诸诗,尤为雄健。惜年未中寿,殁于粤西,其馀著作,无可表见者。"[2]

案:墓志今存青州市博物馆,益都刘文远书丹,嘉定钱坫篆盖,碑面漫漶,已不可识矣。

附录后谱

乾隆四十四年(1779)己亥　卒後一年

正月,罗有高卒。(鲁仕骥《罗台山哀辞》)未久,翁方纲叹曰:"今罗、李二

---

[1] 〔清〕钱大昕《潜研堂集》卷二六《李南涧诗集序》,第438页。
[2] 〔清〕王昶著,周维德校点《蒲褐山房诗话新编》,北京:人民文学出版社,2011年,第93页。

子之集杳不可得"。(翁方纲《冯鱼山诗集序》)

黎简梦遇文藻索其铜印观玩,询曰:"人久谓公死,妄耶?"文藻但笑而不答。梦中周士孝、张锦芳同在,甫欲作铜印诗而梦醒矣。(黎简《五百四峰堂诗钞》卷九)

乾隆四十七年(1782)壬寅　卒後四年

翁方纲作《李南涧墓表》:"呜呼!此桂林同知南涧李君之墓,北方之朴学,岭南之循吏也。(中略)君为吏廉干,所至有声,宦十馀年无一钱,(中略)君为学无所不赅,(中略)卒于乾隆四十三年八月四日,其后四年予始克表其墓,以告后之读《大云山房遗书》者。"①

乾隆五十三年(1788)戊申　卒后十年

冬,周永年由济南至青州,探慰文藻遗孤,并携其生前所刻书板而还。(周永年《贷园丛书初编叙》)

乾隆五十四年(1789)己酉　卒后十一年

周永年以文藻生前所刻书板,刊印《贷园丛书初编》十二种。(《贷园丛书初编叙》)

乾隆五十六年(1791)辛亥　卒后十三年

秋七月,周永年卒,年六十。章学诚为永年作传,深以未结交文藻为恨。(章学诚《周书昌别传》)

乾隆六十年(1795)乙卯　卒后十七年

益都段松苓撰《益都金石记》四卷。(武亿《益都金石记序》)

案:是书采录文藻说凡十四处,述及文藻行事一条,据文藻说补正金石者一条,盖引自文藻佚著《益都金石考》。

嘉庆二十一年(1816)丙子　卒后三十八年

继妻何氏卒。自家道中落,何氏守节养孤,刻意自俭,举事合礼。(光绪《益都县图志》)

---

① 〔清〕翁方纲《复初斋文集》卷一四,清李彦章校刻本。

咸丰十一年(1861)辛酉　卒后八十三年

捻军波及青齐之间，文藻家藏书稿散佚，复毁于火，书之存者无几矣。（光绪《益都县图志》；邱琮玉《青社琐记》卷五）

  王献唐云："先生藏书目录今已佚失，无从窥其全豹。其全部书籍之散出，亦不知在何时。据济南之老于书业者，称三十年前屡见南涧藏书，多售于北平书贾。缪荃孙《琉璃厂书肆后记》谓翰文斋主人韩心源，得李南涧藏书云云，或即在是。至山东方面，闻安丘赵孝陆家，收藏颇多，亦不审为何种。"①

---

① 王献唐《李南涧之藏书及其他》。

朝鲜王朝学人研读《史记》情况考论

高　策*

【内容提要】　朝鲜王朝学人的研读是《史记》在海外传播、接受史的重要组成部分，其成果多借由个人文集保存，惜学界的考察、梳理尚不充分。本文以《韩国文集丛刊》为主要参考文献，调查、梳理文献材料，并与中国《史记》研究关联、比对，勾勒出朝鲜王朝学人研读《史记》的基本情况。历时地看，呈现出从历史评论为主、兼及考证训释，至文学批评兴起，再到综合性研究的发展脉络。总体而言，散见论述多而集中研究少，历史评论可以体现朝鲜王朝学人独特的观念，考证训释水平不足，研究方法、具体观点多因袭中国而来。

【关键词】　《史记》　朝鲜王朝　《史记评林》

一、引　言

《史记》很早就传入朝鲜半岛①，三国时期、统一新罗和高丽时期的君臣、儒士皆重视对其阅读与学习。至朝鲜王朝（1392—1910），更是成为了士人阅读的重要经典。此时期学人的研读构成了《史记》传播、接受史的重要内容。

学界对这一课题已有一些研究，李成珪《朝鲜后期士大夫对〈史记〉的理解》②查检学人文集约1200种，确认105种文集包含500多条与司马迁和《史记》相关的论述，并分类梳理；赵凯《域外存珍：简述韩国古代文献中的秦汉史研究资料》③调查韩国多所图书馆，整理朝鲜学人研究秦汉史的专著、文章，为相关研究奠定了文献基础。孙卫国《〈史记〉对朝鲜半岛史学的影响》④简述了

---

*　本文作者为北京大学中文系古典文献专业2015级博士。
① 　具体时间已不可考，约在四郡、三国时期，参见孙卫国《〈史记〉对朝鲜半岛史学的影响》，《社会科学辑刊》，2010年第6期，第157页。
② 　（韩）李成珪《朝鲜后期士大夫对〈史记〉的理解》，（韩）《震檀学报》，1992年，第81—146页。
③ 　赵凯《域外存珍：简述韩国古代文献中的秦汉史研究资料》，《国学学刊》，2012年第4期，第42—53页。
④ 　孙卫国《〈史记〉对朝鲜半岛史学的影响》，第159—161页。

朝鲜学人对《史记》的评价，李贤皓《朝鲜后期〈史记〉批评研究》[①]则重点关注文学批评的情况，翟金明《文本的力量——以朝鲜汉籍所涉〈史记〉〈汉书〉资料为基础的研究》则全面探讨了《史记》在朝鲜半岛的刊印、选本、评论及研究[②]。

本文在既往研究的基础上，进一步搜罗、梳理文献材料，并与中国明清时期的《史记》研究进行关联、比较，对朝鲜王朝学人研读《史记》的成果、特点及发展情况进行考论。

《史记》是一部规模宏大的中国通史，开创了纪传体体例，亦是中国传记文学的典范，在史学、文学等多个维度具有极高价值。因此，《史记》研究也有丰富的角度。朝鲜王朝学人的研读成果，可以归纳为以下内容：其一，借由《史记》了解历史，对历史人物、事件进行品评，以史为鉴；阅读过程中，会涉及对史实的考证，以及对词义、文意的训解。其二，关注《史记》的文学价值，对其字词用法、篇章结构等进行批评。其三，从史学角度，关注其编纂、体例、取材等问题。

五百余年间，朝鲜王朝学人的研读成果逐渐丰富，角度趋于多元，呈现出阶段性发展的面貌。大致可以分为三个阶段：第一阶段，十四世纪末至十六世纪，即太祖朝（1392—1398）至宣祖年间（1567—1608）；第二阶段，十六世纪末至十八世纪中晚期，即宣祖朝至英祖年间（1724—1776）；第三阶段，十八世纪中晚期至二十世纪初，即正祖朝（1776—1800）至高宗年间（1863—1907）。每个阶段的研读成果具有不同特点，下文分别进行考述，重点论及具有代表性的学者及成果。

二、发展阶段考述

（一）十四世纪末至十六世纪（太祖朝至宣祖朝）

在朝鲜王朝早期，《史记》主要被视作了解历史的门径，进而为治理国家、个人修行等提供借鉴。世宗朝（1418—1450）即明确提出把《史记》作为经筵讲读的书籍。世祖十年（1464），梁诚之（1415—1482）[③]上书认为成均馆应分为理学和史学两种，讲解《史记》《汉书》等史书，提出读史的目的，"经以载道，史以记事；非经无以澄出治之源，非史无以考理乱之迹"[④]，之后又进一步说"史记所

[①] （韩）李贤皓《朝鲜后期〈史记〉批评研究》，釜山大学博士学位论文，2011年。
[②] 翟金明《文本的力量——以朝鲜汉籍所涉〈史记〉〈汉书〉资料为基础的研究》，中国社会科学院研究生院博士论文，2017年。
[③] 梁诚之，字纯夫，号讷斋，南原人，1441年文科及第，历任吏曹判书等职。
[④] 《李朝实录》第14册《世祖实录》卷三三，世祖十年（1454）六月二十九日，（日）东洋文化研究所，1958年，第35页。

以考前代之善恶,为万世之劝诫"①。成宗朝(1469—1494)经筵讲读《史记》,常品评人物、史事,如侍讲官李佑甫讲《汲黯传》,"黯以直,不得久在朝廷。包容狂直,人君之美德。使武帝听黯之言,必不至末年轮台之悔。"②参赞官李孟贤评价苏武为"节义之士,世不常有"③。

在这样的读史观念影响下,品评人物、评价史事,构成了这一时期《史记》研读的主要成果。学人从儒家"仁""义"的价值观念出发,展开历史评论。如丁寿岗(1454—1527)④评价张良违背约定,劝汉王追杀项羽一事。开篇先引他人的评价——"(张良)不义之甚",然后提出自己的主张:"信有大小,事有缓急,若胶固不通,执一废百,则必有失机偾事之悔矣,岂合用权、时中之道乎。"他认为张良不为不义,有三个理由:追项羽是为了平定天下的大义;项羽有弑君之罪,"天地所不容",此举"使乱贼不得逃于天刑,乃其策也";张良的本心并不是为了"立功名,要富贵"。于是得出结论"良之劝追项羽者,非背约也,乃所以为义也"。丁寿岗用儒家"时中"的道理来为张良违背约定的行为作合理化解释,从而表达自己对于"义"的理解。

自高丽朝(916—1392)末期,受到中国宋代儒士的影响,即出现了以中国古史为评论对象的史论散文,如李奎报(1168—1241)⑤的《为晁错雪冤论》《秦始皇不焚周易论》等。朝鲜王朝的学人对此有所继承,在论述方式上,许多文章与中国宋儒的史论散文很像。开篇阐述某个道理,作为全文核心论点;有时引用他人观点,加以反驳;正文对历史人物进行评论,目的是印证核心论点,用历史阐释义理。上述丁寿岗的文字即是如此。又如同样评价"张良劝追项羽"一事,金澍(1512—1563)⑥开篇云

> 论曰:失信莫大于背约,而图天下之大事者,不必于信。举义莫大于报仇,而明天下之大伦者,常比于义。信固不可失,而机亦不可失,则违其信而发其机,可也。义固不可忘,而贼亦不可纵,则伸其义而讨其贼,可也。以义之大者与信之小者而譬之,奚啻义重。

---

① 按,此"史记"泛指史书。《李朝实录》第14册《世祖实录》卷四○,世祖十二年十一月四日,第167页。
② 《李朝实录》第16册《成宗实录》一三二,成宗十二年(1476)八月十七日,第565页。
③ 《李朝实录》第16册《成宗实录》卷一三二,成宗十二年九月二十日,第573页。
④ 丁寿岗,字不崩,号月轩,押海人。1477年文科及第,历任司宪府大司宪、兵曹参判等职。此篇载《朝鲜王朝》丁寿岗《月轩集》卷五《张良劝汉王追项羽论》,《影印标点韩国文集丛刊》,韩国民族文化推进会,第16册,1988年,第258页。
⑤ 原名仁氐,字春卿,号白云居士,骊州人,1190年礼部试及第,历任门下侍郎平章事等职。
⑥ 金澍,字应霖,号寓庵,安东人。1539年文科及第,历任礼曹参判、弘文馆提学等职。此篇载《朝鲜王朝》金澍《寓庵先生遗集》卷六《张良劝追项羽论》,《影印标点韩国文集丛刊》,第33册,1989年,第355页。

然后引用他人评论"世之论者,以张良劝追项羽,为失信而不义",并提出反对意见。他的理由是张良作为韩国人,看到国家为秦所灭,出于忠愤,想要报仇,而只有"汉王可以托质而遂其志",所以为汉王出谋划策;秦国覆灭,韩王又死于项羽,所以他"欲为韩王报项羽",张良"岂不知背约之为失信也,复仇之义,有重于信"。进而引用孔孟之语,为自己佐证,"直躬之直,孔子不与;仲子之廉,孟子不取。直美行也,廉亦美行也,君子不以直躬为直,仲子为廉者,以其拘于小而暗于大也",照应开篇。

这些历史评论零散地分布在学人的文集中,成为他们表达自己关于政治、仁义等观点的渠道。此种研读《史记》的方法,贯穿了整个朝鲜王朝,内容丰富,而且从中能够看出朝鲜学人的价值观念,后文还会整体论述。

出于阅读的需要,考证史实、训释词义也是学人研读《史记》的重要方面。较之历史评论,此类研究更为分散。论述相对丰富的当属实学派大师李晬光(1563—1628)的《芝峰类说》卷六《经书部二·诸史》[①]。李晬光,字润卿,号芝峰,汉城人。1585 年及第,曾任春秋馆史官、左郎、都承旨、礼曹参制等职。著有《莱薪杂录》《秉烛杂记》《读书录》等。

《芝峰类说》凡二十卷,内容庞杂,《诸史》位于《经书部》之末,是李晬光读史书的札记。札记开头多注明"史记""汉书"等出处,然后摘录文句,后加按语。不过有时他注明的出处并不准确,如"《史记》,骆越之人父子同川而浴",实载《汉书》卷六四。经过核对,与《史记》相关者约有 52 条。具体而言,多为考释词义、人物、名物、史事,疏通句读等内容。

他的考证多在前人注解的基础上进一步考察。如考《史记·伯夷列传》末段"闾巷之人,欲砥行立名者,非附青云之士,恶能施于后世哉"的"青云之士"。他先转引明代杨慎《丹铅总录》卷一三对"青云"的考证,"杨用修曰,《史记》'附青云之士',谓圣贤立言传世者。后人谓登仕路为青云,谬矣。《京房易占》'青云所覆,其下有贤人隐'。《逸民传》嵇康早有青云之志。李白诗'所以青云人,高歌在岩户'云云",并表示赞同。不过进一步阐释"青云"还有另一重意思:

> 余谓用修此言固是。但考黄帝纪官,青云为春官。故王勃碑文曰'郯子叙青云之秩',此指孔子问官于郯子事也。《韩诗》'朝为青云士'是矣。用修可谓知其一,未知其二者也。

《史记集解》引应劭"黄帝受命有云瑞,故以云纪事也,春官为青云";李晬光对王勃文、韩愈诗的理解也是恰当的。《史记会注考证》引村尾元融也有类

[①] (朝鲜王朝)李晬光《芝峰类说》卷六《经书部二·诸史》,朝鲜研究会(朝鲜日治时期),1916 年,第 158—172 页。

似观点：

> "青云"有三义。此云"青云之士"，以德言；《范雎传》"致于青云之上者"，以位言；《晋书·阮咸传》"仲容青云器"，以志言。皆取义高超绝远耳，从文句之可也。张守节、杨用修就一偏而言，误矣。①

又如考《秦始皇本纪》"庐生入海还，奏录图书，曰亡秦者胡也"的"录图"含义，他不同意郑玄注"胡，胡亥也。秦见图书，不知此为人名，反备北胡云"，按云：

> 《初学记》"大鱼泛白图，朱文授黄帝"，名曰录图。《淮南子》曰"河出录图"。又《吕览》作"录图"，注谶书也。如郑注，则奏、录二字为一义，恐未妥。

能够旁引诸书，对郑玄注进行质疑，有理有据。

他还关注文句的句读，如：

> 马史《殖货传》"秦文孝缪居雍隙陇蜀之货物而多贾"注，"地居陇蜀之间要路，故曰隙"，今唐本皆以隙为读。余谓隙当属下句，盖言秦居雍而间于陇蜀也。

《史记索隐》说："陇雍之间闲隙之地，故云'雍隙'也。"实际上，"隙"理解成孔道，此处作动词"通"解释，李氏将"隙"属下句是合理的。

从以上例子可以看出李氏对《史记》及相关注解的研读是比较充分的，也有自己的思考在其中。不过也有疏漏之处，如质疑史事"魏文侯以卜子夏为师。按子夏少孔子四十四岁，孔子卒时，子夏年二十八矣。去文侯始侯之年，子夏为百三岁，是可疑也。"据《魏世家》，魏文侯前445年在位；又据《仲尼弟子列传》，子夏"少孔子四十四岁"，知其生于前507年；文侯始侯之年，子夏63岁，并非"百三岁"。

总体而言，李晬光的考证札记在朝鲜王朝学人之中，内容较为丰富，具有代表性。

此外，对于《史记》的文学价值、编纂体例等，这时期的学者仅有较为笼统的叙述。如金正国②(1485—1541)《文范序》："司马迁生于秦火之后，因六经散绝残脱之余，掇拾补完，以集著一史。又创己意，弃编年以为本纪、世家、八书、列传之文，各序其端，以发其意。其善恶之迹，兴废之由，昭然于目击之馀。呜

---

① （日）泷川资言著，杨海峥整理《史记会注考证》卷六一，上海：上海古籍出版社，2015年，第2736页。

② 金正国，字国弼，号思斋，义城人。1509年文科及第，历任礼曹参判等职。引文载（朝鲜王朝）金正国《思斋集》卷三《文范序》，《影印标点韩国文集丛刊》第23册，1988年，第43页。

呼,如迁之文,亦可谓隽伟拔出之材也,岂后之作者可及其万一乎?"

此阶段学者更多地仅将《史记》作为兴亡得失的参照,故其成果以历史评论为主,兼及考证训释,研究维度较为单一。

(二) 十六世纪末至十八世纪中晚期(宣祖朝至英祖朝)

明代中叶,复古运动兴起,"文称左迁""文必秦汉"等说法提出,《史记》的文学价值得到空前的重视;即使是"唐宋派"文人,也对《史记》推崇备至,许多大家都评点或评抄过《史记》。这样的文学思潮深刻地影响了朝鲜文人,李宜显①(1699—1745)《云阳漫录》即对此有所揭示。他首先推崇明人的文学评点说:

> 大明文章,大抵务华采而少真实,此其所以反不及于宋也。然其评骘文词,极其精确,寻源流、辨雅俗,毫发不爽。文以先秦为主,诗以汉魏为本,一篇之内,规度森然,要非我国人所可企及也。

然后回溯朝鲜王朝的文学批评"我东虽称右文之国,于文章效法不高,识见甚陋,自胜国以来,只学东坡。溯以上之,惟以唐为极致,岂知又复有汉魏先秦也哉",进一步揭示风气的变化:

> 本朝诸钜公,乖崖(金守温 1409—1481)、佔毕(金宗直 1431—1492)②其尤也,而不过以韩、苏为范而已。简易(崔岦 1539—1612)、月汀(尹根寿 1537—1616)③始以马、班揭示后学,时尚为之一变。然月汀则功力犹未深,至谿谷(张维 1587—1638)、泽堂(李植 1584—1647)④继之,然后古文词路径始开。

由此可以看到朝鲜王朝在明代文学思潮的影响下,逐步开始重视以《史记》为代表的秦汉文章。

不仅如此,万历年间凌稚隆汇集诸家评点刊刻《史记评林》,又选刊《史记纂》,此二种书皆远播朝鲜,方便了朝鲜学人的阅读与学习。据《宣祖实录》记载,宣祖三十三年(1600)朝鲜使臣即购买"《史记评林》三十本"⑤;后又经官方

---

① 李宜显,字德哉,号陶谷,龙仁人。1694 年文科及第,历任大提学、领议政等职。引文载(朝鲜王朝)李宜显《陶谷集》卷二七《云阳漫录》,《影印标点韩国文集丛刊》,第 181 册,1997 年,第 430 页。
② 金守温,字文良,号乖崖,永同人。1441 年文科及第,历任工曹判书、领中枢府事等职。金宗直,字季昷,善山人,1459 年文科及第,历任刑曹判书、知中枢府事等职。
③ 崔岦,字立之,号东皋,通川人。1561 年文科及第,历任全州府尹、承政院提调等职。尹根寿,字子固,号月汀。1558 年文科及第,历任大提学、礼曹判书等职。
④ 张维,字持国,号谿谷。1609 年文科及第,历任大提学、吏曹判书等职。李植,字汝固,号泽堂,1610 年文科及第,历任大提学、吏曹判书等职。
⑤ 《李朝实录》第 29 册《宣祖实录》卷一二七,宣祖三十三年七月二十日,第 669 页。

印行,影响颇大。此时出现了大量《史记》选刊著作,如崔岦《汉史列传抄》①、赵翼(1579—1655)《史汉精华》、金锡胄(1634—1684)《史记拔萃》等②,选本重在体现"太史笔力""文章之波澜",方便读者学习古文写法③。

随着文学思潮和书籍载体的传入与流播,十六世纪末、十七世纪初,朝鲜学者开始从文学角度批评《史记》,形成新的风气。此时期涌现诸多批评家,如金昌协(1651—1708)(《农岩集》卷三四《杂识·外篇》)、金昌翕(1653—1722)(《三渊集》卷三六《漫录》)④、安锡儆(1718—1774)(《霅桥集·霅桥艺学录》天部《史记摘解》⑤)等。

安锡儆,字叔华,号霅桥,顺兴人。他的《史记摘解》是此类研究的代表,该文摘录《史记》语句进行批评,内容涉及列传 20 篇,表 5 篇,世家 2 篇,本纪 1 篇,书 1 篇⑥,各体皆备,凡 29 篇。对《史记》进行了较为全面、系统的评点,包括词法句法、篇章结构、叙事技巧等多个层面。

词法句法方面,总结《史记》用语精妙之处,称之为"巧语""神语""华语""壮语""微语""冷语"等。**"华语"**如"齐必致鱼盐之海,楚必致橘柚之园","陆断牛马,水截鹄雁,当敌则斩坚甲铁幕"等,盖即华丽之语。**"壮语"**如"天下骚动,宰相得之,若得一敌国云","哙又面谀,欲摇动天下","披帷西向立,嗔目视项王,头发上指,目眦尽裂"等,盖即壮阔之语,又有一些夸张的意味。**"神语"**指"避实",借他词言之。他举例说"《留侯世家》'秦皇帝大怒,大索天下,求贼甚急,为张良故也'盖以见良之善脱而晏如也","《信陵君传》'平原君不敢自比于人'盖言其倾慕之至也",并总结道"此其言外之意,如春发于木,风生于火,

---

① 该书编定在 16 世纪末 17 世纪初,详参赵凯《域外存珍:简述韩国古代文献中的秦汉史研究资料》,第 43 页。
② 赵翼,字飞卿,丰壤人。1602 年文科及第,历任司宪府大司宪、左议政等职。金锡胄,字斯百,清风人。1662 年文科及第,历任吏曹判书、右议政等职。
③ 关于朝鲜王朝《史记》选本的情况,参见(韩)金昭姬《中国本〈史记〉〈汉书〉在韩国流传于编刊的研究》,韩国学中央研究院博士学位论文,2012 年;翟金明《文本的力量——以朝鲜汉籍所涉〈史记〉〈汉书〉资料为基础的研究》第四章第三节。
④ 金昌协,字仲和,安东人。1682 年文科及第,历任大提学、礼曹判书等职。金昌翕,字子益,安东人,金昌协之弟,历任司宪府持平等职。
⑤ (朝鲜王朝)安锡儆《霅桥集·霅桥艺学录》天部《史记摘解》,栖碧外史海外蒐佚本,(韩)亚细亚文化社,1986 年,第 417—455 页。
⑥ 具体篇目为《伯夷列传》《苏秦列传》《孟子荀卿列传》《魏公子列传》《范雎蔡泽列传》《鲁仲连邹阳列传》(仅摘解《鲁仲连传》)、《刺客列传》(摘解《聂政传》《荆轲传》两篇)、《屈原贾生列传》《淮阴侯列传》《田儋列传》《刘敬叔孙通列传》《季布栾布列传》《李将军列传》《匈奴列传》《平津侯主父列传》《淮南衡山列传》《大宛列传》《游侠列传》《货殖列传》《太史公自序》;《六国年表》《秦楚之际月表》《汉兴以来诸侯王年表》《高祖功臣侯者表》《建元以来侯者年表》;《燕召公世家》《绛侯周勃世家》;《项羽本纪》;《河渠书》。

而难以指言其痕迹耳"①。对《史记》用词精妙之处揭示得很准确。

篇章结构方面,注重不同内容之间的照应,疏通文章脉络。如梳理《汉兴以来诸侯王年表序》云:

> 自"周封五等"至"非德不纯,形势弱也"一节,言周事之始得而末失;自"汉(兴)序二等"至"殒身亡国"一节,言汉事之始失,应周事之末失;而"诸侯(或)骄奢,忕邪谋为淫乱"为眼目;自"天子观于上古"至"万事各得其所矣"一节,言汉事之终得,应周事之始得,而"强本,弱枝,尊卑明而万事得所"为眼目;"臣迁谨记"以下一节说表年,而以"形势虽强,要之以仁义为本"结之,盖谓周仁义之德则纯而形势弱,汉形势虽卒强,而仁义则不纯也。②

安氏把文章分四节,揭示其照应关系,并指出每一节的关键句,清晰地揭示了文章结构。

叙事技巧方面,注重不同人物、事件之间的关系。如品评《李将军列传》云"篇中附见程不识、李蔡之事,而以客形主,陡觉有精神"③,点出了衬托的技巧。此说乃因袭而来,《史记评林》同篇"程不识亦为长乐卫御"旁有小字"客","广之从弟李蔡与广俱事孝文帝、景帝时"旁有小字"以客形主"④。又如评析《季布栾布列传》:

> 季心事、丁公事,皆附见之也。传体与碑志之属异,故有以他人附见,然必与主人并说。此段曰:"季心以勇,布以诺,著闻关中"。李广传,附见程不识、李蔡,亦皆与李广并论。而此传丁公之段,独说丁公而结语,不并以布者,盖以丁公岐贰于汉王而见诛,季布尽心于汉王而见褒,用两事正相对,而得失可见,则不必累累于行墨间。此则文家之活法也。⑤

这段话能注意到附见之人与传主的关系有正衬、反衬之别,故在总结时灵活处理。所谓"活法",乃刘克庄评论之语,指"规矩备具而能出于规矩之外,变化不测而亦不背于规矩也"⑥。虽然方法和观点多因袭自中国学者,但仍算得上较为系统、全面地从文学角度评点《史记》的著述。

---

① (朝鲜王朝)安锡儆《霅矫集・霅矫艺学录》天部《史记摘解》,第453页。
② 同上,第446页。
③ 同上,第439页。
④ 〔明〕凌稚隆辑校、〔明〕李光缙增补、于亦时整理《史记评林》第6册卷一〇九,天津:天津古籍出版社,1998年,第263、269页。
⑤ (朝鲜王朝)安锡儆《霅矫集・霅矫艺学录》天部《史记摘解》,第438页。
⑥ 〔宋〕刘克庄著,辛更儒校注《刘克庄集笺校》第9册卷九五《江西诗派总序・吕紫微》,北京:中华书局,2011年,第4030页。

这一阶段,评论与考证也继续发展,以李敏求(1589—1670)《读史随笔》内容较为丰富。他是李晔光之子,字子时,号东州山人,光海时登魁科,仁祖初选湖堂,官至吏曹参判。《读史随笔》凡八卷,据书前自序知成书于朝鲜孝宗三年(1652)。他阅读历代史书,将札记依时代编次,与《史记》相关者集中在前两卷,共有近百条。

评论性质的内容依然占比最多,涉及项羽、刘邦、河间献王、贾谊、周昌等诸多历史人物。由于博览通史,他的评述不局限于个别事件,如从"侍中"这一职官的演变,揭示"近君者有权"的现象,说"官无尊卑,近君者有权,其势然矣。侍中仆射乃秦时殿中謇御之官,后世为人臣极品,当以近君有权,由狎而致崇也。伯冏之命尽矣。"①又如针对娄敬所提公主和亲匈奴的策略,结合后世史实,进行批判:

> 天下初定,国疲于兵,诚不可以武取胜,则舍和亲,无它计矣。唯不当以公主结和亲,贻中国之耻,启后日之患也……赵宋之百年无事,何尝以公主处和哉?

考证性质的条目有二十余条,较之前代,他的考证涉及职官、历法、礼仪等制度层面。如考察妇人与宦官封侯说:"吕后封樊哙妻吕媭为临光侯,妇人封侯始此;封大谒者张释为建陵侯,宦官封侯始此。"妇人封侯自"吕媭"始并不符合实际,刘邦以奚涓之母为鲁侯,封其嫂为阴安侯皆早于此②。又如考察年号问题:

> 年号之起自元封,其建元、元光、元朔、元狩、元鼎五元,并有司追命之也。按:自文、景世已有后元、中元,更年改元端见于此,其年号之渐乎武帝,每六年一改元,《史记》不言所以。至王莽令太史推三万六千岁历纪,六年一改元,布告天下,言已当如皇帝仙升天。武帝之六年改元,亦当如此。

《史记·封禅书》述及武帝年号,此条札记对年号起源和武帝改元问题进行了一些揭示。不过,关于年号起源,宋人赵与旹即指出"汉之诸帝,不过改元年耳。后人因其有二元,则别以为'后';因其有三元,则复冠以'中',非当时本称也"③。虽然考证水平有限,多有疏漏,但能够关注到职官、制度层面的问题,也体现出研读的深入。

此外还出现了考证训释与文学批评结合的作品。如《经史注解·中编》为

---

① 本文引李敏求语,皆出《读史随笔》卷一,韩国国立图书馆藏刻本。
② 详参赵亚平《汉初女子封侯考释》,《文化学刊》,2017年第1期,第202—203页。
③ 〔宋〕赵与旹《宾退录》卷十,上海:上海古籍出版社,第127页。

《伯夷列传》《货殖列传》作注（书影见下图）。该书著者不详，书中引朝鲜金昌翕（1653—1722）评论，成书当在其时或之后。今藏韩国国立图书馆，半页10行行27字。双行小字夹注，或训释字义，如"载籍，载事迹之文籍"，"砥，磨砺也"；或注音，如注"冯，扶永切"；或疏通文意，如"若此类名湮没而不补，悲夫"，释曰"此指由光之义，如有至高之义而湮没无称，不亦悲乎？'名不补'三字自'没世不称'来"；注解《货殖列传》时还划分段落、概括大意。天头间有批语，多疏通文意，如"传天下若斯之难也而说者"，天头注"曰若斯者亦甚难之辞，曰说者亦未足之辞"。整体训释较为简单，间有讹误，如训"载籍"，"载，采也，谓采其文籍"。

篇末齐头低一格集诸家评论，如《伯夷列传》后集宋代罗景伦（罗大经，字景纶，语出《鹤林玉露》卷一六）、朝鲜金昌翕之评论后加按语，重视文学角度的评点，如"此篇文辞多用未决之辞，固不得测其本意，而盖其大意，则将叙伯夷让国之义，故先称由光让天下之义，将况自家悲愤之意，故又称颜渊早夭之恨，以实其穷厄悲愤之意……出入变化，首尾相接，不可捉摸"。此书的体例与《史记评林》相同，当受其影响而成。

《经史注解·中编·伯夷传》书影（左：篇首；右：篇末汇集诸家评论）

在这一阶段，受中国明代学者的影响，朝鲜王朝学人逐步重视《史记》的文学价值，开始了对《史记》篇章的文学批评，丰富了研读的维度。

（三）十八世纪中晚期至二十世纪初（正祖朝至高宗朝）

上述历史阶段中，《史记》记载的史事和它的文学价值都受到了充分的重视。不过作为纪传体史书的开创者,《史记》本身的编纂、体例问题也是重要的研究方面。然而相当长的一段时间里,朝鲜学人对此类问题的探讨十分匮乏,仅笼统地叙述《史记》对纪传体史书的开创之功。随着阅读和研究的深入,相关讨论变得丰富起来;加之历史评论、考证训释,以及发展百余年的文学批评,十八世纪中晚期之后的研究角度多元,成果具有综合性。

这一时期《史记》研究的深入,与朝鲜国王正祖的推崇有密切关系。正祖1776 至 1800 年在位,是朝鲜王朝第 22 位国王,原名李祘。他酷爱读书,尤其重视《史记》,认为"帝王之学,当以经、传为主,而《史记》又是急先熟读者。盖圣帝明王治法政谟,名臣硕辅鸿功伟烈,不可不于幼冲之时习而知之"①。即位之初,即命大臣讲读《史记评林》。正祖二十年(1796),指令群臣编印《史记英选》,收录《史记》二十余篇,并通过赐书等方式,进一步扩大该书在朝鲜士人、儒林中的传播和影响;此书亦成为了儒士与官吏考核的重要材料②。

正祖《示史记英选监印诸人》集中论述了他编选《史记英选》的目的。他与前代国王一样重视史书考治乱之迹的作用,不过他还提出了另外两个重要方面。其一,《史记》开创了纪传的体例,"子长之史,又以麟经之系月编年,而变为纪传也",并进一步对《史记》五体体例进行溯源,认为"帝纪仿于《典谟》,书、表仿于《禹贡》《周官》,列传会通于《国语》《国策》"③。他还在读史札记中提到:

> 予读太史公而选之,始知纪传之体仿于左氏之《国语》也。左氏以国而类,太史公以人而类。类以汇分,《易》之原也。故夫子曰:"本乎天者亲上,本乎地者亲下,即(则)各从其类也。"予于此,又知易理之无处不寓也。④

正祖认为列传是模仿《国语》,而且是对《易》学分类思想的继承。从中可以见出他对《史记》体例问题的重视。其二,《史记》具有极高的文学价值,他说"子长之文,灏灏噩噩,如神禹之行水,淮阴之用兵,不可羁以常法"⑤。此说与茅坤所云"屈、宋以来,浑浑噩噩如长川大谷,探之不穷,揽之不竭,蕴藉百家,包括

---

① (朝鲜王朝)正祖《弘斋全书》卷一六五《日得录五·文学》,《影印标点韩国文集丛刊》第 267 册,2001 年,第 229 页。
② 关于《史记英选》编印的详细情况,可参见孙卫国、张光宇《〈史记〉对朝鲜王朝政治文化的影响——以〈史记英选〉之编选与刊印为中心》,《中国高校社会科学》,2014 年 1 月。
③ (朝鲜王朝)正祖《弘斋全书》卷五六《示〈史记英选〉监印诸人》,《影印标点韩国文集丛刊》第 263 册,2001 年,第 361 页。
④ (朝鲜王朝)正祖《弘斋全书》卷一八一《群书标记·两京手圈》,《影印标点韩国文集丛刊》第 267 册,2001 年,第 527 页。
⑤ (朝鲜王朝)正祖《弘斋全书》卷五六《示〈史记英选〉监印诸人》。

万代者,司马子长之文也"①有相似之处。正祖还引用茅坤的话来称赞《史记》的引人入胜,"茅坤所谓'读《货殖传》,即欲求富;读《任侠传》,即欲轻生;读《李广传》,即欲立斗;读《石建传》,即欲俯躬者',真善评也"。②较之前代国王,正祖对《史记》的研读维度丰富,重视其体例问题与文学价值。

正祖之后,历代国王对《史记》和《史记英选》都十分重视。正祖之子纯祖(1800—1834在位)就将《史记英选》作为经筵日讲的重要内容。赐书的活动也一直持续,逐步扩大着《史记》在朝鲜王朝的影响力。

这一时期产生了一些综合性的研究成果,如正祖《弘斋全书》卷一八一《群书标记·两京手圈》;姜彝天(1768—1801)《读史言》;朴文镇(19世纪末)《壶山集》卷三五、三六的论说文,卷七六《论史》等。

姜彝天(1768—1801)的《读史言》是这一时期的代表作品。姜彝天,字圣伦,号重庵,晋州人。《读史言》载其文集《重庵稿》册三《杂著》,是他研读《史记》的体会③。该篇依《史记》篇目,摘取重点字句,作简短札记。内容涉及十篇列传④和《留侯世家》《萧相国世家》《五帝本纪》,研究维度丰富。

其一,关注到《史记》体例、取材方面的问题。或挖掘《史记》体例的深意,如认为司马迁为伯夷立传却不为许由立传,因为"伯夷则孔氏之书载之,许由则典谟之编未著"⑤,揭示出司马迁作史对"持之有故,言之有本"的坚持。又如揭示《孟子荀卿列传》中人物次序的含义,"其叙荀卿也,则使下于孟子,高于诸子者,意自见。何等量度,何等律尺,故篇名曰《孟子荀卿列传》"⑥,诠释隐藏在编纂体例背后的意蕴。

取材方面,辨析《史记》对《尚书》的引用。他将《史记》与今行《尚书》进行比较,发现"太史公叙记唐虞夏商周事,其引《尚书》典谟贡誓文,多与今行《尚书》异,殊可疑",然后分析道:

> 太史公盖见古异本《尚书》而全用其文欤?则其记事有浅近流俗,决非古本本文者。盖以今行《尚书》而点改字句,有若疏说欤?则其所改者虽与今行《尚书》异,其文辞又有高古,决非非古而可能者。断之曰:太史公本见古异本《尚书》,而引之其浅近者,盖以己见润改,有以释解其旨耳。

---

① 〔明〕茅坤《茅鹿门文集》卷三〇《评司马子长诸家文》,《茅坤集》第3册,杭州:浙江古籍出版社,2012年,第802页。
② (朝鲜王朝)正祖《弘斋全书》卷五六《示〈史记英选〉监印诸人》。
③ (朝鲜王朝)姜彝天《重庵稿》册三《杂著·读史言》,《影印标点韩国文集丛刊续》第111册,2011年,第513—519页,下皆引此。
④ 具体篇目:《太史公自序》《游侠列传》《日者列传》《孟子荀卿列传》《田单列传》《鲁仲连邹阳列传》《伯夷列传》《管晏列传》《廉颇蔺相如列传》《匈奴列传》。
⑤ (朝鲜王朝)姜彝天《重庵稿》册三《杂著·读史言·伯夷列传》,第516页。
⑥ (朝鲜王朝)姜彝天《重庵稿》册三《杂著·读史言·孟子荀卿列传》,第514页。

既不曰"作典""作贡"云尔,只撺入记事中,作为已有,则于其叙历又不可得以专用其奥妙深简,不得不杂以浅近之己意以趋易晓。又其于曰"作某篇"云者,未尝有改焉。①

由于其文辞高古且"记事有浅近流俗",姜彝天认为《史记》所据为古本《尚书》,而且司马迁对《尚书》进行了通俗化的润改。班固即云"迁书载《尧典》《禹贡》《洪范》《微子》《金縢》诸篇多古文说";今人古国顺详细考察了《史记》述《尚书》的情况,印证了班固的说法②。此外,姜氏还指出了《史记》引用尚书的两种方式:迻录原文,翻译文句,虽然未能详细展开,作更为细致的探讨,但他能关注到《史记》与今古文《尚书》的关系,体现出研读的深入。

其二,文学批评方面,姜氏推崇秦汉古文,对司马迁文笔称赞有加:"文势矫健倒互,层迭较然,古文盖如此,后未有力能及此者。"③或点评字词,评点《孟子荀卿列传》的"孟子乃述"云"乃字另是精采,亦赞亦惜,为文者所不可不知"。④ 或对叙事方式进行剖析,如《留侯世家》"四人前对"句,"言上有不能致者天下有四人,言卑辞厚礼迎此四人,至四人前对。始自四人口露出四人名姓,是纪事家藏现出伏法"⑤。又如阐释《廉颇蔺相如列传》的谋篇布局:

> 廉、蔺、赵三传,又是一体。或离或合,一团浑成。始纪廉颇,乍起陡断,中与蔺相如串捏说去,末又于赵括事后收杀廉颇不略,排铺亦蕴密亦错落,盖集(张)耳(陈)馀两传、魏其武安灌夫三传诸格法之长。⑥

明代钟惺已有类似说法云:"以廉颇、蔺相如主名,中间赵奢、李牧周旋穿插,断续无痕,而赵之兴亡,节目全在于此。数人共一传,只如一人。贤才关系国家,从文字章法中错综写出,此史之识也。"⑦

其三,历史评论和考证训释方面,姜氏也有所涉及。如题《留侯世家》云"商上真仙济北神,岂曾容易为人身。汉家终始存亡事,不是留侯着手亲"⑧。又如考察《匈奴列传》"淳维"说:

> 淳维,即今匈奴冒顿之始祖也。若唐虞以上山戎、猃狁、荤粥之属,或别为一种。或桀之子避入北边,为北狄君长,在尧时为荤粥者,而在周时

---

① (朝鲜王朝)姜彝天《重庵稿》册三《杂著·读史言·五帝本纪》,第519页。
② 参见古国顺《史记述尚书研究》,台北:文史哲出版社,1985年,第16—25页。
③ (朝鲜王朝)姜彝天《重庵稿》册三《杂著·读史言·鲁仲连邹阳列传》,第515页。
④ (朝鲜王朝)姜彝天《重庵稿》册三《杂著·读史言·孟子荀卿列传》,第514页。
⑤ (朝鲜王朝)姜彝天《重庵稿》册三《杂著·读史言·留侯世家》,第518页。
⑥ (朝鲜王朝)姜彝天《重庵稿》册三《杂著·读史言·廉颇蔺相如列传》,第517页。
⑦ 〔明〕葛鼎、金蟠《史记汇评》卷八一,明崇祯十年(1637)刻本。
⑧ (朝鲜王朝)姜彝天《重庵稿》册三《杂著·读史言·留侯世家》,第518页。

为猃狁,代各异其名欤,俱不可知。如犬戎、赤翟、白翟……东胡、山戎诸种。亦莫详其几离几合,何起谁灭。盖自冒顿匈奴始大,统壹北边诸胡。其世传国官号,乃可得而记云。冒顿始祖为淳维。①

姜彝天能利用《史记集解》《史记索隐》等前人注释明确其含义,还能概述匈奴始祖"亦莫详其几离几合,何起谁灭"的状况。但是也有因版本问题而误加训释者,如训《游侠列传》"且无用。待我。待我去。令洛阳豪居其间",说此句:

> 旨未畅,或曰"且无用"句,"去"字错。当作"待我去,待我令洛阳豪居其间"。无用言且,不即泄曲听状。且待我之去,以待我令洛阳豪居其间也。古文质而多复。②

这则考证未能考察出"待我"二字当为衍文③,故不得其意。

总前而论,此阶段的《史记》研究角度多元,成果具有综合性,是朝鲜王朝学人逐步接受中国《史记》研究的影响及自身积累、发展的结果。

(四)小结

历时地看,朝鲜王朝学人的《史记》研读是逐步丰富、深入的。早期,学者多视《史记》为阅读历史的工具,重视对历史人物、事件的品评,从而做到以史为鉴;兼及词义的训释、史实的考证。宣祖朝之后,受到明代中国《史记》批评风气的影响,以及《史记评林》的传入、流播,学者们开始揭示《史记》的字词用法、篇章结构等文学价值,为研究注入了新的视角。正祖朝之后,随着阅读的深化,加之官方的倡导、推动,《史记》的编纂、体例问题也逐渐被重视;此时期的研究维度更加多元,具有综合性。

三、研读特点析论

如前所述,朝鲜王朝学人研读《史记》,有历史评论、考证训释、文学批评和体例阐释四个方面的内容,并且呈现出阶段性发展的面貌。总体而言,还可见出如下特点。

第一,就成果分布而言,散见论述多而集中研究少。

综合前人论文,并利用《韩国古籍综合目录系统》进行调查,尚未考见朝鲜

---

① (朝鲜王朝)姜彝天《重庵稿》册三《杂著·读史言·匈奴列传》,第519页。
② (朝鲜王朝)姜彝天《重庵稿》册三《杂著·读史言·游侠列传》,第513页。
③ 〔清〕张文虎《校刊史记集解索隐正义札记》卷五"此'待我'字涉下而衍,《汉书》无",中华书局,1977年,第716页。

王朝学者研究或通注《史记》的专著。相关成果多散见于文集,只有少数学者的论述相对集中。一种是通史研究著作中包含对《史记》的考论,如李敏求《读史随笔》卷一、二,李翊九(1838—1912)①《西皋读史札记》前三卷;另一种是个人文集中的读史札记,除上文述及者,还有李榘(1613—1654)②《活斋先生文集》卷五、六《看史剩语》,李瀷③(1681—1763)《星湖先生僿说》卷一八至二七《经史门》等。

中国自魏晋南北朝起,即产生了注释《史记》的著作,明清时期研究《史记》的专著更为丰富;同样是海外的《史记》研究,日本学者也撰有颇多专著,如冈白驹(1692—1767)《史记觿》、中井积德(1732—1817)《史记雕题》、皆川愿(1735—1807)《迁史戾柁》等。相较而言,朝鲜王朝的《史记》研究,集中、深入的专著少,零散的论述多,并未形成较大规模的专门之学。

第二,历史评论内容丰富,体现出朝鲜王朝学人独特的价值观念。

阅读史书的重要目的是以史为鉴,于是品评人物和事件本身的得失成为了研究《史记》的重要方面。朝鲜王朝学人的研读成果中,此类内容数量最多。李成珪教授搜罗的500余条相关论述中,"褒贬评价"类有363条;韩国的林钟旭教授将《韩国文集丛刊》所见文论搜集成册,其中涉及《史记》人物、事件评论的有约150篇④。所评价的对象广泛,既包括秦始皇、商鞅、项羽、张良、萧何、韩信、伯夷等关注度较高的人物,也包括范增、田横、田荣、贯高等相对"冷门"的人物。

不仅如此,对同一人物、史事,评价角度也很多元。例如,同样是比较伯夷与太公:

> 伯夷之心,曰予殷民也,殷君虽暴,臣不可以非君,予守臣之道而已;太公之心,曰独夫行凶,万民涂炭,我武维扬,于汤有光,吾行天之讨而已……伯夷之忧,万世之忧也;太公之心,天下之心也。横之为经,竖之为权。仁人之心,同出于至诚恻怛,无一毫私意于其间,则为用虽殊,其义则同。(朴齐家1750—1805)⑤

> 君不可以一世无之,而一世无,其又长若万世之无也耶?此所以伯夷之道可行于万世,而太公之道只可行于一世而已……伯夷之道,经也;太

---

① 李翊九,字能伯,号恒斋,骊州人。
② 李榘,字大方,号活斋,全州人。
③ 李瀷,字子新,号星湖,历任金知中枢府事等职。
④ 具体篇目见赵凯《域外存珍:简述韩国古代文献中的秦汉史研究资料》,第45—50页。
⑤ (朝鲜王朝)朴齐家《贞蕤阁集》卷一《伯夷太公不相悖论》,《影印标点韩国文集丛刊》第261册,2001年,第611页。朴齐家,字在先,号楚亭,1794年武科合格,历任军器寺正、五卫等职。

> 公之道,权也。道之经者,人人所当守;而道之权者,非圣人莫能违也。自周之后,圣人不复作焉,则其效伯夷之道者,忠也,效太公之道者,逆也……则决不可以并行不悖也。①(宋焕经)

面对无道之君,伯夷、太公采取了完全不同的做法。朴齐家关注到二人相同之处——"至诚恻怛",认为二人虽做法不同,但"义"同。宋焕经则关注到二人的差异,认为太公的做法不可为后世效法,伯夷的行为方可"行于万世"。

透过丰富的历史评论,可以窥见朝鲜王朝学人的价值观念。一方面,朝鲜王朝作为汉字文化圈的一部分,学人深受儒家正统观念的影响。太祖李成桂立国之初,即确立朱子学说为思想基础,因此学人多秉持儒家立场,坚持以道德、仁义治国。如韩晚裕(1746—1812):

> 或谓秦孝公用商鞅之法,遂致国富而兵强,始皇承其余烈,而成帝业,秦之兴非始皇,而曰孝公。吾窃以为,秦之亡非二世,而曰孝公也,何则?……孝公用商鞅,其治秦也,以刑而不以德……商鞅之术,一行于秦,终使天下之民皆被其害,而至于其身,亦不免车裂之祸。世之为刑名之学,亦可以知戒,而为人君者其可以不慎于用人哉?②

他反对秦孝公用商鞅之法致秦国富兵强的观点,认为秦孝公治秦"以刑不以德",为秦国灭亡埋下了隐患,借此批判商鞅变法及刑名之学。

另一方面,朝鲜王朝具有强烈的"小中华"观念,《李朝成宗实录》即载"吾东方,自箕子以来,教化大行,男有烈士之风,女有贞正之俗,史称小中华"③。他们虽在地理位置上属于"夷",却自认实现了由"夷"到"华"的转变。而对中国历史上的其他非汉族民族,始终认为他们是夷狄,而不可能华化。《大义录》曰:"华夷自有界限,夷变为华,三代以下,惟我朝鲜。"④

因而他们坚定地认为应当维护华夷秩序,反对汉族与匈奴通婚,如辛汎(1823—1879)认为"婚姻,人伦之始,万事之源也,必地配德齐,以后可与议也。故一个士大夫亦不可与寻常民通婚,况堂堂中原之天子与匈奴女乎",必须维系"华夷之有级"⑤。也反对汉族学习夷狄的风俗,李槩《武灵胡服》云:

---

① (朝鲜王朝)宋焕经《卧云遗稿》卷三《伯夷太公并行不悖论》,转引自李成珪《朝鲜后期士大夫对〈史记〉的理解》,第120页。
② (朝鲜王朝)韩晚裕《诚庵遗稿》卷二《秦孝公论》,转引自李成珪《朝鲜后期士大夫对〈史记〉的理解》,第124页。
③ (朝鲜王朝)《李朝实录》第15册《成宗实录》卷二〇,成宗三年(1472)七月十日,第237页。
④ (朝鲜王朝)《大义录》凡例,[韩]骊江出版社,1985年,第3页。
⑤ (朝鲜王朝)辛汎《蓬西遗稿》卷四《汉高祖用娄敬论》,转引自李成珪《朝鲜后期士大夫对〈史记〉的理解》,第127页。

> （赵武灵王）一时只欲开拓土宇，轻变中国之俗，恣为夷狄之服，未灭林胡，其身已为夷狄。真可谓先王之罪人，中国之叛卒。司马氏谓不顾流俗，大启土宇，可谓贤君。呜呼！此何说耶？苟可以便身而有得，虽蒙犬豕之皮，人不惮为之耶？自有衣冠以来，倡为夷狄之服者乃此人也。世有桓文之君，必奉礼义而摈之不暇。①

此外，因为涉及到本国古史，朝鲜王朝学者对箕子的相关事迹颇为关注。他们一方面强调箕子带来了中华的礼仪、教化，如权相一（1679—1759）云："惟天佑我东土，命箕子作之君师，施八条之教，画助田之制。东土百万生民，得变夷俗，而以礼义见称于中华者，丝毫皆箕子之德也。"②学人认为，箕子带来的礼教让朝鲜变夷俗，从而"见称于中华"。另一方面，《史记·宋微子世家》记载了武王封箕子于朝鲜和箕子朝周之事，不少学者对此持否认态度。如张维曰③：

> 《史记·微子世家》曰"武王封箕子于朝鲜"，后人因其说而不能辨，余常疑之。方殷之将亡也，箕子与微子、比干各论其心事曰："商其沦丧，我罔为臣仆"，欲以此自靖而献于先王。殷既亡，箕子只为武王一陈《洪范》而已。若受武王之命而享其封爵，是遂臣于周而变其初志也。微子之受封，为存宗祀，犹有可诿者。若箕子受朝鲜之封，于义将何据也？况朝鲜是时，未尝服属中国，武王安得取其地而封拜诸侯乎？史迁此说，明是谬妄。

张维分析了箕子不臣周的初心，认为箕子受朝鲜之封，没有"义"的根基。然后又表示了对《汉书》记载的认同：

> 《汉书·地理志》曰"殷道衰，箕子去之朝鲜，教其民以礼义田蚕织作"，此语甚有理。盖箕子去中国而入朝鲜，鲜民共尊以为君，亦犹泰伯适蛮荆而遂君其地也。

产生这样论述的原因在于，朝鲜王朝学人一方面推崇本国为礼仪之邦，将"变夷俗"的原因归结为史书有载的箕子；同时他们的民族自尊和国家意识逐渐强化，不能认可历史上朝鲜半岛属于周之封地。类似的论述还有郑士信（1558—1619）《梅窗先生文集》卷四"箕子朝周受封辨"、金春泽（1670—1717）《北轩居

---

① （朝鲜王朝）李榘《活斋先生文集》卷五《看史剩语》，《影印标点韩国文集丛刊续》第 32 册，2007 年，第 496—497 页。
② （朝鲜王朝）权相一《清台先生文集》卷一一《书箕子事迹后》，《影印标点韩国文集丛刊续》第 61 册，2008 年，第 426 页。权相一，字台仲，号清台，安东人。
③ （朝鲜王朝）张维《谿谷先生漫笔》卷二，《影印标点韩国文集丛刊》第 92 册，1992 年，第 596 页。

士集》卷八"箕子陈洪范于武王"、李象秀(1820—1882)《峿堂集》卷一五"箕子朝周论"等①。

历史评论就像一面镜子，折射出朝鲜王朝学人对儒家理念的坚定认同和以"小中华"自居的民族意识。

第三，考证训释成果有限，水平不足。

较之历史评论，考证训释的成果要少很多，也未考见通注《史记》的专著。李成珪教授搜罗的 500 余条相关论述中，"考证注解"类仅有 26 条。这些考证多以中国旧说为基础稍作展开，前述李晬光《芝峰类说》诸例即是如此；有些考辨乃以主观的价值判断出发，并非根据史料加以推断，如上文张维试图考辨箕子非受武王之封而自来朝鲜，实际上只是出于是否符合"义"的价值做出的主观评论。不少考证还有疏漏，如李种徽(1731—1797)②《题滑稽传后》：

> 太史公史(记)，盖未成之书也。十二诸侯世家及滑稽等传，尤多疏略。如淳于髡，齐威王时人，而乃编之于首，而后接优孟曰"其后二百余年而楚有优孟"。孟，楚庄王时人，谈叔孙敖之事；而庄王在春秋之中世，下距战国齐威乃二百余年也。此以二百年前楚庄王，乃倒置于二百年后齐威王之下，其误已甚矣。③

李种徽认为司马迁错乱了楚庄王与齐威王的时间，却不知此"楚庄王"指战国后期楚顷襄王，名横，怀王之子，前 298 至前 263 在位④，属失考。

此外，还有一个比较突出的问题，即缺乏版本、校勘方面的研究。目前仅考见正祖组织编印《史记英选》时，曾做过校勘工作，但未见校勘札记流传。由于缺乏对校勘的重视，还导致了考证错误，如李圭景(1788—1856)⑤《史注辨证说》考辨《司马穰苴传》"仍斩其仆，车之右驸，马之左骖"的"驸"字，他不同意《索隐》注驸，车旁立木：

> 《左传》有以某为右之文。《说苑》车右伏剑，将鉴博议，直作车之右。又按《周礼》注，驸马乃车之左右骖也，以其驸车故云。今苴所斩者，仆一

---

① 郑士信，字子孚，号梅窗，清州人。金春泽，字伯雨，号北轩，光山人。李象秀，字汝人，号峿堂，全州人。
② 李种徽，字德叔，号修山，全州人。
③ (朝鲜王朝)李种徽《修山集》卷十《题滑稽传后》，《影印标点韩国文集丛刊》第 247 册，2000 年，第 499 页。
④ 详参钱穆《先秦诸子系年》一三一条"楚顷襄王又称庄王考"，北京：商务印书馆，2005 年，第 469 页。
⑤ 李圭景号五洲、啸云，实学派"四大家"诗人李德懋之孙。引文出自〔朝鲜王朝〕李圭景《五洲衍文长笺散稿》卷三八《史注辨证说》，韩国古典刊行会，1977 年，第 157 页。

人,车之右一人,驸马一骖也。

李圭景虽能博引诸书,但所用《史记》文字有误,原文作"车之左驸",诸本无异文。

中国历代的《史记》研究,皆有丰富的注释、考证成果;日本的《史记》研究则形成了周全和细密的注释体系,对版本、校勘亦颇重视。比较而言,朝鲜王朝学人的考证、训释成果有限,水平不足。

第四,受中国学者影响颇大,研究方法、具体内容多有因袭。

这一点在文学批评和体例阐释方面尤为突出,上文已经论及,这里再作一些补充。在文学评论方面,由于历史人物一生的事迹繁多,这就要求每篇传记都有一主线,司马迁常用一些关键字表现这一主线。于是,明人评点常用"字眼""主意""骨子"等加以揭示。朝鲜王朝学人因袭了这一方法,如金昌翕评价《货殖列传》,用"来往"把握其主题云:

> 《货殖传》,当分两截,作古今传看。自神农以前,以至"岂非以富耶"为古传;自"汉兴海内",至"岂所谓素封者耶"为汉传。大旨则以耳目口鼻,为欲富之根柢,以声色臭味,为攻取之材料,达之天下四方,凡水土所产品物之鲜多不齐,而人民谣俗来往交易,互相渐染者,举在其中。其中"来往"二字,为一篇字眼。所以从头劈破,举老子之言,而翻之者亦以往来为说,真所谓舞文手也。其所谓熙熙攘攘者,乃模写往来之状。①

具体内容上亦有因袭,如桂德海(1708—1775)《读太史公书》云"太史公之于文章也,其如化工之肖物乎"②,与王世贞"司马迁,圣于文者乎,其叙事则化工之肖物"③之说近同。直接引明人点评者亦不少,如金昌翕评《货殖列传》"唐顺之曰,出入变化中,轨范森严,看得是也"④。

又如比较《史记》《汉书》文章优劣,在中国宋朝即形成了专门之学。朝鲜学者亦有阐发,对中国学者的说法有所因袭。如正祖说:"经传以外,惟《史》《汉》最堪多读。以其质厚而致深,意味无穷。然《汉》则终是为绳墨拘束,故文字外不见馀地,不如子长之豪宕隽洁也。"⑤指出《史记》更为灵活、飘逸,而《汉

---

① (朝鲜王朝)金昌翕《三渊集》卷三六《漫录》,《影印标点韩国文集丛刊》第 166 册,1996 年,第 186 页。
② (朝鲜王朝)桂德海《凤谷桂察访遗集》卷七《读太史公书》,《影印标点韩国文集丛刊续》第 78 册,2009 年,第 506 页。桂德海,字元涉,号凤谷,遂安人。历任礼曹佐郎、察访等。
③ 〔明〕王世贞著、罗仲鼎校注《艺苑卮言校注》卷三,济南:齐鲁书社,1992 年,第 99 页。
④ (朝鲜王朝)金昌翕《三渊集》卷三六《漫录》,第 187 页。
⑤ (朝鲜王朝)正祖《弘斋全书》卷一六五《日得录》,《影印标点韩国文集丛刊》第 267 册,2001 年,第 231 页。

书》失之死板。茅坤也说过类似的话：

> （《史记》）指次古今，出入《风》《骚》，譬之韩、白提兵而战河山之间，当其壁垒、部曲、旌旗、钲鼓、左提右挈，中权后劲，起伏翱翔，倏忽变化，若一夫舞剑于曲旃之上，而无不如意者。西京以来，千年绝调也。即如班掾《汉书》，严密过之。而所当疏宕逋逸，令人读之，杳然神游于云幢羽衣之间，所可望而不可挹者，予窃疑班掾犹不能登其堂而洞其窍也，而况其下者乎？①

又如郑侙（1601—1663）②《马史删节识语》云"马史文有重复处、冗长处，自是力量阔大，不求精密，固不为大病。……班孟坚《汉书》，后出欲巧，务为简致，而不觉失其文气。如《项籍传》鸿门坐次，是一段大铺张，使后人宛若目击当日事，真多而不厌者，而反见删没"③，丁范祖（1723—1801）④《马史评》进一步论述道：

> 子长叙刘、项鸿门之会，主客君臣坐向方位，分明如画。如此然后，增之目，羽之默，伯之舞，良之知意在沛公，皆得之。一席樽俎精神起色之间，而为之应变。此固子长极力铺置处，孟坚削之，而全没肯綮。⑤

类似说法较刘辰翁在《班马异同》卷一评点"叙楚汉会鸿门事，历历如目睹，无毫发渗流，非十分笔力，模写不出"⑥，有所发挥。

由前可见，无论是文学思潮、书籍载体，还是批评方法、具体内容，朝鲜王朝学人对《史记》的文学批评，受到中国学者的影响都是巨大的。

在体例阐释方面，除了对五体的考察，司马迁为人物立传的标准也是一个重要问题。学者常结合司马迁的身世与时代背景考述每一个传记设立的用意。如金谨行⑦（1713—1784）认为《游侠列传》的设置因为"人皆曰（李）陵可族，惟公慷慨，奋三寸之管，讼怨于人主之前，竟蹈蚕室之祸，而世无贤豪可以缓急，则俯仰噫嘻，寓思乎剧孟、郭解之徒者，其志悲哉"⑧。此与《史记评林》载董份所言"史迁

---

① 〔明〕茅坤《茅鹿门文集》卷三一《刻史记抄引》，《茅坤集》第 3 册，第 820 页。
② 郑侙，字仲则，号愚川，清州人。
③ （朝鲜王朝）郑侙《愚川先生文集》卷四《马史删节识语》，《影印标点韩国文集丛刊续》第 29 册，2006 年，第 138 页。
④ 丁范祖，字法正，号海左。1763 年文科及第，历任弘文馆提学、刑曹判书等职。
⑤ （朝鲜王朝）丁范祖《海左先生文集》卷三八《马史评》，《影印标点韩国文集丛刊》第 240 册，1999 年，第 190 页。
⑥ 〔宋〕倪思著，刘辰翁评《班马异同》卷一，明嘉靖十六年李元阳刻本。
⑦ 金谨行，字常夫，号庸斋，安东人。
⑧ （朝鲜王朝）金谨行《庸斋先生文集》卷一三《题太史公游侠传后》，《影印标点韩国文集丛刊续》第 81 册，2009 年，第 489 页。

遭李陵之难,交游莫救,身受法困,故感游侠之义,其辞多激"①相类。

又如《货殖列传》的设立,明初赵汸即言"《货殖传》是讥人主好货,使四方皆变俗趋利"②,李象秀《货殖传评》不同意"讥人主好货",不过亦认为"四方皆变俗趋利":

> 论者谓《货殖传》讥人君之好货,《平准书》讥人臣之兴利。今考之,《平准书》讥切当时,如孔仅、弘羊之辈,侵小民之利,海内以贫,其说信矣。若此传则不必如斯解矣。盖太史公观天下之人,无贵贱贤不肖,并归趋利……世道渐下,俗尚大舛,深有所伤感,故创立此传。深钩人情,切中世讳,其慨叹之意,往往可见。如天下熙熙,皆为利来,天下攘攘,皆为利往一节,作传之主意也。③

此外,他还认为《酷吏列传》"全为武帝重法而发……则酷吏皆武帝教之也,太史公之意可见矣"④。宋人黄震即云"盗贼、匈奴之变,皆(武)帝穷兵酷罚致之……迁之微文见义,往往如此,而帝之无道昭昭矣"⑤;清人牛运震亦云"《酷吏传》伤武帝之峻刑也。武帝之世,烦文苛法,以严酷为治,怨愁惨伤,民几不聊其生。太史公目睹其事,恻然伤之,不忍斥言君上,特借酷吏发之"⑥。

除了文学批评与体例诠释,上文也已述及朝鲜王朝学人的历史评论受到中国宋儒史论散文的影响,考证训释也多在中国注解的基础上展开。诸多方面皆可见出朝鲜王朝学人的《史记》研读受到中国学者全面而深刻的影响。

四、结　论

本文集中探讨了朝鲜王朝学人研读《史记》的情况。从内容上看,分为历史评论、考证训释、文学批评和体例阐释四类;从发展阶段来看,呈现从历史评论为主、兼及考证训释,到文学批评兴起,再到综合性研究的脉络。

总前而论,朝鲜王朝与中国明、清两朝皆保持着密切的文化交流,其《史记》研读也深受中国学者的影响,研究角度、方法甚至具体内容皆多有因袭。不过,从他们丰富的历史评论中,也可以体察到朝鲜学人独特的价值观念。相

---

① 〔明〕凌稚隆辑校《史记评林》第6册卷一二四,第763页。
② 〔明〕程敏政《明文衡》卷四六,杭州:四部丛刊影明本。
③ (朝鲜王朝)李象秀《峿堂集》卷一五《货殖传评》,《影印标点韩国文集丛刊续》第134册,2012年,第396页。
④ 同上。
⑤ 〔宋〕黄震著,张伟、何忠礼主编《黄震全集》第5册《黄氏日抄》卷四六,浙江大学出版社,2013年,第1579页。
⑥ 〔清〕牛运震《史记评注》卷十,西安:三秦出版社,2011年,第320页。

较而言,在考证训释方面疏漏不少,亦未能进行版本、校勘等方面的研究,创见不足。

通过厘清上述情况,希望对把握《史记》在海外各国的研究,丰富《史记》传播、接受史有所助益。不过,相关材料内容庞杂,尚待更为全面的整理、汇编,从而更加细致地对学术史进行梳理。

吴闿生及其《文史甄微》*

吴　鸥**

【内容提要】　吴闿生，晚清著名桐城派学者吴汝纶之子。曾得吴汝纶亲自授业，又曾留学日本，精研古代典籍。他悉心整理编辑了吴汝纶的几乎全部著作，并遍涉经史，在经学、史学、金石小学等方面均有著作。其中，《文史甄微》是一部笔记体学术考证著作，今天仍为手稿，除了杨伯峻于《春秋左传注》中曾有所引用之外，全貌至今尚未为世人所知。今稍稍披露其中章节，以飨读者。

【关键词】　吴闿生　吴汝纶　文史甄微

吴闿生（1878—1949），安徽桐城人（今属枞阳）。号北江，学者称北江先生，晚清著名学者吴汝纶之子。曾跟随吴汝纶在河北保定莲池书院学习，后留学日本。光绪二十九年（1904），以日本留学生候选同知任京师大学堂奏办译书局编纂员。后历任直隶学校司编译局总编译、编书科科长、译书科科长。三十一年，清廷派遣载泽等五大臣出国考察各国政治，吴闿生任其随员。未出国门，载泽遇刺，事寝，遂调任山东省学务处总参议、洋务局参议。宣统二年（1910），调任度支部财政处总办，办理全国岁入岁出预算清册。北洋政府时期，任教育部次长、国务院参议。1928年后，任奉天萃升书院教授、北京古学院文学研究员。七七事变后，隐居闭门著述授徒。

吴闿生之学宗其父，悉心整理编辑了吴汝纶生前的几乎全部著作，计有《桐城吴先生全书》《桐城吴先生日记》《吴挚甫尺牍》和《尺牍续编》《桐城吴先生群书点勘》等。同时遍涉经史，在经学方面著有《定本尚书大义》二卷、《周易大义》二卷、《诗义会通》四卷、《左传微》十二卷、《经传评点》（内容包括《论语》《孟子》《大学》《中庸》）等；金石小学方面著有《吉金文录》四卷。吴汝纶是桐城派后期传人，在保定莲池书院担任院长十五年，将北方教育学术发

---

*　本文为教育部人文社会科学重点研究基地北京大学中国古文献研究中心重大项目"吴闿生《文史甄微》点校整理研究"（项目批准号：15JJD770003）的阶段性成果。此处所简录之吴闿生生平，系根据吴氏手书《履历》而成。

**　本文作者为北京大学中文系、北京大学古文献研究中心教授。

扬光大；吴闿生继之踵武，著作中有相当大的部分是编选的教材或有垂范意义的作品，如《古文范》《汉碑文范》《古诗选》《古今体诗约选》《桐城吴氏古文法》《左传文法读本》《孟子文法读本》《萃升书院讲义》等。他还收集反映当时文坛诗坛桐城余韵的代表作品，编纂《晚清四十家诗抄》三卷、范无错等人的诗选；汇聚莲池书院弟子的作品并撰写他们的小传，编成《吴门弟子集》十四卷；从吴氏家谱中抽取简明材料，编撰《家乘小纪》。由于他早年的留学经历，以及曾经担任过译书局编纂员的工作，他撰有《和文释例》《编译私议》等。同时，他还编纂了个人的诗集、文集各若干卷。可以说，他是一位相当勤勉的学者。

吴闿生作为桐城派最后一位大师吴汝纶之子，得吴汝纶亲自授业，又曾留学日本，对当时的学术、政事都有所涉及，并精研古代典籍，其见解每有独到之处。他治学严谨，吴汝纶的全集《桐城吴先生全书》就是吴闿生亲手编成，郭立志编《桐城吴先生年谱》也得到吴闿生的许多助力。而在吴闿生的所有著作中，《文史甄微》是最少为世人所提及和了解的。

《文史甄微》手稿八卷，是吴闿生晚年的笔记体学术考证类著作。"七七事变"后，北京沦陷，吴闿生不肯与侵略者共事，闭门不出，专心著述。《文史甄微》便是这一阶段的学术结晶。内容遍及经史子集以及古文字、音韵、方言，展现出吴氏学术方面的新境界，内容十分丰富，视野更加开阔。除考证前人典籍之外，对于其父吴汝纶的文集诗集，也有所笺证考察，可为读吴汝纶集作背景本事看。1949年，新中国已见曙光，吴闿生已患重病。当时受命担任全国文史馆副馆长、北京文史馆馆长的邢赞亭诚邀吴闿生为文史馆馆员，但吴已难起沉疴，不久便逝世了。《文史甄微》便成了他的收山之作。但即使如此，吴氏还是尽力修订了这部著作，在扉页上贴签条说："付印时句点均照加以便读者。"可知这是为了出版而誊清的手稿。

全书共二十余万字，分为《经部》二卷、《史部》二卷、《子部》一卷、《集部》一卷、《先集笺证》一卷、《古彝器甲骨文 音韵字学 方言》一卷。此书以前在学界屡有耳闻，杨伯峻《春秋左传注》中曾多次征引其文字，足资参考。但由于未曾正式出版，学人总未能一窥全豹。

近年来，学术界对于吴汝纶、吴闿生父子的研究正在逐步加深，有数篇博士、硕士论文对他们父子进行研究，台湾学者蒋秋华曾说："我对二吴十分关注。"但从目前所有的研究成果看来，对吴闿生的关注仍少于对吴汝纶的。在全部已经发表的研究文章中，由于条件的限制，对于《文史甄微》也仅为一知半解或根本未曾提及，十分令人遗憾。

《文史甄微》是吴闿生学术成熟期的著作，除此著作之外，他还有一些手稿存世,只是都未曾整理。所以他晚年的学术活动轨迹并不十分清晰,仍有进一步深入研讨的必要。《文史甄微》的立项研究乃至最终面世,是对于学术研究的有力推动,也有其深刻的学术价值和实践意义。

附:《文史甄微》点校示例

例一

《文史甄微》卷第一

经部一

周易

朱子云:"《易》只是卜筮之书。"是也。然伏羲画卦,文王作周易诸说,皆无确据。《系辞》云:"易之兴,其当殷之末世,周之盛德耶?当文王与纣之事耶?"作疑而不断之词,其非文王自作,明矣。意者当是文王时史官为之。

《大传》亦决非孔子之作,以其屡称"子曰"可以知之矣。然其所引"子曰",则固皆孔子说也。孔子之说《易》,专以人事得失为词,以资鉴戒,而不涉及其他,足见圣人讲学态度。如"精气为物,游魂为变,是故知鬼神之情状"等语,荒渺难稽,显与孔子"不语怪力乱神"之旨不合,夫岂孔子之言哉。

先大夫尝谓《小象》及《彖》章解句释,皆经生所为。十翼中,可指为孔子作者,惟《大象》庶乎近之。然《论语》以"君子思不出其位"为曾子之言,若《大象》为孔子作,记《论语》者,安得以此属之曾子乎?此《大象》在《论语》后之明征,然则十翼固无一篇可仞为孔子作也。

唐以来,以《坤》之古文为巛,盖取坤六断之象,而肊造为之,非本然也。汉碑,坤皆作川,不作巛,实即川字。近尚节之据焦氏《易林》,证《易》言大川者,皆谓坤,以后世谓坎为川者为误。案坤之德顺,顺之字亦从川。

《易》卦:"肥遯"。肥亦遯义。班固《幽通赋》:"安慆慆而不蒇兮,卒陨身乎世祸。"注:"蒇,避也。"蒇即肥遯之肥。

《易》之失理,惟《遯》为甚。夫二阴在下,其势尚微,四阳居上,宜有以制之,乌得以遯为义乎?东坡云:阴势至锐,圣人是以使阳遯而阴无与处,而思求阳,然后可处。则又权诈之谈,非圣人作经之旨也。

"艮其限,列其夤。"《韩诗外传》引作臏。是夤、臏同字,上夕即肉字,与炙同。

《泰》初九:"拔茅茹以其彙",董遇本作夤,夤即彙之异文也。汉《殽阬君神祠碑》:"于是殽阬以为之夤,承写其流,北注诸渭,蠲潦潏暴,使不为害。"夤即彙字,与渭、害韵。

《师》:"贞,丈人吉。"贞,卜问也。与"贞,正"之训,截然两义。郑注:"问事之正曰贞。"郑知贞之为问,而仍附会贞正之义,是以为说迂曲难通。凡汉儒解经,多有此病,意在沟通众说,不知适以增其胶葛也。

例二
《文史甄微》卷第七
先集笺证

台箴　案此文列《读荀子》前,当亦同治五年丙寅,在曾公幕府时作。曾公乙丑十二月,致弟沅甫书云:"言官于任事有功之臣,责备甚苛,措词甚厉,令人寒心。"此文明谏争之大义,责台谏之妄言,与曾公意旨略同。又公作《王益吾母鲍太夫人墓表》云:"自今天子嗣即位,太后再临朝,务博览广包,开通言路,不偏听为治。在廷诸臣争言事,已而言者益多,经筵台谏气益厉,高者一岁九迁。后进小生,闻风慕向,各往往上章论事,或未深晓事利钝,一切排抵恣意,取直声为快,至树立标志,号曰清议。自枢辅大臣,外及封疆将帅,下至州县吏,皆拱手承事之唯谨。益吾于是时为经筵讲官,间独以为此非国家之福也,于是拜疏称莠言乱政,宜稍裁抑之。疏奏,荐绅间传其语,多窃骂益吾。"表文虽在后,所论亦与相合。贺松坡云:"仿子云得其神似,而命意尤高。"《明清八大家文钞》云:"同光间,言官竞尚风厉,实无裨于大局。"此文盖为是发。

读荀子二篇　同治丙寅十二月,在曾公幕府作。曾文正公日记:"同治五年十二月八日,与吴挚甫一谈。渠本日作《读荀子》一首,甚有识量也。"

代陈伯之答邱迟书　与前后文当同时。《八家文钞》云:"集中骈俪文字,止此一篇,其波澜意境,则从太史公《报任安书》来也。"

答陈朴园论尚书手札　同治七年戊辰,五月十八日,公是日日记:"拟复陈朴园信。朴园名乔枞,侯官人,陈寿祺恭甫之子也。官江西,著有《今文尚书考》。此稿拟上后,颇为相国所赏。盖相国之不遗小善,令人心感,往往类此。"

此下游日本作

过马关　五月十六日,公过马关,访李文忠议约故址春帆楼。主人请题榜,公为书"伤心之地"四大字,一时报纸轰传,以为名笔。《管子》"愿君无忘在莒"也。"法国"句,薛叔耘《观巴黎油画记》:"军士之折臂断足、血流殷地,令人不忍卒睹。余闻法人好胜,何以自绘败状如此?译者曰:所以昭炯戒,激众愤,图报复也。"(整理者案:光绪二十八年,清廷拟创办京师大学堂,派吴汝纶前往日本考察教育。吴途经马关时,到访李鸿章签订《马关条约》的春帆楼,悲愤难抑,为之榜书"伤心之地"四大字,并作诗云:"愿君在莒幸无忘,法国摧残画满墙。闻道和亲有深刻,欲移此碣竖辽阳。")

《文史甄微》书影

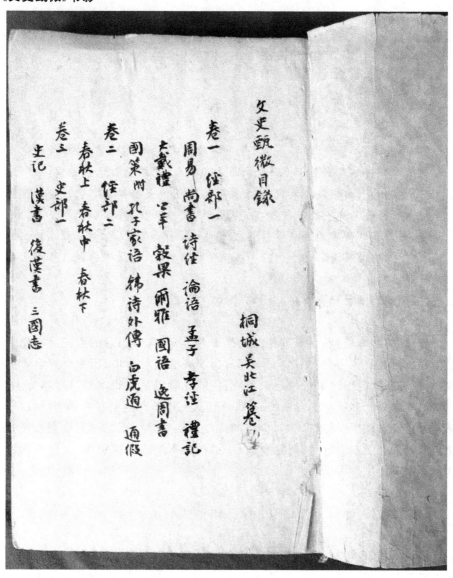

《朝野佥载》版本考述

赵庶洋[*]

【内容提要】 张鷟《朝野佥载》是一部重要的唐代史料笔记,对于研究唐代历史文化有着重要价值。此书原本二十卷,元末明初已经亡佚,后世流传版本众多,系统较为复杂,学者对其版本认识多有错误之处。本文重新梳理此书历来流传的各种版本,将之分为原本、节本、辑本三个不同的系统,并对各种版本的特点以及存在的问题进行详细论证,为其版本性质进行定位,从而厘清《朝野佥载》一书现存版本情况,为此书的深入整理研究提供参考。

【关键词】 《朝野佥载》 张鷟 原本 节本 辑本

张鷟《朝野佥载》是一部重要的唐代史料笔记,其中记录的唐代前期朝野史事对于研究唐代历史、文化、文学都具有很高的史料价值,历来受到学者重视。可惜的是,此书原本亡佚已久,目前所能见者以后人辑本和节略本为主,学术界尚未对此书版本进行系统的梳理研究,在许多问题上存在误解,所以虽然至今已经出现了多种整理本,但是尚无法达到理想标准。本文根据掌握的史料以及现存版本信息对《朝野佥载》一书的版本进行系统梳理,为此书的深入整理研究提供参考。

原 本

唐人莫休符《桂林风土记》中载张鷟"著《雕龙策》《帝王龟镜》《朝野佥载》二百卷",是关于张鷟此书较早的记录,由于诸书并举,《佥载》具体卷数不得而知。比莫休符时代更早一些的段成式在《酉阳杂俎》中引用《佥载》文字数条,可见此书在唐代已有流传。

书目著录以《崇文总目》和《新唐书·艺文志》为早。《崇文总目》史部传记类著录"《朝野佥载》二十卷",原本解题已佚,无作者及其他信息。《新唐书·艺文志》史部杂传记类"不著录"部分作"张鷟《朝野佥载》二十卷。自号浮

---

[*] 本文作者为南京大学古典文献研究所助理研究员。

休子",较之今本《崇文总目》多作者及注文"自号浮休子"两项。据学者研究,《新唐书·艺文志》的"不著录"部分乃是北宋史臣在《旧唐书·经籍志》也就是《古今书录》所著录的唐开元年间藏书之外补充的唐人著述,其中一部分源自宋代藏书,《崇文总目》即为其重要来源①,二者于《朝野佥载》著录一致,很有可能就是《新唐书·艺文志》取自《崇文总目》。

此外,《玉海》卷五五《艺文》"唐朝野佥载"条引《中兴书目》著录云"张𬸦,二十卷。载周隋以来杂事,时为问答以评目之。《补遗》三卷",在二十卷之外又著录《补遗》三卷,《宋史》卷二〇三《艺文志》传记类著录作"张𬸦《朝野佥载》二十卷,又《佥载补遗》三卷",与《中兴书目》同。尤袤《遂初堂书目》小说类著录"《朝野佥载》《佥载补遗》"二书,无卷数,从其书名情况看,当与《中兴书目》一致。《郡斋读书志》卷一三小说类未著录《朝野佥载》,而著录《朝野佥载补遗》三卷,解题云:"分三十五门,载唐朝杂事。"关于《补遗》,另有专文论述,此不赘言。

南宋高似孙《史略》卷五杂史著录"《朝野佥载》"一书,注云:"二十卷。唐张𬸦,记周隋以来事迹。"《通志》卷六五《艺文略》杂史著录作"《朝野佥载》二十卷",注云:"唐张𬸦撰,记周隋以来事迹。"二书并非反映作者本人实际藏书情况者,而是据他书转录,借此可见此书宋代的流传情况。值得注意的是二书均有"记周隋以来事迹"一句,与《中兴书目》"载周隋以来杂事"句略同,《郡斋读书志》"载唐朝杂事"一句与此亦相近,疑此句原为《佥载》序中语,为后世目录学家所采用,故诸书一致。

宋代以后,《朝野佥载》二十卷即不见于庋藏记载,偶有书目如明焦竑编《国史经籍志》著录,也多为钞撮前代旧目,无法证明《佥载》存世。

此书存世较晚的记录,当为陶宗仪《说郛》。商务印书馆影印张宗祥校明钞本《说郛》卷二收《朝野佥载》书名下注"二十卷",应是陶宗仪所据之本。陶宗仪为元末明初人,《说郛》中所引《佥载》文字多有超出《太平广记》及他书征引之外者,当有原本为据,知《佥载》二十卷本至此时尚存世。此后即无二十卷本之痕迹,故推测其大致亡佚时间应在明初,所以万历时陈继儒纂《宝颜堂秘笈》已不知《佥载》尚有二十卷本,只能收录后人从《太平广记》中辑出之本。

二十卷本最早见于著录,且时代最早,当是张𬸦原本。此本虽已亡佚,但唐以后诸书多有称引,尤其是《太平广记》引用多达四百多条,合以《酉阳杂俎》《资治通鉴考异》《绀珠集》《类说》等书,今日所存《佥载》佚文尚得五百余条,即使无法完全恢复二十卷原貌,这个数量也颇为可观,有可能已超过原书篇幅之

---

① 王重民《中国目录学史论丛》,北京:中华书局,1984年,第107—108页。南丽华《论〈新唐书·艺文志〉》,《中国典籍与文化论丛》第三辑,北京:中华书局,1996年,第344—345页。

半，较之仅存只言片语者不可同日而语。

关于《金载》二十卷本原貌，笔者另有专文论述，大致有三方面：第一，张鹭所撰原本当为《朝野佥载》二十卷及《佥载补遗》三卷，《补遗》附《佥载》后行世，故后世著录或只称《佥载》而遗《补遗》；第二，《佥载》原本分门，与《读书志》所言《补遗》"分三十五门"一致，《广记》所引尚能大致反映其分门遗意；第三，《佥载》原本当如《中兴书目》所云于记载之后"时为问答以评目之"，即多有张鹭议论，以"浮休子曰"的形式接于所记之事后，《广记》引文虽然也保存了一些，但是恐怕大多数因不涉事实而遭删弃，原本评论数量当更多，这些评论于理解《佥载》分门之意及张鹭之思想观念均大有助益①。

总之，《佥载》二十卷及《佥载补遗》三卷为张鹭此书之原本，能够代表作者的真实创作意图，是后世诸本之祖。此本至元末明初尚存世，此后亡佚。

节 本

一、节略本

《朝野佥载》二十卷原本大概流传范围不广，一般人难得一见，所以原本存世时就出现节略本。《直斋书录解题》子部小说家类著录"《朝野佥载》一卷"，解题云：

> 唐司门郎中饶阳张鹭文成撰。其书本三十卷②。此特其节略尔，别求之未获。③

陈振孙是南宋著名藏书家，他的藏书数量为当时私家藏书之首④，虽知此书有二十卷本并着意搜求，仍无法获得，可见原本之罕觏。此一卷本，较之二十卷本卷数相差悬殊，陈氏云乃"其节略"，似乎不仅是卷数篇幅减少，还有可能包括文字内容的调整。

陈振孙著录的这个一卷本未能传世，其真实面目不得而知，然南宋同时期两部类书《绀珠集》《类说》中所录《朝野佥载》或许能反映这一版本的面貌。《绀珠集》为南宋初朱胜非所纂，录《佥载》文字六十八条，《类说》为南宋初曾慥所纂，录《佥载》文字六十七条，二书成书年代相近，而所录《佥载》文字也多有

---

① 笔者有论文《〈朝野佥载〉原貌考索》，待刊。
② "三十卷"，四库馆臣疑误，是，据上文所论，当为"二十卷"之误。
③ 〔宋〕陈振孙《直斋书录解题》卷一一，上海：上海古籍出版社 2015 年版，第 317 页。
④ 武秀成《陈振孙评传》第四章《〈直斋书录解题〉的特点》第一节《著录图书的超多》，南京：南京大学出版社 2006 年版，第 372—3382 页。据该书考证，陈振孙藏书不仅在当时私家藏书中最多，即使在整个宋朝的私家藏书中数量也是最多的。

相同。今将二书条目重合情况列表对照，以便讨论：

《绀珠集》	《类说》	按语	《绀珠集》	《类说》	按语
驼李	驼李	同	耳冷不知有卿	耳冷不知有卿	同，非《金载》文。
绿珠怨	绿珠怨	同	琵琶多于饭甑	衣冠薮泽	同，非《金载》文。
獬豸	无		不伏致仕	不伏致仕	同
讯囚名状	仙人献果	同	舅得詹事	指龟得詹事	同
玄衣素袊人报赦	玄衣素袊人传赦	同	熊枕宜男	三枕	同
斫窗舍人	无		禾头生耳	无	
则天喜伪瑞	无		壁龙	壁龙	同
题目人	趁蛇鹳雀	同	鸡肆	鸡肆	同
志射	学射未教啮镞法	同	夸父支鼎石	支鼎石	同
系钱靴带	非钱不行	同	初月出云	青龙卧桥上	同
金牛御史	金牛御史	同	魏丞乌	魏丞乌	同
鹤鸣鸡树	鹤鸣鸡树	同	飞坡	飞坡	同
鸠集凤池	鸠集凤池	同	葬压龙角	葬压龙角	同
驱驴宰相	驱驴宰相	同	缩葱侍郎	缩葱侍郎	同
霜雁冻蝇	九月得霜鹰	同	翘关负米之讥	翘关负米	同
赐麻	赐麻数车	同	祝媪	祝媪	同
八榻将军	八榻将军	同	改忌日	无	同
鸣靴鼻	无		疾从指入	身代母病	
孟青	孟青	同	骑猪	骑猪	同
金刚舞夜叉歌	金刚舞夜叉歌	同	点鬼簿	点鬼簿算博士	同
蒸婢	（合上条）	同	算博士	（合上条）	同
酒濯足	斗酒濯足	同	神仙童子	神仙童子	同

续表

《绀珠集》	《类说》	按语	《绀珠集》	《类说》	按语
刺史不守鞋	刺史不是守鞋人	同	草里刺史	无	
涩体	涩体	同	白鸡盏	无	
白腊明经	白腊明经	同	牙笔	欧阳通书	同
补阙连车载	把推椀脱	同	方丈镜	无	
白版侯	白版侯	同	百宝炉	百宝香炉	同
乌金	猪号乌金	同	辰车	无	
卫灵公	娄师德号卫灵公	同	无	甲子雨	
鹤樽	铜鹤樽	同	无	甲子雨	
鹊尾杓	鹊尾杓	同	无	辛弘智诗	
舞胡子	舞胡子	同	无	占赦	
手重五斤	喙长三尺	同	无	雨候	
狐蹲雉伏	狐蹲雉伏	同	无	三白	
贤圣不过五人	贤圣不过五人	同	无	麻胡恐小儿	
虎筮	虎筮	同	无	走马报	
龟鱼兔符	银兔符	同	无	新妆诗	
麒麟楦	麒麟楦	同	无	古墓铭	
手摸床棱	无		无	赐妬妻酒	
方相姓	姓方贵人认为亲戚	同	无	御史不还车脚钱	

据上表统计，二书相同条目达五十七条，占所录《金载》文字的大多数，这意味着二者同出一源。《绀珠集》"斫窗舍人""则天喜伪瑞""手摸床棱"等条目《类说》不载，《类说》"甲子雨""辛弘智诗"等条目为《绀珠集》所不载，又说明二书所录《金载》文字之间无直接渊源关系，排除互相抄袭从而相同的可能，因此，唯一合理的解释就是二者共同源自《金载》的某个传本。

具体文字上，如"金牛御史"条，《绀珠集》云：

  武后时，严升期摄御史，巡按江南，嗜牛肉而多受人金，故号"金牛御史"。

《类说》大致相同。此事又见《广记》二四三"严升期"条引《金载》：

> 唐洛州司仓严升期摄侍御史，于江南巡察。性嗜牛肉，所至州县，烹宰极多。事无大小，入金则弭，凡到处，金银为之涌贵。故江南人呼为"金牛御史"。

又如"孟青"条，《绀珠集》云：

> 侯思止谓决囚大棒为"孟青"。

《类说》同。此事又见《广记》二六七"侯思止"条引《金载》：

> 周侍御史侯思止，醴泉卖饼食人也。罗告，准例酬五品，于上前索御史。上曰："卿不识字。"对曰："獬豸岂识字？但为国触罪人而已。"遂授之。凡推勘，杀戮甚众，更无余语，唯谓囚徒曰："不用你书言笔语，止还我白司马。若不肯来俊，即与你孟青。"横遭苦楚非命者不可胜数。白司马者，北邙山白司马坂也。来俊者，中丞来俊臣也。孟青者，将军孟青棒也。后坐私畜锦，朝堂决杀之。

从对比中可以看出，《广记》所引更加接近原本面貌，《绀珠集》《类说》的文字与原本面貌差距较大，非常符合陈振孙所说的"节略"本特征。

实际上，并非只有《绀珠集》《类说》所引《金载》文字如此，南宋时期成书的几部类书如《海录碎事》《古今合璧事类备要》《古今事文类聚》等书引用《金载》也多有与《绀珠集》《类说》文字一致者。这几种类书的成书时间与陈振孙的时代大致相近，其引用文字又有陈振孙记录的"节略"本特征，其所据之本应当就是陈振孙见到的这个一卷"节略"本。这个一卷本不仅删减了二十卷本的大量条目，保留的条目文字也做了大幅度节略工作。这一版本的出现，很有可能是宋人出于类事需要而对《金载》众多典故进行的精简压缩，所以《绀珠集》《类说》各条所列名目如"驼李""金牛御史"等均简洁醒目，极便诗文化用。类书是一种时效性比较强的著作形式，南宋时期众多类书均引用这一版本，说明它在当时流传颇广，已经超过二十卷原本成为适于诗文写作典故学习的通行版本。

节略本虽不是《金载》原本，却保留了一些他书不载的《金载》佚文，如"舅得詹事"条所载张说女事，"虎筮"条所载以虎定人罪事等，均赖二书方得保存，虽然文字经过节略，仍能提供《金载》原本的信息。

此外，这一版本还存在一些问题，如"白版侯"一条，《绀珠集》云：

> 武后时，封侯者众，铸印不供，至有（原作"至"，据《类说》改）白版侯者。

《类说》文字全同。此条文字亦见《广记》卷一八四"李氏"条引《金载》，云：

> 唐景龙年中，斜封得官者二百人，从屠贩而跻高位。景云践祚，尚书宋璟、御史大夫毕构奏停斜封人官。璟、构出后，见鬼人彭卿受斜封人贿赂，奏云："见孝和怒曰：'我与人官，何因夺却？'"于是斜封皆复旧职。伪周革命之际，十道使人天下选残，明经进士及下村教童蒙博士皆被搜扬，不曾试练，并与美职。尘黩士人之品，诱悦愚夫之心。庸才者得官以为荣，有才得官以为辱。昔赵王伦之篡也，天下孝廉秀才茂异，并不简试，雷同与官。市道屠沽、亡命不轨，皆封侯略尽。太府之铜，不供铸印，至有白版侯者。朝会之服，貂者大半，故谣云："貂不足，狗尾续。"小人多幸，君子耻之。无道之朝，一何连类也。惜哉！

文字较之《绀珠集》《类说》详细很多，应该是《金载》原貌。从《广记》所引文字中可以看出，所谓"白版侯"乃是张鷟举晋赵王伦时事以类比武周时选人之滥，非武后时有此事，《绀珠集》《类说》所谓"武后时"云云，显然是截取原文有误。

又如"耳冷不知有卿"条，《绀珠集》云：

> 唐孟弘微对宣（宗）曰："陛下何以不知有臣，不以文字召用？"帝怒曰："朕耳冷，不知有卿。"翌日，喻辅臣此人躁妄，欲求内相，黜之。

《类说》文字略同。唐宣宗时事非张鷟所得见，考《北梦琐言》卷九载"孟弘微"事，云：

> 唐孟弘微郎中，诞妄不拘。宣宗朝，因次对，曰："陛下何以不知有臣，不以文字召用？"上怒曰："卿何人斯，朕耳全不知有卿。"翌日，上谓宰臣曰："此人躁妄，欲求翰林学士，大容易哉！"于是宰臣归中书贬其官，示小惩也。又尝忿狷，挤其弟落井，外议喧然。乃致书告亲友曰："悬身井半，风言沸腾。尺水丈波，古今常事。"与郑讽邻居，讽为南海从事，因墙颓，中郎夹入墙界五六尺。知宅者有状请退其所侵，判其状曰："海隅从事，少有生还。地势尖斜，打墙夹入。"平生操履，率皆如是，不遭摈弃，幸矣。

更加详细原始，即此事所出，"耳全"，《广记》二六四引《北梦琐言》作"耳冷"，与《绀珠集》《类说》文字同。

又如"琵琶多于饭甑"条，《绀珠集》云：

> 江陵在唐号"衣冠薮泽"，人言（琵琶）多于饭甑，措大多于鲫鱼。

《类说》"衣冠薮泽"条文字略同。文中云"在唐"，显然已非唐人语气。考《广记》卷二六六"卢程"条引《北梦琐言》云：

> 卢程擢进士第，为庄皇帝河东判官，建国后命相。无他才业，唯以氏族傲物。任圜常以公事入谒，程乌纱隐几，谓圜曰："公是虫豸，辄来唐

突。"圉惭愕,骤告庄宗。大怒,俾杀之,为卢质救解获免。自是出中书,时人切齿焉。江陵在唐世,号衣冠薮泽,人言琵琶多于饭甑,措大多于鲫鱼。有邑宰卢生,每于枝江县差船入府,舟子常苦之。一旦王仙芝兵火,卢生为船人挑其筋,系于船舷,放流而死。大凡无艺子弟,率以门阀轻薄,广明之乱,遭罹甚多,咸自致也。

此条传本《北梦琐言》不载,缪荃孙据《广记》辑入《北梦琐言逸文》三中。与《绀珠集》《类说》相比,更加详细,当是其原始出处。因此,《绀珠集》《类说》所录《佥载》这两条文字应当是《北梦琐言》之文窜入一卷本《佥载》中者。

经过上文讨论,《佥载》一卷本节略本的情况大致明了:此本可能是当时人出于诗文用典需要而对《佥载》进行的精简压缩,以备记忆查用;保留了一些他书未载的条目,弥足珍贵;节略时偶有失误,背离《佥载》原意,甚至窜入他书文字,可见从事节略工作之人态度较为粗疏。这个版本在南宋时比较流行,见于书目著录,并为当时类书征引,但是此后即不见踪影,应该已经失传,赖《绀珠集》《类说》等书保存了大致面貌。

二、《说郛》本

在宋代流行的《佥载》一卷节略本之外,明清时期流传较广的是另一种一卷本,这一版本的最早来源是陶宗仪《说郛》,此后《历代小史》《古今说海》等所收《佥载》均从《说郛》本出①。

如上文所论,《说郛》本《佥载》的来源,从题下所注"二十卷"看,应该是源自二十卷原本。该本共录《佥载》文字三十六条,数量上不仅远少于《广记》所存《佥载》佚文,也不到《绀珠集》《类说》所引条目的一半,却有不少优胜之处。

如上文所举"严升期"条,《说郛》云:

周洛州司仓严升期摄御史,于江南道巡察。性嗜水牸肉,所至州县,烹宰极多。小事大事,入金则弭,凡到处,金银为之踊贵。故江南人号为"金牛御史"。

远较《绀珠集》《类说》引文详细,更接近《广记》引文,而《广记》"唐"字《说郛》作"周",与《绀珠集》《类说》之"武后时"相应;《广记》"呼为"《说郛》作"号为",与《绀珠集》《类说》之"号"同;又《广记》"江南"《说郛》作"江南道",《广记》"牛肉"《说郛》作"水牸肉",《广记》"事无大小"《说郛》作"小事大事",均以《说郛》本文字为优,说明《说郛》本文字可能比《广记》更接近《佥载》原貌。

又如《说郛》载杜景俭等事云:

---

① 赵守俨《朝野佥载点校说明》,《朝野佥载》,北京:中华书局1979年版,第4页。

> 周凤阁侍郎杜景佺文笔宏赡，知识高远，时在凤阁，时人号为"鹤鸣鸡树"。王及善才行庸猥，风神钝浊，为内使，时人号为"鸠集凤池"。俄迁文昌右相，无他政，但不许令史奴驴入台，终日迫逐，无时暂舍，时人号为"驱驴宰相"。

此条文字在《绀珠集》分为"鹤鸣鸡树""鸠集凤池""驱驴宰相"三条：

> 凤阁侍郎杜景佺，文章知识并高远，时号"鹤鸣鸡树"。
> 王及善才行庸猥，为内史，号"鸠集凤池"。
> 及善后为右相，无甚施设，惟不许吏辈将驴入堂，终日驱逐，号为"驱驴宰相"。

《类说》前两条文字同《绀珠集》，"驱驴宰相"一条位于卷末，与之相距较远，且作"王方庆"，显误。王及善二事，《广记》卷二五八、《通鉴考异》卷一一均引，不难知其本为一条，杜景佺事虽《绀珠集》中与王及善事相邻且文字颇有呼应之处，然非据《说郛》无法确定其原为同一条，张鷟以"鹤鸣鸡树"与"鸠集凤池""驱驴宰相"等称号连类对比之意亦将湮没。

又如《广记》卷二五九"孙彦高"条引《佥载》云：

> 周定州刺史孙彦高，被突厥围城数十重，不敢诣厅，文符须征发者，于小窗接入，锁州宅门。及贼登垒，乃入匮中藏，令奴曰："牢掌钥匙，贼来索，慎勿与。"昔有愚人入京选，皮袋被贼盗去。其人曰："贼偷我袋，将终不得我物用。"或问其故，答曰："钥匙今在我衣带上，彼将何物开之。"此孙彦高之流也。

《通鉴考异》卷一一亦载此事，然与《广记》颇异：

> 《朝野佥载》曰：文昌左丞孙彦高，无它识用，性惟顽愚。出为定州刺史，岁余，默啜贼至，围其郛郭。彦高却锁宅门，不敢诣厅事，文案须征发者，于小窗内接入通判。仍简郭下精健，自援其家。贼既乘城，四面并入，彦高乃谓奴曰："牢关门户，莫与钥匙。"其愚怯也皆此类。俄而陷没，刺史之宅先歼焉。又曰：彦高被突厥围城数重，彦高乃入匮中藏，令奴曰："牢掌钥匙，贼来索，慎勿与。"

所引孙彦高事与《广记》大致相同，然作两条，不能确定是《佥载》原本如此还是《通鉴考异》节引其文。

幸运的是，《说郛》所录《佥载》中亦载孙彦高事，且分为两条，云：

> 周文昌左丞孙彦高，无他识用，性顽钝。出为定州刺史，岁余，默啜贼至，围其郛郭。彦高却锁宅门，不敢诣厅事，文案须征发者于小窗内接入。

贼既乘城四入，彦高乃谓奴曰："牢关门户，莫与钥匙。"其愚怯皆此类。俄而陷没，刺史之宅先歼焉。浮休子曰："孙彦高之智也，似鼠固其穴，不知水灌而鼠亡；鸟固其巢，不知林燔而鸟殒。禽兽之不若，何以处二千石之秩乎？"

周定州刺史孙彦高，被突厥围城数十里，彦高乃入柜中藏，令奴曰："牢掌钥匙，贼来索，慎勿与。"

两条文字之间尚有武懿宗、崔浑、权龙褒等数事，并不联属，其文字与《通鉴考异》所引一致，而且在前一条之下又多"浮休子曰"一段评语，《广记》《通鉴考异》均无，与《广记》所引《佥载》"浮休子曰"一段合观，可以发现《说郛》之评语重在批评孙彦高锁宅自固之怯，《广记》之评语则重在嘲其以钥匙为可保安全之愚，各有侧重，原本应当如《通鉴考异》及《说郛》为两条，《广记》所引将之合并，失《佥载》原貌。《说郛》所载两条文字较之《广记》《通鉴考异》更加原始，这应当是因为直接抄录《佥载》。

《说郛》本《佥载》在明人所辑六卷本通行之前是世人所能见到的唯一《佥载》存世版本，后人所编诸丛书如《历代小史》《古今说海》等均据之传录，影响较大。陶宗仪尚能见到《佥载》二十卷原本，所以《说郛》本虽然只有三十余条文字，但是这些文字多有优胜之处，甚至能够据之纠正《太平广记》等北宋文献引用中的问题，具有非常高的价值。

需要说明的是，《说郛》本《佥载》虽然出现时代较晚，而且卷数上与《直斋书录解题》著录及《绀珠集》《类说》所引的南宋时流行的一卷本相同，但是二者之间并无渊源关系，《说郛》本虽然文字条目少，但是比较忠实于《佥载》，与"节略"本之间差距较大，二者各有不同的流传统绪，不可混为一谈。

辑　本

由于《佥载》原本早已亡佚，流传之一卷本条目数量有限，《太平广记》所引《佥载》文字非常丰富且相对集中，后人遂从事辑佚，至明朝后期陈继儒辑刻《宝颜堂秘笈》中收录《佥载》六卷本之后，辑本流传逐渐广泛，取代一卷本成为通行本。

一、《宝颜堂秘笈》本

《宝颜堂秘笈》为明朝万历年间由陈继儒主持辑刻的一部大型丛书，收书二百二十九种，时代遍及唐宋元明，《朝野佥载》为普集即第四集所收，共六卷。这一版本由于传世数量多，较易获得，自明末起成为《佥载》的通行本，清乾隆时修《四库全书》所收即为此本，然四库馆臣并不清楚其版本性质，故《四库全书总目》云：

> 陈振孙所谓"书本三十卷，此其节略者"，当即此本，盖尝经宋人摘录，合《佥载》《补遗》为一，删并门类，已非原书。又不知何时析三卷为六卷也。①

陈振孙所云节略本为一卷本，而"三卷"者乃是《朝野佥载补遗》，二者截然不同，馆臣竟混为一谈，可见对此书版本认识混乱。

余嘉锡在分析《宝颜堂秘笈》本（下文简称"宝颜堂本"）中诸多非原书文字及他书所引此本所无之情况后，推测云：

> 盖此书在宋时虽不甚通行，而尚偶有传本，至元末犹存。故刘克庄、陶宗仪皆得见之。至明末遂亡。不知何人辑为此本，而又检阅未周，多所挂漏，遂杂取《广记》所引他书以足之。明人所辑古书，卤莽灭裂，大抵如斯，断非宋人所见之本也。②

指出四库本实为明人辑本。此后赵守俨在余嘉锡的基础上进一步指出：

> 校勘时发现，六卷本全据《太平广记》辑录……今六卷本中，有几条是天宝以后，乃至中唐以后的事，为张鷟所不及见。这些条目，大概都是它书误入的。其中有的是辑录《宝颜堂》本的人误抄（如卷二"阳城拜谏议大夫"条，《广记》明明注云"出《国史补》"）；有的可能是编撰《广记》时错注出处，以讹传讹。有几条仅仅是称谓不合（作者卒开元中，有的地方却用了"玄宗"的谥号），或所叙时间不对（如出现了"天宝"年号），这些大概又是传抄中写错的，不能因此否定它是《佥载》之文。③

除确认余嘉锡所指出的六卷本乃后人从《广记》中辑出外，还澄清了此前比较模糊的问题，如六卷本中混入他书文字乃是后人误抄或《广记》原本误注，并非辑录者有意为之，这些失误均与《广记》有着密切联系，证实六卷本确是从《广记》中辑录而出。

至此，宝颜堂本的辑本性质已经比较清楚。值得探讨的是辑录者的工作态度问题，这关系到这一版本的质量优劣。

《总目》、余嘉锡、赵守俨等均已指出此本中有一些条目并非《佥载》原文而当为《广记》所引他书而误辑者，这些失误固然可以做为辑本质量优劣判断的一个参考，然正如余嘉锡所说，明人辑古书之情况大致如此，即使是后人辑佚

---

① 〔清〕纪昀等《钦定四库全书总目》，北京：中华书局1997年版，第1836页。
② 余嘉锡《四库提要辨证》，北京：中华书局2007年版，第1025页。
③ 《〈朝野佥载〉点校说明》，第4—5页。

也难以完全避免，所以尚不足以为此书之大弊。

宝颜堂本条目的排列顺序能够反映当时辑录者的工作方式，对于研究其工作态度很有帮助。今以此本卷一条目顺序为例，列表如下：

条目名	《广记》卷数	条目名	《广记》卷数
魏全、裴珪、杜景佺、张怀礼、梁虚舟	二一六	长星半天、鹳雀、则天改新字、长安二年太阳蚀尽、长安四年阴雨雪、孙佺、延和初七太白昼见	一三九
		开元二年大流星、洪潭二州火、关中兵	一四〇
卢元钦、周允元、杨元亮、赵玄景、张文仲、郝公景、崔务	二一八	宋之逊	二一
岭南风俗、赵延禧、冶葛、医书言、崔爽、崔融	二二〇	北齐南阳王、朱粲、陈承亲、薛震、陈元光、索元礼、来俊臣、常元楷、乔知之、张易之、周兴、侯思止	二六七
驼李	一八四		
张文成、郑愔	一八五	吉顼、成王千里、张仁亶、王旭、李嵩、高丽、谢佑、杨齐庄、杨务廉	二六八
斜封官	一八六		
李尽忠	一八九	李全交	四九五
凌空观火	一六二	夏文荣、张希望、郑从简、房颖叔	三二九
大槐树、桑条歌、突厥盐、封中岳、杨柳歌、黄麖歌、苾拏儿歌、安乐寺、乌鹊窠、圣善寺、挽天枢、黄栝辕子、帝京篇、族盐、赵公浑脱、魏王踣、武媚娘歌、阿婆嗔、叔麟、德靖、张公吃酒、孙佺、子母相去离、白马寺、名士三十人	一六三	稠禅师	九一
		真腊国、五溪蛮	四八二
		岭南獠民	四八三
		磕头师	一二五
		武攸宁	一二六
夏侯处信、柳庆、夏侯彪、郑仁凯、邓佑、韦庄	一六五	昙畅	一二七

续表

条目名	《广记》卷数	条目名	《广记》卷数
路敬潜、甘子布、卢崇道、刘仁轨、任之选	一四六	杜昌妻、范略妻、胡亮、梁仁裕、夏荣、韦安石、王弘、	一二九
裴有敞	一四七	陆彦	三七七
崔日用、张嘉福	一四八	酉耳、虎塔、傅黄中	四二六
沈君谅	一五〇	阳城	一八七
刘知元	一三二	袁守一、崔泰之、陆余庆、孙彦高、姜师度、石惠恭、李谨度、王怡、阳滔、辛弘智	二五九
张文成	一三七	独孤守忠、王熊、曲崇裕、梁士会	二六〇

  从表格中可以看出，宝颜堂本文字源出之《广记》卷数排列在小范围内按照先后顺序，如卷二一六、二一八、二二〇这三卷文字依次排列，卷一八四、一八五、一八六、一八九这四卷文字同，卷一四六、一四七、一四八、一五〇这四卷同，同一卷中的多条文字顺序也基本按照《广记》本卷的顺序排列，但是与《广记》整体的卷帙排列却不一致，如卷二一六等三卷反在卷一八四等四卷之前，卷一四六等四卷反在卷一八四等四卷之后。辑本卷二也是如此，可见这种情况非常普遍。造成这种情况的原因，恐怕并没有特殊用意，而是当时主其事者于辑录之时随机就手中所有《广记》某一册进行抄录，所以出现小范围内按照《广记》卷数先后排列但整体卷数排列凌乱的现象。

  这种工作方式产生的影响之一是导致辑本遗漏众多，赵守俨在整理宝颜堂本时作《补录》一卷，其中据《广记》补辑者就有五十一条，可见辑佚工作较为随意，未能将《太平广记》全书从头至尾逐条排查。

  另外一个影响，是造成《广记》中原本属于同一门类的文字在宝颜堂本中因排列紊乱而失去联系，如《广记》"征应"门共十一卷，有四卷引及《金载》，其中卷一三七、一三九、一四〇这三卷"张文成"至"关中兵"诸条均见宝颜堂本卷一，而卷一四三"张鹭筑马槽厂宅"至"源乾曜移政事床"十一条文字则见宝颜堂本卷六，前后悬隔，已看不出二者之间有何联系；又如《广记》"嗤鄙"门共五卷，有三卷引及《金载》，其中卷二五九、卷二六〇"袁守一"至"梁士会"十四条文字见于宝颜堂本卷二，而卷二五八"阮嵩妻"至"权龙襄"十四条文字反见于宝颜堂本卷四。《金载》原本据晁公武《郡斋读书志》所载当分三十五门，具体分门情况虽无法考知，但《广记》也是分门收录，按照门类抄录《金载》，很有可能保存了《金载》原本分门的一些信息，即使无法据之完全恢复《金载》原本分门,这些信息对于探讨《佥载》原貌也是非常有益的,宝颜堂本的编排混乱在一定程度上掩盖了这些信息。

由此可见,以宝颜堂本为代表的辑本虽据《广记》辑得《佥载》多数现存佚文,但其辑录态度和辑录方式均存在一些问题,导致辑本出现大量遗漏以及文字排列顺序紊乱的现象,遮盖了一些对于研究《佥载》有重要意义的信息。所以这一版本虽然成为后世通行本,并被收入《四库全书》中,对《佥载》的流传做出过贡献,但其本身质量并不高。

二、十卷本

在宝颜堂本为代表的六卷辑本之外,余嘉锡还提到一种十卷本,这个十卷本见于邵懿辰《四库全书简明目录标注》、莫友芝《郘亭知见传本书目》及李希圣《巴陵方氏藏书志》,莫友芝称之为"校宋本",李希圣亦云"其中构字空格注御名,盖从宋本过录者"。经过与宝颜堂本对比之后,余氏云:

> 其卷一至卷五,即《秘笈》本之一二三卷;其卷五至卷十,即《秘笈》本之四五六卷。其分合不知孰先孰后。第十卷末卢照邻条,已残缺不完,以后尚有三十三条,均脱去。……每条皆有标题,与今本不同,然往往割裂文义,致不可通,殆妄人所为,决非原本之旧。……所谓十卷本者,亦未可据也。①

赵守俨也关注过该版本的一个残本:

> 今北京图书馆所藏五卷本抄本,即这种十卷本前半部的残本,其特点与余先生的介绍全同。②

两位学者经过对比研究之后均认为这个十卷本与宝颜堂本只是分卷略有不同,其他差别不大,甚至不如宝颜堂本,所以无甚可观之处。

十卷本存世数量非常少,除赵守俨提到的国家图书馆藏五卷残本之外,据《中国古籍善本总目》著录,大陆藏书机构中仅南京图书馆藏有一部清抄本十卷,学者在整理《朝野佥载》时多未能利用此本,因此对于它的情况除了前人介绍外已不甚了解。实际上,经笔者在南京图书馆查阅,该馆所藏《朝野佥载》十卷本实有两部,其中一部为顾氏过云楼旧物,为顾氏家人捐献南京图书馆,未及进入《善本总目》,导致著录遗漏。这两部稀见的十卷本的重新发现,对于研究《朝野佥载》的辑本源流以及此书的校勘都具有非常重要的作用,本文将其

---

① 《四库提要辨证》,第1020—1021页。
② 《〈朝野佥载〉点校说明》,第4页。此明钞本今收入《子海珍本编·大陆卷》第一辑,凤凰出版社2014年版。

与宝颜堂本加以对比从而对其版本价值进行初步的考察。

过云楼藏本卷首钤有"曹炎之印""彬侯""笠泽""每爱奇书手自录""处世无奇但率真"等印。曹炎为清朝常熟地区藏书家，顾广圻云："藏书有常熟派，钱遵王、毛子晋父子诸公为极盛，至席玉照而殿。一时嗜手钞者，如陆勅先、冯定远为极盛，至曹彬侯亦殿之。彬侯名炎，即席氏客也。"①此本当即曹炎手钞者（下文简称"曹本"）。另一本卷首钤"钱塘丁氏藏书""四库著录""两江总督端方为江南图书馆购藏""江苏省立图书馆藏书"等印，盖原为丁氏八千卷楼藏书（下文简称"丁本"），后经端方为江南图书馆购藏者。《八千卷楼书目》卷一四著录"《朝野佥载》六卷"，下注云"旧本题'唐张鷟撰'，影宋十卷本"，注文与正文之卷数不同，当即南图所藏本，正文"六卷"盖据习见的宝颜堂本卷数。

这两个版本与余嘉锡所介绍的情况基本吻合，前五卷相当于宝颜堂本之前三卷，后五卷相当于宝颜堂本之后三卷，而且两本第十卷均从"卢照邻"条以后阙，除丁本校补了两条之外，无宝颜堂本此后三十余条文字。卷三"稠禅师"（宝颜堂本卷二）"构精庐殿堂"句中"构"字②，两本均空格注"御名"，国家图书馆所藏明钞五卷本亦同，与李希圣所言相合，不仅如此，曹本"徵""弘""玄""敬""竟""镜""恒""炖""敦""殷""贞""祯"等字均缺末笔，这是典型的宋人避讳方式，丁本避讳虽不严，亦偶有所见，这应当是清人在抄写时所据原本如此，莫友芝《宋元旧本经眼录》三著录云"据宋本写"，李希圣云"从宋本过录者"，当即因此。

十卷本既然与宝颜堂本基本一致，上文所论宝颜堂本之学术价值自然也适用于此。但是，十卷本还有更深层的价值，即有助于厘清宝颜堂本之来源以及保存《佥载》相关文字之面貌。

十卷本之大致面貌与宝颜堂本大致相同，不过也存在一些差异。

如宝颜堂本卷一末有"洛阳县令宋之逊"一条文字，十卷本此条文字不在此处，而在卷七（宝颜堂本卷五）"朱前疑"条前。《广记》卷二○一引《佥载》文字，即以"宋之逊""朱前疑"两条并列，十卷本更接近《广记》面貌。

十卷本卷三（宝颜堂本卷三）"董氏""崔敬女"之间有"高叡妻"一条：

> 赵州刺史高叡妻秦氏。默啜贼破定州，部至赵州，长史已下，开门纳贼。叡计无所出，与秦氏仰药而诈死。舁至啜所，良久，啜以金狮子带、紫袍示之，曰："降我，与尔官。不降，即死。"叡视而无言，但顾其妇秦氏。秦氏曰："受国恩，报在此。今日受贼一品，何足为荣。"俱合眼不语。经两日，贼知不可屈，乃杀之。

---

① 〔清〕顾广圻《思适斋集》卷一五《题清河书画舫后》。
② 此句文字据《太平广记》卷九一引《朝野佥载》此条，宝颜堂本无"构"字。

宝颜堂本无。此条文字见《广记》卷二七一引《佥载》，亦位于"董氏"及"崔敬女"二条之间，十卷本与《广记》一致，宝颜堂本则脱漏了一整条文字。

宝颜堂本卷一（十卷本卷二）有"率更令张文成"一条：

> 唐率更令张文成，枭晨鸣于庭树，其妻以为不祥，连唾之。文成云："急洒扫，吾当改官。"言未毕，贺客已在门矣。又一说，文成景云二年为鸿胪寺丞，帽带及绿袍并被鼠啮。有神灵递相诬告，京都及郡县被诛戮者数千余家，蜀王秀皆坐之。隋室既亡，其事亦寝。

前后所载并非一事，十卷本中此条文字乃为"张文成""猫鬼"二条，"张文成"条后有"有蜘蛛大如栗，当寝门悬丝上。经数日，大赦，加阶授五品。男不宰，鼠亦啮腰带欲断，寻选投博野尉"一句，"有神灵"上则有"隋大业之季，猫鬼事起家养老猫为厌魅"，另为"猫鬼"一条。二事见《广记》卷一三七"张文成"条引《佥载》①，卷一三九"猫鬼"条引《佥载》，十卷本之文字合于从《广记》中辑录后之面貌，宝颜堂本则因脱漏一段文字而误将二事合为一事。

十卷本卷七（宝颜堂本卷五）"李勣"条载李勣批评乡人吃饭时裂却饼缘，张鷟评引王黑事，末有"今轻薄少年裂饼缘，割瓜侵瓤，以为达官儿郎，通人之所不为也"一句，宝颜堂本无，《广记》卷一七六"李勣"条引《佥载》亦有此句。

上举四例均为十卷本较好地保存了《广记》中文字的面貌，而宝颜堂本则发生了各种错讹，失《广记》所存《佥载》文字之貌。

此外，十卷本每条文字之前均有条目名称，如卷一前五条条目分别为"王子贞""张璟藏""溱州筮者""蔡微远""开元中二道士"，宝颜堂本均无。此五条文字均出《太平广记》卷二一六，其条目名称也与《广记》中的条目名称完全一致，书中其余条目名称情况相同，保存了从《广记》中辑出文字的原貌。宝颜堂本没有这些条目名称，当为后人所删。两者相较，十卷本的面貌更加原始。

通过以上对比可以看出，十卷本所反映的应当是《朝野佥载》这一辑本的原始面貌，很有可能就是宝颜堂本的祖本；宝颜堂本则经过加工，将十卷合并为六卷，并且在传写过程中发生了一些错乱。

值得注意的是，十卷本卷九（宝颜堂本卷五）"宗楚客"条"位至内史"之"位"字下多出"大雨暴降不能湿漏"至"及取官库车舁"一大段文字，文多不具录，此段文字见《广记》卷二三七"同昌公主"条引《杜阳编》，原文见今本《杜阳杂编》卷下，并非《佥载》文字，当为辑录时窜入，宝颜堂本无此大段文字，可见在刊刻时亦经过校勘，对辑本有所修正。

十卷本的文字也很有校勘价值。上文提及此本避宋讳甚严，故有学者称

---

① "又一说"前之文字，《广记》注云"出《国史异纂》"，实非《佥载》文字。

其"据宋本写"或"从宋本过录",似乎是指此本乃是宋人所辑。实际上,还有另外一种可能,即此本辑录时所据者乃是宋本《太平广记》或是源出宋本的抄本,抄录较为严谨,原原本本地保存了宋本《太平广记》中的避讳字,辑佚之人不一定是宋人,时代可能晚至明朝,因为若是宋朝便有此十卷辑本存世,不应百余年间无人著录。从十卷本将"构"字改注"御名"之避讳看,其所据《太平广记》当为南宋高宗年间刊本,《广记》这一宋刻本已不存世,幸有清人孙潜、陈鱣曾分别用宋钞、宋刻校过,从校本的避讳情况来看,其所据宋钞、宋刻也是南宋高宗时期刻本[①],这种一致性恐非巧合,而是《金载》十卷本辑佚所据者与孙潜、陈鱣所据校者乃同一版本。

如《广记》卷一四六"甘子布"条引《金载》甘子布不得入五品,登封年中病重时方以"天恩加两阶,合入五品","邻里亲戚来贺,衣冠不得"。"亲戚"二字,《广记》明谈恺刻本如此,宝颜堂本同,然孙潜校作"亲情",十卷本三种钞本亦均作"亲情",亲情,即唐人亲戚之义,如拾得诗云"养儿与取妻,养女求媒娉。重重皆是业,更杀众生命。聚集会亲情,总来看盘饤。目下虽称心,罪簿先注定",即是此义。《广记》谈本、宝颜堂本作"亲戚",当为后人昧于"亲情"之义而据文意所改;"衣冠",宝颜堂本同,《广记》孙潜校作"官带",十卷本中曹本、丁本"来贺衣冠"四字皆空阙,然明钞本不阙,作"冠带",与孙潜校之文字较合,盖谓来贺时病重已无法穿戴五品官服受贺,作"冠带"者恐更近于《金载》原文,"衣冠"疑为后人所补。

《广记》卷一四八"韦氏"条载唐玄宗诛韦氏时滥杀无辜,张鷟评云"如冉闵杀胡,高鼻者横死","高鼻",宝颜堂本同,孙潜校作"鼻高",十卷本中明钞本亦作"鼻高",刘克庄《后村诗话》续集引此句亦作"鼻高",可见当是宋本面貌。

《广记》卷一六三"天枢"条引《金载》"一条麻线挽天枢"谣,谈刻本末云"此其应验",宝颜堂本作"此其应兆",孙潜校本作"此其应也",十卷本中明钞本作"此其应之也",曹本、丁本作"此其应也",明钞本"之"字当衍,三本与孙潜校本之文字一致。

《广记》卷一六三"魏叔麟"条引《金载》魏征子叔麟反语"身戮","后果被罗织而杀之","杀之",宝颜堂本作"诛",孙潜校本作"诛也",十卷本中明钞本、曹本均作"诛也",丁本作"诛",亦与孙潜校本一致。

此类例证颇多,不烦备举。从上文所举四例即可看出,十卷本文字源出《广记》宋本,所以保存了众多与明谈恺刻本《广记》文字不同之处,而源出十卷本的宝颜堂本虽然有一些讹误,但也承袭了十卷本的大部分文字,说明宝颜堂本与《广记》引《金载》中部分异文乃是因其祖本源出宋本《广记》,故有可资校

---

① 张国风《太平广记会校整理说明》,北京:北京燕山出版社2011年版,第3—4页。

勘之处。

十卷本除了与孙本一致的文字之外,还有部分异文或为孙本、陈本缺卷而无法考察其异文者,这部分不仅对于《佥载》,乃至对于《广记》的校勘都有特别的意义。兹举一例。

《广记》卷四八二"五溪蛮"条引《佥载》云"五溪蛮父母死,于村外阁其尸,三年而葬。打鼓路歌,亲属饮宴舞戏一月馀日。尽产为棺馀,临江高山半肋凿龛以葬之",言五溪蛮之厚葬风俗,其中"尽产为棺馀"五字颇为费解,《广记》汪绍楹校云"黄本馀作饮",属下读,张国风校云"馀,疑当作于",亦属下读,虽于文意较顺,然并无版本依据。十卷本三钞本"馀"字均作"饰",棺饰见《周礼》,谓用以障蔽灵车与棺柩的帷盖,唐代或引申为整个棺椁及装饰,如《贞观政要》卷六贞观十一年太宗诏言当时厚葬之风时云"衣衾棺椁,极雕刻之华;灵輀冥器,穷金玉之饰",《梁书》卷四五《王僧辩传》云"更蒙封树,饰棺厚殡,务从优礼",均以"棺""饰"言厚葬之风,《佥载》此处亦当以十卷本作"棺饰"为是。

由于十卷本存世数量稀少,其价值向来不为人知,学者多以余嘉锡所言"妄人所为""未可据"等判断为根据而未能重视这一版本。通过将现存十卷本与宝颜堂本的详细比较,证明十卷本有自身独特的学术价值:第一,保存了宝颜堂本的祖本面貌,从而最终厘清辑本《朝野佥载》的渊源,在辑本系统中有重要地位;第二,保存了辑佚时所据宋本或抄宋本《太平广记》的文字面貌,对《佥载》和《广记》的校勘都有重要意义。因此,在《朝野佥载》甚至是《太平广记》的整理研究中,十卷本都是一个值得特别重视的版本。

三、《畿辅丛书》本

清光绪时人王灏所辑《畿辅丛书》中亦收有《朝野佥载》一卷,赵守俨在介绍《佥载》一卷本系统时曾云"《说郛》、《历代小史》、《古今说海》、《畿辅丛书》本,都属于这一系统"[①],实际上,《畿辅丛书》本与其他三种版本除了卷数相同外其他方面差别明显,归为同一版本系统恐不合适。

从文字数量看,《说郛》本只有三十六条,而《畿辅丛书》本则为一百一十四条,是《说郛》本的三倍还多。

此本中一百余条文字,全部见于《广记》所引《佥载》,文字也高度一致,所以其性质应当也是辑本,为后人从《广记》中所辑录而成,与《说郛》本之据《佥载》原本节录完全不同。

如《畿辅丛书》本载"萧颖士"事云:

---

① 赵守俨《〈朝野佥载〉点校说明》,第4页。

> 唐萧颖士，开元中，年十九擢进士第，至二十余，该博三教。性急躁忿戾，举无其比。常使一佣仆杜亮，每一决责，以待调养平复，遵其指使如故。或劝亮曰："子佣夫也，何不择其善主，而受苦若是乎？"亮曰："愚岂不知，但爱其才学博奥，以此恋恋不能去。"卒至于死。

此条文字《广记》卷二四四、宝颜堂本卷六亦载。然《旧唐书》卷一〇二《萧颖士传》载其"开元二十三年登进士第"，二十余岁时已在开元二十五年以后，张鷟约卒于开元十五年左右，恐不及见此。考《独异志》下亦载此事，云：

> 唐萧颖士，开元中，年十九岁，擢进士第。儒释道三教，无不该博。然性褊躁，忿戾无比，常使一佣仆曰杜亮，每一决责，便至疮痍，养平，复为其指使如故。人有劝亮曰："子佣夫也，何不适善主，而自苦若是？"答曰："愚岂不知，但爱其才，慕其博奥，以此恋恋不能。"而卒至于死也。

《独异志》为唐人李亢所撰，全书十卷，《广记》多引其文，明《稗海》本分为三卷，虽非原书，然当渊源有自。"儒释道三教""便至疮痍"等文字较之《佥载》之文更详，或为原始出处。《佥载》两本均出自《广记》，《广记》此条之前为"李凝道""尧君卿"二条，均出《佥载》，此条盖涉上而误，当以出《独异志》为是，宝颜堂本、《畿辅丛书》本《佥载》均有此条，说明二者均是从《广记》中辑出者，只是《畿辅丛书》本是沿袭宝颜堂本还是别有所据，尚需要讨论。

《畿辅丛书》本载开元五年三十进士同日死事云：

> 开元五年春，司天奏玄象有谪见，其灾甚重。玄宗震惊，问曰："何祥？"对曰："当有名士三十人同日冤死，今新及第进士正应其数。"其年及第李蒙者，贵主家壻。上不言其事，密戒主曰："每有大游宴，汝爱壻可闭留其家。"主居昭国里，时大合乐，音曲远畅，曲江涨水，联舟数艘，进士毕集。蒙间乃踰垣奔走，群众悒望。才登舟，移就水中，画舸平沉，声妓、篙工，不知纪极，三十进士，无一生者。

此条不见宝颜堂本，而见于《广记》卷一六三"李蒙"条，出处作"《独异志》"，而非《朝野佥载》。《广记》此条之前四条分别为《佥载》"孙佺"事、"张易之"事、"龙朔中饮酒令"事及"白马寺铁像头无故自落"事，前三事恰在《畿辅丛书》本此条文字之前，《畿辅丛书》本此条疑原为"白马寺铁像头无故自落"事，抄录时疏忽导致将此下《独异志》条文字误抄入。

又如《畿辅丛书》本载"韦颙"事云：

> 韦颙举进士，时贫窭甚。有韦光者，待以宗党，辍所居外舍馆之。放之日，风雪寒江，报光成名络绎，而颙略音耗。方拥炉愁叹，忽有鸣枭来，集坏牖竹上，颙逐而复还，谓仆曰："我失意无所恨，兼恐罹灾患。"及禁鼓

鸣,榜至,颛已登第。然则鹏止枭鸣,果不祥乎?

此事亦不见宝颜堂本中,见《广记》卷四六三"韦颛"条引《剧谈录》,云:

> 大中岁,韦颛举进士,词学赡而贫窭滋甚,岁暮饥寒,无以自给。有韦光者,待以宗党,辍所居外舍馆之。放榜之夕,风雪凝冱,报光成事者络绎,而至颛,略无登第之耗。光延之于堂际小阁,备设酒馔慰安。见女仆料数衣装,仆者排比车马。颛夜分归所止,拥炉愁叹而坐,候光成名,将修贺礼。颛坐逼于坏墉,以横竹挂席蔽之,檐际忽有鸣枭,顷之集于竹上。颛神魂惊骇,持策出户逐之,飞起复还,久而方去。谓候者曰:"我失意,亦无所恨。妖禽作怪如此,兼恐横罹祸患。"俄而禁鼓忽鸣,榜放,颛已登第。光服用车马,悉将遗焉。

今本《剧谈录》卷下文字与《广记》所引大致相同。此事已至大中年间,显然不可能是张鷟所见,当归《剧谈录》无疑,这应该也是辑者之误。

由此可见,《畿辅丛书》本《佥载》并非据宝颜堂本选录,而是后人从《广记》中直接辑录,所以有宝颜堂本没有的误辑之文。

通过上文的讨论,大致可以将《朝野佥载》的版本分为三个系统:一,二十卷原本系统,包括《补遗》三卷,已经亡佚,然唐宋时人尚及见之,所以《酉阳杂俎》《太平广记》等书多引其文,保存了此本大部分内容;二,一卷节本系统,这一系统包括宋人所见一卷节略本和明清以后比较多见的《说郛》一卷本两种版本,前者是宋人对《佥载》原书条目文字进行节略之产物,原本虽不传,然见于《绀珠集》《类说》等宋人类书引录,保存了大概面貌,后者则是选录《佥载》三十六条文字,二者均当源出二十卷原本,但各自独立,彼此之间无渊源关系;三,辑本系统,是后人据《太平广记》辑佚而成,其中以宝颜堂本为代表的六卷本流传最广,成为此书的通行本。

在《佥载》二十卷原本已经亡佚的情况下,无论节本还是辑本都无法最大限度恢复原书面貌,辑本系统中的六卷本虽然成为通行本,但存在大量漏辑、次序颠倒以及文字讹误,使其价值大打折扣。因此,在《佥载》原本重新现世希望不大的情况下,利用现存文献进行重新辑佚并整理出一个新的辑本就成为整理此书的最佳选择。新的辑佚需要在现代学术规范的指引之下,充分研究《佥载》原本的面貌,并尽量保留关于原本有价值的信息,方能达到比较好的效果,为阅读和研究提供更加可靠的版本。

《绀珠集·诸集拾遗》臆说

李 更*

【内容提要】《绀珠集》是一部约成于两宋之交的小型类书,长期以来学界关注不多,但在宋代类书发展及古籍资料承用序列中有着独特的位置,与其体式相似而影响广泛的《类说》,即与其有极深的渊源。厘清《绀珠集》的特点与问题,不仅可以更好地把握其本身特质,也可借以透视与之相关联的古籍如《类说》的文献特性。本文选取该书情形最为复杂纠结的《诸集拾遗》部分,从文本入手详加梳理,探索其内容体式、材料来源与可能存在的文本演变。相关分析对考察《类说》与之存在材料重叠的"篇目",如《大唐新语》《续博物志》《两京杂记》等的来历、性质乃至真伪,或可提供新的契机。

【关键词】《绀珠集》 诸集拾遗 资料来源 文本演变

《绀珠集》是一部并不为人瞩目的小类书,约成于两宋之交,早期刊本不著撰人,且有"不知起自何代"[①]之说,晁公武《郡斋读书志》始云"皇朝朱胜非编百家小说成此书"[②],后世书目多因袭之。或许由于内容、体式与南宋曾慥《类说》相似度较高而体量远不及之,在《类说》面世后,其价值即为《类说》所掩,流传不广,学界亦少有关注。

近年,随文献研究考证的不断深入,《类说》《绀珠集》之间的雷同及可能存在的因袭关系渐为学者所留意,如李剑国《唐五代志怪传奇叙录》《宋代志怪传奇叙录》[③],及陈静怡《〈类说〉版本及引书研究》[④]、关静《曾慥〈类说〉编纂及版本流传研究》[⑤]均有所梳理,赵君楠《〈类说〉因袭〈绀珠集〉考论》[⑥]则对相关问

---

* 本文作者为北京大学中文系、北京大学中国古文献研究中心副教授。
① 《绀珠集》卷首,绍兴丁巳(1137)王宗哲序。国家图书馆藏明天顺七年(1463)刊本。本文所引《绀珠集》,如无特殊说明,皆据此本,下不一一注明。
② 〔宋〕晁公武《郡斋读书志》卷十三,《郡斋读书志校证》,上海:上海古籍出版社,1990年,第595页。
③ 李剑国《唐五代志怪传奇叙录》(增订本),北京:中华书局,2017年;《宋代志怪传奇叙录》,天津:南开大学出版社1997年版。
④ 陈静怡《〈类说〉版本及引书研究》,台北大学硕士论文,2012年。
⑤ 关静《曾慥〈类说〉编纂及版本流传研究》,北京大学硕士论文,2015年。
⑥ 赵君楠《〈类说〉因袭〈绀珠集〉考论》,北京大学硕士论文,2016年。

题作了较为系统的考察。《绀珠集》乃《类说》材料来源之一,大体定案。然二书特别是《绀珠集》无早期版本存世,其间一些材料交叉复杂纠结,即如《绀珠集》卷十三《诸集拾遗》(以下简称《诸集拾遗》),不仅与《类说》卷六十《拾遗类总》有明显重叠,亦有相当一部分条目可见于《类说》其他篇目,及有内容相应而文字、信息更为简略者;而《类说》本身于《拾遗类总》和其他篇目间亦时有重复。彻底清理难度极大,后世流传中可能存在的逆向影响亦难以排除,这也直接影响到二书文献价值的把握。

而看似杂乱的内容重叠,也隐含着解决问题的重要线索。本文即以《诸集拾遗》为例,尝试梳理其内容特点、材料来源,考察其编纂方式与形成时间,为进一步探讨《类说》雷同内容的来历,乃至所载相关古籍的文本性质提供参考。

一、《诸集拾遗》的形成时代

作为认识《绀珠集》及梳理其与《类说》之间渊源关系的材料基础,《诸集拾遗》的形成时代及文本的可靠性是首先需要解决的问题。

《绀珠集》现存最早版本为明天顺七年(1463)钱塘贺荣重刊本,国家图书馆所藏清龚翔麟校抄本、南京图书馆所藏康熙五十三年(1714)尤起贞抄本为抄本中较早者,均与之大体一致,《四库全书》诸本亦无明显出入①。诸本皆十三卷,与《郡斋读书志》所载同。而《直斋书录解题》虽沿"朱胜非"说,却著录为十二卷②。那么是否曾经存在过并无"卷十三"的本子?换言之,《诸集拾遗》是否可能来自后世流传中的增益?

与有关作者的公案一样,由于早期资料欠缺,这一问题或许已无法找到最终答案。但从宋代文献的征引中,可大致了解其行世时间。

目前所知最早的引用者,为成书于南宋绍兴十九年(1149)的《海录碎事》,此书袭自《绀珠集》的内容颇多,从传世本看,明确标注出自《诸集拾遗》者计十条:"翠脯""三漏耳""美女破舌""乳姐""七七""两火为荣""金银榜""审雨堂""木人斗""点鬼部"("乳姐""审雨堂"出处讹为"诸事拾遗")③。其中六条可见于今本《诸集拾遗》,可知其所谓"诸集拾遗"者应即此卷。

---

① 参赵君楠《〈类说〉因袭〈考论〉考论》,第13—14页。
② 〔南宋〕陈振孙《直斋书录解题》卷十一,上海:上海古籍出版社,1987年,第332页。
③ 〔南宋〕叶廷珪《海录碎事》,明万历二十六年(1598)刘凤刻本。本文所引《海录碎事》皆据此本,下不一一注明。按:《海录碎事》引《诸集拾遗》内容颇多,《诸集拾遗》有出处标注者多仍之,不复加注直接来源,故标注"诸集拾遗"者极少。

与《绀珠集》相似,《海录碎事》亦无宋刻传世,现存刻本以明万历二十六年(1598)刘凤刊本为最早,钞本亦均不早于明代①。要证明上述征引的年代下限,尚需借助与之有明显承袭关系的《锦绣万花谷后集》②,该书标称"出《诸集拾遗》"者仅两则,卷七"木入南斗"即"木入斗",卷二十则有"点鬼簿"③,皆可见于传世本《诸集拾遗》,亦在《海录碎事》称引范围内,且过云楼旧藏及国家图书馆所藏宋刊本皆已有之。在《锦绣万花谷后集》传世诸本中,过云楼旧藏年代最早,情况最为单纯,可据以考察相关部分与《海录碎事》的关系。

《锦绣万花谷后集》卷七前两类为"帝王符瑞"与"谶记(童谣附)",与《海录碎事》卷十上"帝王部"之"符命门""祥瑞门"、卷十下同部"谶记门(童谣附)"存在明显对应:

锦绣万花谷后集				实际来源				
门类	排序	标目	出处	书名卷次	门类	排序	标目	出处
帝王符瑞	1	金牛玉马	孙氏瑞应图	初学记9	帝王部·总序帝王·事对	20	金牛玉马	孙氏瑞应图
	2	凤集梧桐	韩诗外传			92	凤集梧桐	韩诗外传
	3	得玉历	搜神记			72	得玉历	干宝搜神记
	4	天帝赐宝文	河图				佩宝文	河图
	5	神鱼舞	汉书			75	舞神鱼	汉书
	6	飞雉集宫中	六帖	白孔六帖36	祥瑞		飞雉数集宫中	无
	7	祝石不落	独异记	白孔六帖5	石		祝石不落	独异记
	8	二龙之符	六帖	白孔六帖36	祥瑞		二龙之符	无

---

① 〔南宋〕叶廷珪撰,李之亮点校《海录碎事》,北京:中华书局,2002年,《点校说明》第3—4页。
② 《锦绣万花谷后集》对《海录碎事》的承用,参拙稿《〈锦绣万花谷〉续书与〈初学记〉——南宋书坊"纂"书方式管窥》,《古典文献研究》第十四辑,南京:凤凰出版社,2012年。
③ 《锦绣万花谷》,南京:凤凰出版社影印过云楼旧藏宋刊本,2015年。后者国家图书馆藏宋刊本载于卷十九。

续表

门类	排序	锦绣万花谷后集 标目	出处	书名卷次	门类	实际来源 排序	标目	出处
帝王符瑞	9	火精起翼轸	尚书帝命验	初学记9	总序帝王	10	出轸	尚书帝命验
	10	河龙吐珠	尚书考灵耀			1	吐珠	尚书考灵曜
	11	丰山突出	无	白孔六帖36	祥瑞		新丰山因震突出	无
	12	石马负图	魏氏春秋	初学记9	总序帝王	74	石马图	魏氏春秋
	13	天宝符	广记	海录碎事10上	帝王部·符命门	3	天宝符	广记
	14	延喜玉	尚书璇玑			18	延喜玉	尚书璇玑钤
	15	银瓮	瑞应图		帝王部·祥瑞门	1	银瓮	瑞应图
	16	瑞应山柴有文	无			25	大唐瑞应	无
	17	木入南斗	诸集拾遗			11	木入斗	诸集拾遗
	18	遂宁佛见	无			24	遂宁佛见	无
谶记门（童谣附）	1	当涂高	无	海录碎事10下	谶记门（童谣附）	1	当涂高	无
	2	班兰耳	三国志			2	班兰耳	三国志
	3	火酣酣	无			3	火酣酣	无
	4	三羊五马	无			10	三羊五马	无
	5	锦里游	无			11	锦里游	无
	6	止戈龙	宣室志			12	止戈龙	宣室志
	7	石虎截头	湘中记			15	石虎截头	湘中记
	8	两头然	无			18	两头然	无
	9	黄头小人	无			19	黄头小人	无
	10	局缩肉	无			20	局缩肉	无
	11	𥈠弧箕服	运命篇			21	𥈠弧箕服	运命论
	12	六八而谋	同上			22	六八而谋	运命论

续表

锦绣万花谷后集				实际来源				
门类	排序	标目	出处	书名卷数	门类	排序	标目	出处
	13	荆笔杨板	无			23	荆笔杨板	无
	14	白门廉	无			27	白门廉	无
	15	不满斗	无			28	不满斗	无
	16	鱼羊田斗	无			30	鱼羊田斗	无
	17	三公锄	无			34	三公锄	无
	18	鼓咙胡	无			35	鼓咙胡	无
	19	肥去肉	宣室志			39	肥去肉	宣室志
	20	使虏奴	无			6	使虏奴	无
	21	牵流苏	无			26	牵流苏	无

可知在上述门类,《锦绣万花谷后集》的内容组织、采集方式与该书其他部分并无二致,资料来源不超出《初学记》《白孔六帖》《海录碎事》,且对《海录碎事》的使用颇为集中。其中,"帝王符瑞"并取三书,全部十八条中,取自《初学记》者8条,《白孔六帖》4条,《海录碎事》6条,恰居三分之一,且集中录于后半部,其类名亦似承之而来。而"谶记(童谣附)"则是《海录碎事》"谶记门(童谣附)"的翻版,全部21条皆出后者,占《海录碎事》该门类的54%;从排列上看,19条依次摘抄,末2条则似摘抄遗漏或不足而后找补者。由于是简单袭用,文字、出处一仍其旧,仅偶有手民之误。

卷二十"文章"情形与此相似,相关条目可更好地体现《锦绣万花谷后集》袭用《海录碎事》时的出处标注原则。

……

驴鸣狗吠:梁庾信初至北方,文士多轻之。将《枯树赋》示之,自后无敢言。时温子升作《韩陵山寺碑》,信读而写其本曰:"唯有韩陵一片石可共语。薛道衡、卢思道少解把笔,自余驴鸣狗吠聒耳而已。"(《朝野佥载》)

纸笔为贵:谢庄作殷淑妃哀策文,宋文帝卧览,读起坐流涕曰:"不谓当今复见此才。"都下传写,纸笔为之贵。(《海录碎事》)

海内文宗:陈子昂为《感遇诗》三十八章,王适曰:"是必海内文宗。"(同前)

点鬼簿:王杨卢骆有文名,人议其疵曰:杨好用古人名,谓之点鬼簿;骆好用数对,谓之算博士。(《诸集拾遗》)

……

以上四条均取自《海录碎事》卷十八"文学部上·文章门",标目不变,原仅"驴鸣狗吠"出处标注为"朝野佥载","点鬼部"标注出"诸集拾遗","纸笔为贵""海内文宗"无标注。可见于《海录碎事》旧有出处标注者,《锦绣万花谷后集》仍之,其无者则以《海录碎事》概之。此亦《锦绣万花谷后集》袭用《海录碎事》之一证。

由此可知,南宋中后期《锦绣万花谷》续书编纂中所据之《海录碎事》对《诸集拾遗》已有征引①,《海录碎事》可作为《绀珠集》带有《诸集拾遗》之时间参照。虽不足以表明其与前十二卷出自同时同编者,但绍兴年间或即存在,至少就"构成"而言,并非明人依仿他书增入。后世流传中的增删改易或不能免,然借以认识《绀珠集》,尚大体可用。

二、文本特征与基本体例

《诸集拾遗》乃《绀珠集》之末卷,共有条目 233 个,亦以辞藻、掌故立为标目。然与《绀珠集》前十二卷以所录之书各自立为篇目不同,此处共用"诸集拾遗"一个身份,其具体出处多标于条目之首,如首条"竹约:《说文》竹节曰约"之类;亦偶有注于条目之尾者,如第 81 条"铁瓮,润州城系孙权筑,号铁瓮。见《杜牧集》";或承前省,如第 43 条"骚裔:《李贺集》杜牧次【之】②序曰:骚之苗裔。理虽不及,语或过之",第 44 条"仆奴命骚:又云:远去笔墨畦径,使且未死,少加以理,仆奴命骚可也";亦有在后总括,如第 221 条"云丹(舟)":"……以上五事出《三辅皇【黄】图》",并不十分统一,未直接标注出处者亦有相当数量。

其引据资料范围,亦非"百家小说"或"诸家传记、小说"③可以概括,经史子集皆涉,看去极为庞杂。既有与前十二卷类似的野史说部,如《逸士传》《谈薮》《神异经》之类,也有诸如"诗疏"的经部文献,诸如《说文》的小学著作,《战国策》《唐会要》之史书史料,《太山记》《莱州图经》之山经地志,乃至相当数量的文集或诗文篇章,多达上百种,几可与前十二卷所摘之书相敌,似从极广大的资料范围零散掇摘而来。若云将某些无需集中摘录的文献中之有价值信息集中汇录于书末,作为"拾遗",也顺理成章。

而详细梳理《诸集拾遗》所录条目,可以发现某些规律,更清晰地呈现其资料编录方式。

首先,承前省,并不限于前述带"又"字标签者,而是一个值得注意的"暗体例"。如第 1 至 7 条:

---

① 相关问题,赵君楠《〈类说〉因袭〈绀珠集〉考论》第 16—17 页亦有论述。
② 《绀珠集》明天顺刻本多误字,【】中的文字为文渊阁《四库全书》本异文。诸本皆误,笔者据他书校勘者则置于()中。后文同,不一一注明。
③ 〔南宋〕陈振孙《直斋书录解题》卷十一,第 332 页。

竹约：《说文》竹节曰约。

竹笑：竹得风其体夭屈，谓之竹笑。

芸谷：麦。

足衣：韈。

珠琲：珠五百枚为琲。

霜然：月始生之貌。

不律：秦曰笔，吴曰不律，燕曰弗，楚曰聿。

不仅"竹约"，其下六条亦皆见传世本《说文解字》，但"芸谷"为"芒谷"之讹尔。与此相似，来自《李贺集》者亦不止前文所涉第43、44两条：

骚裔：《李贺集》杜牧次【之】序曰：骚之苗裔。理虽不及，亦或遇【语或过】之。

仆奴命骚：又云：远去笔墨畦径，使且未死，少加以理，仆奴命骚可也。

油壁车：《苏小小歌》云：油壁车，久【夕】相待。

天庙器：《唐儿歌》诗云：头玉硗硗眉刷翠，仕【杜】郎生得真男子。骨重神寒天庙器，一双瞳人剪秋水。

敲日玻璃声：《秦王饮酒》云：羲和敲日玻璃声，酒酣喝月使倒行。

楚腰卫鬓：《洛姝诗》云：楚腰卫鬓四时芳。

诗作花骨：长鬣张郎三十一【八】，天遣栽【裁】诗花作骨。

桂叶眉：注口樱桃大【小】，添眉桂叶浓。

腰龟鐾银：腰龟使【徒】鐾银。

除前两条出自杜牧《李长吉歌诗序》外，《苏小小歌》《唐儿歌》《秦王饮酒》皆李贺名篇，《洛姝诗》则是《洛姝真珠》之省称，而"长鬣张郎三十一，天遣裁诗花作骨""注口樱桃小，添眉桂叶浓""腰龟徒鐾银"分别出自李贺《酒罢张大彻索赠诗时张初劾潞幕》《恼公》《出城别张又新酬李汉》诗。即第43至51共九条，皆来自"《李贺集》"。

第97条"鸦舅"、98条"筠席"也是如此，前者称"陆龟蒙诗"云云，而后者"葛巾、筠席，避暑诗也"，虽未明标，亦来自陆龟蒙《药名离合夏日即事三首之二》"避暑最须从朴野，葛巾筠席更相当"。

同样，卷末的最后十条，仅于第224条"归色"云《战国策》：苏秦说秦王，书十上不用，有归色。归，一读如愧"，标明出自《战国策》，紧接其后的"美女破舌"一条作"荀息引《周书》云：美男破老（笔者按：下脱'美女破舌'四字）"，似另有来源，实亦来自《战国策·秦策一》：

田莘之为陈轸说秦惠王曰："臣恐王之如郭君，夫晋献公欲伐郭而惮舟之侨存，荀息曰：'《周书》有言，美女破舌。'乃遗之女乐，以乱其政，舟之

《绀珠集·诸集拾遗》臆说 215

> 侨谏而不听,遂去。因而伐郭,遂破之。又欲伐虞,而惮宫之奇存。荀息曰:'《周书》有言,美男破老。'乃遗之美男,教之恶宫之奇,宫之奇以谏而不听,遂亡。因而伐虞,遂取之。……"①

乃提取故事中荀息所引两句《周书》文字,合并而成。其后八条亦同样可以在《战国策》找到原型。

这是原书传世可得明证者,而接于《说文》七条之后的第8至12条为:

> 愁城:《庾信集》攻【下有"许"字】愁城终不破,盥【下有"许"字】愁【下有"门"字】终不开。闭户欲驱愁,愁终不肯去。潜藏欲避愁,愁已知人处。
> 煮愁:何物煮愁能得熟、烧愁能然?
> 愁鬼:特解宽衣带,偏能损面皮。谓【下有"愁"字】鬼。
> 万斛愁:且将一寸心,能容万斛愁。
> 眼缬:醉眼缬。

"《庾信集》"是《诸集拾遗》的第二个出处标注,仅出现在"愁城"条,而相隔三条的"醉眼缬"亦可见于传世本《庾子山集》卷三《夜听捣衣》"……应闻长乐殿,判彻昭阳宫。花鬟醉眼缬,龙子细文红……"②其他诸条,清吴兆宜《庾开府集笺注》亦以"庾子山别录"的名目据《海录碎事》③补录于卷一之末,倪璠撰、许逸民点校之《庾子山集注》仍之。

而第52至56条:

> 风辖:李义山《玉溪集》:沉雨津,脱风辖。
> 乳姐:属之乳姐,傅以潼母。
> 云市:风随云市。
> 笔狱:谓史本摈览与遇(《海录碎事》卷十一作"谓史才操贤与愚"),以笔为狱。
> 字如车轴:黯黑细字,如车轴丽。

后四条虽均不见于李商隐传世诗文,而有明确标称的第52条"风辖"同样如此。是否宋人所见李商隐集内容尚多于今本,诸条均出于其佚作呢?

关于以上数条的推测虽无法落实,但"承前省"在《诸集拾遗》的存在不可否认。这种情形似乎较多地出现在据诗文集采录的情况下。当然,这一体例并不严格,来自同一出处的条目零散出现,或出自某书的几个条目中间插有另

---

① 《战国策》卷三,《士礼居丛书》景宋刊本。
② 《庾子山集》卷三,四部丛刊景明屠隆刻本。
③ 《海录碎事》卷九"万斛愁""愁城"两个条目所录、标称出自"庾信《愁赋》"的内容,虽编排与《诸集拾遗》略有差异,然不超出其所录范围,或即承《诸集拾遗》而来。

具出处者,亦不时可见。这也是造成后世称引中出处错乱的因素之一。

同时,另一值得注意的现象,即是条目标称的"出处"未必是《诸集拾遗》的直接依据,类似于"荀息引《周书》"其实来自《战国策》。在"以上五事出《三辅皇【黄】图》"的"第一事",即第217条"能忍寒",文作:

> 桓谭《新论》:元帝时道士王仲都言能忍寒,隆冬袒于昆明池,环以冰,侍者狐裘寒战,仲都曒然。

如果不留意数条后的总括交待,会误认为此条采自《新论》,而实乃对《三辅黄图》卷五"观·豫章观"所引桓谭《新论》的提取,其原文作:

> 武帝造,在昆明池中,亦曰昆明观。又一曰,上林苑中有昆明池观,盖武帝所置。桓谭《新论》云:"元帝疾,远求方士,汉中送道士王仲都。诏问所能,对曰:'能忍寒。'乃以隆冬盛寒日令袒,载驷马于上林昆明池上,环以冰,而御驷者厚衣狐裘寒战,而仲都无变色,卧于池上,曒然自若。"即此也。①

《诸集拾遗》从中抽取了来自《新论》的"能忍寒"掌故,条目中直接出现的亦是其"原始出处"。

《诸集拾遗》据类书采录的条目亦大体属于这种情况,但与此不同的是,在原书所注信息来源出现在条目当中的同时,《诸集拾遗》对"直接出处"全无呈现,使之成为"隐性"的资料来源(由于数量相当大,也直接影响到对《诸集拾遗》资料价值的把握。具体情形将在下节继续讨论)。要之,《诸集拾遗》所用资料并非如条目标称的那样丰富和庞杂。

三、材料来源与编纂方式

由于存在大量的间接引用,《诸集拾遗》的实际材料来源并非一目了然。据目前所考,出自集部与类书者占据了绝大比重。

从前文所述亦可看到,对别集或诗文篇章的取用,是《诸集拾遗》一个突出现象,其数量亦远超偶有一见的经史著作。除前涉"李贺集""庾信集""李义山《玉溪集》""陆龟蒙诗"外,还可见对"杜牧集""陈相愚集""长庆集"等的征引,及以"梁元帝赋""李白诗"等作者名、"谢惠连七夕诗""陆士衡吊魏武序""剧秦美新"等篇名标称者,虽非皆引自原文,然相关条目源自诗文作品,毕竟是此部分与《绀珠集》前十二卷的一个显著不同②。

同属于集部,值得注意的还有《文选注》。《诸集拾遗》中明确标称出自"文

---

① 〔汉〕佚名《三辅黄图》卷五,《四部丛刊三编》景元本。
② 《绀珠集》前十二卷,仅卷八所录《古乐府》《乐府解题》为集部书,而条目来自诗文作品者,实仅《古乐府》一种。

选注"的并不多,仅"枰【枰】罫"一条:

> 《文选注》:棋局线道曰枰【枰】。道间方目曰罫,古买反。

以传世《六臣注文选》核之,在卷五十二韦弘嗣《博弈论》"然其所志不出一枰之上,所务不过方罫(古买)之间"。"古买"反切来自李善注,注语则出五臣注"铣曰:枰,棋局线道也,罫,线之间方目也"。①

标称"选""文选"者则有"寿原""孤钩寡饵"两条,排序在140、141,相次而列:

> 寿原:《文选·皇后哀荣》曰夷体寿原,谓陵。
> 孤钩寡饵:《选·七发》弓孤子之钩以为隐,九寡之饵以为钩(音的)。取孤寡之物以装琴,要有琴声。九寡者,九为寡妇也。

前者"荣"乃"策"之讹,实出《宋文皇帝元皇后哀策》。该篇见载于《六臣注文选》卷五十八,文中有"灭彩清都,夷体寿原"之句,而并无相关说解,注文则有:

> 向曰清都,谓生所居也。寿原,谓葬山陵也。灭彩,绝其光彩也。夷体,毁其支体也。夷,毁也。②

则"谓陵"云云乃出吕向注。后者亦然,实见于《六臣注文选》卷三十四《七发》张铣注:

> 孤子之钩以为隐,九寡之珥二以为约(五臣本作豹字丁亦反)……铣曰:钩、珥皆宝也。隐、约皆琴上饰。取孤子寡妇之宝而用之,欲其声多悲声。九寡,九度寡也。

亦有未提及《文选》而实出其注者,如第95条"琴名"、96条"五夜":

> 琴名:傅玄《琴赋序》云:齐桓琴号□钟,楚庄琴曰绕梁,相如琴曰绿绮,蔡邕琴曰焦尾。
> 五夜:《汉仪》"中黄门持五夜"。谓自甲辰【夜】至戌【戊】夜也。

看似各有出处,而前者可见于《六臣注文选》卷三十张孟阳《拟四愁诗》"佳人遗我绿绮琴,何以赠之双南金"注:

> 善曰:傅玄《琴赋序》曰:齐桓公有鸣琴曰号钟,楚庄有鸣琴曰绕梁,中世司马相如有绿绮,蔡邕有燋尾,皆名器也。

---

① 笔者按:此条内容与《六臣注文选》相合。而北宋佚名《书叙指南》卷十"棋射博戏"亦有"棊子曰枯棊(选二十六),棊盘曰木枰(上),棋局线道曰枰(上),棋局线间方目曰方罫(上),古买反"。该书亦《诸集拾遗》重要材料来源之一,且行文高度一致,此条非径据《文选注》,或参用二者,尚待考证。

② 《六臣注文选》卷五十八,《四部丛刊》影印宋刊本。本文所引《六臣注文选》皆据此本,下不一一注明。

后者则在卷五十六陆佐公《新漏刻铭》"六日无辨,五行不分"之下:

> 善曰:《淮南子》曰:冬至子午,夏至卯酉,冬至加三日则夏至之日也。岁迁六日,终而复始。高诱曰:迁六日,今年以子冬至,后年以午冬至。卫宏《汉旧仪》曰:昼夜漏起,省中用火,中黄门持五夜。甲夜、乙夜、丙夜、丁夜、戊夜也。

因此,摘自《文选》注的可能性非常极大。而其所用,很可能即是六臣注本或六家注本。

此外,《诸集拾遗》与北宋后期以降多种唐宋诗文集注释亦可见重叠,其具体情形及渊源关系尚待进一步梳理。可知的是,《诸集拾遗》对诗文作品、诗文集、诗文注释有相当多的取用,"集"是否其得名初衷,亦值得品味。

而就传世文本而言,集部显然不是最集中的材料来源,追根溯源,其中一些零散诗文,亦非取于文集而是摘自类书。目前所见,内容对应、信息重叠、文字相合者,以北宋末任广《书叙指南》最为突出。其对应关系见下表:

诸集拾遗			书叙指南[①]		
排序	标目	内容及出处	卷次	门类	内容及出处
109?	秤【枰】罫	《文选注》:棋局线道曰秤【枰】,道间方目曰罫,古买反。	10	棊射博戏	棊子曰枯棊(选二十六),棊盘曰木枰(上),棋局线道曰枰(上),棋局线间方目曰方罫(上),古买反。
110?	焦【蕉】旗	古赋:焦【蕉】旗竹簪。	9	竹木花卉	花竹曰姹花袅竹(沈下贤),巴焦竹曰蕉旗竹簪(上)。
111	龟鼎	《后汉·宦者传》:铸神器曰龟鼎。	1	天子命令(服御诏书)	帝神器曰龟鼎(后宦者论)。
112	三洒	《古今舆服志》:后同蚕礼曰三洒。	1	后妃嫔御	后饲蚕礼曰三洒(《古今舆服雄事》)。
113	墨兵	孙樵谓史书曰墨兵。	5	经史载籍(编校)	史书曰墨兵(孙樵)。
114	玉科	《剧秦美新》谓刑法曰金条玉科。	1	条制法令(赦宥)	刑法书曰金条玉科。(《剧秦美新》)
115	觞政	《说苑》谓令曰觞政。	9	筵宴席会(醉)	酒令曰觞政。(《说苑》)

[①] 〔宋〕任广《书叙指南》,影印文渊阁《四库全书》本。本文所引《书叙指南》皆据此本,下不一一注明。

续表

诸集拾遗			书叙指南		
排序	标目	内容及出处	卷次	门类	内容及出处
116	馔玉	骆宾王谓盛馔曰炊金馔玉。	9	庖厨食馔（滋味）	盛馔曰炊金馔玉。（骆宾王）
117	丹若	《杂俎》，榴名。	9	瓜果蔬菜	石榴曰丹若。（《杂俎》）
118	日及	《广志》，木槿名。	9	竹木花卉	木槿别名曰日及。（《广志》）
119	还年	梁肃言，却老术曰还年云【之】一路。	12	道家流语	亦却老一术，曰还年之一路。（梁肃）
120	友风	荀卿言，云友风子雨。	13	天地日月上	友风而子雨。（荀子《赋篇》）
121	黄莺	《诗疏》，幽州言黄鸟曰黄莺。	14	羽族众鸟	黄鸟曰黄莺。（《诗义疏》，幽州音）
122	毛席	《汉·西域传》注，毡曰毛席。	16	器皿动用（床席几杖）	毡曰毛席（《后·西域》）
123	金炯	司空图谓镜曰容成侯、金炯，又曰寿光先生。	16	器皿动用（床席几杖）	镜名曰容成侯（司空图），又曰金炯（上），又曰寿光先生（上）。
124	阳马	何平叔，屋角梁曰阳马。	16	栋梁榱桷（砖瓦藩篱）	角梁曰阳马。（何平叔）
125	欲界仙都	陶弘景云，山林奇处乃欲界之仙都。	14	山林川泽	山林奇处曰欲界之仙都。（陶弘景《答谢中书》）
129	大宅	枚叔《七启》，面总称曰大宅，眉目间曰清阳。	4	心体状貌上（与指视听）	面总称曰大宅（枚叔七发），眉目间曰清扬（后十五）。
130	清卢	扬雄谓目瞳子曰清卢，扬眉曰杨衡。	4	心体状貌下	目瞳子曰清卢（扬雄），抬眉宇曰扬衡（蔡邕）。

续表

	诸集拾遗		书叙指南		
排序	标目	内容及出处	卷次	门类	内容及出处
131	竹马鸠车	王元长曰,小儿五岁曰鸠车之戏,七岁曰竹马之戏。	4	幼稚童壮	七岁之戏曰竹马之戏(王元长),五岁之戏曰鸠车之乐(上)。
132	毡乡	刘孝仪谓北狄曰毡乡。	19	夷狄蛮貊(使者异国方贡)	北狄曰毡乡。(刘孝仪书)
133	壶郎	陆倕赋:掌漏官谓之壶郎。	2	官职名事中	掌漏官曰壶郎。(陆倕《赋下趋奏》)
134	虎闱	王融谓国子学者曰虎闱。	5	庙堂学校	国子学曰虎闱。(王元长)
139	金柝【柝】	潘岳谓刁斗曰金柝【柝】,□□□铜点是也。	6	防备巡徼	刁斗曰金柝。(《选》安仁表,即铜点)
143	服翼	《尔雅》,蝙蝠别名。	14	羽族众鸟	蝙蝠曰服翼。(《尔雅》)

上述二十五条,前两条在疑似之间,或曾参用他书,暂且不计。其余不仅二书内容高度一致,在《诸集拾遗》的编排亦相对集中,而其收录顺序,与在《书叙指南》的位置似亦有关联。甚至从"龟鼎"到"阳马"连续十四条,除"墨兵"之外,均与在《书叙指南》的出现先后完全相同,几可谓顺序抄录。

《书叙指南》一书为尺牍行文措辞而设,分若干类,大体思路为某种情形之下可采用某种表述,如"气节行义"一类有:"至孝曰节贯神明(崔彦曾),自少来曰某自束修以来(延笃),非尘埃人曰志违埃雾(陈蕃),有清节曰脱落风尘(任昉)……"[1]逐一加注出处是其一大特点,然解说极为简洁,亦不多述原文。这就为判断雷同信息的成因提供了可能。

如"欲界之仙都",语出陶弘景《答谢中书书》,原文作:

　　山川之美,古来共谈。高峰入云,清流见底。两岸石壁,五色交晖。青林翠竹,四时俱备。晓雾将歇,猿鸟乱鸣。夕日欲颓,沈鳞竞跃。实是欲界之仙都。自康乐以来,未复有能与其奇者。[2]

---

[1] 《书叙指南》卷四。
[2] 〔南朝梁〕陶弘景《华阳陶隐居集》卷下,明正统《道藏》本。

《书叙指南》提取为"山林奇处曰欲界之仙都"。其所标注的"陶弘景《答谢中书》"乃是"欲界之仙都"的出处，而"山林奇处"云云则仅"奇"之一字可见于本文，实为《书叙指南》用以说明此语适用场合的总结性文字。而《诸集拾遗》与自身的体例、用途相应，对文字组织方式有所调整，作"陶弘景云，山林奇处乃欲界之仙都"，承继了《书叙指南》的语汇、说明、出处，而表述上则"山林奇处"亦置于"陶弘景云"之下，不无模棱之嫌。由上表亦可看到，在《诸集拾遗》相关条目中"某书云""某某谓"为常规表达，或即与难以把握《书叙指南》文字与原文的关系不无关联。

同时，《诸集拾遗》信息绝无溢出。《书叙指南》所注出处为人名、书名或篇名，《诸集拾遗》大体皆无变动，如"剧秦美新"乃扬雄篇名，其不言作者同；"丹若"条《杂俎》乃《酉阳杂俎》之省，二者亦同。即使偶有抵牾，也可找到解释。由于《书叙指南》以"语汇"为单位逐一加注出处且文字极简，《诸集拾遗》时有两三则合并摘取者，如"金烱"即是将同出于司空图、且连续收录的镜子别称——"容成侯""金烱""寿光先生"三者合为一条，以"司空图谓"统领之，这种做法本无问题，但有时并录之内容非出一人，忽略了在后者的出处，则会出现相应讹变。如"清卢"条后半"扬眉曰杨衡"，与前半"目瞳子曰清卢"皆系于扬雄，而《书叙指南》则以"抬眉宇曰扬衡"系之蔡邕，明显不同，"扬眉"之于"抬眉宇"乃文字加工，无需多论；从出处看，此语确出蔡邕《释晦》"胡老乃扬衡含笑，援琴而歌"，《后汉书·蔡邕传》已有载录，《书叙指南》是，《诸集拾遗》误。究其缘由，则《书叙指南》"清卢""杨衡"二语连录，被一并取用时脱落了部分信息。类似情形并非仅见，"大宅"条亦然，"眉目间曰清阳"系于《七启》，于《书叙指南》则另有"《后》十五"之出处，且位于"面总称曰大宅（枚叔《七发》）"之后，《七启》乃《七发》之讹，而"清阳"则二篇均无其语，"《后》十五"确切所指尚待考证①，然其被无视，与前例如出一辙。应该说，此类同中之异也正是承袭关系的明证。

从他书的引用来看，这些内容进入《诸集拾遗》亦相当早。如成书于淳熙间的《锦绣万花谷》前集，卷三十六有"炊金馔玉：骆宾王谓盛馔为炊金馔玉（拾遗）"②，文字、内容均同《诸集拾遗》"馔玉"，而标目则与《类说》卷六十《拾遗类总》完全一致。其所注"拾遗"，指《诸集拾遗》抑或《拾遗类总》不易确定，从《锦绣万花谷》前集引书规律及标目看，后者可能性更大。但即使如此，《拾遗类

---

① 按，"后"似指《后汉书》，然传世本《后汉书》卷十五《李王邓来列传》无此语，他卷亦未见在这一含义上使用者，疑有误。待考。

② 《锦绣万花谷》前集卷三六，过云楼旧藏宋刊本。国家图书馆藏宋刊本同。

总》全部 115 条中与《诸集拾遗》内容、文字皆重者 27 条,涉《诸集拾遗》32 条①,此正其一,且业经《书叙指南》的提取与《诸集拾遗》的改述,远非骆宾王诗原貌,非能偶同者,《拾遗类总》必取自《诸集拾遗》。亦可证淳熙年间,《诸集拾遗》《拾遗类总》均已包含这一内容。

就《书叙指南》而言,见于《诸集拾遗》者占比甚微,皆新奇典雅有情致者,以名物典故为主,近于日常或叙述性文字未见一则,当是掇拾可作为藻绘用于文学性表达者为我所用,这与《绀珠集》本身的编纂思路正相契合,相关内容进入《诸集拾遗》亦未带来任何违和感。或许正因如此,这一承袭关系一直未获关注。

此外,唐徐坚《初学记》当是《诸集拾遗》的另一个采录来源,取用数量亦远超《书叙指南》。二者内容对应如下:

诸集拾遗			初学记			
排序	标目	内容及出处	卷次	门类	条目	出处标注
60	鸠杖	《续汉仪》赐老人杖,杖端刻鸠,取其不噎。	27	宝器·玉第四	事对·饰鸠杖名燕钗	《续汉书》
62	缩地	壶公教费长房乘竹杖缩地至其家	30	鸟部·龙第九	事对·投杖挂梭	葛洪《神仙传》
66	尺木【水】	《献帝春秋》曰:龙歇(欲)腾骞,先阶尺木【水】	30	鸟部·龙第九	事对·跃渊阶水	赵晔《献帝春秋》
67	濯枝	《风土记》谓六月雨也。	2	天部下·雨第一	事对·濯枝润叶	周处《风土记》
70	日观	《太山记》:东南峰名日观,鸡一鸣时见日。	5	地部上·泰山第三	叙事	《汉官仪》及《泰山记》

---

① 参陈静怡《〈类说〉版本及引书研究》第四章《〈类说〉引书条目考析》,第 188 页。

《绀珠集·诸集拾遗》臆说 223

续表

诸集拾遗				初学记			
排序	标目	内容及出处	卷次	门类	条目		出处标注
104	天倚杵	《河图记》：百代之后，地高天下。千代之后，天可倚杵。	1	天部上·天第一	事对·转盖倚杵		《河图挺佐辅》
105	云舆	仲长统诗云：春云为舆，秋风为驷。	1		事对·风驷云车		仲长统诗
107	文雾【下脱武字】露	《春秋佐助期》曰：文雾沉，武露布。	1		事对·文露光风		《春秋佐助期》
108	矞云	《京房易占》曰：云二色曰矞，瑞云也。	1	天部上·云第五	叙事		无*
126	挈贰	《尔雅》：蜺为挈贰，雌曰蜺，雄曰虹，凡出必双，明虹暗蜺也。	2	天部下·虹蜺第七	叙事		《尔雅》《京房易传》*
127	河阳一县花	庾信《春赋》云：河阳一县并是花，金谷从来满园树。	3	岁时部上·春第一	赋		隋庾信《春赋》
128	避暑饮	魏文帝《典论》，袁绍在河北，每遇三伏酣饮，云避一时之暑。	3	岁时部上·夏第二	事对·避暑饮感凉会		魏文帝《典论》
135	角黍	《风土记》：五日以菰叶包黏米，谓之角黍。	4	岁时部下·五月五日第七	叙事		《风土记》

续表

诸集拾遗			初学记			
排序	标目	内容及出处	卷次	门类	条目	出处标注
136	灵匹	谢惠连《七夕》诗。	4	岁时部·七月七日第九	诗	谢灵运《七夕咏牛女诗》
137	神燕	庾肩吾《岁能【朝】》诗："金箔涂神燕，朱泥印鬼丸。"	4	岁时部·岁除第十四	诗	梁庾肩吾《岁尽应令诗》
138	神海	《邹子》曰：中国者天下八十一分之一耳，有神海环之，如此者九。又有大瀛海环之，总谓之八极。	6	地部中·海第二	叙事	《邹子》
142	羊肠虎臂	郦元《水经》，江中滩名。	6	地部中·江第四	事对·使君滩中郎滩	郦元注《水经》
144	五湖	《吴录》：五湖者，太湖之别名，以其周围五百余里故名五湖。《杨州记》曰太湖一名宫亭，一名震泽，一名洞庭。《荆州记》曰：宫亭即彭泽也，一名青草湖，以青草山得名也。	7	地部下·湖第一	叙事	《吴录》《扬州记》《荆州记》

续表

诸集拾遗			初学记			
排序	标目	内容及出处	卷次	门类	条目	出处标注
145	略彴	《尔雅》独木桥也	7	地部下·桥第七	叙事	《广志》?
153	鼓角相	南齐时,王敬则少贱,相者谓有鼓角相,后果为大将。	29	兽部·狮子第一	事对·成敬则之梦破林邑之军	萧子显《齐书》
158	子夜歌	子夜,女子名,作此歌。	15	乐部上·歌第四	叙事	《古今乐录》?
161	泽鹤	《世说》:羊祜镇荆州,泽中出鹤,取以教舞。	8	州郡部·江南道第十	事对·龙池鹤泽	刘义庆《世说》
162	遁甲开山图	此书述天皇兴迹,云寿一万八千岁。	9	帝王部·总叙帝王	叙事	*大量引用《遁甲开山图》
163	四乳	《春秋元命包》:文王体四乳	9		事对·四乳八眉	《春秋元命苞》
164	荣污【河】	《尚书中候》曰:尧即位,荣光出污【河】。	9		事对·温洛荣河	《尚书中候》
165	三皇垂策	陆子曰:三皇垂策,五帝繁手。唐虞鞍辔,禹汤驰骤。	9		事对·垂策委裘	陆子
166	三皇步	《白虎通》曰:三皇步,五帝骤。三王驰,五霸骛。	9		事对·步骤质文	《白虎通》

续表

诸集拾遗			初学记			
排序	标目	内容及出处	卷次	门类	条目	出处标注
168	弓韣	蔡邕《月令章句》：春社日祀高禖【禖】、祈子，嫔御等皆带弓韣、弓衣，取男子之象。	10	中宫部·妃嫔第二	事对·褕翟弓韣	蔡邕《月令章句》
169	三署郎	秦初置郎令，其属有三署。一曰五官中郎将，二曰左中郎将，三曰右中郎将。每署又有郎中、侍郎。西汉因之，唯田蚡少为诸曹郎，乃尚书郎，其他如冯唐为郎中署长，直不疑盗同舍郎，金颜驷三世为郎，扬雄为侍郎，邓通黄头郎，以赀为郎、父任为郎之类，皆是三署也。	11	职官部上·侍郎郎中员外郎第八	叙事	无
170	执兽子	《齐职仪》：汉侍中掌乘舆物，褺器有兽子之属，故世呼侍中为执兽子。	12	职官部下·侍中第一	叙事	《齐职仪》

续表

诸集拾遗			初学记			
排序	标目	内容及出处	卷次	门类	条目	出处标注
186	西鹣东鲽	谢庄《谓【请】封【下脱禅字】表》曰：西鹣北东【采】之泽【译】。《尚书中候》将比目鱼而郑玄注比目鱼曰东鲽。	13	礼部上·封禅第八	事对·西鹣东鲽	谢庄《八座太宰江夏王表请封禅奏》、《尚书中候》郑玄云
186	竿伎	《西都记》曰：缘竿之伎有都卢、寻橦、根【跟】挂、复【腹】旋也。	15	乐部上·杂乐第二	叙事	《西京记》、傅玄《西都赋》*
188	畅操	《风俗通》曰：凡乐曲和乐而作为之畅，因忧愁而作者为之操。今人通呼谓之操，即非也。			叙事	《风俗通》
189	琴歌操引	古琴曲歌有五，如鹿鸣、驺虞之类；操有十二，将归、拘幽、履霜、别鹤之类；引有八，列女、伯妃、霹雳、思归、走马之类；又有杂曲二十一章，如阳春弄、连珠弄、蠏行清、看客清之类。	16	乐部下·琴第一	叙事	《秦操》《琴历》*

续表

诸集拾遗			初学记			
排序	标目	内容及出处	卷次	门类	条目	出处标注
190	便了	蜀郡王子泉买奴名便了，立券书百役。	19	人部下·奴婢第六	约	韩王褒《僮约》
191	步义	《释名》：受矢器也。	22	武部·箭第五	叙事	《释名》
193	十十五五	江淹《兔园赋》说水鸟云：十十五五合复散。	24	居处部·园圃第十三	赋	梁江淹《梁王兔园赋》
194	渴乌	李兰《漏刻记》：铜为渴乌以引水。	25	器物部·漏刻第一	叙事	李兰《漏刻法》
195	大王灯	江淹《灯赋》有大王灯、庶人灯。		器物部·灯第十三	赋	江淹《灯赋》
196	牢丸	束晳《饼赋》：春馒头，夏薄㧐，秋起溲，冬汤饼，四时皆宜惟牢丸乎？	26	器物部·饼第十七	赋	束晳《饼赋》
197	锦城	《益州记》：锦城在州之南笮桥东江南岸，蜀时锦宫，又号锦里。		宝器部·锦第六	叙事	《益州记》
198	五里香	魏文帝书云：新城秔熟，五里闻香。	27	宝器部·五谷第十	事对·五里香三月种	魏文帝《与朝臣书》
199	阴威	《本草》，菊名。		宝器部·菊第十二	叙事	《本草经》

续表

诸集拾遗			初学记			
排序	标目	内容及出处	卷次	门类	条目	出处标注
200	瓜名	陆机《瓜赋》云：其种有黄觚、蜜筒、金钗、狸首、虎蹯、玄骭、素腕之名。	28	果木部·瓜第十二	赋	西晋陆机《瓜赋》
201	相牛经	宁戚《相牛经》云：兰株欲大，谓尾株；丰岳欲高，谓膝骨；垂星欲高，谓蹄上肉；方柱欲大，谓车骨。	29	兽部·牛第五	叙事	宁戚《相牛经》
202	凤九苞	《孔演图》曰：凤有九苞。一曰【口】包命，二心合度，三耳听达，四舌泏神【诎伸】，五彩色光，六冠距全【丹】，七距锐钩，八音激扬，九腹户行【文户】。	30	鸟部（鳞介虫附）·凤第一	叙事	《孔演图》
203	神屋	《南越志》，龟甲名。		鸟部（鳞介虫附）·龟第十一	叙事	《南越志》
204	玄天【衣】	宋元王梦玄元【衣】丈夫，占之，龟也。			事对·玄服绣裳	《史记》
205	珠品	珠一寸已上谓之大珠，珠大而底平如覆釜曰瑎珠，次曰走珠，次曰滑珠，次曰磲砢珠，又曰税珠。	27	宝器部·珠第三	事对·九品六异	沈怀远《南越志》

以上49条，在《诸集拾遗》排列同样相当集中。大致分五段："鸠杖"至"日观"五条，"天倚杵"至"矞云"四条，"挈贰"至"略彴"，"鼓角相"至"执虎子"，"西鹣东鲽"至"珠品"，中间虽偶有《初学记》之外的内容插入，但连续性仍相当明显。而其排序，自"天倚杵"以下，除"鼓角相""子夜歌"和位于最后的"珠品"外，其他与在《初学记》的出现先后完全一致，甚至同属一个部类的，编排上也"先后有序"。出处标注亦大体相同。其表面有异者，或属略称，如"天倚杵"之"《河图记》"之与"《河图挺佐辅》"，"灵匹"之"谢惠连《七夕诗》"之与"谢灵运《七夕咏牛女诗》"之类；或有传录之讹，如"渴乌"之"李兰《漏刻记》"之与"李兰《漏刻法》"之类。而确实涉及不同著作者，亦可觅变化之踪迹。如"竿伎"云"《西都记》曰：缘竿之伎有都卢、寻橦、根挂、复旋也"。而《初学记》卷十五"杂乐第二"之"叙事"：

> ……都卢寻橦（今之缘竿，见《西京记》）、丸剑（丸一名铃，见《西京记》）、戏车、山车、兴云动雷（见李尤《长乐观赋》）、跟挂、腹旋（并缘竿所作，见傅玄《西都赋》）……①

则《诸集拾遗》统谓"西都记"，当是"西京记""西都赋"之混淆讹乱。

《初学记》"叙事"部分之正文、注文或各有出处，也导致《诸集拾遗》标注时有差误。如：

> 虹蜺第七【叙事】《春秋元命苞》曰：虹蜺者，阴阳之精。雄曰虹。雌曰蜺。……螮蝀，虹也。（《尔雅》云）蜺，雌虹也，一名挈（口结反）贰（《尔雅》云）凡虹双出，色鲜盛者为雄，雄曰虹；闇者为雌，雌曰蜺。（京房《易传》曰：蜺旁气也……）②

《诸集拾遗》"挈贰"由上述内容提炼简化而来，所涉非止一书，而皆系之《尔雅》。"矞云"与此相似，称"京房《易占》曰云云"，而相关文字在《初学记》"云·叙事"乃未直接标注出处之注文，被注内容出《西京杂记》，是否其原注则不可知。二者似相矛盾，而细审《初学记》之文：

> ……京房《易飞候占》曰：视四方常有大云五色，其下贤人隐也。青云润泽在西北，为举贤良。黄云如覆车，大丰也。《西京杂记》曰：瑞云曰庆云，曰景云（云五色曰庆）。庆云或曰卿云。云外赤内青谓之矞云（云二色

---

① 〔唐〕徐坚《初学记》卷十五，北京：中华书局，1962年，第372页。本文所引《初学记》皆据此本，下不一一注明。
② 同上书，卷二，第38页。

曰矞,亦瑞云也。以律反)。……①

则所谓"京房《易占》"当即"京房《易飞候占》"之省,当属阅读不精所致错误标注。再如"略彴"出处标称为"《尔雅》",而今本《尔雅》及郭璞注均不见其说,《初学记》卷七"桥·叙事"该段文字:

> 《释名》云:桥,水梁也。《尔雅》云:梁莫大于滰(子役反)。梁郭璞注:梁,即桥也。或曰,梁,石桥也。石杠(音江),谓之倚(音寄),亦石桥也。《广志》云独木之桥曰榷(音角);亦曰彴(音灼。榷,水上横一木为渡。彴,今谓之略彴。)②

从言及"略彴"的内容向上追溯,最近者乃《广志》。然辗转训释,相关解释是否《广志》已有,殊难断定。从"今谓之"云云可知,"略彴"或唐人时语而非旧典,《汉书》颜师古注亦有"榷者,步渡桥,《尔雅》谓之石杠,今之略彴是也"之说。此处《初学记》本无明确标注,而"《尔雅》"出现在其前显著位置,或亦阅读不精而至误解。

有时,由于《初学记》无标注或标注不清晰,《诸集拾遗》也将出处付之阙如。如"三署郎"内容来自《初学记》卷十一"职官部上·侍郎郎中员外郎第八"之"叙事",该处以"按"开篇,述相关职官建置沿革,无具体出处,《诸集拾遗》亦然。再如"子夜歌",《初学记》相关内容载于卷十五"乐部·歌第四"之"叙事":

> ……《古今乐录》:晋末已后歌曲有淫豫歌、杨叛儿歌(南齐有杨旻母为师入官,童妇呼为杨婆儿,婆转为叛)、扶风歌(晋刘琨作)、百年歌(晋王道中陆机并作)、白日歌(宋沈攸之所作,亦曰落日歌。其歌曰:白日落西山)、九曲歌(宋何承天作)、采葛妇歌(古越人作)、桃叶歌(晋王献之作)、同声歌(汉张衡作)、碧玉歌(晋孙绰作)、四时歌(出于子夜)、子夜歌(古有女名子夜,造此歌)……③

其注文出处别无交代,《诸集拾遗》亦然。

当然,在《初学记》有明确标称的情况下,《诸集拾遗》亦偶有脱漏或删略,如"鼓角相",《初学记》明标"萧子显《齐书》",而《诸集拾遗》略去之,但云"南齐时"。

而从内容和行文看,虽然《诸集拾遗》沿用了《初学记》的部分标目,但与翻版《书叙指南》相关条目不同,袭用《初学记》时大多有明显的删节,或云进一步提取。如"五湖"在《诸集拾遗》,特别是取自《初学记》的条目中,乃篇幅较长

---

① 《初学记》卷一,第 15 页。
② 同上书卷七,第 156 页。
③ 同上书卷十五,第 376、377 页。

者，可谓对《初学记》"地部下·湖第一·叙事"若干内容的整合。《初学记》原文作：

<blockquote>
《广雅》云：湖，池也。《说文》云：湖，大陂也。《风俗通》云：湖，都也。流渎四面，所隈都也。《周官》：扬州，其浸五湖。按张勃<u>《吴录》：五湖者，太湖之别名。以其周行五百余里，故以五湖为名</u>。（虞翻又云：太湖有五道，别谓之五湖。）或说以太湖、射贵湖、上湖、洮湖（洮湖一名长塘湖，在义兴）、滆（户伯反）湖为五湖。按《国语》"吴越战于五湖"，直在笠泽一湖中战耳。则知或说非也。<u>《扬州记》曰：太湖一名震泽，一名笠泽，一名洞庭</u>。（《史记》"三苗之国，左洞庭，右彭蠡。"裴骃注云："今太湖中苞山有石穴，其深洞无知其极者洞庭。"洞庭对彭蠡，则知此穴之名。通呼洞庭彭蠡，即宫亭湖名也。《越绝书》"太湖周三万六千顷，在吴兴"。）<u>《荆州记》云：宫亭即彭蠡泽也，谓之彭泽湖</u>，一名汇（孩贿反）泽（在豫章郡）。<u>青草湖</u>，一名洞庭湖（《荆州记》云：<u>因青草山为名</u>。洞庭亦谓之太湖，在巴陵郡。……①
</blockquote>

《诸集拾遗》所取仅划线部分，直接服务于"五湖"一典，且摘取过程中，或因误读，将洞庭湖的别称"青草湖"亦系于"宫亭湖"之下。再如《初学记》卷四"岁时部"：

<blockquote>
周处《风土记》曰：仲夏端午烹鹜角黍（注云：端，始也。谓五月五日），进筒粽（《续齐谐记》曰：屈原五月五日自投汨罗而死，楚人哀之，每至此日以竹筒贮米投水祭之。汉建武年，长沙欧回见人自称三闾大夫，谓回曰："见祭甚善。常苦蛟龙所窃，可以菰叶塞上，以彩丝约缚之，二物蛟龙所畏。"）一名角黍（《风土记》曰：以菰叶裹粘米，以象阴阳相包裹未分散）。……②
</blockquote>

《诸集拾遗》"角黍"当取自"一名角黍"之下的注文，然仅云："《风土记》：五日以菰叶包黏米，谓之角黍。"象征意义即被略去。

诗文也是如此。如"梁庾肩吾岁尽应令诗""谢灵运《七夕咏牛女诗》"，《初学记》实载全篇，而《诸集拾遗》"神燕"条截取两句、"灵匹"条仅注出篇名简称而已。即使引用诗文也或有变形，"十十五五"条，出自《初学记》卷二十四"居处部·园圃第十三·赋"：

<blockquote>
梁江淹《梁王兔园赋》：或重古轻今者，仆曰何为其然哉？无知音则已矣。聊为古赋体以夺枚叔之制云：金塘缅演，绿竹被阪。缭绕苍翠，若近
</blockquote>

---

① 《初学记》卷七，第139页。
② 同上书卷四，第73页。

复远。水鸟鸳鸯，鹈鸪鸿雁。上飞衡阳，下宿沔汉。十十五五，忽合而后散。于是大夫之徒，称时而归。春阳始晓，朱华未晞。①

而《诸集拾遗》缩略为"江淹《兔园赋》说水鸟云：十十五五合复散"，所取者在于"十十五五"形容水鸟时的用处，文字止于达意，无意保留其赋文本来面貌。与此相似，"瓜名"所列仅是陆机赋"夫其种族类数，则有括蒌、定桃、黄觚、白搏、金文、蜜筩、小青、大班、玄骭、素椀、狸首、虎蹯，东陵出于秦谷，桂髓起于巫山……"②中奇特、典雅之数种，而"大王灯"，《初学记》选取的是江淹《灯赋》中对灯的渲染描述：

……若大王之灯者，铜华金擎，错质镂形。碧为云气，玉为仙灵。双流百枝，艳帐充庭。照锦地之文席，映绣柱之鸣筝。恣灵修之浩荡，心何疑而永平。兹侯服之夸诞，而处士所莫营。若庶人灯者，非银非珠，无藻无缛，心不贵丽，器穷于朴。是以露冷帷幔，风结罗纨。萤已引桂，蛾欲辞兰。秋夜如岁，秋情若丝。怨此怀抱，伤此秋期。必然灯坐叹，欲说忘辞。至夫霜封园橘，冰裂池苏。云雪无际，河海方昏。冬膏既凝，冬箭未度。悁连冬心，寂历冬暮。亦复朱灯空明，但为君故。③

《诸集拾遗》则将描述文字全部略去，仅取"大王灯""庶人灯"两个名目或云"立意"。

更有甚者，《初学记》卷九"帝王部·总叙帝王"引用《遁甲开山图》颇多，但并无对其内容的概括性交代，《诸集拾遗》"遁甲开山图：此书述天皇兴迹，云寿一万八千岁。"则是拾取此书作为可用于獭祭的名物，据《初学记》所载该书内容加以总结，附注于下。

相关条目中，唯一不见于《初学记》的内容，乃"畅操"条末句"今人通呼谓之操，即非也"之语，属编者的评论文字，此类情形在《绀珠集》亦不时有之，不仅见于《诸集拾遗》。

概言之，《诸集拾遗》相关条目之信息量不超出《初学记》范围，行文简洁，止于达意，多不带有详细资料或文字原始面貌。这既是《绀珠集》体例和宗旨所决定，也是商业化出版对生活产生深刻影响之前非官方工具书的共同特点，两宋之交正是这个时代的尾声。

通过考察《诸集拾遗》对《书叙指南》《初学记》的承用，可以表明，《绀珠集》的这一部分并不是、至少不全是编者本人勾稽诸书而来。当然，除此之外《诸

---

① 《初学记》卷二十四，第588页。
② 同上书卷二十八，第685页。
③ 同上书卷二十五，第615页。

集拾遗》中还有大量条目特别是源自唐宋小说、笔记的内容,实际来源尚待考证,而某些条目出自前十二卷已有摘录的书籍,或内容上有所重叠,亦有待深入探究。

四、《诸集拾遗》"佚文"及《绀珠集》可能经历的文本演变

在前文基础上,借助相关规律,亦可重新审视今本《诸集拾遗》的文本面貌。

如前所涉,《海录碎事》的最终成书,距绍兴七年(1137)王宗哲刊行《绀珠集》仅十二年。叶廷珪本福建瓯宁人,绍兴年间先后任职于福清、泉州,《海录碎事》最后定型即在泉州任上。其活动地域与《绀珠集》的刊行地汀州相距未远,所据是否该本虽不可确知,但不无可能。而《海录碎事》明确标注出自《诸集拾遗》的10条中,"翣脯""三漏耳""七七""审雨堂"四条皆不见于今本,可谓有明显溢出。这些条目是出处偶误,抑或今本《诸集拾遗》未能尽存旧观?

值得注意的是,这些条目与处于《诸集拾遗》上、下游的《初学记》《类说》,或《绀珠集》其他篇目,多有关涉:

"翣脯"见于《海录碎事》卷六"饮食器用部·脯酱门",云"翣脯,尧时厨中自生肉,薄如翣,摇鼓生风,食物不臭(诸集拾遗)。"《初学记》卷一"天部上·风第六·事对"有"动扇摇翣:……《帝王世纪》曰:尧时厨中自生肉脯,薄如翣,摇鼓则生风,使食物寒而不臭,名曰翣脯。翣音山甲反"。卷九"帝王部·总叙帝王·事对"之"尧厨舜甑"略同①。而《类说》卷六十《拾遗类总》"尧眉禹耳:尧眉八彩,禹耳三漏。尧时厨中自生肉,薄如箑,摇鼓生风,食物不坏,谓之箑脯"②,其后半显然就是"翣脯"的内容,误接于"尧眉禹耳"(即《海录碎事》标称出自"诸集拾遗"的"三漏耳")之下,且误"翣"为"箑"。《海录碎事》云出《诸集拾遗》,此条若《诸集拾遗》取自《初学记》,《海录碎事》《拾遗类总》录自《诸集拾遗》,容或近之。

同样,"三漏耳:《帝王世纪》:尧眉八彩,禹耳三漏(诸集拾遗)",见《海录碎事》卷七上"圣贤人事部上·圣贤门(炳灵附)",亦即前述《类说》卷六十《拾遗类总》"尧眉禹耳"的前半。虽未见上游对应,二者亦似同出一源。这些都指向今本《诸集拾遗》或有条目脱落。

而今见于《绀珠集》其他卷次篇目的,尚有"七七:李汧公妾名七七,善琴与

---

① 《初学记》,第18页,第205页。
② 〔宋〕曾慥《类说》卷六十,《北京图书馆古籍珍本丛刊》影印明天启刻本,北京:书目文献出版社,1990年。如无特别说明,本文所引《类说》皆据此本。

筝(诸集拾遗)。"可见于今本《绀珠集》卷五《因话录》,传世本《因话录》确有其内容,七七身份为"宠妓"。"审雨堂:《搜神记》卢纶梦入蚁穴,见堂宇危豁,题曰'审雨堂'(诸事拾遗)",《绀珠集》卷七《搜神记》与《类说》卷七《搜神记》皆有收录,三者文字相同,而后二者"卢纶"均作"卢汾",与《搜神记》原文"夏阳卢汾,字士济。梦入蚁穴,见堂宇三间,势甚危豁,题其额曰'审雨堂'"相一致,《海录碎事》或有传写之误,而三书相同的文字剪裁当非偶然。

与此相似,涵芬楼百卷本《说郛》卷八〇有《诸集拾遗》一种,共35条,无标目,见于传世本《绀珠集·诸集拾遗》者24条,文字一致,且其中23条与《诸集拾遗》中出现的先后次序完全相合,可知此《诸集拾遗》亦当来自《绀珠集》卷十三。据学者考察,《说郛》已非陶宗仪所编旧貌,其卷六八至一百有十九种取自《绀珠集》,《诸集拾遗》亦此一类①。其所据版本虽不可考,然11条不见今本者,颇有与《海录碎事》所存"佚文"相似的状况。

其中5条集中于开篇。此本前6条中,除第4条"颜蠋辞齐宣王"云云即《诸集拾遗》第231条"三当"("蠋"乃"躅"之讹)之外,其余5条均不载于今本。其前三条:

> 七明、九光者,石之名也。威喜、樊桃,木之名也。独摇、牛前、龙仙,皆草之名也。
>
> 立夏日服六壬六癸符或云水丸、飞霜散,暑不能侵。
>
> 蟹曰无肠公子。龟曰先知君。

正可与《绀珠集》卷三《抱朴子》倒数第4至2条相对应,该处作:

> 芝名:七明、九光者,石芝名也。威喜、樊桃,木之名也。独摇、牛角、龙仙,皆草芝也。
>
> 无肠公子:蟹。
>
> 冰丸霜散:立夏日服六壬癸符或玄冰丸、飞霜散,暑不能侵也。

文字虽略有差异,亦可大体推知为《说郛》校改,如《绀珠集》"威喜、樊桃,木之名也","之"乃"芝"之讹,而《说郛》并"石芝""草芝"之"芝"亦讹为"之";或手民之误,如"牛角"之讹"牛前","玄冰"之讹"云水"之类。仅"无肠公子:蟹"与"蟹曰无肠公子。龟曰先知君"有内容出入,亦或《绀珠集》今本脱其后半。这些内容均可见于传世本《抱朴子内篇》,是否原录于《诸集拾遗》,无从判断。

又6条穿插于今本可见的23条之间,在"《续汉仪》赐老人鸠杖,杖端刻鸠,取其不噎"与"《风俗通》曰:恙,毒虫。喜噬人,古人草居露宿,故相劳曰必

---

① 参昌彼得《说郛考》,台北:文史哲出版社,1979年,第17页,第360页。

'无恙乎'"（即今本《诸集拾遗》之60条"鸠杖"、74条"无恙"）之间，有以下三条：

> 董威在洛阳，隐居白社，以残絮缕帛为衣，号百结衣。
> 《荆州记》酉阳山石穴中有书千卷，世谓之酉阳逸典。
> 焦贡《易林》以酒为欢伯。

其一即《类说》卷二《逸士传》之"百结衣"，《逸士传》共录5条，此居第三，其前"一瓢""居士属"即《诸集拾遗》的59条"凤鸣瓢"和57条"朱居士属"，前者标称"逸士传"云云；其二为《绀珠集》卷七《荆州记》之"酉阳逸兴"（"兴"，当为"典"之讹），其三可见于《初学记》卷二六"器物部·酒第十一"。其他三条相对分散，内容为：

> 柳子厚《愚溪诗序》溪、丘、泉、沟、池、亭、堂、岛皆以愚名之，号八愚。
> 《韩诗章句》曰：有章曲曰歌，无章曲曰谣。齐歌曰讴，吴歌曰歈，楚歌曰艳，淫歌曰哇。振旅而歌曰凯。
> 兜率天雨摩尼珠，护世城雨美膳，阿修罗天雨长仗，阎浮提世界雨清净之水。

其一即《类说》卷四五《大唐新语》①之"八愚：柳子厚溪丘泉沟池亭堂岛皆以愚名之，号八愚"，《类说》未出《愚溪诗序》这一原始出处。其二与《初学记》卷十五"乐部上·歌第四·叙事"之"《韩诗章句》曰：有章曲曰歌，无章曲曰谣。梁元帝《纂要》曰：齐歌曰讴，吴歌曰歈，楚歌曰艳，淫歌曰哇。又有清歌、高歌、安歌、缓歌、长歌、浩歌、雅歌、酣歌、怨歌、劳歌（《韩诗》曰：饥者歌食，劳者歌事。）振旅而歌曰凯……"内容相应而有缩略，且脱落其间"梁元帝《纂要》"这一出处。其三则是《绀珠集》卷七《法苑珠林》之"诸天雨"，仅"兵杖"讹为"长仗"。而且，其二正位于《诸集拾遗》185条"四法判梦"与190条"便了"之间，而这个位置传世本所载正是出自《初学记》卷十三至十六的条目，多自"乐部"。也就是说，从来源上看，这一条与《诸集拾遗》据《初学记》采录内容的规律亦正完全相合。

因此，这些不载于今本《诸集拾遗》的内容，多与《诸集拾遗》所呈现的资料来源、采录方式及被袭用规律高度吻合，即使其间偶有误录误入者，大体亦可取信，当在一定程度上传递了《绀珠集》早期版本的面貌。则今本《诸集拾遗》已缺失了部分条目，若按照"佚文"在《海录碎事》《说郛》的比例，其数量或在百条左右。

---

① 明天启刻本脱《大唐新语》书名，误连于《三水小牍》。

而与之相关的,即是"佚文"与《绀珠集》其他卷次、篇目的重出,所涉篇目亦隐约可见相关线索。可以《绀珠集》卷七连续编排的《法苑珠林》《荆州记》为例。

《荆州记》仅两条,"酉阳逸兴(典)"与"分风"。前者即《说郛》录于《诸集拾遗》者;后者作"分风:洞庭湖神,过客祈祷必验,分风送船"。《类说》卷六十《拾遗类总》有"分风送船",内容相同而末句作"分风送南北船",多"南北"二字,二者虽不尽同,却有着相同的讹误——"洞庭湖"。"分风"典故相当古老,《水经注》卷三九记赣江流经庐山一带的景物,即云:

> ……其水下入江南岭,即彭蠡泽西天子鄣也。峰隥险峻,人迹罕及。岭南有大道,顺山而下,有若画焉。传云:匡先生所通至江道。岩上有宫殿故基者三,以次而上,最上者极于山峰。山下又有神庙,号曰宫亭庙,故彭湖亦有宫亭之称焉。余按《尔雅》云:大山曰宫。宫之为名,盖起于此,不必一由三宫也。山庙甚神,能分风擘流,住舟遣使,行旅之人,过必敬祀,而后得去。故曹毗咏云在"分风为贰,擘流为两"。①

类似内容亦见载于同时期的《异苑》《高僧传》等书,地名皆作"宫亭湖"或"邸亭湖"。《荆州记》今不传,前文已涉,《初学记》卷七"湖第一·叙事"有"《荆州记》云:宫亭即彭蠡泽也,谓之彭泽湖。一名汇(孩贿反)泽(在豫章郡)"云云,而同时,"事对"又有"分风起雨:盛弘之《荆州记》曰:宫亭湖庙神甚有灵验,涂旅经过,无不祈祷,能使湖中分风而帆"②。可知《荆州记》所言与《水经注》诸书同,亦"宫亭"而非"洞庭"。颇疑《绀珠集》所录即来自《初学记》,"洞庭湖"之误或与前后内容繁杂有关。且此条所涉内容在《初学记》正与前涉《诸集拾遗》"五湖"条相交错,二者一将"宫亭湖"误作"洞庭湖",一将洞庭湖别名"青草湖"误系于"宫亭湖",其源一也?《类说》"分风送船"亦误作"洞庭",当非偶然,恐亦袭自《绀珠集》者。当然,《类说》未单立《荆州记》一书,即使所据之《绀珠集》确在《荆州记》下,录入《拾遗类总》亦在情理之中。然综合来看,《诸集拾遗》上、下游所涉书籍均与之对应,或原本亦属《诸集拾遗》之文字,而后人调整,与"酉阳逸兴(典)"同被拆出,单立为"荆州记"一书,亦不无可能。③

《法苑珠林》亦仅三条:

> 人生如寄:支遁在剡,谢安与书曰:人生如寄耳,终日戚戚,迟君来,晤

---

① 〔北魏〕郦道元《水经注》卷三九,《水经注校证》,北京:中华书局,2007年,第924、925页。
② 《初学记》卷七,第139—141页。
③ 在传世本《诸集拾遗》,今亦可见标称出自《荆州记》者,即144条"五湖"之后半,该条整合《初学记》引自《吴录》《扬州记》《荆州记》之内容为一条,《荆州记》在较后位置,非细读不易发现,或正因此而未被移走。

> 言消之。
>
> 般若台：陈文达持诵《金刚经》，有人入冥见筑台，云名般若台。待文达也。
>
> 诸天雨：兜率天雨摩尼珠，护世城雨美膳，阿修罗天雨兵杖，阎浮提世界雨清净之水。

皆不见于传世本《法苑珠林》。"诸天雨"即《说郛》录于《诸集拾遗》者，其说源自《大方广佛华严经》卷十五"贤首品"：

> 他化自在雨妙香，种种杂华为庄严。化乐天雨多罗华，曼陀罗华及泽香。<u>兜率天上雨摩尼</u>，具足种种宝庄严。髻中宝珠如月光，上妙衣服真金色。夜摩中雨幢幡盖，华鬘涂香妙严具。亦真珠色上好衣，及以种种众妓乐。三十三天如意珠，坚黑沈水栴檀香。郁金鸡罗多摩等，妙华香水相杂雨。<u>护世城中雨美膳</u>，色香味具增长力。亦雨难思众妙宝，悉是龙王之所作。又复于彼大海中，注雨不断如车轴。复雨无尽大宝藏，亦雨种种庄严宝。紧那罗界雨璎珞，众色莲华衣及宝。婆利师迦末利香，种种乐音皆具足。诸龙城中雨赤珠，夜叉城内光摩尼。<u>阿修罗中雨兵仗</u>，摧伏一切诸怨敌。郁单越中雨璎珞，亦雨无量上妙华。弗婆瞿耶二天下，悉雨种种庄严具。<u>阎浮提雨清净水</u>，微细悦泽常应时。长养众华及果药，成熟一切诸苗稼。如是无量妙庄严，种种云电及雷雨。龙王自在悉能作，而身不动无分别……①

《酉阳杂俎》前集卷三"贝编"梳理"释门三界"诸事，"录其事尤异者"，"畜生"中列于第一的"龙"，有：

> 雨，兜率天上雨摩尼，护世城雨美膳，海中注雨不绝如连轮，阿修罗中雨兵仗，阎浮提中雨清净水。②

即取自《华严经》，而于诸天诸界中摘取兜率天、护世城、阿修罗、阎浮提四者，与"诸天雨"正同，若云"诸天雨"直接或间接据此而来，容或近之。换言之，此条或非出《法苑珠林》。从另一方面看，《类说》卷四十三《法苑珠林》共录十二条，此三条位于第7至9，标目作"诸天雨""晤言消戚戚""般若台"，其后即与今本《诸集拾遗》第185条"四法判梦"相同，但隐去开头"释典"云云的"判梦四法"，该条同样并不见于今本《法苑珠林》。据陈静怡考证，这也恰恰是《类说》

---

① 《大正新修大藏经》第十册。
② 〔唐〕段成式《酉阳杂俎》前集卷三，许逸民《酉阳杂俎校笺》，北京：中华书局，2015年，第325页。

所录十二条中仅有的"未见于《法苑珠林》今传本"的四条①。那么,它们是否可能"同出同人"呢?

同卷《邺中记》虽无见于"佚文"之条目,其状况亦可谓与上述二书鼎足而三。《绀珠集》此书亦仅三条:

> 莫难:扇之奇巧者名曰莫难。
> 锦名:锦有大登高、小登高,又有大小博山,大小茱萸之名。
> 凤诏:诏书以五色纸着木凤口中,飞下端门,谓之凤诏也。

诸事皆可见于《邺中记》较早引文,确与该书存在关联,然置于《诸集拾遗》所涉材料序列,又有其特殊呈现。"莫难扇",《初学记》卷二十五"器物部·扇第七·事对·六角二面"所引或为今可见最早者:

> 《邺中记》曰:石季龙作云母五明金薄莫难扇,此一扇之名也。薄打纯金如蝉翼,二面采漆画列仙、奇鸟、异兽。其五明,方中辟方,三寸或五寸,随扇大小,云母帖其中,细缕缝其际,虽掩尽而彩色明澈,看之如谓可取,故名莫难也。季龙出时,以扇挟乘舆。②

《白氏六帖》《太平御览》等所引大体相同,皆为其制作工艺的具体描述。而《书叙指南》卷十六"器皿动用"则有"奇巧扇名曰莫难扇(陆翙《邺中记》)",《绀珠集》的文字与之一脉相承,改述方式亦与前文所述《诸集拾遗》对《书叙指南》的承用规律若合符节。第二条"锦名",其来源或即《初学记》卷二十七"宝器部·锦第六·叙事":

> 《邺中记》曰:锦有大登高、小登高,大明光、小明光,大博山、小博山,大茱萸、小茱萸,大交龙、小交龙,蒲桃文锦,斑文锦,凤皇、朱雀锦,韬文锦,桃核文锦,或青绨,或白绨,或黄绨,或绿绨,或紫绨,或蜀绨,工巧百数,不可尽名也。③

而末条"凤诏",《初学记》卷三十"鸟部·凤第一·事对·金咮朱冠"可见:

> 陆翙《邺中记》曰:石季龙皇后在观上,有诏书五色纸,着凤口中,凤既衔诏,侍人放数百丈绯绳,辘轳徊转,凤皇飞下。凤以木作之,五色漆画,咮脚皆用金。④

---

① 按此四条除"般若台"《太平广记》引自"法苑珠林"外,其余虽多亦可见标注出自"法苑珠林"的称引,然皆晚于《绀珠集》《类说》,不能排除后人据此二书转引的可能。
② 《初学记》卷二十五,第604页。
③ 同上书卷二十七,第655页。
④ 同上书卷三十,第725页。

《太平御览》等略同。而此事于《类说》两见，标目皆作"凤诏"，一为卷三五《事始》"后赵石季龙置戏马观，观上安诏书，用五色纸衔于木凤之口而颁行之。故罗隐曰'琐闼千重，更无人到。丝纶五色，惟有凤衔'"，显然自有来源；一在卷六十"拾遗类总"，仅较《绀珠集》多"石虎"二字，而其前即"分风送船"，其后为与《诸集拾遗》"五里香"相同的"新城稻"等同时见于《诸集拾遗》《拾遗类总》的连续十七个条目①。则亦或来自《绀珠集》，甚至《诸集拾遗》。

今本《绀珠集》见于独立篇目而《类说》录于《拾遗类总》者仅三条，涉三书。除前述《荆州记》《邺中记》外，即本身仅包含"道士常持满"一条的《河东记》，而"道士常持满"亦两见于卷六十《拾遗类总》与卷四十五《大唐新语》②，不仅在《拾遗类总》厕于"擘名接脚""挑菜诗"等与《诸集拾遗》重合的条目之间，《大唐新语》全部十四条中可见于今本《诸集拾遗》者亦达十条，并有《说郛》录于"诸集拾遗"的"八愚"，可谓两处皆为《类说》取用《诸集拾遗》的密集区。虽然与出自《诸集拾遗》者并录并不意味着必然出自该处，但这种可能性确实存在，且不宜忽视。

在《类说》，像《大唐新语》这样虽为独立篇目但内容多可见于《诸集拾遗》者多达十余种，前涉《续博物志》亦是其中典型。该书全部二十三条中，十九条半见于《诸集拾遗》，一条半见于《绀珠集》卷四张华《博物志》，而后者在《博物志》原为两条："兔目鼠耳：槐生五日曰兔目，十日曰鼠耳。""姊归：《高唐赋》子归别名。"皆不见于传世本《博物志》，却与《书叙指南》"槐生五日曰兔目（《庄子》季春），槐生十日曰鼠耳（槐虚星精）""子规亦曰姊归（《高唐赋》）"如出一辙；而"子规"与见于《诸集拾遗》同样来自《书叙指南》同卷同部类的"黄莺"组合为"子规黄鸟"，是跨卷、跨书的组合，还是原本即为《诸集拾遗》的相邻条目呢③？不仅如此，其中不见于今本《绀珠集》的"天心月胁：皇甫湜称奇文曰穿天心出月胁"，亦与皇甫湜《顾况诗集序》"偏于逸歌长句，骏发踔厉，往往若穿天心、出月胁，意外惊人语，非寻常所能及，最为快也"之"原始出处"有一定距离，而与《书叙指南》卷五"诗词章阙下"之"称奇诗文曰穿天心（皇甫湜）又曰出月

---

① 其间仅"天心月胁"一条不见于《诸集拾遗》。按该条重出于《类说》卷二十三林登《续博物志》，而所涉皇甫湜为中唐人，明显晚于《续博物志》的编纂。事实上，《类说》所收该书绝大多数条目见于《诸集拾遗》，并可在《书叙指南》《初学记》等书中找到来历，当是据《诸集拾遗》采撷拼合而成（对此，笔者另有专文讨论）。"天心月胁"，亦与《书叙指南》卷五"诗词章阙下"之"称奇诗文曰穿天心（皇甫湜）又曰出月胁（上）"相一致，疑亦《诸集拾遗》之佚文。

② 按，明天启刻本系统均脱"大唐新语"书名，系于《三水小牍》之下，据明清诸抄本可知，当为《大唐新语》，参陈静怡《〈类说〉版本及引书研究》，第155页。

③ 按，不仅如此，《绀珠集》卷四《博物志》末五条"兔目鼠耳""搏谷""子规""田鹊""庸渠"实皆不见于传世本张华《博物志》而于《书叙指南》卷十四有相应内容。

胁(上)"一脉相承。① 在绝大多数条目可见于《诸集拾遗》,"例外"者亦往往与其资料源相对应的情况下,是否也暗示了变化的可能是《诸集拾遗》?

通过以上种种迹象,或可作如下推测,《绀珠集》在流传过程中,曾经历一定调整,《诸集拾遗》中部分标有出处的条目被移出单列,同时伴随有一些未标注出处者被根据内容特点随意"归位"。而这个过程中,也有一些条目脱落缺失。从而形成类似《法苑珠林》所录多属"佚文"的情况,也带来了《类说》《绀珠集》之间在内容和编次上的诸般参差。

在有早期版本重新发现之前,上述推测或只能停留于假设,脱落、调整的详细情况更无法确知。但这种假设,或可助还原《绀珠集》的本来面目及演变轨迹,亦可助解释其与《类说》在《诸集拾遗》《拾遗类总》及单立诸书之间条目、内容的错杂,有助于我们对二书之间的关联方式、诸书在资料序列中的位置,及相关资料的可靠性做出进一步分析。

---

① 除去以上内容,《类说》所录《续博物志》仅余"画妖"一条,亦是唯一可与更早古籍所引林登《续博物志》相印证者。有关此书的具体情况与实际性质,以及《类说》传世本可能存在的古书作伪,笔者另有专文讨论。

《宣和博古图》的重新发现者为毕良史考

赵学艺[*]

【内容提要】《宣和博古图》作为宋代金石文献的代表作,对传统金石学发展产生了深远的影响。但在北宋末年的战乱中,此书却曾短暂地流失民间,不为人所见。南宋初年,幸得宋臣出使北地,访得此书,《宣和博古图》才重新出现在世人面前。本文结合史料,对此段历史进行了详细梳理,并考证出带归此书之"吴少董"实为当时的古董商毕良史。

【关键词】《宣和博古图》《麐斋考工记解》"吴少董"毕良史

《宣和博古图》(或题《宣和殿博古图》《博古图》《宣和博古图录》《宣和重修博古图录》)是宋代金石学的代表性著作,为宋徽宗"选通籀学之士,策名礼局。追迹古文,亲御翰墨,讨论训释"编撰而成。全书共收录青铜器八百三十九件,所收器物分为二十大类,按照器物的类别和多寡,编为三十卷,各卷之中,又按照收录器物的年代,由商至五代依次排列。所收青铜器以礼器为主,亦包含部分兵器、车马器及铜镜。此书较为全面地收录了宋代内府收藏的历代青铜器,记其轻重尺寸,画其形状纹饰,摹其款式铭文,并对所收各器进行了详细的考证研究,是金石学发展史上里程碑式的著作。

《宣和博古图》初修于宋徽宗大观初年,政和年间内府又大量搜求天下古器,所得颇巨。因此,在前书基础上,此后又进行了大规模补充,所收器物扩至八百三十九件,于宣和年间编撰完成,今所传世者,即重修本《宣和博古图》。[①]然《宣和博古图》成书不久后,即遇靖康之变,此书亦流失不见。南宋初期,此书很长一段时间未现人世,直到绍兴十二年(1142),才由使臣自北地带归。对于此段历史,史料记载相当模糊,带归此书之人,学者也有不同的看法。本文结合相关史料,对《宣和博古图》流失、回归经过及其中存在的问题,进行详细考订。

---

[*] 本文作者为北京大学中文系中国古典文献学博士。
[①] 现存《宣和博古图》卷二十二所收"齐侯镈钟"出土于宣和五年(1123),则重修本成书时间当在此年之后。详参王国维《宋代之金石学》,《王国维全集》第十四卷,杭州:浙江教育出版社,2009年,第315页。

宣和末年,《宣和博古图》编纂完成。作为古代礼器的官方图录,《宣和博古图》在徽宗时期的礼制改革中发挥了重要的作用,是朝廷改作礼器的重要参考。① 靖康二年(1127),金人攻破汴京,北宋内府所藏典籍、器物,多数为金军掳去。《宋史·钦宗本纪》载:

> (靖康二年)夏四月庚申朔,大风吹石折木。金人以帝及皇后、皇太子北归。凡法驾、卤簿,皇后以下车辂、卤簿,冠服、礼器、法物,大乐、教坊乐器,祭器、八宝、九鼎、圭璧、浑天仪、铜人、刻漏,古器、景灵宫供器,太清楼秘阁三馆书,天下州府图及官吏、内人、内侍、技艺、工匠、娼优,府库畜积,为之一空。②

《宣和博古图》亦遭此劫难,在战乱中遗失,不知所踪。渡江之初,仓皇南渡的南宋朝廷丢掉了大量的仪仗礼器。绍兴初,安定下来的南宋朝廷开始重造祭器。因无《宣和博古图》图样可依,只能据三礼旧图制造。《中兴礼书》载:

> 仰惟徽考,稽古制作,裒集三代遗物,取其法象,肇新礼器,荐之郊庙。又著《宣和博古图》以贻天下后世,乃知礼旧图所载出于臆度,不可为据,千载讹谬一朝顿革,岂不伟哉。主上受命,郊见天地,实用新成礼器,渡江之后,廑有存者。绍兴元年,有司始造明堂祭器,止依旧图之说。四年亲祀,议者以新成礼器为(按:当作"未")合于古,请复用其礼度。事下礼官,谓无《博古图》本,遂不果行。③

可见,直到绍兴四年(1134),南宋朝廷仍未获得《宣和博古图》,在重造明堂祭器时,不得不退而求其次,仍旧依三礼旧图重造。另外,因为三礼旧图中存在着许多问题,因此,在此基础上,南宋朝廷还从民间大力搜求散落在各地的青铜礼器实物,令太常寺画图,来尽可能地改正三礼旧图中的讹误,作为新制祭器的参考。据绍兴四年四月礼部侍郎陈与义等上奏:

> "太常寺申勘,会昨建炎二年郊祀大礼,其所用祭,并系于东京般取到新成礼器。绍兴元年,明堂大礼所用祭器为新成礼器,渡江尽皆散失,申明系依《三礼图》竹木及陶器样制造应副了当。今来明堂大礼所用祭器系令太常寺画样,令临安府下诸县制造。本寺契勘新成礼器,昨除兵火后,

---

① "(政和三年)时中丞王甫亦乞颁《宣和殿博古图》,命儒臣考古以正今之失。乃诏改造礼器。自是鼎俎笾豆之属,精巧殆与古侔。"〔宋〕陈均撰,许沛藻等点校《皇朝编年纲目备要》卷二十八,北京:中华书局,2007年,第708页。

② 《宋史》,北京:中华书局,1985年,第436页。

③ (清)徐松辑《中兴礼书》卷九,《续修四库全书》第822册,影印蒋光焴宝彝堂钞本,上海:上海古籍出版社,1996年,第36页。

常州缴纳到簠并壶尊,山、牺罍各一外,其余尊、罍、簋、豆、爵、坫并簠之类,并无样制,亦无考古图册照据。今来未敢便依绍兴元年明堂大礼例,画竹木祭器样制。"诏依绍兴元年明堂大礼所用三礼图样制造。①

绍兴初年,宋高宗急需通过重建礼乐来巩固自己的统治。但除了搜集于民间的个别礼器实物可资比照外,重铸礼器的行动陷入了既无实物参考、又无可靠的考古图册作为依据的尴尬境地。

直到有宋臣出行北地,偶然访得《宣和博古图》,遂购之南归,此书才重新出现在世人面前。对于此次《宣和博古图》的南归,南宋时人林希逸在其《鬳斋考工记解》中有所记载:

> 艾轩曰:《博古图》起于宣和间,汉晋时无有也。由历代以来掘得古器,于宣和间始为图载之,以示后世。汉晋诸儒不曾见此,无怪乎其不知也。是以聂崇义所作《三礼图》全无来历,穀璧即画穀,蒲璧即画蒲,皆以意为之也。不知穀璧只如今腰带夸上粟文,观《博古图》可见。使当时掘得古器藏之上方,不载之图,今人何缘知之。此图至金人犯阙后,皆无此本,及吴少蕴使虏见之,遂市以归,尚有十数面不全。②

艾轩即南宋初著名理学家林光朝,人称"艾轩先生"。林希逸为艾轩学派第三代传人③,他所记录的此段关于南宋初重获《博古图》的描述,当是由师门所传。林光朝生活于两宋之际,其关于时事的记述,当有很大的可信度。据此处记载,《宣和博古图》在北宋末年的战乱中曾经遗失,南宋初虽被再次发现,但残去十数面,已非完璧。

林希逸文中提到的重新发现《宣和博古图》的"吴少蕴",史书中并未有详细记载,不知何许人。今人张富祥以为此人即吴表臣:

> 吴少蕴即吴表臣,绍兴八年(1138)曾以太常少卿(一说给事中)兼礼部侍郎为金人馆伴使,估计其市归《考古图》即在此时或稍后。④

据张书上下文可知,此处所谓《考古图》,当为《博古图》之误。张氏所作的这一推论,颇嫌武断。按,吴表臣为两宋间名臣,《宋史》卷三百八十一有传,其中并未提及他载归《宣和博古图》之事。张氏提到他为金人馆伴使之事,《三朝北盟会编》有详细记载:

---

① 《中兴礼书》卷五十九,第243页。
② 〔宋〕林希逸《鬳斋考工记解》卷上,康熙十九年《通志堂经解》本。
③ 按,林希逸师承陈藻,陈藻师承林光朝弟子林亦之。详参〔清〕黄宗羲著,全祖望补修,陈金生、梁运华点校《宋元学案》卷四十七"艾轩学案",北京:中华书局,1986年。
④ 张富祥《宋代文献学研究》,上海:上海古籍出版社,2006年,第472页。

（绍兴八年）二十五日，三省进呈虏使将入略，差官接伴、馆伴。上曰："管待之理，宜稍优厚。若事有商量，早遂休兵，免使赤子肝脑涂地，此朕之本意也。"诏太常少卿吴表臣借左中大夫吏部郎中充馆伴使，王伦往来就馆议事。①

据此记载，绍兴八年，吴表臣作为馆伴使，接待了金人使臣。据史料记载，宋代交聘仪式中，接伴使负责外国使臣从边境至京城沿路的接待，馆伴使一职，则主要负责外国使臣在京城的接待、交涉。因此，作为馆伴使的吴表臣，只是在临安城内接待金国使臣，并没有出使金国、到达北地的可能。据其本传所载，吴表臣入南宋后一直在国内任职，从未出使过金国。秦桧曾希望他出使金国，但终未成行②。据此可知，吴表臣并没有机会在北地发现遗失的《宣和博古图》，并带归南宋。

另外，在文献典籍中，也从未见有称吴表臣为"吴少董"者。吴表臣，字正仲，晚号湛然居士，他的字、号十分清楚，皆与"少董"无任何联系。因此，将林希逸书中提及的"吴少董"与吴表臣对应起来，颇显牵强。张富祥对何以将吴表臣当作"吴少董"也没有作出任何有信服力的解释。

查找宋人相关史料，我们并未发现有名为"吴少董"者。那么，林氏所称将《宣和博古图》带归南宋的"吴少董"，到底何许人也？

从现存《鬳斋考工记解》的早期版本上，我们其实可以发现一些端倪。查检《中国古籍总目》，《鬳斋考工记解》今存版本主要有宋刻元修本；明万历二十六年（1598）张鼎思补图本；《通志堂经解》本（有康熙十九年初刻本，乾隆五十年补刊本，同治十二年粤东书局翻刻本）；《四库全书》本。其中，《通志堂经解》本为最通行的版本。据朱天助对勘研究，《四库全书》本与《通志堂经解》本文字全同，前者应是以《通志堂经解》本为底本。③前文"及吴少董使虏见之，遂市以归"一句，即引自《通志堂经解》本。而《通志堂经解》所据底本，据翁方纲《通志堂经解目录》引何焯校语，为"汲古宋本"。④

查台北"国家图书馆"古籍与特藏文献资源系统，该馆所藏《鬳斋考工记解》为南宋后期刊元延祐四年（1317）修补本，其上有叶盛、毛褒、查慎行藏书印。毛褒乃毛晋次子，曾参与毛氏汲古阁的刻书活动。可知，此本曾为叶盛藏

---

① 〔宋〕徐梦莘《三朝北盟会编》卷二百三十二，上海：上海古籍出版社，2008年，第1609、1610页。
② "时秦桧欲使使金议地界，指政事堂曰：'归来可坐此。'表臣不答。又以议大礼忤意，罢去。"见《宋史》卷三百八十一《吴表臣传》，第11733页。
③ 朱天助《重估〈鬳斋考工记解〉价值及未备》，《北京大学中国古文献研究中心集刊》第12辑，北京：北京大学出版社，2012年，第117页。
④ 翁方纲《通志堂经解目录》，《丛书集成初编》据《粤雅堂丛书》本排印。北京：中华书局，1985年，第14页。

书，后归汲古阁所有。入清后，此书落入著名诗人查慎行之手。查氏曾入馆明珠府中担任教习，亦与实际主持编修《通志堂经解》的徐乾学过从甚密。因此，何焯所谓的"汲古宋本"或即此本。

细观此本，"及吴少董使厏见之，遂市以归"一句，此本"少董"前一字正好漫漶残缺，无法辨识（图1）。查北京大学图书馆所藏万历二十六年张鼎思补图本，此处已补作"吴"少董。可见至迟在明万历年间，此处已被后人妄补。《通志堂经解》本即据明代以来流传之他本，对底本漫漶处进行了填补，从而延续了此处错误（图2）。

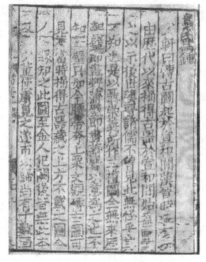 

图1　宋刻元修本　　　　　　图2　通志堂经解本

根据宋刻元修本的启发，我们可以进行合理推测，将《宣和博古图》由北地带归南宋之"少董"，或许并不姓吴。

实际上，两宋之际，正有一以"少董"为字的骨董商：毕良史。宋代史料所载毕良史生平事迹亦与《𬀩斋考工记解》中的记述相合。同时，"毕""吴"二字繁体在外形上也存在着一定的相似性。因此，我们可以做出一合理的推测：《𬀩斋考工记解》中所记带归《宣和博古图》的"□少董"，很可能就是两宋之际著名的骨董商毕良史。因为存世宋本的残缺漫漶，后世之人或据己意妄意补填，"毕少董"就在其后的流传中，成为了"吴少董"。以下就结合史料所载毕良史之生平事迹，对此推论进行论证说明。

毕良史其人，在宋代史料中有不少相关记载。他活动于两宋之际，《三朝北盟会编》对其生平有简要记述，元人陆友仁所撰《吴中旧事》中，亦有其小传。《三朝北盟会编》载：

> 良史字少董,蔡州人,略知书传,喜字学,粗得晋人笔法。少游京师,以买卖古器书画之属,出入贵人之门,当时谓之"毕偿卖"。①

可见,毕良史在北宋末年时,就已经从事古器书画的买卖,并且颇具名望,有着丰富的古董鉴别经验。靖康之难后,毕良史随之南渡,侨居兴国军。此后,其鉴赏古器物书画的才能为宋高宗所赏识,从此专门为高宗搜集鉴赏古董书画:

> 遭兵火后,侨寓于兴国军,江西漕运蒋杰喜其辩慧,资给令赴行在,遂以古器书画之说动诸内侍,内侍皆喜之。上方搜访古器书画之属,恨未有辩其真伪者。得良史,甚悦,月给俸五十千,仍令内侍延请为门客,又得束脩百余千。②

绍兴八年,宋金媾和,金人归还了宋之河南故地。宋高宗派官员往北地管理新收复之地,毕良史也在其中:

> 既得三京地,即拟官就禄于新复之地。留守司俾权知东明县。良史到县,乃搜求京城乱后遗弃古器、书画、一应古今骨董,买而藏之。③

渡江之初,南宋朝廷迫切需要搜集北宋时期的礼器实物,来作为新制祭器的范本。很可能正是看中了毕良史所具有的搜集鉴别书画古器的能力,他才被派往东京旧都,为高宗搜集在战火中流散于民间的礼器书画。④ 毕良史到东京后,也确实一直尽心尽力地搜集骨董。

但由于金人随后很快撕毁盟约,复取河南之地,毕良史因而被迫滞留北地。在任职及滞留期间,毕氏大力搜求靖康之乱后流散于民间之古器、书画、典籍,所获颇丰。⑤ 王明清《玉照新志》载:

> 绍兴庚申,金人以河南故地归我。诏以孟富文庾为东京留守,富文辟毕少董良史以自随。未几,金败盟,少董身陷金地者累年。尝于相国寺鬻故书处,得《熙丰日历》残帙数叶,无复伦叙。少董南归,出以相示。⑥

---

① 《三朝北盟会编》卷二百八,第1502页。
② 同上。
③ 同上。
④ "(绍兴九年八月)壬戌,诏东京留守司搜访郊庙礼器来上。时当行大礼,上以渡江后所作礼器多不合古,故命访之旧都焉。"〔宋〕李心传撰:《建炎以来系年要录》卷一百三十一,北京:中华书局,1988年,第2108页。
⑤ 按,靖康之变,金人攻破汴京后,虽大力搜刮财物,带归北地,但因数量巨大,无法尽载以归,有许多书画古董散失在了民间。宋人邵伯温云:"宣和殿聚殷周鼎钟尊爵等数千种。国破,虏尽取禁中物,其下不禁劳苦,半投之南壁池中。后世三代彝器,当出于大梁之墟云。"见氏撰,刘德权点校《邵氏闻见后录》卷二十七,北京:中华书局,2006年,第211页。
⑥ 〔宋〕王明清撰,汪新森、朱菊如校点《玉照新志》卷一,上海:上海古籍出版社,1991年,第2页。

自北宋时起，东京大相国寺就是百姓交易的繁华场所。① 毕氏能够在此访得佚书，也在情理之中。由此则材料可见，毕良史在东京时，有专门留意搜求旧书。而《宣和博古图》乃南宋朝廷重修礼乐的重要参考，应当更在其重点关注之列，因此，不排除《宣和博古图》也是毕氏访得于类似"相国寺鬻故书处"这种场所的可能。

庚申即绍兴十年，据《宋史》载，绍兴十年二月丁卯，孟庾任东京留守。② 五月乙酉，金人即败盟，入东京。毕良史应该就是在此期间随孟庾到达河南，并不幸滞留难归。

绍兴十一年，宋金再次议和。在南宋朝廷的特意要求下，金人放还毕良史，毕氏方得以南归。③《金史》载：

> （皇统）二年二月，宋端明殿学士何铸、容州观察使曹勋进誓表。三月，遣左副点检赛里、山东西路都转运使刘祹，送天水郡王丧柩及宋帝母韦氏还江南。五月，李正民、毕良史南归。④

金熙宗皇统二年，即绍兴十二年。此年五月，毕良史回归南宋，将其在北地时所搜集到的古器书画皆献于宋高宗：

> 会金人败盟，良史无所用心，乃从学解《春秋》。及复得还归，遂尽载所有骨董而到行在。上大喜，于是以解《春秋》改京秩，自此人号良史为"毕骨董"。⑤

毕良史"遂尽载所有骨董而到行在"的行为，也进一步证明他在北地搜访古器书画，本身可能就受到了高宗的授意。《宣和博古图》作为北宋末期完成的官方古器图录，是当时南宋朝廷重建礼乐祭祀所迫切需要访得的。毕良史出行北地时，刻意搜求此书，也在情理之中。绍兴十二年，毕良史南归以后，将其所访得之器物书画皆献于高宗，《宣和博古图》应该也就在此时，回归南宋内府收藏。

绍兴十三年，礼官请将新得之《宣和博古图》颁下太常寺，据以改造礼器。这一记载也从侧面进一步证明了《宣和博古图》的此次回归。《玉海》载：

---

① "相国寺每月五次开放，万姓交易。大三门上皆是飞禽猫犬之类，珍禽奇兽，无所不有。第二三门皆动用什物……殿后资圣门前，皆书籍玩好图画，及诸路散任官员土物香药之类。"〔宋〕孟元老撰，邓之诚注：《东京梦华录注》卷三"相国寺内万姓交易"条，北京：中华书局，1982年，第88页。
② 《宋史》卷二十九，第542页。
③ "及有毕良史者，比审议使萧毅等回具，言江南尝询访此人，今并委沿边官司发遣前去。"见《三朝北盟会编》卷二百八，第1501页。
④ 《金史》卷七十九，北京：中华书局，1975年，第1794页。
⑤ 《三朝北盟会编》卷二百八，第1502页。

绍兴十三年二月二十七日,臣僚请放《宣和博古图》于太常,俾礼官讨论厘正,改造祭器。从之。①

《宋会要辑稿》于此事有更详细的记述:

(绍兴)十三年二月二十七日,臣僚言:"昨者亲祠,内出古制爵坫,以易雀背负盏之陋。然而笾、豆、尊、罍、簠、簋、彝、鼎诸器,至今《礼图》既知其非,犹且循袭。窃闻已得《宣和博古图》,欲乞颁之太常,俾礼官讨论厘正,改造大礼祭器,悉从古制。"诏令秘书省给降一部。②

由此可见,在绍兴十三年二月以前,宋廷刚刚重获《宣和博古图》,这与毕良史绍兴十二年五月南归的行程也正相符合。

《宣和博古图》重归内府不久,就有朝臣请将其颁之于太常寺,用以讨论厘正礼器,此事前已述及。《中兴礼书》所载对此事之批复,更加清楚地显示了此书在内府的保存状况:

窃闻朝廷已求得《宣和博古图》本,欲乞颁之太常,俾礼官讨论改造将来大礼祭器,悉从古制,以称主上昭事神祇祖考之意。后批送礼部看详,申尚书省,寻下太常寺看详,乞请降《宣和博古图》下寺看详施行。秘书省供到状:契勘木(按:当作"本")省见管《宣和博古图》三部,每部三十册。诏依令秘书省给降一部。③

据此记载,《宣和博古图》在绍兴十二年重归内府后,宋人马上抄写了两部副本,将此三部并藏于秘书省。绍兴十三年,将其中一部颁下太常寺,以助礼官讨论礼器。每部三十册,可见此时三十卷之《宣和博古图》为按卷分册,每卷各一册。

书下太常寺后,礼官很快根据《宣和博古图》,对相关的郊庙礼器进行了改正和仿制。据《中兴礼书》卷九载:

(十四年)十一月四日,礼部言部圣旨,将来南郊大礼应祭器,令有司前期讨论修整。寻下太常寺讨论,将来南郊应合用祭器,并合仿《博古图》等样制,专委官改造。伏乞朝廷详酌指挥施行,勘会大礼朝享太庙合用礼器。诏令段拂、王铁一就讨论,同王晋锡制造。一,圆坛正配位,尊罍并豆并豆(按:此处疑衍)并系陶器。牺尊、象尊、壶尊各二十四,豆一百二十并

---

① 〔宋〕王应麟撰,武秀成、赵庶洋校证《玉海艺文校证》卷二十二,南京:凤凰出版社,2013年,第1080页。

② 〔清〕徐松辑,刘琳、刁忠民、舒大刚等点校《宋会要辑稿》礼十四,上海:上海古籍出版社,2014年,第784页。

③ 《中兴礼书》卷九,第36页。

盖，簠、簋各二十四副。已上《博古图》该载制度，于绍兴十三年已行烧造外，内有未应《博古图》样制，今讨论合行改造。①

据上文记载，绍兴十三年，太常寺得到颁下的《宣和博古图》后，马上据其所录样式，烧造了部分礼器。绍兴十四年，又据此改造了其他祭器。南渡初，宋廷原有的大量祭器多已在战乱中丧失，亟需重造礼器。《宣和博古图》的失而复得，使得南宋朝廷制造彝器有了可靠之图样，因此很快就将其确定为制礼作乐的文本依据。《宣和博古图》遂成为了南宋初期官方礼器仿造的样本和范式。

随着礼器制造官方样本地位的确立，《宣和博古图》逐渐在各地传播开来。宋代目录书《直斋书录解题》《遂初堂书目》皆有著录。各种宋人笔记之中，也时常可见《博古图》的身影。从南宋中期开始，《宣和博古图》的流传，逐渐由官府扩散到了民间。

综合史料所载毕良史生平可知，毕氏在北宋末年就已从事古董收藏交易，并在南渡后不久就专门为高宗搜集古物书画。他在绍兴十年被派往北地，因故滞留四年，方得回归南宋。在此期间，他曾留心访求遗失北地的古器和书画典籍，并在南归后献于高宗。其生平履历，正与史料所记重获《宣和博古图》的相关细节相合。

另外，据宋人史料记载，毕良史平生喜好搜求古董书画，对于金石文献也一直留心收藏。宋人李公麟将其所藏古器画图，编成《考古图》，此书乃北宋金石学的重要著作，原书就曾藏于毕良史处。② 史料记载毕氏一直以来对于金石文献的关注与收藏，也为其从北地发现并带归《宣和博古图》增加了可能。

据此，我们有理由推测，南宋初年，《宣和博古图》的重新发现者，应即毕少董毕良史。《虖斋考工记解》中的记载应为"毕少董"，"吴少董"可能为后人据所残存字形妄意添补而致误。

---

① 《中兴礼书》卷九，第37、38页。
② "李伯时自画其所蓄古器为一图，极其精妙，旧在上蔡毕少董良史处，少董尝从先人求识于后。"〔宋〕王明清《挥麈录》上海：上海书店出版社，2001年，第248页。

杜绾《云林石谱》版本系统考

董岑仕[*]

【内容提要】 杜绾所著《云林石谱》的今传本,皆从陶宗仪编《说郛》而出,存世的版本主要有明抄本《说郛》中所收的各本及从《说郛》衍生而出的单行本抄本、刻本。不同的《云林石谱》的抄本、刻本之间,部分条目的次第有较大的差别。本文通过考察《云林石谱》的版本内容、版本源流,指出《云林石谱》各本间的条目次第,与祖本的版本系统关系密切。比勘和梳理《云林石谱》的早期抄本,可以发现,《云林石谱》的明清刊本,均出自有错页现象的底本。在厘清版本源流的基础上,本文指出,明清时期《云林石谱》的刊刻者在试图校勘底本的错页时,会因资料不足而产生失校或误校。《云林石谱》的版本系统考察和错页分析,可以为进一步总结错页本的校勘经验提供帮助。

【关键词】 云林石谱　说郛　版本系统　校勘学　版本错页

《云林石谱》为宋代重要的石谱,作者杜绾,字季杨,号云林居士,山阴人。关于他的生平,《云林石谱》孔传序称杜绾为"杜衍裔孙",绍兴六年(1136)杜绾曾作《跋五老图》,称及"伯祖丞相"[①],由此可知,杜绾为杜衍族孙,大致生活在两宋之际。《云林石谱》的成书时间的具体讨论及版本系统的梳理,已有部分研究,但具体考察尚不够充分[②]。现有的整理本多依清代知不足斋丛书本点校[③],然版本源流的考察均付阙如。《云林石谱》的版本研究,对揭示《说郛》抄本的版本系统,探讨从《说郛》而出的单行本刊刻流传问题,总结错页版本的校

---

[*] 本文作者为人民文学出版社古典文学编辑室编辑。

① 〔明〕赵琦美编《赵氏铁网珊瑚》卷一三《记前翰林典籍朱复吉所藏先世睢阳五老图》,景印文渊阁四库全书本。

② 《云林石谱》的版本介绍,傅增湘 1917 年曾以丛书堂钞本校《说郛》宛委山堂本,并在自藏《说郛》宛委山堂本上作校跋,总结了《说郛》宛委山堂本的错乙现象,但这一校勘结果,并未成形成专文。民国年间《丛书集成初编》排印本前,有简单的梳理。昌彼得《说郛考》中,作《云林石谱》叙录,其中有对周履靖刻本、山居小玩本与《说郛》台图抄本的简单比较,见昌彼得著《说郛考》,台北:文史哲出版社,1977 年,第 184 页。

③ 最近的整理本,有杜绾著、寇甲、孙林编《云林石谱》(节选注释本),北京:中华书局,2012 年;杜绾等著,王云等点校《云林石谱(外七种)》,上海:上海书店,2015 年。两本均效法《丛书集成初编》体例,以鲍廷博知不足斋丛刊本为底本,补入"浮光石"一条;但对于底本的择取的理由、不同版本之间的差别,都未交代。

勘经验均有所帮助。

一、《云林石谱》的成书与流传

《云林石谱》的写作年代,据书前的孔传序,当不晚于绍兴癸丑(绍兴三年,1333)成书。具体看来,《云林石谱》书中所称地名,从地理沿革来说,多为徽宗、钦宗、高宗朝所设。如平江府、镇江府,为政和三年设;肇庆府,原为端州,政和八年改称肇庆府;襄阳府,为宣和元年(1119)升府;歙州,宣和三年改为徽州①。其中,《云林石谱》中称及"江宁府""荆南府",据宋代历史,江宁府是建炎元年(1127)立为帅府的,至建炎三年还为建康府②;荆南府是建炎四年置,至绍兴五年罢,其后至淳熙元年(1174)复还为荆南府③,宋高宗时江宁府、荆南府这两个名称的使用时间很短,而且年代上前后不相接,故知《云林石谱》书当非成于一时,大致作于建炎元年(1127)至绍兴三年(1133)之间,渐次写成,书中的地理名称,没有全部改从最终定稿时的行政建制。《云林石谱》中汇载了八十二个府州郡县的石品,涉及浙江、湖南、河南、山东、湖北、江苏、四川等地区,而山东、河南等地的石品记录,在南渡之后已然无法触及,所以,这部书从广义上,属于北宋时期以来知识积累的产物。

《云林石谱》成书后,宋代目录未见著录,唯元代陆友《研北杂志》记:"杜绾,字季扬,尝知英州,祁公,其祖也。博识多闻,作《云林石谱》三篇,流品皆牛奇章以来论石者所未及,其手书本,今在吾家。"④知陆友曾有杜绾《云林石谱》的"手本"。元末明初,陶宗仪将《云林石谱》收入《说郛》⑤。明初,《文渊阁书目》"画谱(诸谱附)"类中著录有《云林石谱》"一部一册"⑥,明中期之前,《云林石谱》见于目录著录者仅此一例。《文渊阁书目》中的书,往往见于《永乐大典》,不过,现存的《永乐大典》残卷中,未见征引《云林石谱》,而《永乐大典目录》中亦未载《云林石谱》的单独标目⑦。明代万历以后的私人书目,如晁瑮《宝

---

① 《宋史》卷八八《地理志四》,北京:中华书局,1985年,第2175—2202页。
② 同上书卷八八《地理志四》,第2186页。
③ 同上书卷八八《地理志四》,第2193页。
④ 〔元〕陆友《研北杂志》卷下,宝颜堂秘笈本。
⑤ 按,陶宗仪《说郛》(百卷本抄本)卷二八《遂初堂书目》最末有陆友跋一篇,或陶宗仪《说郛》所收二书均得自陆友处。
⑥ 〔明〕杨士奇编《文渊阁书目》卷十三,据读画斋丛书本影印,收入《宋元明清书目题跋丛刊》第四册,北京:中华书局,2006年,第138页。
⑦ 《永乐大典目录》下有小注,部分整书抄录的书名会见于小注,其中,《目录》卷五四"二质"下有"石"韵,可知《永乐大典》原本的卷20485至20508为"石"韵条目,但这些卷的《永乐大典》现均佚;小注中,未见单独的《云林石谱》,唯录"石名"九卷,可能与《云林石谱》有关,见〔明〕解缙编《永乐大典》第十册,北京:中华书局,2000年,第637—638页。

文堂书目》、徐𤊹《红雨楼书目》、祁承㸁《澹生堂藏书目》等著录了《云林石谱》，这应该与当时《云林石谱》的再刊刻有关。

二、《云林石谱》的版本

现有的《云林石谱》的版本，包括《说郛》的各早期明抄本，单行本抄本或单行本印本、丛书印本等。根据笔者的考察，陶宗仪《说郛》中所收《云林石谱》，事实上是明清以来《云林石谱》传本的祖本。明代万历以后，不少单刻书籍常从当时传抄的《说郛》抄本中别裁为单书①，《云林石谱》明清版本，在撰人题名、标目等上，均与明抄本《说郛》有密切联系，另外，陶宗仪编《说郛》时，全书完整抄录的，在抄本的书名后往往有"几卷全"或"几弓全"等字样，而《云林石谱》中的各本均未见"全"字，而今传的单行本《云林石谱》，均未见超出《说郛》各本的内容。从这些方面可知，《云林石谱》的单行本实从《说郛》而出。

就抄本而言，存世的《云林石谱》抄本，有《说郛》各抄本中所收《云林石谱》和从《说郛》抄本而出的单行本抄本。百卷本《说郛》中，《云林石谱》载卷十六。上海图书馆藏明抄本《说郛》一部，为傅增湘旧藏，是三种抄本的拼合本，《云林石谱》所在的卷十六为吴宽丛书堂抄本《说郛》（以下略称丛书堂本）。国家图书馆存七种明抄《说郛》残本，其中四种收《云林石谱》，分别为弘治十三年（1501）明抄本a（善本书号03907）、涵芬楼旧藏明抄本b（善本书号07557）、钮氏世学楼抄本（善本书号02408）、潩南书舍抄本（善本书号A00485，潩南书舍抄本分卷，与其他明抄本《说郛》不同，潩南书舍抄本载卷二八）。台北"国家图书馆"藏蓝格抄本《说郛》（以下略称台图本）②。另外，国家图书馆还藏有民国年间以"京师图书馆钞书纸"稿纸录副的《说郛》抄本（以下简称"京图本"）。《说郛》抄本的《云林石谱》中，均无《云林石谱》目录。《云林石谱》的单行本抄本，有国家图书馆藏明万历甲戌（万历二年，1574）梦觉子（又号五岭山人）抄、万历癸巳（万历二十一年，1593）补录杨慎跋语本《云林石谱》，此本为今存单行本抄本《云

---

① 《说郛》为陶宗仪的丛抄性质书籍，其中部分书籍的文字内容为节略本，而有的书籍，另外流传有内容完整的版本。明代万历之后的刊本中，既有以完整本为底本的刻本，也有以《说郛》节本为底本的刻本，两相比照，可证此时单刻、丛书中不少书籍，实从《说郛》当时的传抄本而出。如朱肱《酒经》，今存完整传世的宋刻三卷本；而陶宗仪《说郛》抄本中的《酒经》为节录本。明代万历年间的《酒经》刻本中，万历新安程氏刻本将《酒经》与袁宏道《觞政》合刻为《合刻酒经觞政》，是完整本《酒经》的再刻；周履靖《夷门广牍》丛书本中的《酒经》，则与陶宗仪《说郛》节本相合。

② 除此之外，据目录等可知，《说郛》今存的旧抄本中，尚有以下几种收录《云林石谱》：玉海楼藏明抄本《说郛》五十六卷，有卷十六的内容；临海博物馆藏类编本的汲古阁经藏本《说郛》六十卷，卷二十二"谱"下有《云林石谱》（见徐三见《汲古阁藏明抄六十卷本〈说郛〉考述》，《东南文化》1994年第六期，第112—126页）。浙江图书馆藏有张宗祥校《说郛》百卷本的编辑用稿抄本（7437号）（浙江图书馆编《浙江图书馆古籍善本书目》，杭州：浙江教育出版社，2002年，第670—680页）。这些抄本《说郛》，笔者均未寓目。

林石谱》中最早者。另外，四库全书抄本，也是传本系统中较为重要的抄本，今可见者有文渊阁本、文津阁本；文澜阁本为丁丙补抄本，已非四库全书馆时原貌①。

就印本而言，《云林石谱》的重要印本，包括明万历间周履靖金陵荆山书林刊三卷本（以下简称荆山书林本，台北"国家图书馆"有藏本）、明万历四十三年程舆、胡之衍校刻《云林石谱》三卷本（以下简称万历程氏刻本）、明末毛晋刻《山居小玩》丛书一卷本（题《石谱》，以下简称山居小玩本）、明末《唐宋丛书》三卷本、宛委山堂本一百二十卷重编本《说郛》三卷本（载卷九六）、嘉庆间张海鹏刻照旷阁《学津讨原》丛书三卷本（以下简称学津讨原本）、嘉庆间鲍廷博刻《知不足斋》丛书三卷本（以下简称知不足斋本）、商务本百卷本《说郛》（载卷十六）。其中《唐宋丛书》、宛委山堂重编本《说郛》中《云林石谱》同板。

《云林石谱》各版本的基本情况如下：

1.《说郛》丛书堂本：

《说郛》丛书堂本，傅增湘旧藏，张宗祥校《说郛》时当用了此本作参校本。抄本用黑格白口左右双边稿纸，每半页十行，行约二十字。《云林石谱》载卷十六，书名作"《云林石谱》"，单行小注"三弓"，作者署"宋杜季杨"，题下双行小注注"号云林居士/名绾，山阴人"。前有孔传序，正文抄时，每行顶格抄，天头有部分石名的标目。虽然首出"三弓"，但丛书堂本中"修口石"一条后，换行续以"鱼龙石"条的内容，其中当误脱了"《云林石谱》弓中"一行，故仅见"弓上""弓下"。另外，丛书堂本中，不少当换行另起而未换行处，往往见朱笔勾勒校勘的痕迹。傅增湘曾以丛书堂本校《说郛》宛委山堂本，并在自藏《说郛》宛委山堂本上作校跋②。

2.《说郛》明抄本 a：

《说郛》明抄本 a，为《说郛》明抄残本，卷二四末有"弘治庚申依本录"一行，故知为弘治十三年抄本。张宗祥校《说郛》时当未见此本。抄本用蓝格蓝口左右双边稿纸，每半页十行，行约二十二字。《云林石谱》载卷十六，书名作"《云林石谱》三弓"，作者署"宗杜孝杨"，"宗""孝"二字为形讹；下双行小注注"号云林居士/名绾，山阴人"。前有孔传序，正文抄时，每行前空二格，若相应的条目有石名的标目，则顶格抄，抄完标目后空一字，续以条目正文，回行仍空二格抄。

3.《说郛》明抄本 b：

---

① 《文澜阁四库全书版况一览表》，收入《浙江图书馆古籍善本书目》，杭州：浙江教育出版社，2002年，第937页。

② 按，傅增湘言："丁巳腊八日，校丛书堂钞本讫，增改至数百字。钞本分两卷，盖并上、中卷为一耳。其'吉州石'条下错入《渔阳石谱》五条，而'吉州石'本条之半又搀入下卷'樊石'条中，'樊石'本条下半又割入'华严石'条下，其'金华''松滋''菩萨''于阗''黄州''华严'六条，原在'吉州石'之次，亦错在下卷。种种凌杂错乱，若非钞本改正，盖几不可读矣。此外当别出而误并入他条者，亦有数事，至单词剩句，又不胜枚举。不意当日付梓时，何以缪绝至此，研朱勘毕，叹喟之余，倍深欣幸。"（见傅增湘撰，王菡整理《藏园群书校勘跋识录》，北京：中华书局，2013年，第310页。）

《说郛》明抄本 b,涵芬楼旧藏,卷首有"海盐张元济经收""涵芬楼"印,为《说郛》明抄残本,今存卷数、藏书源流等,与张宗祥《〈说郛〉跋》[①]中所述用以校勘《说郛》商务本的"涵芬楼藏本"合。抄本用蓝格白口四周双边稿纸,每半页十行,行约二十二字。《云林石谱》载卷十六,书名作"《云林石谱》",单行小注"三号",作者署"宋杜李杨",题下双行小注注"号云林居士/名绾,山阴人"。前有孔传序,正文抄时,每行前空二格,若相应的条目有石名的标目,则在所空二格内抄入标目,石名为三字的,常作挤行小字,多于三字的,则作双行小注抄石名。

4.《说郛》世学楼抄本:

《说郛》钮氏世学楼抄本,为《说郛》明抄残本,张宗祥校《说郛》时当未见此本。抄本用蓝格白口四周单边稿纸,版心有"世学楼"字,每半页十行,行约二十四字。《云林石谱》载卷十六,书名作"《云林石谱》三篇",作者署"宋杜季扬",双行小注注"号云林居士/名绾,山阴人"。前有孔传序,正文抄时,每行前空三格,若相应的条目有石名的标目,顶格抄,抄完标目后无空字,即续以条目正文;回行仍空三格。

5.《说郛》潭南书舍抄本:

潭南书舍抄本,为《说郛》明抄残本,其卷次与其他百卷本明抄本不同。张宗祥校《说郛》时当未见此本。抄本用蓝格白口四周单边稿纸,版心有"潭南书舍"字,每半页十三行,行十九至二十字。《云林石谱》载卷二八,书名作"《云林石谱》",无卷数,作者署"宋杜季扬",双行小注注"名绾,山阴人/号云林居士",与他本先号,后名、乡里略有不同。前有孔传序,内容实分三卷,正文每行均顶格抄,原似无标目,在对应条目版框上方天头有标目。

6.《说郛》台图本(抄本):

《说郛》台图本,为《说郛》明抄全本,张宗祥校《说郛》时当用了此本作参校本。抄本用蓝格白口左右双边稿纸,每半页十一行,行二十五字。《云林石谱》载卷十六,书名作"《云林石谱》三卷",作者署"宋杜李杨","李"为形近之误,双行小注注"号云林居士/名绾,山阴人",前有孔传序,每行均顶格抄,全书无标目。

7.《云林石谱》梦觉子抄本:

北京国家图书馆藏《云林石谱》梦觉子(又号五岭山人)抄本,每半页九行,行二二字,无格。书抄成于万历甲戌(万历二年,1574),其后,万历癸巳(万历二十一年,1593)从杨慎《卮言》中录杨慎跋尾一篇,并有清代毛寿君校、跋。书前有孔传序,迻录杨升庵(杨慎)跋尾,后有五岭山人题:

> 万历癸巳首夏四日偶阅杨子《卮言》,补录此跋,距甲戌岁又二十年所

---

① 张宗祥《〈说郛〉跋》,[明]陶宗仪编《说郛三种》第二册,上海:上海古籍出版社,2012年,第1358页。

矣。五岭山人。

书末有跋尾，叙此抄本源流：

> 右《石谱》三卷，从蔡君石岩借录成帙，此书故五川杨翁家物。翁物故后其书散失于市井间，为月溪顾君所得，蔡又从月溪转假惠我，盖所从得之难。若此谱中所载石颇详，而石墨、石钟，其传最久，乃固不载，又如闽中之将乐，滇之大理，咸石中之英，亦所不录，岂闻见有所不逮。即固知著书实难，非博古通今之士不可。甲戌夏五下澣日，梦觉子识。

两篇文字，与抄本中所用字体合，故知梦觉子又号五岭山人，万历二年抄完，当时署号"梦觉子"，故称"梦觉子本"。万历二十一年，梦觉子补录杨慎跋尾，此时署"五岭山人"，当为后来改号。五岭山人梦觉子其人不详，唯另有万历甲申（万历十二年）梦觉子的《录鬼簿》抄本，并有跋，当为同人。

抄本部分条目下有黑笔校，字体与正文同，当为梦觉子校。此抄本，另有朱校，朱校当为清代毛琛寿君校，在抄本最末，有朱笔校跋：

> 乾隆癸丑冬十一月，俟盦手校，惜讹脱处甚多，学识谫陋，不敢率意增改也。候访之藏书家，或有精本对核，乃大妙耳。手记。

其后用"毛寿君"印，毛琛，字寿君，号俟庵，又作俟盦。此抄本曾为铁琴铜剑楼藏书，故卷首杜绾序，卷尾毛琛校跋后，皆有"铁琴铜剑楼"印。《铁琴铜剑楼藏书目录》卷十六所录《云林石谱》三卷旧钞本，与此本合。

梦觉子抄本在目录下署作者"宋杜季阳"，下有双行小注"号云林居士，名绾，山阴人"。"阳（陽）"当为"扬（揚）"形讹。作者题署，与《说郛》明抄本的题署方式相同，而正文处，不复署作者。

梦觉子抄本正文的标目前空三格抄，换行另起，行首不空格抄正文。正文中，条目常仅换行而不标目；书前目录据书中所载标目录出，故目录中的标目数，少于正文条目数。

8. 《云林石谱》万历程氏本（刻本）：

万历程氏刻本分三卷，刊于万历乙卯（万历四十三年，1615），每半页十一行，行二十二字，白口，四周单边。上单鱼尾，鱼尾上方有"云林石谱"字样，鱼尾下有"目录""上卷""中卷""下卷"等字样，下方有页数。无孔传序，有高出序、胡之衍跋。据胡之衍跋，知底本出自焦太史（焦竑）所藏[①]。

万历程氏刻本在目录页署作者，大字出"宋杜季阳"，下有双行小注"号云

[①] 《云林石谱》万历程氏本，国图、台图等有藏。国图本为钱曾旧藏，有钱曾跋，此本书前无高出序、胡之衍跋及目录，仅有正文三卷。台图本有序、跋及目录，此据台图藏本论。

林山人,名绾,山阴人",正文首页亦有题署,作"宋山阴杜绾季阳氏著。明新安程舆幼舆氏、胡之衍平仲氏阅",两处"阳(陽)"当为"杨(楊)"之形讹。目录处的作者题署,与《说郛》明抄本的题署方式相同,正文首页的题署,则用程氏丛刻的体例。从题署上,可知万历程氏刻本源于《说郛》本。

万历程氏刻本正文的标目前空两格,换行顶格刻条目正文。正文中,条目常仅换行而不标目;书前有目录,据书中标目出,故目录中的标目数少于正文实有条目数。其中上卷"全州石"一条,目录中所载位置与正文不合。

9.《云林石谱》荆山书林本(刻本):

周履靖荆山书林刊本《云林石谱》,刊于万历年间。每半页九行,行十八字,白口,四周单边。上单鱼尾,鱼尾上有"云林石谱"字样,单鱼尾下有上卷、中卷、下卷字样,下方有页数。从刻书版式上来说,《云林石谱》与周履靖《夷门广牍》丛书的版式基本相同,但《夷门广牍》丛书版心页数以上,另有总卷帙,而《云林石谱》因为不收入《夷门广牍》,故无。书前录孔传序、目录,目录最末言"附《宣和石谱》、附《渔洋公石谱》"二篇。《宣和石谱》《渔洋公石谱》,原与《云林石谱》同载《说郛》百卷明抄本卷十六。

荆山书林本目录页,不书作者;正文首页,署"宋山阴云林杜绾著,明嘉禾梅墟周履靖校,金陵荆山书林梓"。孔传序中,提及"云林居士杜季杨"处,此本则作"季扬"。从周履靖《夷门广牍》所收朱翼中《酒经》等从《说郛》中而出来看,周履靖此本的底本,也是明代流传的《说郛》抄本,而署名中杜绾的信息亦与明抄本《说郛》信息同;校、梓的信息,与周履靖其他刊本如《夷门广牍》各子目等采用的体例类似。荆山书林本书末,附《宣和石谱》《渔洋公石谱》二书,每书下有夹注"附"字,其中《宣和石谱》换页另起,《渔阳公石谱》与《宣和石谱》相连,不换页另起,这两书亦从《说郛》明代传抄本而来。不过《宣和石谱》《渔洋公石谱》二书,荆山书林本均不著撰人,而在明代的《说郛》传抄本中,《宣和石谱》是有署名的。

荆山书林本正文的标目,空两格后刻,其后换行顶格刻条目正文。正文中,逐条有标目。不少在明抄本中有文而未换段、无标目的条目,周履靖刊刻时均已补题。书前有目录,目录同正文标目。

10.《石谱》山居小玩本(刻本):

毛晋《山居小玩》丛书本,刻于明末,每半页八行,行十八字,白口,左右双边,无鱼尾,版心上方,有"石谱",下方刻页数。书前有目录页,不书作者;正文首页,署"宋杜绾著,明毛晋校"。山居小玩本正文的标目,空两格后刻,其后换行顶格刻条目正文。全书不分卷,从目录、标目、正文、次第、讹误等来看,多与周履靖刻荆山书林本同,唯周履靖分三卷,而毛晋刻本不分卷,合为一卷。另外,此本无孔传序,亦无荆山书林本最末所附的《宣和石谱》《渔洋公石谱》。

11.《说郛》宛委山堂本(刻本)、《云林石谱》唐宋丛书本(刻本):

《说郛》重编本之宛委山堂本与《唐宋丛书》本,实为同版所印,每半页九行,行二十字,白口,书口有"云林石谱",上单鱼尾,鱼尾下出"卷上""卷中""卷下"字样,下有页数。不过《唐宋丛书》本笔者所阅本,漫漶较为严重,个别板片有整版漫漶半页的情形。

《云林石谱》载《说郛》宛委山堂本卷九十六,宛委山堂本、唐宋丛书本书名作"《云林石谱》",不书卷数,实分三卷。作者署"宋杜绾",无注。前有孔传序。无目录。孔传序中,提及"云林居士杜季扬"处,此本则作"季杨"。宛委山堂本、唐宋丛书本正文的标目,空两格后刻;条目正文,则换行另起,顶格刻。内容中,宛委山堂本、唐宋丛书本错入《渔洋公石谱》一大段,不过,并未续入《希通录》之类的错页。《说郛》宛委山堂本卷九六后载《渔阳石谱》《宣和石谱》,《唐宋丛书》本则无《渔洋公石谱》《宣和石谱》。其中,《渔阳石谱》即《说郛》明抄本中亦收卷十六的《渔洋公石谱》,宛委山堂本因错页入《说郛》,《渔阳石谱》仅占一板片,内容很少;《宣和石谱》署"常懋"撰,与明抄本中多作"祖秀"(亦有讹作"祖考")不合。从内容、来源等来看,《说郛》宛委山堂本、《唐宋丛书》本的《云林石谱》的内容,当源出当时流传的《说郛》的抄本。

12.《云林石谱》四库全书本(文渊阁本、文津阁本)(抄本):

《云林石谱》的四库全书文渊阁抄本[①]、文津阁抄本[②],均采用四库馆红格四周双边稿纸,每半页八行,行二十一字,版心书"钦定四库全书",下书"云林石谱"及页次。

文渊阁本、文津阁本前有提要,另有文溯阁本提要可查[③],文津阁本提要、文溯阁本提要同,文渊阁本提要与文津阁本、文溯阁本前半几同,仅两处无足轻重的异文[④],然而文渊阁本提要较文津阁、文溯阁本提要增最末一句:"又毛晋尝刻是书,并为一卷,又佚去孔传之序,而文句则无大异同,今亦不别著录焉"[⑤],《四库全书总目》的殿本[⑥]、浙本[⑦]的提要,与文渊阁本书前提要同。在诸本提要中,均言四库全书馆的底本原附《宣和石谱》《渔洋公石谱》,而馆臣以为,"今惟录绾书以资考证,而所附二谱,悉削而不载"。文渊阁本最末未附,但

---

① 《景印文渊阁四库全书》子部第844册,台北:台湾商务印书馆,第583—608页。
② 《文津阁四库全书》子部第846册,北京:商务印书馆,2008年,第339—365页。
③ 金毓黻编《文溯阁四库全书提要》第三册,北京:中华书局,第2073—2074页。
④ 计目时,文津阁本、文溯阁本提要作"一百一十六",而文渊阁本提要作"一百一十有六";提及《渔洋公石谱》时,文津阁本、文溯阁本提要作"其中列宓密、元好问诸名",文渊阁本提要作"其中列周公谨、元遗山诸名",改用字而非名。
⑤ 《景印文渊阁四库全书》子部第844册,第583页。
⑥ 《四库全书总目》殿本,见《景印文渊阁四库全书》第3册,第499页。
⑦ 《四库全书总目》浙本,见永瑢等编《四库全书总目》,北京:中华书局,1960年,第988页。

文津阁本在实际誊抄时,抄入了《宣和石谱》与《渔洋公石谱》。

13.《云林石谱》学津讨原本(刻本):

《云林石谱》学津讨原本,刻于嘉庆年间,每半页九行,行二十一字,细黑口,版心中书"云林石谱题辞""云林石谱目录""云林石谱卷某"等,下有页数,"照旷阁"字样,有孔传序,有目录。书前录《四库全书总目提要》(出自浙本)、孔传序(改作《云林石谱题辞》)。学津讨原本在目录页不署作者,正文首页署作"山阴杜绾撰,昭文张海鹏订"。孔传序中,提及"云林居士杜季扬"处,此本则作"季杨"。学津讨原本的标目,前空二字;条目正文,换行另起顶格刻。学津讨原本,最末附张海鹏跋,然未言及此本刊刻底本等具体情形。

14.《云林石谱》知不足斋本(刻本):

《云林石谱》知不足斋本,后附清马汶《绉云石记》,有鲍廷博跋,跋作于嘉庆十九年(1814)。每半页九行,行二十一字,细黑口,版心中书"云林石谱序""云林石谱目录""云林石谱某卷"等,下有页数及"知不足斋丛书"字样,有孔传序,有目录。知不足斋本在目录页不署作者,正文首页署作"山阴杜绾季阳著"。"阳(陽)"当为"杨(楊)"之形讹。孔传序中,提及"云林居士杜季扬"处,此本亦作"季阳"。知不足斋本的标目,前空二字;条目正文,换行另起顶格刻。

15.《说郛》京图本(抄本):

国家图书馆藏民国抄本《说郛》,以半页十行"京师图书馆钞书纸"稿纸抄。纸捻草装,百卷中目录中,缺卷二二及卷八六至九十的内容,而抄本册八九至册九四,多有"宗祥案"指出底本系"挖补""割去空白""挖填"等剜改作伪,而各本字迹不同,结合《说郛》抄本流传情况,此抄本当为张宗祥任职京师图书馆时倩人录副。其中,《云林石谱》所据底本,当为傅增湘旧藏吴宽丛书堂本。抄本题作"《云林石谱》(三弓)",但抄本中仅见"《云林石谱》弓上""《云林石谱》弓下",而在"修口石""鱼龙石"两条之间,当误脱"《云林石谱》弓中"一行,而这也与傅增湘"钞本分两卷,盖并上、中卷为一耳"的讹误相同。这一民国抄本,已经经过校勘改动:首先,《云林石谱》中,将各条标目均抄入正文,其后空一格接正文,而与丛书堂本不同;其次,与其他明抄本分则标目往往较为粗疏不同,京图本除"兖州石"未分出外,均分则,卷下首条"柏子玛瑙石"无标目外均已有标目。丛书堂本上,多有朱笔勾勒分则,而"兖州石"上方天头无标目,亦未勾勒而出;"柏子玛瑙石"无标目,可知京图本未分则标目,正由底本朱笔校勘时失校所致。在誊抄时加入标目,详加分则,当为录副誊抄时所进行的校勘改动。

16.《说郛》商务本(铅印本):

《说郛》商务本,为张宗祥汇校而成,据张宗祥《说郛》的跋语,可知《说郛》

商务本据六种明抄本汇校①。此六种版本,分别为京师图书馆残本(今藏国图,善本书号A00487,其中无《云林石谱》);傅增湘藏本三种(即今上图藏三种《说郛》明抄本的拼配本,其中《云林石谱》为吴宽丛书堂抄本);涵芬楼藏本(今藏国图,即本文的明抄本b);明抄本(今藏台北"国家图书馆",即本文的台图本②)。另外,张宗祥在《说郛》还常据其他丛书、目录等,对明抄本的内容进行校勘,在《说郛》商务本中,往往不录校勘记,仅以清本的形式呈现最后的校勘成果。《说郛》商务本为铅印排字本,仍效法古书的版式,有版心、板框等。半页十三行,行二十五字,白口,四周单边。上下鱼尾间,有"说郛卷某某"字样及页数。《云林石谱》载卷十六,书名作"《云林石谱》",下小注"三卷",作者署"宋杜季扬",双行小注注"号云林居士/名绾,山阴人"。书前有孔传序,孔传序中,提及"云林居士杜季扬"处,此本亦作"季杨"。书中内容实分上中下三卷。条

---

① 张宗祥《〈说郛〉跋》有多个版本,包括《铁如意馆手钞书目录》(油印本,北京师范大学藏)引录及《说郛》商务铅印本等,前者参见施贤明《张宗祥〈说郛〉跋再探讨》(图书情报工作网刊,2012年第一期)转录,后者见《说郛三种》第二册,上海:上海古籍出版社,第1358页。

② 关于第六种版本为何,学界有过推测,如饶宗颐、徐三见以为是玉海楼藏本(饶宗颐《〈说郛〉新考》,收入《陶宗仪研究论文集》,杭州:浙江人民出版社,2006年,第401—408页;徐三见《汲古阁藏明抄六十卷本〈说郛〉考述》,《东南文化》,1994年第六期),但结合玉海楼本六十六卷的卷帙情况等来看,此本当非张宗祥用以校勘的第六种版本。张宗祥《〈说郛〉跋》中言前五种之后,尚缺《说郛》明抄本卷二二、卷八六至九十的内容(原讹作"九十六")。这些缺帙,与"京师图书馆钞书纸"本《说郛》目录所缺卷帙合。第六种《说郛》有前五种所无的缺卷,而今存的《说郛》抄本中,兼有卷二二、卷八六至九十的版本,有台图本和国图藏世学楼本。笔者比勘《说郛》卷二二中林洪《山家清供》的台图本、世学楼本和商务本,商务本的署名、条目次第、文字内容等,往往与台图本合,而与世学楼本有别,故疑第六种明抄本为台图本或台图本部分卷帙的录副本。蒙台北大学王国良教授提示,百卷《说郛》明抄台图本的入藏,与1940年郑振铎等联络的"文献保存同志会"采购藏书家书籍有关,这一批书籍最后入藏台北"中央图书馆",即今台北"国家图书馆"前身,见陈福康《郑振铎等人致旧中央图书馆的秘密报告》《出版史料》2001年1期。1940年4月2日《文献保存同志会第一号工作报告》中,提及"尚在议价及接洽中者有:明蓝格抄本《说郛》(书未寄到)";在1940年5月7日《文献保存同志会第二号工作报告》中,提及"至零星在各肆所购善本,亦有足述者。稿本及抄校本有:……(二)嘉靖蓝格抄本《说郛》(一百卷,陶兰泉旧岁,闻为张宗祥校印本所据,而张本误字阙句甚多,此本足以补正不少。)"报告经常省略卷数,这里明确为"一百卷",可证此即为台图百卷本《说郛》的来源;另外,"旧岁(歲)"字,疑是"旧藏"的误认。陶兰泉即陶湘,张宗祥《铁如意馆手钞书目录》(油印本,北京师范大学藏)曾载张宗祥《〈说郛〉跋》:"壬戌(1922)秋,奉命督浙学,沅叔先生饯之娱莱室,案头有书估携来之明抄《说郛》。傅先生曰:'子所缺各卷均在,然索价高,恐寒士不能买。陶兰泉欲得之,我当继子南行观潮,代为借觇也。'不二旬,傅先生果至杭,携书见假,方得完成。"(见施贤明《张宗祥〈说郛〉跋再探讨》,《图书情报工作网刊》,2012年第一期,第59页。)曾言及傅增湘为张宗祥借抄缺卷之事,而"陶兰泉欲得之"的记载也与报告中"陶兰泉旧藏"事相吻合,《说郛》商务本此段跋有异文,作:"本年(壬戌)秋,奉命督浙学,临行,沅叔先生饯之于娱莱室,案头有书估携来之明抄《说郛》。检阅一过,缺卷皆在。匆匆南下,不及借抄。沅叔先生至浙观潮,竟携至南方,见假,得成全书。"则未及陶湘事。报告中指出此蓝格抄本《说郛》一百卷,"闻为张宗祥印本所据",而结合《说郛》各卷内容的校勘、比核来看,此说当无误。〔美〕艾骛德(Christopher P. Atwood)撰《〈说郛〉版本史——〈圣武亲征录〉版本谱系研究的初步成果》(北京大学国际汉学家研修基地编《国际汉学研究通讯》第九期,北京大学出版社,2014年),怀疑台图本为民国时期伪造本,此说不足据。

目中,每行均顶格,标目后,不另起换行,仅空一字,即续以条目正文。

三、《云林石谱》的版本系统

从刻本和抄本的情况来看,除了山居小玩本不分卷以外,其他《说郛》本或丛书、单行本中,《云林石谱》分三卷。然而,各本之间,"分则"上条目分合、数量多寡有所区别,"标目"的拟名上也互有异同。同时,各石的排列次第不同版本间各有不同,分三卷时,各卷起讫也间有差异。《云林石谱》的各版本分则标目、排序次第、分卷起讫的不同,是考察《云林石谱》版本源流与系统的重要依据。

明代各个抄本,分则标目的情况较为复杂。首先,分则方面,各本分则不同,有的版本中换行另起的条目,在其他的版本中承上相连。另外,在有标目的版本中,即便部分条目已换行另起,但分则而无标目的情况往往存在。如梦觉子抄本有标目,书前目录基本据标目誊出,卷上目录仅载三十品,抄本的实际分则、换行来看,实有四十三品,相差的十三品,均为无标目而正文实有的条目。其次,标目方面,从抄本版式、行款等来看,丛书堂本、台图本、潩南书舍本各条原无标目,而丛书堂本、潩南书舍本现在的标目是在各则天头增写的,其中,潩南书舍本的命名,与他本的名字差别较大;明抄本 b 中的标目,也似是抄时所加,标目所占位置,均在抄本各行上空处,由此看来,这些抄本所据底本,应仅有简单的分则,而未有标目。明抄本 a、世学楼抄本中的标目,在抄时占格,由此,抄本所据底本当已有标目。由此可知,在早期的抄本中,《云林石谱》当无标目,而已有分则,在传抄的过程中,往往根据文意划分段落,拟定名称。分则拟目时,抄者、校者、刊者根据文义而拟,或称流传俗名,或称地名,标准并不统一,各拟名之间,又因形近而误等造成了拟名的不同,故而造成了《云林石谱》各版本之间分则拟目往往不同。

标目上,各本歧见比较大的,有以下几条:

一、"玛瑙石"一目,《说郛》明抄本 a、明抄本 b 均立两条"玛瑙石";世学楼本、台图本不换行,不标目;梦觉子抄本中,总目出二"玛瑙石",而正文则分设"宜都玛瑙石""盱眙玛瑙石";万历程氏刻本,总目、正文则均分"玛瑙石""玛瑠石",后者作"瑠"而有异文;其他印本均只作"玛瑙石"一条。

二、"端石"下,或额外分"小湘石"条,"小湘石"实为"端石"四种之一,不当别立条目,《说郛》商务本于"小湘石"条前仅换段,未增设条目,不误,他本或有误。

三、"镇江石",或作"黄山岘山石",惟丛书堂本、荆山书林本、山居小玩本、文渊阁本、文津阁本额外分"黄山石"一条、"岘山石"一条。

《说郛》各本的"昆山石"一条最末"至正初,杭州皋亭山后大山出石,与昆山石无分毫之异"一句,各本间有异文。"至正"为元代年号,丛书堂本抄时作双行小注①。明抄本a及世学楼本、潭南书舍本、台图本均作"至正",为大字正文;明抄本b抄作大字,作"至止",当为"至正"之误;梦觉子抄本"至正"作"近时";荆山书林本、万历程氏刻本《云林石谱》、山居小玩本、文渊阁本、文津阁本有此条,作大字,均作"至正";《说郛》宛委山堂本删此句;知不足斋本"至正"作"至道";《说郛》商务本此句,据丛书堂本刊入小注。从内容来看,此句涉及元代历史,显为后人增入,或为陶宗仪抄编《说郛》时所增。不同的校者注意到其内容与成书时间的龃龉,故进行了调整处理。

在排次、分卷上,清代嘉庆以前的抄本、印本中,根据条目次第、文字内容、分卷,可划分出三个系统。其一,丛书堂本、明抄本b、潭南书舍本、台图本排次几同而关系密切。其二,梦觉子抄本、万历程氏刻本关系密切。其三,明抄本a、世学楼本与《说郛》宛委山堂本排次同而关系密切;荆山书林本、山居小玩本、文渊阁本、文津阁本与上述三本关系密切,但分卷不同。早期抄本刻本中部分段落的异文,可以了解系统祖本的来源面貌,而不同排序的三个系统中的后两个,事实上是错页后形成的排序,而两者错页状况不同。在分卷上,《云林石谱》除了山居小玩本以外,都分三卷,但是各卷内容因为错页而多寡不均。抄本、印本中,三卷的起讫,除了荆山书林本、文渊阁本、文津阁本三本的分卷与其他各本不同以外,每卷起讫大体相同,大抵卷上均以"灵璧石""青州石"为始,"萍乡石""修口石"为止;卷中"鱼龙石""菜石"为始,"上犹石""螺子石"为止;卷下"柏子玛瑙石""宝华石"为始,"石棋子""分宜石""钟乳石"为止。综合错页来源等情形来看,荆山书林本等当为校勘后改变了原有的分卷,而其他各本的分卷,应当近乎《云林石谱》成书时的分卷形式。

1. 排次未错页本系统

丛书堂本、明抄本b、潭南书舍本、台图本的排次几同,但各本分则、标目往往有遗漏。与其他《说郛》明抄本均有所不同的,是丛书堂本卷中,于"辰州石"后,有"浮光石"一条。在明抄本b、潭南书舍本、台图本及不属于此排次系统的明抄本a、世学楼本中,均仅有"辰州石"条,通校各本,改正讹字,"辰州石"条作:

辰州蛮溪水中产石,色黑,诸蛮取以砻刀②,每洗涤,水尽黑,因名"墨石",扣之无声,仿佛如阶州者。土人琢为方解器物及印材,粗佳。

————————
① 按,值得注意的是,丛书堂本《云林石谱》中的部分小注,有时仅仅为缩行而形成,在他本中均不作双行小注的,在丛书堂本中,多有改作双行小注的。
② 刀,世学楼本作"刃",明抄本a讹作"刅"。

其中，世学楼本"辰州石"与上条"绛州石"及次条"肃慎氏石矢"相连而不独立换行；其他各本，"辰州石"条均独立为一段。

丛书堂本，"辰州石""浮光石"两条，各自独立而每条均换行另起，作：

> 辰州石
> 辰州蛮溪水中产石，色黑，诸蛮取以砻刀，每洗涤，水尽黑，因名"墨石"。扣之无声，[亦堪为研，间有温润，不可多得之。
> 浮光石
> 光州浮光山石产土中，亦洁白，质微粗糙，望之透明，扣之无声，]仿佛如阶州者。土人琢为方斛器物及印材，粗佳。

从内容来看，丛书堂本较其他各本，增出以"[ ]"括出的三十七字（不计于天头标目的"浮光石"三字），而"辰州石""浮光石"中均有"扣之无声"的内容，可能存在因底本邻近行均有"扣之无声"，而出现脱漏，至各本祖本均脱去两行左右文字的情况。由"浮光石"一条的有无，可知存在分设"辰州石""浮光石"的"分设本子系统"和节略"辰州石""浮光石"为一条的"合并本子系统"。

《说郛》商务本出于分设本子系统中的丛书堂本，而详加标目。从后出而详加分则的《说郛》商务本来看，这一系统中的条目，卷上有四十三条，卷中三十三条，卷下三十八条；"合并本子系统"中，卷中较之"分设本子系统"少一条。

2. 错页本系统一

属于错页本系统一的早期版本，有梦觉子抄本与万历程氏刻本。

万历程氏刻本的刊刻时间虽晚于梦觉子抄本，但两者应有相似的祖本。梦觉子抄本与万历程氏刻本除了少数异文（如梦觉子抄本作"江华石"，万历程氏刻本作"江峰石"；梦觉子抄本出二"玛瑙石"而分别注"宜都""盱眙"，而万历程氏刻本分别作"玛瑙石""玛瑠石"等）以外，内容大多相同，万历程氏刻本虽无孔传序，但梦觉子抄本与万历程氏刻本的标目、署名、条目次第等往往相同，如"墨玉石"一条，梦觉子抄本标目脱漏"玉"字，而目录等不脱，当为抄误；在墨玉石的条目中，万历刻本有三处空字，而梦觉子抄本缺字的情况与万历刻本相同，但并未保留空格，均可看出，两者应出自同一系统的祖本。通过比勘可知，在梦觉子抄本中，已对其中部分错页情形进行了校改。

比照非错页本系统、文辞来看，梦觉子抄本与万历程氏刻本祖本共有两处错页。

第一处错页，为卷上"永康石"条"｜"后的文字，当接"卢溪石"后"｜"文字；"卢溪石"条"｜"后文字当接"峄山石"条"｜"后文字；"峄山石"条"｜"后文字当接"永康石"条"｜"后"如木叶"三字。

卷上，万历程氏刻本"永康石"一条作：

> 蜀中永康军,产异石,钱逊叔遗余一石,平如版,厚半寸,阔六七寸,于面上如铺一纸许,甚洁白。上有山一座,高低前后,凡十数峰,剧有佳趣。|如木叶。

卷上,"卢溪石"条作:

> 袁州石出溪水中,色稍青黑,有嵌空崚怪势,大者高数尺,鲜有小巧者。唐卢肇隐居溪侧草堂,前立一大石,高丈余,三峰九窍,甚奇怪,自谓卢溪石。崇宁闲,欲辇置内府,以石背多有前人刻|回①边不脱其底,山色皆青黑,温润而坚,利刀不能刻,扣之声清越,目为"江山小平远"。逊叔得之蜀中,部使者云:出自永康军,后未见偶者。

卷上"峄山石"条,万历程氏刻本原无标目,与上相连,作:

> 峄山,在袭庆府邹县,山土中产美石,间有岩穴穿眼,不甚宛转深邃,亦有峰峦高下,无崭崒势,其质坚矿,不容斧凿,色若揉蓝,或|字语,或时忌,遂止之不用。

从内容的行款、数量等来看,知这一系统底本,是卷上前后相连的两页恰错页,若将永康石一条结尾"|"后挪至"峄山石条"|"之后,则与非错页本的排序、内容相同。

这一祖本卷上的错页痕迹明显,如"永康石"一条,前载"钱逊叔遗余",错页后,"卢溪石"条言"逊叔得之蜀中",前后不贯,校者能查,故而梦觉子抄本中,永康石一条有所改正,作:

> "永康石":
>
> 蜀中永康军,产异石,钱逊叔遗余一石,平如版,厚半寸,阔六七寸,于面上如铺一纸许,甚洁白。上有山一座,高低前后,凡十数峰,剧有佳趣,如木叶。目为"江山小平远"。逊叔得之蜀中,部使者云:出自永康军,后未见偶者。

这一校勘结果下,底本从"峄山石"条结尾错简而入的"如木叶"三字,仍然保留,原先误入"卢溪石"条结尾的错页内容,校勘时并不了解乙文的起讫,并未全文抄回,仅将后半加入。"卢溪石"一条,梦觉子抄本将误入"峄山"条结尾的"字语"以下内容移回。"峄山条"结尾,"色若揉蓝或"以下的"卢溪石"结尾,已移走,而"如木叶"不识为此条错简,未移回的同时,梦觉子抄本将"或"字删去而径行收尾。

---

① 回,实为"四"之形讹。

万历程氏刻本、梦觉子抄本卷上错页情形，参加下图①：

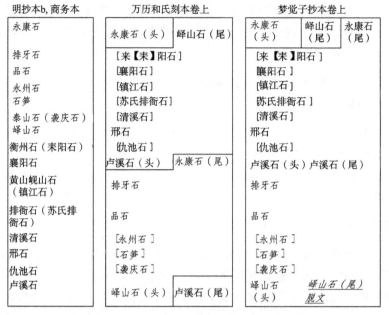

万历程氏刻本、梦觉子抄本卷上错页示意图

第二处错页，为卷中"华严石"条中，误接卷下"端石"条尾。至"密石"条，后误接"兰州石"条；卷下"端石条"文字中，误接"华严石"条末尾，至"兰州石"条文字中，又续以"密石条"末尾。事实上，是这一系统的祖本卷中、卷下有错页，而从具体的异文表现来看，即"华严石""端石"两条结尾互讹，"兰州石""密石"两条结尾互讹。

"华严石"条，万历程氏刻本作：

> 温州华严川石，出水中，一种色黄，一种黄而斑黑，一种色紫|之石，从上第一层谓之顶石，皆紫。第二，腰石，或有眼，或无眼。第三脚石，即无眼。大抵有眼石在本岩中尤细润。下岩石谓之鸲鹆眼，上岩下②穴谓之鹦哥眼，上岩下穴谓之鸡翁猫儿眼，半边山谓之雀儿眼鹦哥眼，土人以此别之。

---

① 《云林石谱》各抄本、刻本之间，标目有异文，间或脱漏标目，在示意图中，最左栏列明抄本 a 的排序及从此本出而详加标目的商务本的标目，用"（）"标注在别本系统中的异名情况。知不足斋本实从万历程氏刻本、梦觉子抄本这一系统而出，且此本的标目影响较大，故万历程氏刻本、梦觉子抄本中实有而未标目的条目，以"［］"补出，用以表示在对应版本中无标目而实有内容的条目。示意图中，以"（头）""（尾）"标示段落内存在错页的情形，不标，则表示条目有完整开头或完整结尾。下同此例。

② 下，实为"上"之讹。

"端石"条,万历程氏刻本作:

> 各石三层之上,即覆石也。石色燥甚,下即底石也。石色杂,虽润,不发墨。凡三层│石理有横纹,微粗,扣之无声,稍润,土人镌治为方圆器,紫者亦堪为研,颇锉墨。

"│"之后的两段,实为"华严石"与"端石"互相错简。

"密州石"一条,万历程氏刻本作:

> 密州安丘县玛瑙石,产土中,或水际。一种色嫩青,一种莹白,纹如刷丝盘绕石面,或成诸物像,外多粗石结络,击而取之,方见其质,土人磨治为牙头之类以求售,价颇廉,亦不甚珍,至有材人│枚,才寸许跳掷顷刻而死。

"兰州石"一条,万历程氏刻本作:

> 兰州黄河水中产石,有绝大者,纹采可喜,间于群石中得真玉璞,外有黄臕,又有如佛像,墨青者极温润,可试金。顷年予获一圆青石,大如柿,作镇纸,经宿,连兰①册,辄温润,后以器贮之,凡移时,有水浸润,一日坠地,破为三四段,空处有小鱼一│以此石迭为墙垣,有大如斗许者,顷因官中搜求,其价遂数十倍。

"│"之后的两段,实为"密州石"与"兰州石"互相错简。

梦觉子抄本的祖本,卷中、卷下中,华严石、端石有大段的错简,其中端石为人所熟知,故而梦觉子抄本中,华严石、端石的错简,俱已校正结尾,但彼此条目的次第,都未调整,而密州石、兰州石的错简,梦觉子抄本无法处理,其中,"密州石"抄至"不甚珍",其后出双行小注,以为原文有阙文:

> 南唐李后主有青石砚池中黄石,弹丸,水不耗,后陶谷得之,后主索不已,陶怒,碎之,中有小鱼云云。□跳掷,顷刻即死。右政可补此阙文。

小注所引李后主、陶谷事,出《百川学海》本《砚谱》或高似孙《砚笺》,记叙的内容也是砚石中有小鱼而能润砚的典故。从小注及校勘来看,正是梦觉子察觉所抄底本"密州石"条有脱漏错简,故引他说来补充这段错简可能的来源;而"兰州石"一条,梦觉子本从"可试金"以下,一概阙文。

梦觉子抄本校改了《云林石谱》祖本部分错页,其后仍有错页,而万历程氏刻本、梦觉子抄本此处错页情形,如下图所示:

---

① 兰(蘭),实为"简"之形讹。

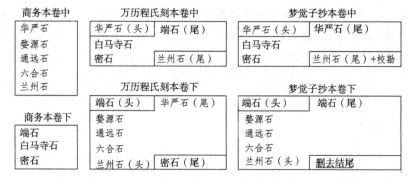

万历程氏刻本、梦觉子抄本卷中、卷下错页示意图

梦觉子抄本中,他处也能看出校勘改动的痕迹,如"溜州石"一条,梦觉子抄本有小注"恐当作淄州"。另外,"至正"一句,梦觉子抄本作"近时",亦当为校勘改动。

从书前目录的相同、条目次第的相同、标目情况的大体一致等痕迹来看,梦觉子抄本的底本应该为与万历程氏刻本有共同错页来源之底本,并有部分的校勘,但校勘工作并不完全,在改易错简时,只察觉了条目内的错简,而改换结尾,对于错简范围内整体条目次第的错误,亦未察觉,故而条目次第,仍然继续错误底本的轮廓;另外,梦觉子抄本、万历程氏刻本中,均无"浮光石"一条。

3. 错页本系统二

属于错页本系统二的早期版本,有明抄本 a、世学楼本,《说郛》宛委山堂本从此本而出;周履靖荆山书林本、毛晋刻山居小玩本、文渊阁本、文津阁本亦从此系统出,而周履靖作了校勘改动。

在这一系统中,明抄本 a、世学楼抄本卷中"吉州石"后半条,均错入了《说郛》卷十六《渔洋公石谱》后半内容及卷十七《希通录》的内容①,在这段错页之后,抄本续"婺源石"一条,中欠"吉州石"后半至"华严石"条全文;卷下"矾石"条②,明抄本 b、世学楼本错入原当载于卷中的"吉州石"后半至"华严石"条。其后,续"建州石"条。

以明抄本 a 为例,错页条目的"吉州石"条作:

> 吉州数十里土中产石,色微紫,扣之有声,可作研,甚发墨。但|云岫遗山有诗,小有洞天。……

"矾石"条作:

---

① 按,《渔洋公石谱》为《说郛》百卷本卷十六最末一书。
② "矾"(繁体作"礬"),明抄本 a、世学楼本均误作"樊石",此字,抄本、刻本中亦有讹作"礜石"的,下径改作"矾"。

  鹳巢中有石,亦名矶,或如鸡卵,色灰白,鹳于巢侧为泥,池多置鳅鳏之类,蓄水中,以此石养之,每探取,则吞而飞去,颇难得。顷年温州瑞安县佛舍尝有鹳巢,因端午晨朝,一人忽登屋谋取,为人所捕,致讼,询之,云窃取可以致富,不利于寺。今|肤理颇矿燥,较之水①嘉华严石为研,差胜,土人亦多镌琢为方斛诸器。

"华严石"条作:

  温州笔②严川石川出水中,一种色黄,一种黄而斑黑,一种色紫,石理有横纹,初粗,扣之无声,稍润,土人镌治为方圆器,紫者亦堪为研,颇发墨。|

  本③所载矶石,凡有数种,产汉川武当西辽诸处旧巢中,最佳,鹳尝入水浴④,故取以壅卵,合热,今不可得之。

  其中,明抄本 a 在"本"字前换行,而世学楼本不换行,与"颇发墨"相连而抄。

  内容上,卷中"吉州石"条"|"之后的"云岫"云云,为《渔洋公石谱》和卷十七《希通录》的内容,直至"婺源石"条,回至《云林石谱》。"矶石"条"|"之后的内容,实当接在"吉州石"尾;"华严石"的"|"后的内容,则是"矶石"条的结尾。在明抄本 a 的换行中,可以显现出清晰的错页痕迹,而世学楼本错页的痕迹较不明显。若删去《渔阳公石谱》《希通录》,改正错页若干条,则次序与未错页本同;另外,《说郛》明抄本 a、世学楼抄本中,均无"浮光石"条的内容。

  由《说郛》明抄本 a、世学楼抄本可见,传抄过程中,存在一个错页的祖本,而这一祖本,也是宛委山堂本、荆山书林本错页的来源。《说郛》重编本之宛委山堂本与《唐宋丛书》本实为同版,《说郛》宛委山堂本、《唐宋丛书》本与明抄本 a、世学楼抄本略近,亦错入《渔洋公石谱》一大段⑤,不过,并未续入《希通录》。宛委山堂本《说郛》错字较多,形近而误、脱漏字句、空字、墨钉等,亦比比皆是;而今明抄本 a、世学楼本中,已往往有空字、错字等情形,知宛委山堂本《说郛》编刊时,实依旧日抄本,其中部分讹误亦有承袭来源。明抄本 a、世学楼抄本等,往往缺标目名,宛委山堂本《说郛》大体与明抄本 a、世学楼抄本同,在刊刻时,补入了部分标目,但仍有颇多未换行另起的条目。明抄本均有之"至正初

---

① 水,当为"永"之形讹。
② 笔(繁体作"筆"),当为"华"(繁体作"華")之形讹。
③ 按,据他本,"本"下当补"草"字,指《本草》。
④ 洽,为"浴"之形讹。
⑤ 按,在《说郛》宛委山堂本中,《渔洋公石谱》的书名,作"渔洋石谱",在《说郛》明抄本中,则多作"渔洋公石谱"。

云云"一条,宛委山堂本删。另外,《说郛》宛委山堂本在《云林石谱》后,续有《渔阳石谱》一叶,《宣和石谱》二叶,分别题"宋□渔洋公""宋□常懋",书口有"渔阳石谱""宣和石谱"字样,"渔阳石谱"的书名,与《说郛》明抄本作"《渔洋公石谱》"有所不同;因为大半《渔洋公石谱》已经错入《云林石谱》,故《渔洋公石谱》仅一页。《唐宋丛书》本与《说郛》宛委山堂本同板,内容中亦有错页加入的《渔阳公石谱》的内容,但书末不载《渔洋石谱》《宣和石谱》而直接续下一部子目《画论》。

这个系统的错页情形,如下表所示:

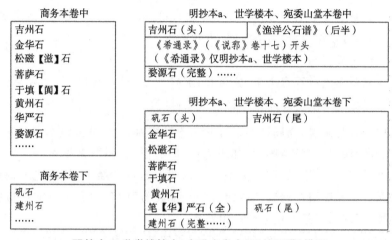

明抄本 a、世学楼抄本、宛委山堂本《云林石谱》错页

从周履靖荆山书林本《云林石谱》条目的次第、异文等情形多与明抄本 a、世学楼本同,可知周履靖刊刻的底本实从《说郛》明抄本出,且正出自此错页本系统。荆山书林本的刊刻过程中,周履靖还对底本加以了校勘,从"辰州石"条、"浮光石"条的情况来看,荆山书林本的底本,当为来自错页系统并节略"辰州石""浮光石"为一条"辰州石"的合并本子系统(近乎明抄本 a、世学楼本),而参校本是一个分设"辰州石""浮光石"条的底本系统(近乎丛书堂本)。在校勘时,周履靖察觉了后者所多的"浮光石"一条,校勘后,荆山书林本卷中"辰州石"条作:

  辰州蛮溪水中出石,色黑,诸蛮取之磨刃,每洗涤,水尽黑,因名黑石,扣之无声,仿佛如皆州者①。土人琢为方斛器物及印材,粗佳。|亦堪制为砚,间有温润,不可多得。

荆山书林本全书卷下最末,增入"浮光石"一条:

---

① 按,"皆",明抄本中,多作"阶(階)"。

> 光州浮光山石产土中,亦洁白,质微粗糙,望之透明,扣之无声,仿佛如阶州者。土人琢为方斛器物及印材,粗佳。

从合并本系统的明抄本 a 来看,"辰州石"条原作:

> 辰州蛮溪水中产石,色黑,诸蛮取以砻刃,每洗涤,水尽黑,因名墨石,扣之无声,仿佛如阶州者。土人琢为方斛器物及印材,粗佳。

而分设两条的丛书堂本,"辰州石""浮光石"两条,原作:

> 辰州石
>
> 辰州蛮溪水中产石,色黑,诸蛮取以砻刃,每洗涤,水尽黑,因名墨石。扣之无声,亦堪为研,间有温润,不可多得之。
>
> 浮光石
>
> 光州浮光山石产土中,亦洁白,质微粗糙,望之透明,扣之无声,仿佛如阶州者。土人琢为方斛器物及印材,粗佳。

从这一校勘来看,周履靖实以合并本子系统为底本,从分设本中补入了合并本所无的"辰州石"条结尾的"亦堪为研,间有温润,不可多得之"一句,又转而在全书最末补入"浮光石"一整条,而未察"辰州石""浮光石"原先为两行脱漏的关系。经周履靖校勘后,"辰州石"与"浮光石"两条中有大量文字重复而产生误校,"辰州石"条经校勘后更为繁复。

在明晰底本与参校本的同时,也可以了解到,荆山书林本的校勘过程,主要包括文字的更定、标目的整理、卷次的重排。

文字的更定,体现在周履靖校本对于底本的众多讹字进行了更定,并纠正了部分的错乙现象。比照全书排序,可知荆山书林本的底本当出自错页本系统。在校勘中,周履靖剔去了正文中误入的《渔洋公石谱》及《希通录》,而荆山书林本最末附刊的《渔洋公石谱》中,已将错页处《渔洋公石谱》调回。"吉州石"一条的结尾,刊本中也已校正。然而,底本中,仍然有部分错页未纠正。其中,"砚石"条结尾仍续以吉州石条之尾,故荆山书林本砚石、吉州石的结尾,有重出的内容;"华严石"条结尾[①],仍续以"砚石"条的结尾。

标目的整理上,许多明抄本《说郛》中连上段而抄而未单独换行另起的条目,荆山书林本均已离析;且每个条目均有标题。从明抄本《说郛》的情况来看,标题的拟定,可能是周履靖在校刊时拟定的。但在分则、标目上,荆山书林本也有误分的情况,如他本或作"镇江石",或作"黄山岘山石",在明抄本中,仅丛书堂本天头的标目中,分列"黄山石""岘山石",荆山书林本或缘此参校而分

---

① 与明抄本 a、世学楼本不同,荆山书林本已不再讹作"笔严石"。

为两条,分别标目作"黄山石""岘山石"。其中"黄山石"一条无石的具体介绍,仅有方位地理的介绍,从"岘山石"中分出"黄山石"实属不必。

在分卷上,荆山书林本与其他早期抄本、刻本的三卷起讫均有差别。荆山书林本所依底本系统有错页,这一系统的《说郛》明抄本 a、世学楼本,有多条卷中的内容错入卷下,这样,错页本形成后,卷上载四十一条;卷中载二十三条;卷下载四四条①。各卷帙中条目、容量多寡相差悬殊。周履靖刊刻时,重新平均了三卷容量,故卷上、卷中、卷下的起讫,与其他各本不同,上卷至"全州石"条为止,共三十七品;中卷从"何君石"起,至"小湘石"止,共四十三品;下卷从"密石"起至"钟乳石""浮光石",共三十六品。

荆山书林本在校勘纠正结尾的误乙时,部分条目下亦有新增讹误,如"鹦鹉石""方城石"等条结尾,有他本所无的衍文,"鹦鹉石"一条最末,用小字增注"器皿紫色,亦堪作砚,颇致发墨",此条当从"方城石"结尾错入;"方城石"一条"发墨"后,增加了未错页的"矾石"的"致询,讼之,云窃取……不复可得之"一整段。综合来看,荆山书林本部分条目结尾出现的衍文,在明抄本中均未见,这应当是周履靖察觉底本有讹误时,在试图校勘时所作的误校。

毛晋刊山居小玩本不分卷,仅作一卷,书名不作"云林石谱"而仅题作"石谱",正文部分,从标目、次第、内容等来看,大多与周履靖刻荆山书林本同,唯周履靖分三卷,而毛晋刻本不分卷,合为一卷。除了不载孔传序以外,荆山书林本最末所附的《宣和石谱》《渔洋公石谱》,毛晋刻本亦不载。"鹦鹉石"一条最末,荆山书林本用小字增注"器皿紫色,亦堪作砚,颇致发墨",而山居小玩本则改作大字,与上文无别。

文渊阁、文津阁《四库全书》本《云林石谱》的底本,据《四库全书总目》和各阁的书前提要所载,四库全书馆臣作提要的底本,有如下特征:

1. 三卷刻本,有孔传序。
2. 书后附入《宣和石谱》《渔洋公石谱》,二谱无作者署名。
3. 四库馆臣论附入内容为周履靖刻是书时所窜入。
4. 提及四库馆有毛晋刻的一卷本②。
5. 四库本删去了附入的《宣和石谱》《渔洋公石谱》。

从提要内容来看,四库全书的底本当为周履靖荆山书林本。据《四库采进目录》"浙江省第七次呈进书目",有"《云林石谱》三卷[附宣和石谱、渔洋公石

---

① 明抄本 a、世学楼本中往往不换段、不标目,合并了不少本当分则另起的条目,在统计时,参考了周履靖刊本离析具体条目后的数量。

② 按,此条有异文,文溯阁本、文津阁本书前提要不载,文渊阁本、《四库全书总目》浙本、殿本载。

谱]宋杜绾撰,一本"①,当是四库馆作提要所依底本。

在包括文津阁本的书前提要的各本提要中,均提及"今惟录绾书,以资考证,而所附二谱,悉削而不载"。然而,文津阁本最末仍抄有"《宣和石谱》(附)"与"《渔洋公石谱》(附)"二谱,这应当是抄手不察而误抄入。

浙本《四库全书总目》在清代流通较广,而《四库全书总目》中提及的周履靖刊本、毛晋刊本,实指荆山书林本、山居小玩本,但因为此二本后来流通渐稀,遂引发后来校勘者的一些疑惑。

4. 后出校勘本

错页本系统一与错页本系统二后来各有一脉发展源流,学津讨原本实从错页本系统二而出,知不足斋本实从错页本系统一而出,张宗祥校《说郛》商务本,亦属后出校勘本。

《学津讨原》丛书为嘉庆年间张海鹏所刊。考察该本的排序、标目、异文等,知其主底本当为《说郛》宛委山堂本,参校本为山居小玩本,经校勘整理后付梓。

从排序、拟目、分则来看,学津讨原本属于错页本系统二,而条目的分则较细,拟目名往往以宛委山堂本为主,宛委山堂本未分出条目而无标目的,学津讨原本往往同荆山书林本、山居小玩本。部分拟目,则注"又作",如"江州石,一名湖口石"、"袭庆石,一名泰山石"、"镇江石,一名黄山石"、"紫金石,一作寿春石"、"箭簇石,一作肃慎氏石矢"、"方山石,一作黄岩石"、"松滋石,一作松磁石"、"雪浪石,一名山中石"等。其中,除了"雪浪石"的"一名"为学津讨原本新增以外,其他均为宛委山堂本与荆山书林本、山居小玩本的异称。最末多"浮光石"一条,之前亦仅见于荆山书林本、山居小玩本。

荆山书林本、山居小玩本关系密切,知张海鹏用山居小玩本而非荆山书林本,在于关键异文的呈现上与山居小玩本合。

孔传序,宛委山堂本、荆山书林本有,而山居小玩本无,学津讨原本的序全同宛委山堂本,如"王大令之好鹅"、"云林居士杜季杨"、"抑堂先生之裔",宛委山堂本、学津讨原本同;荆山书林本分别作"王右军之好鹅"、"云林居士杜季扬"、"草堂先之裔",均略有胜处,如"抑堂先生之裔","抑"当为"艸"之形讹,而荆山书林本脱"先生"之"生",原句当作"草堂先生之裔",指杜绾为草堂先生杜

---

① 吴慰祖校定《四库采进目录》,商务印书馆,1960年,第127页。在《四库采进书目》中汇集了四库馆收书的大部分信息,其中"两江第一次书目"收《兰谱》一卷,宋王贵学著;《石谱》三卷,宋杜绾著。以上二种合,一本。"据题名,当为毛晋《山居小玩》丛书本,然而《石谱》"三卷"的卷数可能有问题。毛晋《山居小玩》本将王贵学《王氏兰谱》题作《兰谱》,并将《云林石谱》题作《石谱》,作一卷,故此本可能是《山居小玩》的零本;另外,"江苏省第一次书目"曾进"[云林]石谱[三卷,宋杜绾著]一本。(刊本)"一本,不过,吴慰祖校定的时候加入"云林"与"三卷"的信息,未必十分确准,是毛晋刊本的可能性亦有。

甫之后,但学津讨原本全无校勘,可见孔传序当为未得荆山书林本校勘,故而参校本当为山居小玩本(山居小玩本无孔传序)。

另外,"鹦鹉石"一条,宛委山堂本作:

荆南府有石如巨碑路隅,色浅绿,不甚坚,名鹦鹉石,击取以铜盘,磨其色,可靖笙。

荆山书林、山居小玩本作:

荆南府有石如巨碑,行路隅,色率皆方形,其质浅绿,不甚坚,名鹦鹉石,击取以铜盘,磨其色,可靖笙。器皿紫色,亦堪作砚,颇精致,发墨。

两本文字同,荆山书林本"器皿紫色"后作单行小注,而山居小玩本作大字。学津讨原本作:

荆南府有石如巨碑,仆路隅,色浅绿,不甚坚,名鹦鹉石,击取以铜盘,磨其色,可■■。器皿紫色,亦堪作砚,颇精致,发墨。

"■■"为墨钉,此段前半,学津讨原本基本以宛委山堂本为底本,据山居小玩本补入了"行路隅",而改"行"为"仆"字;"靖笙"二字不甚可解,故学津讨原本改作墨钉;最末据山居小玩本加入最后的段落,作大字,与前文字号无别,亦证学津讨原本从山居小玩本而出。

此外,分卷上,宛委山堂本、荆山书林本分三卷,但每卷起讫不同;山居小玩本不分卷,学津讨原本的分卷全同宛委山堂本,亦可知其主底本为宛委山堂本;而现有的分卷不变,亦是未得荆山书林本之证。

宛委山堂本、荆山书林本均出自错页本系统二,而宛委山堂本错页严重,荆山书林本、山居小玩本已经有所校勘、改动,学津讨原本在此基础上,校正部分错讹的结尾,而大体次第仍未调整。其中,荆山书林本、山居小玩本已校正的吉州石条结尾,学津讨原本亦不误;未校正的矾石条、华严石条结尾的错页,学津讨原本已校正。"辰州石""鹦鹉石""方城石"等的结尾,荆山书林本、山居小玩本有衍文,学津讨原本的"辰州石""鹦鹉石"均从山居小玩本补入了衍文,而"方城石"条山居小玩本衍入的大段"矾石"条的内容,则已删去。"浮光石"一条,学津讨原本从山居小玩本增入。

鲍廷博《知不足斋丛书》本《云林石谱》刊刻于嘉靖十九年(1814),书末有鲍氏跋语:

余向之海昌,得交马容海卿佐。观所藏查伊璜孝廉之《绉云石》,及同时诸人题咏,既又出示宋杜绾《云林石谱》三卷。案,绾字季阳,号云林居士,山阴人。宰相衍之孙,唐工部甫之裔也。其书汇载石品一百十六,各详形色出产而次第之,洵谱录中不可少之书也,拟欲重刊以广流传,因字句间尚多错讹,因循未果,今春敬观钦赐《古今图书集成》,始知是书已邀采录,谨即校对一过,凡改正数十处,并补录绍兴时孔传序一篇,适余方刻丛书第二十八集,遂为付梓,并附《绉云石图记》于后,以识容海好古之雅意云。嘉庆十九年春,歙西鲍廷博谨识于知不足斋。

据跋语知,鲍廷博观马容海(马汶,字容海)的《绉云石》,并从马汶得到藏本《云林石谱》而欲刊刻,但由于底本错讹较多,故取《古今图书集成》校改并补录底本所缺的孔传序,刊入《知不足斋丛书》第二十八集。

今查《古今图书集成》"方舆汇编·坤舆典·石部汇考二"下全引《云林石谱》。"石部汇考"下所列书目中有"《太湖石志》""常懋《宣和石谱》""江东曹继善《辨歙石谱》"等,其作者书名,与《说郛》宛委山堂本相同①;且该本《云林石谱》错页中误入的《渔洋公石谱》等文字,亦全同《说郛》宛委山堂本。故《古今图书集成》的《云林石谱》祖于《说郛》宛委山堂本。经比勘,知不足斋本的《云林石谱序》,确实出自《古今图书集成》所引的《说郛》宛委山堂本。

比勘正文,则知鲍廷博本与《古今图书集成》本不一致。其主要底本(即马汶藏本),实出自错页本系统一,知不足斋本全书中条目次第,除"仇洲石"一条稍作改动以外②,其余各条次第,基本与万历程氏本相同,知底本当祖于万历程氏本(万历程氏本无序)。在刊刻中,鲍廷博对前述万历程氏刻本四处错页各条的结尾文字作了乙正,但对后续错页条目的次序未作调整。排序上,知不足斋本还合并了部分题名重复的条目,将次第原先散见的"无为军石"两条、"袁石"两条、"韶石"两条、"钟乳"两条共八条合并为四条,后出条目附于首见条目之后;唯卷上、卷中各有"吉州石",卷上、卷下各有"青州石",未合并。知不足斋本无"浮光石"一条。

在校勘时,鲍廷博亦据他书校勘,如卷下"端石"条校勘,引高似孙《砚笺》作案语,而将"端石"条他本语序尽行调整,又如"凡砚石有两壁"加入"米氏《砚史》云:'眼长如卵'",从内容上来说,实属误改古书,与原本差别甚大,杜绾《云林石谱》从未引及米芾《砚史》;其他如"平泉石""松化石"条等,亦与其他诸抄本、印本差别较大;鲍廷博的底本可能脱漏较大,如"灵璧石"一条,其他各本均作"即是从土中升起,凡数百之中无一二",知不足斋本仅作"百无一二";"林虑石"一条,脱文亦甚多;"武康石"结尾,脱去"穿眼宛然,浑然可观"一句,而其他

---

① 如《宣和石谱》《太湖石志》二书,明末丛书仅《说郛》宛委山堂本载,而《宣和石谱》误题"常懋";《辨歙石谱》实为宋代谱录,洪迈曾刊刻,宋刻《百川学海》中已收入,不题撰人;明末重刊《百川学海》和《说郛》宛委山堂本编入时,均增附撰人而题"曹继善",实为误题,从这些误题和著录的源流来看,皆是《古今图书集成》此卷出于《说郛》宛委山堂本的明证。

② "仇洲石"(他本作"仇池石")一条的位置,他本均载"邢石"(一作"刑石")之后,而知不足斋本的次第位于"苏氏排衙石"之后,"清溪石""邢石"之前。

各本均有。

综上，鲍廷博知不足斋本的底本，应当是万历程氏本系统。鲍廷博虽然在跋中言及据《古今图书集成》本校勘，但事实上，整部书应该只有序言基本从《古今图书集成》所引的《说郛》宛委山堂本过录，有两处异文；[①]正文部分，万历程氏本系统下原先有的结尾互讹现象，知不足斋本基本订正，但校勘时，只改正了错页条目的结尾，而并未将前后几条调回。另外，知不足斋本合并了部分标目相似的条目，与底本原貌有所差异。在每条条目的文字校勘中，鲍廷博几乎没有采用《古今图书集成》本进行逐条的细致校勘，部分条目采用了他书（如高似孙《砚笺》等）进行了校改；可能是由于所用底本漫漶较重，现在的知不足斋本有较多的脱文和校改等，实与《云林石谱》其他传本面貌有较大的差别。

《说郛》商务本为张宗祥据六种《说郛》明抄本汇校而成。据《说郛》商务本的跋语可知，校勘《云林石谱》时，张宗祥所用《说郛》旧抄本，包括傅增湘藏吴宽丛书堂抄本、明抄本 b 和台图本，此三本均为非错页本。本文前述的明抄本 a、世学楼抄本、潭南书舍抄本，张宗祥当时均未寓目。张宗祥校《说郛》，优于之前多有混淆底本、窜入伪书的《说郛》宛委山堂本，对恢复《说郛》本来面目有着巨大的贡献。

比勘丛书堂本、明抄本 b、台图本、京图本、《说郛》商务本，能看出从京图本到《说郛》商务本，一脉相承的主底本，均为《说郛》傅增湘旧藏丛书堂本[②]。故而，《说郛》商务本中，卷中有"辰州石""浮光石"，而较之荆山书林本、山居小玩本、学津讨原本错上加错的"辰州石"条的面貌，有所廓清。同时，丛书堂本的部分讹误，《说郛》商务本又据明抄本 b、台图本等予以校定，如"淄州石""宝华石"，丛书堂本误作"溜州石""宝拳石"，而明抄本 b、台图本均不误；丛书堂本脱漏的"《云林石谱》弓中"一行，《说郛》商务本均予以校正。不过，《说郛》商务本不出校勘记，各本之间的异同，因体例所限，无法充分显现。

整体而言，《说郛》商务本排印虽晚，但底本较优，为较精善的校勘本。《云林石谱》的《说郛》商务本保留了分卷原貌，排次亦是《云林石谱》早期抄本面貌的反映；文字上，各本互有参差，《说郛》商务本亦间有形近之误、校勘之失，但这些缺点，属于百密一疏。

另外，民国间，《丛书集成初编》本以鲍廷博知不足斋丛书本为底本排印，

---

① 以《古今图书集成》、知不足斋本相校，仅有两处异文，"翔燕鸣鱼"，知不足斋本作"翔雁鸣鱼"，翔燕，典出《云林石谱》中"零陵石燕"条，"雁"字误；"书于编简"，知不足斋本作"书于简编"，误乙。余全同。

② 傅增湘在订补莫友芝目时，于《说郛》下言，"后友人张君宗祥据此本校定，又以他本补入少许，交涵芬楼排印行世"。（莫友芝撰，傅增湘订补《藏园订补郘亭知见传本书目》，北京：中华书局，2009年，第 752 页。）此说基本可信。

在排印前,有题记:

  《唐宋丛书》《知不足斋丛书》《学津讨原》均收此书。《唐宋》漫漶不足取,知不足本依《图书集成》校正,故据以排印,并附《学津讨原》所增"浮光石"一则及所载《四库提要》于后。《提要》谓周履靖、毛晋尝刻是书,然查《夷门广牍》《津逮秘书》,皆无此书。

  诚然,《四库全书总目》中的提要,提及了周履靖、毛晋曾刊《云林石谱》,而周履靖所刻《夷门广牍》及毛晋《津逮秘书》较为著名,由此,带来了《夷门广牍》《津逮秘书》中未收《云林石谱》而提要不知所出的疑惑。刊行《丛书集成初编》时,以知不足斋本作为底本,又将学津讨原本最末所增的"浮光石"一条补入最后,这一择取,并未给出充分的理据,而事实上,只是一个错页本系统的简单重排。《丛书集成初编》排印本影响较大,中华书局《云林石谱》节选点校注释本及上海书店出版社《云林石谱》(外七种)点校本,均仿丛书集成初编本,以知不足斋本为底本,据学津讨原本加"浮光石"一条于最末。

  根据上文的考述,试绘《云林石谱》的版本源流图于后。

四、结　语

  通过《云林石谱》的抄本、刻本的版本系统的梳理、比较,可以发现,《云林石谱》的版本实皆从《说郛》抄本而出,但在流传过程中,因为错页问题,带来了前后条目的错乙与文字段落的讹误,形成了三种排序的三个版本系统。其中,明、清的《云林石谱》刻本,均出自有错页现象的底本,至《说郛》商务本,方为未错页本的首次排印本。错页现象,对于版本来说,往往牵一发而动全身,连带而及若干条均误乙。在校勘实践中,校勘者往往能注意到错页处条目内容的不通,但对于前后连带而及的错页问题,在未得到他本参校的情况下,往往仅乙正涉及错页页数起讫条目的文字错讹,而不会对错页本全书的条目次第再予以纠正。另外,错页现象被发现后,实际处理时,校勘者往往因为无法得到他本参校,而难以准确判断错页文字的具体起讫,甚至会因疑误而出现误校与误衍,这些校勘经验,都值得我们总结。在整理《云林石谱》时,也须择取非错页系统本为底本重新进行校勘整理。

杜绾《云林石谱》版本系统考　277

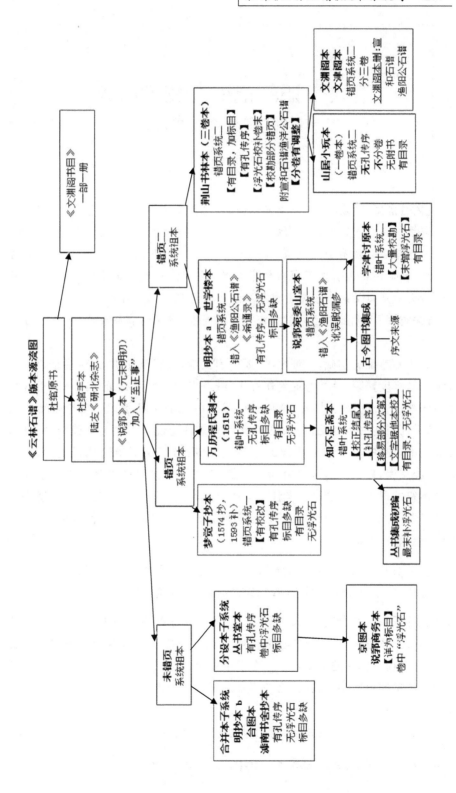

清人考证笔记引文校勘略议
——以《晓读书斋杂录》为例

李寒光[*]

【内容提要】 洪亮吉《晓读书斋杂录》初录卷上95条札记中有16条引文与原文不一致，原因包括他人抄刻及作者引用所致。后者又分抄写改字、转录沿误以及有意改写等。引文校勘不精会降低著作的质量及精审程度，有的因错误引文而得出错误结论，转引他书还会导致以是为非、以讹传讹的严重后果。校勘引文是整理清人考证笔记的首要工作。

【关键词】 考证笔记　引文校勘　洪亮吉　《晓读书斋杂录》

文献是考证的基础，考证之学，要征引文献，或相互证明，或辨驳诘难。清代考据学极度繁荣，各类考证著作蜂出，既有专门针对一种著作或一类著作而撰写的考证专著，又有大量不拘一体、不专一门的考证笔记。无论是哪类著作，都需征引他书为依据，用来支持或反驳某种论说。引文的精确与否，在考证立论的过程中起了十分关键的作用，甚至有时决定了结论是否正确可信。但"书经三写，乌焉成马"，引用其他文献，有可能在抄录的过程中出现引文与原文不符的现象。特别是在考证笔记中，由于这类著作内容驳杂，又是随手成书，所以更容易出现各种引文校勘不精的情况。刘叶秋在《历代笔记概述》中总结笔记著作的缺点说：

> 引用书证，又往往只凭记忆，或任意删改原文，常有错误。甚至有时说某语、某事见于某书，一经查对，才知根本没有。[①]

出现这种现象的原因很多，既有作者引书之误，也可能是他人抄刻所致，需要具体问题具体分析。但无论是哪种原因，引文校勘不精都会给全书造成不良影响，甚至损害作者的学术声誉。今以洪亮吉的《晓读书斋杂录》为例，考察其中校勘不精的引文，并对其原因与不良后果作出分析。

---

[*] 本文作者为武汉大学文学院特聘副研究员，研究方向为经学文献、清代学术史、目录版本校勘学等。

[①] 刘叶秋《历代笔记概述》，北京：北京出版社，2003年，第248页。

洪亮吉(1746—1809)，字稚存，号北江，又号更生居士，江苏阳湖人，乾隆五十五年(1790)进士。《清史稿》有传。是清代乾嘉时期颇为重要的考据学家，尤长于舆地之学，代表学术著作有《春秋左传诂》二十卷、《比雅》十九卷、《六书转注录》十卷、《四史发伏》十卷、《补三国疆域志》二卷、《东晋疆域志》四卷、《十六国疆域志》十六卷等。《晓读书斋杂录》是一部考证笔记，分初录、二录、三录、四录，每录又分上下，凡八卷。初录卷首有洪氏自识：

> 偶有所得，辄笔记之于书，非敢云质之同人，聊自记其不废学云。①

又有门生奕经序曰：

> 皆考订经史疑义，随手所剳记者，其精核通博，与顾征君《日知录》、阎征君《潜邱剳记》诸书足以抗行千古。……是书为先生幼子子龄孝廉所手录，本藏之箧衍有年。今先生族子子香参军始刊而行之。②

从这两段文字中，我们得知，此书原为洪氏日常读书札记，本无意成书，生前或已编成，卒后又经后人整理，并于道光年间刊刻行世。正因如此，其引文多有与原文不符者，在清人考证笔记著作中有一定代表性。

一、《晓读书斋杂录》校勘不精举证

洪亮吉《晓读书斋杂录》初录卷上，凡95条札记语段，经过与洪氏所征引的原文相勘校，我们发现有10多条札记的引文都与原文不符。今首先按洪书原来的顺序依次列举校勘。

1.《庄子·盗跖篇》"尧杀长子"，崔譔注曰："尧杀长子为监明。"③

校：崔譔注见《经典释文》，今有宋刻宋元递修本，"为监明"当作"考监明"，"考"误作"为"。

2.《说文》："晏，天清也。""㬎，无云也。"(页587)

校：原文作："㬎，星无云也。"洪氏引文无"星"字。

3.(《淮南子》高诱注)又云："因枯骸见梦乞葬，旦而行之。"(页587)

校：《淮南子》无此句，出处不详。

---

① 〔清〕洪亮吉《晓读书斋杂录》，卷首自记，道光二十二年(1842)姑苏刻《续刻北江遗书》本，上海：上海古籍出版社，1995—2002年，《续修四库全书》第1155册，第585页。
② 〔清〕奕经《晓读书斋杂录序》，见洪亮吉《晓读书斋杂录》卷首，第584页。
③ 《晓读书斋杂录》，初录卷上，第585页。只抄录洪氏引书、篇名及引文，其他内容暂且不录，下同。以下本节引此书皆据此本，随文括注页数，不一一脚注。

4.《仪礼》:"慈以旨甘。"(页588)

校:"慈以旨甘"句不见《仪礼》,当出《礼记·内则》。

5.《韩非子·和氏篇》:"商君教秦孝公以连什五,设告坐之过,燔《诗》《书》而行法令。"(页589)

校:原文作"燔《诗》《书》而明法令",洪氏误"明"为"行"。

6."狐非狐,貉非貉。"见《后魏书》。(页589)

校:语出《北史·魏本纪》,并不见于《魏书》。

7.《列子·天瑞篇》云:"死之与生,一往一返。故死于是者安知不生于彼。"《庄子·庚桑楚篇》:"为不善乎显明之中者,人得而诛之。为不善乎幽暗之中者,鬼得而诛之。"(页591)

校:《列子》原文及各家所引皆作"一往一反",洪书"反"作"返"。《庄子》文作"为不善乎幽闲之中者",王孝鱼校曰:"高山寺本'闲'作'冥'。"①洪氏改"闲"为"暗"。

8.《宋书·文九王传》:"景素秀才刘琎上书曰:曾子孝于其亲而沉于水。"(页591)

校:原文作"曾子孝于其亲而沉乎水",洪氏改"乎"为"于"。

9.《秦风》"夏屋渠渠",郑笺依《尔雅》训作"大具"。《楚辞·招魂章》"冬有突夏",王逸章句云:"夏,大屋也。《诗》云'于我乎夏屋渠渠'。"(页592)

校:"夏屋渠渠",毛传:"夏,大也。"郑笺:"屋,具也。"阮元无校记。《楚辞》原文作"冬有突厦",王逸注曰:"厦,大屋也。……厦,一作'夏'。"②

10.梁元帝《金楼子》云:"银瓯贮山阴甜酒,时复进之。"……《颜氏家训·困学篇》亦引之。(页592)

校:《金楼子·自序》曰:"吾小时夏日夕中,下绛纱蚊幮,中有银瓯一枚,贮山阴甜酒,卧读有时至晓,率以为常。"③《颜氏家训·勉学篇》曰:"梁元帝尝为

---

① 〔清〕郭庆藩《庄子集释》,卷八上《庚桑楚》,北京:中华书局,1961年,第790页。王孝鱼为中华书局本《庄子集释》点校整理者,高山寺古钞本作"幽冥"。此说据刘文典《庄子补正》,昆明:云南人民出版社,1980年,第722页。
② 〔宋〕洪兴祖《楚辞补注》,卷九《招魂》,北京:中华书局,1983年,第203页。
③ 〔南朝梁〕萧绎《金楼子》,卷六《自序篇》,清乾隆四十六年(1781)刻本《知不足斋丛书》第九集),页20b。据"中国基本古籍库"图像。

吾说:昔在会稽,年始十二便已好学。时又患疥,手不得拳,膝不得屈,闲斋张葛帏避蝇,独从银瓯贮山阴甜酒,时复进之,以自宽痛。"①洪氏所引,出《颜氏家训》,而误作《金楼子》。又《勉学篇》误作《困学篇》。

11.《淮南·齐俗训》"三苗髽首",高诱注:"三苗之国在洞庭、彭蠡之南。"(页592)

校:原文作"三苗之国在彭蠡、洞庭之野","彭蠡"、"洞庭"互乙,"野"误作"南"。

12.《淮南子·说山训》"社何爱速死,吾必悲哭社",高诱注:"江淮谓母为社,社读□□谓公谓阿社之社。"(页593)

校:原文作"社读虽家谓公为阿社之社",洪书缺"虽家"二字,改"为"为"谓"。

13.《周书·和寤解》:"王乃翼厉于尹氏八士。"(页593)

校:《周书》即《逸周书》,原文作"王乃厉翼于尹氏八士",洪书"厉翼"误倒作"翼厉"。

14.《说文》:"赣,从贝,竷省声。"(页593)

校:原文作"从贝竷省声","竷"误作"赣"。

15.《众经音义》引《论语》"恶居下而讪上",……今考汉石经残碑及皇侃《义疏》"下"字下并无"流"字,即陆德明《释文》本亦无。(页594)

校:《众经音义》即《一切经音义》,《海山仙馆丛书》本无"流"字,日本延山狮谷莲社刻本《般舟三昧经》《大爱道比丘尼经》音义有"流"字。《知不足斋丛书》本《论语义疏》卷九《阳货篇》作"恶居下流",有"流"字。《经典释文》于此句不注音。

16.《汉书·薛宣传》:宣为左冯翊,以栗邑县小,僻在山中。(页594)

校:此为转述,并非照引。《汉书》原文作"而粟邑县小",洪书误"粟"为"栗"。洪书下文曰"以频阳令薛恭换粟邑令尹赏"句不误。

以上校得洪亮吉《晓读书斋杂录》初录卷上引文与原书不符的共16条,各自的情况并不相同。有的属于文字错讹或有差异,第1、5、7、8、14、16条是也;有的属于文字脱漏,第2、12条是也;有的属于文字倒乙,第11、13条是也;有

---

① 〔北齐〕颜之推《颜氏家训》,卷三《勉学篇》,上海:商务印书馆,民国二十五年(1936),《四部丛刊》景明刊本,页30b。据"中国基本古籍库"图像。

的属于杂糅原文,第 9 条是也;有的属于文不对书,第 3、4、6、10、15 条是也。这十几条例证并不能代表所有引书、著书、刻书的错误类型,也不能涵盖清人考证笔记引文不确的各类情况。但足以说明这类著作中普遍存在着校勘不精的现象,同时也对这类著作的学术质量造成很大的不良影响。

二、清人考证笔记校勘不精的原因

清人考证笔记校勘不精的情况有多种,原因亦各不相同。大致而言,或为作者引书所改,或为他人抄刻所致。《晓读书斋杂录》是洪亮吉去世后,其子辈膳抄刊刻的,因此,上述两种原因都体现在校勘不精的条目中。

(一) 他人抄刻所致

因他人抄刻而导致的校勘不精,情况比较简单,就是因为没有仔细核对作者的原稿,而将本来正确的内容抄刻成了错误的字句。如第 12 例所缺"虽家"二字,当是亮吉原稿书写潦草,子辈抄录时无法辨别,又不核查原书,因而在刊刻时仍有缺失。第 14 例将《说文》解"贛"字的释语"贛省声"误作"赣省声",明显文义不通,当为抄录作者原稿时笔误。第 16 例误"粟邑"为"栗邑",二字形近而讹。因为洪亮吉同时引用了《汉书》中的"粟邑令尹赏"一句,"粟"字并不误,结合上下文,我们认为前者误字是抄刻者的粗疏而导致的。不过,虽然造成讹误的主体在客观上是完全不同的,但在很多情况下,我们无法确定到底是因作者抄录而误还是他人抄刻而误。如第 1 例误"考监明"为"为监明",第 7 例"反"为"返",第 8 例"乎"为"于",第 12 例"为"为"谓",第 13 例倒"翼厉"为"厉翼"等,多为形近、音近而内容有异,不管是引用他书,还是抄录稿本,都可能产生这种结果。在没有发现作者稿本或他人膳抄所用底本的前提下,我们无法明确判断。

(二) 作者引用之误

因作者引用而误的现象较为复杂,可分为两种情况:

1. 无意产生的错误

(1) 有的纯属抄写手误,如第 4 例将引文出处《礼记》误作《仪礼》,第 5 例误"明法令"为"行法令",第 10 例引文出处《颜氏家训》误作《金楼子》,又误篇名《勉学篇》为《困学篇》,第 11 例误"彭蠡洞庭之野"为"洞庭彭蠡之南"等,除了认为作者抄写不仔细,我们想不出其他导致这种讹误的原因。

(2) 有的因转录他书却未核原文而沿误,如第 6 例误《北史》为《魏书》,实际上是因抄袭阎若璩注《困学纪闻》而致。王应麟《困学纪闻》曰:

>"驴非驴,马非马",(《汉·西域传》。)"乌不乌,鹊不鹊",(《战国策》。)可以为对。

对此,洪亮吉又增两条曰:

>"羊非羊,猪非猪"见《宋书·符瑞志》;"狐非狐,貉非貉"见《后魏书》。(页589)

但是从追究原始的角度来看,这两条都是错误的。"羊非羊,猪非猪"始见于晋干宝《搜神记》,南北朝时期任昉《述异记》亦有之,皆在《宋书》之前。"狐非狐,貉非貉"见《北史·魏本纪》,并不见于《魏书》。而"狐非狐,貉非貉"一句更大的问题在于,洪氏抄袭他说,将本来正确的引文改错了,自己却浑然不知。阎若璩注《困学纪闻》曰:

>后魏宣武孝明民间谣曰:"狐非狐,貉非貉。"①

阎氏此说引自《北史》,本无错误,只是未标出处。而亮吉却以己意判断,因"后魏"而误以为出自《后魏书》。实袭自阎说,而冠以书名,欲以掩盖抄袭痕迹,却未详覆核,结果弄巧成拙,反以不误为误。

2. 有意改写原文而产生的讹误

从某种意义上来讲,这已经超出了校勘学的范围,不过在表面上表现为校勘不精的假象。如第2例将"叠星无云也"误作"叠无云也",看似无意抄漏一字,却是作者有意为之。在抄录《说文》后,洪亮吉接着说:

>按《史记索隐》引许慎《淮南子注》:"晏,无云也。"是则"晏""叠"本一字,合训、分训皆得。《史记·封禅书》作"曋"说同。(页587)

显然,洪氏是为了与《淮南子注》互证,在引用时故意省略了"星"字,这是很不严谨的态度。而"星"字之有无,正是段玉裁认为许慎用以区分"晏""叠"二字的依据。《说文解字注》曰:

>许注《淮南》释"晏"为无云,此以天清释"晏",以晴无云释"叠",言各有当,不以音义相近而淆之也。一说"星无云",谓星而无云,如《雨部》云"风雨土",谓风而雨土也。②

对于段玉裁解说正确与否,我们暂且不论,单就洪亮吉征引《说文》考证字

---

① 〔宋〕王应麟撰,〔清〕翁元圻等注《困学纪闻》(全校本),卷一九"评文",上海:上海古籍出版社,2008年,第2061页。

② 〔汉〕许慎撰,〔清〕段玉裁注《说文解字注》,卷七上"日"部,上海:上海古籍出版社,1981年,第304页。

义时有意删减原文,就可以发现《晓读书斋杂录》的部分考证是很值得怀疑的。又如第 7 例引《庄子》误"幽闻"为"幽暗",也是仅凭臆断更改原文,是自以为是的表现。再如第 9 例将毛传、郑笺杂糅,改《楚辞》及王逸章句"厦"为"夏",也是为了自我解说的前后照应而有意改之。

另外,古人读书颇为不易,由于财力的匮乏,并不是所有的学者都能坐拥书城,于所需之书触手即得。所以,他们在日常生活中,除了闭门读自家书外,或假书于他人,或观书于别处,遇有所得,辄笔记之。而在抄录过程中,又因时日迫切,则难免笔误。自己或他人在整理刊刻成书时,又无力一一复核,很容易出现引文的讹误。蒋光煦为自己的考证笔记作《凡例》曰:

> 一、是编多径录昔人文字,未敢妄加删易。然字经三写,乌焉成马,其有展转登载,或不无词句舛错,文义抵牾,愧谫陋,未能悉订,阅者谅之。
>
> 一、记中各种,或假自知交,得资眼福,或剽从估贩,无力购求,即有一二旧藏,近已云烟过眼。倘按图索骏,无以应求,幸勿见责。①

就是这种情况的真实写照。引书量大与自己藏书匮乏的矛盾,也是清人考证笔记普遍存在校勘不精现象的重要原因之一。

三、清人考证笔记校勘不精的不良后果

清人考证笔记校勘不精的普遍情况,无论是什么原因造成的,都是学者著作中的不良现象,这种不良现象所带来的不良后果,也是我们应当高度警惕的。

第一,由于主客观原因,作者抄录原文时有所更改,或他人抄刻而误的情况,在任何内容、任何形式的文本产生过程中都难以避免。清人考证笔记中这些无意而致的失误,有的不会改变原书原意,特别是在原书俱存的情况下,对作者的考证结论也没有影响。如以上所举《晓读书斋杂录》校勘不精的第 1、5、7、8、10、12、16 例,后人看来,并不会因其中的抄刻错讹而误会了原文的意思,洪亮吉据以考证的结论也没有因此而产生变化。但是,引文与原文不符,即为著书或抄刻校勘不精的反映,在一定程度上会影响学者考证著作的质量。

第二,无意产生的校勘不精现象可能会使引文原意发生变化,虽然不影响考证结论,但也使作者著作在精审程度上大打折扣。如第 11 例引《淮南子》高诱注误"彭蠡洞庭之野"为"洞庭彭蠡之南",在文义上已经稍有变化。第 13 例

---

① 〔清〕蒋光煦《东湖丛记》,卷首凡例,清光绪九年(1883)江阴缪氏刻《云自在龛丛书》本,上海:上海古籍出版社,1995—2002 年,《续修四库全书》第 1162 册,第 653 页。

引《逸周书》倒"厉翼"为"翼厉",语义尤不明晰。孔晁注曰:"厉,奖厉也。"故"厉翼"即"励翼"。今按,《尚书·皋陶谟》:"惇叙九族,庶明励翼,迩可远,在兹。"传曰:"言慎修其身,厚次叙九族,则众庶皆明其教而自勉励翼戴上命,近可推而远者,在此道。"①《逸周书》之"厉翼"与《尚书》正同,是说尹氏八士自我勉励翼戴周武王,甘心赴汤蹈火,并非孔晁注所谓"奖厉(励)"。如果像洪书这样误倒为"翼厉",其词义就无从考察了。在《晓读书斋杂录》中,此二例虽不至于对所考问题的结论产生影响,但其后果已经较为严重了。

第三,作者在使用错误的引文时,容易受到误导,直接影响考证结论的正确性。如第15例校《论语》"流"字之有无,其结论就有很大问题。宋代董逌《广川书跋》已据汉一字石经残本校得"无'流'字"②。清初惠栋论之较详曰:

> "恶居下流而讪上者",蔡邕石经无"流"字,当因《子张篇》"恶居下流"涉彼而误。《盐铁论》大夫曰文学"居下而讪上",《汉书·朱云传》云"小臣居下讪上",是汉以前皆无"流"字。③

钱大昕在《十驾斋养新录》中如实引述了这种观点,明确标明出自惠栋。洪亮吉又将《论语》无"流"字的下限推到唐开成石经之前,但他所依据的材料几乎都有问题。《一切经音义》所引《论语》,《海山仙馆丛书》本确实无"流"字,但日本延山狮谷莲社刻本《般舟三昧经》《大爱道比丘尼经》音义仍有"流"字。不过,就洪氏所见,当为无"流"字本,据此论证也是受限于客观条件。然而,皇侃《论语义疏·阳货篇》却不是洪氏所说的"'下'字下并无'流'字"那样,今检清乾隆四十五年(1780)《知不足斋丛书》本《论语义疏》卷九,乃作"恶居下流",分明与传世本一致。至于《经典释文》,此句未出音注,陆氏根本没有摘词,决不应当认为"《释文》本亦无"。因此,洪亮吉所说的"误当自开成石经始"的结论是缺乏依据的,得出这个错误结论的原因,正在于他对所引文献校勘不精,辨析不明。

在清人考证笔记中,这种现象还有很多,也是校勘之所以受到重视的一个重要原因。除了上面举的《晓读书斋杂录》的例子,又如牟庭好以方音俗语解经,他说《论语》"与其进也,不与其退也,唯何甚。人洁己以进,与其洁也,不保其往也",应读作"唯何甚人"绝句,"何甚人",就是"甚么人"的意思。又举《庄

---

① 旧题〔汉〕孔安国传,〔唐〕孔颖达疏《尚书注疏》,卷四《皋陶谟》,嘉庆二十年(1815)南昌府学刻本,北京:中华书局,2009年,影印《十三经注疏》本,第289—290页。
② 〔宋〕董逌《广川书跋》,卷五《石经论语》,明崇祯中虞山毛氏汲古阁刻《津逮秘书》本第六集,页20a。据"中国基本古籍库"图像。
③ 〔清〕惠栋《九经古义》,卷一六《论语》,清乾隆中内府抄本,台北:台湾商务印书馆,1986年,《景印文渊阁四库全书》第191册,第500页。

子·天下篇》"沐甚雨,栉甚风"为证,意思是:用什么沐?雨可以沐。用什么栉?风可以栉。"唯何甚人"就是无论什么人①。且不说牟氏将"甚"解释成"甚么"是不是合理、准确的,单看他征引的《庄子》文句,我们已经发现了很严重的问题。明世德堂本《庄子》作:"禹亲自操橐耜而九杂天下之川;腓无胈,胫无毛,沐甚风,栉疾雨。"陆德明《经典释文》曰:"甚雨,如字。崔本'甚'作'湛',音'淫'。"卢文弨校《释文》乃曰:

> 今书作"沐甚风栉疾雨",此以"甚雨"在"栉"字上,当本是"沐甚雨栉疾风",文义较顺。《淮南·修务篇》云:"禹沐浴霪雨,栉扶风。"可以为证。《淮南》"浴"字乃衍文。李善注《文选·和王著作八公山诗》引《淮南》作"沐淫雨栉疾风"。

郭庆藩曰:"崔本'甚'作'湛',是也。'湛'与'淫'同。"②据此,原文当作"沐甚雨栉疾风","甚"读作"湛",是"淫"的意思,与"甚"本字无关。而牟庭引作"沐甚雨栉甚风",大概是抄录时笔误,又用作论证《论语》"唯何甚"的佐证,更是以讹传讹,越错越远了。而除了《庄子·天下篇》的旁证,牟氏将《论语》"甚"解作"甚么"又没有举出其他的例子,因此,这种解释就很难令人信服了。在这类例证中,均以引文校勘不精,而直接造成了考证结论不正确、不可信。

第四,转引他书而不核原文,导致以是为非,甚至以讹传讹。如第 6 例因抄袭阎注《困学纪闻》而将引文出处写错,就是很典型的以是为非的例证。以讹传讹者,如沈涛的《瑟榭丛谈》,其书考《隶续·帝尧碑》"然后尧乃受命蜀鹿"曰:

> 蜀鹿,独鹿之省,即"涿鹿"也。古"涿"、"独"通字。《周礼》"壶涿氏"注:"故书'涿'为'独'。杜子春云:'独'读为'浊其源'之'浊',音与'涿'相近,《书》亦或为'浊'。"《周书·史记解》阪泉氏"徒立(当作'徙居')至于独鹿",是"独鹿"即"涿鹿"之证。③

按:以上所论,即钱大昕所谓"舌音类隔之说不可信",沈书从观点到《周礼》注的论据,都是抄录了《十驾斋养新录》。因为钱氏在引郑注的时候,误将"郑司农"写成了"杜子春",沈氏不察,遂沿其误,最终以讹传讹。《瑟榭丛谈》以钱说释读《帝尧碑》,虽然又自己加了《逸周书》的一处佐证,但不注钱氏姓名,抄袭之嫌,难辞其咎。而洪氏、沈氏对阎、钱的抄袭露出马脚,都是因为没

---

① 〔清〕牟庭《雪泥书屋杂志》,卷四,清咸丰安吉官署刻本,上海:上海古籍出版社,1995—2002 年,《续修四库全书》第 1156 册,第 521 页。
② 《庄子集释》,卷十下《天下》,第 1071—1073 页。
③ 〔清〕沈涛《瑟榭丛谈》,卷上,北京:中华书局,2004 年,《清人考订笔记》(七种),第 283—284 页。

有重视对原文的校勘而导致的。又如《东塾读书记》曰：

> 韩非云："商君教秦孝公燔《诗》《书》而行法令。"(《和氏篇》)……是燔《诗》《书》始于商鞅。(姚姬传、洪稚存皆有此说。)①

在此，陈澧注明了其说所自出，但仍因校勘不精，而犯了以讹传讹的错误。今按：焚书不始于秦始皇，前人早有论说，杨慎《丹铅录》曰：

> 秦焚书坑儒起于李斯乎？斯之先，固有为此说于秦者矣，韩非是也。②

随后，陈耀文正之曰：

> 《诗》《书》之燔，韩子明谓商鞅矣，乃摘《韩》语诒咎之，洗垢索瘢，其亦自道也与？③

陈澧云"姚姬传、洪稚存皆有此说"，姚鼐说见于《李斯论》：

> 秦之中叶，孝公即位，得商鞅任之，商鞅教孝公燔《诗》《书》、明法令。④

姚氏虽节引之，但无讹字；亮吉所引见前第 5 例，误"明法令"为"行法令"，而《东塾读书记》亦沿洪氏之误，仍作"行法令"，是未核原书之过。清人著作中像这样辗转传抄他人著作中的古书引文的现象十分普遍，若前人抄写已误，后人在转录时不回查原书，必然会延续旧讹。

另外，因臆改原文而造成的校勘不精假象，反映了作者学术涵养的不足。如第 2 例引《说文》删"星"字，是为了与《淮南子注》相符合，第 7 例引《庄子》改"闇"为"暗"，则是主观臆断的结果，与清代考据学"实事求是"的精神原则背道而驰。

综上，通过主要对洪亮吉《晓读书斋杂录》初录卷上引文的核查、分析，我们认为清人考证笔记在编刻过程中，受主观失误与客观条件的限制，存在很多引文校勘不精的现象，这种现象对作者的著作产生了不同程度的恶劣影响，不仅降低了考证笔记的质量，而且在一定范围内影响了论证过程的严谨性与考证结论的准确性。

考证笔记是清代学术成果的宝库，是传统的笔记著作与清代考据学相适应、结合而蓬勃发展的一种著作方式，在清代具有空前绝后的活力，数量众多，

---

① 〔清〕陈澧《东塾读书记》，卷一二"诸子书"，上海：上海古籍出版社，2012 年，第 222 页。
② 〔明〕杨慎撰，王大淳笺证《丹铅总录笺证》，卷一三"焚书起于韩非"，杭州：浙江古籍出版社，2013 年，第 520 页。
③ 〔明〕陈耀文《正杨》，卷一"焚书起于韩非"，清乾隆中内府抄本，台北：台湾商务印书馆，1986 年，《景印文渊阁四库全书》第 856 册，第 74 页。
④ 〔清〕姚鼐《惜抱轩文集》，卷一《李斯论》，清嘉庆十二年(1807)刻本，页 5b。据"中国基本古籍库"图像。

总体质量很高。考证笔记不仅是清代学术、清代考据学的重要内容,而且在学者考证特色与学术风格的研究中具有举足轻重的作用。即使在当今学术研究中,也可以为我们提供大量例证,作者提出的各种独出心得的见解,更是解决古书疑难问题的重要参考,往往带给我们意想不到的启示。因此,清人考证笔记的学术地位与学术价值不容小觑。然而,由于此类著作内容讹误较多,质量参差不齐,需要经过一番细致的整理,才能为我所用,充分发挥其学术价值。整理清人考证笔记的第一步就是要全面校勘原文。赵守俨说:

> 清人笔记时代近,有些只有一种刻本,没有什么"版本校"可做,对于引书应多做些查对。清代学者虽比较谨严,但失误总是难免的。①

这种观点是非常具有指导意义的,查对引书、校勘引文,不单是帮作者改正错误,还能发现清人考证著作中的承袭之迹,或者揭示部分学者擅改原文以就己说的不严谨态度。因此,这项工作对清人考证笔记的整理研究,乃至对清代考据学的研究都大有裨益。

---

① 赵守俨《赵守俨文存·学术笔记的整理出版与评议》,北京:中华书局,1998年,第305页。

唐诗误作宋诗考*

王　岚**

【内容提要】 唐诗、宋诗作者考辨,是订补《全宋诗》的重要内容。我们发现,既有《全宋诗》误收唐诗,也有订补论文误指《全宋诗》收唐诗,以及订补论文误补唐诗等诸种情形。本文举例辨析,重申从事订补工作应多方查考,谨慎判断。

【关键词】　《全宋诗》　订补论文　误收　唐诗

北京大学中国古文献研究中心《全宋诗》补正项目组,十几年来持续不断地搜集了大量有关宋诗订补的辑佚材料,交由各册补正者处理。我们日常的工作就是查验判断这些辑佚材料,是否《全宋诗》失收？是否为他朝代诗误收？核查原始出处,作者归属是否有误？文字是否准确？有无更多的佚诗？有无更早出处？等等,然后对正确的材料加以吸收,错误的材料加以剔除。这一过程,说起来简单,做起来则既考验我们的识断能力,也考验我们的细心耐性。

就我们从辑佚材料中发现的问题来看,既有《全宋诗》本身的失误,也有各种订补论文新增的错误,今试举数例(订补论文略去作者姓名)。

一、《全宋诗》误收唐人诗

《全宋诗》①(册1卷11页165)收周濆诗四首,《重门曲》《山下水》《逢邻女》《废宅》,出宋洪迈《万首唐人绝句诗》卷七三。又见《全唐诗》卷七七一。

《万首唐人绝句诗》及《全唐诗》周濆名下均无小传,《全宋诗》则谓"周濆,渭弟(《粤诗搜逸》卷二据《连州志》)"。显然是因为《全宋诗》收录了五代入宋的周渭(册1卷11页164),故将其弟也一并收入。

---

* 本文为高校人文社会科学重点研究基地"十三五"重大项目"《全宋诗》失收诗人诗作及专卷汇编"(项目批号16JJD750004)的阶段性成果。

** 本文作者为北京大学中文系、中国古文献研究中心教授。

① 傅璇琮、孙钦善等《全宋诗》1—72册,北京:北京大学出版社,1991—1998年。

(1) 首先来看周渭是何许人？

① 唐代、宋代名周渭者均有诗作流传。

唐代周渭，代宗大历十四年(779)进士，《全唐诗》卷二八一录诗两首：《赋得花发上林》《赠龙兴观主吴崇岳》。

宋代周渭(923—999)，字得臣，昭州恭城(今属广西)人。太祖建隆初，赐同进士出身，解褐白马主簿。乾德中通判兴州。开宝元年(968)知凤州，改棣州。太宗太平兴国二年(977)，为广南诸州转运副使，凡六年，徙知扬州，进殿中侍御史，改两浙东西路转运使。入为盐铁判官，迁侍御史，历判户部度支二勾院。淳化五年(994)为益州转运使(《续资治通鉴长编》卷三五)，黜为彰信军节度副使。真宗咸平二年卒，年七十七。《宋史》卷三〇四有传。《全宋诗》录诗三首：《赠道士吴崇岳》《叠秀山》《游兼山》。

② 重诗一首。

这两位同名周渭相距近二百年，但名下有一首诗是重复的，《赠龙兴观主吴崇岳》即是《赠道士吴崇岳》。

《全宋诗》的出处是宋阮阅《诗话总龟》前集卷三二引《郡阁雅谈》，且有整理者按语："《诗话总龟》载此诗作者原作周谓，亦太宗时人，曾任福建漕使，与任浙东西路转运使之周渭当系一人。"

核《诗话总龟》引文：

> 吴崇岳，泉州人也，为龙兴观道士，辟谷多年，常登其宫松梢礼拜，据松枝可六七十尺。福建漕使周谓因请随行，抵于德化县。县治之东有古松一株，高八九十尺，上有鹤巢，乃命崇岳登之。宛若猿狖，容易直上，出鹤巢之外，端身飞步，手无攀缘，就纤枝拜如平地。其松枝柔软，随步低昂，略无损处。周谓乃为诗赠云云。太平兴国中诏入。

显然，道士吴崇岳、福建漕使周谓为宋太宗时人。则《全唐诗》卷二八一误收了宋人周渭诗《赠龙兴观主吴崇岳》，当删。

③ 诗作归属。

《全唐诗》卷二八一所收周渭另一首《赋得花发上林》，确为唐人诗。

宋李昉《文苑英华》卷一八八录《花发上林》同题之作六首，作者分别为独孤授、周渭、窦常、王表、王储以及无名氏；《全唐诗》卷二八一亦连续收录王表、独孤授、王储、周渭《赋得花发上林》诗。这些作者无一例外，同为唐大历十四年(779)进士，王储为榜首。

《全宋诗》所收另两首《叠秀山》《游兼山》，确为宋周渭诗。

《叠秀山》，出清汪森《粤西诗载》卷一三；《游兼山》，出清陆履中光绪《恭城县志》卷四。核原书,《粤西诗载》署"宋周渭",光绪《恭城县志》署"宋御史周渭"。①

因此以上所涉各诗归属当为:

唐周渭,存诗仅一首《赋得花发上林》,《全唐诗》误收《赠龙兴观主吴崇岳》。《赠道士吴崇岳》《叠秀山》《游兼山》三诗为宋周渭作,《全宋诗》所收无误。

另《永乐大典》卷五七六九引《古罗志》有《黄陵庙》诗"代变时迁事迹存,见来谁不暗消魂。上程此日湘江过,依旧修篁有泪痕",署"御史周谓"。《诗话总龟》前集卷三二引《郡阁雅谈》,已将周渭写作周谓;光绪《恭城县志》卷四及光绪《平乐县志》卷之一○下,都将《游兼山》作者署作"宋御史周渭",故推断此《黄陵庙》当为宋周渭佚诗,今可加以补辑。

(2) 其次考察周渭、周濆是否为兄弟关系,周濆是唐人还是宋人。

《全宋诗》小传谓周濆"渭弟(《粤诗搜逸》卷二据《连州志》)",今检清乾隆《连州志》卷七《人物志·忠谠》有周渭传:

> 字得臣,幼孤,养于诸父,长力学攻诗。时州隶长沙,楚与南汉相持,渭为广人俘获,妻子流离昭州,遂为恭城人。建隆初至京师……召试周进士出身,解褐白马主簿……咸平二年,真宗闻其清节,召还将复用,诏下而卒,年七十七。上悯其贫不克葬,赐钱十万,召以其子建中为乘主簿。妻莫氏见《列女传》。

同书卷八《列女志·节妇》有周渭妻莫筌传:

> 五代莫筌,周渭妻也。时州隶长沙马氏,与南汉相持,渭为南汉俘获,委质为臣。后脱身北走,不暇与筌诀。二子幼,筌家贫,年二十余,父母欲嫁之。筌泣曰:"渭非久困者,今遭难远适,必能自奋。"于是勤女红,以给朝夕,二子皆毕婚。后渭官侍御,累迁广东西路计度转运使,因访故里,与妻契阔三十年复相见,人皆异之。朱昂著《节妇传》,以纪其事。

其实这些内容基本出自《宋史》卷三○四《周渭传》。②

《连州志》记载了周渭的妻子莫筌、儿子建中,但并无有关周濆的任何

---

① 〔清〕陆履中光绪《恭城县志》卷四收宋御史周渭《赋得花发上林》《游兼山》《叠秀山》三诗,其中《赋得花发上林》实唐周渭诗,属误收。
② 《宋史》卷三○四《周渭传》:上闵其贫不克葬,赐钱十万,以其子建中为乘氏主簿。渭妻莫筌,贤妇人也。渭北走时不暇与筌诀,二子孩幼,筌产少,父母欲嫁之,筌泣誓曰:"渭非久困者,今违难远适,必能自奋。"于是亲蚕缋碓舂以给朝夕,二子皆毕婚娶。凡二十六年复见渭,时人异之。朱昂著《莫节妇传》纪其事。(中华书局点校本,1977年,册29,页10056)

文字。

把周濆视为周渭的兄弟,实见于清李调元《全五代诗》卷六一,在周渭《赠道士吴崇岳》之后接排周濆,小传曰"濆,渭之昆弟",并录其《重门曲》《逢邻女》《废宅》三诗。

清刘应麟《南汉春秋》卷九,虽未明言周渭、周濆是兄弟,但亦是在周渭《赠道士吴崇岳》之后即录周濆《重门曲》《逢邻女》《废宅》三诗。

它们都早于清黄子高《粤诗搜逸》。

关于周濆,检索诸载籍,尚可查到若干线索:

《隋书》卷五七及《北史》卷三〇《卢昌衡传》都提到"陈使贺彻、周濆相继来聘,朝廷每令昌衡接对之"。这个周濆由南朝陈入隋,乃另一同名之人。

宋尤袤《遂初堂书目》别集类有周濆,次于郑巢(大中①进士)、綦毋潜(开元②进士)与窦叔向(大历③进士)之间,为唐人无疑。

宋陈振孙《直斋书录解题》卷一九载:"于武陵集一卷、周濆集一卷、陈光集一卷、刘威集一卷。以上皆唐人,于武陵大中进士,余莫详出处,濆集《艺文志》不载。"元马端临《文献通考》卷二四三《经籍考七十》同。明确说周濆是唐人,次于唐宣宗大中(847—859)进士于武陵之后。

《宋史》卷二〇八《艺文七》著录周濆诗一卷,前为郑谷(851?—910?)、郁潭,后为薛莹,亦皆晚唐人。

明曹学佺《石仓历代诗选》卷一二三周濆诗、明胡震亨《唐音癸签》卷三〇《集录一》周濆一卷,都置于"晚唐"。

故晚唐时确有诗人周濆,曾有诗集传世。

(3) 几点看法

综上,晚唐诗人周濆,曾有诗集一卷,已佚,今仅宋洪迈《万首唐人绝句》卷七三录其诗四首。

目前,始见清李调元《全五代诗》卷六一周濆小传谓"濆,渭之昆弟",却没有找到更早的记载。《全宋诗》周濆小传称引《连州志》,可实际上《连州志》虽有宋周渭传,但并没有片言只字提及周濆。

周濆的别集在《遂初堂书目》以及《直斋书录解题》二书著录中,都次于唐宣宗大中(847—859)进士于武陵之后,当与于武陵为同时人。而唐代的周渭乃代宗大历十四年(779)进士,比周濆的生活时代要早几十年,况且也没有直接证据表明他和周渭是兄弟关系。《万首唐人绝句》亦未收录周渭诗作。故怀

---

① 唐宣宗大中(847—859)。
② 唐玄宗开元(713—741)。
③ 唐代宗大历(766—779)。

疑是清人因周渭、周濆均以水名，想当然视其为兄弟，实不足为据。

又，《全宋诗》凡例第三条称：

> 本书收录断限，凡唐五代人入宋以后有诗者，将其入宋以前所作之诗一并收录；凡宋亡以前有诗者，将其入元以后所作之诗一并收录；其人或入或出，虽历经宋朝，而无宋时诗作，一概不录，如其诗写作时代难以确定，则从宽收入。

那么即使周濆是宋周渭之弟，因其诗四首见收于《万首唐人绝句》，故没有理由认为它们作于宋代，不当视为宋诗。更何况周濆与宋初周渭其实毫无瓜葛。

既然周濆是晚唐人，与宋初周渭根本不是兄弟关系，他留下的四首诗也显然作于唐代，故《全宋诗》误收了唐人，其册1卷11页165周濆诗四首，人并诗皆当删却。

二、订补论文误指《全宋诗》收唐诗

《全宋诗》前五册有第二版，关于这个掌故，并非广为人知，有必要特别提出来加以介绍。

《全宋诗》前五册于1991年7月由北京大学出版社正式出版，当时还是在中国科学院印刷厂铅字排印的，印数8000册，定价24元。《全宋诗》整理是长线工程，1985年甫立项，1986年始下拨经费，故仅仅五六年就推出前五册，编纂出版时间仓促，面世之后，就发现存在不少遗漏和错误。不过我们没有将问题搁置，而是立即着手修订。与此同时，排版印刷技术出现了划时代的飞跃，于是到了1992年8月，《全宋诗》第6—10册以及1995年12月推出的前五册第二版，全部改由方正系统激光照排，可谓与时俱进。1998年12月前五册第二版第二次印刷，定价调整为40元。

这样，《全宋诗》前五册既有铅排的1991年第一版，又有电脑照排的1995年修订版。后来我们发现有不少补正《全宋诗》文章指出的失误其实只见于第一版，而在第二版上已经做过修正删改，看不出原先的错误痕迹了。

比如《全宋诗误收唐诗考》(《中国典籍与文化》2005年3期)一文，总计53则，起首数例都是指摘《全宋诗》册一误收：

1. 《全宋诗》李涛诗卷(卷1册1页7)收诗九首及残句三则。其残句云："溪声长在耳，山色不离门。""扫地树留影，拂床琴有声。""一言瘔主宁复听，三谏不从归去来。"……按：此残句三则中"一言瘔主宁复听"为字信臣之李涛作，而其他二则应为晚唐时长沙人李涛作，与此同名而非一人，

《全宋诗》误收。

今核《全宋诗》第二版页 7,李涛残句只保留"一言寤主宁复听,三谏不从归去来"一则,已无讹误。

  2. 陶榖诗卷(卷1册1页16)收《诗一首》云:"三十年前草上飞,铁衣着尽着僧衣。天津桥上无人问,独倚危栏看落晖。"辑自宋王明清《挥麈录》卷五。按:此诗非陶榖作,《全宋诗》误收。……《挥麈录》引陶榖《五代乱离纪》记此诗为黄巢作,《全宋诗》编者未审文意,遂误录入陶榖诗卷。

今核《全宋诗》第二版页 16,陶榖名下并无此诗,已经删却。

  3. 范质诗卷(卷3册1页49)收残句云:"大暑去酷吏,清风来故人。"辑自邵伯温《闻见前录》卷七。按:此为杜牧《早秋》诗中一联……实邵伯温所记范质,乃将杜牧诗句书扇,并非自作。清厉鹗《宋诗纪事》卷二《范质》条复将此事录入。《全宋诗》编者不察,遂误为范质诗。

今核《全宋诗》第二版页 49,范质名下已无此残句。

  5. 张佖诗卷(卷14册1页202)收《送容州中丞赴镇》诗云云。辑自《全唐诗》卷七四二。按:此实为晚唐杜牧诗,《全唐诗》误入张佖诗卷,《全宋诗》又袭误。

  6. 张佖诗卷(卷14册1页202)收《赠韩道士》云云。按:此诗亦见《全唐诗》卷七二三戴叔伦诗,蒋寅《戴叔伦诗集校注》卷二:"此诗又见于《全唐诗》卷七四二张佖诗中,今按韦縠《才调集》卷四、《(文苑)英华》卷二二八选此诗均作戴叔伦,张佖诗中当为误收。"

今核《全宋诗》第二版页 202,在张佖《句》"槛外有天皆在照,望中无物敢潜行"后有整理者新增按语:

  按:《全唐诗》所载张佖诗,自《惜花》至《春江雨》十八首为前蜀张泌作,见《才调集》卷四。《送容州中丞赴镇》应为唐杜牧诗,见《樊川诗集》卷二及《文苑英华》卷二八〇。《赠韩道士》为唐戴叔伦诗,见《才调集》卷四……录备参。

保留《全唐诗》原编诗作,同时指出其中误收杜牧诗、戴叔伦诗。

  7. 廖融诗卷(卷15册页213)收《存目》诗一首,诗题为《酬皇甫冉西陵见寄诗》,诗云云。……附注云:"皇甫冉,中唐诗人;廖融,五代入宋。不可能有酬寄诗。"按:此处指诗非廖融作,是。然具体作者须再考证。今考此诗乃中唐诗僧灵一诗,《全唐诗》卷八〇九灵一诗卷收此诗……又宋计有功《唐诗纪事》卷七二《僧灵一》条收此诗……唐姚合《极玄集》卷下亦收此诗为灵一诗，可证定为灵一作。

今核《全宋诗》第二版页213，廖融《存目》的附注增改为：

> 皇甫冉，中唐诗人；廖融，五代入宋。不可能有酬寄诗。按此诗当为唐灵一作，见《唐诗纪事》卷七二。

已据《唐诗纪事》，指明此存目诗乃唐灵一作。

我们估计该论文作者在《全宋诗》前五册1991年问世之际，即解囊购入，以后续出续买，但并没有注意到1995年北大出版社又新用电脑照排推出了前五册的修订版。类似的情况在其他订补论文中也时有发现。所以我们在这里提醒各位《全宋诗》读者，在学习研究中应使用前五册的第二版；而有关的订补论文，亦应当依据《全宋诗》第二版来立论。

三、订补论文误补唐诗

自1998年12月《全宋诗》72册全部出版，至今已近19年，这期间发表的订补《全宋诗》论著，据我们初步统计，已接近600篇（部）。它们订正《全宋诗》重收、误收之失，补苴《全宋诗》之罅漏，为《全宋诗》的完善做了大量有价值的工作，值得我们感谢。不过，它们在订补《全宋诗》的同时，也未能避免考订失误，因而造成了一些新的讹谬。

笔者曾撰《宋诗辑佚考辨》[①]一文，指出订补论文存在一些具体问题。今可再举几个误补唐诗的例子：

1. 据海外稀见文献

随着改革开放，学者们对外交流频繁，许多海外稀见文献陆续被发现、介绍、整理、研究，比如宋于济、蔡正孙《唐宋千家联珠诗格》，杨巽斋《百花诗集》，张逢辰《菊花百咏》，高丽林惟正《百家衣集》，日本江西龙派《新选分类集诸家诗选》，慕哲龙攀、瑞岩龙惺《续新编分类诸家诗集》，等等。它们往往保存了许多唐人、宋人的传记材料以及久已佚失的诗文作品，具有独特的文献价值。

就学者们根据这些海外稀见文献发表的研究论文来看，确实可以补充大量的宋诗佚作，但也不尽然。

比如《稀见日本汉籍〈新选分类集诸家诗选〉〈续新编分类诸家诗集〉中的宋人佚诗及其价值》（《国际汉学研究通讯》第5期，2012年7月），在刘吉[②]名

---

① 王岚《宋诗辑佚考辨》，见《北京大学中国古文献研究中心集刊》第十六辑，北京：北京大学出版社，2017年，第154—163页。

② 刘吉，见《全宋诗》册1卷14页206。

下补《全宋诗》未收诗二首,其中第二首为:

蝶

　　长眉画了绣帘开,此日行收白玉台。为问翠钗钗上凤,不知香颈为谁回。(《新编·禽兽》)

该文有说明,《新选分类集诸家诗选》,简称《新选》,编者江西龙派(1375—1446);《续新编分类诸家诗集》,简称《新编》,编者慕哲龙攀(?—1424)、瑞岩龙惺(1384—1460)。二书仅有抄本藏日本。

而这首《蝶》,实际是首唐诗。已见《李义山诗集》卷上、宋洪迈《万首唐人绝句》卷四〇、《后村千家诗》卷二〇,亦见《全唐诗》卷五三九,乃唐李商隐诗。故不应仅据《续新编分类诸家诗集》,就视为宋刘吉佚诗。

这个例子告诉我们,海外文献虽然罕见难得,资料价值突出,但也难免有经不住推敲之处。尤其是域外所编选集,自是二手材料,今已无法一一考清其原始文献出处,很可能产生张冠李戴的情况,故使用时需审慎对待,多加探究,不能人云亦云,全然信从。

2. 据《全唐诗》

《〈全宋诗〉补遗100首》(《中国韵文学刊》,2005年6月),补翁宏《湘江行》残句:"风回山火断,潮落岸冰高",出处为《全唐诗》卷七六二。

今核《全唐诗》,实题作《湘江吟》。此句又见宋阮阅《诗话总龟》前集卷一三、清吴任臣《十国春秋》卷七五、《全唐诗》卷七一五,皆署唐裴谐,题作《湘江吟》。当为唐诗,不应补为翁宏佚句。

3. 转引他人论文

《〈全宋诗〉续补(下)》(《中国韵文学刊》,2006年12月),补李九龄残句:"独微才调复知兵",出处引他人论文:"据李氏《七言绝句集古》。按:见《徐州师范大学学报》2004年第3期《全唐诗》补遗一文。"

"独微才调复知兵"不明所以,李氏《七言绝句集古》亦不知何指?但今可检到此句确凿出处,见宋洪迈《万首唐人绝句》卷四,又见《全唐诗》卷七一四,俱署唐崔道融,乃其《读杜紫薇集》七绝首句,作"紫薇才调复知兵"。杜牧,撰《紫薇花》七绝诗,人称杜紫薇,崔道融此诗是夸赞杜牧才干出众的。

此处出处标注有失规范,故而令人疑惑,所引"李氏《七言绝句集古》"是何时何人所作?复检《徐州师范大学学报》2004年第3期《全唐诗》补遗一文,作者为黄震云、霍志军,在第23页介绍得很清楚,《七言绝句集古》120首,是金代中叶李俊民所作,见其《庄靖集》,里面有不少唐人佚诗。第24页举例有:

　　四四. 崔道融　失题(句)

"紫薇才调复知兵。"

四五. 李九龄　失题(句)

"独倚危楼四望赊。"

于是明白问题所在,《〈全唐诗〉补遗》原本不误,《〈全宋诗〉续补(下)》的作者转引时既将崔道融诗句误系李九龄名下,又将"紫薇"错录成"独微"。况且李俊民《庄靖集》并非僻书,检影印文渊阁《四库全书》本,《七言绝句集古》见于卷六。

可见《〈全宋诗〉续补(下)》的作者对考佚工作缺乏穷根溯源的意识,没有首先选择核查原始文献,却简单转引他人论文,出处交待又语焉不详,还错植作者,改易文字。这样非但无益于宋诗补逸,反而徒增淆乱,误导读者,实在应该引以为戒。

我们在补正《全宋诗》的工作中深有体会,有关宋人宋诗,材料庞冗,载籍时代有早有晚,说法各异,记载分歧,情况错综复杂。现在古籍数据库的开发越来越完备,检索资料越来越便捷,大家足不出户,就可以在短时间内掌握同样数量的原始文献,这是时代给与我们的福利。但是,面对检索结果,是轻信还是怀疑?是简单猎祭还是细加考索?是仅仅取我所需不及其余,还是发现矛盾龃龉之处穷根溯源?不同的治学态度,导致的研究结论很可能大相径庭。故而,看似便利的条件,实际上给我们提出了更高的要求,不但应全面搜集掌握资料,吸收最新的研究成果,还要细心梳理,多方考辨分析,从而判断作者归属,甄别剔除唐人诗作,将宋人创作的诗句正确地系属各人名下,纠正旧误,补充遗佚,使得我们整理编纂的这部断代总集——《全宋诗》更臻完备。

2017年8月21日草于杭州,10月31日修订于北京

《全宋诗》刘攽诗补正

逯铭昕*

【内容提要】《全宋诗》所收录的刘攽诗是以文渊阁《四库全书》所收《彭城集》为底本整理而成。但经过对《彭城集》版本的考察与校读发现,四库本并不是一个理想的版本。国家图书馆藏有玉栋家藏抄本《彭城集》一部,这一抄本来自武英殿聚珍版《彭城集》辑校者周永年的批校本,尤足珍视,其中尚有《全宋诗》未收之诗。此外,《全宋诗》对刘攽诗的辑补也存在较多误收的情况。本文据国图所藏抄本辑补刘攽诗三首,并对《全宋诗》误收入刘攽名下的诗进行了辨析补正。

【关键词】《全宋诗》 刘攽 补正

刘攽(1023—1089)字贡父,号公非,临江新喻(今江西新余)人,是宋代著名的史学家。他的文集,陈振孙《直斋书录解题》著录有《彭城集》六十卷,但后世逐渐散佚。清乾隆十五年(1750),水西刘氏刊刻《新喻三刘文集》,辑录《公非集》一卷,共有诗四首,文二十三篇。四库馆臣自《永乐大典》中裒辑重编,以活字刊行,是为武英殿聚珍版,又收入《四库全书》,成为后世通行之本。《全宋诗》所收录的刘攽诗是以文渊阁《四库全书》所收《彭城集》为底本整理而成。在校读《彭城集》的过程中发现,这一版本并不是一个理想的版本。《彭城集》的其他版本中尚有《全宋诗》未收之诗。《全宋诗》将《彭城集》的诗歌部分重编为卷一至卷十六,卷十七为补辑之诗。其中补辑部分还存在较多误收的情况。本文结合《彭城集》的其他版本,辑补刘攽诗三首,并对《全宋诗》误收入刘攽名下的诗进行辨析补正。

一、《全宋诗》未收诗

《彭城集》存世的版本较少,武英殿本与《四库全书》本《彭城集》同出一源,总体差异不大。唯国家图书馆有玉栋家藏抄本《彭城集》四十卷,与通行本在篇目顺序、文章内容上皆有明显不同,值得重视。是书卷前有玉栋识语,记述

---

* 本文作者为山东师范大学图书馆副研究馆员。

了抄本的来源,其云:"《彭城集》四十卷,抄自周编修书昌林汲山房。原书亦抄本,而潦草脱误特甚,间有硃笔点勘,或芟补一二字句者,皆书昌手迹。书昌时官京师,晨夕遇读易楼,相勉以读书学古。一日者,携此集示予。予回借抄。未几,谢病还济南,亟持去。予适多故未暇检校,一任书手为之,于是潦草脱误又有甚于原书者矣。书昌在同厚辈中号称渊雅,顾其读书也博而不精,其读是书也,尤卤莽而自诩心得。是书也,一经原抄之脱误,复值书昌之点勘,而予又一任书手之为之也,谓非书之厄也,可乎?雨窗㓨事,发篋读之二十日,始竟为厘正,其脱误之了然者、其不可知者仍之,益以见予之寡陋不学,负良友为不浅也。"识语中所说的周编修即周永年。周永年(1730—1791)字书昌,山东历城人,乾隆三十六年(1771)进士,后入馆编修《四库全书》,负责《永乐大典》的辑校工作,是《彭城集》的主要辑校者①。玉栋家藏的这一抄本与后来殿本、四库本差异较大,虽经书手抄写之脱误,但由于源自林汲山房,保留了周永年辑校过程的印迹,值得重视。抄本《彭城集》卷四中有二首五言古诗为《全宋诗》所未收,今补录如下。

次韵钱待制

吟蝉咽风思,潜蛩诉宵怨。清雨洒重城,碧兀浩千万。讼庭一何清,枝本不图蔓。至有田相移,颇自焚其券。嘉禾毓陇亩,恶兽伏栏圈。涂有相从歌,吏或不敢飦。美君锐天机,心得非事劝。奏刀无繁肯,蓄德由止健。九韵始登歌,五鼎方荐献。秋悲亦何为,烈士有志愿。

次韵子瞻兄弟送王侍制

鹭斯但频频,梦蜂亦群屯。自非青云士,安得长者言。杜陵两诗伯,辩如九河翻。多闻直谅间,足继御与奔。为谁睦者歌,王子守南藩。隐然金石声,大笑秦人盆。我来坐东轩,对境罗芳樽。怀人阅琢刻,意往心宜烦。题诗强为继,搦久笔为温。不及蔡中郎,倒屣王公孙。

此外,《全宋诗》卷六一六页七三二〇收录刘攽诗残句"更觉在天涯",《全宋诗》谓辑自宋绍嵩《亚愚江浙纪行集句诗》卷三。此一句实际上全诗皆存,见于《锦绣万花谷》别集卷二十别离类"诗",作刘贡父撰。《全宋诗》未收,可据此辑补。

诗一首

野馆攀春柳,江村泊早花。离赐过百结,短鬓欲双华。楚水连云直,吴山向少斜。今朝送归恨,更觉在天涯。

---

① 参见〔清〕章学诚《周书昌别传》,《章氏遗书》卷十八,民国十一年(1922)吴兴刘氏嘉业堂刻本。

二、《全宋诗》误收诗

　　《全宋诗·凡例》谓:"凡旧籍中一诗互见数人集中或名下而难以确定归属者,一律重收,各于题下互注又见。"刘攽集中辑录了一部分重收的诗歌,但经过重新翻检考察,许多诗歌可以确切考订出作者,因此,这一部分重收的诗歌应当删去。同时,《全宋诗》刘攽诗的补辑部分存在较多误收的情况。今将《全宋诗》中重收或误收的诗歌,略作分类,一一辨析,胪列如下。

(一)《全宋诗》收录残句,然全诗已见于刘攽集

1.《全宋诗》册一一卷六一六页七三二〇:

句

　　秋高千里月,暮景一帆风。

宋王象之《舆地纪胜》卷八二《淮南东路·庐州》

　　按,检《舆地纪胜》,此一联出处为"刘攽《合肥送刘四》"。此诗《彭城集》卷十二题《送刘四敏二首》,此句作"高秋千里月,暮景一帆风"。已收入《全宋诗》册一一卷六〇九页七二二一。故此处当删。

2.《全宋诗》册一一卷六一六页七三二〇:

句

　　逍遥此中意。

宋绍嵩《亚愚江浙纪行集句诗》卷三

　　按,此句为《彭城集》卷十二《泛舟》第七句,已收入《全宋诗》册一一卷六〇九页七二二二。此处当删。

3.《全宋诗》册一一卷六一六页七三二〇:

句

　　怀人存蔽苇,招隐赋窅窕。

明杨慎《哲匠金桴》卷二

　　按,此二句为《彭城集》卷十六《和裴库部十二韵》首联,已收入《全宋诗》册一一卷六一三页七二七四。此处当删。

(二)唐诗误为宋诗

《全宋诗》册一一卷六〇二页七一一九:

《全宋诗》刘攽诗补正 301

引泉诗睦州龙兴观老君院作

上嗣位六载,吾宗刺桐川。余来拜旄钺,诏下之明年。是时春三月,绕郭花蝉联。岚盘百万髻,上插黄金钿。授以道士馆,置榻于东偏。满院声碧树,空堂形老仙。本性乐凝淡,及来更慕玄。焚香礼真像,盥手披灵编。新定山角角,乌龙独巉然。除非净晴日,不见苍崖连。上有挐云峰,下有喷壑泉。泉分数十派,落处皆琤潺。寒声入烂醉,聒破西窗眠。支筇起独寻,祇在墙东边。呼僮具畚锸,立凿莓苔穿。瀇滉一派堕,练带横斜牵。乱石抛落落,寒流响溅溅。狂奴七里濑,缩到疏楹前。跳光泼半散,涌沫飞淀圆。势束三峡拄,泻危孤磴悬。会闻瑶池溜,亦灌朱草田。鬼伯弄翠蕊,鸾雏舞丹烟。凌风挨桂舵,隔雾驰犀船。况当玄元家,尝著道德篇。上善可比水,斯文参五千。精灵若在此,肯恶微波传。不拟争滴沥,还应会沦涟。出门后飞箭,合势浮青天。必有学真子,鹿冠秋鹤颜。如龙辅余志,日使疏其源。

《彭城集》卷五

按,四库馆臣所纂辑的《彭城集》存在着一些诗文误收的问题,这一点清代的劳格早有论述。他的《读书杂识》卷十二列举了三篇误收的诗文,其中就包括《引泉诗睦州龙兴观老君院作》,谓已见于陆龟蒙《笠泽丛书·补遗诗》。此诗又见于《全唐诗》卷六一九陆龟蒙,乃唐诗误收为宋诗,当删。

(三)刘敞诗误为刘攽诗

刘攽之兄刘敞字原父,与攽为同科进士,学识渊博,为文敏赡,有《公是集》。后世或有不察,将二人诗文事迹混淆。《全宋诗》中有数首刘敞诗被误收入刘攽名下。

1.《全宋诗》册一一卷六一六页七三一五:

澄心堂纸

当时百金售一幅,澄心堂中千万轴。后人闻名宁复得,就令得之当不识。

宋胡仔《苕溪渔隐丛话》前集卷三〇引《王直方诗话》

按,此诗已见武英殿本刘敞《公是集》卷十七,题《去年得澄心堂纸甚惜之辄为一轴邀永叔诸君各赋一篇仍各自书藏以为玩故先以七言题其首》,收入《全宋诗》册九卷四七七页五七七四。诗曰:"六朝文物江南多,江南君臣玉树歌。擘笺弄翰春风里,斲冰析玉作宫纸。当时百金售一幅,澄心堂中千万轴。摘辞欲卷东海波,乘兴未尽南山竹。楼船夜济降幡出,龙骧将军数军实。舳舻衔尾献天子,流落人间万无一。我从故府得百枚。忆昔繁丽今尘埃。秘藏箧笥自矜玩,亦恐岁久空成灰。后人闻名宁复得,就令得之当不识。君能赋此哀江南,写示千秋永无极。"《王直方诗话》所引乃摘句而已。欧阳修《居士集》卷六有《和刘原父澄心纸》一首,刘原父即刘敞,故此诗为刘敞作无疑。《全宋诗》此处当删。

2.《全宋诗》册一一卷六一六页七三一五:

别茶娇

画堂银烛彻宵明,白玉佳人唱渭城。唱尽一杯须起舞,关河风月不胜情。

宋范公偁《过庭录》

按,《过庭录》记此诗本事云:"刘贡父知长安,妓有茶娇者,以色慧称。贡父惑之,事传一时。贡父被召造朝,茶远送之,贡父为夜宴痛饮,有别诗云云。"此事又见于宋赵令畤《侯鲭录》卷八,唯"贡父"作"原父"。其云:"刘原父晚守长安,眷官妓蔡娇所谓添酥者也。其召还,作诗别之曰:'珙筵银烛彻宵明,白玉佳人唱渭城。更尽一杯须起舞,关河秋月不胜情。'"考刘敞事迹,《续资治通鉴长编》卷一百九十二载:"(嘉祐五年九月丁亥)知制诰刘敞为翰林侍读学士、知永兴军。"《彭城集》卷三十五《刘公行状》谓:"公(刘敞)治长安三年,治声四出。是年(嘉祐八年),公以疾自请,八月,召赴阙云云。"刘敞嘉祐五年(1060)至八年(1063)知永兴军。永兴军路"治长安、万年二县"(《元丰九域志》卷三)。而刘攽未尝知守长安,则《过庭录》所记"贡父"当为"原父"之误,此诗当为刘敞所作。宋陈思《两宋名贤小集》卷五十二收此诗入刘敞《公是集》。《全宋诗》册九卷四九〇页五九四一已收此诗,题《赠别长安妓蔡》,辑自《永乐大典》卷一四〇五。故《全宋诗》此处当删。

3.《全宋诗》册一一卷六一六页七三一九:

黛陀石砚

一片苍山石,遥怜巧匠心。能存辟雍法,宛是马蹄金。气夺秋云湿,光涵墨海深。鱼龙随醉笔,变化出幽浔。

清曹寅《楝亭十二种·砚笺》

按,此诗见于刘敞《公是集》卷二十,题《黛陀石马蹄砚》,已收入《全宋诗》册九卷四八〇页五八一七。此处当删。

4.《全宋诗》册一一卷六一六页七三一九:

句

霜蟹人人得,春醪盎盎浮。

《蟹略》卷二

按,此句全诗见于刘敞《公是集》卷二十一,题《萧山舍弟将发南郭以诗候之》,已收入《全宋诗》册九卷四八一页五八三一。此句当删。

5.《全宋诗》册一一卷六一六页七三二〇:

句

芜城此地远人寰,尽借江南万叠山。平山堂

句

水气横浮飞鸟外,岚光平堕酒杯间。又

宋王象之《舆地纪胜》卷二七《淮南东路·扬州》

按,检《舆地纪胜》,此二联出处为"刘敞《平山堂》"。此诗已见刘敞《公是集》卷二十五,题《游平山堂寄欧阳永叔内翰》,收入《全宋诗》册九卷四八五页五八八三。此二句当删。

(四)其他人诗误为刘敞诗

1.《全宋诗》册一一卷六一六页七三一四:

蟹

后蚓智不足,捕鼠功岂具。一为丹青录,能使万目顾。气凌龟龙垫,势经沧海渡。微物亦有动,将非逢学误。

宋吴自牧《梦粱录》卷一八

按,此诗又见于《分门纂类唐宋时贤千家诗选》卷二十《昆虫门》,题《食蟹》,题下无作者。按《千家诗选》体例,题下无作者之诗,其作者当同前,即"刘吉"。《全宋诗》从《千家诗选》中辑录的许多题下无作者之诗皆按作者同前处理,故此诗似当归于"刘吉"名下。清孙之騄《晴川蟹录》卷四引此诗,作者亦题作"刘吉"。

2.《全宋诗》册一一卷六一六页七三一八:

寄荆公

青苗助役两妨农,天下嗷嗷怨相公。惟有蝗虫偏感德,又随台斾过江东。

明彭大翼《山堂肆考》卷二二六

按,《山堂肆考》卷二二六云:"宋王荆公罢相出镇金陵,飞蝗自北而南往,江东诸郡百官饯荆公于城外。刘贡父后至,追之不及。因书一绝以寄云云。"宋蔡正孙《诗林广记》后集卷十也有类似的记载,"《泊宅编》云:荆公罢相出镇金陵时,飞蝗自北而南,江东诸郡皆有之,百官饯荆公于城外,刘贡父后至,追之不及,见其行榻上有一书屏,因书一绝以寄之。"宋谢维新《事类备要》前集卷

二十、宋祝穆《事文类聚》前集卷五记载皆同,谓出《泊宅编》。今检十卷本与三卷本《泊宅编》皆无此条目。岳珂《桯史》卷九亦载此诗,谓不知何人所作,其云:"熙宁七年四月,王荆公罢相镇金陵。是秋,江左大蝗,有无名子题诗赏心亭,曰'青苗免役两妨农,天下嗷嗷怨相公。惟有蝗虫感恩德,又随钩斾过江东。'荆公一日饯客至亭上,览之不悦,命左右物色,竟莫知其为何人也。"考刘攽事迹,熙宁六年四月,刘攽"尝诒安石书,论新法不便。安石怒摭前过,斥通判泰州。"(《宋史》卷三百一十九刘攽本传、元陈桱《通鉴续编》卷九)次年四月,王荆公罢相时,刘攽尚在泰州任上。故笔记中所记刘贡父"追之不及"云云应为不根之谈。此诗本事,当以《桯史》所记为是。

3.《全宋诗》册一一卷六一六页七三一九:

双桥道中寒堪

　　裂面霜风快似镰,重重裘袴晚仍添。梅当官道香撩客,山逼篮舆翠入帘。男子坐为衣食役,年光常向道途淹。古来共说还家乐,岂独全躯畏楚□。

影印《诗渊》册三页二一一二

按,此诗又见陆游《剑南诗稿》卷十,题《双桥道中寒甚》,已收入《全宋诗》册三九卷二一六三页二四四七六。《诗渊》在编纂的严谨性、传写的可靠性方面存在着不少问题,所收作品在署名上也存在相关严重的错乱。①陆游诗集流传有序,最早的宋淳熙十四年严州郡斋刻本《剑南诗稿》已收录此诗。故此处当删。

4.《全宋诗》册一一卷六一六页七三二〇:

句

　　秋桐不识春风面。

《全芳备祖》后集卷一八

按,《宋诗纪事》卷九十九载全诗,题《赠王纶》,收入"燕华君"名下,谓出刘攽《中山诗话》。《中山诗话》谓:"海陵人王纶女,辄为神所凭,自称仙人。字善数品,形制不相犯。《吟雪诗》云:'何事月娥欺不在,乱飘瑞叶落人间。'他诗句词意飘逸,类非世俗可较。《题金山》云:'涛头风卷雪,山脚石蟠虬。'常谓纶为清非孺子,不晓其义。亦有诗赠曰:'君为秋桐,我为春风。春风会使秋桐变,秋桐不识春风面。'居数岁,神舍女去,懵然无知。嫁为广陵吕氏妻。"《诗话总龟》卷四十七记载本事更为详细,其云:"太子中允王纶,祥符中登进士第。有

---

① 李更,《从〈分门纂类唐宋时贤千家诗选〉看〈诗渊〉作品署名方面的问题》,章培恒主编《中国中世文学研究论集》(下),上海:上海古籍出版社,2006年,第1638—1654页。

女子年十八岁,一日昼寝中忽魇声,其父与家人亟往问之,已起,谓父曰:'与汝有洞天之缘,降人间四百年矣。今又会此。'自是谓父曰清非生,自称曰燕华君。初不识字,忽善三十六体篆,皆世所未识。每与清非生唱和,及百余篇。有送人诗云:'南去过潇湘,休问屈氏狂。而今圣天子,不是楚怀王。'又《赠清非生》末句云:'自有燕华无限景,清非何事恋东宫。'又《雪诗》云:'何事月娥期不在,乱飞端叶落人间。'说与人云:'天上端木,开花六出。'《赠清非生》云:'君为秋桐,我为春风。春风会使秋桐变,秋桐不识春风面。'"此诗当从《宋诗纪事》为"燕华君"所做,此处当删。

(五) 非诗语而入《全宋诗》

1. 《全宋诗》册一一卷六一六页七三一九:

句

寒食年年必上公。

宋阮阅《诗话总龟》前集卷四〇引《诗史》

按,《诗话总龟》前集卷四〇引《诗史》云:"内朝晨入庭内错立,至驾欲坐,即御史台知班唱班,欲依班立也。王彦和汾与刘贡父攽同趋朝,王戏刘曰:'内朝日日须呼汝。'刘应声曰云云。"按,详王、刘之言,此处实为对句而非诗语。《全宋诗·凡例》谓"长篇短制,细大不捐,断章残句,在所必录",但对句与诗歌的断章残句尚有区别,窃谓依体例似不应收录。

2. 《全宋诗》册一一卷六一六页七三二〇:

句

王师破金陵,兵自水窗入。

宋李壁《王荆文公诗笺注》卷二五《金陵怀古四首》注引

按,李壁注云:"刘贡父集有和公此诗,如称王师破金陵,兵自水窗入,史所不载。贡父洽闻,必有所据。今附贡父诗于此云云。"以下引刘攽《次韵王介甫金陵怀古四首》,此诗见今本《彭城集》卷十四。详李壁之意,"王师破金陵,兵自水窗入"并非诗语。其所谓兵自水窗入之事,即指《次韵王介甫金陵怀古四首》其三"蚁溃何堪值水窗"云云。元陆友仁《研北杂志》卷上亦有此论:"宋师下江南,金陵城破,兵自城下水窗入,故刘贡父有'蚁溃何堪值水窗'之句。"此二句不当入《全宋诗》。

三、其 他

除重出误收外,《全宋诗》刘攽诗中尚有可斟酌之处,比如:

1.《全宋诗》册一一卷六一六页七三一五:

荔枝

南州积炎德,嘉树凌冬绿。薰风海上来,丹荔逾夏熟。煌煌锦绣林,亭亭翡翠屋。鹊头烂晨霞,天酒莹寒玉。流声感中华,采掇如不足。开元百马死,汉堠五里促。君王玉食间,此荐知不辱。迨今糟粕余,犹足惊凡目。忆初成上林,四方会奇木。使臣得安榴,天马来苜蓿。擢芽自幽退,托地幸渗漉。我欲咎真宰,嗜兹限荒服。将非名实雄,百果爲羞缩。区区化工意,聊尔存众族。

锦筵火齐砌金柈,五月甘浆破齿寒。南国已随朱夏熟,北人犹指画图看。烟岚不续丹樱献,玉座空悲羯鼓残。相见任夸双蒂美,多情莫唱水晶丸。

宋陈景沂《全芳备祖》后集卷一

按,此二首诗分别见于宋祝穆《事文类聚》后集卷二十五"古诗"与"律诗"部分,后一首七言律诗题作《戏答惠荔子》。故此处当分为二首诗,分别标明诗题以相区别,且出处似改以《事文类聚》为宜。

2.《全宋诗》册一一卷六一六页七三一九:

句

泻汤旧得茶三昧,觅句还窥诗一斑。

宋吴开《优古堂诗话》

按,此诗及本事又见宋吴曾《能改斋漫录》卷八。吴开《优古堂诗话》其人其书均有问题,郭绍虞《宋诗话考》谓或"由书贾牟利,在《能改斋漫录》成书之后,抄录此卷,托于吴开以欺人者"[①]。故其出处当用吴曾《能改斋漫录》而非《优古堂诗话》。

---

① 郭绍虞《宋诗话考》,北京:中华书局,1979年,第63页。

《全芳备祖》新见宋佚诗辑考[*]
——以日本宫内厅书陵部藏本为中心

赵　昱[**]

【内容提要】 陈景沂《全芳备祖》是南宋后期的一部专录中国古代植物资料的重要类书,具有极高的辑佚价值。20世纪八九十年代北京大学古文献研究所编纂《全宋诗》时,已经对它有所关注,并从中辑录大量宋人佚诗。本文主要依据日本宫内厅书陵部藏宋刻《全芳备祖》残帙,整理其中未见于《全宋诗》或《全宋诗》载录不全的佚诗135首(句),可为《全宋诗》的补正工作所利用。

【关键词】 《全芳备祖》　日本宫内厅书陵部　《全宋诗》　辑佚

《全芳备祖》五十八卷,南宋理宗时人陈景沂编纂。是书分前、后二集,花、果、卉、草、木、农桑、蔬、药八部,收录近三百种植物。每一植物之下,又分"事实祖""赋咏祖""乐府祖"——"事实祖"广泛征引与该植物主题相关的、自先秦至宋代的各类文体作品,"赋咏祖"依照时代先后罗列诗篇及散句,"乐府祖"则涉及晚唐至宋的诸家词作,三部分皆保存了数量可观的散逸篇章、段落、文句,恰如杨忠教授所称:"所引资料极为丰富,尤以宋人诗词居多,其中不少著作,今天已无传本,或虽有传本,但已佚失过半,正可据《全芳备祖》以辑佚。书中所引诗、词、文均为当时传本原貌,文字或与今本不同,亦可据以校勘有关古籍,故极有文献价值。"[①]而它的现存最早版本,为日本宫内厅书陵部藏宋刻残帙四十一卷(前集卷一四至二七,后集卷一至一三、一八至三一,题作"天台陈先生类编花果卉木全芳备祖",以下简称"宫内厅本")。较之中国大陆各图书馆今日收藏的数量有限的明清抄本,宫内厅本较好地呈现了早期刊本的文字面貌,尤为珍贵。

1998年,由北京大学古文献研究所编纂的《全宋诗》正式问世。全书72册

---

[*] 本文为教育部人文社会科学重点研究基地北京大学中国古文献研究中心"十三五"重大项目"《全宋诗》失收诗人诗作及专卷汇编"(项目批号:16JJD750004)阶段性成果。

[**] 本文作者为北京大学中文系博士后。

[①] 杨忠《读日本宫内厅书陵部藏宋元本汉籍札记》,《北京大学中国古文献研究中心集刊》第三辑,北京:北京大学出版社,2002年,第96页。

3785卷,共收作者9079人,得诗247183首、残诗5983句(联)、存目323首(句),近4000万字,是目前为止收录有宋一代诗歌数目最多、规模最大的断代总集①。据书前"凡例",《全宋诗》"汇集有宋一代诗歌,长篇短制,细大不捐,断章残句,在所必录。以人系诗,以诗存人,旨在保存一代文献"②。但实际上,网罗全备绝非易事,有遗有漏在所难免。就《全芳备祖》一书而言,尽管当初编纂之时即已将它列入"第一批书目"③,做了比较全面的辑佚,但是确实仍有遗漏,难称尽善。其中,最典型的一方面问题在于,由于《全宋诗》的自身体例所限,只有宋人别集进行了专门的版本情况说明,其他的文献出处仅注明编者、书名、卷次,似未详究所据版本④。而《全芳备祖》的宫内厅本与《四库全书》本之间,异文尤多,《全宋诗》在编纂时对于《全芳备祖》的不同版本又缺少深入细致的查考辨析,以致还出现了相当一部分重出误收的情况,使得《全宋诗》的价值受到了一定影响⑤。加之就在《全宋诗》编纂的过程中,广东东莞的文史专家杨宝霖先生曾寄来他的《〈全芳备祖〉中宋诗辑》《〈全芳备祖〉中宋人佚诗辑校》两部稿本,其间的大量辑佚成果便为《全宋诗》所参考吸收。不过《〈全芳备祖〉中宋诗辑》《〈全芳备祖〉中宋人佚诗辑校》悉以影印文渊阁《四库全书》本《全芳备祖》为底本,宫内厅本仅仅作为参校之一助,并未涉及更加具体的考论。况且截至《全宋诗》的煌煌七十二册出版时,仍有相当一部分内容没有来得及纳入,按照当时的设想即留待补编时完成,这里面也就包括辑自《全芳备祖》的不少零散诗句。由此可见,无论是版本考察的疏略还是编纂、出版的步骤因素,都直接造成了《全宋诗》对《全芳备祖》的辑佚利用存在着遗漏的客观事实。因此,本文今以宫内厅本为辑考对象,分"《全宋诗》已收诗人之佚作"和"《全宋诗》失收诗人诗作"两部分——前者涉及陈抟、宋白等30人、54首(句),依《全

---

① 关于《全宋诗》所涉诗人诗作的统计数据,见漆永祥《简论〈全宋诗〉的编纂特色与学术价值》,《古籍整理出版情况简报》2000年第5期(总351期),第8页。

② 《全宋诗·凡例》,北京:北京大学出版社,1998年,第1册,第23页。

③ "所谓第一批书目,主要是:(一)现存宋元诗话、笔记及其他史籍。(二)现存宋元类书、总集,以及《永乐大典》和《诗渊》的残存本。(三)宋元方志,以及近年来集中印行的若干重要方志,如影印天一阁藏明代方志。(四)《宋诗纪事》、《宋诗纪事补遗》已引用到的书。(五)敦煌遗书。"见《全宋诗·编纂说明》,第1册,第9页。

④ 《全宋诗》成于众手,在体例的规范性上偶有不一致,而正是这些不一致的细节之处,却能够作为重要线索,帮助我们了解更多信息。例如,《全宋诗》册18卷1039页11889—11890曾肇名下收录据《全芳备祖》所得残句15则,其一"饮罢流连未归去,更来花下捧茶瓯"之下注明出处为"《全芳备祖》前集卷一(四库本)",其十三"查侯得灵药,言自八公来。当时云中犬,千岁伏陈蓤"之下按语称:"四库本无,据农业出版社影印本补",那么这里显然用到了同一书的两种版本,并由这些括注、按语的文字详加揭示。当然,这样的情形实在少之又少,绝大多数时候都是径注"宋陈景沂《全芳备祖》前/后集卷×"。

⑤ 关于《全宋诗》辑佚时所据《全芳备祖》的版本以及因袭《四库全书》本而致误的具体证证,详见拙文《日本宫内厅书陵部藏〈全芳备祖〉与宋诗辑佚关系论略——以〈全宋诗〉对〈全芳备祖〉的利用得失为中心》,《古文献整理与研究》(第二辑),北京:中华书局,2016年,第254—265页。

宋诗》中所在册页为次;后者包括陈古洞、李钧翁等 25 人、37 首(句),依宫内厅本中的出现先后为序;无名氏诗 44 首(句),统一排列在最后,并对相关引书加以简要的按断分析。

一、《全宋诗》已收诗人之佚作

1. 陈抟(1/1/8)[①]

水　仙

　　湘君遗恨付云来,虽堕尘埃不染埃。疑是汉家涵德殿,金芝相伴玉芝开。

(宋陈景沂《全芳备祖》前集卷二一)

句

　　因风离甚处,随浪此中过。不定犹如此,孤根还若何。未闻流水尽,更见落花多。荇

(同上书后集卷一二)

2. 宋白(1/20/280)

莎

　　何事牵幽思,空庭对野莎。青青冲野步,落日拄筇过。色与莓苔近,阴藏蟋蟀多。闲思旧山下,萧飒遍烟萝。

(宋陈景沂《全芳备祖》后集卷一三)

3. 种放(2/72/819)

句

　　绿满岩扉外,绵绵芳草阴。莎

(宋陈景沂《全芳备祖》后集卷一三)

4. 林逋(2/105/1190)

句

　　中分邪断道边横,枝干虽枯叶尚荣。桑

(宋陈景沂《全芳备祖》后集卷二二)

---

① 括号内数字依次为该人所在《全宋诗》之册数、卷数、页数,下同。

5. 陈亚(2/113/1303)

句

秋风似学金丹术,戏把硫磺制酒杯。黄蜀葵

(宋陈景沂《全芳备祖》前集卷一四)

按:《全芳备祖》署"陈司封",元方回《瀛奎律髓》卷二三作陈亚《黄蜀葵》诗。

6. 梅尧臣(5/232/2709)

柰

孙情来问予,扶病为尔起。岂无山茗留,独见以上七字,宫内厅本缺,据《四库全书》本补庭柰喜。

(宋陈景沂《全芳备祖》后集卷八)

句

剖破玉壶浆。梨

(同上书后集卷六)

7. 欧阳修(6/282/3582)

句

青杏初尝酒正醇。杏

(宋陈景沂《全芳备祖》后集卷五)

按:《欧阳文忠公集》卷一三一《近体乐府》卷一《会老堂致语口号》有全诗:"欲知盛集继荀陈,请看当筵主与宾。金马玉堂三学士,清风明月两闲人。红芳已尽莺犹啭,青杏初尝酒正醇。美景难并良会少,乘欢举白莫辞频。"

8. 韩琦(6/318/3962)

辛夷花

辛夷吐高花,卫公曾手植。根洗今已非,不改旧时色。平泉几易主,况乃刺史宅。

(宋陈景沂《全芳备祖》前集卷一九)

9. 张俞(7/382/4714)

紫薇花

谁妙精花品,殊号标紫微。贵应随赤㝙,种合近黄扉。树动情何密,花浓艳欲飞。数枝临省户,几朵入宫闱。赵后鸣金瑟,秦娥卷绣帏。无情笑梅白,浅俗厌桃绯。

杜鹃花

夏园无杂英,灼灼山榴开。落日杜鹃苦,花仍委苍苔。余芳不可赎,含章空裴回。

(以上宋陈景沂《全芳备祖》前集卷一六)

草

苒苒非春意,秋原绿更新。空随白云暮,重起废城春。紫塞有来雁,洞庭无主人。王孙归未得,愁断夕阳尘。

(同上书后集卷一〇)

句

待教满地妖红死,独与秋风作主人。芙蓉花

(同上书前集卷二四)

青菱引蔓空争角。菱

(同上书后集卷二)

红实离离压彩枝,荧煌珠琲粲葳蕤。樱桃

南国饶春实,繁如踯躅然。已先卢橘熟,更压荔支圆。向日合滋液,无人荐吉蠲。同上

(以上同上书后集卷九)

10. 蔡襄(7/385/4745)

句

野人家焰焰,烧红有佛桑。佛桑花

(宋陈景沂《全芳备祖》前集卷二〇)

11. 刘敞(9/463/5615)

句

不作残春十日饮,定知无奈此香何。酴醾

(宋陈景沂《全芳备祖》前集卷一五)

12. 谢景初（9/518/6295）

句

萼趺琲珠圜，碎簇柔梢垂。蔫然经月余，艳色愈不衰。始疑神功化，火结丹砂为。茉莉花

（宋陈景沂《全芳备祖》前集卷二五）

按：《全芳备祖》仅署"谢工部"，清康熙间《御定佩文斋广群芳谱》卷四三作"宋谢景初"，未详何据，暂录于此。

13. 吴充（10/534/6454）

酴醾

清香透水槛，荣荫在天家。翠辇宸游后，球栏昼影斜。

（宋陈景沂《全芳备祖》前集卷一五）

14. 王安石（10/538/6473）

句

雪底黄精兴不疏，忆着君诗应捧腹。黄精

（宋陈景沂《全芳备祖》后集卷三一）

按："雪底"句已见《全宋诗》册 10 卷 577 页 6785 王安石名下，出处同。核原书，宫内厅本有"忆着"句而《四库全书》本无，今补。

15. 郑獬（10/580/6817）

金钱花

黄金钱，谁解数。十指如春葱，惟有河间女。官内厅本缺"女"字，据《四库全书》本补金钱多，不知数，手结罗裙拾将去。

（宋陈景沂《全芳备祖》前集卷二六）

16. 张耒（20/1155/13027）

句

清园一洗黄金圆。橘

（宋陈景沂《全芳备祖》后集卷三）

17. 晁冲之(21/1216/13866)

句

岭南荔子丰今年，必有人如姑射仙。荔支

（宋陈景沂《全芳备祖》后集卷一）

18. 汪藻(25/1433/16504)

薜荔

薜荔垂枯萌，何年附幽石。骄阳或侵陵，土薄失润泽。天风吹汝声，枯叶久无色。前年直外省，薜荔不盈尺。江梅凡几时，归来忽满壁。我齿密且疏，我发玄且白。此复何足怪，对之犹叹息。

（宋陈景沂《全芳备祖》后集卷一三）

句

红锦皱缝包玉液，青绡斜剪衬金丸。荔支

（同上书后集卷一）

菌蠢朝承露，荧煌夜吐霓。芝草
斋房辉玉斝，岱检杂金泥。同上

（以上同上书后集卷一一）

溪边卧枯柳，雨余忽生耳。木耳

（同上书后集卷二六）

19. 刘涛(27/1581/17927)

句

未尝逢露齿，直恐欲倾城。含笑花

（宋陈景沂《全芳备祖》前集卷一九）

20. 杨万里(42/2275/26063)

含笑花

菖蒲节序芰荷时，翠羽衣裳白玉肌。暗拆花房须日暮，遥将香气报人知。半开微吐长怀宝，欲说还休竟俯眉。树脆枝柔惟叶健，不消更画只消诗。

（宋陈景沂《全芳备祖》前集卷一九）

按：宫内厅本署"杨诚斋"，然据杨宝霖先生的意见，"此条与'一点瓜看破醉眠'条并列，同属'七言八句'栏，此条注'杨诚斋'，'一点'条注'许仲启'，'一点'条已查出《诚斋集》有之。疑二条作者前后倒置。在《备祖》中，相邻的两条作者前后倒置者所在多有。果尔,则此条为许开作"①。

芸苔

苔菘正自有风味,杯盘底用专腜丰。意行不解杀风景,呵殿谩自惊儿童。桑麻事起儿女长,春色纵好关渠侬。家山福地最深处,草花竹树多华风。只今芒屩便归去,自立名号皆山农。

（同上书后集卷二六）

句

晓艳欲开孙武阵,晚风争堕绿珠楼。来如急电无因驻,去似惊鸿不可收。朱槿花

（同上书前集卷二○）

按:宫内厅本缺署作者,晚清方功惠碧琳琅馆藏《全芳备祖》钞本署"诚斋"②。或因前引"七言八句"署"杨诚斋",而承前省略作者。此则是否为杨万里佚句,尚待进一步考证,姑从钞本,暂录于此。

棕榈叶子海棠花。槟榔

（同上书后集卷三一）

21. 周必大 (43/2319/26677)

枇杷

昭阳睡起人如玉,妆台对罢双娥绿。琉璃叶底黄金簇,纤手拈来嗅清馥。可人风味少人知,把尽春光夏初熟。笑渠梅杏空自忙,生被三郎鼓声促。上林此物今安在,望断长安动悲哭。飞猿过鸟竞摇啄,槎牙祇余枯树腹。

（宋陈景沂《全芳备祖》后集卷六）

22. 赵汝谈 (51/2723/32022)

句

静参时有得,习处却无闻。兰花
虽为通国宝,而有出尘心。同上

（以上宋陈景沂《全芳备祖》前集卷二三）

---

① 杨宝霖《〈全芳备祖〉中宋人佚诗辑校》,稿本,第184页;又见吴鸥《关于杨万里诗集的补遗》,《北京大学中国古文献研究中心集刊》（第十一辑）,北京:北京大学出版社,2011年,第245—246页。

② 杨宝霖《〈全芳备祖〉中宋人佚诗辑校》,稿本,第185页。

23. 吴潜(60/3155/37857)

句

推排春事到杨花。柳花

(宋陈景沂《全芳备祖》前集卷一八)

24. 方岳(61/3190/38262)

畦 菜

踏雪课园丁,趁雨锄菜甲。土甘春绕畦,烟重晓携锸。毋令蔓草滋,旋拾枯篠插。诗肠风露香,碧脆已可掐。谁言庾郎贫,未觉三韭乏。那知世有人,犹嫌万钱狭。去毛莫拗项,美哉不鸣鸭。瀑泉煮山月,此岂腥膻压。琉璃乳蒸狲,卿自用卿法。

(宋陈景沂《全芳备祖》后集卷二四)

按:《全宋诗》册 61 卷 3214 页 38418 方岳名下已收,出《秋崖先生小稿》卷二五;然无"去毛"以下六句,今补。核《全宋诗》方岳小传,"明嘉靖中裔孙方谦刊有《秋崖先生小稿》文四十五卷、诗三十四卷,清四库馆臣据当时另一影宋抄本《秋崖新稿》合编为《秋崖集》四十卷。《秋崖集》较明刊本多出诗八十余首,但明刊本中亦有诗十余首为《秋崖集》所无"[1],则《秋崖先生小稿》《秋崖集》皆非全本。《全芳备祖》成于南宋后期,时代更早,当可信从。

25. 陈景沂(64/3394/40387)

桑

三分天下二分田,枉被西南雨露天。接野菅荆失官陌,透蓬桑枣识民阡。去程削断行人迹,惊麕频过猛兽边。弹压官军早屯宿,晚炊崖竹汲河堧。

(宋陈景沂《全芳备祖》后集卷二二)

26. 李春伯(72/3749/45216)

牵牛花

墙根有冬瓜,费尽滋溉力。牵牛独得志,抽走无寻尺。既上我屋壁,复冒我篱落。游藤仅细缕,逐节分豆叶。未欲挥锄斤,且与妆秋色。任他绕屋去,庶表幽人宅。

(宋陈景沂《全芳备祖》前集卷一四)

---

[1] 《全宋诗》,第 61 册,第 38262 页。

27. 史文昌（72/3751/45235）

枫

少立危亭独倚栏，此心使与白鸥闲。水波不动鱼龙蛰，风月无边天地宽。几处风蒲连碧浪，数重烟树出青山。垂虹再卜清游日，枫落吴江波正寒。

（宋陈景沂《全芳备祖》后集卷一八）

28. 释辉（72/3753/45250）

水仙

如闻交珮解，疑是浴妃来。朔吹欺罗袖，朝霜滋玉台。

句

极知今世无曹植，称得陈玄记洛神。水仙

弱水蓬莱归不得，梅花相与伴春寒。同上

（以上宋陈景沂《全芳备祖》前集卷二一）

灵均去后无人佩，修禊亭空绝赏音。兰花

（同上书前集卷二三）

29. 王右丞（72/3754/45266）

百合花

少陵晚崎岖，托命在黄独。天随自寂寞，疗饥惟杞菊。古来沦放人，余业被草木。我客汉东城，邻曲见未熟。不应恼鹅鸭，更忍累口腹。过从首三张，伯仲肩二陆。颒肤分子姜，云苴馈萌竹。冥搜到百合，真使当重肉。软温甚鸥蹲，莹净岂鸿鹄。食之倘有助，盖昔先所服。诗肠贮微甘，茗碗争余馥。果堪止泪无，欲纵望乡目。

（宋陈景沂《全芳备祖》前集卷一四）

覆盆子

灵根茂永夏，幽磴罗深丛。晶华发鲜泽，叶实分青红。搜寻犯晨露，采摘勤村童。借以烟笋箨，贮之霜筠笼。谁知此俗里，郊老有奇功。咀嚼脑髓聚，烹啜形神充。

（以上同上书后集卷三〇）

句

海山珠树玉斓斑，拟袭炎云觐玉颜。荔支

（同上书后集卷一）

此君耐岁寒,小友极风味。相思如调饥,熟可当饔饩。笋

(同上书后集卷二三)

顾乏钉头菌。菌蕈

(同上书后集卷二六)

30. 何宗斗(72/3755/45282)

句

二月人家蚕事早,屋头先办采桑芽。桑

(宋陈景沂《全芳备祖》后集卷二二)

二、《全宋诗》失收诗人诗作

1. 陈古涧

句

鼓子秋来染碧衣。牵牛花

(宋陈景沂《全芳备祖》前集卷一四)

晓露染成鸡舌紫,东风吹作麝脐香。瑞香

(同上书前集卷二二)

2. 李钓翁

句

弱质不自持,篱落纷布护。霜刀剪翠云,零落不知数。牵牛花

(宋陈景沂《全芳备祖》前集卷一四)

3. 刘淮

刘淮,字叔通,号溪翁,建阳(今属福建)人。高宗绍兴二年(1132)进士。博学能文,有诗名。清李清馥《闽中理学渊源考》卷二〇有传。

酴醿

青蛟蜕骨万条长,玉架盘云护晓霜。外面看来些子叶,中间着得许多香。一枝缟色分明好,百卉含羞不敢芳。飞杀衔花双海燕,被渠勾引一春忙。

句

还将庐舍金身面,换却何郎粉色姿。酴醿

(以上宋陈景沂《全芳备祖》前集卷一五)

4. 周汾阳

句

不料忽成惆怅事，片时飞尽白蔷薇。酴醿

（宋陈景沂《全芳备祖》前集卷一五）

5. 陈锦山

句

游人莫苦忙春早，踯躅花残有牡丹。杜鹃花

（宋陈景沂《全芳备祖》前集卷一六）

6. 陈经国

陈经国(1219—？)，一名人杰，字伯夫，小字定夫，号龟峰，潮州海阳（今属广东）人。理宗宝祐四年(1256)进士。有《龟峰词》一卷。事见宋《宝祐四年登科录》卷二、清丁丙《善本书室藏书志》卷四。

杜鹃花

蜀魄啼山血洒枝，幻成红艳送春晖。不须声里催人去，才见花开便合归。

（宋陈景沂《全芳备祖》前集卷一六）

7. 陈冰岸

句

好把胆瓶收露水，亦须南渡贩蔷薇。蔷薇

（宋陈景沂《全芳备祖》前集卷一七）

8. 刘仙伦

刘仙伦，一名儗，字叔儗，号招山，庐陵（今江西吉安）人。有《招山小集》一卷。事见宋周密《绝妙好词》卷二。今录诗二首。

木兰花

晓来随手抹新妆，半额蛾眉宫样黄。铢衣染尽蔷薇露，触处闻香不烛香。君不见同时素馨与茉莉，究竟带些脂粉气。又不见钱塘欲语娇荷花，粗枝大叶忒铅华。何如个样隐君子，色香不俗真有味。根苗在处傲炎凉，敢与松柏争雪霜。椒桂薰荍君杂处，小窗相对毋相忘。

（宋陈景沂《全芳备祖》前集卷一九）

水枫叹 诗题据宋陈起《江湖小集》卷四九《招山小集》补

枫叶不耐冷,露下胭脂红。无复恋本枝,械械随惊风。向来树头蝉,去尽不见踪。日落秋水寒,哀哀叫征鸿。

(同上书后集卷一八)

按:《招山小集》一卷,今有宋陈起《江湖小集》本、宋陈思《两宋名贤小集》本、清曹庭栋《宋百家诗存》本等,《全宋诗》失收当补。

句

清霜夜陨秋荷败,翠盖红妆愁割爱。碧条苍叶生春妍,买断秋光作容态。芙蓉花

(同上书前集卷二四)

9. 金良弼

长春花

谁言造化无偏意,独把春光向此中。叶里尽藏云外碧,枝头剩带日边红。曾同桃李开时雨,欲伴梧桐落后风。费尽主人歌与酒,不教闲却卖花翁。

(宋陈景沂《全芳备祖》前集卷二〇)

10. 翁衍

翁衍,字元广,号逃禅翁(元《氏族大全》卷一)。今录诗八首。

仙掌花

绿叶枝头数簇红,不禁风日变芳容。未应得近花坛列,只可山樊对野农。

剪春罗花

谁把风刀碎薄罗,极知造化着工多。飘零易逐春光老,公子樽前奈若何。

(以上宋陈景沂《全芳备祖》前集卷二〇)

黄雀儿花

管领东风知几春,也将俗态染香尘。有人不具看花眼,恼杀飘蓬老病身。

(同上书前集卷二六)

碧蝉儿花

露洗芳容别种青,墙头微弄晓风轻。不须强入群芳社,花谱元无汝姓名。

史君子花

竹篱茅舍趁溪斜,白白红红墙外花。浪得佳名史君子,初无君子到君家。

玉手炉花

小院无人春意深,凌风傲日出墙阴。只应落在山儒手,那得王孙为赏音。

御戴花

未放枝头嫩叶青,先开绛蕊照春晴。若无颜色宜官院,安得花间御戴名。

(以上同上书前集卷二七)

茶

一杯春露暂留客,两液清风几欲仙。可但唤回槐国梦,不妨更学赵州禅。

(同上书后集卷二八)

按:翁衍又有《烟花品藻》《烟花诗集》等,皆咏花组诗,见宋罗烨《醉翁谈录》戊集卷一、卷二;另残句近百则,见宋释绍嵩《江浙纪行集句诗》、元郭豫亨《梅花字字香》①。《全宋诗》失收其人,宜一并补辑。

11. 赵西山

句

花仙凌波子,乃有松柏心。人情自弃忘,不改玉与金。水仙

(宋陈景沂《全芳备祖》前集卷二一)

山梨颗重包还落。梨

(同上书后集卷六)

12. 邹良山令

山礬花

折来随意插铜壶,能白能香雪不如。匹似梅花输一着,枝肥叶密欠清癯。

(宋陈景沂《全芳备祖》前集卷二一)

13. 胡月山

胡月山,与陈允平有交(宋陈思《两宋名贤小集》卷三一五《西麓诗稿·题胡月山吟屋》)。

句

记得去年今日别,矮篱花满雁来红。雁来红

(宋陈景沂《全芳备祖》前集卷二七)

---

① 汤华泉《翁元广其人其诗及〈醉翁谈录〉中宋佚诗考察》,见《唐宋文学文献研究丛稿》,合肥:安徽大学出版社,2008年,第422—427页。

14. 杨道山

梨

张果出李园，有实大如斗。拟须青女熟，不奈飞廉吼。料应秋草间，磊砢骊珠走。磨刀垂馋涎，伫立待一剖。

（宋陈景沂《全芳备祖》后集卷六）

15. 李待制

句

清冷冰有味，甘润玉无浆。瓜

（宋陈景沂《全芳备祖》后集卷八）

按：李待制，失其名。宋时称"李待制"者，有李师中（陈师道《后山诗话》）、李焘（杜大珪《名臣碑传琬琰集》中卷三二《赵待制开墓志铭》）、李似矩（胡寅《斐然集》卷二七《祭李待制似矩》）、李兑（施宿《嘉泰会稽志》卷一三）等，未知孰为此句作者，待考。

16. 张太和

句

绿嫌新笋破，红爱落花妆。苔藓

（宋陈景沂《全芳备祖》后集卷一二）

17. 夏草窗

句

诗人只道穷难送，也有青流地上钱。苔藓

（宋陈景沂《全芳备祖》后集卷一二）

18. 曹竹溪

句

只拣有芦多处宿，爱眠蓬底作秋声。芦

（宋陈景沂《全芳备祖》后集卷一二）

19. 曹竹塘

句

从教心向愁边碎，移去芭蕉叶上听。芭蕉

（宋陈景沂《全芳备祖》后集卷一三）

20. 秦敏

句

老树雨阴浑脱叶,绿莎霜后半摧尖。莎

（宋陈景沂《全芳备祖》后集卷一三）

21. 王坦轩

句

榆荚翻风惊社节,梨花带雨近清明。榆

（宋陈景沂《全芳备祖》后集卷一八）

22. 吴自

吴自,字明仲,号竹坡。与董逌有交（《广川画跋》卷六《北天王像后题辨》）。

句

高冈得孤桐,斫为绿绮琴。有弦絚珠丝,有徽范黄金。引手试拂拭,琅然发清音。桐

（宋陈景沂《全芳备祖》后集卷一八）

按:影印本《诗渊》册六页三八九五题作《桐》,有全诗:"高冈得孤桐,斫为绿绮琴。有弦絚珠丝,有徽范黄金。引手试拂拭,琅然发清音。不敢取次弹,匣藏深复深。正声久沦亡,郑卫纷哇淫。但悦世人耳,宁传太古心。安得有虞氏,为鼓南风吟。"

23. 谢益斋

桐

开尽群花欲拆桐,春归何事太匆匆。枝头嫩绿偏宜雨,叶底残红不奈风。燕带香泥归院落,蜂粘飞絮入帘栊。小窗独坐无余事,尽日青山在眼中。

（宋陈景沂《全芳备祖》后集卷一八）

24. 黄漱润

田家

诗题据宋于济、蔡正孙《唐宋千家联珠诗格》卷六补

翁携襏襫去栽秧,妇踏缫车日夜忙。终岁几曾身饱暖,逢人犹自说农桑。

（宋陈景沂《全芳备祖》后集卷二〇）

25. 赵梅隐

咏丝瓜

黄花褪束绿身长，百结丝包困晓霜。虚瘦得来成一捻，刚隈人面染脂香。

（宋陈景沂《全芳备祖》后集卷二五）

三、无名氏诗及引书考辨

酴醾

秾华先占早春芳，色别仙容五样妆。步履东郊风力软，吹来只是一般香。

（宋陈景沂《全芳备祖》前集卷一五引《百花新咏》）

滴滴金花

秋来蔓草莫相侵，露滴花梢满地金。若入山阳丹灶里，还如松有岁寒心。

（同上书前集卷二六引《百花集》）

徘徊花

移得芳根取意哉，遥知面面紫花开。绸缪不许春归去，犹遣乔风欹曲来。

粉团儿花

碎敲琼玉簇轻纱，蛱蝶穿飞色更嘉。婷约仙姬和露折，乌云斜插映铅华。

（以上同上书前集卷二七引《百花新咏》）

按：《百花新咏》《百花集》，编者、卷数、内容等皆不详。由书名推断，当为以花木为吟咏题材的诗歌选集。日本龙谷大学图书馆今藏室町时代抄本《百花诗集》一卷，此二书或与之类似，"大约是宋代以后，文人雅趣膨胀的副产品"[1]。这类编著在南宋后期可能一度广为流传；然不见于明清各家书目的著录，散佚已久。此四诗作者不可详考，暂入无名氏名下。

---

[1] 杨铸《日本抄本〈百花诗集〉小考》，《北京大学中国古文献研究中心集刊》（第五辑），北京：北京大学出版社，2005年，第18页。

桐　花

雨濯猩袍茜，晴烘鹤顶丹。因人颜色好，护惜着朱栏。

（同上书前集卷一九引《岁寒集》）

按：《岁寒集》，编者、卷数、内容等皆不详。同卷"含笑花"门另有出自《岁寒集》之五言绝句一首，已见《全宋诗》册72卷3754页45265无名氏名下。

瑞　香

庐阜当年春睡浓，花名从此擅春工。紫葩四迸呈鲜粉，如薰鲜香透锦笼。

谏白瑞香

繁花簇粉烘晴日，蔼有浓香透暖风。六曲栏干凝睇处，锦笼争似玉为龙。

（以上同上书前集卷二二引《百氏集》）

茉莉花

风流不肯逐春光，削玉团酥素淡装。疑是化人天上至，毗那一夜满城香。

（同上书前集卷二五引《百氏集》）

按：《百氏集》，编者、卷数、内容等皆不详，旧多以为即唐白居易《白氏长庆集》简称之《白氏集》。然而宫内厅本后集卷一三"莎"门七言散句"流水涓涓落砌莎"，实为张咏《夜坐》诗首句；后集卷二三"蕨菜"门七言散句"蕨芽已作小儿拳"，实为黄庭坚《观化十五首》（其十一）第二句。因此，《百氏集》当为宋人编辑，并非白居易别集；后人不明其书，皆妄改"百"为"白"。南宋时期，诗歌选集的编纂蔚为大观，"宋人不但热衷于编选唐诗选本，而且也乐于编纂本朝人的诗选，且比唐人选唐诗又有进一步发展。最早一部宋人选宋诗之作为曾慥所编的《皇宋百家诗选》"，"南宋时又出现了合选唐宋诗的诗歌选本"[1]，《百氏集》也是其中之一，只是今天没有流传下来罢了[2]。由于缺少具体的作者题署，宫内厅本中出自《百氏集》的作品（含散句）大多已不可详考，这里姑且作为宋佚诗归入无名氏名下。

---

[1] 卞东波《南宋诗选与宋代诗学考论·导论》第一部分"南宋诗歌选本的形态与特征"，北京：中华书局，2009年，第1—2页。

[2] 陈才智《白氏集还是百氏集——兼论"牡丹最贵唯春晚"是否为白居易诗佚句》认为"所谓'白氏集'，实为抄手之笔误，应作'百氏集'。从所涉作品看，《百氏集》为南宋中后期的一部总集，……这部《百氏集》与白乐天无关"，其说可从，见《古籍研究》（总第61卷），南京：凤凰出版社，2015年，第4页。

草

塞北雁初回,江南客未归。萋萋堪恨处,烟霭又斜晖。

（同上书后集卷一〇引《名贤集》）

芭　蕉

花外怜伊品格低,悫悫移向小窗西。无端风雨潇潇夜,却共梧桐斗响齐。

（同上书后集卷一三引《名贤集》）

枫

一夕起霜风,千林坠晓红。无端逐流水,流向武陵东。

（同上书后集卷一八引《名贤集》）

按:《名贤集》,编者、卷数、内容等皆不详。宫内厅本后集卷二五"瓠"门七言散句"鲍瓠放教须上屋,渔樵相倚自相怜",亦出《名贤集》,实为杨万里《从丁家洲避风行小港出荻港大江三首》(其一)之颈联,由此可知该书的编集当更在《诚斋集》之后。南宋时编选的唐宋诗选集中较有名者,如旧题宋刘克庄的《分门纂类唐宋时贤千家诗选》。或许《名贤集》也是与之类似的一种,只是流传不广,逐渐散亡,仅通过《全芳备祖》保留下了书名而已。此三诗作者无考,暂入无名氏名下。

句

叶密应藏刺,花繁不露条。蔷薇

（同上书前集卷一七引《百氏集》）

不语向人如欲语。含笑花
试问嫣然如可买,会须一笑与千金。同上
深情厚意知多少,尽在嫣然一笑中。同上

（以上同上书前集卷一九引《百氏集》）

人间不老春。月季花
春色四时长在目。同上
但看花开日日红。同上
花落花开无间断,春来春去不相关。同上
牡丹最贵惟春晚,芍药虽繁只夏初。同上

（以上同上书前集卷二〇引《百氏集》）

繁多终不臭。金钱花
风流自不贫。同上
能买三秋景,难供九府输。同上

厚重圜殊秦半两,轻飘薄似汉三分。同上
雨余疑饮啄,风动欲飞鸣。鸡冠花
对立如期斗,初开若欲飞。同上

(以上同上书前集卷二六引《百氏集》)

有龙曾着眼。荔支

(同上书后集卷一引《百氏集》)

挺挺自超群,棱棱类此君。甘蔗
疑是此君荣紫绶,却来佳境醉红裙。同上

(以上同上书后集卷四引《百氏集》)

萧然一寸碧,卓尔四时青。菖蒲
有草应羞死,无花敢斗香。同上
灵根九节瘦,不改四时青。同上

(以上同上书后集卷一一引《百氏集》)

倘欲济贫无少补,若教买静有深功。苔藓
不产豪门嫌继富,每生穷巷似忧贫。同上
直疑汉室都中朽,却讶唐家地上流。同上

(以上同上书后集卷一二引《百氏集》)

乱战三更雨,频敲午夜风。芭蕉

(同上书后集卷一三引《百氏集》)

新枝绿嫩笼和日,繁艳红深夺晓霞。山茶花

(同上书前集卷一九引《桂水集》)

按:《桂水集》,编者、卷数、内容等皆不详。宋王象之《舆地纪胜》卷六一《荆湖南路·桂阳军》曾三次提及《桂水集》:其一为"景物下·东楼溪"之下的小注"《桂水集》诗:'蓝县东来第一峰'";其二为"古迹·晋宁县城"之下的小注"《桂水集》载刘接诗云:'兴于东晋废于陈'";其三为"碑记·桂水集"条小注称:"见《桂阳志·太守题名》下,未知编集人姓名"①。由此观之,《桂水集》的内容似为与桂阳(今湖南桂阳县)一地山川、沿革、风物有关的吟咏之作,或属于地方性诗文总集性质的文献。此句作者不详,暂入无名氏名下。

琴中此操淡而古,花中此名清而高。金琖银台天下俗,谁似奴仆命离骚。水仙

(同上书前集卷二一)

---

① 〔宋〕王象之《舆地纪胜》,台北:文海出版社有限公司,1971年,第388—389页。

长时不爇沉檀炷,连月如薰脑麝囊。瑞香

(同上书前集卷二二引《三阮唱和集》)

按:《三阮唱和集》,编者、卷数、内容等皆不详。"唱和"是中国古代诗人之间一种重要的交往、创作形式。在宋代数量巨大、形式多样、内容丰富的总集文献中,比较著名的酬唱集、唱和集包括:司马光等《洛中耆英会》,李昉、李至《二李唱和集》,杨亿等《西崑酬唱集》,邵浩辑《坡门酬唱集》,释契嵩《山游倡和诗》,汪元量辑《宋旧宫人诗词》,邓忠臣等《同文馆唱和诗》,朱熹等《南岳酬唱集》[1],遍涉南北两宋、僧俗二界的众多诗人。与它们相比,《三阮唱和集》应该是比较名不见经传的一种,无论当时及后世的公私藏书目录还是各类笔记、文集之中都没有关于它的记载。由书名推测,这个集子汇编同为阮姓的三人唱和诗作而成。"三阮"究竟为谁,今天已经不可详考,或许他们之间的人员交往、诗作唱和乃至集子的流传都不过局限于相对有限的时空范围之内,转瞬即为历史的长河所淹没,仅赖《全芳备祖》才得以留下一点痕迹。

病目试寻蜂蝶处,樱桃花发见清明。樱桃花

(同上书前集卷二四引《名贤拾遗》)

莫知何处忤青帝,不使东风管领吹。芙蓉花

(同上书前集卷二四引《百家吟》)

按:《名贤拾遗》《百家吟》二书,编者、卷数、内容等皆不详。由书名推断,当与前述《名贤集》类似,为宋人所编之唐宋诗选本。尤其《名贤拾遗》,或与《名贤集》的关系更为密切。此二句作者失考,暂入无名氏名下。

樱桃满甑炊赤糜,槐叶揉面紫碧丝。橘中洞庭涨春渌,膑笋煎花煮甘菊。莓苔分坐叶幄低,攀条弄芳有荼蘼。为君刻竹记幽会,桐叶题诗满新翠。樱桃

(同上书后集卷九引《天台集》)

按:据陈振孙《直斋书录解题》卷一五、二〇,宋时《天台集》有二:一为"李庚子长集本朝人诗为二卷……又得郡士林师蒧所辑前代之作,为赋二、诗二百,乃以本朝人诗为续集而并刻"之《天台集》二卷、《续集》三卷;一为陈克别集[2]。然宫内厅本"赋咏祖"之下所注书名大多为总集之属(如《百氏集》《名贤集》等),因此这里也将《天台集》视作李、林所编总集而非陈克别集,散句收入无名氏名下。

---

[1] 孙钦善《中国古文献学史简编》,北京:北京大学出版社,2008年,第269页。
[2] 〔宋〕陈振孙《直斋书录解题》,徐小蛮、顾美华点校,上海:上海古籍出版社,1987年,第454、601页。

三足赤乌去不顾,墙根隐隐冬青树。女贞木

（同上书后集卷一九）

看杀墙阴荠菜花。荠

（同上书后集卷二六引《江湖集》）

按:据《直斋书录解题》卷一五、一八,宋时《江湖集》亦有二:一为南宋时临安书坊主陈起编刻之总集,"取中兴以来江湖之士以诗驰誉者","士之不能自暴白于世者,或赖此以有传";一为杨万里诗集十四卷,"盖学后山及半山及唐人者也",后编入《诚斋集》①。核宫内厅本"赋咏祖"之下征引杨万里诗,或署"杨诚斋",或署"杨廷秀",未见径注别集者。因此,与《天台集》的情况类似,这里也将《江湖集》视作陈起编刻之总集而非杨万里诗集,散句收入无名氏名下。

附记

《全芳备祖》中的宋人诗作辑佚,如文中所述,是广东东莞的文史专家杨宝霖先生最早专门涉及。20世纪80年代初,日本宫内厅书陵部藏宋刻《全芳备祖》复印件的回传,引发了学术界对于陈景沂其人与《全芳备祖》其书进行广泛考察研究的一次热潮,杨宝霖先生当时即撰有《〈全芳备祖〉刻本是元椠》(《黄石师院学报》(哲学社会科学版)1983年第3期)、《〈古今合璧事类备要〉别集草木卷与〈全芳备祖〉》(《文献》1985年第1期)、《也谈〈全芳备祖〉与〈全宋词〉》(收入国务院古籍整理出版规划小组编《古籍点校疑误汇录》(一),中华书局,1990年)等数篇文章。除此而外,他还以一己之力完成《〈全芳备祖〉中宋诗辑》与《〈全芳备祖〉中宋人佚诗辑校》,并将这两部稿本寄与《全宋诗》项目组以供辑佚利用。

从1998年《全宋诗》七十二册出版至今,又是20年光景。稿本《〈全芳备祖〉中宋诗辑》《〈全芳备祖〉中宋人佚诗辑校》今日仍存放在北京大学中国古文献研究中心313室,吴鸥教授负责《全宋诗》第42册杨万里诗的订补时曾经借阅,她的《关于杨万里诗集的补遗》一文也曾引及;可惜其后却罕有人问津。我在利用宫内厅本辑考佚诗、撰写此文时就已听说过这两种手稿,但一直未能获睹。前两年因为313室调整书架的机缘,终于重新找到。开卷披览,深深惊叹于字迹的工整俊秀、体例的谨严完备,更可想见在那样一个还没有任何电子检索手段的年代,纸面背后的辑佚整理工作需要全面、细致、深入,殊非易事。两相比较,杨稿以影印文渊阁《四库全书》本为底本而汇校众本(详后附图),本文则主要以宫内厅本作为具体考论对象,关注侧重稍有不同,但据由《全芳备祖》

---

① 〔宋〕陈振孙《直斋书录解题》,第452、542页。

辑录宋人佚诗以呈现其书之文献价值的初衷又何其相似。兹誊录《〈全芳备祖〉中宋人佚诗辑校·凡例》于次,并附稿本书影若干,以誌敬意!

《全芳备祖》中宋人佚诗辑校
凡例

一、《全芳备祖》中所引宋诗,凡今未见其集传世者,有集传世而不见于集中又不见后人所附辑佚者,均在辑校之列。本编共辑出四百零一家,十一集(如《百花集》、《名贤集》、《白氏集》之类),诗(包含断句)共一千零八十条。

二、本辑以《四库全书》文渊阁本(台湾影印本)为底本,底本无而他本有者,一概辑出。

三、原集未佚,而国内无传本者,亦辑之(如《北磵诗集》)。

四、版本不同而有异文者,有校有不校。
(1) 增减笔画者不校,显误者不校。
(2) 异体字、通假字、俗写字不校。
(3) 因避帝讳所改之字,可辨为避宋者,不校,亦不改回本字;可辨为避清者,取不避者校。
(4) 所题撰人,有书姓名,有书字号,有书官衔,有书谥号,凡可辨为一人者,不校。
(5) 底本所题撰人与他本异,必校。
(6) 上下文义可通之异文,校之。

五、底本与他本所题撰人异,略作考订,以按语出之。

六、所辑佚诗(包含断句)广取他书参校。

《全芳备祖》引书甚夥,所题撰人,误者亦甚众,宋末以上之书,何可遍览,即览之,亦何可逐条为之寻觅,故所辑佚诗,张冠李戴者亦不可免,幸《全宋诗》编辑诸先生垂教。

杨宝霖附记

附:《〈全芳备祖〉中宋诗辑》、《〈全芳备祖〉中宋人佚诗辑校》稿本书影

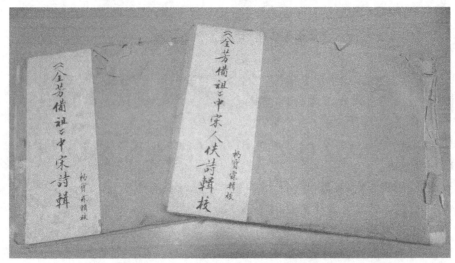

图1　《〈全芳备祖〉中宋诗辑》、《〈全芳备祖〉中宋人佚诗辑校》稿本

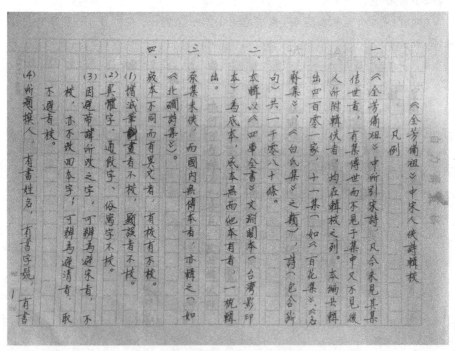

图2　《〈全芳备祖〉中宋人佚诗辑校》凡例

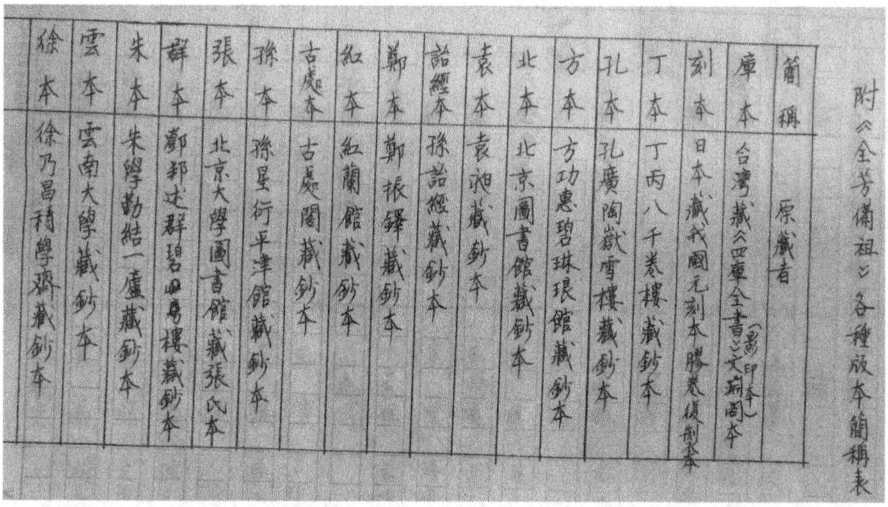

附《全芳备祖》各种版本简称表

简称	原藏者
库本	台湾藏《四库全书》(影印本)
刻本	日本藏我国元刻本殘卷及復刻本
丁本	丁丙八千卷楼藏钞本
孔本	孔广陶岳雪楼藏钞本
方本	方功惠碧琳琅馆藏钞本
北本	北京图书馆藏钞本
袁本	袁昶藏钞本
詁經本	孙诒经藏钞本
郭本	郭振铎藏钞本
红本	红兰馆藏钞本
古虞本	古虞阁藏钞本
孙本	孙星衍平津馆藏钞本
张本	北京大学图书馆藏张氏本
朱本	朱学勤结一庐藏钞本
云本	云南大学藏钞本
徐本	徐乃昌積學齋藏钞本

图 3　《〈全芳备祖〉中宋人佚诗辑校》所据版本简称表

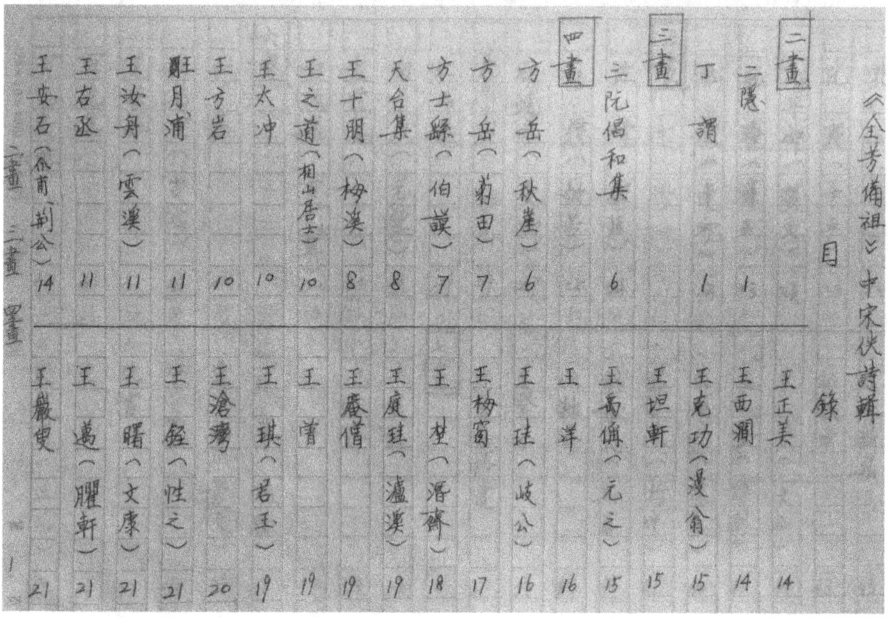

《全芳备祖》中宋人佚诗辑目录

二画
丁谓　1
二隐　1

三画
三阮偶和集　6
天台集　8

四画
方岳(秋崖)　6
方士繇(伯谟)　7
方岳(菊田)　6
王之道(相山居士)　8
王十朋(梅溪)　10
王太冲　10
王方岩　11
王月浦　11
王汝舟(雲溪)　11
王右丞　11
王安石(荆公)　14

王克功(漫翁)　14
王西溺　14
王正美　14
王坦斯　15
王禹偁(元之)　15
王洋　16
王珪(岐公)　16
王梅窗　17
王庭珪(盧溪)　18
王庭(瀘溪)　19
王寔　19
王厤偁　19
王琪(君玉)　19
王洽灣　20
王經(性之)　21
王曙(文康)　21
王遇(膕軒)　21
王嚴叟　21

图 4　《〈全芳备祖〉中宋人佚诗辑校》目录

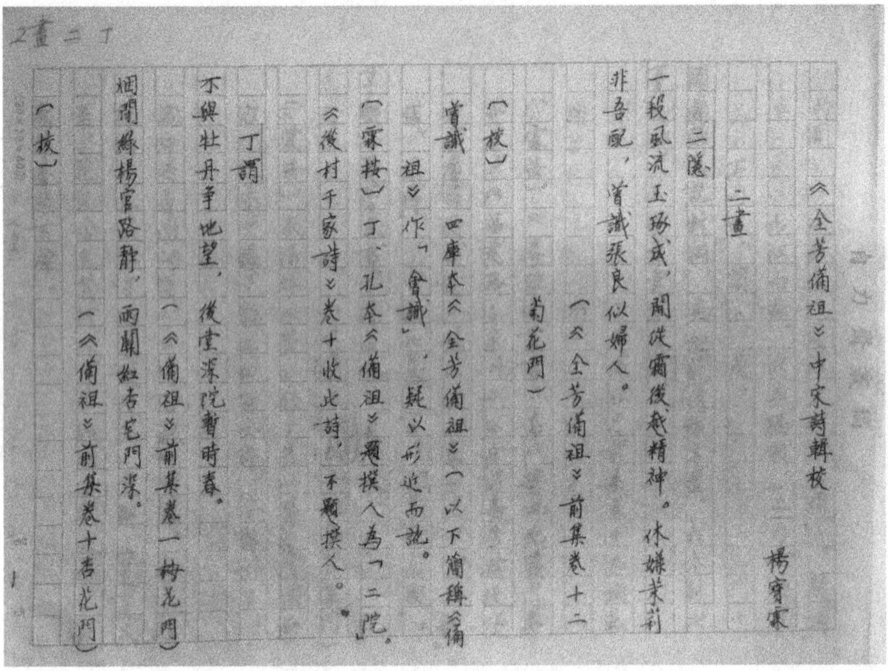
2畫 二 丁
《全芳備祖》中宋詩輯校
楊寶霖
二畫
二隱
一段風流玉琢成，閑從霜後益精神。休嫌茉莉非吾配，曾識張良似婦人。
（《全芳備祖》前集卷十二菊花門）
（校）
曾識 四庫本《全芳備祖》（以下簡稱《備祖》）作「會識」，疑以形近而訛。
（霖按）丁、孔本《備祖》誤撰人為「二隱」。《後村千家詩》卷十收此詩，不題撰人。
丁謂
不與牡丹爭地望，後堂深院晝時春。（《備祖》前集卷一梅花門）
烟開綠楊官路靜，雨闌紅杏宅門深。
（《備祖》前集卷十杏花門）
（校）

图 5 《〈全芳备祖〉中宋人佚诗辑校》正文

《全宋诗》杂考(五)*

《〈全宋诗〉补正》项目组
何思雨、高策、班莉、赵昱、孙巧智、
陈启远、程海伦、徐志超、池骋、张彧等**

【内容提要】 本文接续《全宋诗》杂考(一)、(二)、(三)、(四),呈现《〈全宋诗〉补正》项目的阶段性成果。分作"人物考"和"重收误收漏收诗考"两部分,对部分宋诗作者进行考证,包括姓名形近而讹,事迹增补,根据尊称、别称、字号考实本名,重名异人,异名重人,失收其人等内容;对《全宋诗》部分重收、误收、漏收诗作进行补正。
【关键词】 《全宋诗》 人物考 重收误收漏收诗考

《全宋诗》整理包括诗人小传撰写、诗作点校编次两部分内容。随着技术手段进步,检索搜集相关文献资料,变得更加集中更加容易。全面考察这些材料,加以综合分析,审慎判断,我们在补正过程中陆续发现《全宋诗》所收部分作者有姓名形近而讹,未据尊称、别称、字号考实本名,重名异人,异名重人,失收其人等问题,而部分诗作则被重收、误收或漏收。今选取近期考辨所得,举例如下:

一、人物考

1. 李略即李畋

《全宋诗》册四卷二二六页二六二七李略小传云:"李略,蜀人。曾为虞部属官,仁宗天圣中知荣州(《宋朝事实类苑》卷六二)。因略、畋二字形近,李畋(见本书卷九六)亦于天圣中知荣州,故疑李略即李畋之误。然李畋官虞部无据,尚难成定说。"其名下收句一则:"此身若得西归去,犹胜开笼放雀儿",出

---

* 本论文为教育部高校人文社会科学重点研究基地北京大学中国古文献研究中心重大项目《〈全宋诗〉补正》(原名《全宋诗》补编下,批号 06JJD870002)及《〈全宋诗〉失收诗人诗作及专卷汇编》(批号 16JJD750004)研究成果。

** 本文作者为北京大学中文系古典文献专业博士后、博士、硕士生及城市环境学院历史地理专业硕士生。

《宋朝事实类苑》卷六二。

按：该句又见于任渊《后山诗注》卷五，记载为"李畋献吕文靖生日诗曰云云"。《全宋诗》册二卷九六页一〇七五辑李畋诗一首句三则，未收此句。

其实，李畋官虞部并非"无据"，而是相关记载甚多。宋佚名《分门古今类事》卷五有"李虞部畋知常州武进县"，卷七"景德二年李虞部畋与友张及、张达、杨交俱拔乡荐奏名预殿试"，卷八"济阳丁公谓尝因月夕召李虞部畋坐于凉堂"，卷一二"李虞部畋景祐二年赴南省试……畋今员郎致仕，爵上户军，年已耄期矣"。以上均引自《该闻录》。《该闻录》（又作《该闻集》）为李畋所著，见（袁本）《郡斋读书志》卷三下著录，惜后世不传。

此外，宋程遇孙《成都文类》卷四五范镇《载酒亭群公画像记》，有"其在今庆历，有若虞部员外李公畋之经术"之句。同书卷四二郭印《浣花四老堂记》亦有"审父损之字益之，甫冠为虞部员外郎李畋门下士"。卷三一邓至《双流县重修文宣王庙碑阴记》提到"虞部李侯畋载之悉矣"（指李畋所作《双流县文宣王庙记》一文）。宋吴曾《能改斋漫录》卷一二也提及"虞部员外郎李畋"，与唐肃、丁谓同时。

除《该闻录》外，《渑水燕谈录》卷六记载李畋"为张乖崖（咏）所器"，撰有《张乖崖语录》二卷。《直斋书录解题》卷七载《乖崖政行语录》三卷，"虞部员外郎成都李畋撰述张忠定公咏治蜀政事及言行"。今存宋绍定三年（1230）俞宅书塾刻本《乖崖张公语录》二卷，藏南京图书馆。

凡此可知李畋确曾为虞部员外郎，故《全宋诗》之李略当删，诗句应补入李畋名下。

（何思雨考证）

2. 李昇之生平考

清谢启昆《粤西金石略》卷六《蒙亭诗》载《蒙亭唱和》五首，其四署"三异李昇之"：

> 桂江缭绕通湖湘，好山四插江之旁。岚光滴翠粲波光，岸头秀木皆芳苍。谁人筑亭枕西塘，新荷敲风柄柄香。君尝招我来携觞，□涤襟臆生清凉。□思半被□□床。□□□□兴长。□剧□□声何琅，□□俗事无毫芒。蛮歌蜒曲笑退方，应□□□□□。但惊岁月去茫茫，报国□□□□良。功名未白何时忘，此心未敢思吾乡。①

末题"靖康改元（1126）丙午季夏□□日"。又见桂林市文物管理委员会

---

① 〔清〕谢启昆《粤西金石略》卷六，《石刻史料新编》第2辑第17册，台北：新文丰出版公司，1979年，第12523页。

《桂林石刻》上册,且注云"右摩崖在伏波山还珠洞。"①元陈世隆《宋诗拾遗》卷六亦载,题《蒙亭诗和韵》,署"李彦";清汪森《粤西诗文载·诗载》卷六、厉鹗《宋诗纪事》卷二三同。明张鸣凤《桂胜》卷五署"三吴李彦"。清金鉷雍正《广西通志》卷一二一题《蒙亭》,署"李彦弼"。

考蒙亭唱和者五人中有江都尚用之,徽宗宣和六年(1124)官广西提点刑狱;晋江吕源,宣和七年知桂州。《中国西南地区历代石刻汇编》第九册《广西桂林卷》载伏波山还珠洞另一摩崖石刻:

> 中牟李昇之、曲江谭振、维扬尚用之、赣州黄铎、襄陵侯材、晋江吕源,靖康元年仲春中休同游。②

知钦宗靖康元年(1126),李昇之与尚用之、吕源同游伏波山,与"蒙亭唱和"时间、地点吻合。《宋史》卷二三《钦宗本纪》载靖康元年事云"遣……广西转运副使李昇之诛赵良嗣",则李昇之任广西转运副使与尚、吕二人任职广西时间相合。又中牟县(今属河南)有"三异郡",籍贯亦合。综上知此诗作者当为李昇之。《宋诗拾遗》误署"李彦",后世因之。雍正《广西通志》又误为政和五年(1115)通判桂州的李彦弼。

《全宋诗》册四卷二二九页二六八九收李昇之《夜游漓江上》,小传仅云"与章岘同时,二人有唱和,见《桂胜》卷四。"据上文可改写为:

> 李昇之,中牟(今属河南)三异人。钦宗靖康元年(一一二六)时为广西转运副使(《宋史》卷二三《钦宗本纪》),与尚用之、吕源同游伏波山(《中国西南地区历代石刻汇编》第九册《广西桂林卷》)。与章岘有唱和(《桂胜》卷四)。

并补录其《蒙亭唱和》诗。

(高策考证)

3. 张贤良即张俞

宋陈田夫《南岳总胜集》卷下引"张贤良"吊章誉诗一首:

> 西海从来镇大名,或闻蝉蜕弃退龄。青城已结神仙侣,碧落俄沈处士星。金鼎炼成真汞药,玉堂传授太玄经。平生是我深投分,自愧无才与勒铭。

按:检《宋人传记资料索引》,无名"张贤良"者,此"贤良"当为尊称。宋人

---

① 桂林市文物管理委员会编印《桂林石刻》上册,1977年,第120页。
② 重庆市博物馆编《中国西南地区历代石刻汇编》第九册《广西桂林卷》,天津:天津古籍出版社,1998年,第108页。

著作中提及的"张贤良"有二位：一为张咸字君悦，成都绵竹（今属四川）人，张浚父。哲宗绍圣（1094—1098）初举制科，签书剑西判官（宋岳珂《桯史》卷一二、王明清《挥麈录》卷三称其为"张贤良"）。一为张俞字少愚，益州郫（今属四川）人。仁宗庆历元年（1041）除试秘书省教书郎，不就。隐居终老（"张贤良"之称见宋王象之《舆地纪胜》卷一七七《夔州路·万州》）。

章詧（993—1068）为成都双流（今四川成都）人，享年七十六岁（宋吕陶《净德集》卷二八《冲退处士章詧行状》）。张咸（1049—1099），享年五十一岁（明周复俊《全蜀艺文志》卷四七《奉议郎张君说墓志铭》）。章詧卒时，张咸才二十岁，两人相差56岁，张咸很难对章詧生出"平生是我深投分"之感。而张俞虽生卒不详，但从仕履来看，明显与章詧的年龄更为接近；且张俞曾隐居青城山（《宋史》卷四五八张俞本传），与"青城已结神仙侣"的诗意相合。故此诗或当属张俞，应补于《全宋诗》册七卷三八二页四七一九张俞名下。

（班莉考证）

4. "本长老"即圆照宗本禅师

宋楼钥《攻媿集》卷七五《跋桑泽卿兰亭博议》："尝记本长老赴阙时，过金山，佛印见其朴野，强使赋诗，仍诵唐人以来佳句。本忽使人代书云：'水里有块石，石上有个寺。千人万人题，只是这个事。'印深服之。"①

"水里有块石"等四句不见于《全宋诗》，"本长老"似亦未详其人。

按：这段记述中的"佛印"，即释了元，《全宋诗》册一二卷七二一页八三三二至八三三五录其诗11首、残句5则。本长老与佛印既为同时代人，那么这首诗也依例当补入《全宋诗》之中。然而检核《全宋诗》，法名下字为"本"者，共有释宗本（册九）、释智本（册一三）、释玄本（册一六）、释本（册二一）、释善本（册二四）、释本（册二九）、释宗本（册二九）、释本（册三○）、释悟本（册三一）、释如本（册三一）等10人，究竟哪一个才是楼钥所记的"本长老"呢？结合其生平经历来看，当以册九卷五一八页六三○二的释宗本（1020—1100）为是，因为第一，佛印和尚（1032—1098）于神宗元丰五年（1083）自庐山归宗寺移住丹阳金山寺，②则本长老赋诗应答不会早于这一年。第二，据《攻媿集》可知，本长老当时正在赴朝谒见的路上，途经镇江金山寺，并非单纯云游四方。而释宗本元丰五年、六十三岁时归苏州福臻院，"未几，神宗皇帝……召本主惠林。既至，遣使问劳三日。……翌日召对延和殿"，③又移住东京相国寺慧林院，无论时

---

① 〔宋〕楼钥《攻媿集》卷七五，影印文渊阁《四库全书》本，上海：上海古籍出版社，1987年，第1153册，第222页。
② 〔元〕释熙仲《历朝释氏资鉴》卷一○，《续藏经》第二编乙第五套第一册，第101页a。
③ 〔宋〕释惠洪《禅林僧宝传》卷一四，影印文渊阁《四库全书》本，第1052册，第706—707页。

间、地点还是事件经过都正相契合。况且,释宗本与释了元生活时代大致相当,前者"性质直,少缘饰"、"弊衣垢面",①所以才会让后者"见其朴野"而想要予以刁难。由此观之,楼钥笔下的"本长老"实为圆照宗本禅师,其人已见《全宋诗》册九卷五一八页六三〇二,其应答释了元之诗失收当补。

(赵昱考证)

5. 张仲时名张涛

《全宋诗》册一六卷九四八页一一一一八自黄裳《演山集》卷三《答仲时高轩小酌之什》辑出张仲时句二联。其小传云:"张仲时,名未详,与黄裳有交(《演山集》卷三《和张仲时次欧阳文公览李白集之韵》)。"

按:以古人称呼习惯,仲时当为字。黄裳《演山集》卷二一《陈商老诗集序》云:"其友□涛仲时出诗集若干卷,以序属予。"故知张仲时名涛。又《演山集》卷二一《送仲时南归序》云:"元丰六年,裳与仲时相得于都下,出其所论时务凡数十万言,献于天子……卒不报。九年而后归。"故《全宋诗》之张仲时当更名作"张涛",小传可补"神宗元丰六年(一〇八三)献言数十万,不用。九年后南归(《演山集》卷二一《送仲时南归序》)"。

(班莉考证)

6. 刘焘、刘涛考

明莫旦弘治《吴江志》卷二一收录刘焘诗一首:

登吴江南寺快轩

江浒收帆试倚阑,目围平野望尤宽。气吞四泽鹏抟近,路入三山鹤梦寒。压晓几思看浴日,凌秋谁许傍观澜。应怜低首边尘客,何日风枝得暂安。

此诗又见明钱谷《吴都文粹续集》卷三四,题作《接待寺》,署"刘涛"。明王鏊正德《姑苏志》卷三〇"接待教寺"之下亦收此诗,其明刻本署"刘焘",文渊阁四库全书本却作"刘涛"。那么这一首诗究竟应当归入谁的名下呢?

刘焘,载《全宋诗》册二一卷一二一三页一三八二九,其小传云:

刘焘,字无言,长兴(今属浙江)人。哲宗元祐三年(一〇八八)进士。绍圣元年(一〇九四),知郓州(《北宋经抚年表》卷二)。徽宗建中靖国元年(一一〇一),以秘书省正字权兼著撰(《宋会要辑稿》运历一之一八)。政和八年(一一一八),权提点淮南东路刑狱(同上书职官七七之八)。宣和元年(一一一九),提举嵩山崇福宫(同上书职官六九之五)。七年,除秘

---

① 〔宋〕释惠洪《禅林僧宝传》卷一四,影印文渊阁《四库全书》本,第1052册,第706页。

阁修纂(同上书选举三三之三九)。有《南山集》五十卷,已佚。事见《嘉泰吴兴志》卷一七。今录诗七首。

刘涛,见《全宋诗》册二七卷一五八一页一七九二七,小传云:

刘涛,字普公,晋江(今福建泉州)人,一作南安(今福建南安西北)人(清乾隆《泉州府志》卷五四)。昌言曾孙(同上书作昌言孙)。工诗及草书。苏轼尝跋其书,谓奇逸多才。徽宗召入禁中,以不称旨而退(《宋诗纪事补遗》卷三二)。晚年读书灵泉院,自号灵泉山人。明弘治《八闽通志》卷六七有传。今录诗四首。

焘、涛,音同形近,容易混淆。而且两人的生活年代相近,事迹也有些相似:

(1) 都曾得到苏轼的称赞。

刘涛被苏轼赞为"奇逸多才"(明弘治《八闽通志》卷六七)。刘焘亦为少年俊才,宋谈钥《嘉泰吴兴志》卷一七载:"东坡知元祐三年举,读其文曰:'必岩谷闲苦学者。'中第三人。廷对又中甲科。东坡荐焘文章典丽,可备著述科。帅中山时,以蜜渍荔枝遗之,诗末章云'诗情真合与君尝'。"

(2) 善书法。

赵民彦称赞刘焘云:"尤善书,笔势遒迈。"(《嘉泰吴兴志》卷一七)徽宗建中靖国元年(1101)奉诏以秘阁旧迹淳化所未临摹者续修阁帖,为十卷,黄庭坚赞云:"刘无言笺题便不类今人书,使之春秋高,江东又出一羊欣、薄绍之矣。"(宋董更《书录》中篇)又有《饷茶帖》一卷,为行书五行,岳珂称云:"笔势之伟、笔意之诣、笔法之粹,是三者固足以名家而无愧矣。"(宋岳珂《宝真斋法书赞》卷二五)又有《辋川诗帖》一卷,笔力清劲。

刘涛善草书,元郑构《衍极》卷四云:"刘涛,温陵人,以草书名世,时称为草圣翁。"温陵即泉州别称。

二人相混或始于元陶宗仪《书史会要》,其卷六载:"刘焘,字无言。温陵人。以草书名世,晚年虽用笔圆熟,然乏秀气。黄庭坚题《续法帖》云:'刘焘笺题便不类今人书,使之春秋高,江东又出一羊欣、薄绍之矣。'"温陵人、以草书名世者为刘普公涛,而非刘无言焘。

不过,刘焘食君之禄,而刘涛却布衣终身,这一区别正可作为判定诗作归属的切入点。《吴江志》所收《登吴江南寺快轩》后另有张澂次韵之作。张澂,见《全宋诗》册二七卷一五八一页一七九二八,小传有云:"张澂(?～一一四三)……徽宗大观元年(一一○七),知临川县(明弘治《抚州府志》卷九)。"

据方星移、王兆鹏考证,刘焘生年约在熙宁四年(1071),靖康间以秘阁修撰致仕,绍兴元年(1131)之后行踪无考。① 刘焘、张澂二人皆在朝为官,且徽宗年间,刘焘似乎位高于张澂,相互唱和且张澂次其韵的可能性较大。再从张澂诗中"自公休暇宜来数"一句来看,其唱和的对象当有仕宦经历,因此,诗作应归入刘焘名下。

故《全宋诗》刘焘名下当补录逸诗《登吴江南寺快轩》一首。

另,刘涛到底是晋江人还是南安人? 他既为刘昌言后代,其籍贯可以通过考察刘昌言的籍贯来确定。

宋代文献记载刘昌言,或云"南安刘昌言"(宋李焘《续资治通鉴长编》卷一九),或云"泉州刘昌言"(宋谢维新《事类备要》前集卷三八),或云"泉州南安人"(宋王称《东都事略》卷三六)。明陈道修弘治《八闽通志》卷六六本传始称为"晋江人";明阳思谦万历《泉州府志》卷一六本传仍称"南安人"。

按:明万历《泉州府志》卷一云"开元六年(718),析南安东南地置晋江县,泉州徙治焉。"可见,晋江县原属南安县,后来成为泉州府治所在。所以称"泉州人"是就府而言,称"晋江"则指治所,称南安是就县而言。故刘昌言应为南安人,其曾孙刘涛也是南安人。

(孙巧智考证)

7. 刘佩考

明郭子章《豫章诗话》卷六称"予郡西射圃之东南隅有青原台",并录有宋人刘佩《青原台》诗一首:

> 春台百尺枕芜城,杰槛层轩入紫清。坐啸风云生画栋,剧谈河汉泻朱甍。山围兰若青螺远,江带苹州白练横。挂席会凌南斗去,羽人辽海看骑鲸。②

《全宋诗》未收刘佩,此人此诗当补。

然《宋人传记资料索引》收有二刘佩,其一"宣和五年帅庐州,靖康间竭力勤王",其二"字宽夫,吉水人,沆孙。绍兴进士,官至待制"(出《宋诗纪事》卷四六)。③事实上,宋代确实至少有两个刘佩,但《宋人传记资料索引》所录二刘佩的小传内容却多有混淆。

据明林庭㭿嘉靖《江西通志》卷二六,徽宗崇宁二年癸未(1103)霍端友榜进士有刘佩,且其名下注曰"沆孙,永新人"。刘沆为北宋名相,《宋史》卷二八五本传称刘沆为吉州永新人,与此刘佩吻合。又,清萧玉春同治《永新县志》卷

---

① 方星移、王兆鹏《刘焘行年考》,《浙江大学学报》(人文社会科学版),2006年第1期,第98—101页。
② 〔明〕郭子章《豫章诗话》,《中国诗话珍本丛书》第13册,北京:北京图书馆出版社,2004年,第337页。
③ 以上昌彼得、王德毅《宋人传记资料索引》,台北:鼎文书局,2001年,第五册,第2891页。

一六载:"刘佴,管子,《旧志》作瑾次子。崇宁进士,以文章著名,善书,追法古贤,文士翕然宗称之。仕终徽猷阁待制。"据此,则刘沆有一孙名为刘佴,吉州永新人,崇宁二年进士,仕至徽猷阁待制,与《宋人传记资料索引》中"官至待制"相符。而《宋人传记资料索引》中所录的"吉水人""绍兴进士",实际上是另一刘佴。据明余之祯万历《吉安府志》卷五所载庐陵、泰和、吉水、永丰四县进士,绍兴二年(1132)张九成榜有刘佴;再查清谢旻雍正《江西通志》卷四九,此绍兴二年进士刘佴为吉水人。

综上,两宋之交,吉州有两进士刘佴,一为刘沆孙,永新人,徽宗崇宁二年进士,仕至徽猷阁待制。一为吉水人,高宗绍兴二年进士。

那么《青原台》诗究竟为哪个刘佴所作呢?《豫章诗话》卷六、嘉靖《江西通志》卷二四仅称作者为"宋刘佴"或"刘佴"。而自清裘君弘《西江诗话》始,多将两刘佴事迹相混。清厉鹗《宋诗纪事》卷四六、曾燠《江西诗征》卷一五均将《青原台》诗归于刘沆之孙刘佴,却又误称其为"吉水人""绍兴进士"。

然嘉靖《江西通志》卷二四云:"永丰县城,绍兴七年知县李谔筑。待制刘佴记。"雍正《江西通志》卷五亦称:"永丰县,宋绍兴七年知县李谔始筑土城,高四寻,长千丈,前后为鼓楼,左右为敌楼,南北二门。待制刘佴记。"同治《永新县志》卷一六称刘沆之孙刘佴"以文章著名,善书,追法古贤,文士翕然宗称之。仕终徽猷阁待制"。可见永新人、官待制的刘佴颇有文名,且参与了一些当地的文学活动。而吉水刘佴,却并未查考到相关记载。故推测《青原台》一诗的作者刘佴当为刘沆孙,永新人,崇宁二年进士。今综合各家记述,撰其小传如下:

刘佴,字宽夫,吉州永新(今属江西)人,沆孙。以文章著名,善书,文士翕然宗称之(清同治《永新县志》卷一六)。徽宗崇宁二年(一一〇三)进士(明嘉靖《江西通志》卷二六),历大晟府按协声律、提举道箓院管干文字(《斐然集》卷一五《缴刘佴复秘阁修撰》)。徽宗政和、宣和间迁徽猷阁待制。靖康元年(一一二六)降秘阁修撰,寻落职免官(《宋会要辑稿》职官六九之二三、二四)。高宗建炎元年(一一二七)复承议郎(《建炎以来系年要录》卷九)。绍兴五年(一一三五)乞复秘阁修撰,为胡寅等所驳,由是终身不复职名(同上书卷九一、《缴刘佴复秘阁修撰》、《独醒杂志》卷九)。

(陈启远考证)

8. 赵守一考

元赵道一《历世真仙体道通鉴》续编卷四收录赵缩手其人,小传中有其所作《自赞》二首及词一阕。

按:《自赞》二首《全宋诗》未收,可作为佚诗补入。然《历世真仙体道通鉴》

此条实抄录自宋洪迈《夷坚丙志》卷二。《自赞》其二首句《夷坚丙志》作"红尘中白云里",《历世真仙体道通鉴》作"红尘白云堆里",当以《夷坚丙志》更为可靠。

另《夷坚丙志》载:"赵缩手者,不知其名。本普州士人也。"《全宋词》《中华道学通典》等书据以载录赵缩手其人,但小传均未言其本名。检宋王象之《舆地纪胜》卷一五八《潼川府路·普州》仙释神类有赵守一,小传云:"石羊人,有方外之愚。悉推家赀,与二昆结茆山中,号石羊山人,人以赵缩手称之。且曰我缩手于胸,非抽间也。年二百余岁,尸解而去。"石羊镇属普州安居县,与《夷坚丙志》所记里籍相符,故知赵缩手本名赵守一,号石羊山人。

赵守一其人不见于《全宋诗》,姑整理如下:

赵守一(?——一一六二?),人称之为赵缩手,普州石羊(今属四川)人。高宗绍兴末卒于什邡。事见宋王象之《舆地纪胜》卷一五八《潼川府路·普州》、宋洪迈《夷坚丙志》卷二。今录诗二首。

自赞二首

似驴无嘴,似牛无角。文殊普贤,摸索不着。

红尘中白云里,好个道人活计。无事东行西行,有时半醒半醉。相逢大笑高谈,不是胡歌虏沸。除非同道方知,同道世间有几。 宋洪迈《夷坚丙志》卷二

(程海伦考证)

9. 陈良翰考

《全宋诗》册三五卷一九九一页二二三四三收陈良翰,"字邦彦(一一〇八——一一七二,台州临海人(今属浙江),高宗绍兴五年(一一三五)进士……事见《晦庵集》卷九七《陈公行状》、《周文忠集》卷六六《陈公良翰神道碑》,《宋史》卷三八七有传。并录其《三圣殿》一首,出宋梁克家《淳熙三山志》卷三七。"

民国周喟《南雁荡山志》卷六"诗内篇"录有陈良翰诗一首:

南雁山

披尽荆榛何处寻,洞门仙境洁尘襟。日生花坞青春晓,云度林隈白昼阴。石壁无梯难历险,琼崖散玉易成吟。一清可避人间俗,义府研覃岁月深。

所附小传云"陈《志》:字尧美,德诚曾孙。居下涝,官左司谏。"

按:此二者实重名异人。今所见民国《南雁荡山志》是周喟将明代陈玭与郑思恭两家《南雁荡山志》合并增补而来,其卷一一《人物》谓:"易叟启之于前仓凤山,师川分之于下涝龙河,端彦绍兴乙丑进士归州判,师川嘉定丁丑进士,

具见《平阳旧志》。端彦为瓯宁知县,见《福建通志》,良翰字尧美,见郑氏《南雁荡志》,其他行事不少概见。"可知"下涝"这一支陈姓始于陈师川,则此陈良翰必定不能早于陈师川。明汤日昭万历《温州府志》卷一○载:"嘉定丁丑吴潜榜:陈师川,平(平阳)",故嘉定十年(1217)中榜的陈师川已晚于《宋史》所载陈良翰中进士之绍兴五年(1135)将近百年时间。

民国《南雁荡山志》又谓:"乐溪陈氏。论曰:史伯璇《下涝陈氏十咏诗序》,其一曰雁山辉尊院昉于良翰诸昆,继于端彦数子,春风化雨,同受业于程朱之门,朝齑暮盐,共归寻夫孔孟之绪。"可知此陈良翰为程朱门下学者,建有雁山辉尊院以探求学问。

而《全宋诗》中所收陈良翰,绍兴五年中进士,时年二十七,此时朱熹才不过六岁;且除《宋史》有传外,朱熹为撰《陈公行状》(《晦庵集》卷九七),周必大为撰《陈公良翰神道碑》(《周文忠集》卷六六)。显然此陈良翰年长于朱熹,且为朱熹所敬重。

故以上二陈绝非同一人,《南雁山》一诗当为《南雁荡山志》所载字尧美的陈良翰所作,而不能归入《全宋诗》所收字邦彦的陈良翰名下。字尧美的陈良翰当别立一家。

(徐志超考证)

10. 郑刚中考

《全宋诗》册三○卷一六九二至卷一七○○收录郑刚中诗,其人生于元祐三年(1088),卒于绍兴二十四年(1154),字亨仲,一字汉章,号北山,又号观如,婺州金华(今属浙江)人。

《全宋诗》册五○卷二六八六页三一六一三有张镃《送郑刚中赴江东参议》诗。

按:郑刚中其实有二,此"郑刚中"非彼"郑刚中"。张镃生于绍兴二十三年(1153),他作诗送别的,不可能是这位金华郑刚中。诗题中的"郑刚中"当指郑锷。

宋楼钥《攻媿集》卷五三《郑屯田赋集序》文末曰:"先生讳锷,字刚中,官至屯田郎",前文提到他"年至四十五绍兴三十年始登科",故可推得郑锷生于北宋政和六年(1116)。又宋佚名《南宋馆阁续录》卷八"秘书郎":"郑锷,字刚中,长乐人,绍兴三十年梁克家榜同进士出身,治周礼,(淳熙)十年六月除,十一年十二月罢。"同卷"校书郎":"郑锷,(淳熙)六年十月除,七年八月为江东安抚司参议官,十年二月再除,六月为秘书郎。"卷九"正字":"郑锷,(淳熙)五年五月除,六年十月为校书郎。"即郑锷,字刚中,长乐人,生于政和六年(1116),绍兴三十年(1160)登第,淳熙五年(1178)官正字,六年为校书郎,七年任江东安抚司参议官,十年二月再任校书郎,六月为秘书郎,至十一年二月。

张镃送别郑锷"赴江东参议",当发生在淳熙七年(1180)。该诗首联"去程遥指石头城,秋与钟山老气清",郑锷八月任职,时令相符;颔联"绀绎蓬峦曾正字,参陪莲幕试论兵",合郑锷曾任正字的经历;尾联"君岂江淮久游客,归来矍铄上承明",郑锷赴江东时已 65 岁,用"矍铄"形容也甚合理。可知郑锷就是张镃诗题中的郑刚中,此诗的创作时间背景也因此得以确定。

(何思雨考证)

11. 刘天益与刘忠益实为一人

民国周喟《南雁荡山志》卷六《诗内编》所录皆为邑人之诗,据明代郑思恭《山志》收有刘忠益《游南雁荡》一诗:

> 花柳春深正丽华,邀同好客访仙家。穷幽无路穿云窦,却老寻方采药芽。峰极悬楼倚霄汉,岩巉挂漂蘸烟霞。其中异境超蓬岛,可笑舟深东海涯。①

且诗前刘忠益小传称"一名天益,字谦中,居白沙。嘉泰元年,以布衣应贤良方正科"。故知刘忠益又名刘天益,为平阳人。

《全宋诗》册五五卷二六八三页三四一八五收刘天益,小传谓"一名忠益,字谦中,平阳(今属浙江)人。宁宗嘉泰元年(一二○一)以布衣应贤能方正直言极谏科。有《筠坡集》,已佚。事见乾隆《平阳县志》"。《南雁荡山志》所收"刘忠益"与此"刘天益"字号、籍贯、科第全同,显为一人,《游南雁荡》一诗当补入刘天益名下。

又,明代隆庆《平阳县志》(不分卷)即有刘天益传,其后康熙《平阳县志》卷一○、乾隆《平阳县志》等所载刘天益事迹皆本此而稍加详,故《全宋诗》刘天益小传所据之出处当改为现存最早的隆庆《平阳县志》。

(陈启远考证)

12. 郭彦章、刘彦章考

《全宋诗》册七○卷三七○页四四四五五据元陈世隆《宋诗拾遗》卷一九收录郭彦章《题庐陵义士传》《题新淦刘贞女传》二诗,小传云:"郭彦章,吉水(今属江西)人。宋亡后,与刘诜、刘岳申讲学。有诗名。事见《宋诗拾遗》卷一九、清顺治《吉安府志》卷二八。"

按:核《宋诗拾遗》,"郭彦章,字□□,吉水人。与刘桂隐、刘中(当作申)斋讲学,有诗名。"并无"宋亡后"三字。明余之祯万历《吉安府志》卷二八、清谢旻雍正《江西通志》卷七六郭彦章小传皆同。郭彦章即郭钰,为元末明初人,生平

---

① 周喟《南雁荡山志》,《中华山水志丛刊·山志》第 19 册,北京:线装书局,2004 年,第 314 页。

见明洪武二年（1369）罗大已《静思集序》、《元书》卷九一、《新元史》卷二三八等。此二诗实见其《静思集》卷一〇，题作《题庐陵义士罗明远传后》《同周雪江题刘氏贞女诗卷》，文字与万历《吉安府志》小异。一同讲学的刘桂隐名刘诜，刘申斋名刘岳申，亦为元人，二人生平见《元史》卷一九〇。

但是清厉鹗《宋诗纪事》卷八一引《吉安府志》、清曾燠《江西诗征》卷二四收录《题庐陵义士传》《题新淦刘贞女传》二诗，作者皆作"刘彦章"，且小传谓"彦章吉水人，宋亡后与刘桂隐、刘申斋讲学"，多出"宋亡后"三字。万历《吉安府志》卷二八郭彦章前为刘岳申小传，可能《宋诗纪事》引书时将郭彦章误书为刘彦章，小传又增衍"宋亡后"三字，误以其为宋人。

另外，《宋诗拾遗》所收作品来源亦颇可疑①。既然刘彦章为郭彦章之误，郭彦章即元人郭钰，故《全宋诗》此处误收元诗，郭彦章其人并诗皆当删却。

（程海伦考证）

13. 释惠琏考

陆游《渭南文集》卷二六《跋〈关著作行记〉》云：

> 著作关公出使硖中，风采峻甚……公免归之明年，某以事至卧龙山咸平寺，长老惠琏言，公往有《行记》，今将刻之石，因属某书其末。……乾道七年七月七日，左奉议郎、通判夔州军州主管学事陆某谨识。

此卧龙山咸平寺位于夔州，魏了翁《鹤山全集》卷四四《夔州卧龙山记》云：

> 咸平寺……为山又数里，乃至绝顶。耆旧相传，谓诸葛忠武侯驻军。……今山之有祠也，盖关乎世道之变，而莫知始于何时……而张舍人震谓"始命寺僧惠琏为侯创祠"。

其中所引张震之语出自《忠武侯祠堂记》（明周复俊《全蜀艺文志》卷三七，惠琏作慧琏），张震时知夔州，所撰记文作于隆兴二年（1164），略早于陆文。关著作，即关耆孙，字寿卿，高宗绍兴十八年（1148）进士；孝宗乾道二年（1166）除秘书正字，迁校书郎，出知简州（《全宋诗》册三八卷二〇九九页二三七〇六）。由此可知惠琏为南宋高宗、孝宗时人，居夔州卧龙山咸平寺，曾受张震之命为忠武侯诸葛亮建祠，又在乾道七年（1171）拟将关耆孙《关著作行记》刻石，并请陆游作跋。

那么，此咸平寺长老惠琏是否就是《全宋诗》所收录的释惠琏呢？《全宋诗》册七二卷三七四七页四五一九一释惠琏，并无小传，录其诗八

---

① 参见王媛《陈世隆〈宋诗拾遗〉辨伪》（《文学遗产》2014年第2期），此文已指出《宋诗拾遗》所收郭彦章二诗时代有误，但未具体考察致误原因。

首、一句,其句"瘦倚疏篁半出墙",出宋绍嵩《亚愚江浙纪集句诗》卷六。

从诗歌透露出的写作地点来看,《全宋诗》据宋陈起《增广圣宋高僧诗选》后集卷上所收的《客愁》诗有"半夜蜀禽呼梦破"之句,"蜀禽"用了望帝化为杜鹃的典故,点明此诗的写地点在巴蜀地区,恰与前文的"夔州"相合。

从时间上推断,《增广圣宋高僧诗选》所录惠琏,前为文莹、秀登。文莹为神宗时人,惠琏在其后,与前文相合。《亚愚江浙纪行集句诗》作于理宗绍定二年(1229)秋之后,若惠琏为高宗、孝宗时人,绍嵩引用他的诗作也有可能。

综上分析,咸平寺僧惠琏与《全宋诗》所收录的释惠琏当为同一人。

《全宋诗》册七二卷三七四九页四五二〇八又收录释琏,小传仅云"字不器(《宋诗纪事》卷九三)。"并据《后村千家诗》卷七录《红梅》诗一首,其首联后半句即"瘦倚疏篁半出墙",核原书,署"琏不器"。释琏当为释惠琏之省称,其字"不器"取自《论语·公冶长》,两人当合并。

释惠琏,《全宋诗》无传,可补写小传如下:

> 释惠琏,字不器(《后村千家诗》卷七),南宋高宗、孝宗时人。居夔州卧龙山咸平寺,孝宗隆兴二年(一一六四)受知州张震之命为忠武侯诸葛亮建祠(《全蜀艺文志》卷三七张震《忠武侯祠堂记》)。事见《渭南文集》卷二六《跋〈关著作行记〉》。

原所收残句当删去,补足全诗一首:

红　梅

娇朱浅浅透烟光,瘦倚疏檐半出墙。雅有风情胜桃李,巧含春思避冰霜。融明醉脸笼轻晕,敛掩仙姿麂嫩黄。旦暮风英堕行袂,依微如着袖中香。　　旧题宋刘克庄《后村千家诗》卷七

(孙巧智考证)

二、重收误收漏收诗考

1. 王珪诗误为郑獬诗

《全宋诗》册一〇卷五八四页六八七二至六八七三郑獬诗:

奉诏赴琼林苑燕饯太尉潞国文公出镇西都 按:此诗又见王珪《华阳集》卷五。

都门秋色满旌旗,祖帐容陪醉御卮。功业迥高嘉祐末,自注:公至和中首陈建储之策。精神如破贝州时。自注:白居易献裴晋公诗云:闲说风情筋力在,只如初破蔡州时。匣中宝剑腾霜锷,海上仙桃压露枝。自注:公之子近有登瀛

之命。昨日更闻褒诏下,别看名姓入烝彝。

送程公闢给事出守会稽兼集贤殿修撰按:此诗又见王珪《华阳集》卷五。

越州太守何潇洒,应为能吟住集仙。雪急紫濛催玉勒,自注:公奉使方归。紫濛,北方馆名也。日长青琐听薰弦。一时冠盖倾离席,半醉珠玑落彩笺。自恨君恩浑未报,五湖终负钓鱼船。

寄程公闢按:此诗又见王珪《华阳集》卷三、李壁《王荆公诗注》卷三七(李注云:此诗恐非公作)、秦观《淮海后集》卷三。

念昔都门手一携,春禽几向苎萝啼。梦回金殿风光别,吟到银河月影低。舞急锦腰迎十八,酒酣金盏照东西。何时得遂扁舟去,雪棹同君泛剡溪。

送公闢给事自青州致政归吴中公闢即程师孟(按:此诗又见王珪《华阳集》卷五。)

青琐仙人解玉符,秋风一夜满江湖。曾歌郢水非凡曲,未扫旄头负壮图。自注:公昔北使,愤然屡抑敌人。终日望君天欲尽,平生知我世应无。扁舟应约元宫保,潇洒莲泾二丈夫。原注:元宫保即钱唐元章简公绛,盖尝寓居于苏州。 以上《郧溪集》卷二七

按:第一首《奉诏赴琼林苑燕饯太尉潞国文公出镇西都》又见《全宋诗》册九卷四九五页五九八六王珪,题同,"迥"作"特"、"看"作"刊",出《华阳集》卷五。据宋张邦基《墨庄漫录》卷四"王禹玉送文潞公诗"条:"文潞公丞相出镇西京,奉诏于琼林苑燕饯,从列皆预,赋诗送行。王禹玉时为内相,诗云云。"①"禹玉"为王珪字,则此诗实王珪之作。

第二首《送程公闢给事出守会稽兼集贤殿修撰》又见《全宋诗》册九卷四九五页五九八五王珪,题同,出《华阳集》卷五;第三首《寄程公闢》又见《全宋诗》册九卷四九三页五九七五王珪,题作《寄公闢》,"几"作"争"、"金盏"作"玉盏"、"泛"作"访",出《华阳集》卷三;第四首《送公闢给事自青州致政归吴中》又见《全宋诗》册九卷四九五页五九八七王珪,题同,出《华阳集》卷五。据宋施宿《嘉泰会稽志》卷二"程师孟,熙宁十年十月以给事中充集贤殿修撰知,元丰二年十二月替。"②神宗熙宁十年为公元1077年,其时郑獬(1022—1072)已卒,王珪(1019—1085)尚在世;至于程师孟由知青州任致仕,则更在出守会稽、泛舟剡溪之后,故此三诗实王珪之作。

《华阳集》《郧溪集》皆为清四库馆臣据《永乐大典》所辑,《全宋诗》整理者在两处诗题之下亦已注明互见。然而进一步与其他宋代笔记以及诗中所涉人

---

① 〔宋〕张邦基《墨庄漫录》,孔凡礼点校,北京:中华书局,2002年,第121页。
② 〔宋〕施宿《嘉泰会稽志》,《宋元方志丛刊》本,北京:中华书局,1990年,第7册,第6755页。

物事迹参证,盖王珪诗误入郑獬名下,此处皆当删归存目。

(赵昱补正)

2. 毛抗误作毛杭,毛抗诗误作许抗诗、吴杭诗

《全宋诗》册一三卷七八一页九〇四二毛杭诗:

读唐中兴颂

周雅久不复,楚骚方独鸣。淫哇弄气态,污我潇湘清。二公好奇古,大节□时□。磨崖勒唐颂,字字琼□英。□云借体势,水石生光精。浯溪僻南地,自尔闻正声。诗传播夷夏,孰贵燕然铭。弦歌入商鲁,永与人鬼听。江流或可竭,此文如日星。　　清王昶《金石萃编》卷一三二

此诗又见《全宋诗》册九卷五一四页六二五一许抗,题同,出处同,且有整理者按云:"《金石萃编》原题作者为□南运判尚书都官员外郎□抗,碑刻于熙宁二年。今据年代仕历,定为许抗诗"。又见《全宋诗》册七二卷三七七九页四五六一一吴杭,题作《摩崖颂》,出清万在衡嘉庆《祁阳县志》卷五。

明姚昺弘治《永州府志》卷六《永州题咏》载此诗,署"吴抗"。清刘道著康熙《永州府志》卷二二署"吴杭";李莳乾隆《祁阳县志》卷六、宋溶乾隆《浯溪新志》卷七同。王昶《金石萃编》作"□抗"。

清瞿中溶《古泉山馆金石文编》(残稿)卷三"毛抗浯溪诗"条按云:

右毛抗诗,正书十一行,在摩崖赵楷诗后。"毛抗"《浯溪新志》误作"吴杭","僻南地"作"在僻地","自尔"作"自是",皆当正之。①

清陆心源《宋诗纪事补遗》卷一八、八七,曾国荃光绪《湖南通志》卷二七五、一八,此诗皆重出,分别署毛抗、吴杭。

核浯溪文物管理处编《湖湘碑刻二·浯溪卷》载此碑拓片②,作"毛抗"。然碑刻字迹稍嫌模糊,且"抗"与"杭"字形相近,故明代弘治《永州府志》误署"吴抗",清康、乾间方志误署"吴杭",嘉庆时瞿中溶方更正作"毛抗"。然后世方志、诗集所载混乱,《全宋诗》因之,"毛抗"误作"毛杭",又据仕历系之许抗,致三处重出。今当删许抗名下诗、吴杭其人及名下诗。

《全宋诗》"毛杭"小传云:

富川(今广西钟山)人。英宗治平二年(一〇六五)进士。神宗熙宁二年(一〇六九)为湖南转运判官(《金石萃编》卷一三二)。四年,为荆湖南

---

① 〔清〕瞿中溶《古泉山馆金石文编》(残稿)卷三,载《丛书集成续编》第72册,上海:上海书店出版社,1994年,第482页。

② 浯溪文物管理处编《湖湘碑刻二·浯溪卷》,长沙:湖南美术出版社,2009年,第86页。

路权同提点刑狱(《宋会要辑稿》食货二四之六)。事见清雍正《广西通志》卷七〇。

据上文当更名毛抗。核清金鉷雍正《广西通志》卷七〇,"毛杭,富川人,太子中舍。治平四年(1067)丁未科许安世榜"。但清宋良翰康熙《乐平县志》卷五载"毛抗,嘉祐五年(1060)二月以大理寺丞至,著惠政,熙宁七年为本路运使"。显然,治平四年方中进士的毛杭为另一人,《全宋诗》混淆致误。

《续资治通鉴长编》卷二二四载熙宁四年(1071)事:"诏淮南、两浙、荆湖南北、江南东西路提点刑狱赵济、王庭老、毛抗、李平一、晏知止、陈倩并兼提举本路盐事……"①

知是年毛抗任荆湖南路提点刑狱。又见清徐松辑《宋会要辑稿》食货二四之六,"毛抗"误作"毛杭"。《续资治通鉴长编》卷二三三载熙宁五年事:"权荆湖南路提点刑狱、职方员外郎毛杭降一官,仍徙江南路。"②亦将毛抗误作毛杭。

前引康熙《乐平县志》谓"毛抗熙宁七年为本路运使"。宋魏泰《东轩笔录》卷五载熙宁十年王安石居于金陵,因豫国夫人之弟吴生与"太守叶均""转运毛抗""判官李琮"产生争执,导致"叶均、毛抗、李琮、皆罢"。乐平(今属江西景德镇),宋时属江南东路,可知熙宁七年至熙宁十年,毛抗任江南东路转运使。

又明林应翔天启《衢州府志》卷九载"毛抗,字节之,甲科,祠部郎。以唐介荐登甲科。时新法行,抗持论不合,去国。终祠部郎",卷一〇载"皇祐元年(1049)冯京榜"。清李卫修雍正《浙江通志》卷一二三"皇祐元年己丑冯京榜,毛抗,江山人,祠部郎中"。时代、事迹相合。

清曾国藩光绪《江西通志》卷一三二引《饶州府志》:"毛抗,字节之,一字国华,衢州江山人。皇祐元年进士。嘉祐五年以大理寺丞知乐平。熙宁七年为本路运使。均有恺悌之德,惠政洽闻,吏民再立石颂遗爱焉。"概括较为全面。

故综合上述文献记载,毛抗小传可改写为:

毛抗,字节之,一字国华,衢州江山(今属浙江)人。仁宗皇祐元年(一〇四九)进士。嘉祐五年以大理寺丞知乐平。神宗熙宁二年(一〇六九)为湖南转运判官(《金石萃编》卷一三二)。四年,为荆湖南路权提点刑狱(《续资治通鉴长编》卷二二四)。七年,为江南东路转运使。时新法行,持论不合,去国。终祠部郎(明天启《衢州府志》卷九)。事见清光绪《江西通志》卷一三二。

(高策补正)

---

① 〔宋〕李焘《续资治通鉴长编》第16册,北京:中华书局,1985年,第5462页。
② 同上书第17册,第5665页。

3. 余良弼诗误为徐良弼诗

《全宋诗》册三五卷一九八一页二二二〇〇录余良弼诗：

教子诗

白发无凭吾老矣，青春不再汝知乎。年将弱冠非童子，学不成名岂丈夫。幸有明窗群净几，何劳凿壁与编蒲。功成欲自殊头角，记取韩公训阿符。　　明凌迪知《万姓统谱》卷八

按："青春不再汝知乎"七字，又见《全宋诗》册五六卷二九五八页三五二四九徐良弼《句》，出宋释邵嵩《亚愚江浙纪行集句诗》卷七。核汲古阁影宋钞本《亚愚江浙纪行集句诗》，作者实署余良弼。余良弼与徐良弼各有其人：余良弼，(？—1166)字岩起，顺昌(今属福建)人，高宗建炎二年(1128)年进士，事见《澹庵集》卷二七《广东经略余公墓志铭》。徐良弼，字廷佐，泾县(今属安徽)人，宁宗嘉定四年(1211)年举经明行修科，事见清嘉庆《泾县志》卷三二。当是"余"与"徐"字形相近致误，"青春"句非徐良弼诗，彼处当删。

（徐志超补正）

4. 周邦彦诗误为陈郁诗

《全宋诗》册五七卷三〇〇七页三五八〇三陈郁诗：

赋薛侯

薛侯俊健如生猱，不识中原生土豪。蛇矛丈八常在手，骆马蕃鞍云锦袍。往属嫖姚探虎穴，狐鸣萧萧风立发。短鞯淋血斩将归，夜斫坚冰濡马渴。中都久住武城坊，屋头养骆如养羊。枯萁不饱篱壁尽，狭巷怒蹄盆盎伤。只今栖栖守环堵，五月樵风吹宿莽。千金夜出酬市儿，客帐昼眠听戏鼓。边人视死亦寻常，笑里辞家登战场。铨劳定次屈壮士，两眼荧荧收泪光。齿坚食肉何曾老，骑马身轻飞一鸟。焉知不将万人行，横槊秋风贺兰道。

天赐白

君不见书生镌羌勒兵入，羌来薄城束缚急。蜡丸飞出辞大家，帐下健儿纷雨泣。凿沙到石终无水，扰扰万人如渴蚁。挽绁窃出两将军，敌箭飞来风掠耳。道傍神马白雪毛，嗫口不嘶深夜逃。忽闻汉语米脂下，黑雾压城风怒号。脱身归来对刀笔，短衣射虎朝朝出。自椎杂宝涂箭创，心折骨惊如昨日。谷城鲁公天下雄，阴陵一跌兵刀穷。横舟不渡谢亭长，有何面目归江东。将军偶生名已弱，铁花暗涩龙文锷。缟帐肥刍酬马恩，闲望旄头向西落。　　以上《藏一话腴外编》卷上

按：二诗又见《全宋诗》册二〇卷一一八六页一三四二三周邦彦，均有小

序,前者题作《薛侯马》。两处均出于宋陈郁《藏一话腴》外编卷上,核原文为"周邦彦,字美成,自号清真,二百年来以乐府独步,……至于诗歌,自经史中流出,当时以诗名家如晁张皆自叹以为不及,姑以一二篇言之,如《薛侯马》云云,如《天赐白》云云。若此凡数百篇,岂区区学晚唐者可及耶?"可见二诗为周邦彦诗,陈郁名下误辑当删。

(何思雨补正)

5. 胡寅诗误为家铉翁诗

《全宋诗》册六四卷三三四四页三九九五四家铉翁诗:

和唐寿隆上元三首壬戌

满城和气在春台,玉漏沉沉铁锁开。明月谁知千里共,华灯同照万人来。市桥未涨丰容柳,江路犹残的䴕梅。欲与先生拚醉赏,未须归去隐蒿莱。

明月升天镜上台,灯如莲沼万枝开。恨无立部歌仍舞,空有游人往更来。秀如王子登门竹,味胜曹公止渴梅。已向歌谣挹和气,预知丰岁变污莱。

几年踪迹远中台,梦想传柑宴嘩开。懒拥牙旗穿市去,纵看玉李堕天来。从教独照青藜炬,莫使轻吹画角梅。也有江风浮彩献,坐令形势卷东莱。　《则堂集》卷六

按:三诗又见《全宋诗》册三三卷一八七三页二〇九七〇、二〇九七一胡寅《和唐寿隆上元五首》其一、二、三、五,第一首"未涨"作"渐涨";第二首后四句在胡寅诗中为第三首的后四句;出处是宋胡寅《斐然集》卷三。

胡寅(1098—1156),徽宗宣和三年(1121)进士。其《斐然集》最早由宋郑肇刊刻,嘉定三年(1210)章颖作序。① 则《和唐寿隆上元五首》的创作时间,应早于嘉定三年。而家铉翁(1213—?),恭宗德祐二年(1276),赐进士出身,签书枢密院事(《宋史》卷四七《瀛国公本纪》);至元三十一年(1294)归江南,时年八十有二(林景熙《霁山集》卷一《闻家则堂大参归自北寄呈》诗元章祖程注)。乃宋末元初人,远远晚于《和唐寿隆上元》诗的创作年代。且其《则堂集》为永乐大典辑本,亦不如流传有绪的胡寅《斐然集》可信。故此诗当为胡寅诗,家铉翁名下删归存目。

(池骋补正)

6. 刘麟瑞诗误为刘壎诗

《全宋诗》册六九卷三六一六页四三三二一至四三三二二刘壎诗:

---

① 祝尚书《宋人别集叙录》,北京:中华书局,1999年,第870页。

挽蜀帅张公珏

玉垒云浮五十秋,关西虓将勇无俦。三吴甄堕犹坚守,八柱唇亡不耐愁。泸水捷收劳腰褭,夔门机伏失兜鍪。吾君不负吾宁死,遗恨谁怜快敌仇。

挽绵汉简诸公

绵汉风酸动杀机,北来铁骑遍驱驰。几千里地弓刀运,百万人家骨肉糜。鬼哭神号无限恨,蝇蛄蚋嘬有余悲。平生食禄何从避,留取香名百世垂。

挽四川制帅陈公隆之

狼烟又起锦城边,帅闻谋疏亦可怜。先轸元归应有恨,苌宏血化岂无冤。百身莫赎谁三酹,一死真成盖万愆。遗事如今人不记,纲常犹幸立西川。　以上明周复俊《全蜀艺文志》卷二四

按:此三诗又见元赵景良《忠义集》卷五、卷二、卷三,总题《昭忠逸咏》,署"南至丰民刘麟瑞"。麟瑞为埙之子。《四库全书总目》卷一八八《忠义集》提要即称"南丰刘埙作《补史十忠诗》一卷,述宋末李芾、赵卯发、文天祥、陆秀夫、江万里、密佑、李庭芝、陈文龙、张世杰、张珏之事,埙自为序。其子麟瑞,复取宋末节义之士,撰述遗事,赋五十律,题曰《昭忠逸咏》,凡四卷,亦自为前后序。……景良合二集为一编,又采宋末遗老诸作,续为二卷,……总名之曰《忠义集》",[1]对刘埙、刘麟瑞父子吟咏宋末死节之士的诗作归属做了清楚的分别。再核之《全蜀艺文志》,径署"前人",次于刘埙《挽四川制置使知重庆府张公珏》之后。然此为刘麟瑞诗,作者署"前人"当为前代之人,并非承前省,此处当删。

7. 戴表元诗重收漏收

《全宋诗》册六九卷三六四一页四三六四八戴表元诗:

送官归作

生世悔识字,祝身如野农。勤劳养尊老,膳味日可重。晨乌熟新黍,耕林有过从。行吟聆原作芩,据四库本改松籁,此乐逾歌锺。　《剡源戴先生文集》卷二七

按:此诗又见同册卷三六四四页四三七一九戴表元,题作《九日在迩索居无聊取满城风雨近重阳为韵赋七诗以自遣》(其六),"林"作"休","聆"作"答",出《剡源先生文集》(明刻本)卷三。首先,《九日在迩索居无聊取满城风雨近重阳为韵赋七诗以自遣》为组诗,"农""重""从""锺"皆押"重"字韵,与题意正合;

---

① 〔清〕永瑢《四库全书总目》,北京:中华书局,1965年,第1708—1709页。

《送官归作》盖误题,此处当删。其次,戴表元别集,除《全宋诗》所据之《四部丛刊》影印明万历九年刊《戴先生文集》、明刻六卷本《剡源先生文集》(简称明刻本)、影印文渊阁《四库全书》本《剡源文集》之外,尚有清抄本《剡源逸稿》七卷和清光绪二十一年(1895)孙锵刻本《剡源佚文》二卷、《剡源佚诗》六卷。这两种清人辑本,各收录诗作317、323首,且大多不见于明刻本《戴先生文集》《剡源先生文集》等,属于《全宋诗》失收的内容。在《剡源逸稿》卷一末即收《送官归作》诗:

> 昨日送一官,今日送一掾。冰溪十里客,前后送已遍。如何老文学,独此久留恋。趋走鞍马疲,关防簿书倦。寻医责谁诿,投劾事难擅。去住知奈何,作歌聊自劝。

而《全宋诗》册六九卷三六四一至三六四四戴表元名下未见,当补收。因此,今日辑补戴表元诗,宜以《续修四库全书》影印清缪荃孙满香簃抄校本《剡源逸稿》为底本,校以国家图书馆藏清抄本及孙锵刻本《剡源佚诗》,并将《剡源佚诗》多出之诗及集外诗附于卷末,赓续完善。

(以上赵昱补正)

8. 陈普佚诗

《全宋诗》册六九卷三六四五至三六五一据明嘉靖十六年(1537)宁德知县程世鹏刻本《石堂先生遗集》为底本,收陈普诗七卷,其中有两卷《咏史》诗,皆咏古人事迹。在卷三六五〇页四三八一五《咏史上·刘表》题下原注:四首缺。

然此集尚有万历三年(1575)薛孔洵刻本,是在嘉靖本的基础上加以整理,加少量注文重刻而成的。该本完整保留了《刘表》诗四首全文,今可据补:

刘　表

豫州髀死旋生肌,刘牧终身不暂骑。景升父子皆豚犬,错遣傍人笑二儿。

贾诩北归事曹操,甘宁东去事孙权。德公鹿门亲采药,诸葛隆中自种田。

可笑群雄尽本初,丁宁浑忘冀青书。刘琦不作蒲城去,应记荆州访葛庐。

沔口蒙冲矴缆断,玄武舟师旗帜明。景升未死南人看,幅巾重作子鱼迎。　明万历薛孔洵刻《石堂先生遗集》卷二〇

(张彧补正)

宋人吴儆文集的编刻及其主要版本考

石 瑊*

【内容提要】 宋人吴儆文集最早当由其门人在其身后编刻。而其宋代家刻本则历经其子载、孙铉、曾孙资深三代编订,在理宗嘉熙二年(1238)底或稍晚刻印行世。明人编刻吴儆文集主要有吴雷亨《竹洲文集》二十卷本、吴瀣《吴文肃公文集》二十卷本系统与吴继良《竹洲文集》十卷本3种。其中以吴雷亨刊本为最早,而吴瀣本系统在内容上最为完备。清《四库全书》本源自吴瀣本系统,且在校勘上后出转精。

【关键词】 宋代 吴儆 别集 版本 家刻

宋人吴儆(1125—1183),初名偁,字益恭,又字恭父,休宁(今属安徽)人。高宗绍兴二十七年(1157)进士,先后任明州鄞县县尉、饶州安仁县知县、邕州通判、泰州知州等,以淳熙十年致仕,旋卒。理宗宝祐四年(1256),追谥文肃。吴儆官位不高,事功不著,然交友颇广,与朱熹、吕祖谦、陈亮、范成大等一时人物多有往来,而尤善张栻。晚年结庐竹洲之上,讲学其间,因号竹洲先生。之前学界对吴儆文集的编刻及版本情况讨论较少,祝尚书先生在《宋人文集别录》中的梳理允称简要①,但仍然有若干细节需进一步厘清。因此,本文将结合有关材料,论述其文集的编刻经过及版本的主要特征,并归纳其版本源流。

一、宋元编刻及版本

吴儆文集,宋元目录皆不载,仅程卓撰《竹洲先生吴公行状》透露了此文集最早编刻流传的消息:

> 有文集三十卷②行于世,或谓其峻洁类贾长沙,雄丽类苏内翰,风骚类

---
* 本文作者为北京大学哲学系博士研究生。
① 祝尚书撰《宋人别集叙录》卷20《竹洲文集》,北京:中华书局,1999年版,第956—959页。
② 一作"文集十卷"。按,此处当以"三十卷"为确,详后。

> 柳柳州,世必有能辨之者,不待余之言也。①

此行状撰于宁宗嘉定十五年(1222),上距吴儆去世已近四十年,故不敢言吴氏生前已有文集流传。罗任臣《吴文肃公文集后跋》②云:

> 《竹洲集》近世始刊出,遂获尽观其全。③

罗跋撰于理宗端平甲午(元年,1234),较程状之作,又晚十余年。其谓"近世",则吴氏文集行世恐不在其生前,而可能是宁宗朝事。然吴氏家刻《竹洲文集》则晚于此。程珌《竹洲文集序》云:

> 珌生也晚,视公盖前辈,而公之子载将梓公之集,欲珌一言于篇末,盖累年于此矣。而公之孙铉又复申言之,谊不得以晚学辞也,乃敬书而归之。④

程珌序撰于端平乙未(二年,1235),祝尚书先生遂推测"罗氏所见为坊本"⑤。此未必尽然。据《行状》,吴儆晚年讲学竹洲之上,从者甚众,"士由以成材者,有方公恬首春官,汪公义端首胪传,其他簪佩满州县"⑥。由此,《竹洲集》之最初行世,或出于书坊,但也有更大可能来自门人的编刊。

而在此之后面世的吴氏家刻《竹洲文集》,其编刻则历时三代。据前引程序,吴氏后人修编吴儆文集的想法始于儆之长子载⑦,而后又由儆之孙铉继踵之。洪扬祖《竹洲文集序》云:

> 岁辛卯,扬祖过歙,得文集于其孙元鼎……后八年,元鼎又携来京。⑧

吴铉字元鼎⑨。洪序撰于嘉熙戊戌(二年,1238)三月,岁辛卯即绍定四年(1231),首尾合计共八年。嘉熙二年十一月,吴儆曾孙吴资深"缮写曾祖臣儆文集总为一十册,谨囊封随表上进"⑩,则吴铉携稿至京即为此事尔?据此可以

---

① 〔宋〕程卓撰《竹洲先生吴公行状》,〔宋〕吴儆《竹洲文集》附录,明弘治六年(1493)吴雷亨刻本,第15a—15b页。
② 按,罗跋作于吴儆谥封之前,今题有"文肃"二字,乃因其收入《吴文肃公文集》而改题。
③ 〔宋〕罗任臣撰《吴文肃公文集后跋》,〔宋〕吴儆《吴文肃公文集》跋,明万历七年(1579)吴瀛刻三十二年吴继京重印本,第1a页。
④ 〔宋〕程珌撰《竹洲文集序》,《竹洲文集》序,第2a页。
⑤ 《宋人别集叙录》卷20,第957页。
⑥ 《竹洲先生吴公行状》,《竹洲文集》附录,第14a页。
⑦ 吴儆有四子:载、圻,堅,坰,参见《竹洲先生吴公行状》。
⑧ 〔宋〕洪扬祖撰《竹洲文集序》,《竹洲文集》序,第4a页。
⑨ 且午《竹洲文集序》提及吴铉与吴资深为父子,引文见后。《竹洲秀衍集》(〔清〕吴元暎、吴开育编辑,吴鉿孙恭订,嘉庆十五年(1810)刻本,国家图书馆藏,索书号XD2453)卷2引吴氏旧谱《友梅公家传》云:"公讳资深,字逢原,号友梅,为迪公郎元鼎公之子。"是以知元鼎乃吴铉字。
⑩ 〔宋〕吴资深撰《进竹洲文集上表》,《竹洲文集》上表,第2a—2b页。

推断，吴氏家刻《竹洲文集》迟至绍定四年已基本成型，而其刊刻则在嘉熙二年底或稍晚。其成书先后历经吴戬、吴铉、吴资深三代人的努力。

吕午《竹洲文集序》云：

> 一夕见梦于曾孙资深曰："内相程公序吾文固美，而未及吾孝行，何耶？"……今先生之见梦，不在文词，而在孝行，不以语他人，而惟以诏其云仍，贤于工部远矣，是可不书为文人才士者告哉！圣天子方以文孝移风俗，资深既裒辑遗文，囊封上进，以备乙览，而与其父铉每见，必惓惓属为书此梦焉，是能世其家者，宜牵联得书云。①

因程珌序未及表彰吴儆孝行，是以又有吕序之作。此序撰于淳祐七年（1247），祝尚书先生说："盖淳熙②年间尝增刻吕序重印"③，良是。

宋刻吴儆文集卷数，程珌《行状》曰"有文集某卷行于世"，吴资深《上表》谓"儆所著文集某卷"。前者当指家刻之前的文集卷数，而后者指宋家刻本卷数。然于具体数字，吴儆文集诸版本间有"三十卷"与"十卷"两种记载。其中，明弘治吴雷亨刊《竹洲文集》二十卷中，《行状》《上表》皆作"三十卷"；而明万历吴瀛刊《吴文肃公文集》二十卷与明吴继良刊《竹洲文集》十卷中，此二处皆刻作"十卷"。祝尚书先生称："万历刊本所载上表，'二十卷'作'三十卷'。弘治本殆由宋本出，为二十卷，则'三十卷'当误。"④按，谓"弘治本殆由宋本出"，故其所记卷帙较后世刻本更为可信，是矣。但祝氏所云卷数则误，其称宋本二十卷，恐是从程敏政《重刻竹洲文集序》"曾孙资深始裒其遗文为二十卷上之"⑤一句得之，不确。⑥ 是以宋刻吴儆文集卷帙疑当以三十卷为是。

《天禄琳琅目录后编》卷11著录有《竹洲文集》元刊本一函四册，提要云：

> 书二十卷，分奏议、政议、表启、书、记、序、杂著、铭赞、祭文、古赋、古风、律诗、绝句、乐府十四门，其第二十卷曰"棣华杂著"。前有端平乙未程珌序，淳祐七年吕午序，嘉熙戊戌扬祖序，嘉熙元年陈埙序。……后附录吴亮⑦赠序一、书二，陆伯寿书后一，张栻诗一、书一，朱熹书四，《竹洲行

---

① 〔宋〕吕午撰《竹洲文集序》，《竹洲文集》序，第 3a—3b 页。
② 按："淳熙"为"淳祐"之误。
③ 《宋人别集叙录》卷20，第957页。
④ 同上书，第957页。
⑤ 〔明〕程敏政撰《重刻竹洲文集序》，《竹洲文集》程序，第3b页。
⑥ 宋本卷数，当据《行状》与《上表》所述为准。程敏政序作"二十卷"，与之不同，是受弘治吴雷亨刊本自身分作二十卷的影响。况此本二十卷为吴俯《棣华杂著》，故其实分吴儆诗文为十九卷。这不可能是宋本原样，而是经过了明人的调整改动。
⑦ 按："吴亮"为"陈亮"之误。

状》、谥告、敕牒,其曾孙资深《上文集表》。……泰兴季氏藏本。①

据提要所云,定此本为元刊本似无明据,而此本编次又尽同明吴雷亨刊《竹洲文集》二十卷,惟阙程敏政序一篇。考程敏政序仅言宋末编刻,未及元代一言;且吴雷亨本编次又曾经程氏"重加校订"。因此,元刊《竹洲文集》是否存在,深可怀疑。而以上吴儆文集宋元诸刻今皆不传。

二、明代编刻及版本

明人编刻吴儆文集主要有3种:《竹洲文集》二十卷、《吴文肃公文集》二十卷以及《竹洲文集》十卷。

《竹洲文集》二十卷附录一卷,有程敏政序云:

> 先生既没,曾孙资深始裒其遗文为二十卷上之,得易名之典。兵燹数更,板刻亡矣。今十世孙雷亨始取家藏本嗣刻之,俾从子俊来,属为之序。走观其间,汇次欠审,恐不足以尽先生之大致,因重加校订,以授俊而序之。……其兄俯,字益章,仕至国学,录有文一卷,附其后云。②

此序撰于弘治六年(1493),言吴儆十世孙吴雷亨据家藏本嗣刻,此家藏本即吴资深所上表奏进之本。然程氏又以汇次欠审,故重加校定,分吴儆诗文为十九卷,其后另收吴儆之兄吴俯《棣华杂著》一卷,合二十卷。又有附录一卷,收时人陈亮、张栻、朱熹等书信序文与吴儆相关者,及《行状》《谥告》《敕牒》等。

此本书前有程敏政、程珌、吕午、洪扬祖、陈埙等人序文。正文半叶11行行21字,四周双边,黑口顺鱼尾。版心刻"竹洲文集卷某",版心下方鱼尾下刻叶数。卷端及卷尾题写卷次,记作"竹洲文集卷第某"。此本今国家图书馆、上海图书馆、天津图书馆等处有藏。

《吴文肃公文集》二十卷附《棣华杂著》一卷附录一卷,据书后吴瀛《吴文肃公文集后序》,知此本最初由吴瀛刊于万历七年(1579)。万历三十二年,吴瀛子继京重印此本③,增万历十四年吴尧臣④《吴文肃公集后序》及其自撰《吴文

---

① 〔清〕于敏中、彭元瑞等著,徐德明标点《天禄琳琅书目·天禄琳琅书目后编》,上海:上海古籍出版社,2007年版,第627页。
② 《重刻竹洲文集序》,《竹洲文集》程序,第3b—5b页。
③ 北京大学图书馆藏《吴文肃公集》二十卷(索书号SB/810.57/2628)有小字注文:"吴继京,字用宾,号带河,万历乙酉(十三年,1585)举人,瀛公之子。"
④ 《竹洲秀衍集》卷2:"吴尧臣,字师锡,邦珍公子,文肃公十三世孙,万历己卯举人,癸未进士,官刑部员外郎。"又按,吴尧臣后序云"取中秘兄重校刻集详阅之",则吴瀛字中秘,十三世孙,其子继为京十四世孙。

肃公文集后跋》各 1 篇。崇祯十七年(1644),吴闻礼①又据吴继京本再次重印,并增补《后跋》1 篇。

吴瀛刊本系统与吴雷亨刊本一样,虽然都是正文二十卷,但他们在所收诗文和分卷上却有较大区别。《吴文肃公文集》二十卷皆收吴儆诗文,且内容篇目上较吴雷亨刊本有所增益,计多启 10 篇、杂著 1 篇、古风 3 篇、律诗 3 首、绝句 6 首、乐府 9 首,惟阙《上汤丞相论余姚海贼书》1 篇,而《棣华杂著》则另作一卷置于二十卷之外。附录部分,吴瀛刊本系统又多《敕奉议郎吴儆除通判邕州》《敕广南西路安抚督监提举钦廉等州都巡检吴儆》《竹洲先生吴公传赞》3 篇。序跋方面,除前所提及的诸篇后序跋文外,吴瀛刊本系统还有罗任臣后跋 1 篇。此本书前有程珌、吕午、洪扬祖、陈埙、程敏政序,正文半叶 9 行行 18 字,四周单边,白口单白鱼尾。板心记卷数、叶数,书口上方刻书名。卷端题"吴文肃公文集卷之某",署"宋广南安抚竹洲吴儆著""明中书舍人裔孙吴瀛校"。吴瀛刊本,今上海图书馆有藏;吴继京重印本今国家图书馆、北京大学图书馆、上海图书馆、浙江图书馆、重庆图书馆等地有藏;吴闻礼重印本今中国社会科学院文学所图书馆有藏。②

《竹洲文集》十卷附录一卷,明吴继良校正重刻。吴继良,字君遂,休宁商山人,正史无传。今其事迹见于方志记载多在万历二十年前后③,祝尚书先生指其"应是嘉靖至万历时人"④,则此本大约刊于这一时期。吴继良刊本正文、附录的内容全同吴雷亨刊本,惟将吴雷亨刊本前十九卷诗文压缩为九卷,第十卷为吴俯《棣华杂著》,后系以附录。此本书前有程珌、吕午、洪扬祖、陈埙、程敏政序,正文半叶 10 行行 20 字,左右双边,白口单鱼尾。版心刻卷数、叶数,书口上方刻书名。卷端题"竹洲文集卷之某",署"十四世孙继良校正重梓"。此本今国家图书馆、北京大学图书馆有藏,南京图书馆另藏清钞本 1 部。

吴瀛刊本系统与吴继良刊本书前皆有程敏政序,其刊刻应参考了吴雷亨刊本。而吴瀛刊本系统所收诗文多出来的那一部分,则显示其在此之外还有所据,并不完全以吴雷亨刊本为底本。

《现存宋人别集版本目录》著录有明刻本《吴文肃公摘稿二卷》,然《中国古

---

① 吴闻礼亦吴儆后裔,《竹洲秀衍集》卷 5:"吴闻礼,字去非,号笃心,太学生,长孺公子,文肃公十七世孙,崇祯壬午(十五年,1642)科举人,癸未(十六年,1643)科进士,官督察院右副都御史,巡抚福建上游,丙戌(清顺治三年,1646)殉难,有《练江倡和集》。"

② 吴瀛刊本与吴继京重印本、吴闻礼重印本系一套板片印出,仅有个别序跋增补的差异,因此相互之间较难甄别。今以笔者调研的北京、上海、南京、杭州、重庆等地的主要图书馆的收藏情况而论,若仅据序跋之有无判断,吴瀛刊本存 1 本(上图线善 783450—51),吴闻礼重印本存 1 本(社科院文学 845. 2/6028),吴继京重印本存世则达 10 之多,另有 1 本无法判断(南图 GJ/111273,卷十一以下系抄补)。

③ 参见(康熙)《休宁县志》卷 2、(乾隆)《昌化县志》卷 7、(乾隆)《杭州府志》卷 6 等。

④ 《宋人别集叙录》卷 20,第 958 页。

籍总目》不载，笔者又据《东北师范大学图书馆藏古籍分类目录》检索，亦未有所获①，姑阙如。②

三、清代编刻及版本（含诗词丛书本）

清《四库全书》集部别集类收《竹洲集》二十卷附《棣华杂著》一卷。考其正文内容及分卷，《四库》本与吴瀛刊本系统全同，是以知其底本来源。而《四库》本书前仅列程珌、吕午序，又删去附录一卷。吴瀛刊本系统，今以吴继京重印本存世为多，《四库》本最可能据其抄录。

清代又有吴氏后人吴元瑛、吴开育编《竹洲秀衍集》六卷，收吴厔以下③，吴氏后裔七十六人诗作；吴饴孙编《竹洲秀衍续集》八卷，收吴氏后裔吴孟鼎至吴饴孙三十三人诗作。嘉庆庚午（十五年，1810），吴饴孙备录吴儆诗作《竹洲集》一卷附行状，并两部诗集十四卷刻之。此诗集一卷先依吴雷亨刊本的次序编排，而《吴文肃公文集》所增出的诗作则以补遗的形式列在最后。诗集前列程珌、吕午、程敏政序，正文半叶11行行22字，小字双行同，四周双边，黑口单鱼尾。板心记书名、卷数及叶数。卷端题"竹洲集一卷"，署"宋吴儆著，曾孙吴资深编"，"十世孙景亨重编"④，"二十世孙饴孙重梓"。此本今仅存国家图书馆藏本。

除《竹洲集》一卷之外，吴儆诗集尚有《宋诗钞初集》本《竹洲诗钞》一卷，《宋代五十六家诗集》本《竹洲诗集》一卷，《宋诗钞补》本《竹洲集补钞》一卷。而《竹洲词》一卷，则有《百家词》《宋名贤七家词》《宋元名家词》《十名家词集》《粟香室丛书》《宋元名家词十五种》《汲古阁未刻词》《南词》等多个明清丛书本。以上诸本，因系诗词丛书本，故不详录。

四、小　结

由以上梳理可知，吴儆文集除各丛书本之外，绝大多数版本均由其家人编订刊刻。今所存版本，以明弘治六年吴雷亨刊本为最早，而明吴瀛刊本系统在

---

① 东北师范大学图书馆编，1987年出版的《东北师范大学图书馆藏古籍分类目录》编纂体例独特。既不按四部分类法编目，也不按中国图书馆图书分类法编目。类下次序图书，按索书号，而非遵循依时代先后排序的常规做法。加之又无著者、书名检索，因此笔者实不敢确定《目录》未著录《摘稿》二卷。

② 考其书名，《摘稿》似与吴瀛刊本系统存在着一定的联系，不知其内容与吴瀛刊本系统增出的篇目有何关系。

③ 按，据《行状》，吴厔为吴俯长子。

④ 景亨，疑为"雷亨"之讹。

内容上最为完备。有关诸本的校刻质量,因北京大学图书馆藏索书号为 NC/5366/2324.1 的《竹洲文集》十卷本内有佚名校勘浮签,笔者利用这些签条对吴儆文集的四个主要版本进行了抽校,范围包括吴雷亨刊本的前十卷、吴瀛刻本系统与《四库》本的前十一卷以及吴继良刊本的前五卷,涵盖了吴儆文集一半的内容。抽校的具体情况见下表:

校例	雷亨本	瀛本系统	继良本	四库本
《论恢复大计》"渡淮而发一失"脱"一"。			误	
《论大臣近臣》"公择其人而责之","责"讹作"贵"			误	
《富国》"取见椿管","椿"讹作"椿"。			误	
《强兵》"扼关津","扼"误从阜。			误	
《黜吏》"采访而藉之","藉"讹作"籍"。	误	误	误	
《与桂帅张南轩启》"宜置蛮荒之表","置"讹作"志"。	误	误	误	
《通信守徐侍郎启》"本末源流","末"讹作"未"。			误	
《上王丞相书》"大丞相"脱"相"字。		误	误	
《休宁县尉厅壁记》"夷涂潦"误作"僚"。		误	误	

据上表,在明代的 3 个版本中,刊印错误呈现递增趋势;而《四库》本则后出转精。因此,今日如整理吴儆文集,当以《四库》本为底本,补齐所缺的《上汤丞相论余姚海贼书》以及相关序跋与附录,而取吴雷亨刊本以资校勘。

本文的撰写,曾得到北京大学中文系王岚教授的指导与南京图书馆韩超先生的帮助,特致谢忱!

附：吴儆文集主要版本系统

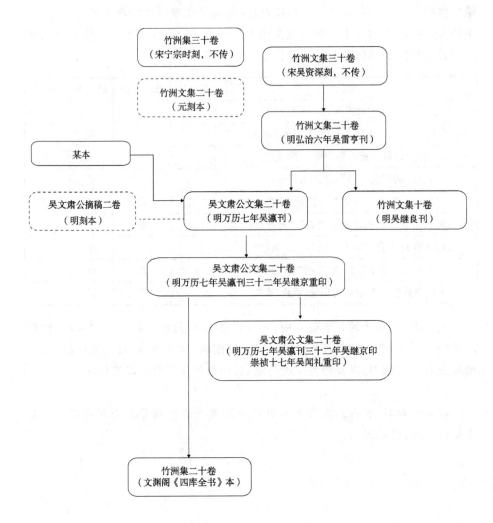

述古堂藏钞本《王常宗集》版本源流考
——兼释张蓉镜、黄裳有关题记

李玉宝　刘永文**

【内容提要】 上海图书馆藏旧钞本《王常宗集》四卷补遗一卷续补遗一卷,该书上有清末藏书家张蓉镜题识一则及今人黄裳先生题识五则,全书有藏书印十余枚。这六则题识及藏书印所含信息量很大。文章结合有关题识对《王常宗集》的版本源流进行了详实考辨,以期为学界提供点滴有价值的学术史料。

【关键词】 明代文学　王常宗集　张蓉镜　黄裳

一、引　言

明代嘉定虽是苏州下属濒海小邑,但民风古朴,士人多汲汲于古学,"士以读书谈道、通古今为贤,不独为应世之文而已"。[①] 有明一代,嘉定区区一邑有诗文作品者约260余人,存世诗文集53部,490卷,可谓文献邹鲁之乡。《王常宗集》就是明初嘉定作家王彝的一部诗文集。《王常宗集》又名《三近斋稿》《妫蜼子集》《王徵士集》。[②] 今《三近斋稿》不知所之。《妫蜼子集》为明洪武钞本,六卷(卷二"论"有目无文),孤本,藏台北"国家图书馆"。明弘治十五年刘廷璋刻本《王常宗集》四卷补遗一卷,孤本,藏南京图书馆。清康熙三十九年陆廷灿刻本《王徵士集》四卷附录一卷,藏南京图书馆。四库全书本《王常宗集》四卷

---

* 本文是国家社科基金重大项目《明代作家分省人物志》(批准号13&ZD116)、上海市社科基金项目《明清时期上海地区地方诗文集序跋整理与研究》(2014BWY010)的阶段性成果。

** 李玉宝,上海师范大学图书馆副研究馆员。刘永文,上海师范大学人文与传播学院教授。

① 〔明〕张应武等《(万历)嘉定县志》卷二,四库全书存目丛书(史部第208册),济南:齐鲁书社,1997年,第696页。

② 《四库全书总目》卷一六九:"《王常宗集》四卷补遗一卷续补遗一卷,明王彝撰……其集本名《三近斋稿》。"明抄本中俞祯序中云:"《妫蜼子集》者,吾苏练川王先生常宗所为之文与诗也。"另南京图书馆所藏王彝著述又名《王徵士集》,可知《王常宗集》又名《三近斋稿》《妫蜼子集》《王徵士集》。

补遗一卷续补遗一卷。四库本《王常宗集》为王常宗著述通行本。以上四种版本除《妫蜼子集》外，其他三种所收内容差别不大。另上海图书馆所藏钞本《王常宗集》有三部，①其中一部曾藏明末清初藏书家钱曾之述古堂，四卷补遗一卷续补遗一卷。上有张蓉镜、黄裳题识，正文前有弘治十五年（1502）都穆序，集后有该年刘廷璋跋。包页正面有黄裳题笺："旧钞王常宗集，述古堂故物，张芙川跋。"题记下有"黄裳"朱文长印。封面有张蓉镜题识一则，下有"蓉镜""倚青/阁"白文长印、"虞山/张氏"朱文方印。封二、封三有黄裳题识五则，各题识下依次有"黄裳/小雁""小雁"朱文长印、"容大"白文方印、"裳"朱文方印、"黄裳/藏本"白文方印。序页题名下有"潘祖荫/藏书记""虞山/张氏""小琅嬛/福地/秘籍"朱文方印。目录首页有"黄裳""曾藏/张蓉/镜家""小琅嬛/福地/秘籍"朱文方印。另卷一题名下有"上海图/书馆藏""来燕榭""珍藏记""鹤侪"朱文方印。集末正文后有"显月斋人""草亭藏""木雁/斋""曾藏/张蓉/镜家"朱文方印。这六则题识及藏书印所含信息量很大，本文结合有关题识及藏书印对《王常宗集》的版本流变进行了翔实地梳理，以就教于方家。

二、一脉相承的明刻本、述古堂钞本和四库本

明弘治刘廷璋刻本《王常宗集》四卷补遗一卷，双栏，黑格白口，双鱼尾。每半页11行，行20字。卷首有弘治十五年都穆序、浦杲序及刘廷璋题识。正文卷一收碑铭两篇、记十四篇；卷二收序十七篇；卷三收说五篇、赞四篇、杂著四篇；卷四收杂诗二十四首。"补遗卷"收《大学章句序说》《送仲谦师序》《送坚师序》《中秋玩月诗序》《送朱道山还京师序》《望山堂记》《送殷教谕赴咸阳序》《镜堂师画像赞》《题读书楼》等诗文九篇（首）。据浦序可知，王彝著述为浦杲所得，经都穆校雠点捡，由刘廷璋付梓行世：

> 杲童幼稚闻长老论及嘉定乡先生学行纯正、文章典雅，必王先生常宗为称首，自恨生晚，不获一掺杖屦以备牛马之走。间尝得其诗文一编，曰《三近斋稿》，其议论根据精彩发越，反复诵咏，使人有手舞足蹈之意……吾友刘君子珍过而见之，默然有契于中，乃曰"君贮之箧笥，以私一人之观览，孰若镂板以传，庶斯文之不坠，而先生之名亦得以垂不朽也？"遂许捐

---

① 这三部钞本其中之一即为有张蓉镜、黄裳题识的述古堂藏抄本，另有马思赞藏清初抄本《王常宗集》，马藏本在弘治本基础上增加"又补遗"卷，"又补遗"卷仅有《题张贞居诗卷》《松泉居士赞》（有序）文二篇。清咸丰三年（1853）抄本《王常宗集》四卷补遗一卷续补遗一卷，前有"咸丰癸丑六月堪喜斋主人命姪观身谨录"之《四库全书总目提要·王常宗集》，继有都穆序。目录内容与黄裳题跋本同，然正文阙补遗一卷续补遗一卷。

金以成厥美。其间多有陶阴亥豕等字,复求进士都公玄敬校雠点捡,略无苟且,复为序文以弁首简。

其补遗卷,四库馆臣谓其由浦杲和刘廷璋辑补:"其集本名《三近斋稿》,弘治中都穆编为文三卷诗一卷,刘廷璋、浦杲又辑补遗一卷。"述古堂钞本《王常宗集》四卷补遗一卷续补遗一卷,其正文四卷及补遗卷与弘治本完全一致。(仅个别字有出入,如弘治本续补遗内《镜堂师画像赞》,在钞本内为《钱堂师画像赞》)根据弘治本和述古堂本的内容可断定,述古堂本的正文和补遗完全来自弘治本,即弘治本是述古堂钞本的直接源头。正如黄裳所说的:"得此(即康熙间陆刻《王常宗集》——作者注)后半年,又得钱遵王述古堂钞本,系从明弘治本出者。编次较此为旧,尚有刘廷璋后序为此本所无,狮子林十二咏亦全。更有《游狮子林记》,皆此刻所无。"

述古堂钞本《王常宗集》的"续补遗"收《师子林记并诗》《夜宿师子林听雨》《题顾定之竹》《泉州两义士传》《题秀野轩》《春草词》《春草堂诗》《跋张贞居自书帖》《跋张旭春草帖》等诗文二十二篇(首)。其序跋、体例、内容与四库本《王常宗集》基本一致(四库本卷四《杂诗》内《续王昭君词》一首,有目无文,而钞本无缺;四库本续补遗卷内《泉州两义士传》后无题识,而题识钞本内有明末清初藏书家陆嘉颖99字题识)。那么,这两个本子哪一个在前呢?由于这两个本子的序跋都是弘治刻本上的旧有序跋,故难以辨别,而张蓉镜、黄裳题识和书上的藏书印为我们提供了很有价值的资料。清后期藏书家张蓉镜题记云:

  嘉定王先生集,近来友人屡属觅之不得。戊寅秋中,忽见此本,书写精妙,用笔古雅,极似钱求赤先生所书。细审装治,为述古堂钱遵王家故物,①遂以重值购得,亦别集中罕见之秘册也。嘉庆己卯中秋后十日虞易张蓉镜识("蓉镜"白文长印、"虞山/张氏"朱文长印、"倚青/阁"白文方印及"旧钞秘册"题注)

钱求赤即钱孙保(1624—1671),明末清初藏书家,号匪庵,又号也是翁,钱谦贞长子。富藏书,亦痴于抄书。张蓉镜以为此钞本似为钱孙保所抄,判定是"钱遵王家故物"。对此黄裳有不同认识:

  (题识一)此旧抄本《王常宗集》,滂喜潘氏故物,②采收于吴兴潘氏,许

---

① 钱曾(1629—1701),字遵王,号也是翁,又号述古主人。虞山(今常熟)人。父钱裔肃及族曾祖钱谦益均为明末清初藏书大家。钱曾得益于父、祖遗传,藏书近5000种,数十万卷,中多宋元刻本和精抄本。钱氏抄书以其纸墨精良、校勘仔细而著称,世称"钱抄"。其藏书楼名"述古堂""也是园""莪匪楼"。

② 黄裳文中"滂喜潘氏"指清代著名藏书家潘祖荫(1830—1890),字东镛,号伯寅,亦号少棠、郑盦,江苏吴县人。官至尚书,卒谥文勤。清末藏书大家。藏书印有"潘祖荫藏书记""八求精舍"等。

凡数十种,只此本与《翠微》《南征录》曾著录于藏书记中。盖文勤南归所携之册,曾为叶鞠裳所见者。①本磁青旧装,信是"也是园"中故物,而蓉镜所云求赤手抄者,则未敢知。余所收匪庵手校跋本不少,似其书法,乃更厚重也,然出清初名辈精写,则无可疑耳。王集余旧有陆南村所刻一本,在康熙中,亦极罕传,似未曾见此(?),当校其异同。来燕榭中,晴意日暖,煮龙井新茗,手为题记,人生快事,此为第一。乙未十月十七日黄裳("黄裳/小雁"朱文方印)。

黄裳断定此钞本是"清初名辈精写",且据装帧判定是"也是园"中故物,即为钱遵王所收。黄裳题识中所言叶昌炽曾见述古堂钞本《王常宗集》,因潘祖荫《滂熹斋藏书记》实由叶昌炽执笔而成。叶昌炽乃潘祖荫晚辈后学,对潘氏终生执弟子礼。光绪癸未(1883)潘氏丁忧在家,延昌炽馆于滂熹斋,于是得以尽窥帐内秘册。潘祖荫为叶昌炽详细讲解他看到的每一种秘籍的来源、版本、校勘等情况,后叶氏根据潘氏讲解汇集而成了《滂喜斋藏书记》一书。

经查《四库采进书目》,该钞本《王常宗集》由江苏巡抚采进,其注曰"王常宗集四卷补遗一卷嘉定王彝著(抄本)"。另参照钱孙保和钱曾生卒年,可以确定钞本《王常宗集》当是四库本的底本。②

三、"续补遗"来源考

述古堂钞本和四库本《王常宗集》与弘治本相较,多了"续补遗"内容。对这些续补遗的来源,后人一直语焉不详。如四库馆臣即说:"今世所传钞本又有续补遗一卷,不知何人所辑。考其体格与全集相类似,非赝作也。"(《四库全书总目·王常宗集》)那这些续补遗内容到底是谁辑补的呢?述古堂钞本内有的地方为我们提供了极其有价值的线索。

述古堂钞本《王常宗集》续补遗卷《泉州两义士》文后有陆嘉颖112字题识:"余与徐朗白于金昌客寓中,观檇李项氏法书、名画,获觐先生遗文,有高季迪启、倪元镇瓒歌咏,吴人谢元懿徽、张士行绅、庐陵张光弼昱跋,其文八分书,汝易袁华所作,笔极清古。使非朗白委曲其间,奚能钞录此文?若有神物护持从吾所好者然,何其幸也!甲戌又八月七日陆嘉颖补并识。"③但四库本《王常

---

① 叶鞠裳即叶昌炽(1849—1917),字兰裳,又字鞠裳,晚号缘督庐主人,江苏长洲(今苏州)人。光绪十五年(1889)进士,选庶吉士,晋国史馆总纂官,与修《清史》,迁国子监司业,擢甘肃学政,引疾归。叶氏为晚清金石学家、文献学家、藏书家。有《藏书纪事诗》行世。
② 吴慰祖校订:《四库采进书目》,北京:商务印书馆,1960年,第225页。
③ 陆嘉颖:《泉州两义士传题识》,述古堂钞本《王常宗集》续补遗。

宗集》在"续补遗"卷内《泉州两义士》文后却略去了这一重要题识。陆嘉颖，字子垂，又字明吾，苏州嘉定人，明天启间官至主簿，明清易代，与子陆坦偕隐金阊，后以穷死。有《银鹿春秋》《砚隐集》。① 题识中的重要人物徐朗白名守和，徽之新都（今歙县）人，明末清初书画鉴藏家，崇祯元年（1628）自号"清癯老逸"。② 陆嘉颖题识时间很明确，为"甲戌"年八月七日，根据陆嘉颖和徐守和生活的时代可以确定，该"甲戌"年为崇祯七年（1634）。文中"檇李项氏"指明万历间檇李（今嘉兴）人项靖，书画收藏家。③ 徐守和与项靖同是书画鉴藏家，正是经徐朗白从中周旋，陆嘉颖才得以将钞本《王常宗集》"续补遗"内得自项靖家的部分诗文抄录下来。陆嘉颖与徐守和从项靖所藏书画中辑录了多少王彝的诗文，陆嘉颖的题识并没有说，但述古堂抄本的收藏家潘祖荫（1830—1890）在《滂喜斋藏书记》中对此有记录："其集四卷补遗一卷，皆都穆编，嘉定刘子珍刻。此即从刻本传钞也，前有穆序，后有浦杲及子珍跋，续补遗文三首、诗三首，则陆嘉颖得自项药师家。旧为张芙川藏……附藏印：蓉镜、虞山张氏、小琅嬛福地秘笈、曾在张蓉镜处、鹤侪。"④但钞本"续补遗"的内容显然要比陆嘉颖等人辑录的多，那余下的内容又是谁整理的呢？要弄清这个问题，需要先弄清述古堂钞本和清康熙刻本间的关系。

清康熙刻本《王徵士集》四卷附考一卷，陆廷灿"恐其久而湮也，为校辑而重梓之"（见康熙本前宋荦序）。双栏，版心白口，单鱼尾。每半页九行，行十九字。前有宋荦序、都穆序、沈弘正序、浦杲序，卷末有陆廷灿跋。卷一收记十四首，卷二收序二十三首，卷三收碑铭说传赞杂著等十九首，卷四收诗三十二首。另有附录一卷。与述古堂钞本相较，二者所收"记"相同，"序"多一篇《陈妇节义集序》，碑铭、说、传、杂著多《陈节妇传》《兰亭定武本题跋》，而少《题顾定之竹》《跋张贞居自书帖》，所收诗歌目录亦相同（惟康熙本仅据《列朝诗集》录诗四首）。其附录内容二十一篇，都是他人所作与王彝有关之诗文，总二十一首，如宋濂《元史目录记》、王行《与王常宗书》、钱谦益《列朝诗集小传》、娄坚《王常宗小传》、高启《妫蜼子集歌》《王征士东里草堂》《海上逢王常宗》、杨基《寄王常

---

① 陆达：《中华陆氏通鉴·陆氏人物志》香港：中国国际文艺出版社，2009年，第88页；康熙《嘉定县志》卷十六人物二。

② 穆棣在《名帖考》（卷上）内《〈韭花帖〉系列考》"徐守和小考"中指出，徐守和，字朗白，号清真居士，晋遗、若水，明末清初新都（今歙县）人。酷嗜法书、名画，藏物中往往累累题识、长跋。朱仲岳在《吴镇的两幅〈渔父图〉长卷》中指出，上海博物馆藏《渔父图》曾为徐守和乙丑天启五年（1625）冬得，徐喜出望外，自叹"老年何幸，多此奇遇耶！"并赋长歌，以发胸中之块磊。末署"崇祯改元人日，清癯老逸朗白父徐守和识"。据自号清癯老逸推测，其生年或在1560年上下，与董其昌同时稍晚（《嘉善文史资料（第6辑）》内《吴镇研究论文专辑》，1991年02月，第46页）。

③ 瞿冕良：《中国古籍版刻辞典》，济南：齐鲁书社，1999年，第408页。

④ 潘祖荫：滂喜斋藏书记（卷三），1928年吴县潘氏刻本。

宗》等。附录内容为述古堂钞本所无。

清刻本《王常宗集》最大的优点是文体编排更加合理。从正文、补遗和续补遗内容看，钞本编排确实有点混乱。而清刻本将相同或相近的文体编排在一卷内，非常合理。通过对比可以确定，述古堂钞本《王常宗集》应该在康熙刻本《王征士集》之前。哪些人参与了康熙本王集的整理？宋荦序中称："先是徵士遗文一编，弘治时，有吴郡都穆者，厘为四卷版行。今陆扶照氏，恐其久而湮也，为校辑而重梓之。"陆扶照即陆廷灿（1678—1743），清初嘉定人，有《续茶经》《南村笔记》等传世。此外，明末嘉定文学家、藏书家沈弘正（1578—1637，字公路）也参与了康熙本《王徵士集》的底本的整理。陆廷灿题识中云：

> 明初吾邑王常宗先生诗文四卷，刻于弘治壬戌岁，都公玄敬叙之行世。未几，集板散失。启祯时，沈先生公路曾为编辑，而娄先生子柔集中亦载王常宗小传有云：余求得先生之集较而藏之，使后之人犹知有先生也。当是时，虽俱未经剞劂，而其想慕殷勤之意甚深也。……廷灿生先生之乡，窃尝诵先生之诗，每以不见先生之集为憾。客冬得公路先生抄本，快读卒业，因亟谋付梓，其原集未载者仅得数首，亦为增入。刻既成，得蒙大中丞宋公大序弁首，使三百年几至隐没之遗文一旦复光天壤，然则先生之文亦何藉于多哉！即此以传世，庶几不负娄、沈两先生未尽之意云。

陆氏题识有三点非常值得注意，一、康熙本在刊刻以前曾经沈弘正"编辑"和"校"；二、康熙本与述古堂钞本内容差别不大，内容除了前文所述陆嘉颖增补数首诗文外，陆廷灿将"其原集未载者仅得数首，亦为增入"。三、陆廷灿所刻康熙本的底本是钞本，该钞本由沈弘正所抄，并经过了沈氏的整理和校勘。

沈弘正所得底本又是什么本子呢？沈氏在《王徵士常宗集序》中云："弘正昔居海上，年少长舆（即张所敬，约卒于明万历二十七年，上海县作家——作者注）四十，而每得文酒从容，则又谓曰练祁君栗里也，何不为常宗一发其潜？及余移家于练，觅其语言文字不可得也，访其一杯数弓不可得也。丙寅春仲，文学吴太仆忽以常宗集见示，如逢异人，行异境，拂异香，载欢载诵，卒业引杯泫然悲长舆之逝矣。"吴太仆是谁，现已不可考。文中"丙寅"，根据张所敬卒年及沈弘正生活时代可以推断为明天启六年丙寅（1626）。沈弘正所得之常宗集应该是钞本，其增入的内容也不会是整个"续补遗"内容，而仅仅是"数首"诗文。根据以上内容，我们大体可以作如下推断：在弘治本基础上，陆嘉颖与徐守和先辑录了数首诗文。沈弘正得到吴太仆所赠《王常宗集》后又见到陆嘉颖与徐守和的辑补诗文，于是进一步作了编辑和校勘，然未刊刻。后陆廷灿将新得的数首诗文增补到沈钞本中付梓行世。

黄裳对沈氏这次的整理工作有个总结，其第二则题识云：

（题识二）取康熙庚辰陆南村刻，粗对一过，陆本系从明启、祯时沈公路重缉抄本出者，编次大体相似，而前后次序有微异处，且刘廷璋后序亦逸去，师子林游记及十二咏，亦无之。仅据《列朝诗集》录其四首，凡此皆旧抄胜处也。粗勘序目，它异字未暇详也。十月十九日晨窗小燕（"小雁"朱文长印）

康熙本陆廷灿（1678—1743）题识作于康熙庚辰（1700）年仲夏，其自言"客冬得公路先生抄本"，虽未明确该"冬"是哪一年冬，但有一点是可以确定的，沈钞本在康熙庚辰年前一直是存在着的。且沈钞本与康熙陆刻本在内容上、体例上已经几无差别，这才有"陆本系从明启、祯时沈公路重缉抄本出者"一说。关于述古堂钞本的抄者，黄裳在另一则题识中也有说明，兹录如下：

　　（题识三）余既得此于俞某，其人更于吴下寄书二种见示，皆旧山楼赵氏故物，中有抄本《二妙集》一册，抄手与此本正合，雍正中西圃蒋氏手校，①后有李南涧手跋两行，②书实甚妙，而索值殊昂，还价未谐，漫记于此，终当收之（"容大"白文方印）。乙未腊月初十日

笔者曾去上海图书馆查阅有蒋杲手校、李文藻手跋的《二妙集》（上图所藏是刻本而非钞本），因是"抄家本"的缘故，已经送还原藏者，未曾寓目。另笔者将上海图书馆藏钞本《后村居士集》上陆嘉颖题识与述古堂钞本《王常宗集》对比，可以很清楚发现述古堂钞本的抄者不是陆嘉颖，而是另有其人。笔者以为，此人或许就是明末藏书家沈弘正。

四、孤鸳绝响的洪武钞本《妫蜼子集》

　　这里有必要交代下洪武钞本《妫蜼子集》的有关情况。明钞孤本《妫蜼子集》六卷（阙卷二）。藏台湾。前有洪武二十八年（1395）俞祯（1331—1401）序。藏印有"密均/楼"朱文方印、"曾藏汪/阆源家"朱文长方印、"叶伯寅/图书"白文方印、"叶德/荣甫/世藏"白文方印、"叶氏/藏书"朱文方印、"国立中央图/书馆收藏"朱文长方印、"缄盦/曾读"白文方印、"李芝绶/家文苑"朱文长方印、"南阳/叔子/苞印"白文方印、"二/泉"朱文方印、"下学斋/书画记"朱文方印。从藏书印可知，此书确经明代著名学者叶盛（1420—1474）、文学家邵宝（1460—1527）及藏书家叶恭焕（1523—?）、叶子寅（叶盛后人）、叶奕苞（1629—

---

① 西圃蒋氏即蒋杲（1683—1731），字子遵，号篁亭，长洲人。康熙癸巳（1713）进士。家富藏书。

② 南涧即李文藻（1730—1778），字素伯，号南涧。益都（今山东青州）人，清代藏书家。清乾隆二十六年（1761）进士，官桂林府同知。

1686)等明人收藏,入清后经汪士钟(1786—?)、李芝绶(1813—1893)、李鼎錡(清末民初人)、蒋汝藻(1877—1954)等人收藏。现藏"台北中央图书馆"。卷一录《诗原》《文妖》《诘筮》《究医》《制倭》《拯患》《弭盗》《均役》《用士》《治兵》《审几》《顺势》及《读洪范》《读檀弓》《读左传》《读子华子》《读文中子》《读南北史》等十九篇,是王彝文论、政论思想的精华,卷二收"论"(有目无文,原阙),卷三录"序"二十二篇,卷四录"记"二十篇,卷五录"碑赞、题跋、墓志铭"等二十四篇,卷六录"古诗"一百五十七首。

　　此钞本由俞祯抄录而成,其自序称:"《妫蠵子集》者,吾苏练川王先生常宗所为之文与诗也。……先生殁余二十稔,愚始得之,惟世之知者寡,故深自为僾录以序之。"俞祯序极稀见,此后各种版本的《王常宗集》均没有出现俞祯序。由俞序可知,该钞本是俞祯在王彝殁后二十年抄录而成。至于俞祯"始得之"本是否为王彝手稿本,今不得而知。浦杲所得王彝诗文是否来自其存世的最原始的洪武钞本《妫蠵子集》呢? 笔者以为该集一直在著名文人、学者及藏书家中收藏,知者绝少。这可以从两方面得知,一是后世钞刻本从没有提及俞祯的序言。俞祯(1331—1401)字贞木,元末明初吴县人。洪武初荐授乐昌知县,改都昌,后以忧归。其为人清苦,敦行古道,为官有古循吏风。① 俞祯与王彝是同时人而生年稍晚,他序中所言得到王彝著述并僾录成帙,应没有任何疑问。其二是后世钞刻本所录诗文大大少于俞祯钞本,最能代表王彝成就的是文章,像卷一的《诗原》《诘筮》《究医》《制倭》《拯患》《弭盗》《均役》《用士》《治兵》《审几》《顺势》等篇章,是王彝文论、政论思想的精华,后世所有版本均没有提及。卷四的《陆司马祠堂记》《爱日堂记》《怀胥桥重造记》《井记》,卷五的《朱长史庙碑》《大弘观音阁碑》《天放赵先生墓志铭》《沈处士墓志铭》《阮教谕墓志铭》《何汝明妻莫氏墓志铭》《吴陵张寿卿父圹铭有序》《书陈氏孝行传后》《平江高太守築城赞》等文章有助于认识王彝的生平交游、文学成就,后世版本也没有提及。另外,《妫蠵子集》总收诗一百五十七首,其中有一百多首诗歌后世任何版本的王集都没有收录。总之,后世明刻本、清刻本及清抄本的整理者、刊抄者应该都没有见过这个本子。但王彝遗著除了《妫蠵子集》的底本外,一定还有其他钞本流传,否则不会有浦杲"尝得其诗文一编"。

五、结　语

　　题识从本质上说是观览者、阅读者对客体内容的再认识。由于题识者在专业素养方面具有优于常人的理解力、鉴别力和审美水平,故他们的题识客观

---

① 曹允源、李根源《中国地方志集成·民国吴县志》,南京:江苏古籍出版社,1991年,第83页。

上对其他人的阅读、鉴赏等带来一定的影响。张蓉镜、黄裳题识对我们理解《王常宗集》的版本流变非常有意义。借助钞本题识可知,由明弘治本(1502年刻)至康熙本(1700年刻)近二百年的时间内,嘉定后人一直在孜孜不倦的搜辑、整理先哲遗著,以保存地方历史文献。康熙本后先有陆嘉颖、徐守和辑补了数首诗文,在此基础上,沈弘正、陆廷灿继续进行了辑录工作,并将所有内容重新编排,重新刊刻。明末沈钞本与清初陆刻本除了前后次序微有差异外,内容几无差别,它是康熙间陆刻本的底本。述古堂钞本是目前所知由弘治本到康熙本之间最有价值的存世钞本,它在弘治本"补遗"基础上,增加"续补遗"内容,其体裁、内容多寡与四库本完全一致,述古堂钞本是四库本的底本。该本保留了刘廷璋题识、《师子林游记》及十四咏,与康熙本相较,自有可取之处,且它上面有十数枚历代文化名人的藏书印,先后经陆嘉颖、钱曾、张蓉镜、乔松年、潘祖荫、张珩、黄裳等文化名人收藏,自有其独到的文献价值和收藏价值。

论仕宦经历对冯惟讷《诗纪》编刻的影响

高虹飞*

【内容提要】 冯惟讷《诗纪》是目前所知我国古代第一部"全录式"诗歌总集，在总集编纂史上有重要意义。目前学界对《诗纪》已有一定研究，但很少将《诗纪》编纂与冯惟讷的仕宦经历相结合展开考察。冯惟讷编纂《诗纪》期间曾官于扬州、松江、南京、北京，任官之地繁荣的书籍出版与贸易，为其广泛利用各部类文献提供了极大便利；任官期间，冯惟讷与张四维、史乔科、乔启仁、何良俊等当地学子、文人交游，他们为《诗纪》内容校雠、材料搜辑乃至体例修订提供了大力帮助。不仅如此，仕宦经历还直接促成了《诗纪》的刊刻。正是冯惟讷同僚甄敬的帮助，使《诗纪》顺利出版。

【关键词】 冯惟讷 《诗纪》 编刻 仕宦经历

明嘉靖年间，冯惟讷编成《诗纪》一百五十六卷，"上薄古初，下迄六代，有韵之作，无不兼收"[①]，突破了先秦至明中叶以来的"选录式"总集编纂体式，是目前所知我国古代的第一部"全录式"诗歌总集[②]，在总集编纂史上有重要意义。《四库全书总目》评《诗纪》云："溯诗家之渊源者，不能外是书而别求。固亦采珠之沧海，伐木之邓林也。"[③]

目前学界对《诗纪》的编纂动因、纂修过程、文学思想、历史贡献等问题，皆有较充分的讨论[④]。然而，这些研究大都是基于《诗纪》内容本身，而较少将《诗

---

* 本文作者为北京大学中文系古典文献学专业2014级博士研究生。
① 〔清〕永瑢等撰《四库全书总目》卷一八九，北京：中华书局，1965年，第1716页。
② 按，总集编纂体式可分为旨在求全的"全录式"与意取精华的"选录式"两种。《四库全书总目·集部》总集类序即云："文籍日兴，散无统纪，于是总集作焉。一则网罗放佚，使零章残什，并有所归；一则删汰繁芜，使菁秭咸除，菁华出出。"《四库全书总目》卷一八六，第1685页。
③ 〔清〕永瑢等撰《四库全书总目》卷一八九，第1716页。
④ 主要成果，有李庆立、张秉国《〈古诗纪〉考论》(《韶关学院学报(社会科学版)》2003年第2期，第1—4页)，文若兰《冯惟讷〈古诗纪〉研究》(兰州大学硕士学位论文，2007年)，杨焄《冯惟讷〈古诗纪〉编纂考》(《中文自学指导》2008年第2期，第44—48页)，张秉国《"采珠之沧海，伐木之邓林"——论唐前诗歌汇辑的引领者〈诗纪〉之贡献》(《管子学刊》2014年第3期，第68—71页)，钟怡芸《冯惟讷〈古诗纪〉文学研究》(湘潭大学硕士学位论文，2015年)，高虹飞《〈古诗纪〉编纂与复古派关系考论》(《北京大学中国古文献研究中心集刊》第十四辑，北京大学出版社，2015年，第330—339页)，等等。

纪》编纂与冯惟讷的个人经历，特别是仕宦经历相结合。但实际上，中国古代的士大夫身兼官员、作家、学者等多重身份，仕宦经历势必会对士大夫的著述活动产生影响。而冯惟讷在编纂《诗纪》期间的仕宦经历，又极为丰富。

据张四维《诗纪序》可知，冯惟讷的编纂工作始自嘉靖二十三年（1544），成于嘉靖三十六年（1557）。考之余继登《光禄寺卿冯公惟讷墓志》等材料，冯惟讷嘉靖二十三年任蒲州（今山西永济市）知州；嘉靖二十四年（1545）迁扬州府（今江苏扬州市）同知，寻以外艰归；嘉靖二十七年（1548）服除，补松江府（今上海松江区）同知；嘉靖二十九年（1550）官南京（今江苏南京市）户部员外郎、郎中；嘉靖三十一年（1552）丁内艰；嘉靖三十四年（1555）服除，补兵部车驾司郎中，出为陕西按察司佥事，兼督学政，嘉靖三十六年仍在陕西任①。其诚如张四维所言，"始事于甲辰之冬，集成于丁巳之夏，凡十四稔，先生宦迹且遍四方矣"②。

因此在本文中，笔者试从任官之地、交游之人两方面，探讨仕宦经历对冯惟讷《诗纪》编纂的影响。不仅如此，冯惟讷的仕宦经历还直接促成了《诗纪》的刊刻，本文亦对这一问题展开讨论。

一、任官之地："吴会、金陵擅名文献"

冯惟讷编纂《诗纪》，意在"著诗体之兴革，观政俗之升降，资文园之博综，罗古什之散亡"③。显然，惟有尽可能全备地搜辑材料，方可实现这一目的。据万历年间吴琯刻本《诗纪》卷首"引用诸书"目录可知，冯惟讷编纂《诗纪》所用文献多达189种。其中，既有《尚书》《周礼》《史记》《汉书》等正经正史，《大明一统志》《陕西通志》等方志，《容斋随笔》《困学纪闻》等笔记，亦有《王子年拾遗记》《齐谐记》等志怪小说，《太平御览》《玉海》等类书，《庄子》《列子》《高僧传》《真诰》等诸子各家，还有《蔡中郎集》《陈思王集》等别集，《文选》《玉台新咏》等

---

① 按，〔明〕张四维《诗纪序》云："方甲辰始事，先生始守河中。"（〔明〕冯惟讷《诗纪》，北京大学图书馆藏明万历年间吴琯刻本。后文所引冯惟讷《诗纪》内容，凡出自此本者，皆不再出注版本信息）据此，知冯惟讷嘉靖二十三年任蒲州知州。〔明〕余继登《淡然轩集》卷六《光禄寺卿冯公惟讷墓志》："迁蒲守……乙巳，晋丞维扬……而寻以外艰归。服阕，补松江。迁南京户部员外郎、郎中。壬子，丁内艰。复补北驾部。出为陕西佥事，分巡陇右，兼督学政。在镇五年。"（影印清文渊阁《四库全书》本）乙巳为嘉靖二十四年，壬子为嘉靖三十一年。另，《（崇祯）松江府志》卷二六"同知"依次著录"冯惟讷……嘉靖二十七年任"，"王正容……嘉靖二十九年任"。（《日本藏中国罕见地方志丛刊》影印明崇祯三年刻本，北京：书目文献出版社，1991年，第679页）据此，知冯惟讷于嘉靖二十七年任松江府同知，当于嘉靖二十九年迁南京户部员外郎、郎中。

② 〔明〕张四维《诗纪序》，〔明〕冯惟讷《诗纪》。

③ 〔明〕冯惟讷《诗纪凡例》，〔明〕冯惟讷《诗纪》。关于《诗纪》的编纂动因，笔者在《〈古诗纪〉编纂与复古派关系考论》一文中有详细论述。

总集,《文心雕龙》《谈艺录》等诗文评,涵盖经、史、子、集四部①。这些文献,构成了冯惟讷编纂《诗纪》最重要、最根本的材料基础。

冯惟讷能够得见并利用数量、种类如此之多的文献,很大程度上即得益于其仕宦经历,特别是在扬州、松江、南京、北京四地的仕宦经历。

目前学界普遍认为,明代出版自明中叶开始兴盛。但需要注意的是,明中后期不同地区的出版情况,仍有很大差别。如陆容《菽园杂记》谓"国初,书版惟国子监有之,外郡县疑未有……宣德、正统间,书籍印版尚未广",而盛赞"今所在书版,日增月益。天下古文之象,愈隆于前已"②。然其卷一亦载,"庆阳西北行二百五十里,为环县。县之城北枕山麓,周围三里许。编民余四百户,而城居者仅数十家……尝与索韵书,遍城中不可得"③。韵书是雕版印刷术发明以来最常见的出版物之一,在"书版日增月益"的成化、弘治年间,走遍甘肃环县城,竟不可得一部。韵书尚且如此,他书可想而知。文献不足,材料曷征!

冯惟讷任官之扬州、松江、南京、北京四地,恰恰是出版业高度繁荣,书籍往来、贸易极盛的地区。胡应麟《少室山房笔丛·经籍会通》即云:"吴会、金陵擅名文献,刻本至多。钜秩类书,咸会萃焉。海内商贾所资,二方十七","今海内书,凡聚之地有四:燕市也,金陵也,阊阖也,临安也……燕中刻本自希,然海内舟车辐辏,筐篚走趋,巨贾所携,故家之蓄,错出其间,故特盛于他处"④。具体言之,如冯惟讷"引用诸书"目录中提到的刘节《广文选》,即出版于扬州。嘉靖十六年(1537)刻本《广文选》今天尚存,其末有陈蕙《重刻广文选后序》,云:"乃以视鹾之暇,与扬郡守王子松,郡庠教授林璧,训导曾宸、李世用,共校雠增损之,苟完是集,刻置维扬书院。"⑤《广文选》凡六十卷,其中卷八至卷十五所收为先秦汉魏六朝诗歌、乐府,这就为《诗纪》编纂提供了宝贵材料。如《诗纪·前集·古逸第一》收录《齐台歌》,云:"冻水洗我,若之何?太上糜散我,若之何",其后注云:"《广文选》载此诗曰:'庶民之馁我,若之何?奉上糜弊我,若之何'"。即如《诗纪》已收录的作品,《广文选》亦可提供大量诗题、文句、作者异文。如《诗纪·正集·梁第十四》收录《答句曲陶先生》,题下注云"《广文选》作'山中怀故人'";《诗纪·正集·魏第七》"应璩"目下收录《杂诗》三首,题下注

---

① 按,影印清文渊阁《四库全书》本《古诗纪》是目前最为易得的《诗纪》版本,多为研究者所用。需要注意的是,四库本《古诗纪》书首仅有冯惟讷凡例及张四维序,删去了"引用诸书"目录。笔者据明万历年间吴琯刻本《诗纪》整理了冯惟讷"引用诸书"目录,谨供研究者参考。详见本文附录。
② 〔明〕陆容撰,佚之点校《菽园杂记》卷一〇,北京:中华书局,1985年,第128—129页。
③ 〔明〕陆容撰,佚之点校《菽园杂记》卷一,第7页。
④ 〔明〕胡应麟《少室山房笔丛·经籍会通》四,上海:中华书局上海编辑所,1958年,第55页。
⑤ 〔明〕刘节《广文选》,《四库全书存目丛书》集部第298册影印明嘉靖十六年陈蕙刻本,济南:齐鲁书社,1997年,第391页。

云"《广文选》作应场"①,等等。

扬州、松江、南京三地还有一大优势,即与苏州相近。苏州的出版技术,时为全国最精。谢肇淛曾慨叹,"近来闽中稍有学吴刻者,然止于吾郡而已。能书者不过三五人,能梓者亦不过十数人"②。因此很多外地文人会委托苏州出版者刊刻其集,如"前七子"领袖李梦阳即将《空同集》托于黄省曾;甚至专程携文稿至苏州付梓,如隆庆年间谢师严刊刻谢肃《密庵稿》,其伯即嘱谢师严云,"吴中多良梓人,汝其携以就梓焉"③。是以在出版极发达的万历年间,汤显祖仍会拜托友人,"吴多异书稗说未经世目者,能求其一二解颐否"④。冯惟讷所用文献中,即多有苏州刻者。如徐献忠《六朝声偶集》,今存嘉靖刻本,其卷一首叶版心下方有"姑苏顾俊刻"字样⑤;再如张谦编集、王宗圣增补《六朝诗汇》,今存嘉靖三十一年刻本,其正文卷端题"姑苏陆师道校正",书首金城序云"因托五湖陆子为之校雠,刻于苏郡,用遗同好"⑥。《六朝声偶集》凡七卷,共收录南齐、北齐、梁、陈、北周、隋诗五百余首;《六朝诗汇》则多达一百十四卷,所收皆为晋至隋代诗歌,这无疑为《诗纪》正集编纂提供了极为丰富的材料与异文。如《诗纪·正集·陈第七》"江总"目下收录《济黄河》,题下注云《六朝声偶》作柳顾言者,非",《诗纪·正集·北齐第一》收录《奉和元日》,"悬知叶县来"句,"县"字下注云"《声偶》作令";《诗纪·正集·梁第五》收录萧纲《大同十一月庚戌》,题下注云"《诗汇》作《冬夕》",《诗纪·正集·梁第二十六》收录陶弘景《胡笳曲》,"自庚飞天历"句,"庚"字下注云"《诗汇》作负"⑦,等等。

综上所述,冯惟讷编纂《诗纪》期间,曾官于扬州、松江、南京、北京。四地图书出版高度繁荣,书籍往来、贸易极盛,其中扬州、松江、南京更与全国出版技术最精的苏州相近,这就为冯惟讷广泛利用经、史、子、集各部类文献提供了极大便利。正是这些文献,为《诗纪》编纂供应了大量材料与宝贵异文。

---

① 以上俱自〔明〕冯惟讷《诗纪》。
② 〔明〕谢肇淛《五杂组》卷一三,上海:中华书局上海编辑所,1959年,第382页。
③ 〔明〕谢师严《重刻密庵先生稿跋》,(明)谢肃《密庵稿》,《四部丛刊三编》影印双鉴楼藏明刻本,上海:上海书店,1936年。
④ 〔明〕汤显祖《与吴亦勉》,〔明〕汤显祖著,徐朔方笺校《汤显祖全集》第二册,北京:北京古籍出版社,1999年,第1509页。
⑤ 〔明〕徐献忠《六朝声偶集》卷一,《四库全书存目丛书》集部第304册影印明嘉靖刻本,济南:齐鲁书社,1997年,第3页。
⑥ 〔明〕张谦编集,(明)王宗圣增补《六朝诗汇》,中国国家图书馆藏明嘉靖三十一年刻本。
⑦ 以上俱自〔明〕冯惟讷《诗纪》。

二、交游之人:"遇通儒博士,无不出而订焉"

正如张四维《诗纪序》所云,"先生……遇通儒博士,无不出而订焉"。在任官期间,冯惟讷特别注意与当地学子、文人交游,并请他们参与《诗纪》校雠,帮忙搜辑材料,协助修订工作,使《诗纪》得到进一步完善。据目前所见材料可知,冯惟讷官于蒲州、松江之时,张四维、史乔科、乔启仁、何良俊四人,皆为《诗纪》编纂提供了帮助。

嘉靖二十三年,《诗纪》编纂工作开始,时冯惟讷任蒲州知州。余继登《光禄寺卿冯公惟讷墓志》云:"蒲剧州,多宗室,纷沓难治。公治之甚容与。暇尝晋博士弟子,俾执经问难,为剖疑义。士争奋励,举于乡者,视昔三倍之。"可见,任官蒲州期间,冯惟讷与当地学子多有往来,并且相处融洽。而这些学子中的一位,就是万历年间官拜首辅的张四维。张四维为蒲州人,嘉靖二十八年乡试以第二名中举。其《条麓堂集》卷一六收录有《复冯少洲》尺牍,信云:"我师逸气卓识,雄才健思,跨唐虞而上之,睥睨一世。出其风雅,使当世聋瞽,咸有见闻。某得及门而游,亦云幸矣","虽在他人且知不可,而我师拳拳相委者(按,此即指《诗纪序》),盖以不才夙侍门墙,谬蒙奖拔,贪缘徼幸,少副知遇,故爱之而不知恶尔"。① 据"我师""及门而游""夙侍门墙""少副知遇"等语,可知张四维时问学于冯惟讷。其间情景,或即如余继登所言,张四维"执经问难",冯惟讷"为剖疑义"。

冯惟讷亦借此机会,请张四维帮忙校雠《诗纪》。张四维《诗纪序》云:"方甲辰始事,先生始守河中,维与分雠之列。"校雠工作是《诗纪》编纂的最重要组成部分之一。冯惟讷非常重视不同文献所见诗歌内容、作者归属之异文,其《诗纪凡例》明言:"诗互见各书,而所载诗人名不同者,择其有证据者从之,题下注云'某书作某人,今从某书作某人';若无所考订,则二处并存之","诗数见而句字不同者,参校其义稍长者为正文,余分注其下,云一作某,或某书作某"。据笔者统计,《诗纪》中仅出自《艺文类聚》一书的异文,即有153条②,《诗纪》收录异文之繁、校雠工作之重,可想而知。张四维等蒲州学子的加入,为《诗纪》繁重的校雠工作提供了有力帮助。

---

① 〔明〕张四维《条麓堂集》卷一六,《续修四库全书》第1351册影印明万历二十三年刻本,上海:上海古籍出版社,2002年,第510页。
② 其中包括作者归属异文,如《诗纪·正集·魏第一》收录曹操《苦寒行》,题下注云"《艺文》《乐府》并作魏文帝";诗题异文,如《诗纪·正集·魏第二》收录曹丕《折杨柳行》,题下注云:"《艺文》作《游仙诗》";字句异文,如《诗纪·正集·汉第十》收录《上山采蘼芜》,"新人虽言好","言"字下注云"《艺文》作'云'","颜色类相似"句下注云"《艺文》作'其色似相类'"等等。

蒲州学子不仅参与了《诗纪》校雠，还协助冯惟讷，为《诗纪》编纂搜辑材料。史乔科，就是其中一位重要成员。许学夷《诗源辩体》云："冯汝言《汉魏六朝诗纪》（即《诗纪》①）抄本，乃牧蒲之日，延庠生史乔科搜括为之。"②按，许学夷与邹迪光颇多交游。在《诗源辩体》中，许学夷即多次引述邹迪光语；邹迪光亦为许学夷《诗源辩体》作序，对其给予极高评价③。邹迪光又与王世贞有所往来。钱谦益《列朝诗集》小传即谓邹迪光"排诋公安，并撼眉山，力为弇州护法"④；王世贞亦有《邹黄州迪光》诗，云"吾爱邹齐安，才行一何姣。有造必开先，微言穷窈眇"⑤。可见，许学夷此说很可能辗转自王世贞甚至张四维之语，则史乔科为冯惟讷《诗纪》编纂搜辑材料一事不虚；另一方面，这一说法显然夸大了史乔科的作用。《诗纪》编纂历时十四年，其间帮忙者众，绝非史乔科一人于冯惟讷"牧蒲之日"所完成。此或为信息辗转，产生讹误，抑或许学夷有意为之，以为异说。

嘉靖二十七年，冯惟讷补松江府同知。松江学子同样为《诗纪》编纂提供了大力帮助，其中一位名乔启仁。嘉靖三十年，《诗纪》前集率先得到出版，题曰《风雅广逸》，凡十卷⑥。卷首冯惟讷《风雅广逸序》后有其识语，云："曩备员吴淞，乔生启仁以文学茂等，每诣余，则取出相订。"⑦由此，可知乔启仁为《诗纪》前集修订提供了重要帮助。

协助《诗纪》前集修订的不仅有松江学子，还有当地文人。何良俊，就是这些文人中的一位。嘉靖十一年，何良俊即以岁贡生入南京国子监，但屡试不第。而冯惟讷多与之游，且待其有礼，令何良俊颇为感动。在给其弟何良傅的尺牍中，何良俊云："郡二守毕梓石、冯少洲二公在郡，处百姓有恩，待士有礼，

---

① 按，《汉魏六朝诗纪》为时人对《诗纪》的别称。如〔清〕钱谦益《列朝诗集》"冯光禄惟讷"小传即云："撰《汉魏六朝诗纪》，自上古以迄陈、隋，网罗放失，殊有功于艺苑。"上海：古典文学出版社，1957年，第391页。
② 〔明〕许学夷《诗源辩体》卷三六，北京：人民文学出版社，1987年，第366页。
③ 〔明〕邹迪光《始青阁稿》卷一一《许伯清诗源辩体序》："乃今观于伯清是编，纵横上下，旁引曲喻。举数千百载操觚横槊之士，而一一寻其宗派，追其形神，第其品格。若分黑白，若别方圆，不相假借。"《四库禁毁书丛刊》集部第103册影印明天启刻本，北京：北京出版社，1999年，第285页。
④ 〔清〕钱谦益《列朝诗集》"邹提学迪光"小传，第647页。
⑤ 〔明〕王世贞《弇州山人续稿》卷三，北京大学图书馆藏明万历年间刻本。
⑥ 按，笔者对勘了清华大学图书馆藏明嘉靖三十年刻本冯惟讷《风雅广逸》与北京大学图书馆藏明万历年间吴琯刻本《诗纪》前集，发现二者的编纂体例、卷数分合完全一致。收录内容，除《诗纪》前集卷四所收《琴歌》（乐莫乐兮新相知），卷一○附录所收《木客吟》《劳商》《清角》《流徵》《滁角》《秣马金阙歌》诸逸诗篇名为《风雅广逸》所无之外，其余篇目完全相同。仅个别诗题、小注略有差异，如《风雅广逸》卷一《虞歌》，《诗纪》前集卷一题作《虞帝歌》等。
⑦ 〔明〕冯惟讷《风雅广逸》，清华大学图书馆藏明嘉靖三十年刻本。

古循吏也。吾与王屋三四人，皆以忘形见与。"①冯惟讷去任四十余年后，松江百姓谋奉其于名宦祠，岁祀之。何良俊为之作文，盛赞冯惟讷云："夫仕宦者，不难于获上官之誉，而难于得下民之心；不难得民心于一时，而难系民思于身后。我公去任已四十馀年，而民思之如一日……盖我公纯心为民，亦诚之所动云耳。"②字里行间，可见何良俊对冯惟讷敬佩之切。

或许正是这种感动与敬佩，促使何良俊大力帮助冯惟讷的《诗纪》修订。何良俊《四友斋丛说》云："冯少洲《风雅逸篇》（按，《风雅逸篇》为杨慎之作，此当为《风雅广逸》，盖何良俊笔误也）尝托余删定，其所载道门一卷，皆取之《真诰》与《云笈七签》等书。盖佛经、诸偈皆出六朝人之手，犹有可观；道家诸书，皆张君房辈所纂，乃科书之类，极为芜陋。一无足取者，如何一概混入？余皆削去，今十不存一矣。"③据笔者查考，嘉靖三十年刻本《风雅广逸》及万历年间吴琯刻本《诗纪》前集确实皆无出自《真诰》《云笈七签》之诗，可见何良俊所言不虚；不过，冯惟讷并未彻底舍弃这些内容，而是将其收录于《诗纪》外集卷一至卷三，题曰"仙诗"。据此笔者认为，《诗纪》外集，一开始并未纳入冯惟讷的编纂计划，是何良俊的意见以及删削之举，促使冯惟讷将出自道家诸书之诗单独别行，题曰"仙诗"，又受此启发，将出自《搜神记》等志怪小说之诗别行，题曰"鬼诗"，再将这二部分内容合为《诗纪》外集，置于别集、正集之后，以相区别。而何良俊对冯惟讷《诗纪》的帮助，或不止于此。藏书家是何良俊更广为人知的身份，其自云"有藏书四万卷，名画百签，古今名人墨帖数十本，三代鼎彝二十余种"④。冯惟讷或亦借阅过何良俊的藏书，并从中搜辑材料。

综上所述，张四维、史乔科、乔启仁、何良俊在《诗纪》内容校雠、材料搜辑乃至体例修订等多个方面，为冯惟讷提供了重要帮助。然而，他们只是冯惟讷在蒲州、松江二地任官期间，所交游诸多学子、文人中的四人。任官之地学子、文人的大力帮助，使《诗纪》编纂不断完善。

三、同僚之助："肆命诸梓，兼附众评"

冯惟讷的仕宦经历不仅影响了《诗纪》编纂，更直接促成《诗纪》的刊刻出版。

目前学界大多认为，明中后期刻书工价低廉。需要注意的是，尽管明中后

---

① 〔明〕何良俊《何翰林集》卷一八《与叔皮书》，《四库全书存目丛书》集部第142册影印明嘉靖四十四年刻本，济南：齐鲁书社，1997年，第148页。
② 〔明〕何良俊《何翰林集》卷二八《书世泽隆思卷后》，第219页。
③ 〔明〕何良俊《四友斋丛说》卷三六，北京：中华书局，1959年，第334页。
④ 〔明〕何良俊《何翰林集》卷二《春日思归》，第27页。

期刻书成本相较明初有所降低,但出版仍非易事。仍以李梦阳《空同集》为例,对此作进一步说明。嘉靖七年(1528)冬,李梦阳将《空同集》寄至苏州,委黄省曾出版。在此后半年里,李梦阳即两次奉资与黄省曾,总计六十金,以为刻书之助。李梦阳《致黄勉之尺牍》云:"前自邑尝致三十金,高苏所许,今何如矣?仆兹更奉三十金,亦门人故旧助者也。"①可见,纵然在明中后期,要出版一部书籍,仍需足够资金作为保障。《空同集》凡六十三卷,而《诗纪》有一百五十六卷,字数多达七十余万,其出版所需资金,可想而知。

那么,冯惟讷的经济状况怎样呢?余继登《光禄寺卿冯公惟讷墓志》谓其"仕宦三十余年,图书诗卷外无长物",何良俊亦曾记其事云:

> 夫临朐(按,冯惟讷为山东临朐人)适当华亭水俭,例得报灾。华亭有东西两乡,西畏水,东畏旱。民户有定籍,而产无常处。一有水旱,以开荒为名,规避百出。是时或有以开荒告者,公曰:"夫开荒,则民之利五,而奸诡之弊百。吾不能以百弊易五利,为奸诡作囊橐。"遂不许。遂大为巡抚张公所窘。然良俊闻临朐被系时,至不能自给。邑中荐绅哀其贫苦,为之办餐。呜呼!由今观之,可不谓难哉!古称廉吏,不可为不虚也。②

"贫苦"甚至"不能自给"的冯惟讷,显然难以承担出版《诗纪》之资。因此,即如前所述的《风雅广逸》,也是由松江学子乔启仁主持刊刻的。冯惟讷《风雅广逸序》后识语云:"滥竽南曹,启仁乃走使致书,欲得刊布。余既自念敝帚,且嘉其雅尚,题诸卷首而遗之。"③ 而《风雅广逸》只有十卷,内容仅相当于《诗纪》前集。

卷帙浩繁的《诗纪》,正是在冯惟讷同僚甄敬的主持下,得到了顺利出版。甄敬《诗纪序》云:"《诗纪》者北海冯氏辑也,起上古,迄隋末,搜括靡遗矣……余读之有慨焉","夫世道之趋,由上古极于唐虞,夏承其变;由夏极于秦,汉承其变;由汉极于六朝,唐承其变。即诗因之矣,自唐以下,可略而言。睹是辑者,其必有所感也夫!其必有所感也夫!肆命诸梓,兼附众评,匪徒曰将资艺薮之博洽也"④。据此,可知《诗纪》由甄敬主持出版。是序末题"嘉靖岁次庚申

---

① 〔明〕李梦阳《空同集》附录卷二《致黄勉之尺牍六首》其五,北京大学图书馆藏明万历三十年邓云霄刻本。
② 〔明〕何良俊《何翰林集》卷二八《书世泽隆思卷后》,第218—219页。
③ 〔明〕冯惟讷《风雅广逸》。
④ 转引自《(光绪)平定州志》卷一〇《艺文志》,《中国地方志集成·山西府县志辑》第21册影印清光绪八年刻本,南京:凤凰出版社,2005年,第384—386页。按,明嘉靖三十九年甄敬序刻本《诗纪》今藏于中国国家图书馆、四川大学图书馆、中山大学图书馆、吉林大学图书馆。笔者查考了国图藏本,但该本内容不全,甄敬序文不存。川大、中大、吉大藏本,目前尚未得见。

孟春,赐进士第、文林郎、巡按陕西监察御史兼提督学校事,太原甄敬叙"①。庚申为嘉靖三十九年,时冯惟讷任陕西按察司佥事,兼督学政,与甄敬为同僚。甄敬刻本《诗纪》今藏于中国国家图书馆等单位。其版式、行款为半叶9行行21字,双行小字字数同,四周单边,白口,单白鱼尾。前集、正集、外集、别集首卷卷端,皆题有"巡按陕西监察御史太原甄敬裁正,陕西按察司佥事北海冯惟讷汇编"②。

　　甄敬的大力襄助使冯惟讷《诗纪》得以出版,从而在更广阔的范围内传播并发挥其影响。万历年间,吴琯、谢陛、陆弼、俞策等又以甄敬刻本为底本加以校雠,重版《诗纪》于南京③,这又将《诗纪》的传播范围急剧扩大。如王世贞即云,"今冯氏能尽鸠古诗之逸与汉魏以后至隋之诗千余年而悉合之,吴、谢、陆、俞四氏又能校甄敬之所行而重梓之,即不必富势有力者捐一月之食而可得,不必通国大都自鸡林之西、玉门之东以一襥载之而可致"④。其后,方天眷又以吴琯刻本为底本校订,重版《诗纪》于杭州。及至清代,四库馆臣又以吴琯刻本为底本,将《诗纪》收入《四库全书》⑤。以上诸本,均有版本流传至今。考其祖本,皆为甄敬所刻《诗纪》。

　　从嘉靖二十三年到嘉靖三十九年,冯惟讷先后任官蒲州知州,扬州府同知,松江府同知,南京户部员外郎、郎中,兵部车驾司郎中及陕西按察司佥事。任官之地繁荣的出版业与书籍往来、贸易,为冯惟讷广泛利用经、史、子、集各类文献提供了极大便利。正是这些文献,为《诗纪》编纂供应了大量宝贵材料;交游之人如张四维、史乔科、乔启仁、何良俊等学子、文人,从内容校雠、材料搜辑乃至体例修订等多个方面给予有力帮助,使《诗纪》编纂不断完善。最后,在冯惟讷同僚甄敬的主持之下,多达一百五十六卷的《诗纪》得到顺利出版。冯惟讷仕宦经历之于《诗纪》编刻的影响,对我们探讨士大夫创作身份与著述活动之间关系乃至异质文学元素间的互动交融等问题,皆有一定启示意义。

---

① 转引自陈文新主编《中国文学编年史·明中期卷》,长沙:湖南人民出版社,2006年,第307页。按,《(光绪)平定州志·艺文志》所收甄敬《诗纪序》无末题。

② 〔明〕冯惟讷《诗纪》,中国国家图书馆藏明嘉靖三十九年甄敬序刻本。

③ 〔明〕王世贞《诗纪序》:"惟讷竭生平之精力为此书。书成,而御史甄敬刻之陕西行台……万历中,而古鄣吴琯氏与其乡人谢陛氏、江都陆弼氏、吴郡俞策氏相与雠校,而复刻之金陵。"〔明〕冯惟讷《诗纪》。

④ 〔明〕王世贞《诗纪序》,〔明〕冯惟讷《诗纪》。

⑤ 《四库全书总目》卷一八九:"此本为吴琯等重刊,虽去其前集、正集、外集、别集之名,合并为一百五十六卷,而次第悉如其旧,校雠亦较甄本为详。故今从吴本录之。"〔清〕永瑢等撰《四库全书总目》,第1716页。

附录：冯惟讷《诗纪》"引用诸书"目录

此表是据明万历年间吴琯刻本《诗纪》卷首"引用诸书"目录整理，所有书名皆为"引用诸书"目录原文。经、史、子、集分类为笔者所作，以便区分。

一、经部（7种）

《尚书》《周礼》《仪礼》《礼记》《左传》《乐书》《尚书大传》

二、史部（32种）

《国语》《战国策》《汲冢周书》《越绝》《吴越春秋》《史记》《汉书》《后汉书》《三国志》《晋书》《宋书》《齐书》《梁书》《陈书》《隋书》《南史》《北史》《北魏书》《北齐书》《北周书》《唐书》《襄阳耆旧传》《华阳国志》《陕西通志》《山海经》《水经》《大明一统志》《金陵志》《金华志》《维扬新志》《武功志》《伽蓝记》

三、子部（68种）

《孔子家语》《穆天子传》《困学纪闻》《博物志》《王子年拾遗记》《齐谐记》《西京杂记》《隋遗录》《迷楼记》《大业拾遗记》《庄子》《列子》《荀子》《管子》《晏子春秋》《慎子》《韩非子》《孔丛子》《白虎通》《刘向说苑》《新序》《王充论衡》《吕氏春秋》《法藏碎金录》《太平御览》《太平广记》《玉海》《艺文类聚》《初学记》《锦绣万花谷》《事类赋》《群书钩玄》《崔豹古今注》《世说新语》《续世说》《何氏语林》《颜氏家训》《东坡志林》《容斋随笔》《续笔》《三笔》《四笔》《五笔》《宝楼记》《学斋佔毕》《冷斋夜话》《鹤林玉露》《蜩笑外稿》《西溪丛语》《刘元城语录》《丹铅馀录》《续录》《四录》《闰录》《谭苑醍醐》《馀冬序录》《陆文裕公外集》《真珠船》《海山记》《弘明集》《广弘明集》《高僧传》《续高僧传》《列仙传》《真诰》《神仙传》《云笈七签》《逍遥传》

四、集部（82种）

《历代帝王集》《蔡中郎集》《陈思王集》《六朝诗集》《嵇中散集》《阮步兵集》《二陆集》《支道林集》《陶渊明集》《谢灵运集》《三谢集》《鲍明远集》《昭明文集》《阴何诗集》《庾肩吾集》《庾开府集》《风雅逸篇》《玉台新咏》《玉台续集》《乐府诗集》《古乐府》《文苑英华》《文章正宗》《文选》《广文选》《文选补遗》《选诗补注》《选诗外编》《选诗拾遗》《周诗遗轨》《六朝诗汇》《五言律祖》《六朝声偶》《苑诗类选》《文翰类选》《古诗类苑》《金薤琳琅》《金石古文》《兰亭诗》《乾坤清气集》《彤管集》《彤管新编》《古文苑》《文苑》《楚辞后语》《乐府解题》《琴苑要录》《织锦回文》《回文类聚》《丹阳集》《岁时杂咏》《释氏古诗》《钟嵘诗品》《文章流别论》《文心雕龙》《诗准》《诗翼》《陈绎曾诗谱》《历代吟谱》《竹林诗评》《吟窗杂录》《苕溪渔隐丛话》《诗话总龟》《诗苑类格》《沧浪吟卷》《韵语阳秋》《后山诗

话》《石林诗话》《竹坡诗话》《许彦周诗话》《庚溪诗话》《珊瑚钩诗话》《西清诗话》《剡溪诗话》《谈艺录》《升庵诗话》《诗话补遗》《词品》《诗家直说》《兰庄诗话》《过庭诗话》《禅藻集》

明末出版家周之标与"当代"
女性声名传播及作品刊刻*

傅湘龙**

【内容提要】 作为明末清初知名出版者,周之标精准把握市场需求,利用扎实的学识修养,在诗文、小说戏曲各领域编刊了数种畅销选本,颇具影响力。鉴于女性作品有着广泛的读者群体与巨大的市场潜力,编者亦编刊数种相关选本,在追求商业盈利的同时,亦寄寓自身的香艳趣味、感伤情结乃至生活体验,而"当代"众多知名女性,无论是青楼女子,抑或名门闺秀,她们的声名及作品藉此得到了更好地传扬。

【关键词】 周之标 女性作品 香艳 感伤 编刊

明末清初才女文化盛行于世,通过女性自身雅集酬唱与刊刻诗文别集、文士自我贬抑及竞相传阅而使她们的声名远播,总集出版作为另一重要途径,亦得到了文士与才女的高度重视,出现了许多坊刻精品,知名书坊主周之标的刊本即为其例。周之标,生卒年不详,字君建,号梯月主人、宛瑜子、来虹阁主人,江苏长洲人。先后辑刻《吴歈萃雅》《吴姬百媚》①《增订乐府珊珊集》《香螺卮》《女中七才子兰咳集》及续集《四六瑁朗集》,并参与评阅宋存标辑刻的《棣萼香词》,周氏在当时相当活跃,几可与冯梦龙相埒。然而,因资料零散,且多亡佚,致使这位颇具分量的出版者湮没不彰②。本文将梳理周氏此前刊刻的戏曲、小说选本等演唱习本或案头读物,探究其辑刊女性著作合刻书时体现的编选风格及文学趣味。

---

* 本文为国家社科基金青年项目《明末清初女性作品总集编刊研究》(13CZW049)的成果。
** 本文作者为湖南大学文学院副教授。
① 谢伯阳《全明散曲》据《吴姬百媚》辑录周之标小令三十一首、套数十二支。济南:齐鲁书社,1993年,第3670页。
② 关于周之标的研究,戚昕《明代女性出版家周之标》(《新世纪图书馆》2012年第10期)主要梳理了周氏在戏曲、妇女创作及其他坊刻出版方面的活动事迹;张燕婴《明末出版家周之标不是女性》(《新世纪图书馆》2014年第5期)则就周氏的性别问题予以辨正。

一、清曲与花榜:周之标编著的香艳趣味

自明代万历以后,文人士大夫每逢宴会雅集,翕然从好清柔婉折的南曲,"见海盐等腔已白日欲睡,至院本北曲,不啻吹箎击缶,甚且厌而唾之矣"。①。其中短小灵活的折子戏类别——清唱曲辞,广受追捧。流风所染,向慕风雅的富商家庭亦时常搬演,如《金瓶梅词话》中涉及清唱之曲文、唱法或乐器多达百余处②。针对新兴市场的需求,许多选编者在广泛参阅元明以来诸如戴贤《盛世新声》、张禄《词林摘艳》、郭勋《雍熙乐府》、徐文昭《风月锦囊》等选本的基础上,踵事增华,编选体例日趋规范,戏曲观念日渐明晰。比如,黄文华《词林一枝》《八能奏锦》、胡文焕《群音类选》、刘君锡《乐府菁华》、纪振伦《乐府红珊》、臧懋循《元曲选》等十余种选本次第面世,蔚为大观。有感于此,万历四十四年(1616),周之标初试牛刀,推出可供文人开筵飞觞、坐花醉月的清唱曲本《吴歈萃雅》。该书别为元、亨、利、贞四集,收录元明两代散曲和剧曲二百八十二篇。其中,"元集""亨集"选录高则诚、杨慎等三十位作家的散曲小令五首,套数一百十七篇;"利集""贞集"收录《琵琶记》《浣纱记》等剧曲三十八种,一百五十九篇,并附散套一篇③。周之标在"凡例"中直言为了契应时好,广泛采择读者喜闻乐见的南曲,并标举自家选本特色:其一,博观约取。"遍觅笥稿,广正善讴,非有名授,不敢混入","字考句订,大经苦心,非乐府之碎金,实词家之宝玩"。④精选名家名篇,如颇具盛名的散曲作家杨慎、唐寅,家喻户晓的戏曲名篇《西厢记》《琵琶记》,成为该选本频频引据的文献。其二,校勘精良。"各词牌名板眼,坊刻相仍差讹,甚至句少文缺,于理难通。向惟蒋氏全谱,可称善本。大约师主其说,参以来派,而后竭吾一得,稍加增改,务使声律中于七始,倡和如同一辙。"采用蒋孝编纂的堪称当时最为完整的南曲格律谱《旧编南九宫谱》为底本,周之标亲自增改修订,确保词牌精确无误,文从字顺。其三,通俗易懂。"词中之调,有单有合,歌者茫然不解所犯,吾友曹隐之颇彻其义,于是相为搜讨,俱已标明。至声分平仄,字别阴阳,用韵不同之处,细查《中原》注出,不惟歌者得便稽查,抑使学者庶无别字。"邀请精通曲调的曹道民区分词调之单合,

---

① 〔明〕顾起元撰,谭棣华、陈稼禾点校:《客座赘语》卷九"戏剧",北京:中华书局,1997年,第303页。
② 冯沅君《〈金瓶梅词话〉中的文学史料》详细著录了小说中七十六条曲辞出处,其中两条来自周之标《吴歈萃雅》"亨集",氏著:《古剧说汇》,北京:作家出版社,1956年,第180页。
③ 有关《吴歈萃雅》的版本,参阅李秋菊《关于万历刻本〈吴歈萃雅〉》,刊于吴兆路、甲斐胜二、林俊相主编:《中国学研究》第九辑,济南:济南出版社,2006年,第291页。
④ 周之标:《吴歈萃雅》"凡例",王秋桂主编:《善本戏曲丛刊》第二辑,台北:台湾学生书局,1984年。朱崇志《中国古代戏曲选本研究》"中国古代戏曲选本叙录"例举《吴歈萃雅》所选诸曲本的具体细目,可资参阅。上海:上海古籍出版社,2004年,第193页。

并依据周德清《中原音韵》标注四声,便于读者随时查阅。其四,赏心悦目。"图画止以饰观,尽去难为俗眼,特延妙手,布出题情,良工独苦,共诸好事。"每集目录与正文之间,均有四幅精美插图,图文并茂。尤为关键的是,该书卷首最早附刻关于唱曲门径和要领的《魏良辅曲律》十八条,更使其成为当时不可或缺的教科书①,销售前景颇有可观。

继《吴歈萃雅》之后,周之标在崇祯年间又如法炮制,辑刊《新刻出像点板增订乐府珊珊集》四卷,以文、行、忠、信名目。"文集""行集"录有沈仕、唐寅、杨慎等二十三人散曲,并附周之标自身所撰散曲一套。"忠集""信集"则节选《琵琶记》《西厢记》《西楼记》等四十一种剧本的曲辞。由于《增订乐府珊珊集》的诸多内容直接迻录于《吴歈萃雅》,为避免给读者造成似曾相识的阅读体验,周之标声称新刊本饶富灵气,订正习焉不察的点板之讹,且增补不少时新曲目。例如,选本所录袁于令《西楼记》、无名氏《千古十快记》、袁晋《鹣鲽裘》"俱新出传奇,他刻中所未载"②。然而,编者在高明《琵琶记·梳妆》、阙名《鸣凤记·修本》、李开先《宝剑记·夜奔梁山》、汤显祖《牡丹亭·言怀》,尤其是《拜月记·旷野奇逢》及《兵火违离》,屠隆《昙花记·降凡》及《自叹》等经典剧目的曲辞中杂糅了诸多克尽孝道、效忠君主、因果报应之类的宾白,致使选本体例不够谨严,编者周之标略为粗糙急进的价值取向,客观上容易给读者造成困惑,是以孙楷第先生说:"又其书循选家惯例,于诸传奇不出宾白,而'信集'《昙花记》则有白,为自乱其例,不知是何用意也。"③

以上例举的是周之标目见戏曲选本层出不穷,不甘示弱,相继编刊了《吴歈萃雅》《增订乐府珊珊集》。同样,当小说选本风行于世、有利可图时,其又岂能熟视无睹而错失商机?万历四十七年,周之标选评刊刻《香螺卮》。书凡十卷(十册),收录汉至宋代文言小说一百二十九篇,每篇均有眉批、旁批、篇末总评④。为了吸引读者眼球,周之标煞费苦心为小说取名,题曰"香螺卮"。此语出自葛洪《西京杂记》:

> 赵飞燕为皇后,其女弟在昭阳殿遗飞燕书曰:今日嘉辰,贵姊懋膺洪册,谨上襚三十五条,以陈踊跃之心:金华紫轮帽,金华紫轮面衣,织成上

---

① 魏良辅原稿《南词引正》,附于张丑《真迹日录》,以抄本存世。后由路工发现,吴新雷从旁建言,于1961年将之刊登于《戏剧报》,引起傅惜华、周贻白、钱南扬等许多戏曲专家讨论,成为戏曲研究史可供谈资的掌故。
② 周之标:《增订珊珊集》"凡例",《善本戏曲丛刊》第二辑,第7页。
③ 孙楷第:《戏曲小说书录解题》,北京:人民文学出版社,1990年,第443页。事实上,坊刻戏曲选本大多重白轻曲,参阅朱崇志《中国古代戏曲选本研究》。
④ 《香螺卮》,仅藏于日本东京大学综合图书馆,参阅黄霖:《关于古小说〈香螺卮〉》,《明清小说研究》,1999年第3期。此刊本无序跋、凡例,开篇即录小说。

襦，织成下裳……青木香，沈水香，香螺卮出南海，一名丹螺，九真雄麝香，七枝灯。①

颇有神秘、香艳色彩。与此同时，他又邀请"同社"众多乡绅名流共襄此举，有万历四十四年丙辰科三甲进士申绍芳、苏州籍祁阳县知县徐文衡、钱塘知县吴思穆，以及后来亦进士及第的汤本沛、徐文坚、曹玑、赵玉成、郑敷教诸辈②，这不失为一种巧妙的借助学人士子之声名以保障刊本品质、扩大营销途径的方式。事实上，他们仅仅应允刊附姓名，而并未真正介入，《香螺卮》存在许多逞奇眩异、随意篡改之处即为明证。比如，开篇乃署名汉代鲍宣撰写的《先孝成皇帝立后记》，周之标全然否定行世已久的《赵飞燕外传》，曰："盖《外传》如繁工然，集镁以求，了无意旨。此记出世，当令唐宋以下文字拜在下风矣。"实际上，该文拼凑《汉书》与《赵飞燕外传》而成，黄霖先生指出：

> 作伪者可能就是周之标，因为"似是宋刻"一语，说得含糊，且从不见之于著录，他又把它列在卷首，给予高度的评价，无非是用来故弄玄虚，招徕生意而已。③

其他篇目如署名龚胜《大将军梁商少女传》、褚遂良《迷楼记》亦复如此。与之相似，承小说《隋唐两朝志传》而来，周之标序刊本八卷六十回《镌李卓吾批点残唐五代史演义传》④，因仓促成书，故事叙述有虎头蛇尾之嫌，张冠李戴的讹误亦较为明显⑤。早在万历四十七年，龚绍山刊刻《隋唐两朝志传》，于"木记"昭告曰："继此以后，则有《残唐五代志传》详而载焉，读者不可不并为涉猎，以睹全书云。"⑥提醒读者需要密切关注按朝代更替而推出的续刊本《宋朝志传》，如此"绵绵无绝期"的历史演义系列，商家有利可图，而读者却欲罢不能。经龚

---

① 葛洪：《西京杂记》卷一，《汉魏六朝笔记小说大观》本，上海：上海古籍出版社，1999年，第84—85页。

② 参阅朱保炯、谢沛霖编著：《明清进士题名碑录索引》，上海：上海古籍出版社，1980年，第2593页。汤本沛（天启二年进士）、徐文坚与曹玑（天启四年进士）、赵玉成（天启七年进士）、郑敷教（崇祯三年举人，与杨廷枢齐名），〔清〕冯桂芬：（同治）《苏州府志》卷六十一、八十八，〔清〕赵宏恩：（乾隆）《江南通志》卷一百三十。

③ 黄霖：《关于古小说〈香螺卮〉》。

④ 石昌渝撰写"《残唐五代史演义传》八卷六十回"条目，认为《残唐五代史演义传》应为龚绍山所刻，而周之标序刊本的版式与龚氏《隋唐两朝志传》相同，很可能即为重印或覆刻龚氏刊本。石昌渝主编：《中国古代小说总目》"白话卷"，太原：山西教育出版社，2004年，第22页。

⑤ 程国赋《明代书坊与小说研究》第四章"明代坊刻小说的编辑与广告发行"指出，"《残唐五代史演义传》卷一第八回《李晋王起兵入太原》：'（程敬思曰）臣看《通鉴》，有何不识？'卷六第三十八回《彦章智杀高思继》：'封为总兵官。'晚唐人阅读宋人《通鉴》，封为明代官职，皆为明显失误。"氏著：《明代书坊与小说研究》，北京：中华书局，2008年，第118页。

⑥ 转引自孙楷第：《日本东京所见中国小说书目》，北京：人民文学出版社，1958年，第42页。

氏相继推出两种演义小说,窥测销售市场之后,周之标加以覆刻,大肆宣扬此小说讴歌贤臣良将、讨伐乱臣贼子的劝诫教化作用,并在各卷要处醒目题署"贯中罗本编辑""卓吾李贽批评",如此充分的前期准备与强烈的视觉冲击,书籍畅销应可预见。

经由上述,针对读者翘首跂踵的阅读期待,周之标适时编刊戏曲、小说选本,通过巧设标题、增补绣像、校订讹误等环节,彰显自家书里书外的与众不同。这些刊本虽然或多或少存在不足,但仍能窥见周之标其人不俗的学识修养。《香螺卮》所刊,公认的名篇之作殆半,选刊眼光精准,评述小说可圈可点之处甚多。《吴歈萃雅》"题辞二"辨析"时曲"与"戏曲"概念明晰,颇能洞见戏曲之本质①。惟其如此,顺治三年(1646),周之标受邀校阅由沈自晋主持,包括名流祁班孙、祁理孙、叶绍袁、毛奇龄、陈维崧、尤侗、李渔、李玉等九十五人参与的修订沈璟《南曲全谱》②,成书《广辑词隐先生增定南九宫十三调词谱》(《南词新谱》)。

从所刊戏曲(时曲)、小说选本来看,周之标对历代香艳传统情有独钟。小说冠之《香螺卮》,散曲则注重收录文人拟女性口吻撰写的闺情别怨之作。参与评述的清初散曲选集《棣萼香词》卷二亦刊录陈子龙、宋存标、宋徵璧诸辈以"春闺""闺情秋思""冬闺""宫怨冬景""隐括宫怨""隐括前代宫词""闺情回文"为题的唱和作品。而这种香艳情结,尤以万历四十五年所刊《吴姬百媚》表现得最为淋漓尽致。该书系周之标狎邪冶游,评述苏州、南京、吴江、昆山等地名倾一时的五十三名青楼女子的结集,即俗称"花榜"。此种积习,肇始于北宋,至明代中后期,随着文人士大夫狂热追逐声色犬马的现世享乐而蔚然成风。如王稚登标举"金陵十二钗",曹大章则在秦淮河畔首创莲台仙会,以紫薇赞誉女学士王赛玉,以莲花比附女太史杨璆姬,以杏花评品女状元蒋兰玉,以桃花堪比女榜眼齐爱春,诸如此类,计有十三人③。《吴姬百媚》目次所设,一甲三名,分别为状元王赛、榜眼冯喜④、探花蒋五,余则依次有元(会)魁八名、副榜二名、二甲十五名、三甲二十二名,并附录新榜小状元一名、老鼎甲三名。其中,小状元沈六及二甲以上女子,各系以一幅凭栏眺望、弹琴下棋、赏花品茗等姿态各异的精美插图⑤。三甲榜单中的前十六位,周之标通过诗曲、吴歌、总评等

---

① 参阅朱崇志:《中国古代戏曲选本研究》第三章"戏曲选本思想论",上海:上海古籍出版社,2004年,第105页。
②④ 〔清〕沈自晋:《南词新谱》"参阅姓氏",《善本戏曲丛刊》,第三辑,第21页。
③ 〔明〕曹大章:《莲台仙会品》及《秦淮士女表》,《续修四库全书》"子部"第1192册,第303、309页。
⑤ 万历贮花斋刻本《吴姬百媚》"二甲十五名",标注"有像",实际仅十一人有图,据此,《吴姬百媚》共计二十五幅单面图。而周芜、周路所编《日本藏中国古版画精品》记载日本蓬左文库藏本有选印十五页,三十幅单面图,备此一说。南京:江苏美术出版社,1999年,第651页。

形式赞颂其余女性,并生动记录了与她们的点滴交往。比如会魁金湘,周之标曰:

> 余之知惊洛,不于今日也,客岁而耳中已籍籍矣。今年初夏十日,放小艇,同天然抵阜,访娄东友人。适复见友人携小小雪衣至,体轻骨媚,飘然若神仙中人。心溺之,而未暇叩其姓氏。顷之,此友飞步相招,称有一女郎欲识荆,余至叩之,则惊洛也。迫余赌胜度曲,余两败而后胜,惊洛才一飞声,听者云集,无不叹赏。即余亦且心是之矣,一见若故,便尔兴狂,真辈中奇女郎也。①

松江名妓金湘,字惊洛,号抬卿。从最初仅闻其声名,到见其体态轻盈,惊为天人,继而听其唱曲飞声,击节叹赏,周之标笔下的灵秀女子宛然如在眼前。而周氏自身神魂摇荡的状貌亦展露无遗。其品评小状元沈六,亦复如此:

> 余《百媚》将竣事,一日同友人访沈云停,忽从屏后见一小娥,姿貌如花,余奇而招之坐,则美目之盼,巧笑之倩,令人魂煞。顷之度曲,其声绕梁,且字眼腔板,俱能微解,真天人也。惜尚小雏,无先前辈体,余因呼之曰小状元,而遂纪之如此。②

周之标痴迷的正是此种"天然色韵,亦不脂粉,亦不伎俩,而自令人淫"的"媚"态③。如许怜爱,形之花榜,并藉所作诸赞辞,长其声价,殷殷提携初出茅庐的小状元。与此同时,周氏亦拳拳追念风韵犹存的名宿冯乙,将其置于《吴姬百媚》正文卷首,冠以老鼎甲状元,意在提醒读者勿忘这位曾经与马湘兰并称于世的烟花女子。受此书影响,次年,邗江李云翔效仿其例,撰著《金陵百媚》二卷,冯梦龙参与批阅。取姿态雅洁、清芬可挹者为最,才色俱次者殿后,以作"青楼之规箴,风月之藻鉴"④。

二、笛破·弦折:《女中七才子兰咳集》的感伤主题

置身于明季清初竞相品评或刊行才女作品的出版风潮,周之标及时跟进,辑刊《女中七才子兰咳集》(以下简称《兰咳集》)"初集"。书凡五卷,卷一为冯小青《焚余草》,卷二为王修微《未焚稿》《远游篇》,卷三亦续刊王修微诗集《闲草》《期

---

① 〔明〕周之标:《吴姬百媚》,中华再造善本,国家图书馆出版社,2003年。
② 同上书。
③ 同上书。
④ 周芜记载日本内阁文库藏本《金陵百媚》七卷八册,题为"广陵为霖子著次,吴中龙子犹批阅","闾门钱益吾梓行"。《日本藏中国古版画精品》第634页说该刊本"卷首冠图十三页,二十四单面图",而第645页却又说"卷首冠图二十四页,前图后题,四十八单面",前后观点不一致。

山草》,卷四为尹纫荣《断香集》,并附有杜琼枝作品及刘玄芝三十七首《宫词》,卷五选取会稽女子题壁诗,且附有徐安生传、佘五娘诗①。是以刊本所载才女,则有冯小青、王修微、尹纫荣、杜琼枝、刘玄芝、会稽女子(按:指李秀)、徐安生、佘五娘,并未严格限定于周氏宣称的"七才子"数目。乾隆年间,文人程襄龙《澄潭山房文稿》有诗《送〈兰陔(按:应为咳)集〉归吴颖嘉,附诗三首》,诗注云:

> 长洲周之标,集女中七才子诗词,题曰"兰陔"。颖嘉家藏抄本,惜阙其二。因余得杜琼枝画册,出示此集。七女子者,冯小青、王修微、尹纫荣、杜琼枝、李秀、徐安生、佘五娘也。②

依此,所谓"七才子"则不计刘玄芝在内。究其因,《兰咳集》"初集"刊录刘玄芝作品前附有编者周之标的识语,曰:

> 余偶辑《兰咳集》成,质之青门申少司农,知其长日无事,读书自娱,必有余闲,为吾玄晏也。青门性慧,一目十行俱下,笑谓余曰:"七才子,得子表而出之,差不寂寞千古。佳则佳矣,然都是怨姬愁女,且大半在小星之列。尹少君与刘晋仲解元有伉俪之雅,晋仲又子友也,留以待闺中七才子,如徐小淑、陆卿子辈,更得子表而出之,岂不炳炳烺烺,更足千古?"余曰:"吾固知之,然业以晋仲昔年见托,不欲负其意而遥相许矣。尹少君十九而亡,冥冥之中亦应是怨姬愁女,把臂入林,似亦不恶。"青门复从难弟霖臣所搜得《露书》一册,载有刘玄芝《宫词》百首,选存三十七首,欲余取代尹少君诗。余笑曰:两才岂相厄哉,遂附集中卷四之后,先以公诸海内。当今固不乏才,闺中七才子更为订而入之可也。③

这则申绍芳④与周之标的晤谈史料,提供了有关《兰咳集》编刊的诸多信息:其一,所谓"女中七才子",实则收录八名才女作品,即增补刘玄芝《宫词》。其二,周之标刊刻女性作品合集,同里缙绅申绍芳襄助颇多。早年所刊《香螺厄》卷一题署"同社徐文衡以平甫参订",其余各卷则分别标注申绍芳、吴思穆、汤本沛、徐文坚、赵玉成、徐遵汤、曹玑、郑敷教诸辈参与评阅⑤。而今,当周之标出示《兰咳集》"初集"时,申绍芳认为才女冯小青、王修微、徐安生"都是怨姬愁

---

① 胡文楷编著,张宏生等增订:《历代妇女著作考》"附录一",上海:上海古籍出版社,2008年,第884—885页。
② 许承尧撰,李明回、彭超、张爱琴校点:《歙事闲谭》卷三,合肥:黄山书社,2001年,第84页。
③ 周之标:《兰咳集》"初集",中华再造善本,国家图书馆出版社,2012年。
④ 申绍芳,字维烈,长洲人,明万历内阁首辅申时行之孙。万历丙辰进士,初任应天学教授,迁南京国子助教,升礼部主事。历郎中,调吏部,出为山东按察副使,累官户部右侍郎。传记见朱彝尊《明诗综》卷六十六。顾震涛《吴门表隐》卷十五记述其"贯综经史,崇尚实学","崇祯五年平海匪刘香乱,乞归。严课子弟,筹恤宗党,力倡善举,捐修寺观。笃孝其父,父殁,哀毁卒,配仁孝祠"。南京:江苏古籍出版社,1999年,第226页。
⑤ 参阅黄霖:《关于古小说〈香螺厄〉》。

女,且大半在小星之列",而大家闺秀尹纫荣乃旧交刘泌妻室,其《断香集》不宜与之相提并论,而应该"留以待闺中七才子,如徐小淑、陆卿子辈,更得子表而出之",因而辗转以刊载刘玄芝三十七首《宫词》的史料笔记《露书》相示。其三,《兰咳集》"初集"偏取怨姬愁女的文学作品。因"尹少君十九而亡,冥冥之中亦应是怨姬愁女,把臂入林,似亦不恶",才女尹纫荣及其诗集《断香集》亦吻合《兰咳集》"初集"的旨趣。而周之标听取申绍芳建议,进而辑刊《兰咳集》"二集",收录大家闺秀吴绡、浦暎渌、沈宜修、王凤娴、徐媛、余尊玉、陆卿子的诗集。于此可见,"初集"以主题先行,"二集"则强调身份认同。

周之标刊刻女子尹纫荣的作品,实则缘于好友刘泌之嘱托,"以晋仲昔年见托,不欲负其意而遥相许矣"。至于不惜以两卷篇幅刊刻王修微诗集四种,亦渗透着相识情谊。《兰咳集》"初集"刊录王修微作品时,附载陈继儒《微道人生圹记》,周之标加注按语,曰:

> 余尝偕麻城王圯生晤修微于西湖草堂,才貌两艳,所不待言。与余讲一"淡"字,大有悟入。如此女子,始不负眉公此记。①

王修微曾云游匡庐、武当,参拜高僧憨山德清,耽溺禅悦。周之标造访其居所,乃儒商汪然明修葺,名曰"净居"②。由于能获见王氏数种诗集,周之标不必冥讨穷搜,反而可以严格删汰以精益求精:

> 此修微序其《闺中草》,而未尝行之世也。原刻七十四首,似是焚余所留,而余选仅三十八首,竟删其半,较之《远游篇》《闲草》《期山草》,反似严汰。正以其诗境愈老,诗情愈深,诗律愈熟,不得不更苛于昔也。嗟乎,如修微者,岂特女中峥峥哉,始可云盛明诗人矣。③

---

① 周之标:《兰咳集》"初集"。
② 汪然明诗集《绮咏》记述,泰昌元年(1620),其与王修微初识。其后,诗作《春日同胡仲修、贺宾仲、徐震岳、(徐)泰岳、王修微六桥看花,夜听冯云将、顾亭亭箫曲》云:"堤头罗绮千行,月下霓裳一曲。……为同生平感遇,何如此夕怜春。"得以与这些知己醉心于红妆紫陌间,夫复何求,汪然明快意人生之感,溢于言表。而诗作《秋日同友人过快雪堂访王修微夜话》,据钱谦益《列朝诗集小传》"冯祭酒梦祯小传"云:"筑室孤山之簏,家藏《快雪时晴帖》,名其堂曰'快雪'。"(上海古籍出版社,2008年,第620页)又柳如是《湖上草》有诗作《过孤山友人快雪堂》,可知应冯云将延请,王修微暂居快雪堂。日后汪然明为王修微修葺净居。汪然明《余为修微结庐湖上,冬日谢于宣伯仲过临,出歌儿佐酒》:"一望湖光十里余,遥将轻艇到幽居。入林霜冷尘嚣远,挥麈风生俗虑除。竹映回廊堪步屧,云连高阁可藏书。"依《冬日梦于修微净居与张卿子评梦草,净居近西泠,可知汪然明为王修微结庐以远尘嚣俗虑,名"净居"。《俱舍论颂疏》卷八云:"此五天(无烦天、无热天、善现天、善见天、色究竟天)名净居天,唯圣人居,无异生杂,故名净居。"汪然明诗作《王修微校书游匡庐、武当,探讨诸胜,秋归湖上,晚泛》云:"一棹能轻万里程,衹缘无系世缘轻。漫随流水禅心净,转向丛林道念生。"王修微此行,乃参拜憨山德清(时结庵庐山五乳峰),禅悦之心甚切。钱谦益《列朝诗集小传》闰集"草衣道人王微"云:"布袍竹杖,游历江楚,登大别山,眺黄鹤楼、鹦鹉洲诸胜,谒玄岳,登天柱峰,溯大江上匡庐,访白香山草堂,参憨山大师于五乳。"(钱谦益《列朝诗集小传》,第760页)
③ 周之标:《兰咳集》"初集"。

此为周之标在王修微诗集自序之后的按语。王氏自序又见诸《古今图书集成·闺媛典》"闺藻部",题为《〈樾馆诗〉自序》。董其昌《〈樾馆诗选〉序》推许王修微诗作取境阔大,不粘滞。而《闺中草》从未见于女性作品总集《名媛诗归》《燃脂集》等,疑为即此诗集《樾馆诗》。"原刻七十四首,似是焚余所留",周之标选录三十八首,置于《未焚稿选》。王修微的其他作品集《宛在篇》《名山记》《浮山亭草》均已亡佚①,以《兰咳集》"初集"以及坊刻本《名媛诗归》刊录其作品数量最多,且两者能互相补阙,尤显珍贵。此外,《兰咳集》"初集"亦附录周之标妻室胡贞波《周君建鉴定古牌谱》二卷②,周之标撰序曰:

  近如吾家冰心氏,能琴、能箫、能晓音律,古今人诗,靡不披览,间亦短吟,而不能长咏。余旧有牌谱而未全也,冰心氏出胸中之诗,诠补无遗。……近余刻《女中七才子书》,因此谱可附以俦。③

严格算来,《兰咳集》"初集"刊录了九名才女。可以说,何人入选,其实存在诸多偶然性或随意性。周之标并非择取当时最具盛名的才女,而是以诗作宗尚为准则,兹举各例为证:

  因父母之命,媒妁之言,徽籍才女佘五娘嫁扬州盐商为妾侍,"郁郁不得志,日以短吟自娱,积而成帙","其中恨恨诗居半"④,周之标选诗七首。与之相似,杜琼枝随夫宦闽中,两次题诗建宁浦城旅壁,诗句如"芳姿不惯天涯旅,弱质何堪海角尘。红袖只今多有泪,翠衾从此懒将薰。"⑤"不信杜琼枝,知音终弗遇"⑥。虽然仅有两首诗歌,然其红袖揾泪、知音难遇引起了周之标强烈的情感共鸣,赋诗两首⑦,邀请诸多友辈赓韵和诗,如申绎芳《偶见女子杜琼枝题壁诗,属和二首》、徐文衡《和杜琼枝壁间诗》、冯谦吉《和杜琼枝原韵》,并将之刊于《兰咳集》"初集"。会稽女子李秀《题诗新嘉驿》三绝句,诗自序言其嫁与燕客,却遭受河东狮吼,题壁叙述原委,以期知音悲其不幸。《兰咳集》"初集"附录范景文、申继揆、申绍芳、吴桢、汪大年以及闺秀黄双蕙的唱和诗,周之标亦赋诗《和会稽女子诗并为解嘲》三首,并记述曰:

  续闻驿壁有"李秀题"三字,墨少淡,故当时失传,遂以为隐其姓名。

---

① 胡文楷编著,张宏生等增订:《历代妇女著作考》(增订本),第88页。
② 具体细分为《宣和谱》《投琼谱》《双成谱》《门腰谱》《除红谱》《续貂谱》。一色为投琼,二色为双成,三色为门腰,四色为除红,五色为续貂,六色为宣和。采诗以唐宋为主,六朝及元代,间有附录,明诗则较少。所引诗句有"会意""象形""辨色""谐声""纪数"五类。
③ 周之标:《〈古牌谱〉序》,《兰咳集》"初集"。胡贞波,字冰心,安徽天都人。
④ 吕尚纲撰写佘五娘小传,转引自胡文楷《历代妇女著作考》(增订本),第101页。
⑤ 〔明〕杜琼枝:《题浦城店壁》,王端淑《名媛诗纬初编》卷二十二,清康熙山阴王氏清音堂刻本。
⑥ 〔明〕杜琼枝:《再题绝句》。
⑦ 苕溪生:《闺秀诗话》,王英志主编:《清代闺秀诗话丛刊》,南京:凤凰出版社,2010年,第1655页。

近查《露书》,亦云"郑谦伯曰会稽女子名李秀"。①

冯小青与之同样遭遇妒妇,亦在当时引起轩然大波。其夙根颖异,妙解声律。年十六,归适虎林某生为姬妾,却惨遭妒妇百般欺压。为免无端受骂,冯小青深自敛戢,借诗词以抒吐幽愤,郁郁感疾而卒,"小青之死未几,天下无不知有小青者"②。万历四十年,戋戋居士撰写《小青传》,《绿窗女史》《虞初新志》竞相收录。以之为蓝本,支如璔、陈翼飞亦纷纷加盟改编。影响所及,戏曲徐士俊《春波影》、朱京藩《风流院》、吴炳《疗妒羹》,小说鸳湖烟水散人《女才子传》均围绕冯小青事迹而作。清初文人张潮慨叹"红颜薄命,千古伤心,读至送鸩焚诗处,恨不粉妒妇之骨以饲狗也"③。徐釚弟中溪子载酒放鹤亭,寻访小青之墓。正因为能激发文人群体顾影自怜的轰动效应,《兰咳集》"初集"将冯小青置于卷首,刊录其诗作十一首,词一首,并附支如璔、陈翼飞分别撰写的《小青传》以及支琳《吊小青文》。

需要指出的是,现存善本《兰咳集》"初集"所附女子徐安生传残阙,而此全文却有幸转录于王端淑《名媛诗纬初编》"逆集",从中可知,绝色女子徐安生具诗才,擅细楷,为绍兴陈太学妾侍。寻与陈生私通,事败露,被讼至官衙。因诗作见赏于御史而获释,然徐安生却甘愿受刑。《呈御史诗》呈现"可怜人草可怜诗,声声啼出杜鹃血"的凄怆,《永诀诗》抒发"所悲未得酬知己,幽恨绵绵无日舒"④的哀愁,亦使名媛王端淑心生怜悯之情。

由此可见,《兰咳集》"初集"最初刊录的七位女子,或遭遇婚姻不幸,或慨叹知音难求,诗作多抑郁愁苦之音。即使是闺秀尹纫荣诗作,"悽音断响,若笛破,若弦折。即不必皆悽断之词,而声响乃如是"⑤,周之标亦言其诗"可与小青诸诗相伯仲"⑥。才女王修微虽时常轻舟载书往来五湖间,然"自伤七岁父见背,致飘落无所依,眉妩间常有恨色"⑦。凡此,一方面秉承了周之标早年编刊小说、戏曲选本的风格。比如,曲本《吴歈萃雅》题咏"暮秋闺怨""闺情""夏日闺思""怨别""恨别"作品达数十首,而续辑选本《增订乐府珊珊集》更见极致,几乎都是围绕宫闺别怨的主旨选录,可谓"悲凉之雾,遍被华林"。另一方面契合当时的社会文化心理。正如周清原《西湖二集》卷十六"月下老错配本属前

---

① 〔明〕周之标:《兰咳集》"初集"。
② 〔明〕卓人月:《〈小青杂剧〉序》,吴毓华编:《中国古代戏曲序跋集》,北京:中国戏剧出版社,1990年,第301页。
③ 〔清〕张潮:《虞初新志》卷一,北京:文学古籍刊行社,1954年,第19页。
④ 〔明〕王端淑:《名媛诗纬初编》卷三十四。
⑤ 王士禄:《宫闺氏籍艺文考略》,夏剑丞主编:《艺文杂志》,1936年第1—6期。
⑥ 〔明〕周之标:《兰咳集》"初集"。
⑦ 署名〔明〕钟惺编:《名媛诗归》卷三十六,清勉善堂刻本。

缘"说天下有两种伤心之事——才子困穷、佳人薄命：

> 古来道"红颜薄命"，这"红颜"二字不过是生得好看，目如秋水，唇若涂朱，脸若芙蓉，肌如白雪，白玉琢成，红粉捏就，轻盈袅娜，就随你怎么样，也不过是个标致，这也还是有限的事，怎如得"佳人"二字？那佳人者，心通五经子史，笔擅歌赋诗词，与李、杜争强，同班、马出色，果是山川美秀之气，偶然不钟于男而钟于女，却不是个冠珠翠的文人才子，戴簪珥的翰苑词家？若说红颜薄命，这是小可之事，如今是佳人薄命，怎么得不要痛哭流涕？①

将慨叹闭月羞花的薄命红颜置换成精擅诗文的薄命佳人，实际上仍是文人群体怀才不遇、蹭蹬厄穷的自我投射，"借他人之酒杯，浇自己之磊块"②，或者如《〈天花藏合刻七才子书〉序》所云："借乌有先生以发泄其黄粱事业"③。鸳湖烟水散人无鹓鶵之枝可栖，"于是唾壶击碎，收粉黛于香闺；彤管飞辉，拾珠玑于绣阃"④，编著《女才子书》，将冯小青置于卷首。如前所述，《兰咳集》"初集"附录了周之标及其朋辈申绎芳、申绍芳、徐文衡、冯谦吉、郑元勋、汪大年、支如璔等步韵感怀薄命佳人冯小青、杜琼枝、会稽女子、佘五娘的诗文，亦可见这个文人士大夫群体的感伤抑郁情结。

钟斐为《女才子书》撰序，推介此书叙幽怨、述艳情，行文雅驯，使人不禁神魂摇荡。"倘遇不芳不韵，岑寂无聊之际，足以解颐而破恨，则惟秋涛子之《女才子集》在。"⑤该书"凡例"亦宣称"足使香闺梦寂，可醒闲愁；骚客吟余，能销俗思"⑥，并附绣像八幅，半叶绘像，半叶则分别伪托名士徐渭、冯梦龙、汤显祖、董其昌题赞，其商业营销的诉求颇为显见。从现存《女才子书》《天花藏合刻七才子书》数种版本来看，此类书籍在明末清初备受读者追捧。周之标编刊《兰咳集》"初集"，不仅邀请友朋纷纷题咏，以壮声势、增声价，而且亲自操刀撰写大量评语。比如，刊录支如璔《小青传》时，周之标撰写"有情人竟嫁伧奴，忉利天翻成恨海"，"如许清才，堕入魔劫，造物何心，令人懊恼"，"石烂海枯，洒尽英雄之泪"⑦等十余则行间评，既助推读者的情感认同，亦能宣泄自身沉痛郁结的

---

① 〔清〕周清原著，周楞伽整理：《西湖二集》，北京：人民文学出版社，1989年，第263页。
② 〔清〕湖海士：《〈西湖二集〉序》，同上书，第567页。
③ 〔清〕天花藏主人：《〈平山冷燕〉序》，佚名著，李致中校点：《平山冷燕》，沈阳：春风文艺出版社，1982年，第233页。
④ 〔清〕鸳湖烟水散人：《〈女才子书〉叙》，鸳湖烟水散人著，马蓉校点：《女才子书》，沈阳：春风文艺出版社，1983年，第2页。
⑤ 鸳湖烟水散人：《〈女才子书〉叙》，第5页。
⑥ 同上书，第6页。
⑦ 〔明〕周之标：《兰咳集》"初集"。

情怀。

周之标继而编刊《兰咳集》"二集",凡八册,收录吴绡《啸雪庵诗》、浦暎渌《绣香小集》(附周姗姗遗诗)、沈宜修《鹂吹》、王凤娴《焚余诗草》(附张引元、张引庆诗)、徐媛《络纬吟》、余尊玉《绮窗迭韵》(附余珍玉诗)、陆卿子《考槃集》与《玄芝集》。此实则周氏听从申绍芳的建议,刊行吴中地区大家闺秀之作,故在"女中七才子兰咳二集姓氏"特别标注其中六位才女均系某进士或名士之"正夫人",而余尊玉亦为万历辛丑进士余起潜孙女,地位尊显。论及她们的文学创作,支如璔为之撰序鼓吹云:"其人皆大家、道韫流亚,在文人中即何减李端、沈宋①。例如,吴绡精通诗文书画、缁黄内典,被王端淑誉为"吴中女才子第一"②,周之标评述其《〈啸雪庵稿〉自序》曰:"不染闺人脂粉,亦不落文士铅华,即兹小序,已冠绝一时。"③又如,徐媛与陆卿子时常唱和,"吴中士大夫望风附影,交口而誉之,流传海内,称吴门二大家"④。进士黄永妻室浦暎渌工诗、善小楷,著有《绣香小集》:

> 浦夫人诗名满江左,或曰独惜皆七言绝句耳。余曰此方是捉刀人本色,况如此才情,异日定未可量。道韫、易安且未许诗文双绝,若夫人年少时也。⑤

周之标选录其诗四十九首。尤为独特的是,《兰咳集》"二集"附刻黄永姬妾周姗姗遗诗四首,亦刊录了周之标、董以宁、邹祗谟、薛寀、钱光绣、宋实颖、恽向等十六人的悼亡诗,计二十八首。女子周姗姗禀性宛媚,深受黄永怜爱,未及归嫁而卒。黄氏悲恸不已,为之撰《姗姗传》,并邀请诸多文人赋诗咏怀。王端淑《名媛诗纬》著录周姗姗,全文迻录周之标评语:

> 长州周君建云:"云孙多情才子,亦多福文人也。既如少游之唱和才妻,复如康成之消受诗婢。此刻一出,恐世间有才有情者不但羡杀,且妒杀矣。"此论千古定评,不可一字更易。⑥

素以诗文才华自重的王端淑极为尊崇周氏评语,推为"千古定评,不可一字更易",故《名媛诗纬》时常引据《兰咳集》"初集"与"二集"。

---

① 〔明〕周之标:《兰咳集》"二集"。
② 〔明〕王端淑:《名媛诗纬初编》卷十三。
③ 〔明〕周之标:《兰咳集》"二集"。
④ 〔明〕钱谦益:《列朝诗集小传》,上海古籍出版社,2008年,第752页。
⑤ 〔明〕周之标:《兰咳集》"二集"。
⑥ 〔明〕王端淑:《名媛诗纬初编》卷十七。

小　结

职业出版者周之标洞悉读者阅读需求，四面出击，举凡诗文、小说、戏曲各文类，均予涉足，编刊数种书籍，取得了良好的市场反响。由于以迎合读者、销售书籍为目的，周氏摒弃了正襟危坐的著述姿态，抨击八股时文缺乏真情实感，进而编选表现宛转流丽、真性情的时曲，"然则八股何如十三腔，而学士家虽谓读烂诗文，不如读真时曲也可"。① 为契应"当代"社会文化心理，周之标祭起香艳、感伤（抒情）传统之旗帜，推刊《女中七才子兰咳集》及续集等，并凭借其自身不俗的文化素养加注评点，既为女性刊本进行文化增值，亦能藉以抒吐一己情怀。

---

① 〔明〕周之标：《吴歈萃雅》"题辞"。

清内府《古文渊鉴》刊刻版本与套印技术新探

王传龙[*]

【内容提要】 各类书目及各地图书馆均著录《古文渊鉴》一书有清康熙二十四年内府四色套印本、康熙内府五色套印本,实际上内府四色套印本最初刊成于康熙二十九年,此后又曾更改其中一种颜色进行刷印,因而造成了两种不同的四色套印本。康熙时内府并未刊刻五色套印本,今存世的五色套印本,或由以上两种不同的内府四色套印本配成,或是康熙四十五年后才出现的各种地方翻刻本。关于清内府《古文渊鉴》所使用的套印技术,有学者主张内府四色套印本《古文渊鉴》为活字套印,又有学者声称在刷印过程中使用了"涂版法",本文也将提出具体的证据予以反驳。

【关键词】 古文渊鉴 四色套印 内府 涂版法 渊鉴斋古文选

《古文渊鉴》是清代内府套印本的开山之作,同时也为后续各种套印本的具体操作流程提供了范式。关于此书的版本源流及所使用的刊刻手段,翁连溪、朱赛虹、王均岱等人曾先后撰文讨论,提出了很多有价值的论断与猜测。然而,与此书相关的问题仍有许多没有厘清,以上学者的论述中则存在若干错漏,影响了对于清代内府套印技术的正确认识。今试对此书的刊刻版本与套印技术进行探讨,希望对未来的相关研究有所裨益,不足之处尚祈各位方家予以斧正。

一、初刻本卷数与刊刻时间

《古文渊鉴》一书,由康熙帝御选篇目、徐乾学等人奉敕编注而成。其书初刻本卷前有康熙二十四年(1685)《御制古文渊鉴序》(以下简称《御序》),故今各类书目(如《清代内府刻书目录解题》《清代内府刻书图录》等)及各地图书馆(如国家图书馆、北京大学图书馆、辽宁大学图书馆等)所著录信息,均据卷首《御序》落款日期,将此书认定为清康熙二十四年刻本。实际上,《御序》中只是叙述编纂此书之意图,但并未提及任何刊刻事宜,而根据笔者考证,初刻本的

---

[*] 本文作者为厦门大学人文学院中文系助理教授。

刊刻时间应当不早于康熙二十九年。

《古文渊鉴》刊成之时，高士奇虽已荷恩归田，但因为曾参与校雠，康熙帝特命其撰写《御选古文渊鉴后序》（以下简称《高序》）一篇，其中叙述此书编选体例与刊刻经过甚详。今诸存世刊本皆不载《高序》，但此序全文实存于康熙刻本《高士奇集》中，其内称：

> 起自《左》《国》，讫于元、明，上下数千年，芟繁薙杂，辑为一书，名曰《古文渊鉴》。辞长而理短者，虽工不录；理胜而辞绌者，虽善不登。揆之道而合，指之事而宜，醇而后肆，文不掩质，如是者为正集；其或含思托兴，广引曲喻，称文小而取义大，如是者为别集；至若钩索窅渺，奥衍磅礴，纵横百变而不谬于圣人之旨，如是者为外集，共得一百一十四卷，付之剞劂氏。皆皇上手自选择，赐臣等校勘覆奏，御前重加睿鉴，必毫发无疑，始命臣等各抒一得，辨核鲁鱼，笺释句读。次第呈览，亲加评骘，只语单词，洞中窾要。……是书始于乙丑，逮今庚午，将告成事。时臣已荷圣恩得归田里，皇上复念臣曾与校雠，命作《后序》。①

据《高序》所称，《古文渊鉴》一书始于康熙乙丑（1685），成于康熙庚午（1690），亦即自康熙二十四年至二十九年，凡历时五年而刊成。据韩菼《进呈〈古文渊鉴〉凡例折子》（以下简称《韩折》）云："康熙乙丑春二月，臣等奉旨选集古文，上自春秋，迄于有明。"②由此可知，《高序》中所谓"始于乙丑"，当指此书最初开始编选之日期，至于"付之剞劂氏"，"逮今庚午，将告成事"，则指全书刊刻完成约在康熙二十九年间。

《古文渊鉴》在刊刻之前还经过多人校对，除了"曾与校雠"的高士奇之外，徐乾学等人也参与其中。徐乾学《进呈御选古文渊鉴表》是校对底稿完毕时所上奏表，首称官衔为"管理修书总裁事务、原任刑部尚书、今给假回籍臣徐乾学"，末尾则称"谨以校过《御选古文渊鉴》正集八十卷、别集二十六卷、外集八卷随表上进以闻"。③今考徐乾学升任刑部尚书时在康熙二十六年，给假回籍始于康熙二十七年五月，亦可佐证此书绝不可能刊行于康熙二十四年。是故此书初刻时间应更正为清康熙二十九年，不宜再承袭前人之疏失。

徐乾学奏表中所称正集、别集、外集之总卷数与《高序》相吻合，但今存世刊本皆为六十四卷，又考清代官修《清通志》《皇朝文献通考》等典籍亦记载："《御选古文渊鉴》六十四卷，康熙二十四年圣祖仁皇帝御选，内阁学士徐乾学

---

① 〔清〕高士奇《御选古文渊鉴后序》，载《高士奇集》经进文稿卷四，清康熙刻本。
② 〔清〕韩菼《进呈〈古文渊鉴〉凡例折子》，载《有怀堂文稿》卷十一，清康熙四十二年刻本。
③ 〔清〕徐乾学《进呈御选古文渊鉴表》，载《憺园文集》卷十二，清康熙刻冠山堂印本。

等奉敕编注。"①可知此书在刊刻时卷数有所变更。清乾隆时曾以袖珍版翻刻康熙本,据清代官修《国朝宫史》记载:"古香斋袖珍诸书,凡……《古文渊鉴》正集六十四卷。"②可知此书刊本六十四卷只是正集部分,盖此书刊行之初并未刊刻别集与外集。又考刊本所收之古文迄宋人为止,并未如《韩折》《高序》所云"迄于有明","讫于元、明",则此六十四卷盖据"正集八十卷"删减元、明之文后缩编而成。高士奇作《高序》时身已归田,对内府刻书的具体情况缺乏了解,误以为全书一百一十四卷均刊刻告成,此亦属情理之中。

二、内府本的套色种类

关于清代内府刊行《古文渊鉴》一书的版本,《清代内府刻书目录解题》称有康熙二十四年内府刻四色套印本、康熙内府五色套印本两种,并称后者"正文内容和格式与康熙二十四年四色套印本相同,惟红、黄、绿、黑外又加蓝色成为五色"。③王均岱《古籍善本〈古文渊鉴〉简介》一文,又叙述馆藏一种六色套印本,"其六十四卷中有九卷版心下方有朱印集数、页数",并认为此本为"康熙四十九年的内府五色套印本与不早于康熙四十五年的内府翻刻五色套印本"二者相配而成。④第一批、第三批《国家珍贵古籍名录图录》列有全国各地图书馆所藏"清康熙内府刻五色套印本",并统一配图,显然将其视为同一版本。其余学者在叙及内府所刊此书的版本时,亦皆泛泛而云有四色套印本与五色套印本,均未能作细致区分。经笔者研究发现,上述几种说法均存在错漏之处:1、康熙内府四色套印本实际上有两种,二者虽同源而所用四色有异。2、五色套印本有两种状况,其中一类由两种内府四色套印本匹配而成,属于一种生造之本;另外一类则为较晚的翻刻本,与内府毫无关系。3、所谓六色套印本云云并不存在,属于杂配四色本与五色翻刻本而成。

长春市图书馆所藏四色套印《古文渊鉴》(以下简称"长春本"),用连四纸(前辈学者陶湘、黄永年等讹呼此纸为"开化纸",今学者多沿用之,详见笔者《"开化纸"考辨》一文,刊于《文献》2015年第1期)刷印,《御序》末有康熙帝"体元主人""稽古右文之章"两枚套红印章,并有"王秉信字执诚""缉熙阁藏书之章""执诚真赏"等收藏印,知其曾为民国藏家长春人王秉信所藏物。此书由

---

① 《清通志》卷一百四艺文略八,清文渊阁《四库全书》本。
② 《国朝宫史》卷三十五书籍十四,清文渊阁《四库全书》本。
③ 故宫博物院图书馆、辽宁省图书馆编《清代内府刻书目录解题》,紫禁城出版社,1995年,第398页。
④ 王均岱《古籍善本〈古文渊鉴〉简介》,《科技信息》2009年第30期,第535页。

朱、墨、明黄、棕茶①四色套印，板框完整，字口清晰，不仅套印两枚帝玺，连四纸亦为宫廷呈览之纸张，显然为内府较早刷印的标准版本。其中明黄色为康熙帝批注，较他色批注抬高一格；朱色为清代大臣（如臣士奇、臣廷敬、臣鸿绪等）批注，并套印标点符号；棕茶色为宋代名儒（如吕祖谦、金履祥、朱熹、叶适等）批注；墨色则刷印正文内容。而厦门大学图书馆古籍库所藏一种四色套印

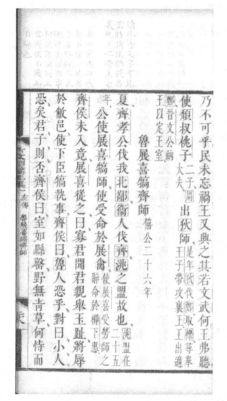

长春本（左）、厦大甲本（右）对比图

《古文渊鉴》（以下简称厦大甲本），黄绢书衣，用纸与长春本一致，亦套印两枚帝玺，惟所用四色为朱、墨、明黄、蓝。笔者认真比对之后，发现厦大甲本与长春本同出一源，而刷印时间更晚。证据为长春本栏线断裂之处（如《御序》第二页、第五页版心栏线缺口，第一卷目录第一页"鲁臧僖伯谏观鱼"之"谏"字右侧缺口、"闵公二年"之"二"字右侧缺口等），厦大甲本皆同样存在，而且更增添了许多其他断裂。尤其版心上方象鼻顶端处，长春本仅有个别断裂，而厦大甲本

---

① "棕茶"色为与色谱对比所得出的结果。不同学者对颜色的感知与描述并不一致，故又有称此色为橙色或他色者。据《清内府刻书档案史料汇编》记载："刷进呈并存库颁发袖珍古香斋《古文渊鉴》每千篇，用棕墨各一两。"（广陵书社，2007年，第725页）袖珍古香斋《古文渊鉴》为乾隆时套色翻刻康熙内府本，由此上推，康熙时内府或称此色为棕色。

断裂的数量已颇为频繁,裂口也更宽。长春本与厦大甲本不仅墨色正文板片一致,朱色、明黄色所用板片亦吻合,惟棕茶色与蓝色二者虽然字体极为接近,但却并非同一板片(如卷一第二十八页"水心葉適曰"条,"葉"字下方左撇与"適"字最末一笔结构并不一致)。由上述证据可考知,康熙内府所刷印四色套印本实有两种,较晚刷印者已将棕茶色板片替换为蓝色板片。盖木板多次刷印某种颜色后,色彩逐渐侵入板内,无法彻底清洗,若再用以刷印其他颜色,难免造成色彩混杂不纯,故必须刊刻新板以供替换。而学者所谓的"康熙内府五色套印本",实际上存在两类状况:第一类,是将长春本、厦大甲本二者配为全本,此种配本虽有五色,亦皆为内府所刷印,但实际上属于生造之本,像哈佛燕京图书馆所藏五色套印本《古文渊鉴》(以下简称"哈佛本")即为此类情形。哈佛本曾为合肥郭氏亲仁堂所藏,其前十九卷与厦大甲本为同一本,蓝色板片文字相符;第二十卷至六十四卷则与长春本一致,棕茶色板片文字相符,而相应墨色边框、栏线缺口均吻合(如卷六十四第三十一页板框上方两处缺口)。哈佛本前后两部分外观区别明显,前十九卷眉批色彩暗淡,字体多处漫漶;后三十五卷则色彩明亮,字口清晰有锋,一望即知并非同时、同板所刷印者。哈佛本《御序》亦套印康熙帝玺,用纸则并非连四纸,较长春本、厦大甲本为劣。第二类,属于一种较晚的翻刻本,其显著特征为版心下方套印朱色页码(如"十集十六"等),卷首《御序》末尾无套红康熙帝玺,采用朱、黄、绿、黑、蓝五色套印。《清代内府刻书目录解题》所载的"康熙内府五色套印本"即为此种,惟残存卷一至卷四十。厦门大学图书馆古籍库另藏一种五色套印《古文渊鉴》,《御序》部分为双钩轮廓线,末尾无套红康熙帝玺,前九卷正文部分以连四纸刷印,朱、墨、明黄、蓝四色套印;后五十五卷则用纸较劣,版心下方朱色套印页码,以朱、黄、绿、黑、蓝五色套印。经笔者鉴定,此书前九卷与厦大甲本同为一种,又因卷首《御序》不存,故以双钩轮廓线补刻;后五十五卷(以下简称"厦大乙本")则即为上述第二类翻刻本,配成全本后天头、地脚还经过裁切,以便使全书尺寸保持一致。厦大乙本所用字体虽与内府四色刻印本相似,但仍可以清晰辨别并非同出一板,如卷十四第二十一页"诸侯先行之伪声"之"伪"字,内府四色套印本最末四点皆右偏,此种则前两点左偏、后两点右偏。经笔者考证,此第二类翻刻本实际上并非康熙内府刻本,理由大致有四条:首先,翻检清代内府刻书档案史料可知,自康熙二十九年四色套印本《古文渊鉴》刊刻完毕后,一直在刷印,而为了适应满人的需要,内府还续刻了满文的《古文渊鉴》,完成时间在康熙四十五年之前。据康熙四十五年赫世亨奏疏:"查前刻清文《资治通鉴纲目》《古文渊鉴》时,皆用连四纸各印百部,榜纸各印六百部。刷印完毕,有愿刷印者准其刷印。……我等众人亦得以继之刷印,则仰皇恩,早得学习清语,且底版抽裂前刷印,字迹清晰等语。"康熙皇帝批示:"知道了,着照《古文渊鉴》例。"①又,康熙五十一年和素、李国屏奏疏中云:"查得先前汉字套版《古文渊鉴》已用连四纸刷印四百九十三部。"②由此可知,最迟在康熙四十五年之前,内府已刊成汉字套版《古文渊鉴》、满文《古文渊鉴》两种,而且两种板片仍在继续刷印。从常理上推断,短期内再续刻一种内容完全相同的五色套印本毫无必要。其次,若存在第二种内府五色套印本,势必要在语句中加以区分。然遍检康熙朝内府刻书档案史料记载,皆从未提到过有第二种五色套印本,凡提及套印本《古文渊鉴》皆统一称为"汉字套版《古文渊鉴》""汉文《古文渊鉴》"云云。而凡内府刊成之书籍,照例要在宫廷相关机构之内保留陈列。查同治元年《武英殿修书处刷印图书匠役工价银两清册》,开列旧储书目一万三千七百二十八部,其中含"大板《古文渊鉴》一部""袖珍《古文渊鉴》七部";后库旧存书二千五百四十七部,其中含"清字《古文渊鉴》二十一部",均未提到有第二种与袖珍版相区别的汉字大板《古文渊鉴》。③ 再次,五色套印本的体例亦与内府刊书标准不合。内府的四色套印本,墨色之外的其他三种色彩是为了区分不同身份人的批注,次序井然;而五色套印本虽然增添了绿色,但使用颇为随意,并无规律可言。厦大乙本卷十第八页真德秀眉批为绿色,卷十四第三十页真德秀眉批则为蓝色;卷十四第二十页王维桢眉批为绿色,第二十三页王维桢眉批则为蓝色,凡此种种,不一而足,似乎单纯为了增添颜色数目。最后,在版心下方套印朱色页码的做法,也与内府套印风格不符。今所见康熙内府套色刷印诸书,皆无在版心墨色页码之外,又追加套印朱色页码者。不仅如此,此类五色套印本用纸十分普通,未见有用连四纸刷印者,且刷印质量亦不甚高,甚至有将两条批注重叠在一起的情形(如厦大乙本卷十五第二十二页,黄震、林希元两条批语)。此类五色套印翻刻本虽非内府所刊刻,但往往被藏家取以配足内府四色套印本,因而又产生了所谓的"六色套印本",致令部分学者对相关版本描述不清。王均岱称其所见六色套印本"六十四卷中有九卷版心下方有朱印集数、页数","版心颜色的不同,雕版用纸的不同,注释及评语颜色的不同,说明此书是两种板式所致",④的为确论,但王氏误以为是由两种康熙内府五色套印本相配而成,却与实际状况相去甚远。

---

① 翁连溪编《清内府刻书档案史料汇编》,广陵书社,2007年,第7页。
② 同上书,第22页。
③ 同上书,第656—662页。
④ 王均岱《古籍善本〈古文渊鉴〉简介》,《科技信息》2009年第30期,第535页。

哈佛本（左）、厦大乙本（右）对比图

康熙四十四年正月，皇帝"颁赐王以下内外满汉文武大臣及景山、八旗、盛京官学《古文渊鉴》各一部"。① 康熙四十五年，又下旨："朕制《古文渊鉴》《资治通鉴纲目》等书皆已刷印颁赐大臣，此等书籍特为士子学习有益而制，可速颁行直省。凡坊间书贾有情愿刊刻售卖者，听其传布。钦此。"② 按此，上述第二类五色套印翻刻本的刊刻时间当不早于此年。由于皇帝允许甚至鼓励此类翻刻行为，故翻刻者、翻刻地不一，清代五色套印翻刻本《古文渊鉴》实际上并非一种。例如：康熙四十六年前后云南布政使刘荫枢重刻此书，板存云南府学；③ 乾隆四年湖北巡抚崔纪、乾隆六年陕西学政陈其凝先后请旨颁赐《古文渊鉴》

---

① 《清实录》卷之二百十九，中华书局影印本第六册，第209页。
② 官修《大清会典则例》卷六十九礼部，清文渊阁《四库全书》本。
③ 据《（雍正）云南通志》卷七载："《御选古文渊鉴》，布政使刘荫枢重刻，板存云南府学。"又据《（乾隆）贵州通志》卷之三十五《艺文》所载刘荫枢《乡开广额疏》："臣任云南藩司时，总督臣贝和诺印造《古文渊鉴》五十部，分送贵州学宫。"按此，云南重刊《古文渊鉴》当为贝和诺之主张，而董其事者则为刘荫枢。

等书以供翻刻,均获乾隆帝允许,并令其酌量刊刻。① 以上文献并未记录翻刻本是否属套印本、是几色套印,但笔者另藏一种五色套印翻刻本,经认真比对,字体与长春本、厦大甲本、厦大乙本均有明显区别,而版心下方亦并未套印朱色页码,可知有清一代套色翻刻内府刊本确非个案。幸运的是,这类版心未套印朱色页码的翻刻本,由于纸张、字体与内府刻本明显有别,反而极少有学者将其误作康熙内府刻本。

清代内府刊印《古文渊鉴》尚有两种:康熙五十二年,内府还曾刷印过无批语的版本。据和素、李国屏奏疏云:"本年四月二十三日,奴才等奏称,将《古文渊鉴》于将乐纸上刷之,纸顶端容不下硃批等因,奉旨:'即于将乐纸上刷之。纸份既然不够,即舍去批语,易于携带。钦此。'"② 此次共刷印两部,数量虽然稀少,但确为内府曾刷有无批语版本之明证。乾隆十一年(1746),乾隆帝以梨枣余材不令遗弃,爰仿古人巾箱之式,命刻古香斋袖珍诸书,《古文渊鉴》又遂有袖珍套色本。

凡清代内府所刊行《古文渊鉴》共得此五种,其中两种四色套印本(长春本、厦大甲本)和一种无批语本同源而有异,另有一种康熙满文本、一种乾隆袖珍套色本。

三、内府套印技术

内府套印本《古文渊鉴》为木板刊刻,旧无异议,而翁连溪称:"至清代,以内府套印本最为精美,如康熙朝内府用朱、墨、橙、黄、绿五色套印的《古文渊鉴》,……但采用活字套印的书籍较为罕见,木活字套印书籍有10种左右(近来又有两种:《钦定协纪辨方书》二色活字套印,《古文渊鉴》四色活字套印)。"③ 翁氏所云之五色套印本《古文渊鉴》并非内府所刊,说已见前,而其指四色套印本《古文渊鉴》为活字套印,亦未知何故。《高序》谓"付之剞劂",或可理解为文人惯用语辞,而内府刻书档案史料中均称之为"套版""大板",则明显非指活字而言。今观四色套印本《古文渊鉴》,虽然正文无栏线,但字体连贯一气,板框四角密合,个别页可见细微板裂(如哈佛本卷四第三十页等),每页版心处"古

---

① 据《清高宗实录》卷一百载:"乾隆四年,礼部议覆湖北巡抚崔纪疏请颁发武英殿所有之《性理大全》《古文渊鉴》……共计十五部,查崔纪所请《性理精义》《古文渊鉴》《御注孝经》《孝经衍义》《御选唐时》《资政要览》六部,均为士人所宜诵习之书,应如所请颁发,并令酌量刊刻,以广流布。"又,"乾隆六年,礼部议准陕西学政陈其凝疏请颁发《渊鉴斋古文》《唐宋文醇》于陕、甘二省,刊刻广布学宫。从之。"按,《渊鉴斋古文》即《古文渊鉴》之异名。
② 翁连溪编《清内府刻书档案史料汇编》,广陵书社,2007年,第44页。
③ 翁连溪《谈清代内府的铜活字印书》,《故宫博物院院刊》2003年第3期,第83页。

文渊鉴"书名、批语中常见字（如朱批中"臣"字）亦各不相同，显然为木板刊成而非活字拼成。

多色套印技术需要涉及数种板片，而印刷时的位置校准，就成为其中至关重要的步骤。清内府所刊套色本《古文渊鉴》，在许多页面边角处都有朱色—、｜、⌐、⌙等校准符号。在套印朱色时，让朱色板片的校准符号与墨色板片框角重合，标点与批语的位置才会刚好合适，不至于出现偏移、重叠甚至错行。真正的内府刊本，像上述长春本、厦大甲本等，在校准方面做得非常完美，朱色校准符号基本与墨色框角重叠，甚至个别页面都达到了肉眼难辨的程度。但是，内府套色刊本《古文渊鉴》均只有朱色的校准符号，并没有其他颜色的校准符号。为了解释这一现象，朱赛虹认为："依常法推测，不作标记就直接套印的可能性是很小的。或许是在刻版的时候，为了简化工序和节省费用，将有板框、文字较多的正文黑色版单刻一版，而将只有很少字数的眉端批注与句读等符号合刻一版了，即是将'套版'与'涂版'两法结合使用的。这说明涂版法并未随着套版法的兴起而消失，而是与之相辅相成的。"①朱氏认为清内府是将除墨色之外的其他颜色合刻为一个板片，并在该板片上分别涂抹朱色、黄色等色彩，只套印一次就实现了套印多色，因而只有一种校准符号。朱氏同时举出明代五色套印本《刘子文心雕龙》等书为证，因其书墨色框角处可见多种色彩的校准符号，藉以说明若使用了分版套印，每种色彩的板片当各留下一种校准符号。

笔者认为，朱赛虹的结论有误，清内府所使用的套印技术仍然是分色多版套印，并未使用涂版法。笔者可以举出三条证据反驳朱氏的结论：其一，厦大甲本与长春本同为内府四色套印本，但在将棕茶色替换为蓝色时，只更换了对应的棕茶色板片文字，其他颜色文字则维持原样。其二，若使用涂版法，则处于同一种板片的几种彩色，其相对距离应当一致。但经过比对厦大甲本、长春本、哈佛本的相同页面，不同颜色间的相对距离并不一致，显然并非共处于一块板片。其三，厦大甲本由于套印时疏忽，出现了将卷三十五第十一页的朱色标点再次套印至下页的小概率事件。因此，厦大甲本卷三十五第十二页的标点看似如常，实际上语句却不通，但此页上方归有光的蓝色眉批却并未出错。长春本、哈佛本此页则均未出现错误。这说明朱色标点与眉批并非刻在同一板片，否则当同步出现错误。

以上三条足以排除清内府套印技术中使用了涂版法，不仅如此，即使在内府之外的五色翻刻本《古文渊鉴》中（翁连溪、朱赛虹等人亦误将此类翻刻本认

---

① 朱赛虹《记清内府"套印本"——兼述古代套印技术的后期发展》，《故宫博物院院刊》1992年第4期，第64页。

定为内府所刊），也并未采用涂版法。以厦大乙本为例，它的页面中同样只有朱色校准符号，但由于套印疏忽，卷十五第三十二页出现了两条蓝色批语重叠到一起的情形，其余色彩（如朱色）则无异常，而涂版法自然绝无可能出现类似情况。至于朱氏举证的《刘子文心雕龙》等书，之所以出现了多种颜色的校准符号，是由于此书的正文间亦使用了多种色彩的圈点，因此每种色彩都必须刊刻一种至少不小于墨色板框的板片。而《古文渊鉴》的情况与之有异，无论是内府套色本还是其他机构的套色翻刻本，正文间的句读、圈点均只有朱色，其他色彩则仅出现在眉批之中。造成它只有一种朱色校准符号的原因，是因为除朱色、墨色之外的其他颜色，并不需要刻印超过板框大小的板片，而只需要刻印与眉批等大的小板片，从而不需要与墨色板框校准。笔者所藏五色套印本《古文渊鉴》，同样只有朱色校准符号，但蓝色、黄色等眉批边缘却残留有不少板片轮廓线的痕迹，可见其板片大小仅此而已。无论是从必要性还是经济的角度出发，这都是很自然的选择。朱色由于同时承担标点与眉批的功能，因而是所有板片中体型最大者。内府之所以曾刷印无批语的版本，其理由即为"纸顶端容不下硃批"，但仍可以容下墨板正文之故。

自藏本蓝色、黄色轮廓线图

《百家公案》万卷楼本和与畊堂本关系再探

李远达*

【内容提要】 万卷楼本《百家公案》藏韩国首尔大学奎章阁,学界关注不多。近日笔者阅读了此本的影印件,从文本、图像、目录三个层面比较它和与畊堂本的差异。万卷楼本在入话诗、叙述文字和回末总评等方面都体现出了具体化和劝惩性更强的特点。两本的图像差异最大,与畊堂本上图下文的模式虽然比万卷楼本双面合页连式插图配以联句的方式承载了更多的信息量,但从审美风尚角度看,万卷楼本插图艺术水准远胜与畊堂本,代表了晚明金陵派版画的巅峰水准。万卷楼本的图题与回目严重不符,可能是祖本回目的残留。同时,万卷楼本回目比与畊堂本更具不稳定性。万卷楼本和与畊堂本是同出一个祖本的兄弟版本,二者差异主要是由于不同书贾根据刊刻风格、审美风尚与市场需求而进行的简单调适与加工所造成的。万卷楼本比与畊堂本保留了更多的祖本信息,学界此前认为万卷楼本更为"雅驯"和文人化是不准确的。

【关键词】 《百家公案》 万卷楼本 与畊堂本 祖本

《百家公案》是现存刊刻最早的公案小说集,程毅中认为它"标志着从话本向拟话本发展的一个转折点"。[①] 主要的版本有三个:其一是刊刻于万历二十二年(1594)的与畊堂本,全称《新刊京本通俗演义全像百家公案全传》,十卷一百回,缺卷七第二十九叶,藏日本蓬左文库;其二是万历间杨文高刊本,全称《新刊京本通俗演义全像百家公案全传》,十卷一百回,存前半部,藏中国社会科学院文学研究所;其三是明万历二十五年(1597)南京万卷楼刻本,全称《新锲全像包孝肃公百家公案演义》,六卷一百回,缺《国史本传》和《包待制出身源流》及卷三,藏韩国首尔大学奎章阁。三本之中,与畊堂本刊刻最早,也最受学界重视。关于它们的关系,学界早有共识:杨文高本是与畊堂本的翻刻本[②],字句差别极小,又因此本属文献特藏,管理极为严格,笔者几经努力,仍未得见原

---

* 本文作者为北京大学中文系古代文学专业2014级博士生。
① 程毅中《〈包龙图判百家公案〉与明代公案小说》,《文学遗产》,2001年第1期。
② 石雷撰,石昌渝主编《中国古代小说总目·白话卷》,太原:山西教育出版社,2004年,第9—10页。

刊,深可为憾,姑存而不论;万卷楼本和与畊堂本则是"兄弟关系"①。

过去由于万卷楼本远在海外,国内只有王汝梅、朴在渊编辑的《韩国藏中国稀见珍本小说》第四卷收录一个排印本,题作《包公演义》②,几无校勘价值,因而学界多因成说。近日笔者在韩国首尔大学奎章阁网站查阅了万卷楼本《百家公案》全书影印扫描件③,得以多侧面、多角度地比较万卷楼本和与畊堂本的差异。笔者发现源出于一个祖本的兄弟文本可能由于编刻者思想倾向、审美趣味等主观原因和经济条件、刊刻工艺等客观因素的差别而呈现出巨大差异。这种差异不仅反映在文本层面,也体现在图像、目录层面。《百家公案》的与畊堂本和万卷楼本恰好为我们研究兄弟文本的差异提供了上佳个案,也为进一步探讨《百家公案》的祖本问题提供了可能。

一、万卷楼本文字的具体化与劝诫性

关于万卷楼本和与畊堂本文本层面的主要差异,程毅中认为:"内容基本相同,文字则修改得比较通顺整洁。"他比较了回目和入话诗,回目问题我们最后一部分讨论。万卷楼本入话诗在他看来"比《百家公案》写得好,至少是押韵合律"。④ 石雷则比较了两本每回的回末总评,得出了"总的来看,万卷楼本文字较为雅驯,当为后出"的结论。⑤ 杨绪容也认为假定《百家公案》存在一个祖本,那么"与畊堂本和万卷楼本就直接出自这个原刊本,只是前者对它改动较小,后者的改动稍大"。⑥ 通过全面校勘,笔者对此有不同见解:

笔者认为万卷楼本每回的入话诗和与畊堂本相比,并不存在明显的雅驯倾向。在校勘过程中,笔者发现确实有一些入话诗,与畊堂本不能做到"押韵合律",而万卷楼本做到了,诗歌质量有明显提升,例如程毅中所举第十四回,笔者还发现第四回、第十三回等。然而反例也同样存在:有许多回的入话诗,万卷楼本和与畊堂本有很大不同,但仍然不押韵合律,甚至有与畊堂本押韵合律,所谓"后出"的万卷楼本却不押韵的。例如第十五回入话诗,与畊堂本作:

---

① 杨绪容撰《〈百家公案〉研究》,上海:上海古籍出版社,2005 年,第 3 页。
② 王汝梅、朴在渊编《包公演义》,《韩国藏中国稀见珍本小说》第 2 册,北京:中国大百科全书出版社,1997 年。
③ 〔明〕完熙生撰《新镌全像包孝肃公百家公案演义》(以下简称《百家公案演义》),韩国首尔大学奎章阁藏万卷楼本,http://kyujanggak.snu.ac.kr/kyupdf/pdfview.jsp
④ 程毅中撰《韩国所藏〈包公演义〉考述》,《北京图书馆刊》,1998 年第 2 期。
⑤ 《中国古代小说总目·白话卷》,第 9—10 页。
⑥ 《〈百家公案〉研究》,第 11 页。

"黄洪骠驳太心奸,兴福终须得马还。罚骠问罪真神断,包公万代显威灵。"①"奸""还""灵"不能通押,此诗不合律押韵。再看万卷楼本作:"黄洪撺驳忒心好,兴福终须得马还。不是龙图多计决,当年冤颂满人间。"②第二句没动,一、三、四句修改之后,不仅"好""还""间"依然不能通押,而且诗歌艺术也没有分毫提高。

据笔者统计,在万卷楼本完整保留下来的78回入话诗中(除了亡佚的卷三第三十至四十八回,卷一缺卷首三回,卷五缺第五十九回前半),和与畊堂本完全相同的只有第六、七和第七十三回这3首,还有第十回、二十八回入话诗两本只有一字之差,其他所有各篇的入话诗都不相同,万卷楼本卷四、五、六之中,大多数入话诗几乎句句不同。虽然从总体上看,万卷楼本确实比与畊堂本押韵合律的比率高出一些,但艺术上并不见高明,许多回目在笔者看来水平还不及被认为较俗的与畊堂本,例如第七十回,与畊堂本入话诗作:"疑狱连年能决断,包公明鉴鬼神钦。秋毫万里浮云净,一念真同天地心。"③而万卷楼本作:"太守襟怀隘矣哉,故将小节介于怀。若非包老亲巡察,李氏冤情却怎开。"④纯粹是大白话、打油诗,还不及与畊堂本后两句有些宏阔气象。

细致分析入话诗,笔者还发现,在诗句表现意象上,万卷楼本《百家公案》有一种具体化倾向,而与畊堂本则较多使用书场套语,例如第十八回入话诗,与畊堂本作:"天理昭然莫敢欺,奸情不论壮衰羸。当时不是包公判,谁识茅店有鸡鸣。"⑤而万卷楼本作:"天理昭然有至公,岂容临老入花丛。当时不是包公判,谁识阳池八十翁。"⑥看与畊堂本此回,读者不会觉得这是在讲一个八十岁老人诱奸寡妇的故事,而万卷楼本几乎开门见山,一目了然。无独有偶,第二十一回入话诗,与畊堂本作:"冤魂不散托鸟鸣,包公灵判为黎民。万事劝人休碌碌,举头三尺有神明。"⑦而万卷楼本作:"枉死冤魂托鸟啼,包公解得这因依。谭家二恶皆除却,自是行人自解颐。"⑧与畊堂本"万事劝人休碌碌,举头三尺有神明"一句纯是说书人套语,而万卷楼本则涉及了本回故事之中的人物、情节等要素,显然更为具体。

如果将《百家公案》叙事中夹杂的诗句纳入比较范围内,问题就变得更为

---

① 〔明〕安遇时撰《新刊京本通俗演义全像百家公案全传》(以下简称《百家公案全传》)第十五回,《古本小说集成》第2辑第16册,上海:上海古籍出版社,1990年,第213页。
② 《百家公案演义》第十五回,韩国首尔大学奎章阁藏万卷楼本。
③ 《百家公案全传》第七十回,《古本小说集成》第2辑第16册,第679页。
④ 《百家公案演义》第七十回,韩国首尔大学奎章阁藏本。
⑤ 《百家公案全传》第十八回,《古本小说集成》第2辑第16册,第254页。
⑥ 《百家公案演义》第十八回,韩国首尔大学奎章阁藏本。
⑦ 《百家公案全传》第二十一回,《古本小说集成》第2辑第16册,第297页。
⑧ 《百家公案演义》第二十一回,韩国首尔大学奎章阁藏本。

有趣。据笔者校勘,与畊堂本之中有一些人物对吟的诗歌相当雅致,而且万卷楼本也基本一致。例如第十二回的四景诗,写景状物贴切,应有所本。但万卷楼本有一些诗歌,却明显不及与畊堂本,如第二十三回徐卿、郑贤两人携手联吟的诗,与畊堂本作:"幼女孤儿实可佳,郎才女貌两相夸。凌云气概材堪栋,咏雪贤能淑女云。愿女洞房花烛夜,教子金榜挂名归。席间结襟为盟誓,相爱何须论采红。"①表现了两人要好,希望儿女结成连理的美好愿望。而万卷楼本则是"堪夸女貌与郎才,五百年前结会来。不必再寻水月语,罗襟今已作良媒。"②完全套用男女私奔诗歌套路,好像这两个大男人在私定终身,意思含糊暧昧,令人发笑。笔者还注意到,万卷楼本第二十一、二十三两回,文字水准明显不及与畊堂本,回末也罕见地没有出现万卷楼本标志性的"此可以为……之戒"抑或"可不……与"这样的劝诫语。笔者推测这些回可能残留了来自《百家公案》祖本的某些特征,并未增删。

对比文本的叙述性文字,可以发现,和与畊堂本相比,万卷楼本大致也符合更为具体化的特征,在大多数情况下表现出"后出"的特点,例如第七回,包公在劝解张从龙不要被妖妇迷惑时,说了一段话,与畊堂本作:"吾若不行文祈祷于天,请天诛之,则汝亦不久元气耗散,祸将及身矣,可不惧哉!"③万卷楼本在"耗散"和"祸将及身"之间,有这样一段话:"虽图得数日欢娱,实难免死亡之祸矣。汝一人犹可,其后此妖物肆害非小,又累他人,其祸岂浅鲜哉?"④劝谕色彩浓烈,不排除是万卷楼本编者所加之可能。

万卷楼本和与畊堂本相比,包公奏对的文字明显多出一些,可能是为了凸显包公地位,美化包公形象。例如第五十八回,小说叙述五鼠先后变成书生施俊、王丞相、国母、仁宗和包公来行骗,真包公禀告玉帝,从世尊处请来玉面猫灭之。与畊堂本到施俊"夫妇感慕包公之德,设牌于家,不烦旦夕拜祝"⑤即止,而万卷楼本则添加了包公奏对的一段话:

> 包公复奏仁宗云:"陛下可降勅通京僧、道,大设功果。上答谢玉帝世尊,次答谢天曹地府众神,奠安家国,实臣至愿也。"仁宗于是降敕,令众僧、道依包拯所奏而行。勅命既降,各寺观僧、道秉诚斋沐,大设七日夜功德,包公亲为上香祝谢不题。⑥

---

① 《百家公案全传》第二十三回,《古本小说集成》第2辑第16册,第324页。
② 《百家公案演义》第二十三回,韩国首尔大学奎章阁藏本。
③ 《百家公案全传》第七回,《古本小说集成》第2辑第16册,第71页。
④ 《百家公案演义》第七回,韩国首尔大学奎章阁藏本。
⑤ 《百家公案全传》第五十八回,《古本小说集成》第2辑第16册,第455页。
⑥ 《百家公案演义》第五十八回,韩国首尔大学奎章阁藏本。

另外，万卷楼本似乎对君臣关系更为重视。例如第七十五回，小说写到宋仁宗认母故事，提到皇帝的自称，与畊堂本作"我"，而万卷楼本则改为"寡人"。涉及如何处置冒认国母的刘娘娘，包拯有建议，与畊堂本作："王法无斩天子之剑，及无煎皇后之锅，我王若要她死，着人将丈二白丝帕绞死，送入后花园中。"①而万卷楼本作："王法无斩天子之剑，及无煎皇后之锅，我王要将刘娘娘明正其罪，着宫人将白绢七尺绞死。"②显然更符合臣子身份，也更为得体。

值得玩味的是，万卷楼本并不总显示出"后出"的特征。第二十二回，叙郏元弼看上同窗武亮采之妻胡韦娘，勾引不成，心生毒计，趁亮采不在家，潜入韦娘家将其杀害。与畊堂本有"适有一婢"③这句话，并不通顺。万卷楼本在这句话中间还有20个字，这样整句话变成了"适闻亮往母舅家去了，心生一计，自谓他家无别人，止有一婢"④，不仅完全通顺，细节也更为丰满。笔者认为这一现象有版本标记物的意义：可证二者同出于一个祖本，此处万卷楼本保留了祖本的原貌，而与畊堂本刊刻之时脱讹了中间这20个字。此句还有个问题：前文明言韦娘丈夫名武亮采，此句单称"亮往母舅家去了"，而且两本除此处外，还有六次提及此人名字，都做"亮"，使笔者不得不怀疑——祖本是否主人公名字叫"某亮"。相似的问题也存在于小说第七十回，主人公名叫吕盛，他的仆人却叫李二，万卷楼本和与畊堂本有一个关键字眼不同：与畊堂本作"吕家缓于提防"而万卷楼本则是"李家缓于提防"。同时，万卷楼本第七十回回末总评中有"李九郎之冤竟难雪矣"一语，则祖本中主人公姓氏当为"李"明矣。

谈到万卷楼本《百家公案》，学界都认为最有特色的是回末的总评，杨绪容认为："万卷楼本则全部将与畊堂本中各篇后面缺失的议论补齐，使全书的结构与章法趋于一致。"⑤经比对，笔者认为此语略有疏失：小说后半部分内容简略，粗陈梗概，颇有凑足"百家"数目之嫌。第七十三至七十五回，第八十、八十一回，第八十二至八十四回，第八十八至九十回，第九十三、九十四回都是连缀在一起组成一个故事单元，所以第七十三、七十四、八十、八十二、八十三、八十八、八十九、九十三等8回回末仅有"且看下回如何"⑥，"且看下回便见"⑦等文字，极其简略，且和与畊堂本文字仅有细微差别，不能算是"补齐"回末总评，故回末总评数量应为73篇。即使如此，万卷楼本回末总评仍比与畊堂本的61

---

① 《百家公案全传》第七十五回，《古本小说集成》第2辑第16册，第808页。
② 《百家公案演义》第七十五回，韩国首尔大学奎章阁藏本。
③ 《百家公案全传》第二十二回，《古本小说集成》第2辑第16册，第289页。
④ 《百家公案演义》第二十二回，韩国首尔大学奎章阁藏本。
⑤ 《〈百家公案〉研究》，第5页。
⑥ 《百家公案演义》第八十九回，韩国首尔大学奎章阁藏本。
⑦ 《百家公案演义》第九十三回，韩国首尔大学奎章阁藏本。

篇多出许多。

两相比较，万卷楼本回末总评的劝惩意味更为浓烈，例如回末总评最长的第七十回，其文曰：

> 噫嘻！士大夫以私仇而废公议也。即九郎失迎候之礼，王太守积恨于怀，既而因家仆诬以死刑；而太守必欲处之以死，苟非孝肃公威加神鬼，而李九郎之冤，竟难雪矣。后之缙绅大夫，直扩容人之量，存赦小过之心，以王府尹为前鉴，不患无相度也。余于此段，深深为当世士大夫慨叹，因复书之。①

作者为王府尹因私仇陷害吕盛而鸣不平，情真意切，感慨颇深，这是与畊堂本第七十回回末总评所不具备的。

此外，有一些万卷楼本独有的回评，为确定《百家公案》编定年代及祖本等问题提供了新证，例如万卷楼本第六回回评作："锦舆居士曰：观此一节，亦可以为世之愚妇心生嫉妒者之戒，间有媚夫夺宠，妒妾酿非，彼虽祸不及其子息，而求免子贪淫妒悍者难矣哉。"②这是万卷楼本唯一一次出现评点者的名字，虽然仅是别号。韩南《〈百家公案〉考》注意到了"锦舆居士"的问题③，但并未展开讨论，想亦是文献不足征之故罢。

不过，万卷楼本第五十七回回末总评有这样一段话："嗟夫！幼谦之与惜惜，不由父母之命，逾墙相从，虽系儿女子事，亦天定姻缘也。何仁卿不以同年月为奇，竟以贫富论配偶，真夷虏耳。殆至酿成祸害，又欲置人以死，何期不明，复有还魂之异，不假包公之神，幼谦鲜不为其所害也。若是说者，今世间有之矣。试举一端以质之。吉州聂司马任华亭时，大学士陆公，亦尝有是事也。第彼受父母之命，非私情比也。"④感慨张幼谦、罗惜惜爱情的同时，还特意将一个当时名人"大学士陆公"相比附。吉州聂司马指聂豹，正德十二年（1517）中进士，授华亭县令。当时身在华亭而后来成为大学士（实是礼部尚书）的陆姓名人只有陆树声。陆树声当时正值十余岁，社会上很可能流传有他"受父母之命"与还魂者成婚的故事。而以文中口气，陆树声已任礼部尚书，那么万卷楼本写定时段当在万历初年。笔者的发现比杨绪容认为与畊堂本编定于万历十五年（1587）以后的推断向前推进了一步⑤。换言之，如果万卷楼本保留了祖本

---

① 《百家公案演义》第七十回，韩国首尔大学奎章阁藏本。
② 《百家公案演义》第六回，韩国首尔大学奎章阁藏本。
③ 韩南（Patrick Hanan）撰《〈百家公案〉考》，《韩南中国小说论集》，北京：北京大学出版社，2008年，第117页。
④ 《百家公案演义》第五十七回，韩国首尔大学奎章阁藏本。
⑤ 《〈百家公案〉研究》，第27—28页。

信息，那么祖本的编定年代当在万历初年。

二、两本图像的叙事功能与审美风尚差异

《百家公案》万卷楼本和与畊堂本最大的区别在图像方面。虽然仅仅晚刊刻三年，但万卷楼本现存的三十八幅插图都采用双面合页连式插图配以联句，和与畊堂本每叶上图下文的粗糙坊刻工艺如隔天渊。其人物栩栩如生，景物精巧工细，整体风格既遒劲有力，又繁缛富丽，与万历十九年（1591）周曰校刊《三国志演义》一起代表了晚明金陵派版画的最高水准。不过由于万卷楼本《百家公案》一向未曾影印出版，学界罕有关注其版画者，笔者利用首尔大学奎章阁提供的影印扫描件首次呈现其图像所带来的历史信息，从叙事功能和审美风尚上对比《百家公案》与畊堂本和万卷楼本插图之异同。

在叙事功能方面，与畊堂本采用每叶上图下文的模式，组成连环画一般的故事链条，成为了故事文本叙述的重要补充和有机组成部分。相比之下，万卷楼本插图数量偏少，虽然精美但毕竟信息量有限，只能截取故事中的一个场景进行表现，在一幅版画之中表现一个时间点发生的故事。就晚明小说插图的惯例来看，插图版画所表现的场景一般来说应该是故事的核心情节。但在万卷楼本《百家公案》中就出现了例外：第七十回讲述吕盛被家仆李二诬告下狱，包公审理明白，冤狱得脱。其插图所描绘的却是"李二私通约春梅"（见图1），从出场人物到描绘场景，都不是文本层面故事所要叙述的重点，颇为耐人寻味，不知是否预示着"祖本"的某些信息。不过，全书如此这般描绘的插图，也仅此一处。

图1

万卷楼本《百家公案》的插图由于插图数量及板式的限制,不如与畊堂本的插图表现故事情节更为丰富,尤其在一些情节较为曲折,人物关系复杂,文字较多的篇目之中。例如第五十一回包公判白猴精的故事,与畊堂本插图共八叶,每叶上方有一幅插图,而万卷楼本仅有两叶合成的一幅插图,信息量显然小得多。与畊堂本能够从容表现的小说前半部分场景,在万卷楼本之中根本得不到体现(见图2、图3)。

图2

图3

图2是与畊堂本《百家公案》第五十一回的第一、第二和第五幅插图,按照图题,分别为"包公智捉白猴精""周知县同夫人在三山驿歇马"和"柳夫人因游寺题诗句"。除了第一幅插图是概括全书内容外,其它两幅插图都表现了该叶的主要情节:周知县和夫人在三山驿休息以及柳夫人在寺院墙壁题诗的场景。画幅逼仄,刻工粗劣,人物全无神态生气。但它能将文本内容"可视化",使得文化程度较低的读者也能方便地阅读小说,一目了然。

图3则是另外一番景象:这幅插图是万卷楼本《百家公案》第五十一回的唯一一幅插图,虽然不可能包括全部的故事要素,但画工截取了故事最惊心动魄的高潮情节来表现:韩节使用计谋捕获白猴精——韩节捧瓶献酒,机警敏捷;猎户埋伏在侧,张弓待发;猴精醉酒酣卧,茫然不知;被掳妇女神情慌张,焦急等待等等。最核心的故事要素在同一幅画面中表现出来,可以说促进读者加深对故事的理解。另外,无论从主题立意还是构图安排、白描技法上都比较纯熟,称得上是晚明小说插图版画的上乘之作。

万卷楼本的刻印者据考证是金陵著名书贾周曰校[①]。从版画的样式到审美风尚,与周曰校万历十九年(1591)刊刻的《三国志演义》如出一辙。这里有

---

① 《中国古代小说总目·白话卷》,第9—10页。

必要梳理晚明金陵派版画的流变，以便弄清万卷楼本《百家公案》插画在版画史上的地位。金陵派版画兴盛于万历年间，其艺术风格被归纳为"早期粗豪简朴、热情奔放，后期工致婉丽、精细繁赘，呈现出前后不一、丰富多彩的特征"。①周曰校的万卷楼是金陵名肆，其刻书活动主要集中在万历年间，带插图的小说是其一大特色。有《三国志演义》《百家公案》《新刻全像海刚峰先生居官公案》等数种传世。其中，《三国志演义》刻工是王希尧、魏少峰，而万卷楼本《百家公案》应与其享有共同的刻工群体。魏少峰在万历三十七年还为《新刻续编三国志后传》刊刻过插图。从万历十九到万历三十七年，在南京的出版界，双面合页连式插图配以联句的模式得到广泛应用，形成了一股审美风尚，万卷楼本《百家公案》是其中的代表作。

这一风尚在万历二十八年前后开始影响到福建建阳的书坊余氏萃庆堂，该书坊在万历三十一年出版的《铁树记》《咒枣记》《飞剑记》就采用了双面合页连式插图并配以联句的模式。而彼时，南京书坊已经不再时兴插图配以联句，取而代之的是更为简明扼要的图题，金陵派版画的高潮时期已经过去。万卷楼本《百家公案》的插图版画恰好处在金陵派版画的鼎盛时期，顺应了那一时代流行的审美风尚，同时也应看到精美的插图背后有江南书贾雄厚的经济实力和精良的刻工团队作为支撑。

三、万卷楼本图题与目录中所见祖本痕迹

前文提到了万卷楼本《百家公案》采用了双面合页连式插图配以联句的时新模式。从现存的38幅图来看，有18个图题基本保留了下来。关于此类图题的性质，李小龙有清晰的梳理——他在讨论周曰校本《三国志演义》图题时，将之命名为"双重的图题"，还特别提到了万卷楼本《百家公案》，将之放在"回目复归图题之例"一节来讨论，认为万卷楼本和与畊堂本都对祖本进行了改变，"共同的一个改变自然是将回目又变为了图题，但它们的方式却不同：与畊堂本采用上图下文格式，并'文不对题'地放在每回的第一面上；而万卷楼本晚于周曰校乙本《三国志演义》六年，就遵从了周氏大图双题的风格。"②基于此，笔者对比了万卷楼本全部图题与回目，发现情况比想象的要复杂：现存18个图题中，除第一回图题有残缺外，与回目完全相同的仅有5回，剩下的有5回图题与回目在文字上有细微差别，可能是刊刻之误，暂时忽略不计；其他7回

---

① 胡小梅撰《论周曰校刊本〈三国志演义〉插图的情感倾向》，《广西师范学院学报（哲学社会科学版）》2014年第5期。
② 李小龙撰《试论中国古典小说回目与图题之关系》，《文学遗产》2010年第6期。

都与回目有较大差异,将它们列表如下:

	万卷楼本正文回目①	万卷楼本图题
卷之二第十六回	密捉孙赵放龚胜	国祯元吉劫宋乔
卷之四第五十一回	包公智捉白猴精	韩节用计捉猴精
卷之四第五十四回	潘用中奇遇成姻	用中将桃掷丽娘
卷之五第六十三回	判僧行明前世冤	程永谋刺江和尚
卷之五第六十八回	决客商而开张狱	周氏避暑叔先回
卷之五第七十回	枷判官监令证冤	李二私通约春梅
卷之六第九十六回	断邱旺埋怨判官	郑强诈死见阎君

在这 7 回之中,除了前文所论第七十回图题与正文内容相差较大之外,其他各回的图题还基本表现了这一回的核心情节。在笔者看来,回目与图题之间如此巨大的差距显然不是误刻所致,有两种可能的原因:其一,依据编者完熙生意见改动;其二,图题是"祖本"回目的残留。万卷楼本《百家公案》在刊刻之时,假设完熙生根据市场需求,有意改动图题,以制造新鲜感,扩大销量,那么也应该将全部图题都进行改动,不应该挑出这毫无规律的 7 个图题,使之与回目差距如此之大。因此,笔者推断这 7 个题图很可能是祖本回目的孑遗。

讨论完图题问题,我们再看看回目问题。《百家公案》的回目是笔者经眼的古小说中较为混乱的一部,不仅两本之间不同,而且各自目录之中的回目和正文也很不一样。笔者经过统计,得出以下结论:

首先,与畊堂本正文回目有 20 回与目录回目不同,占 20%。大多数是添一字,减一字的差别;而万卷楼本正文回目共存 77 回(缺第一、二、五十九回和卷三),目录回目存 73 回(缺卷六),两者重复有 50 回,正文回目与目录回目不同者有 16 回,占 32%,明显多于前者,且多有内容变更者。故而相比于与畊堂本,万卷楼本目录回目和正文回目更加不齐整,呈现出更强的不稳定性。

其次,万卷楼本正文回目有 8 回和与畊堂本目录回目完全一致,有 3 回和与畊堂本正文回目一致,有 43 回和与畊堂本两回目都一致,故有 23 回和与畊堂本两回目都不一致,占 29.9%;万卷楼本目录回目则有 2 回和与畊堂本目录回目一致,有 2 回和与畊堂本正文回目一致,有 44 回和与畊堂本两目录都一致,故有 25 回和与畊堂本两回目都不一致,占 34.2%。万卷楼本的目录回目与其他三种回目相比差异最大,而万卷楼本正文回目和与畊堂本目录回目重合度较高。

---

① 表中万卷楼本回目与图题均来自于《百家公案演义》,韩国首尔大学奎章阁藏本。

再次，与畊堂本目录回目中七字句有 90 回，正文回目中 100% 是七字句；万卷楼本目录回目中七字句占 100%，而正文回目中七字句有 73 回，占 94.8%。可见，虽然整体上说万卷楼本的回目比与畊堂本回目要整饬一些，但万卷楼本正文回目反而表现出了和与畊堂本目录回目相似的特征，这一情况反而确证了万卷楼本和与畊堂本的回目拥有一个同样不整饬的祖本，它们是在分别刊刻的过程中被不同书商按各自刊印风格和市场需求进行了润色的产物。当然，这一假设的前提是祖本相较于后出的与畊堂本和万卷楼本来说，面貌更粗糙，更接近话本而非拟话本。

综上所述，笔者通过细致比对《百家公案》的与畊堂本和万卷楼本，从入话诗、叙述文字和回末总评三个角度讨论了万卷楼本《百家公案》相较于与畊堂本在文本层面所表现出的具体化和劝惩性特点。对比两本图像，我们可知在叙事功能方面，与畊堂本的上图下文模式确实比万卷楼本双面合页连式插图配以联句的方式承载了更多的内容。但从审美风尚角度看，万卷楼本《百家公案》插图代表了晚明金陵派版画的巅峰，远胜过与畊堂本的粗劣画工。进而从图题的角度入手，笔者发现，万卷楼本有七回的图题与回目严重不符，推测其为两本共同祖本的残留。经过统计，万卷楼本回目整体上比与畊堂本回目更具有不稳定性，它的非七字句和与畊堂本不相上下，这些复杂而参差的状况指向了学界认可的二者共同祖本。

至此，学者们认为万卷楼本改动较大，更为"雅驯"、整饬和文人化，不如与畊堂本更接近"祖本"的观点是站不住脚的。万卷楼本和与畊堂本是同出一源，彼此各自编定刊刻的兄弟版本。万卷楼本为推测这个今天已经看不到的祖本形态提供了比与畊堂本更为丰富的信息，并不因为比与畊堂本"后出"就更加文人化。万卷楼本和与畊堂本是《百家公案》版本发展演变过程中最重要的两个版本，搞清它们之间的关系为研究明代公案小说的刊刻与传播方式提供了便利，也为研究小说兄弟版本在刊刻过程中受审美风尚与市场需求影响做出适当调适提供了可靠例证。

征稿启事

《北京大学中国古文献研究中心集刊》由教育部人文社会科学重点研究基地北京大学中国古文献研究中心主办,每年出版一辑。举凡古文献学、传世文献整理、出土文献与古文字、海外汉籍与汉学等中国古文献研究相关领域的学术论文,均所欢迎。

来稿格式要求如下:

一、文章请用 microsoft word 文档格式。

二、文章一律横排,用通行规范简化字书写和打印。

三、作者姓名置于论文题目下,居中书写。作者工作单位、职称等用"＊"号注释在文章首页下端。

四、每篇文章皆需 500 字以内"内容提要"以及关键词 3—5 个。

五、文章各章节或内容层次的序号,一般依一、(一)、1、(1)等顺序表示。

六、文章一律使用新式标点符号。凡书籍、报刊、文章篇名等,均用书名号《》;书名与篇名连用时,中间加间隔号,如《论语·学而》;书名或篇名中又含书名或篇名的,后者加单角括号〈 〉,如《〈论语〉新考》。

七、正文每段第一行起空两格。文中独立段落的引文,首行另起空四格,回行空二格排齐,独立段落的引文首尾不必加引号。独立段落的引文字体变为仿宋体。

八、注释一律采用当页脚注,每页单独编号,注释号码用阿拉伯数字①、②、③……等表示。

九、注释格式与顺序为著者(含整理者、点校者)、书名(章节数)、卷数(章节名)、版本(出版社与出版年月)及页码等。如:〔清〕钱大昕撰,吕友仁校点《潜研堂文集》卷三八《惠先生士奇传》,上海:上海古籍出版社,1989 年,第 687 页。

十、为避免重复,再次征引同一文献时可略去出版社与出版年月,只注出著者、书名、卷数、页码。

本集刊实行双向匿名评审制度,编委会根据评审意见,决定是否采用。来稿一经采用,编辑部将尽快通知作者。如超过半年仍未收到采用通知,作者可自行处理。

本集刊一般于当年 10 月 31 日截稿,次年 8 月出版。正式出版后,编辑部将向论文作者寄赠样刊两册,并薄致稿酬。欢迎学界同仁积极投稿。

《北京大学中国古文献研究中心集刊》编辑部通信地址:

北京市海淀区颐和园路5号北京大学哲学楼三层《北京大学中国古文献研究中心集刊》编辑部

邮编:100871

E-mail:gwxzx@pku.edu.cn